V&R

Taschenlexikon Religion und Theologie

Herausgegeben von
Friedrich Wilhelm Horn
und Friederike Nüssel

Fünfte, völlig neu bearbeitete und erweiterte Auflage

Band 3: O–Z

Vandenhoeck & Ruprecht

Redaktion: Tina Bruns

Bibliografische Information der Deutschen Nationalbibliothek

Die Nationalbibliothek Bibliothek verzeichnet diese Publikation in der Deutschen Nationalbiografie; detaillierte bibliografische Daten sind im Internet über http://dnb.d-nb.de abrufbar.

ISBN 978-3-525-50124-5

Satzherstellung: ⊕Hubert & Co, Göttingen.
Druck und Bindung: Ebner & Spiegel, Ulm.

Gedruckt auf alterungsbeständigem Papier.

O

Offenbarung O. ist eine Selbsterschließung Gottes, die diesen für Menschen als Gott erkennbar und zugänglich macht, bzw. (in der Religionswissenschaft) allgemeiner eine übernatürliche Mitteilung durch ein Numen. Als solche hat sie ontische, noetische (→Erkenntnis) und soteriologische (→Heil) Dimensionen. O. als Enthüllungsgeschehen, dessen Subjekt Gott ist, setzt immer eine vorhergehende Verborgenheit Gottes bzw. des Offenbarungsinhaltes voraus. In einem weiteren religionswissenschaftlichen Sinn kann von O. gesprochen werden, wenn eine →Religion die Quelle ihrer Heilserkenntnis bzw. ihrer Lehren nicht in einem menschlichen Erkenntnisvermögen begründet, sondern in einer Mitteilung durch das Numen. Dies geschieht meist in Offenbarungsereignissen (Inspiration, Vision, Audition, Traum, Erleuchtungserfahrung, Trance, Epiphanie einer Gottheit, Himmelfahrt der Seele u.ä.), die spezifischen Offenbarungsempfängern zuteil werden (oft den Religionsgründern). Eine Religion kann auf abgeschlossene Offenbarungen als ihre Grundereignisse zurückblicken (so grundsätzlich in →Judentum, →Islam und Christentum) oder sich an fortlaufenden Offenbarungen orientieren bzw. diese erwarten (so die →Baha'i oder die →Mormonen). Eine Variante stellt die Idee einer progressiven O. einschließlich eines geschichtlichen Höhepunktes dar (E. Troeltsch). O. hat in verschiedenen Religionen einen durchaus unterschiedlichen Stellenwert. Während traditionelle Stammes- und Volksreligionen (→Stammesreligionen) selten auf O. rekurrieren und in den großen asiatischen Religionen zwar Offenbarungsereignisse bekannt sind, aber deren soteriologische Bedeutung eher marginal bleibt, sind Judentum, Christentum und Islam dezidiert Offenbarungsreligionen, welche ihre Lehre primär durch Offenbarungsansprüche legitimieren.

Inhalt von O. ist im AT →Jahwes Heilswille, der sich in →Bund, Gebot und Verheißung ausdrückt. Später treten Aspekte einer Mitteilung göttlicher Geheimnisse (→Apokalyptik) bzw. einer Selbsterschließung des göttlichen Wesens stärker in den Mittelpunkt, ohne dass einer dieser Aspekte je ganz fehlen kann, wenn von O. die Rede ist. O. ist Ausdruck einer Interaktion zwischen Gott und Mensch, Abwesenheit von O. wird als Abwesenheit göttlicher Zuwendung gedeutet (1Sam 28,6; Spr 29,18). Insbesondere offenbart sich der Gott Israels in der Geschichte Israels selbst, die als Erwählungs- und Bewahrungsgeschehen erfahren wird. Jer 18,18 bietet eine funktionale Dreiteilung religiösen Wissens (tora: Weisung, e'za: Rat, dabar: Wort) und Zuordnung dieser drei Typen auf →Priester, Weise (→Weisheit) und →Propheten; jeder dieser Typen religiösen Wissens ist in spezifischer Weise auf Jahwe als Quelle bezogen, wobei im AT zunehmend die Propheten als Offenbarungsempfänger gelten. Der Konflikt um authentische, d.h. von Jahwe stammende Prophetie wird auch als Streit über Offenbarungsweisen und ihren religiösen Rang ausgetragen (Jer

12,9–40, vgl. Dtn 13,2–6; Jer 28; wichtig die zunehmende Ausgrenzung der →Wahrsagung). Die Kanonisierung der Bücher der hebr. →Bibel qualifiziert sowohl gesetzliche, geschichtliche, prophetische als auch weisheitliche u.a. Texte als O. Im Zuge der Entstehung des antiken →Judentums aus den Vorgaben der israelitischen →Religionsgeschichte wird →Mose zum zentralen Offenbarungsmittler und größten Propheten (Num 12,6–8; Dtn 34,10–12) und die →Tora zum materialen Hauptinhalt der O. Das rabb. Judentum rechnet für die Gegenwart nur mit einem Nachhall der göttlichen O. (Bat Qol, *Tochter der Stimme, Echo*) und sieht seine Aufgabe in der interpretierenden Vergegenwärtigung der schriftlichen und mündlichen Tora.

Im NT ist →Jesus Christus selbst das zentrale Offenbarungsgeschehen, durch das Gott spricht. Seine Worte und Werke treten daher in die Mitte der erinnernden Vergegenwärtigung durch die Gemeinde, und gelten zugleich als hermeneutischer Schlüssel zum AT. Im →Evangelium Jesu Christi wird der vormals verborgene heilsgeschichtliche Plan (→Heilsgeschichte) Gottes offenbar (Revelationsschema: Kol 1,26–28; Eph 3,4–7.8–12; Röm 16,25f; vgl. 1Kor 2,6–10; 2Tim 1,9f; Tit 1,2f; 1Petr 1,20). Zugleich setzt sich die O. Gottes in Christus pneumatologisch (→Heiliger Geist) fort. Daher erfahren die frühchristlichen Gemeinden ein breites Spektrum an Offenbarungen. →Paulus beschreibt insbesondere den →Gottesdienst als ein lebhaftes Miteinander charismatischer Offenbarungen (1Kor 12–14; Röm 12). Anschaulich von verschiedenen Weisen des Offenbarungssempfanges spricht auch die Apg (Visionen, Träume, Inspiration u.a. Wirkungen des Geistes), wobei auch das Problem der Diskontinuität zu atl. religiösen Vorgaben thematisiert wird (Apg 10). Eine eigene Offenbarungstheologie entfaltet das Joh, demzufolge der Paraklet in der Gegenwart der Gemeinde aufschließt, was das Christusereignis bewirkt hat (14,26 u.ö.). Auch die visionäre Wesensschau der vergehenden Welt und des kommenden Reiches (Offb) tritt als O. vor ihre Leser. Im Eschaton wird – in Fortführung atl. Hoffnungen auf den „Tag Jahwes“ u.ä. – endgültig offenbar werden, wer Gott ist (1Kor 13,9–13).

O. als ein Handeln Gottes ist Voraussetzung jeder christl. →Theologie. Mit dem Ende der ntl. Zeit blickt die Kirche zunehmend auf die sie begründende und ihr als Kriterium gegenüberstehende Schrift als Urkunde der O. zurück, deren Verlässlichkeit u.a. in Modellen einer →Inspiration der Schrift vergewissert wird. Ev. und kath. Verständnis von O. unterscheiden sich u.a. darin, inwiefern sie kirchliche Tradition als wesentliche Übermittlerin von O. anerkennen. Während alle christl. Kirchen mit einer unüberholbaren Endgültigkeit der Zuwendung Gottes in Christus rechnen, bringen sie doch in unterschiedlicher Weise zur Geltung, dass diese O. nicht einfach ein „Wahrheitsdepositum“ ist, sondern in Auslegung und Praxis je neu ergriffen werden will. Auch kath. Theologie lehrt keine progressive O., sondern eine inhaltliche Entfaltung der O. im kirchlichen →Lehramt (DH 4204). In ev. Sicht geschieht alle heilsrelevante O. durch die Heilige Schrift (Schriftprinzip; →Schriftverständnis, *sola scriptura*).

Während in vormodernen Offenbarungstheologien die Ereignishaftigkeit von O. in Berichten über die besonderen geistig-seelischen Erfahrungen der Offenbarungsempfänger veranschaulicht wird, tritt in neuerer Zeit eher der Aspekt der Interaktion zwischen göttlicher Selbsterschließung und Geschichte in den Mittelpunkt. Martin →Luthers Offenbarungstheologie qualifiziert O. in der Doppelgestalt von →Gesetz und Evangelium, in der sich zugleich eine (heilsgeschichtliche und existentielle) Dialektik von Verborgenheit und O. Gottes umsetzt (vgl. auch die pln. „Offenbarung des Zornes Gottes", Röm 1,18). Hinter dem sich verbergenden Gott steht auch bei Luther immer der sich in Jesus Christus als →Liebe identifizierende und darum verlässlich offenbare Gott (vgl. die Dialektik von →Kreuz und →Auferstehung). Anders setzt der Offenbarungsmonismus Karl →Barths an, der das Gesetz als eine Gestalt des Evangeliums sieht. Die aus der →Dialektischen Theologie nachwirkende Abwehr jeder „Psychologisierung der O." dürfte zumindest auch als Berührungsangst gegenüber der →Religionsgeschichte zu verstehen sein, welche nicht zuletzt einer Verflüchtigung der O. von einem numinosen Heilsgeschehen zu einem zirkulären Legitimationsprinzip Vorschub geleistet hat. O. ist jedoch immer konkretes Geschehen im Leben konkreter Menschen (vgl. etwa Mt 16,17), auch wenn sie der Kirche vorgeordnet bleibt und daher nicht einfach mit religiösen Evidenzerfahrungen identisch ist. Zum Themenfeld der „natürlichen Theologie" (Röm 1,19f) wird diskutiert, inwiefern von einer natürlichen Befähigung des Menschen zur Gotteserkenntnis (→Erkenntnis) gesprochen werden muss (so kath. Lehre: DH 3004 u. 4206) bzw. inwiefern Gott sich auch bereits im Schöpfungskontext (→Schöpfung) so kundgetan hat, dass z.B. von einer „Uroffenbarung" in seinen Werken (P. Althaus) gesprochen werden kann. An dieser Frage hängt wesentlich auch die theologische Beurteilung nichtchristl. Religionen. Das (seit K. Barth heftig angegriffene) Theologumenon einer „natürlichen O. (bzw. Theologie)" will eine Offenbarungstransparenz von Natur und →Geschichte auf Gott hin zur Sprache bringen (deren initiierendes Subjekt jedoch immer Gott ist, nicht der Mensch). Exklusive, inklusive und plurale Modelle der Stellung des Christentums innerhalb der Religionsgeschichte korrelieren mit je unterschiedlichen Modellen von O. Entweder ist Jesus Christus allein das offenbare →Wort Gottes (und dieses dann etwa mit K. Barth die „Aufhebung der Religion"; vgl. →Barmer Theologische Erklärung) oder dieses Wort knüpft an vorläufige Offenbarungen in der Religionsgeschichte an und ist deren Verwirklichungs-, Höhe- oder Kristallisationspunkt (P. Tillich, K. Rahner). Das inklusive Modell kennt dabei eine sozusagen anonyme O. Christi in der Religionsgeschichte. In einem dritten Modell wird die Offenbarungsgeschichte mit der Religionsgeschichte selbst (oder allgemein der Geschichte: G.W.F. Hegel) untrennbar vernetzt bzw. sogar identifiziert (J. Hick), so dass in allen Religionen O. geschieht (wobei jedoch meist nur an die klassische Gestalt der Weltreligionen gedacht wird). Dieses Modell leidet allerdings daran, dass es die ntl. Grundeinsicht in die ausschließliche Heilsmittlerschaft Jesu Christi (Apg 4,12; Joh 14,6 u.ö.) nicht rezipiert (die vom Gedanken einer „→Absolutheit des Christentums" durchaus zu unterscheiden ist). Alle drei Modelle können bibl. Anknüpfungen geltend machen und haben ihre theologische Wahrheit u.U. angesichts je verschiedener Aspekte des kulturellen Produktes Religion. Jüngere Theologien haben die Geschichtlichkeit der O. betont (W. Pannenberg), wobei die Heilsgeschichte als Ort der O. jedoch sehr verschieden qualifiziert und dieser Begriff auch oft vermieden wird. Zum Thema der Uroffenbarung bzw. der natürlichen Theologie kann festgehalten werden, dass aus Natur und Geschichte allein kein Weg zum bibl. Gott führt, diese aber von Christus her als Offenbarungszeugen auftreten können. Das Theologumenon der O. verhindert einerseits die Entgeschichtlichung des Christentums in eine religiöse Idee, andererseits die Verwechslung von allgemeiner Geschichte und Heilsgeschichte (die dann fälschlich Geschichtsereignissen als solchen Offenbarungsrang zuordnen würde). Im theologischen Diskurs bleibt O. aller Theologie vorgeordnet und ermöglicht sie erst. Problematisch ist eine Sicht, die den Aspekt der ereignishaften O. zugunsten einer statischen Zugänglichkeit Gottes in der Geschichte, der Bibel o.Ä. auflöst. Die eine O. Gottes in Jesus Christus, die sich in der Bibel bezeugt, setzt auf O. hin transparente religiöse Erfahrungen frei und erlaubt sie zu interpretieren. Dabei ist eine metaphorisch-poetische Abschwächung des Offenbarungsbegriffs gefährlich: in der O. erschließt Gott für den Menschen, was dieser sich selbst nicht erschließen könnte. Fundamental ist die Unterscheidung zwischen der O. selbst (Jesus Christus), ihrem primären Zeugnis (der Heiligen Schrift), und ihrer Interpretation in Theologie und Kirche. So bleibt festzuhalten, dass z.B. die Formulierungen der altkirchlichen →Christologie und Trinitätslehre (→Trinität) Interpretation der O. sind, nicht Teil dieser selbst. Als theologische Interpretation können sie legitim, wohlbegründet und notwendig sein, bleiben aber immer „Menschenwerk", was u.a. für den ökumenischen und interreligiösen Prozess zu bedenken ist. Ein weitergehender Verzicht auf den Offenbarungsbegriff (wie in unitarischen und freireligiösen Gemeinden) ist zumindest exegetisch nicht zu begründen und keine Fortsetzung bibl. Rede von Gott. Vielmehr ist O. unter heutigen Fragestellungen so zur Sprache zu bringen, dass darin die Elemente der göttlichen Ansprache, der Mitteilung und des Heilsgeschehens ein ausgewogenes Ganzes bilden. Indem die Kirche die ihr zugrunde liegende O. bezeugt, greift diese in die Gegenwart hinein und schafft sich selbst Formen zeitgemäßer Repräsentation. Auch in der kirchlichen Praxis (Predigt etc.) bleibt Gott Subjekt der O.

Vaticanum II: Dogmatische Konstitution „Dei Verbum", DH 4201–4235; Bongardt, M., Einführung in die Theologie der Offenbarung, 2005; Pannenberg, W. u.a., Offenbarung als Geschichte, 1961, [5]1982; Pannenberg, W., Systematische Theologie I, 1988; Pöhlmann, H.G., Abriß der Dogmatik, [6]2002; Wenz, G., Offenbarung, 2005.

Marco Frenschkowski

Okkultismus Der Begriff O. geht zurück auf den franz. Kabbalisten Eliphas Lévi (1810–1875), der ihn von dem lat. Wort *occulta*: die verborgenen Dinge, geheimes Tun, abgeleitet hat. Gemeint ist damit die weltanschauliche Grundüberzeugung, dass die sichtbare Welt nicht die einzige und ganze Wirklichkeit ist, sondern von einer größeren, übersinnlichen umschlossen wird, wobei zwischen beiden Welten enge Analogien bestehen und Kommunikation möglich, ja wünschenswert ist. Eine solche →Weltanschauung ist im Kern uralt. Auch im Zeitalter des Christentums war sie mitnichten ausgetilgt; so bemerkte noch Martin →Luther im Hinblick auf Papst Gregor d.Gr. und seine Schriften: „Derselbe zeigt viele Beispiele von Geistern, die erschienen sind, welchen er als ein guter, frommer und einfältiger Mann geglaubt hat, dazu auch von fliegenden Lichtern und Irrwischen, denen er geglaubt hat, als wären's Seelen – welche doch die Heiden vorzeiten nicht für Seelen gehalten haben und in bezug auf welche nun offenbar ist, dass es Teufel sind." Nachdem nun der Okkultismus-Begriff mit der „-ismus"-Endung das ideologische Element dieser Weltsicht signalisiert, und zumal er infolge christl.-theologischer Kritik oft genug mit schwarzmagischen Aspekten und dämonologischen Interpretationen (→Magie; →Dämonen) in Verbindung gebracht wird, ziehen heutige Vertreter bei Weitem den Begriff der →Esoterik vor, der in seiner Bedeutung aufs „Innere" – sowohl seelisch als auch im Blick auf okkulte Gemeinschaftszirkel – abhebt. Gemeint ist aber weitgehend dasselbe wie O.

In unserer Gesellschaft bieten Wahrsager (→Wahrsagung), Hellseher, Astrologen (→Astrologie), Hexer, Schamanen und Geistheiler zu Zigtausenden ihre Dienste an – in der Regel für Geld. Doch nicht nur Theologen, sondern ebenso Psychologen und Parapsychologen (→Parapsychologie) warnen aus „psychohygienischer" Sorge vor okkultistischen Betätigungen oder Inanspruchnahmen. In letzter Zeit wagt man dagegen in selbstbewusster Auflehnung gegen ohnehin sich abschwächende gesellschaftliche Vorbehalte explizit vom *„neuen Okkultismus"* als einer das *„Spirituelle"* betonenden Größe zu reden. Okkultisten pflegen sich die kosmische Wirklichkeit als von göttlich-energetischer Realität mehr oder weniger bestimmt vorzustellen: Transzendentes und Weltliches (→Immanenz und Transzendenz) bilden eine letzte, lediglich durch „Schwingungsebenen" unterschiedene Einheit, an der die Menschenseele von jeher partizipiert und von ihr dank okkulter Einweihung immer zielgerechter Nutzen ziehen kann. Gerade der moderne →Mensch glaubt im Zeitalter der Machbarkeiten nur zu gern an Bedingungen, zu deren Erfüllung er befähigt ist. Dementsprechend spekuliert der O. ebenso wie der →Materialismus darauf, Zukunft aus Leistung gewinnen zu können. Also nicht das Kommen des →Reiches Gottes, sondern das Übersinnliche, seine Erfahrbarkeit und Nutzbarkeit leiten hier das Interesse.

Okkulte Einheitsschau erweist sich dabei als „Notwehr" gegen die von Jürgen Habermas thematisierte „neue Unübersichtlichkeit"; zusammen mit den ihr innewohnenden magischen Komponenten und zyklisch-rhythmischen Vorstellungen führt sie zurück zu einem merkwürdig mythischen Bewusstsein (→Mythos), wie es unsere Gesellschaft seit der „okkulten Welle" der 1970er Jahre und der →New Age-Bewegung der 1980er und 1990er Jahre verstärkt zu prägen versucht. Weil man aber monistischer Einheitsschau verpflichtet bleibt, fällt man keineswegs einfach ins Voraufklärerische zurück. Im Gegenteil: Nachaufklärerische Symptome wie Autoritätenverfall, Sinnkrise und Hoffnungsverlust lassen viele Zeitgenossen nicht zuletzt deshalb beim O. Zuflucht suchen, weil sie dort aufklärerische Ideen und Werte nur in anderer, tröstlicherer Verpackung wiederfinden können. Dazu gehört auch ein in Diesseits und Jenseits umfassender, spiritualistischer Fortschrittsglaube, wie er namentlich im Horizont von →Theosophie, →Anthroposophie und New Age propagiert wird.

Christl.-traditionelle Glaubens- und Frömmigkeitsformen (→Glaube; →Frömmigkeit) weichen dann nicht selten alten und neuen Okkultpraktiken und Bewusstseinsmanipulationen, deren Wirksamkeit vielfach dermaßen verblüfft, dass man die Fragen ihrer psychischen Gefahren und der spirituellen Einengung auf „gesetzliche" Strukturen leicht aus dem Blick verliert. Von daher haben aber Religionssoziologen vorgeschlagen, den heutzutage praktizierten O. als eine Gestalt neuzeitlicher Religiosität einzuordnen, ohne schon an ganz bestimmte Religionsformen zu denken. Damit würde man jedoch der Frage nach der religiösen Authentizität okkulter Orientierung ein Stück weit ausweichen. Ungeeignet ist nicht zuletzt das problematische Wort vom O. als einer *Ersatz-Religion*: Es setzt bereits eine theologische Wertung voraus, die übersieht, dass es →Religionen und Religiosität auch ohne theistische Orientierungen gibt. Als Lösung bietet sich der Begriff des Postreligiösen (analog zur Rede von der Postmoderne) an: Zeitgenössischer O. ist insofern als „postreligiös" einzustufen, als er traditioneller Religion und Religiosität nicht zugeordnet, aber auch nicht einfach als pseudo- oder irreligiös abqualifiziert werden kann. Im Mittelpunkt postreligiöser Orientierung steht in ganz offenkundiger Weise nicht mehr Gott, sondern der Mensch, der – zugespitzt formuliert – des Göttlichen bestenfalls als Kulisse seiner narzisstischen Selbstdarstellung bedarf. Von daher versteht man, wie der bekannte Okkultist Aleister Crowley (1875–1947) zu der These gelangen konnte: „Es ist kein Gott, außer dem Menschen."

Mangelnde Befassung mit dem Gebiet des O. hat christl. →Theologie nicht selten zu Fehlurteilen verleitet. So verstand der Theologe Kurt E. Koch den O. als „praktische Disziplin der wissenschaftlichen Parapsychologie" und kam damit ungewollt etlichen Okkultisten entgegen, die ihre Praktiken gern als „wissenschaftlich" ausgeben wollten. In einem Zeitalter aber, in dem der O. für nicht wenige Menschen gerade zu einer begrüßenswerten, durch neuartige Fernsehkanäle geförderten Modeerscheinung geworden ist und sogar als *Jugendokkultismus* oder *Schüler-Satanismus* bis ins Kindesalter hinein Praktikanten findet, sind Theologie und Kirche mehr denn je herausgefordert, sich den damit verbundenen Problemen weltanschaulicher, seelsorglicher und religionspädagogischer Art in gründlicher Besinnung zu stellen.

Holtz, G., Die Faszination der Zwänge. Aberglaube und Okkultismus, 1984; Schöll, A./Streib, H., Wege der Entzauberung. Jugendliche Sinnsuche und Okkultfaszination – Kontexte und Analysen, 2000; Thiede, W., Esoterik – die postreligiöse Dauerwelle, 1995; Thiede, W., Suche nach Thrill oder nach Sinn? Zur Frage der (Be-)Deutung von Okkultismus und Satanismus unter jungen Menschen, Materialdienst der EZW 66, 2003, 163–175, 243–253; Thiede, W., Theologie und Esoterik, Theologische Literaturzeitung, Forum 20, 2007.

Werner Thiede

Ökologie Ö. ist die Wissenschaft von der Wechselwirkung der Organismen untereinander und mit ihrer Umwelt. Man kann die Ö. (griech. oikos: Haus, Haushalt) auch als Lehre vom Haushalt der Natur bezeichnen. Die Ö. ist eine Teildisziplin der Biologie, wird aber heute interdisziplinär mit anderen Wissenschaften wie Chemie, Politikwissenschaften, Wirtschaftswissenschaften, und auch Philosophie und Theologie betrieben. Obwohl der Terminus schon 1886 von Ernst Haeckel eingeführt wurde, sind die Probleme, mit denen sich die Ö. befasst, erst in den letzten Jahrzehnten ins öffentliche Bewusstsein eingedrungen. Seit dem Bericht an den Club of Rome *Die Grenzen des Wachstums* 1972 und der Ölpreiskrise 1973 geriet die

Endlichkeit der natürlichen Ressourcen und die auf Dauer nicht zu verantwortende Umweltzerstörung und Ressourcenverschwendung durch die Industrieländer zunehmend ins Zentrum der öffentlichen Debatten. Es bildeten sich weltweit soziale Bewegungen, die den ökologischen Problemen verstärkte Aufmerksamkeit verschafften. Die dabei verhandelten Themen sind vielfältig: Lässt sich mit der Kernenergie eine Energieform verantworten, die durch die Produktion radioaktiven Abfalls zukünftige Generationen über einen unüberschaubaren Zeitraum belastet? Wie können industrielle Volkswirtschaften in ihrer Produktion die Emission von Schadstoffen und den Verbrauch nicht erneuerbarer Ressourcen in Grenzen halten? Wie kann Mobilität so organisiert werden, dass die Umwelt trotz der insbesondere in den Entwicklungsländern zu erwartenden Zunahme des Individualverkehrs nicht weiter belastet wird? Wie können chemische Belastungen von Wasser und Boden reduziert werden und in welchem Maße soll die Biotechnologie dabei genutzt werden? Wie können der tropische Regenwald und die Weltmeere besser geschützt und das weltweite Artensterben gestoppt werden? Wie kann trotz weltweit wachsenden Volkswirtschaften die Emission von Treibhausgasen und damit die Zerstörung der Ozonschicht und die globale Erderwärmung aufgehalten werden?

Schon jetzt ist der Zusammenhang zwischen →Armut und Umweltzerstörung unübersehbar. Wo Menschen ums Überleben kämpfen, bleibt kein Spielraum für ökologisch bewusste Verhaltensweisen. Umgekehrt zwingt Umweltzerstörung in vielen Fällen zur Migration. Im Jahr 2010 sind nach einer neuen UN-Studie weltweit mehr als 50 Mio. Umweltflüchtlinge zu erwarten.

Spätestens seit dem „Erdgipfel“ der UNO, bei dem 1992 über 100 Regierungschefs in Rio de Janeiro zusammenkamen, hat der in den kirchlichen Dokumenten der ökumenischen Bewegung schon in den 1970er Jahren zu findende Begriff der „Nachhaltigkeit“ (engl.: sustainability) Eingang in die allgemeine politische Diskussion gefunden. Der ursprünglich aus der Waldwirtschaft stammende Begriff ist zum Programmbegriff für einen Umgang heutiger Generationen mit den natürlichen Ressourcen geworden, der mit den Lebensmöglichkeiten zukünftiger Generationen vereinbar ist. Die ökologische Forschung hat gezeigt, dass durch die Nutzung moderner Umwelttechnologien die Effektivität der Ressourcennutzung mindestens um das Vierfache erhöht werden kann („Faktor vier“) und daher selbst bei weltweit verdoppeltem Wohlstand der Naturverbrauch halbiert werden kann. Bei konsequenter ökologischer Umsteuerung ist also die Überwindung von Armut und Unterentwicklung weltweit möglich, ohne dass die Erde weiter zerstört wird.

In Kirche und Theologie hat das Thema Ö. seit den 1970er Jahren einen festen Platz. Die zunehmende Wahrnehmung des zerstörerischen Umgangs der Menschen mit der Natur hat zu einer schöpfungstheologischen (→Schöpfung) Neubesinnung geführt, die nicht zuletzt durch eine ökologische Neulektüre biblischer Texte inspiriert wurde. Damit wurde auch auf diejenigen Stimmen in der ökologischen Debatte reagiert, die in der modernen Umweltzerstörung eine der „gnadenlosen Folgen des Christentums“ (C. Amery) sahen. Neuere theologische Entwürfe wie Gerhard Liedkes „ökologische Theologie“ oder Jürgen Moltmanns „ökologische Schöpfungslehre“ zeigen, dass die moderne Umweltzerstörung nur möglich wurde, weil die im biblischen Denken der menschlichen Machtausübung gesetzten Grenzen missachtet wurden. Das häufig zur Legitimierung einer menschlichen Instrumentalisierung der Natur benutzte „Dominium Terrae“ (Gen 1,28: „Macht euch die Erde untertan“) hat seinen Sinn gerade nicht in der Ausbeutung der Natur durch den Menschen, sondern in seiner verantwortlichen Fürsorge für die Natur (→Ethik). Das dem Menschen aufgetragene „Bebauen und Bewahren“ (Gen 2,15) bedeutet nicht eine „Anthropozentrik der Interessen“, sondern eine „Anthropozentrik der Verantwortung“ (W. Huber). Die Mitgeschöpflichkeit der nichtmenschlichen Natur impliziert, dass die Natur nicht als bloße Sache zu behandeln ist, sondern durch ihren Charakter als Schöpfung Gottes eine eigene Würde besitzt. Ökofeministische Ansätze in der Theologie (D. Sölle) sehen den Menschen in ein Beziehungsnetz der Schöpfung hineingestellt, das den Menschen geschwisterlich mit der Natur verbindet. Von verschiedenen theologischen Ansatzpunkten her besteht Übereinstimmung über die Aufgabe, für die Bewahrung der Natur und eine damit verbundene menschliche Ethik der Selbstbegrenzung einzutreten und damit den Charakter der Natur als Schöpfung Gottes ernst zu nehmen.

In den Kirchen hat der vom Ökumenischen Rat (→Ökumenischer Rat der Kirchen) 1983 initiierte „Konziliare Prozess für Gerechtigkeit, Frieden und die Bewahrung der Schöpfung“ wesentlich zu einer Intensivierung des Nachdenkens und des Handelns in ökologischen Fragen beigetragen. Dieser Prozess mündete 1990 in eine ökumenische Weltversammlung der Kirchen in Seoul, in dem sich die Kirchen in einem Bundesschluss verpflichteten „als Mitglieder der lebendigen Schöpfungsgemeinschaft, in der wir eine unter vielen Arten sind, andererseits als Mitglieder der Gemeinschaft des Bundes in Christus, Mitarbeiter Gottes zu sein, mit der moralischen Verantwortung, die Rechte kommender Generationen zu achten und die Ganzheit der Schöpfung zu bewahren“. Heute tragen die Kirchen in Deutschland durch gemeindliche Initiativgruppen, durch eigene Umweltbeauftragte auf allen kirchlichen Ebenen, durch die Thematisierung von ökologischen Fragen in den Predigten, durch andauernde Bemühungen um eine Neuinterpretation der Schöpfungstheologie und durch kirchliche Beiträge zur zivilgesellschaftlichen Debatte dazu bei, dass ökologische Themen sich im allgemeinen Bewusstsein verankern.

Altner, G. (Hg.), Ökologische Theologie. Perspektiven zur Orientierung, 1989; Amery, C., Das Ende der Vorsehung. Die gnadenlosen Folgen des Christentums, 1972; Bedford-Strohm, H., Schöpfung, 2001; Bergmann, S., Geist, der Natur befreit. Die trinitarische Kosmologie Gregors von Nazianz im Horizont einer ökologischen Theologie der Befreiung, 1995; Diefenbacher, H., Art. Ökologie, allgemein, Evangelisches Soziallexikon, 2001, 1174–1180; Green, E. (Hg.), Ökofeminismus und Theologie. Ecofeminism and Theology, 1994; Hack, U., Art. Ökologie, kirchliche Aktivitäten, Evangelisches Soziallexikon, 2001, 1180–1182; Höhn, H.-J. Ökologische Sozialethik: Grundlagen und Perspektiven, 2001; Huber, W., Konflikt und Konsens. Studien zur Ethik der Verantwortung, 1990; Liedke, G., Im Bauch des Fisches. Ökologische Theologie, 1979; Moltmann, J., Gott in der Schöpfung. Ökologische Schöpfungslehre, 1985; Rosenberger, M., Was dem Leben dient. Schöpfungsethische Weichenstellungen im konziliaren Prozeß der Jahre 1987–89, 2001; Wegner, W. u.a. (Hg.), Im Haus der Schöpfung leben – Die ökologische Frage in der Evangelischen Kirche, 1998.

Heinrich Bedford-Strohm

Ökumene Der Begriff Ö. stammt aus dem Griechischen (oikumene) und bezeichnet ursprünglich den ganzen bewohnten und bebauten Erdkreis. So wird er auch in der Septuaginta (LXX) in der Übersetzung von Ps 24,1 gebraucht. Indem Ö. in der hellenistischen Welt mit dem Reich Alexanders d.Gr. und später in der röm. Welt mit dem röm. Kaiserreich gleichgesetzt wird, gewinnt der Begriff politische Konnotation. Dieser Sprachgebrauch spiegelt sich in Lk 2,1 und Apg 17,6, dürfte gleichzeitig jedoch der Grund dafür sein, dass der Begriff im NT recht selten verwendet wird. Denn das Evangelium vom →Reich Gottes gilt allen Völkern auf der ganzen Welt (vgl. Mt 24,14), die von satanischen Mächten bedroht ist (vgl. Lk 4,5ff; Offb 3,10; 12,9; 16,14). Nachdem bereits in frühchristl. Zeit der Begriff der Ö. auf die Kirche bezogen wird, bürgert sich im 3./4. Jh. das Verständnis der Ö. als der über den ganzen Erdkreis verbreiteten Kirche ein. Mit der Christianisierung des Römischen Reiches verbinden sich sodann politische und kirchliche Bedeutung, sodass Ö. im offiziellen kirchlichen Sprachgebrauch nun das christl. Imperium bezeichnet. Als ökumenisch gilt demnach, was für alle Christen im Reich gültig und verpflichtend ist. Entsprechend werden die Konzilien, die für die Christenheit grundlegende Glaubensfragen verbindlich klären, als ökumenische →Konzilien bezeichnet. Außerdem können die der offiziellen theologischen und juristischen Lehre verpflichteten Lehrer als Lehrer der Ö. betitelt werden. In diesem Sinne nennt sich der Patriarch von Konstantinopel seit dem 6. Jh. „ökumenischer Patriarch".

Während der Begriff nach dem Zusammenbruch des Byzantinischen Reiches (→Byzanz) seine politische Konnotation verliert, bleibt seine kirchliche Bedeutung erhalten. Durch die Kirchenspaltungen im 5. Jh. innerhalb der Ostkirche, im 11. Jh. zwischen Ost- und Westkirche und im 15. Jh. innerhalb der westlichen Christenheit weitet und verändert sich das Bedeutungsspektrum des Begriffs. Denn was ökumenisch und damit für die Christenheit auf Erden verbindlich ist bzw. welche Konzilien als ökumenisch zu gelten haben, ist nunmehr unter den Kirchen strittig. Zugleich stellt sich für die getrennten Kirchen jedoch die Frage, wie sie die Einheit der Kirche verstehen, die sie im ökumenischen Glaubensbekenntnis von Nizäa-Konstantinopel bekennen.

Nachdem die verschiedenen Unionsbestrebungen in den Jahrhunderten nach den Kirchenspaltungen abgesehen von den →Kirchenunionen Roms mit einigen Ostkirchen und den innerev. Unionen im 19. Jh. weitgehend erfolglos bleiben, kommt es erst durch die moderne →Ökumenische Bewegung im 20. Jh. zur Aufnahme ökumenischer Beziehungen zwischen den getrennten Kirchen und zur Verbesserung des ökumenischen Miteinanders. Diese Entwicklung wird dadurch begünstigt, dass die konfessionellen Differenzen im 18. Jh. einerseits durch die rationalistische Kritik an den christl. Glaubenslehren in der →Aufklärung, andererseits durch die Betonung einer konfessionsübergreifenden christl. →Frömmigkeit im →Pietismus und in der →Erweckungsbewegung an Bedeutung verlieren. Auf dieser Basis entwickelt sich im 19. Jh. ausgehend von den Kreisen der Evangelischen Allianz und den christl. Jugendbewegungen eine über Konfessionsgrenzen, nationale Grenzen und Klassengrenzen hinausreichende ökumenische Gesinnung. Diese wird bestärkt durch die Erfahrung, dass die Gespaltenheit der Kirche für dic missionarische Verkündigung (→Mission) der christl. Botschaft erhebliche theologische und praktische Probleme aufwirft.

Die Weltmissionskonferenz von 1910 in Edinburgh wird schließlich zum Ausgangspunkt der modernen Ökumenischen Bewegung im 20. Jh., die sich die Evangelisierung der Menschheit, den Einsatz für →Frieden und soziale Gerechtigkeit und die Suche nach der Einheit der Kirche in Entsprechung zum nizänischen Glaubensbekenntnis zur Aufgabe macht. Nathan Söderblom prägt dabei das Ökumeneverständnis der Bewegung entscheidend, indem er Ö. als das Werk der Versöhnung und Einigung der getrennten Kirchen versteht. Der Begriff Ö. bezeichnet seither nicht mehr nur die gesamte Christenheit auf Erden, sondern fungiert auch als Beschreibung der Aufgabe, nach Einheit zu streben und die Spaltungen der Kirchen zu überwinden. Ein zentrales Organ zur Wahrnehmung dieses Ziels auf Weltebene wird der 1948 gegründete →Ökumenische Rat der Kirchen (ÖRK) in Genf, der die Kirchen gemäß seinem Selbstverständnis zur sichtbaren Einheit in dem einen Glauben und der einen eucharistischen Gemeinschaft aufruft.

Schon in den Anfängen der Ökumenischen Bewegung stellt sich die Einsicht ein, dass das Streben nach Einheit der Kirchen nicht nur im Bereich der Mission und im gemeinsamen Einsatz für Frieden und Gerechtigkeit zu realisieren ist, sondern auch die theologische Verständigung über die Bedingungen kirchlicher Einheit und den Austausch über die Bekenntnis- und Lehrdifferenzen und ihre Gründe erfordert. Auf Weltebene nimmt diese Aufgabe die Kommission für Glauben und Kirchenverfassung des →ÖRK wahr, die sich auf der Weltkonferenz 1927 in Lausanne konstituiert hat. In ihr wirken nicht nur →orthodoxe Kirchen und eine Vielzahl aus der →Reformation hervorgegangener Kirchen mit, sondern seit dem Vaticanum II auch die →römisch-katholische Kirche. Die bisher wichtigste und am meisten rezipierte Arbeit dieser Kommission sind die auf der Vollversammlung in Lima 1982 verabschiedeten Konvergenzerklärungen über →Taufe, Eucharistie (→Abendmahl) und →Amt. In diesem sog. Lima-Dokument werden wichtige Konvergenzen im Verständnis der →Sakramente und des kirchlichen Amtes festgestellt, gleichzeitig aber auch bestehende Differenzen markiert und den Kirchen zu weiterer Klärung anempfohlen. In der Auseinandersetzung mit diesen Themen, die nicht nur im multilateralen Dialog auf Weltebene, sondern auch in vielen bilateralen Dialogen auf nationaler und internationaler Ebene behandelt werden, haben sich als ökumenische Kardinalprobleme zum einen die Frage nach der verbindlichen Richtschnur für Glaube und kirchliche Lehre, zum anderen die Frage nach dem Verständnis von Kirche (→Ekklesiologie) und kirchlicher Einheit herauskristallisiert.

Auf die zweite Frage bezieht sich bereits die Einheitserklärung der ÖRK-Vollversammlung in Neu-Delhi 1961. Hier wird die Einheit, die es als Gottes Wille und als seine Gabe sichtbar zu machen gilt, als „eine völlig verpflichtete Gemeinschaft" verstanden, die Übereinstimmung im →Bekenntnis des Glaubens und Gemeinsamkeit in den Sakramenten und im kirchlichen →Amt, im gottesdienstlichen Leben (→Gottesdienst) und →Gebet, im Zeugnis und Dienst an allen Menschen sowie die Fähigkeit zu gemeinsamem Handeln angesichts konkreter Herausforderungen auf lokaler und universaler Ebene einschließt. In der Folgezeit wird diese Einheit zum einen näher bestimmt als konziliare Gemeinschaft (so die Kommission für Glauben und Kirchenverfassung in Salamanca 1973 und die ÖRK-Vollversammlung in Nairobi 1975), zum anderen wird zur Geltung gebracht, dass konfessionelle Verschiedenheiten als versöhnte Verschiedenheiten in der gesuchten Einheit der Kirche ihren Platz haben können und so „zum Reichtum und zur Fülle der Kirchen beitragen" (ÖRK-Vollversammlung in Canberra 1991).

Ein Verständnis der Einheit in versöhnter Verschiedenheit, das – auf der Basis einer Übereinstimmung in den grundlegenden Glaubensfragen – den Differenzen in den geschichtlich gewachsenen institutionellen Gestaltungsformen Raum lässt, wird als ökumenische Zielvorstellung insbesondere von ev. Seite favorisiert. Den Ausgangs- und Orientierungspunkt der ev. Überlegungen bietet dabei der Artikel VII der *Confessio Augustana*, wonach es zur wahren Einigkeit der christl. Kirchen genug ist, „daß da einträchtiglich nach reinem Verstand das Evangelium gepredigt und die Sakrament dem gottlichen Wort gemäß gereicht werden". Die Übereinstimmung im Verständnis des →Evangeliums und in der Sakramentsverwaltung gilt mithin als notwendige und hinreichende Bedingung kirchlicher Einheit. Entsprechend basiert die Kirchengemeinschaft, die durch die →Leuenberger Konkordie von 1973 erreicht worden ist, auf einem gemeinsamen Verständnis des Evangeliums, in dem die kirchentrennenden Lehrunterschiede in der →Christologie, Prädestinationslehre (→Erwählung, Prädestination) und Sakramentenlehre (→Sakramente) aufgehoben sind. Dies wiederum eröffnet den beteiligten Kirchen Kirchengemeinschaft im Sinne von Kanzel- und Abendmahlsgemeinschaft. Die Kirchen der →Leuenberger Kirchengemeinschaft verstehen dabei das von Christus eingesetzte und durch →Ordination übertragene Amt der Evangeliumsverkündigung und Sakramentsverwaltung als Dienst an der Einheit. Eine Übereinstimmung über die konkrete Ausgestaltung des Amtes und seiner Leitungsfunktion wird jedoch nicht als notwendige Bedingung von Kirchengemeinschaft geltend gemacht. Das Bischofsamt (→Bischof) erscheint damit als eine unter mehreren möglichen Formen zur Wahrnehmung der Kirchenleitung und -aufsicht (griech.: episkope).

Viele →lutherische Kirchen können darüber hinausgehend auch die Weitergabe des Bischofsamtes in apostolischer Nachfolge (→Apostel) als sinnvolles Zeichen der Einheit würdigen. Dies bildet die theologische Grundlage für die Aufnahme voller Kirchengemeinschaft im Sinne von Abendmahlsgemeinschaft und gegenseitiger Anerkennung der Ämter zwischen den anglikanischen Kirchen in Großbritannien und Irland und den luth. Kirchen des Nordens durch die *Porvooer Gemeinsame Feststellung* von 1992. In ähnlicher Weise haben auch die Episkopalkirche und die luth. Kirche in den USA mit der Erklärung *Called to Common Mission* 1999 und die anglikanische und die luth. Kirche in Kanada mit der *Waterloo-Erklärung* 2001 volle Kirchengemeinschaft erreicht. Dabei wird das Bischofsamt in apostolischer Sukzession zwar nicht als Garant, wohl aber als Moment sichtbarer Einheit verstanden. Wenngleich nach anglikanischem Verständnis Voraussetzung für die volle Kirchengemeinschaft im Sinne der Ämteranerkennung die Einheit im historischen Bischofsamt ist, ist im Dialog zwischen der Kirche von England und der Evangelischen Kirche mit der *Gemeinsamen Feststellung von Meißen* 1991 doch die gegenseitige

Anerkennung der Kirchen und die Möglichkeit wechselseitiger Teilnahme am Abendmahl in Deutschland vereinbart worden.

Im Unterschied dazu wird in den orthodoxen Kirchen und in der röm.-kath. Kirche neben der Übereinstimmung im Glauben die Einheit im Amt und die Bewahrung des Bischofsamtes in apostolischer Sukzession als unabdingbare Voraussetzung für die Anerkennung einer Kirche als Kirche und für die Möglichkeit der Interkommunion angesehen. Während nach orthodoxem Verständnis die Einheit der Kirche verloren gegangen ist, weil die Kirchen von der nur in den orthodoxen Kirchen in ihrer Fülle und Integrität bewahrten Tradition der alten ungeteilten Kirche abgewichen sind, ist nach röm.-kath. Überzeugung die eine, heilige, kath. und apostolische Kirche in der röm.-kath. Kirche verwirklicht. Weil für diese Einheit die apostolische Sukzession des Bischofsamtes konstitutiv ist, kann →Rom (→Vatikan) die orthodoxen Kirchen, die das historische Bischofsamt bewahrt haben, als Schwesterkirchen anerkennen. Die aus der Reformation hervorgegangenen Kirchen, in denen das nicht der Fall ist, gelten dagegen nur als kirchliche Gemeinschaften. Die Verständigung über Begründung und Stellenwert des historischen Bischofsamtes für die sichtbare Einheit der Kirchen ist damit eine ebenso grundlegende wie schwierige Aufgabe weiterer ökumenischer Dialoge. Einen Meilenstein ökumenischer Verständigung zwischen ev. Kirchen und der röm.-kath. Kirche stellt jedoch die *Gemeinsame Erklärung zur Rechtfertigungslehre* dar, die 1999 vom →Lutherischen Weltbund und vom Einheitsrat der röm.-kath. Kirche unterzeichnet worden ist. Denn hier wird ein gemeinsames Verständnis der Rechtfertigungslehre entfaltet, das von den kath. und ev. Lehrverurteilungen des 16. Jh. nicht mehr getroffen wird. Auf dieser Basis können die konfessionellen Differenzen in der theologischen Lehrbildung als unterschiedliche Gewichtung und Auslegung des gemeinsamen Verständnisses angesehen werden. In dieser Vorgehensweise des differenzierten Konsenses liegt eine bedeutsame Chance für weitere ökumenische Verständigung über die kirchentrennenden Lehrfragen. Daneben ist es ökumenisch jedoch von großer Bedeutung, das wechselseitige Verständnis der Kirchen für ihre gewachsenen konfessionellen Prägungen und ihre kulturellen Verwurzelungen zu vertiefen und die bereits bestehenden Möglichkeiten zu gottesdienstlichen Feiern, zu gemeinsamem Zeugnis und Dienst, zur Stellungnahme in ethischen Fragen und zur Zusammenarbeit in den Bereichen der Erwachsenenbildung und Jugendarbeit zu nützen und auszubauen.

Meyer, H., Ökumenische Zielvorstellungen, Bensheimer Hefte 78: Ökumenische Studienhefte H. 4, 1996; Neuner, P., Ökumenische Theologie. Die Suche nach der Einheit der christlichen Kirchen, 1997; Neuner, P./Kleinschwärzer-Meister, B., Kleines Handbuch der Ökumene, 2002; Wenz, G., Kirche. Studium Systematische Theologie Bd. 3, 2005.

Friederike Nüssel

Ökumenische Bewegung Der Begriff Ö. B. ist im 20. Jh. geprägt worden. Grundsätzlich kann als Ö. B. zwar die gesamte Geschichte der →Ökumene von der Entstehung des Christentums bis in die Gegenwart bezeichnet werden, doch wird der Begriff zumeist auf die moderne Entwicklung der Ökumene im 20. Jh. bezogen. Diese ist motiviert durch die Rückbesinnung auf den Einheitsauftrag Jesu, betont die weltweite Zusammengehörigkeit der Christen in den getrennten Kirchen und rückt auf der Basis dessen die Aufgabe glaubwürdiger christl. Weltverantwortung in den Vordergrund. Die entscheidende Voraussetzung für das Entstehen der modernen Ö. B. liegt in den verschiedenen missionarischen Bewegungen (→Mission) und Aktivitäten im 19. Jh., die auf eine innere Wiederbelebung des Christentums und auf die weltweite Ausbreitung des →Evangeliums zielten. Träger dieser Entwicklung waren zunächst die Bibelgesellschaften, die um 1800 entstanden, sodann die Evangelische Allianz (gegr. 1846), die Jugendbewegungen des Christlichen Vereins junger Männer (CVJM/YMCA; gegr. 1855) und des Christlichen Vereins weiblicher Jugend (CVWJ/YWCA; gegr., 1893), der Christliche Studentenweltbund (gegr. 1895) und die Missionsgesellschaften, die ab 1878 internationale Konferenzen abhielten. Im Zuge der wachsenden Internationalisierung bildeten sich seit der zweiten Hälfte des 19. Jh. außerdem weltweite konfessionelle Zusammenschlüsse (1867 die Lambeth-Konferenz, 1875 der →Reformierte Weltbund, 1881 die Ökumenische Methodistenkonferenz, 1889 die Utrechter Union der Altkatholischen Bischöfe, 1891 der Internationale Rat der kongregationalistischen Kirchen, 1905 der Baptistische Weltbund, 1923 der Lutherische Weltkonvent [→Lutherischer Weltbund]) und nationale Kirchen- und Christenräte (Nordamerikanischer Kirchenbund 1908, Britischer Rat der Kirchen 1942).

Als Beginn der modernen Ö. B. gilt die Weltmissionskonferenz von Edinburgh 1910, die John Mott wesentlich prägte. Die Grundanliegen waren die Evangelisierung der Menschheit, die Verpflichtung zu →Frieden und zu sozialer →Gerechtigkeit und die Suche nach der Einheit der Kirche, die im Glaubensbekenntnis bekannt wird. Zur Wahrnehmung des ersten Anliegens setzte sich Mott zusammen mit Josef F. Oldham für die Gründung des Internationalen Missionsrats ein, die 1921 in Lake Mohonk realisiert wurde. Ein weiterer Pfeiler der Ö. B. entstand mit der Bewegung für Glauben und Kirchenverfassung (engl.: Faith and Order, ab 1910), die wesentlich auf die Initiative von Charles H. Brent zurückging und sich 1927 auf der Weltkonferenz in Lausanne konstituierte. Einen dritten Pfeiler bildete schließlich der Protestantische Weltbund für Internationale Freundschaftsarbeit der Kirchen, der zu Beginn des Ersten Weltkrieges 1914 in Konstanz geschlossen wurde. Aus ihm entstand die Bewegung für Praktisches Christentum (engl.: Life and Work, ab 1920), die 1925 in Stockholm ihre erste Weltkonferenz abhielt. Nach dem Zweiten Weltkrieg konnte 1948 der →Ökumenische Rat der Kirchen auf der Vollversammlung in Amsterdam gegründet werden. In ihm vereinigten sich die Bewegung für Praktisches Christentum und die Bewegung für Glauben und Kirchenverfassung. 1961 trat ihm auch der Internationale Missionsrat bei. Fortan wurden die Vollversammlungen des ÖRK (1948 in Amsterdam, 1954 in Evanston, 1961 in Neu Delhi, 1968 in Uppsala, 1975 in Nairobi, 1983 in Vancouver, 1991 in Canberra, 1998 in Harare, 2006 in Porto Allegre) und die Weltkonferenzen seiner einzelnen Kommissionen zu wichtigen Organen der Ö. B. auf Weltebene.

Einen entscheidenden Impuls für die weitere Entwicklung der Ö. B. setzte die Kommission für Glauben und Kirchenverfassung bei ihrer Weltkonferenz in Lund 1952, indem sie die Zeit der „bloßen vergleichenden

Kirchenkunde“ für beendet erklärte und eine christologisch fundierte Besinnung auf die anzustrebende Einheit der Kirchen forderte. Dies geschah zum einen auf der ÖRK-Vollversammlung in Neu-Delhi 1961, auf der die konstitutiven Momente der anzustrebenden Einheit der Kirchen bedacht wurden, zum anderen durch die inhaltliche Auseinandersetzung mit den kirchentrennenden Differenzen im Sakraments- und Amtsverständnis, die zu den Konvergenzerklärungen über →Taufe, Eucharistie (→Abendmahl) und →Amt führten. Sie wurden auf der Vollversammlung von Glauben und Kirchenverfassung 1982 in Lima verabschiedet und haben seither die Ö. B. entscheidend geprägt.

Nachdem die Ö. B. zunächst von den reformatorischen (→Lutherische Kirchen; →Reformierte Kirchen), anglikanischen (→Anglikanische Kirchengemeinschaft) und einigen →orthodoxen Kirchen befördert worden war, während die →römisch-katholische Kirche eine Mitwirkung im ÖRK ablehnte, änderte sich dies mit dem Vaticanum II. Seither entsendet die röm.-kath. Kirche Beobachter zu den Vollversammlungen des ÖRK. Außerdem wurde sie 1968 Vollmitglied der Kommission für Glaube und Kirchenverfassung und konnte auf diese Weise am Lima-Dokument mitarbeiten. Auf dessen Basis wurde die Lima-Liturgie entworfen, die viele Kirchen als Möglichkeit zu ökumenischen Gottesdiensten ergriffen. Von Seiten der orthodoxen Kirchen ist jedoch in den letzten Jahren die Feier ökumenischer →Gottesdienste problematisiert worden, weil bestimmte altkirchliche Kanones das gemeinsame Beten (→Gebet) mit Häretikern (→Häresie und Schisma) verbieten. Eine 1998 eingerichtete Sonderkommission zur Klärung der orthodoxen Mitarbeit im ÖRK hat sich dieser Problematik angenommen und 2002 einen Bericht vorgelegt. Dagegen hat die röm.-kath. Kirche bereits im Ökumenismusdekret des Vaticanum II (Unitatis redintegratio, kurz: UR) die Versammlung zum gemeinsamen Gebet um die Einheit ausdrücklich befürwortet. Sie erklärt die Wiederherstellung der Einheit der Christen zu einer Hauptaufgabe (UR 1) und begreift die Bekehrung des Herzens und die Heiligkeit des Lebens in Verbindung mit dem privaten und öffentlichen Gebet für die Einheit der Christen als geistlichen Ökumenismus und als die Seele der Ö. B. (UR 8). Daneben nennen UR und die Ökumene-Enzyklika von Papst Johannes Paul II. *Ut unum sint* als Mittel zur Förderung der Einheit den theologischen Dialog und die praktische Zusammenarbeit. Entsprechend beteiligt sich die röm.-kath. Kirche an zahlreichen bilateralen Dialogen auf internationaler und nationaler Ebene. Den größten Fortschritt im ev.-kath. Dialog stellt die *Gemeinsame Erklärung zur Rechtfertigungslehre* von 1999 dar, in der langjährige internationale und nationale Gespräche zum Abschluss gekommen sind. In den Fragen des Kirchen- und Amtsverständnisses (→Amt, Ämter) bestehen dagegen noch gewichtige Differenzen, die von röm.-kath. Seite einer Abendmahls- bzw. Eucharistiegemeinschaft entgegenstehen. Dennoch ist das ökumenische Miteinander beider Kirchen in den letzten Jahrzehnten auf vielen Ebenen ausgebaut worden. So konnte 2003 in Berlin ein erster ökumenischer →Kirchentag beider Kirchen gefeiert werden.

Neben der Arbeit an den kirchentrennenden Lehrunterschieden, die zwischen den verschiedenen Kirchen heute vornehmlich die Frage nach dem kirchlichen Amt betreffen, spielt der Konziliare Prozess für Gerechtigkeit, Frieden und Bewahrung der Schöpfung, der in den Jahren nach der

ÖRK-Vollversammlung in Vancouver 1983 angestoßen wurde, eine wichtige Rolle in der Ö. B. Diese lebt jedoch nicht nur von den multilateralen ökumenischen Aktivitäten auf Weltebene, sondern ebenso von den zahlreichen bilateralen Dialogen und Kontakten auf Weltebene und auf nationaler Ebene, in Deutschland z.B. in der →Arbeitsgemeinschaft christlicher Kirchen (ACK). Träger des ökumenischen Strebens nach gemeinsamem Zeugnis und Dienst im Zusammenwachsen der getrennten Kirchen sind in den letzten Jahrzehnten zunehmend die örtlichen →Kirchengemeinden geworden. War die Ö. B. mit dem Ziel der Evangelisierung der Menschheit anfangs zunächst primär nach außen gerichtet, so wendet sie sich heute verstärkt nach innen auf eine Überwindung der Spaltungen, die das Miteinander der Christen verschiedener Konfessionen tagtäglich behindern und beschweren und auf diese Weise eine Entfremdung von den Kirchen, denen sie angehören, befördern.

Frieling, R., Der Weg des ökumenischen Gedankens, 1992; Meyer, H. u.a. (Hg.), Dokumente wachsender Übereinstimmung, Bd. III, 1990–2001, 2003; Neuner, P./ Kleinschwärzer-Meister, B., Kleines Handbuch der Ökumene, 2002.

Friederike Nüssel

Ökumenischer Rat der Kirchen (ÖRK) Der ÖRK (auch Weltrat der Kirchen, engl.: World Council of Churches) ist ein weltweiter Zusammenschluss von mehr als 340 Kirchen orthodoxer (→Orthodoxe Kirchen des Ostens), reformatorischer (→Lutherische Kirchen; →Reformierte Kirchen), anglikanischer (→Anglikanische Kirchengemeinschaft), freikirchlicher (→Freikirchen) und pfingstlicher (→Pfingstbewegung, Pfingstkirchen) Tradition mit ca. 450 Mio. Christen aus über hundert Ländern. Gemäß seiner Basisformel versteht sich der ÖRK als „eine Gemeinschaft von Kirchen, die den Herrn Jesus Christus gemäß der Heiligen Schrift als Gott und Heiland bekennen und darum gemeinsam zu erfüllen trachten, wozu sie berufen sind, zur Ehre Gottes, des Vaters, des Sohnes und des Heiligen Geistes“ (Art. I). Sein Hauptziel sieht er „darin, einander zur sichtbaren Einheit in dem einen Glauben und der einen eucharistischen Gemeinschaft aufzurufen, die ihren Ausdruck im Gottesdienst und im gemeinsamen Leben in Christus findet, durch Zeugnis und Dienst an der Welt, und auf diese Einheit zuzugehen, damit die Welt glaube“ (Art. III). Er „bietet den Kirchen die Möglichkeit zum gemeinsamen Vorgehen in Fragen gemeinsamen Interesses“ (ebd.), hat als solcher aber nur beratende und keine gesetzgebende Funktion.

Der ÖRK ist aus der modernen →Ökumenischen Bewegung entstanden. Seine Gründung wurde 1937 beschlossen, konnte aber erst nach dem Zweiten Weltkrieg 1948 auf der 1. Vollversammlung in Amsterdam realisiert werden. Dabei schlossen sich die Bewegung für Praktisches Christentum und die Bewegung für Glauben und Kirchenverfassung zusammen, die bereits in den 1920er Jahren entstanden waren. Der erste Generalsekretär des ÖRK war Willem A. Visser't Hooft (bis 1966), der dessen Aufbauzeit entscheidend geprägt hat. Auf der 3. Vollversammlung 1961 in Neu-

Delhi vereinigte sich der Internationale Missionsrat mit dem ÖRK. 1972 trat auch der Weltrat für Christliche Erziehung dem ÖRK bei. Mit der erheblichen Zunahme von Mitgliedskirchen aus Asien, Afrika und Lateinamerika trat auf der 4. Vollversammlung in Uppsala 1968 und der 5. Vollversammlung in Nairobi 1975 die Auseinandersetzung mit Fragen der sozialen →Gerechtigkeit, der →Menschenrechte, der Rassismusproblematik und des interreligiösen Dialogs in den Vordergrund. Die 6. Vollversammlung in Vancouver 1983 nahm darüber hinaus die Anliegen der Friedensbewegung auf und stieß den Konziliaren Prozess für Gerechtigkeit, Frieden und die Bewahrung der Schöpfung an, während die 7. Vollversammlung in Canberra 1991 das Ökumeneverständnis auf die gesamte Schöpfung ausweitete. Auf die politische Wende 1989 und die damit verbundenen gesellschaftlichen und kirchlichen Veränderungen reagierte die 8. Vollversammlung in Harare 1998. Sie reflektierte diese auch in ihrer Bedeutung für den ÖRK und verabschiedete die Grundsatzerklärung *Auf dem Weg zu einem gemeinsamen Verständnis und einer gemeinsamen Vision des ÖRK*.

Die verschiedenen geschichtlich gewachsenen Anliegen und Aufgaben des ÖRK werden heute in der Kommission für Glauben und Kirchenverfassung, der Kommission für Weltmission und Evangelisation, der Kommission für Bildungsarbeit und ökumenische Ausbildung, der Kommission der Kirchen für Gerechtigkeit, Frieden und Bewahrung der Schöpfung, der Kommission der Kirchen für internationale Angelegenheiten und der Kommission der Kirchen für Diakonie und Entwicklung wahrgenommen. Die Entscheidungs- und Leitungsorgane des ÖRK sind die etwa alle sieben Jahre einzuberufende Vollversammlung der Delegierten aller Mitgliedskirchen, der dort gewählte Zentralausschuss (ca. 150 Mitglieder) als Leitungsgremium zwischen den Vollversammlungen und der Exekutivausschuss (25 Mitglieder), der geschäftsführende Funktionen wahrnimmt. Bedingung der Aufnahme von Mitgliedskirchen ist deren Übereinstimmung mit der Basis, eine Größe von mindestens 25.000 Mitgliedern, der Nachweis der ständigen Unabhängigkeit ihres Lebens und ihrer Organisation, die Pflege konstruktiver ökumenischer Beziehungen zu anderen Kirchen ihres Landes sowie eine Zweidrittelmehrheit der Vollversammlung des ÖRK.

Obwohl die →römisch-katholische Kirche bis heute kein Mitglied des ÖRK ist, nimmt sie seit 1961 mit Beobachtern an den Vollversammlungen teil und stellt seit 1968 10% der Mitglieder der Kommission für Glauben und Kirchenverfassung. Diese Kommission erarbeitete in Lima 1982 die Konvergenzerklärungen *Taufe, Eucharistie und Amt*, die auf der 6. Vollversammlung in Vancouver verabschiedet wurde. Damit hat das Streben des ÖRK nach sichtbarer Einheit eine ökumenisch-theologische Auslegung gewonnen, die von vielen Kirchen dankbar rezipiert, im deutschsprachigen →Protestantismus aber eher kritisch bedacht wurde. Nunmehr werden in der Kommission Fragen des Kirchenverständnisses bearbeitet. Nachdem die Mitarbeit der orthodoxen Kirchen im ÖRK in den 1990er Jahren zunehmend mit Schwierigkeiten behaftet war, hat eine Sonderkommission sich dieser Thematik zugewendet und ihren Bericht 2002 vorgelegt. Dieses ist jedoch nur eines von vielen Feldern, in denen der ÖRK den Austausch und den Zusammenhalt der Kirchen zu unterstützen sucht, um die weitere Entwicklung der einen ökumenischen Bewegung heute zu fördern.

World Council of Churches, Es begann in Amsterdam. Vierzig Jahre Ökumenischer Rat der Kirchen (hg. vom ÖRK), 1989; Eldern, M. van/Conway, M., Introducing the World Council of Churches (dt.: Zeugnis – Dienst – Einheit – Erneuerung. Der Ökumenische Rat der Kirchen stellt sich vor), 2001; www.wcc-coe.org/wcc/who/con-g.html.

Friederike Nüssel

Ontologie Der seit dem 17. Jh. gebräuchliche Begriff „Ontologie" (von neugriech.: to ón, das Seiende, und lógos, Lehre) bezeichnet den ersten Teil der Philosophie (lat.: philosophia prima), der die Lehre vom Seienden als solchem entfaltet: sein Wesen und Sinn, Seinscharakteren, -weisen, -bereiche und -gründe. Diese Lehre wird entweder mit der von Aristoteles (384–322 v. Chr.) begründeten klassischen →Metaphysik gleichgesetzt oder als eine Teildisziplin derselben verstanden. Im letzteren Sinne wurde der Begriff von Christian Wolff (1679–1754) als Bezeichnung für die allgemeine Metaphysik (lat.: metaphysica generalis) eingeführt, die sich mit der begrifflichen Deduktion der allgemeinsten Bestimmungen des Seienden befasst und darin als Grunddisziplin den Disziplinen der speziellen Metaphysik (lat.: metaphysica specialis) vorangestellt ist, welche die Themen →Seele (Psychologie), →Welt (Kosmologie) und Gott (philosophische Theologie [→Philosophie und Theologie]) behandeln. Im Rahmen seiner Destruktion der Leibniz-Wolffschen (G.W. Leibniz) Schulmetaphysik wurde die O. von Immanuel Kant (1724–1804) einer fundamentalen Kritik unterzogen. Seitdem werden entweder Neukonzeptionen der O. vorgeschlagen, oder ihre Möglichkeit wird prinzipiell bestritten.

Der Sache nach stand die ontologische Frage bereits im Zentrum der ersten philosophischen Theorien. Die Vorsokratiker gingen in unterschiedlicher Weise davon aus, dass es einen Urgrund des Seienden gibt, aus dem die Vielfalt der Dinge und ihre Veränderungen in der erfahrbaren Wirklichkeit hervorgehen. Dieser Urgrund wurde entweder stofflich gefasst: als Urstoff Wasser bei Thales von Milet (um 624–546 v. Chr.), als Luft bei Anaximenes (um 585–525 v. Chr.), als die vier Elemente Feuer, Luft, Erde, Wasser bei Empedokles (um 492–430 v. Chr.), als unendlich viele durch den Geist bewegte Grundstoffe bei Anaxagoras (um 500–428 v. Chr.), als mechanisch aufeinander wirkende Atome bei Demokrit (um 460–370). Oder er wurde als ein unstoffliches Urprinzip verstanden: als Apeiron (das Unendliche, Unbegrenzte, Unbestimmte) bei Anaximander (um 610–546 v. Chr.), als Zahl bei Pythagoras (um 570–500 v. Chr.), als Logos bei Heraklit (um 550–480 v. Chr.). Die Möglichkeitsbedingungen vernünftigen Denkens (→Vernunft) und wahrheitsfähiger Aussagen über das Sein im Gegenüber zum undenkbaren Nicht-Sein wurden erstmals von Parmenides (um 540–470 v. Chr.) erörtert. Im Anschluss daran sahen Sokrates (um 470–399 v. Chr.) und Platon (428/7–348/7 v. Chr.) die genuine Aufgabe der Philosophie in Auseinandersetzung mit der Sophistik darin, das wahre Sein vom trügerischen Schein zu unterscheiden und damit die bloße Meinung der Alltagserfahrung zur wahrhaften Erkenntnis des Seins im Dienste des guten →Lebens zu übersteigen. Nachdem Platon in seiner Ideenlehre eine idealistische Lösung des ontologischen Problems vertreten hatte, suchte Aristoteles den hieraus entstehenden →Dualismus von immerseiender transzendenter Idee (→Immanenz und Transzendenz) und vergänglichem realem Gegenstand durch eine empirische O. zu überwinden. In seiner *Metaphysik* wird das Wesen der Dinge in der in ihnen selbst liegenden Substanz geortet. Die von Aristoteles identifizierten Grundkategorien des Seins – Substanz und Akzidens, Materie und Form, Potentialität und Aktualität – stellten das begriffliche Instrumentarium bereit, das die weitere Diskussion maßgeblich prägen sollte.

Mit Hilfe der antiken O. haben die christl. Theologen der →Alten Kirche (→Augustin) und →Scholastik die Lehre von Gott, der →Schöpfung und →Gnade entfaltet. Anselm von Canterbury (1033–1109) formulierte das Argument des *Ontologischen Gottesbeweises* (→Gottesbeweise), das die Existenz Gottes durch rationale Gründe als notwendig zu erweisen strebt. Mit den Mitteln der aristotelischen Philosophie entfaltete →Thomas von Aquin das System einer christl. Philosophie, für dessen O. die Unterscheidung von Sein und Wesen grundlegend ist: Gott wird als die subsistierende Seinsfülle gedacht, in der im Unterschied zum Seienden Wesen und Sein zusammenfällt. Sein wird als der Inbegriff der Vollkommenheiten (Einheit, Wahrsein, Gutsein u. a.) verstanden, an dem alles Seiende als Geschaffenes seinem Wesen und seiner Stellung in der teleologischen Seinsordnung gemäß durch Gott Anteil erhält. Im Bemühen, eine dem christl. Gottesverständnis adäquate O. zu entfalten, kommt es zum mittelalterlichen Universalienstreit, in dem sich die Positionen des Realismus („Nur die Allgemeinbegriffe sind real!") und Nominalismus („Die Allgemeinbegriffe sind bloße Namen, nur die Einzeldinge sind real!") gegenüberstehen.

Die Diskussion der →Neuzeit wurde durch die erkenntnistheoretische Fragestellung (Erkenntnistheorie) René Descartes' (1596–1650) eröffnet und durch den von ihm exponierten →Dualismus von Geist- und Körperwelt bzw. Subjekt und Objekt entscheidend bestimmt. Eine umstürzende Problematisierung der O. wurde in Kants *Kritik der reinen Vernunft* vorgenommen. Statt inhaltlicher Erkenntnisse *a priori* über die Kategorien des Seienden lassen sich nach Kant allein die Kategorien des Verstandesvermögens des erkennenden Subjekts erheben, die in ihrer Anwendung auf die Daten der sinnlichen Anschauung die Bedingung jeder möglichen Erfahrung sind, von denen abgesehen von diesem empirischen jedoch kein weitergehender metaphysischer Gebrauch gemacht werden kann. An die Stelle der O. rückt damit eine transzendentale Analytik des reinen Verstandes. Die bisherige Lehre vom Seienden an sich vertritt der Begriff des „Dinges an sich", der als bloßer Grenzbegriff das transzendentale Objekt des Erkennens bezeichnet, ohne selbst weiter eingesehen werden zu können. Eine Erneuerung der O. als Logik wurde von Georg Wilhelm Friedrich Hegel (1770–1831) unternommen. Seine *Wissenschaft der Logik* sucht die nicht bloß formale, sondern inhaltlich bestimmte Lehre vom Sein und Wesen zu entfalten, die sich aus der reinen Idee im Denken dialektisch entwickeln lässt. Weitere Neubegründungen wurden in der Phänomenologie Edmund Husserls (1859–1938), der Wertphilosophie Nicolai Hartmanns (1882–1950) und der Prozessphilosophie Alfred North Whiteheads (1861–1947) vorgetragen. Der wirkungsvolle Entwurf einer phänomenologischen Fundamentalontologie stellt die Existenzphilosophie Martin Heideggers (1886–1976) dar, der in *Sein und Zeit* die Seinsvergessenheit der bisherigen Metaphysik überwinden will, indem er die Frage nach dem Sinn von Sein durch eine existenziale Analytik des Daseins zu klären sucht. Auf eine andere Weise wird die O. in der Analytischen Philosophie als metaphysikfreies Theorieunternehmen konzipiert: Von Willard Van Orman Quine (1908–2000) wird ihr im Rahmen der Entfaltung empirischer Theorien die Explikationsaufgabe zugewiesen, den relativen Wertbereich der dort gesetzten Variablen zu bestimmen.

Die anhaltende Krise der Metaphysik hat bislang zu keiner neuen Schulontologie, aber zu vielen fruchtbaren Neukonzeptionen geführt, die in unterschiedlichen wissenschaftlichen Kontexten meist getrennt voneinander als Regionalontologien zur Anwendung kommen. Insofern jede →Wissenschaft die Bedingungen ihrer Möglichkeit sowohl im Blick auf den zu erkennenden Gegenstand als auch im Blick auf dessen Beziehung zum Subjekt des Erkennens zu klären hat, gehört zu ihrer vollen Entfaltung die Aufgabe, über die von ihr in Anspruch genommene O. begründet Rechenschaft abzulegen. Dies gilt nicht zuletzt auch für die →Theologie.

Hartmann, N., Zur Grundlegung der Ontologie, 1935; Heidegger, M., Sein und Zeit, 1927; Husserl, E., Ideen zu einer reinen Phänomenologie und phänomenologischen Philosophie, 3 Bd., 1913/1952; Quine, W.V.O., Ontological Relativity and Other Essays, 1969; Tugendhat, E., Vorlesungen zur Einführung in die sprachanalytische Philosophie, 1976.

Kirsten Huxel

Opfer 1. Im →Alten Testament: Typisch für den kanaanäischen →Kult des 2. Jahrtausends war das Deponieren wertvoller Gaben (Waffen, Schmuck, Naturalien) im →Tempel; damit wurden diese der Gottheit übereignet. Verbreitet waren auch Trankopfer (Ausgießen von Wein oder Bier auf den Boden), die mit dem Wunsch nach Fruchtbarkeit des Bodens in Verbindung stehen.

Das Schlachtopfer war in der Frühzeit des AT das allgemein übliche O. Der Familienvater (→Familie) schlachtete im Rahmen eines Wallfahrtsfestes (→Wallfahrt) das Opfertier (Rind, Schaf oder Ziege), anschließend wurde es in einzelne Stücke zerteilt und in mehreren Töpfen gekocht. Das Fett, nach semitischem Verständnis der wertvollste Teil des Tieres, wurde anschließend abgeschöpft und auf einem Räucheraltar (→Altar) verbrannt und somit der Gottheit als Dankopfer zurückgegeben. Der Priester (→Priester im Judentum) erhielt als Entlohnung für seinen Dienst einen Anteil am Fleisch, das restliche Fleisch wurde im Kreis der Familie gegessen. Die Opferpraxis in nachexilischer und ntl. Zeit beschreibt Lev 3. Der Opferherr, in der Regel der Familienvater, legte zuerst seine Hand auf den Kopf eines makellosen Opfertieres, dann schlachtete er es. Das Blut des Tieres wurde aufgefangen und von einem Priester an den Sockel des →Altars geschüttet. Nachdem die Fettpartien auf dem Brandopferaltar von einem Priester verbrannt wurden, wurde das (inzwischen gekochte) übrige Fleisch von den Kultteilnehmern gegessen. Im Laufe der Zeit verlor das Schlachtopfer seine Stellung als wichtigste Opferart; an seine Stelle trat das Brandopfer.

Im Kult des 2. Jahrtausends scheint es keine Brandopfer gegeben zu haben, bei denen Opfertiere gänzlich für eine Gottheit verbrannt wurden.

Erst ab dem 10. Jh. v. Chr. sind Brandopfer belegt; mit diesem aufwändigen O. wollten die Opfernden Gott zum Eingreifen bewegen. So soll z. B. in Gen 8,20 mit dem Brandopfer Gottes Zorn, der sich in der Sintflut ausdrückte, besänftigt werden. 1Sam 13,7–15 zeigt zudem, dass das Darbringen eines Brandopfers Vorrecht eines Priesters war. Sauls Verwerfung wird mit seiner Anmaßung priesterlicher Vorrechte begründet. Mit der Installation eines eigenen Brandopferaltars im Jerusalemer Tempel (→Jerusalem) unter Ahas (2Kön 16,10–16) wurde ein regelmäßiges Brandopfer in den Jerusalemer Kult integriert (vgl. auch die Polemik Jes 1,11). In der Folgezeit gewann das Brandopfer zunehmend an Bedeutung und löste im 7. Jh. das Schlachtopfer als wichtigste Opferart ab. Die nachexilische Opferpraxis wird in Lev 1 beschrieben. Der Opfernde hatte ein männliches und makelloses →Tier (Rind, Schaf oder Ziege) zum Tempel zu bringen. Dort legte er seine Hand auf den Kopf des Tieres und übertrug damit seine →Schuld auf das Opfertier. Nach der Schlachtung durch den Opferherrn wurde das aufgefangene Blut von Priestern an den Brandopferaltar gesprengt. Da nach semitischem Verständnis das Blut Träger des →Lebens ist, wird dieses Gott als dem Schöpfer allen Lebens wieder zurückgegeben. Das Tier wurde anschließend vom Opferherrn gehäutet, in seine Bestandteile zerlegt und vom Priester auf dem →Altar verbrannt. Wer sich kein Rind oder Kleinvieh als Opfertier leisten konnte, durfte als Ersatz Tauben darbringen (Lev 1,14–17). Dass →Maria und Joseph nach der Geburt Jesu Tauben opfern (Lk 2,24), ist ein Hinweis auf ihre →Armut.

Mindestens seit dem 8. Jh. v. Chr. sind auch Speiseopfer belegt, bei denen Sauerteig auf einem Räucheraltar als Dank für Gottes Fürsorge verbrannt wurden. In nachexilischer Zeit spielte dieses O. eine wichtige Rolle (vgl. Lev 2). Das Speiseopfer umfasste alle vegetabilen O. Die Opfergaben wurden den Priestern überreicht, mit Öl übergossen und teilweise auch mit Weihrauch bestreut; anschließend verbrannte der Priester einen Teil des O. auf dem Altar, der Rest fiel den Priestern zu.

Schuld- und Sühnopfer sind nachexilische Neuerungen im Opferkanon (Lev 4 f). Sie wurden eingeführt, um eine kultische Sühnung (→Sühne) für jegliches Fehlverhalten zu erreichen. Zentraler Akt war bei diesen Opfern die Übertragung der Schuld des →Menschen auf das zu opfernde Tier.

Alljährlich wurde zudem alle nicht durch eigene Opfergaben gesühnte Schuld des ganzen Volkes beim großen Versöhnungstag (Yom Kippur Lev 16) kultisch bereinigt (→Versöhnung; →Judentum). Nachdem der Hohepriester zuerst für sich und sein Haus ein Rind als Sündopfer dargebracht hatte, wurde über zwei Ziegenböcke das Los geworfen. Ein Bock wurde als Sündopfer dargebracht. Mit dessen Blut wurde das Heiligtum (→Heilig) entsühnt. Anschließend legte der Hohepriester beide Hände auf den Kopf des zweiten Ziegenbockes und übertrug so die Schuld des ganzen Volkes symbolisch (→Symbol) auf dieses Tier. Dann wurde dieser Bock in die Wüste gebracht. Ziel dieses →Rituals war, das gesamte Volk von aller unwissentlichen Schuld zu entsühnen, sodass es wieder kultisch rein vor Gott treten konnte. Ursprünglich war jedes Tieropfer ein Dankopfer an Gott für die Gabe des zu opfernden Tieres. Allmählich verselbstständigte sich die Opferpraxis, der Dankcharakter ging verloren (z. B. Jes 1,10–17; Hos 8,11–13; Am 4,4 f; 5,21–27). In nachexilischer Zeit wurde die Opferpraxis weiter ausgebaut, wobei der Schwerpunkt nun auf dem sühnenden Charakter des O. lag. V.a. von Psalmendichtern (→Psalmen) wurde das O. auch stark spiritualisiert (→Spiritualität) (z.B. Ps 40,7; 141,2).

2. Im →Neuen Testament: Jesus (→Jesus Christus) setzt die atl. Opferpraxis voraus (Mt 5,23f; 23,18–20). Er wendet sich jedoch gegen einen sinnentleerten Kult (Mk 11,15–17 u.ö.): „Gerechtigkeit will ich, nicht Opfer" (Mt 9,13; 12,7). Die Mitmenschlichkeit muss für ihn dem Opfervollzug vorgeordnet werden. Auch →Paulus akzeptierte den jüd. Opferbetrieb und praktizierte ihn auch (Apg 21,26; 24,18). Neu ist sein Verständnis des sühnenden →Todes Jesu als Passaopfer (1Kor 5,7) (→Passa). Der Kreuzestod (→Kreuz) Jesu, historisch an den Zeitpunkt des Passafestes gebunden, wird von ihm uminterpretiert: Jesus selbst ist nun das Passalamm. Auch das Ritual des Versöhnungstages wird von ihm im Lichte des Christusgeschehens neu interpretiert (Röm 3,25). Gleichzeitig fordert Paulus auch alle Christen in einer spiritualisierten Art zu einem sich aufopfernden Leben auf (Röm 12,1; vgl. auch 1Petr 2,5).

Der Hebräerbrief baut innerhalb des NT die Opfervorstellung Christi am stärksten aus. In Jesu Tod am Kreuz findet die atl. Opferpraxis ihr Ende und ihre Vollendung. Christus tritt selbst als Hohepriester auf (Hebr 4,14–5,6). Als solcher vollzieht er – unter typologischer Aufnahme des Geschehens am Versöhnungstag Lev 16 – das endgültige und einmalige Sühneopfer für die gesamte Menschheit, während das Ritual in Lev 16 alljährlich wiederholt werden muss (9,25f.28).

Dahm, U., Opferkult und Priestertum in Alt-Israel. Ein kultur- und religionswissenschaftlicher Beitrag, Beihefte zur Zeitschrift für die alttestamentliche Wissenschaft 327, 2003; Eberhart, C., Studien zur Bedeutung der Opfer im Alten Testament. Die Signifikanz von Blut- und Verbrennungsriten im kultischen Rahmen, Wissenschaftliche Monographien zum Alten und Neuen Testament 94, 2002; Rendtorff, R., Studien zur Geschichte des Opfers im Alten Israel, Wissenschaftliche Monographien zum Alten und Neuen Testament 24, 1967; Zwickel, W., Der Tempelkult in Kanaan und Israel. Ein Beitrag zur Kultgeschichte Palästinas von der Mittelbronzezeit bis zum Untergang Judas, 1994.

Wolfgang Zwickel

Orden und Kongregationen In O. und K. organisieren sich geistliche Gemeinschaften. Sprach man Jahrhunderte lang exklusiv nur vom →Mönchtum, so hat sich im Lauf der Zeit die Bezeichnung O. etabliert; aus ökumenischer Sicht wäre der Terminus geistliche Gemeinschaften zu favorisieren. Ordenschristinnen und Ordenschristen (lat.: religiosi, engl.: religious, frz.: religieux, im Dt. taucht die Bezeichnung Religiosen umgangssprachlich nicht auf) bilden den sog. Ordensstand (lat.: status religiosus). Für diesen ist die auf Dauer ausgerichtete Lebensform konstitutiv, die von den Ev. Räten (→Armut, Ehelosigkeit (→Ehe), Gehorsam) bestimmt wird, welche ihren rechtlichen Ausdruck in den drei klassischen Gelübden finden (zeitliche Gelübde, die zu bestimmten Abständen erneuert oder durch die ewigen oder letzten Gelübde abgelöst werden); manchmal kommt ein viertes Sondergelübde dazu (z.B. Barmherzige Brüder: Hospitalität; Jesuiten: besonderer Gehorsam gegenüber dem Papst in Bezug auf Sendungen). Das revidierte →Kirchenrecht von 1983 (CIC) favorisiert den Ausdruck geweihtes Leben (lat.: vita consecrata) anstelle des traditionellen Standesbegriffs und spricht von Institut(en): Damit lassen sich die verschiedenen Ordensformen (Einsiedler, Mönchtum, Bettelorden, K., Säkularinstitute) auf einen Nenner bringen. Ferner kennt der CIC/1983 die Unterscheidung zwischen O. und K. nicht mehr, die freilich aufgrund des Eigenrechts der einzelnen Verbände weiter besteht. Zuständig für O. und verwandte Einrichtungen ist seit 1586 die vatikanische Religiosenkongregation, die inzwischen zweimal umbenannt wurde: 1967 in Kongregation für die Ordensleute und Säkularinstitute, 1988 in Kongregation für die Institute des gottgeweihten Lebens und die Gesellschaften des apostolischen Lebens. Üblich geworden sind Abkürzungen der Ordensbezeichnungen am Ende des Namens (z.B. CJ, CSsR, OCarm., OCD, OCist., OSB, OFM, OP, SDB, SDS, SVD, SJ usw.).

Entstanden sind die O. erst im Hochmittelalter (→Mittelalter). Davor gab es besondere Lebensformen (Eremiten, Coenobiten, Wandermönche) und verschiedene Regeln (z.B. Pachomius, Basilius von Caesarea, →Augustin (→Kirchenväter), Benedikt), vereinzelt Zusammenschlüsse von Einsiedlern zu Einsiedlerkolonien (bes. in den Wüstengebieten Nordägyptens); ihre Worte sind in den *Apophtegmata Patrum* gesammelt. Im Jahr 816/17 schrieb die karolingische Reichs- und Klosterreform sämtlichen →Klöstern (gegenüber anderen Mischregeln) die Benediktsregel (lat.: Regula Benedicti) verpflichtend vor, die im Abendland nahezu monopolartige Bedeutung erlangte. Zur tatsächlichen Auslegung der verschiedenen Regeln kamen verbindliche Gewohnheiten (lat.: consuetudines) dazu, jedes Kloster unterstand einem Abt. Neben den Klerikern (→Klerus) und den →Laien galt der Mönchsstand als dritter Stand in der Kirche. Im 10. Jh. entwickelten sich als Folge mittelalterlicher Reformbewegungen monastische Verbandsbildungen; die wirkmächtigste von ihnen wurde Cluny im Burgund (gegründet 909). Andere Reformbewegungen führten zur Gründung der Kamaldulenser, Vallumbrosaner, Kartäuser oder Trappisten. Aus der Gründung von Citeaux (1098) gingen die Zisterzienser, aus asketischen Wanderpredigern die Prämonstratenser hervor. Monastisches Gemeinschaftsleben und eremitische Existenz wurden so miteinander verbunden. Eine nahezu unüberschaubare Vielzahl von O. veränderte in der Folge die religiöse Landschaft. Die O. wurden zu den bedeutendsten Kulturträgern (→Kultur) und Bildungszentren (→Bildung).

Im 13. Jh. erfolgte mit der Gründung der sog. Bettelorden (Dominikaner, Franziskaner, Augustiner-Eremiten, Karmeliten) eine gewaltige Zäsur, die einer Revolution gleichkam. Auf dem 2. Konzil von Lyon 1274 wurden sie als Mendikantenorden anerkannt; dasselbe Konzil untersagte (wie schon zuvor das IV. Laterankonzil 1215) die Gründung weiterer O., allerdings ziemlich wirkungslos. Charakteristisch ist u.a. die Verbindung von Mönchsleben mit dem Priesteramt (→Priester) bzw. den verschiedenen Formen apostolischer, missionarischer oder karitativer Tätigkeit, außerdem die Zentralisierung der Leitung.

Die Reformen bezogen sich zunächst auf die bestehenden O. Sie führten im 16. und Anfang des 17. Jh. aber auch zu neuen Gemeinschaftsbildungen, den sog. Regularklerikern. Traditionelle Formen des Ordenslebens wie das gemeinsame Chorgebet (→Gebet) oder eine eigene Ordenstracht fielen hier weg. Einer der Prototypen dafür ist (nach den Theatinern 1524) der 1540 entstandene Jesuitenorden (Gesellschaft Jesu), der als letzter großer O. gilt. Zu nennen sind auch die Barnabiten, die Piaristen, die Kamillianer oder die Barmherzigen Brüder.

Das Konzil von Trient hatte zwar die Gründung weiterer O. verboten. Ins Leben gerufen wurden jedoch Ende des 16. und im 17. Jh. klerikale K.: fromme Vereinigungen von Klerikern (später auch von Laien), die in Gemeinschaft leben, ohne traditionelle O. werden zu wollen, wie z. B. die Passionisten, die Redemptoristen, die Schulbrüder, die Englischen Fräulein (heute: Congregatio Jesu) oder die Ursulinen, die beide die Ordenskonstitutionen der Jesuiten übernommen haben. Priestergemeinschaften ohne kirchenamtliche Gelübde sind z. B. die Lazaristen, die Pallotiner, die Salesianer Don Boscos oder die Steyler Missionare. Diese Gemeinschaften zeichnen sich v. a. durch ihre apostolische Tätigkeit aus: Schulen, Volksmissionen, religiöse Erneuerung. Mit den meisten von ihnen setzte ein Boom im Erziehungs- und Schulwesen ein. Andere konzentrierten sich auf die Priesterausbildung oder auf die (an die Kolonialisierung gebundene) →Mission. Spezielle →Frömmigkeitsformen (Herz-Jesu-Verehrung, Eucharistie, →Maria) sind mit ihnen verbunden.

Eine Vielzahl v. a. weiblicher Gemeinschaften kam im Gefolge der gesellschaftlichen Veränderungen im 19. Jh. auf, die sich vorzugsweise im sozialkaritativen Bereich engagierten (Sacre Cœur-Schwestern, Vinzentinerinnen usw.). Die Säkularinstitute gehen auf das 16. Jh. zurück, wurden aber erst 1947 kirchenrechtlich gefasst: Frauen oder Männer verpflichten sich auf die drei ev. Räte, setzen aber auf bewusste Welthaftigkeit, d. h. sie verlassen ihr gesellschaftliches (säkulares) Umfeld nicht. Entgegen weitverbreiteter Meinung ist das 1928 gegründete Opus Dei kein O., sondern (seit 1982) eine Personalprälatur – ein kirchenrechtlich neu geschaffener (bisher einzigartiger) Status – und fällt in den Zuständigkeitsbereich der röm. Bischofskongregation. Gesellschaften des apostolischen Lebens werden erstmals im CIC/1917 genannt: Vereinigungen von Männern und Frauen, die ohne Gelübde zusammenleben. Philipp Neri ist die Leitfigur dieses Typs (Oratorien), Vinzenz von Paul gilt als Vater der weiblichen Gesellschaften.

Zwischen den beiden Weltkriegen kam es zu einem monastischen Frühling, nach dem Vaticanum II, das eine Erneuerung der O. und eine Rückkehr zu den Ursprungsidealen forderte, kam es zu massiven, bis heute anhaltenden Einbrüchen. Der rapide Mitgliederschwund hängt mehr mit demoskopischen Faktoren (Bevölkerungsentwicklung) als mit einem Glaubensschwund zusammen, wie konservative Kreise behaupten, die dafür das letzte Konzil verantwortlich machen. Mit Beginn des 21. Jh. gab es weltweit etwas mehr als 1 Million Ordenschristen (mit abnehmender Tendenz). Besorgniserregend sind letztlich nicht schwindende Zahlen, sondern eine Marginalisierung des Glaubens in der Gesellschaft. Ordensexistenz meint mehr als einen alternativen Lebensstil. Die Kirche braucht die O. als kritisches Korrektiv. Die Spannung zwischen Universal- und Ortskirche (die meisten Männerorden, so nicht diözesanen Rechts, sind exempt, d. h. unabhängig) wirkt fruchtbar, wenn sie nicht für kirchenpolitische Motive instrumentalisiert wird (z. B. Bischofsernennungen von Ordensmännern). Für die Glaubwürdigkeit eines radikal gelebten →Evangeliums sind die O. unverzichtbar.

Als logische Konsequenz seiner theologischen Grundentscheidungen (lat.: sola gratia, dt.: Rechtfertigung allein aus Gnade) lehnte Martin →Luther Ordensgelübde ab. Doch immer wieder kamen Gemeinschaften auf, zuerst in der pietistischen Bewegung (→Pietismus), später durch eine Neubesinnung auf christl. Dienstgemeinschaft (z.B. Diakonissen von Kaiserswerth, gegründet 1836; Neuendettelsauer Diakonissen, gegründet 1854; Ev. Marienschwesternschaft Darmstadt, gegründet 1947). Die Brüder vom gemeinsamen Leben in Nürnberg und Augsburg, die Christusbruderschaft im oberfränkischen Selbnitz, die Darmstädter Marienschwestern oder die Kommunität Casteller Ring haben überregionale Bedeutung gewonnen. Weltweit bekannt und angesehen ist die von Roger Schutz (gest. bzw. ermordet im August 2005) während des Zweiten Weltkriegs gegründete ökumenische bzw. plurikonfessionell angelegte Bruderschaft von Taizé (Communauté de Taizé, 1940).

In den →orthodoxen Kirchen gestaltet sich das Klosterwesen als ein vielförmiges, allerdings nicht zentralistisch durchstrukturiertes oder in verschiedene Ordensgemeinschaften aufgefächertes Mönchtum. Ihm kommt in der Orthodoxie eine besondere Rolle zu, indem sich die Klöster als Wächter des orthodoxen Glaubens verstehen und in ihrer Lebensweise dem Evangelium als *imitatio Christi* (→Nachfolge Christi) entsprechen. Die zuerst für die Laien gedachten asketischen Regeln des Hl. Basilius von Caesarea konstituieren seit dem Altertum das Hauptmerkmal der inneren Verfassung orthodoxen Mönchtums und den Kern aller Regeln, die sowohl in der Westkirche wie auch der Ostkirche geschrieben worden sind. Auf dieser Basis haben verschiedene monastische Zentren ihre Lebensregeln entfaltet. Wegen ihres bedeutsamen theologischen, geschichtlichen, sozialen, kulturellen und politischen Einflusses sind folgende Klöster in den Ostkirchen besonders berühmt: das Katharinen-Kloster im Sinai in Ägypten, gegründet im Jahr 458 und bekannt als die kleinste orthodoxe Kirche der Welt; das in Konstantinopel um 463 gegründete Studios-Kloster, das unter Abt Theodoros Studites (759–826) eine nachhaltige Reform des Klosterlebens durchführte; der Hl. Berg Athos (im Jahr 963 begründet, bekannt als Festung des Hesychasmus (→Mystik) und Geburtsort des Palamismus), der mit seinen inzwischen 20 Großklöstern als autonome Mönchsrepublik Teil des UNESCO-Welterbes ist; das Pečerskij-Kloster (bei Kiew im 11. Jh.), das maßgebend ist für den slawisch-russischen Raum; das Studenica-Kloster (12. Jh.), das normativ für das Kirchenleben in Serbien ist; das Neamţ-Kloster (14. Jh.) als ständiger Punkt liturgischer Erneuerung für die Orthodoxe Kirche im rumänischen Raum. Diese Klöster schrieben eigene Regeln für das monastische Leben nieder. Sie werden bis heute in einigen strengeren Klöstern der Weltorthodoxie eingesetzt.

Eine andere Entwicklung nahmen die mit Rom unierten orthodoxen Kirchen, etwa der monastische O. vom hl. Basilius von Grottaferrata, ein im 15. Jh. erfolgter Zusammenschluss einzelner Klöster Italiens; oder die Basilianer unter den unierten Ruthenen, die heute v.a. ökumenisch wirken und nach der Verfolgung in den Ländern des Ostblocks fast nur mehr in Nord- und Lateinamerika wirken. Die maronitische Kirche kennt (nach dem Wüstenvater Antonius) die sog. Antonianer, auch mit weiblichen Zweigen.

Trotz der Verstaatlichung der Kirche unter Heinrich VIII. (→Reformation) und der Aufhebung sämtlicher Klöster und der Enteignung ihrer Besitzungen überlebten einige Gemeinschaften im Untergrund und pflegten weiterhin monastische Ideale und Traditionen. Neben sog. Flüchtlingsklöstern auf dem Kontinent, z.B. die 1643 für engl. Benediktiner eingerichtete Abtei Lamspringe (1807 säkularisiert), gab es auch im schottischen Fort Augustus ein Weiterleben.

Die anglikanische Kirche (→Anglikanische Kirchengemeinschaft) kennt parallel zur kath. Kirche sowohl apostolische wie kontemplative O., die oft dieselben Regeln wie die kath. O. haben und auch dieselben Ordensbezeichnungen tragen. Im 19. Jh. formierte sich die Oxfordbewegung, eine liturgisch-theologische Erneuerungsbewegung der Kirche von England, die das Interesse für ein anglikanisches Ordensleben, zunächst unter Frauen, nachhaltig förderte. Zu ihren Mitbegründern zählten Richard Hurrel Froud (gest. 1836) und John Henry Newman (gest. 1890). Newman sammelte 1842 eine kleine Gemeinschaft in Littlemore unweit von Oxford, die sich nach seiner Konversion zur röm.-kath. Kirche (1845) auflöste (er wurde 1847 Priester und 1879 Kardinal). An der Spiritualität des Vinzenz von Paul orientierte weibliche Schwesterngemeinschaften, die v.a. im sozial-karitativen Bereich tätig waren, bildeten sich ab Mitte des 19. Jh. (Sisterhood of the Holy Cross, Sisterhood of Mercy, Sisters of Charity, Society of the Most Holy Trinity usw.). Zur Gründung der ersten kontemplativen Frauengemeinschaft kam es erst 1906 in Oxford (Community of the Sisters of the Love of God). Nach der Wiedererrichtung der röm.-kath. Hierarchie 1850 sahen sie sich dem Verdacht ausgesetzt, als verlängerter Arm Roms in England subversiv päpstliche Politik zu betreiben. Erst 1871 konnten solche Beschuldigungen durch einen Sonderausschuss des Unterhauses im Parlament ausgeräumt werden, womit der Weg frei war zu gesellschaftlicher Anerkennung. Anglikanische Nonnen, die Florence Nightingale (1820–1910), die Pionierin der modernen Krankenpflege, beim Krimkrieg (1854) begleiteten, trugen maßgeblich zu einer soliden Reputation bei. Die älteste männliche Ordensgemeinschaft der anglikanischen Kirche sind die sog. Cowley Fathers, die 1856 in Oxford als Society of St. John the Evangelist gegründet wurden. Zur Betreuung von Seeleuten wurde von Charles Hopkins (gest. 1922) im Jahr 1884 der Order of St. Paul gegründet, 1892 entstand die Community of the Resurrection. Das Gros der männlichen Ordensgemeinschaften ist benediktinisch oder franziskanisch geprägt. 1913 trat der Großteil der Benediktinerkommunität von Caldey zur röm.-kath. Kirche über. 1926 wurde das anglikanische Benediktinerkloster Nashdom gegründet. Theologisch gesehen gibt es keine gravierenden Unterschiede zum kath. Ordensleben.

Eder, M., Art. Orden, kath., RGG^4 6, 1998, 610–615; Elm, K./Kollar, R., Art. Orden, TRE 25, 1995, 315–334; Frank, K.S., Grundzüge der Geschichte des christlichen Mönchtums, ^{5}1993; Frank, K.S. u.a., Art. Orden, LThK^3 7, 1998, 1090–1100; Herzig, A., Ordens-Christen. Theologie des Ordenslebens in der Zeit nach dem Zweiten Vatikanischen Konzil, 1991; Metz, J.B./Peters, T.R., Gottespassion. Zur Ordensexistenz heute, 1991; Radcliffe, T., Gemeinschaft im Dialog. Ermutigung zum Ordensleben, 2001.

Andreas R. Batlogg

Ordination 1. Begriff und Sache: O. bezeichnet die kirchliche Handlung, in der einer Person ein geistliches →Amt übertragen und sie kirchlich beauftragt wird, es als Aufgabe wahrzunehmen. Die O. ist ein gottesdienstlicher Akt (→Gottesdienst), dessen liturgischer Grundgestus die Handauflegung darstellt. Die Beauftragung erfolgt öffentlich und ist kirchenrechtlich (→Kirchenrecht) geregelt. Vorausgesetzt sind in der Praxis der →evangelischen Kirchen →Taufe, theologische Ausbildung (→Theologiestudium) und persönliche Befähigung sowie die Bereitschaft der Ordinandin/des Ordinanden, sich auf Schrift (→Bibel, Bibelausgaben) und →Bekenntnis zu verpflichten. Die O. wird als gottesdienstliche Handlung durch eine/n bereits ordinierte/n Geistliche/n ausgeführt, die/der in kirchenleitender Funktion agiert. Die O. gründet somit in einer Berufung durch die Gemeinde bzw. Kirche (→Kirchengemeinde). Sie ermächtigt und verpflichtet zur öffentlichen Verkündigung des →Evangeliums als lebenslanger Beauftragung und konstituiert eine wechselseitige Verbindung von Amtsträger/in und Kirche.

Das Pendant zur ev. O. ist auf kath. (→Römisch-katholische Kirche) und orthodoxer Seite (→Orthodoxe Kirchen des Ostens) die Priesterweihe (→Priester; →Priesteramt, römisch-katholisch), die allerdings auf dem Hintergrund eines unterschiedlichen Amtsverständnisses theologisch eine andere Bedeutung hat. Religionsphänomenologisch gehört die O. zu den Initiationsriten (→Initiation; A. van Gennep), in denen in vielen Religionen einzelne Mitglieder der jeweiligen Gemeinschaft in einen besonderen geistlichen Stand eingeführt bzw. mit einer spezifischen religiösen Rolle und entsprechenden Aufgaben versehen werden (→Kasualien).

2. Theologiegeschichtliche Entwicklungen in ev. Perspektive: Das reformatorische Ordinations- und Amtsverständnis betont – so die *Confessio Augustana* – die „ordnungsgemäße Berufung" derjenigen, die „in der Kirche öffentlich lehren oder predigen oder die Sakramente reichen" (CA XIV) und begründet das geistliche Amt als Predigtamt (CA V). Die O. zielt auf den Auftrag, der mit dem Amt verbunden ist, und wird primär durch dessen Aufgabe definiert, das Evangelium zu verkünden. Es ist eingesetzt, damit alle vermögen, den „Glauben zu erlangen" (CA V). Insofern gehört zum ev. Verständnis der O., die besondere Beauftragung zu einem öffentlich wahrzunehmenden Verkündigungsamt konstruktiv auf das Priestertum aller Getauften (→Priestertum aller Gläubigen) zu beziehen, das es zu ermöglichen und vor geistlicher Willkür zu schützen hat. Die luth. Konzeption (→Lutherische Kirchen) – Ähnliches gilt für die reformierte Tradition (→Reformierte Kirchen) – hält an einem kirchlich geregelten (Pfarr-)Amt (→Pfarrer, Pfarramt) fest und richtet sich gegen „schwärmerische" Tendenzen geistlicher Selbstermächtigung. Zugleich grenzt sie sich gegen ein röm.-kath. Verständnis von O. als einer sakramentalen Weihe (→Sakramente) ab, die dem Empfänger unverlierbar eine besondere Gnadengabe einprägt, die ihm priesterliche Vollmacht verleiht.

Eine bibl. Tradition der O. als Einsetzungsakt in ein gemeindeleitendes Amt findet sich lediglich in den Pastoralbriefen (1Tim, 2Tim, Tit). Konstitutives Element ist hier bereits die Handauflegung als Kern einer gottesdienstlichen Handlung. In der →Alten Kirche bildet sich die liturgische Grundstruktur (→Liturgie) der O. aus, die frühmittelalterlich rituell erweitert wird (Salbung, Übergaberiten, Gelöbnis). Die O. der ev. Kirchen umfasst (in landeskirchlichen Variationen) Schriftlesung, Ordinationsvorhalt und Antwort, Ordinationsgebet (als Fürbitte und Bitte um den Geist), Handauflegung und →Segen.

Zunächst nicht eindeutig und einheitlich gehandhabt, setzt sich die Praxis durch, O. als einen für das ganze Leben gültigen, nicht zu wiederholenden Akt von der „Installation" als Einführung in ein bestimmtes (Gemeinde-)Pfarramt zu unterscheiden. Der Unterscheidung entspricht die kirchenrechtliche Differenzierung zwischen Verkündigungsamt und Pfarrdienstverhältnis. Sie ist die Bedingung dafür, dass heute in verschiedenen Landeskirchen auch eine Ordination ins Ehrenamt möglich ist.

3. Neuere Entwicklungen: Es gehört mittlerweile zum Konsens der ev. Kirchen, dass Männer und Frauen in gleicher Weise zum ev. Pfarrer bzw. zur ev. Pfarrerin ordiniert werden können. Die Frauenordination gehört zu den großen kirchlichen Auseinandersetzungen und Errungenschaften der Geschichte der ev. Kirche im 20. Jh. Sie hat sich in mehreren Etappen vollzogen: Wurden Theologinnen zunächst als „Pfarrgehilfinnen" einem Pfarrer zu- und untergeordnet, so erfahren sie, insbesondere im Kontext der Bekennenden Kirche (→Kirchenkampf) eine Aufwertung. Nach dem Zweiten Weltkrieg wurde die pfarramtliche Tätigkeit von Frauen als ein Amt sui generis angesehen (so bspw. die entsprechenden Ordnungen der VELKD), das bestimmte pastorale Praxisfelder ausschloss und eigene Anforderungen an die Lebensführung stellte (z. B. Zölibatsverpflichtung). Seit den späten 1960er Jahren wurden Zug um Zug in allen ev. Landeskirchen, zuletzt Anfang der 1990er Jahre, Männer und Frauen im Blick auf O. und kirchliches Amt kirchenrechtlich gleichgestellt. Während auch die anglikanische Church of England (→Anglikanische Kirchengemeinschaft) Priesterinnen ordiniert, wird dies von der kath. Kirche und den orthodoxen Kirchen weiterhin abgelehnt.

Innerhalb der ev. Kirchen hingegen wird in jüngerer Zeit kontrovers über die Frage diskutiert, ob es neben der O. ausgebildeter Theologinnen und Theologen ins Pfarramt auch eine O. für andere kirchliche Aufgaben bzw. Ämter geben soll (bspw. Diakoninnen und Diakone). In eine andere Richtung gehen – ebenfalls widerstreitend aufgenommene – Überlegungen der Bischofskonferenz der VELKD, die eine O. von Pfarrerinnen und Pfarrern von einer „Beauftragung" zu einzelnen pastoralen Diensten unterscheiden, mit der auch andere kirchlich Bedienstete versehen werden können. Die Auseinandersetzungen berühren zentrale Fragen des Kirchen- (→Ekklesiologie) und Amtsverständnisses. Wesentlich bleiben zwei grundlegende Dimensionen der ev. O.: Zum einen die Bindung der O. an theologische Kompetenz, zum anderen die Bedeutung der O. als geistlicher Akt.

Allgemeines Priestertum, Ordination und Beauftragung nach evangelischem Verständnis. Eine Empfehlung der Bischofskonferenz der VELKD, 2004; Globig, C., Frauenordination im Kontext lutherischer Ekklesiologie, 1994; Kühn, U., Die Ordination, in: Schmidt-Lauber, H.-C. u.a (Hg.), Handbuch der Liturgik, ^{3}2003, 335–354.

Kristian Fechtner

Orthodoxe Kirchen des Ostens Der Begriff „orthodox" bedeutet „rechter Glaube" oder „rechter Lobpreis" (griech.: orthos, dt.: recht, richtig, und griech.: doxa, dt.: Meinung/Lob) und hat sich im Laufe der Kirchengeschichte als Bezeichnung für diejenigen Kirchen entwickelt, die auf dem Boden des damaligen oström. Reiches und der daran im Osten anschließenden Gebiete entstanden sind oder deren Erbe fortsetzen.

Geschichte: Die frühe christl. Kirche hatte sich organisatorisch entwickelt in fünf Patriarchaten (→Rom, Konstantinopel, Antiochien, Alexandrien, →Jerusalem), die gleichberechtigt nebeneinander und in Gemeinschaft miteinander standen, allerdings in einer gewissen Ehrenrangfolge. Bereits im 5. Jh. kam es zu einer Spaltung, als verschiedene Bischöfe aus unterschiedlichen Gründen die Formulierungen des 4. Ökumenischen Konzils (Konzil von Chalkedon, 451 n. Chr.) (→Konzilien) im Hinblick auf die Frage, wie die Verbindung von Gott und Mensch in der Person Christi (→Christologie) zu denken und zu verstehen ist, nicht übernahmen. Während die röm.-byzantinische Reichskirche den einen →Christus, vollkommenen Gott und vollkommenen Menschen, in zwei Naturen, die in einer Person (griech.: hypostasis) weder miteinander vermischt, noch voneinander scharf getrennt sind, bekannte, hielten sich die Christen in Persien bewusst im Gegensatz zur Staatskirche des mit ihrem Land verfeindeten oström. Kaisers an die Lehre des verurteilten Nestorius (Patriarch von Konstantinopel, gest. 451) und bekannten den einen Christus in zwei Naturen und zwei Personen (hypostasis), die in Christus geeint sind, indem der göttliche Logos (→Wort Gottes) in dem Menschen Jesus Wohnung genommen hat. Da Nestorius bereits auf dem 3. Ökumenischen Konzil 431 in Ephesus verurteilt wurde, erkennt diese Kirche bis heute nur die ersten beiden ökumenischen Konzilen an. Von einigen anderen Kirchen wurden zwar die ersten drei ökumenischen Konzile anerkannt, die Formel von Chalkedon jedoch ebenfalls abgelehnt. Ihre Trennung von der röm.-byzantinischen Kirche hatte z. T. mit Kämpfen um eine kirchenpolitische Vorrangstellung, z. T. mit politischen Gegebenheiten zu tun. Die armenische Kirche z. B., die älteste Staatskirche, deren Gebiet außerhalb des röm. Reiches lag, war auf dem Konzil von Chalkedon aus politischen Gründen gar nicht anwesend und entschied erst im 6. Jh. die Ablehnung dieser Konzilsbeschlüsse.

Schließlich entwickelte sich im Laufe des ersten Jahrtausends der christl. Geschichte auch eine zunehmende Entfremdung zwischen dem kirchlichen Osten und dem kirchlichen Westen innerhalb der röm.-byzantinischen Reichskirche, die im Jahr 1054 zu einem Höhepunkt der Spannungen führte, als der →Papst von Rom und der Patriarch von Konstantinopel sich gegenseitig mit dem Bann belegten. Die endgültige Trennung und Aufkündigung der kirchlichen Gemeinschaft setzte sich jedoch erst im Laufe der darauf folgenden Jahrhunderte durch. Außer kulturellen Unterschieden ging es um unterschiedliche Glaubensauffassungen, die sich zuspitzten in der Kontroverse um das sog. *Filioque*. Dabei handelt es sich um einen nur im Westen eingeführten Zusatz im Glaubensbekenntnis von Nizäa-Konstantinopel (381), wonach der →Heilige Geist „aus dem Vater und dem Sohn" (lat.: ex patre filioque) hervorgeht, während er nach ursprünglicher Formulierung „aus dem Vater" hervorgeht.

Eine Kirche und zwei Kirchenfamilien: Daher zählen zu den o. K. des

Ostens heute verschiedene Kirchen, die zu einer Kirche und zwei unterschiedlichen Kirchenfamilien gehören, die nicht in Kirchengemeinschaft miteinander stehen, obwohl ihr Glaube, ihre Organisation, ihr Gottesdienst und ihr kirchliches Leben weitgehend dieselben sind: Als einzige Kirche erkennt die Heilige Apostolische und Kath. Assyrische Kirche des Ostens (auch: Assyrische Kirche des Ostens) nur die ersten beiden ökumenischen Konzilien an. Sie ist heute die kleinste der Ostkirchen und ist nur wenig in ökumenische Kontakte eingebunden. Diejenigen Kirchen, die nur die ersten drei ökumenischen Konzilien (Nizäa 325, Konstantinopel 381, Ephesus 431) anerkennen, nennt man orientalisch-orthodoxe Kirchen (auch non-chalcedonensische oder früher altorientalische Kirchen), und diejenigen Kirchen, die die sieben ökumenischen Konzilien (außer den genannten sind dies noch: Chalkedon 451, Konstantinopel 553, Konstantinopel 680/81, Nizäa 787) anerkennen, bezeichnet man als östliche o. K. oder Kirchen der chalcedonensischen Orthodoxie.

Die orientalischen o. K.: Zu den orientalischen o. K. zählen heute die syrisch-orthodoxe, die koptisch-orthodoxe, die armenisch-apostolische, die äthiopisch-orthodoxe, die eritreisch-orthodoxe und die syrisch-orthodoxe Kirche von Malabar (auch Indische Orthodoxe Syrische Kirche). Diese Kirchen sind heute in ihren Ursprungsländern (Syrien, Ägypten, Libanon, Äthiopien, Eritrea, Indien) meistens in einer Minderheitensituation (Ausnahme: Armenisch-Apostolische Kirche in Armenien) und leben ihren Glauben in einer islam. Umgebung (→Islam). Sie alle haben jedoch eine jeweils ganz eigene Geschichte und Eigenarten in ihrem Glaubensleben. Seit einigen Jahren versuchen v.a. die Patriarchen der Syrisch-Orthodoxen, der Koptisch-Orthodoxen und der Armenisch-Apostolischen Kirche im Nahen Osten eine engere Zusammenarbeit, mit dem Ziel, in der →Ökumene als eine Kirchenfamilie auftreten zu können, die mit einer Stimme spricht.

Die östlichen o. K.: Zu den chalcedonensischen o. K., die aus der damaligen Reichskirche hervorgegangen sind und sich als eine weltweite O. K. verstehen, gehören heute 14 sog. autokephale und 2 autonome Kirchen. Es sind die O. K. von Konstantinopel, die O. K. von Alexandrien, die O. K. von Antiochien, die O. K. von Jerusalem, die O. K. von Russland, die O. K. von Serbien, die O. K. von Rumänien, die O. K. von Bulgarien, die O. K. von Georgien, die O. K. von Zypern, die O. K. von Griechenland, die O. K. von Polen, die O. K. von Albanien, die O. K. von Tschechien und der Slowakei, die O. K. von Finnland und die O. K. von Estland. Von diesen haben sich eine Reihe von nicht-kanonischen (d.h. von den anderen nicht anerkannten) o. K. abgespalten, mit denen es keine Kirchen- und Sakramentengemeinschaft gibt. Dazu gehören die Russische Orthodoxe Auslandskirche, die Mazedonische O. K., die Ukrainische O. K. des Kiewer Patriarchats, die Altkalendarier u.a. Eine Sonderstellung hat die O. K. in Amerika, der 1970 einseitig vom Moskauer Patriarchat die Autokephalie zugesprochen wurde.

Autokephale Kirchen sind bei der Regelung ihrer Belange selbständig. Bei autonomen Kirchen benötigt ein gewählter Vorsteher nach seiner Wahl die Bestätigung des Patriarchen von Konstantinopel. An der Spitze einer o. K. steht entweder ein Patriarch (Konstantinopel, Alexandrien, Antiochien, Jerusalem, Russland, Serbien, Rumänien, Georgien), ein Erzbischof (Zypern, Griechenland, Polen, Albanien, Tschechien, Finnland) oder ein Metropolit (Estland). Dem Patriarchen von Konstantinopel gebührt der Ehrenvorsitz als *primus inter pares*, daher wird er auch Ökumenischer Patriarch genannt.

Orthodoxe Theologie und orthodoxer Glaube: Die o. K. verstehen sich als die „Eine, Heilige, Katholische und Apostolische Kirche", wie sie im Glaubensbekenntnis von Nizäa-Konstantinopel (381) bekannt wird. Außer der bereits genannten Auffassung vom Hervorgehen des Heiligen Geistes aus dem Vater lehnen die o. K. eine weltweite Kirchenleitung unter einem Oberhaupt (→Papst) ab. Eine Kirche, die von einem →Bischof bzw. Patriarchen oder Erzbischof geleitet wird, ist die ganze bzw. kath. Kirche. Dabei ist ein Bischof nur dann gültig geweiht, wenn er von einem anderen Bischof durch Handauflegung geweiht wurde in der Weise, dass die Reihe der Handauflegungen bis zu den →Aposteln zurück zu verfolgen ist (bischöfliche Sukzession). Diese Auffassung ist es v.a., die die o. K. von den Kirchen der reformatorischen Tradition trennt. Eine weitere Besonderheit ist die Tatsache, dass die meisten o. K. (Ausnahme: die Finnische O. K.) für die Berechnung des Osterdatums den Julianischen Kalender benutzen, der 1582 im Westen durch den Gregorianischen Kalender ersetzt wurde. Daher wird in den o. K. das Osterfest meistens eine bis zwei, im Höchstfall fünf Wochen später als in den Westkirchen gefeiert. Für die anderen Feste wie Weihnachten und andere Feste mit fixem Datum ist die Regelung uneinheitlich: die Russische O. K., die Serbische O. K. sowie das Jerusalemer Patriarchat benutzen insgesamt den Julianischen Kalender. Die Koptische O. K. hat einen völlig eigenen Kalender. Die übrigen orientalischen Kirchen folgen im Osterdatum dem Julianischen Kalender. Das Ökumenische Patriarchat, die Kirche von Griechenland, die Rumänische O. K., die Bulgarische O. K. u.a. haben den Gregorianischen Kalender eingeführt. Besonders zu erwähnen ist die Armenisch-Apostolische Kirche, die als einzige Kirche die altkirchliche Praxis behalten hat, nach der es kein Weihnachtsfest (→Weihnachten) gibt, sondern am 6. Januar ein Fest gefeiert wird, in dem Geburt, →Taufe und Erscheinung des Herrn gleichzeitig gefeiert werden.

Die östlichen o. K. berufen sich auf den Glauben, wie er in den sieben ökumenischen Konzilien festgelegt wurde. Da seither keine ökumenischen Konzilien mehr stattgefunden haben, hat sich bei ihnen der Glaube seither kaum verändert. In Glaubensfragen können die östlichen o. K. Entscheidungen nur gemeinsam treffen. Seit den 1920er Jahren gibt es Vorbereitungen zu einem Panorthodoxen Konzil, das Fragen klären sollte, die sich in der modernen Lebenswelt für die o. K. ergeben haben. Bisher ist dieses Konzil noch nicht zustande gekommen.

Der orthodoxe Glaube sowohl der chalkedonensischen wie auch der orientalischen Tradition ist stark von einer mystischen Auffassung geprägt. Der Mittelpunkt ist die Eucharistie- oder Abendmahlsfeier (→Abendmahl), bei den östlichen Orthodoxen in der Göttlichen →Liturgie, die in ihrer Form auf Johannes Chrysostomos (Patriarch von Konstantinopel, gest. 407) zurückgeht und an fast allen Sonn- und Feiertagen gefeiert wird, bei den Orientalen in der Jakobus-Liturgie (Syrer), der Kyrillus-Liturgie (Kopten), der Liturgie Gregors des Erleuchters (Armenier) und der Liturgie der 12 Apostel (Äthiopier). Die Grundstruktur dieser Liturgien entspricht der römisch-katholischen →Messe. Im Laufe der Zeit wurden sie aber viel prächtiger als jene ausgestaltet durch zusätzliche deutende Gesten, Gesänge und Handlungen, die die Hauptelemente ausschmücken. Alle liturgischen Handlungen sowie die liturgische Kleidung haben eine symbolische Bedeutung. Am auffälligsten für den westlichen Besucher ist im Kirchenraum einer östlich-o. K. die Ikonostase, die den Altarraum, der nur von den Priestern und ausgewählten Männern betreten werden darf, vom Gemeinderaum der Kirche trennt. Die Ikonostase wird gestaltet durch ein festes Bildprogramm (→Bild), in dessen Mittelpunkt die Christusikone (rechts von der mittleren, der königlichen Tür) und die →Ikone der Gottesmutter (links von der königlichen Tür; →Maria, Marienverehrung) stehen. Die Ikone wird verstanden als Abbild des Dargestellten und damit als Offenbarung und Vergegenwärtigung dessen, was auf ihr dargestellt ist. Wenn die Ikone „verehrt" wird (z.B. durch einen Kuss), dann gilt diese Verehrung der auf ihr abgebildeten Person (eines Heiligen, der Gottesmutter, Christus etc.). In den orientalisch-o. K. gibt es keine Ikonostasen, aber man kennt Ikonen, deren Verehrung sich allerdings nicht so stark ausgeprägt hat wie in der chalkedonensischen Tradition.

Eine wichtige Rolle spielt das →Fasten, insbesondere die Fastenwochen vor den wichtigsten Festen. Dabei wird das Fasten in den orientalischen Kirchen meist strenger genommen als in den östlichen o. K.

O. K. in Deutschland: Praktisch alle der genannten Kirchen sind heute auch in Deutschland mit Gemeinden und meist auch einer kirchlichen Struktur (Diözese) vertreten. Die östlichen o. K. sind zusammengeschlossen in der Kommission der O. K. in Deutschland (KOKiD).

Basdekis, A., Die Orthodoxe Kirche, [2]2003; Felmy, K.C., Orthodoxe Theologie, 1990; Larentzakis, G., Die Orthodoxe Kirche. Ihr Leben und ihr Glaube, 2000; Tamcke, M., Das Orthodoxe Christentum, 2004; Thöle, R. (Hg.), Zugänge zur Orthodoxie, [3]1989.

Dagmar Heller

Orthodoxie, (alt)protestantische Unter O. versteht man gemeinhin den im sog. konfessionellen Zeitalter (→Konfession, Konfessionalismus) dominierenden Typus akademisch elaborierter →Theologie der lutherischen (Martin →Luther) und der reformierten (→Reformierte Theologie) Konfessionskirchentümer. Seit dem späteren 17. Jh. wurde die altprotestantische Theologie durch konfessionsinterne Pluralisierungsprozesse und religionskulturelle Bewegungen, insbesondere des →Pietismus, des Puritanismus, der Nadere Reformatie und der →Aufklärung partiell oder grundsätzlich in Frage gestellt. Nachdem sie im Laufe des 18. Jh. in den Hintergrund gerückt war, wurde sie in Gestalt antiliberaler konfessionalistischer Theologien im 19. und frühen 20. Jh. als „klassisches Erbe" in spezifischen Hinsichten restituiert, rehabilitiert oder revitalisiert. Aufgrund der negativen Wertungen, die der O. durch ihre pietistischen und aufklärerischen Kritiker zuteil wurde, galt sie lange Zeit als ein intellektuell steriles, doktrinaristisches, auf die Explikation bekenntniskonformer „Richtigkeiten" abonniertes System einseitig auf die rechte Lehre fixierter, mit den Mitteln der aristotelischen Logik operierender, dezidiert vor- bzw. antimoderner

Häresieabwehr (→Dogma). Die funktionale Vielfalt und literarische Gattungsvarianz der gelehrten akademischen Theologie in den prot. Konfessionsstaaten der Frühneuzeit, die den *Sitz im Leben* der O. ausmacht, geriet aufgrund einseitiger Fixierung auf die großen lat. Lehrwerke exponierter orthodoxer Lehrer wie Johann Gerhard, Abraham Calov, Theodor Beza etc. weitgehend aus dem Blickfeld. Der insbesondere von Ernst Troeltsch konzipierte Begriff des eine kirchlich dominierte Einheitskultur repräsentierenden „Altprotestantismus" integrierte die Theologie der →Reformationszeit und des konfessionellen Zeitalters und setzte sie dem im Spiritualismus und den devianten Strömungen des Radikalprotestantismus genetisch verwurzelten, in der Aufklärungszeit zum Durchbruch gelangten, modernitätsfähigen und -fördernden „Neuprotestantismus" gegenüber. Ähnlich der aufklärerischen und pietistischen Kritik an der O. hat diese deren Innovationsansprüche im Modus einer Epochenkonstruktion weiterführende Wertungsperspektive Troeltschs nachhaltig verhindert, die in der Theologie der O. selbst präsente diskursive Transformationsdynamik zu erkennen. Für eine historische Analyse des Phänomens O. kann nicht ernsthaft bezweifelt werden, dass sie als reflexiv mobiler, methodisch stringenter Modus theologischer Selbstvergewisserung im Horizont kirchlicher Leitungsverantwortung akademischer Theologie des frühneuzeitlichen →Protestantismus zu gelten hat.

Angesichts der konfessionsinternen Strittigkeit und der konfessionsexternen Bestreitung der →Wahrheit und im Horizont allgemeiner kultureller Herausforderungen war es die Aufgabe der O., die christl. Lehre intellektuell zu verantworten und die maßgeblichen Kriterien theologischer Urteilsbildung – insbesondere die Heilige Schrift (→Bibel, Bibelausgaben), aber auch, in abgestufter Dignität, die →Tradition und die →Bekenntnisse – in Anwendung zu bringen. Die Funktionsfähigkeit von O. im lutherischen und reformierten Protestantismus der frühen →Neuzeit basierte nicht allein auf der intellektuellen Leistungskraft ihrer hervorragenden Vertreter, sondern auf spezifischen institutionellen und rechtlichen Gegebenheiten: v.a. der kardinalen Spitzenstellung der Theologie und der theologischen Fakultäten innerhalb der Universitäten, der Einbindung der Theologieprofessoren in die Strukturen des landesherrlichen Kirchenregiments, der transterritorialen kommunikativen Vernetzung der wichtigsten personellen Repräsentanten der O. und ihres Bewusstseins gemeinsamer Verbindlichkeiten, der besonders engen wechselseitigen Loyalitätsverhältnisse zwischen den Repräsentanten des *ordo politicus* und des *ordo theologicus*, der im Ganzen unstrittigen gesellschaftlichen Akzeptanz normativer religiöser und ethischer Leitbilder der bibl. Überlieferung und der Anerkennung der zentralen Rolle der Theologen bei der „zeitgemäß" deutenden Applikation der heiligen Texte auf die geschichtliche Erfahrung. In dem Maße, in dem einzelne dieser Faktoren an Plausibilität verloren, büßte die O. nach und nach an allgemeinem Rückhalt ein; nach dem Dreißigjährigen Krieg gerieten Versuche, Lehrdifferenzen durch autoritative Entscheidungen der im Luthertum als Spruchkörper fungierenden theologischen Fakultäten oder der unter Beteiligung von Theologen geleiteten Konsistorien zu regulieren, in eine wachsende Krise (im sog. Rathmannschen, im synkretistischen Streit, in den pietistischen Auseinandersetzungen, in Bezug auf Jacob Böhme und Johann Arndt, beim terministischen Streit etc.).

Auch den weltlichen Obrigkeiten leuchteten Versuche orthodoxer Theologen, Eindeutigkeit in der Lehre durch verpflichtende neue Bekenntnisbindungen zu erreichen und scharfe kontroverstheologische Auseinandersetzungen insbesondere mit den 1648 reichsrechtlich anerkannten Reformierten zu inszenieren, immer weniger ein. Der insbesondere in der von Johann Arndt maßgeblich angestoßenen Frömmigkeitsbewegung (→Frömmigkeit) im Luthertum artikulierte Widerspruch gegen die Fixierung auf die Lehre im Namen des frommen Lebens war v.a. auf eine orthodox-lutherische Kontroverstheologie bezogen, die durch interkonfessionelle Herausforderungen – insbesondere durch Robert Bellarmin und den Jesuitenorden (→Orden und Kongregationen) und die Exponenten des internationalen Reformiertentums in der Nachfolge Calvins – derart in Anspruch genommen schien, dass die religiöse und intellektuelle Pflege der eigenen Konfessionskultur darunter Schaden litt. Der in der neueren Forschung betonte Umstand, dass zahlreiche orthodoxe Universitätslehrer auch als Frömmigkeitsschriftsteller, z.T. mit stupendem Erfolg, so Johann Gerhard, tätig waren, nötigt gegenüber der Bewertung dieser Kritik zur Zurückhaltung. Wie es scheint, war die fortschreitende Plausibilitätskrise der O. des 17.Jh. auch eine Folge dessen, dass →Dogmatik und Kontroverstheologie im Zuge der interkonfessionellen Konfliktlagen zusehends zu den tonangebenden Leitdisziplinen der prot. Theologie avanciert waren und der im 16.Jh. als Königsdisziplin geltenden Exegese zwar nicht programmatisch, aber faktisch den Rang abgelaufen hatten. In konzeptioneller Hinsicht blieb in der O. jedenfalls unstrittig, dass Theologie einen eminent praktischen *habitus* zu vermitteln habe, d.h. auf persönliche Frömmigkeit und die Befähigung zu →Predigt, →Seelsorge und Kirchenleitung abziele.

In Analogie zur →Scholastik, zu der die O. methodologische und strukturelle Parallelen aufweist, lässt sich eine periodische Einteilung in eine Früh-, eine Hoch- und eine Spätorthodoxie vornehmen, die in Bezug auf Luthertum und Reformiertentum weitgehend synchron gestaltet werden kann. Die lutherische Frühorthodoxie (bis ca. 1600) formierte sich im Prozess der selbstzerstörerischen Auseinandersetzungen um Interim (Augsburger Interim) und *adiaphora* (interimistischer, adiaphoristischer Streit 1548–1554), die Notwendigkeit bzw. Verwerflichkeit guter Werke (majoristischer Streit 1551ff), die Rolle des menschlichen Lebens bei der →Rechtfertigung (synergistischer Streit 1556ff), die Deutung der Erbsünde (→Sünde) (flacianischer Streit), den sog. dritten Brauch des Gesetzes (→Gesetz und Evangelium) für die Gerechtfertigten bzw. Wiedergeborenen (→Wiedergeburt; zweiter antinomistischer Streit) und die Relationierung von forensischer und effektiver →Rechtfertigung (osiandrischer Streit) und in Abgrenzung gegenüber dem Reformiertentum, insbesondere in Bezug auf die Abendmahlslehre (→Abendmahl), die →Christologie und die Prädestinationslehre (→Erwählung, Prädestination) und tridentinischem Katholizismus (bes. Chemnitz, *Examen Concilii Tridentini*, 1566ff) in Weiterentwicklung der Theologie Martin Luthers und Philipp →Melanchthons und fand in der als Auslegung der *CA invariata* (1530) konzipierten, die binnenlutherischen Differenzierungen verarbeitenden Konkordienformel (1577) bzw. im Konkordienbuch (1580) ihre für die weitere Lehrentwicklung Maßstab setzende Bekenntnisgestalt. Die Ausarbeitung einer differenzierten lutherischen Schrifthermeneutik durch

Matthias Flacius und die gleichfalls prioritär mit seinem Namen verbundenen kirchenhistoriographischen Leistungen (sog. Magdeburger Zenturien) blieben auch in Hoch- und Späto., ungeachtet der Umstrittenheit ihres Verfassers, grundlegend.

Die lutherische Hochorthodoxie bildete auf der Basis der Lehre von der Verbalinspiration (→Inspiration) als infalliblem methodischem Prinzip (J. Gerhard) umfassende dogmatische Lehrsysteme in permanenter Auseinandersetzung mit Reformierten und röm.-kath. Theologen aus (Ä. Hunnius, J. Gerhard, J.C. Dannhauer, A. Calov, J.A. Quenstedt), trieb konfessionsinterne und -externe Klärungen insbesondere in Bezug auf die →Christologie (sog. Tübinger-Gießener Streit), die Verhältnisbestimmung von →Heiligem Geist und äußerem Schriftwort (Rathmannscher Streit) voran und fixierte Differenzen gegenüber den anderen konfessionellen Theologien, v.a. gegenüber dem Reformiertentum (synkretistischer Streit). In der theologischen Methodologie vollzog sich ein Paradigmenwechsel von der synthetischen Loci- zur sog. analytischen Methode, d.h. zu einer Orientierung am Heilsweg des frommen Subjektes, der einem zeitgenössischen Individualisierungsschub auf verschiedenen Ebenen des kulturellen Lebens entsprach. In Bezug auf die Bibelhermeneutik (→Hermeneutik) begannen erste Auseinandersetzungen mit einer seitens der O. abgewiesenen historisch-kritischen Exegese (H. Grotius). Die Späto. (bis ca. 1780) stand im Zeichen theologisch-theologiepolitischer Richtungsdifferenzen, die mit Philipp Jakob Speners *Pia desideria* (1675) aufbrachen und in deren Gefolge die O. nach und nach nur mehr eine Richtung innerhalb der lutherischen Universitätstheologie repräsentierte. Mit dem sukzessiven Geltungsverlust der neuaristotelischen Schulphilosophie, die die entscheidende philosophische Referenztheorie der lutherischen O. gebildet hatte, an den dt. Universitäten seit der zweiten Hälfte des 18. Jh. büßte die O. immer mehr an akademischem Rückhalt ein, rieb sich in Kämpfen mit Pietisten und Aufklärern innerhalb und außerhalb der Theologie auf und fristete schließlich in streng kirchlich regulierten Residuen ein zusehends angefochteneres Dasein (→Philosophie und Theologie).

Der Polyzentrik und Internationalität des Reformiertentums entsprechend spielten in der reformierten Frühо. v.a. in Deutschland, der Schweiz, Frankreich und England Ansätze Zwinglis, Bullingers, Bucers, →Calvins u.a. eine zum Teil herausragende Rolle. Nach der Gründung der Genfer Akademie (1559) besaß auch die reformierte Tradition – ähnlich der Funktion Wittenbergs in der lutherischen Frühо. – ein weithin strahlendes Ausbildungszentrum, dem mit der Universität Heidelberg, der Hohen Schule in Herborn, später der Universität Marburg und den niederländischen Hochschulgründungen (Leiden, Franeker, Groningen, Utrecht) und den hugenottischen Akademien (→Hugenotten) in Sedan und Montauban, schließlich im ungarischen Debrecen, eine zentrale Rolle bei der Ausarbeitung einer reformierten Lehrgestalt zukam. Binnenkonfessionelle Auseinandersetzungen spielten im Reformiertentum aufs Ganze gesehen eine geringere Rolle als bei den Lutheranern, spitzten sich aber über der zwischen Zürich und Genf strittigen Prädestinationslehre zu und kamen in der Dogmatisierung der Lehre von der supralapsarischen *praedestinatio gemina* – also der Lehre von Gottes doppelter Vorherbestimmung zum →Heil und zur ewigen Verdammnis – auf der international besuchten

→Synode von Dordrecht (1618/19) unter Ausscheidung des Arminianismus zum Abschluss. In der Lehrbildung des Utrechter Theologieprofessors Gisbert Voetius fand die reformierte Dordrechter Hocho. eine wahre Lehre und frommes Leben integrierende Ausgestaltung, die den Cartesianismus und seine innerreformierte Rezeption bei Johannes Coccejus und seinen Schülern abwies. Die aristotelischen Grundlagen der Dordrechter O. wurden in den föderaltheologischen Entwürfen des Coccejus und seiner Schüler in Frage gestellt. Ihnen galten Gottes Bundesschlüsse (→Bund), nicht das ewige Dekret Gottes als zentrale Aussage der →Bibel. Prädestinatianisch-erwählungspartikularistische und heilsuniversalistische systematische Konzeptionen spielten in der hochorthodoxen reformierten Theologie eine konkurrentiell ausgetragene Rolle. Ersten Öffnungen einer historischen Bibelkritik (→Bibelwissenschaft) und einer Historisierung der masoretischen Vokalisation des hebr. Bibeltextes in der Schule von Saumur traten orthodox-reformierte Kräfte in Zürich und Genf in Gestalt des Consensus Helveticus (1675) entgegen. Die Phase der Spätо. kann man bis ca. 1725, dem Zeitpunkt der Abschaffung der Lehrverpflichtung auf die Dordrechter Canones in Genf, reichen lassen; Versuche, die reformierte Lehrgestalt ausschließlich durch die Prädestinationslehre zu definieren, waren nun definitiv obsolet bzw. besaßen keinen Anspruch auf allgemeine Verbindlichkeit mehr. Die konfessionsinterne doktrinale Pluralität des Reformiertentums, das Neben-, Mit-, Bei- und Gegeneinander unterschiedlicher institutioneller nationaler und philosophischer Traditionsbezüge, trugen wesentlich dazu bei, dass die reformierte Theologie des konfessionellen Zeitalters einen im Ganzen müheloseren Anschluss an die kulturellen Modernisierungsprozesse seit dem späten 17. Jh. fand als die lutherische.

Die hinsichtlich der Konsequenz der bibl. Fundierung, der Rationalität der Argumentation, der Luzidität in der Refutation von Gegenpositionen und der Komplexität der materialdogmatischen Lehrbestände unübertroffenen systematischen Lehrwerke der O. gelten – verstärkt seit dem frühen 20. Jh. – als klassische Monumente prot. Theologie, harren aber gleichwohl noch immer weitgehend ihrer gründlichen Erforschung.

Appold, K. G., Orthodoxie als Konsensbildung. Das theologische Disputationswesen an der Universität Wittenberg zwischen 1570–1710, 2004; Asselt, W. J. von, The Federal Theology of Johannes Cocceius (1603–1669), 2001; Baur J., Luther und seine klassischen Erben, 1993; Fatio, O., Art. Orthodoxie, ref. II, TRE, 25, 1995, 485–497; Friedrich, M., Die Grenzen der Vernunft. Theologie, Philosophie und gelehrte Konflikte am Beispiel des Helmstedter Hofmannstreites und seiner Wirkungen auf das Luthertum um 1600, 2004; Kaufmann, T., Universität und lutherische Konfessionalisierung, 1997; Kaufmann, T./Wallmann, J., Art. Orthodoxie 2, historisch, RGG[4], 2003, 696–708 (Lit.); Koch, E., Das konfessionelle Zeitalter – Katholizismus, Luthertum, Calvinismus (1563–1675), 2000; Matthias, M., Art. Orthodoxie, luth. I, TRE 25, 1995, 464–485; Matthias, M., Theologie und Konfession. Der Beitrag des Aegidius Hunnius (1550–1603) zur Entstehung einer lutherischen Religionskultur, 2004; Ritschl, O., Dogmengeschichte des Protestantismus, Bd. I–IV, 1908–1928; Rohls, J., Theologie der reformierten Bekenntnisschriften, 1987; Steiger, J. A., Johann Gerhard (1582–1637), 1997; Strohm, C., Ethik im frühen Calvinismus, 1996; Wallmann, J., Theologie und Frömmigkeit im Zeitalter des Barock, 1995; Weber, H. E., Reformation, Orthodoxie und Rationalismus, 3 Bd., 1937–1951 (Nachdruck 1966).

Thomas Kaufmann

Ostern 1. O. als Festereignis: O. feiert das Grunddatum des christl. Glaubens. Im Oster(fest)kreis als ältestem und markantestem christl. Fest wird Leiden (→Passion), Tod (→Kreuz) und →Auferstehung →Jesu Christi (→Christologie) gedacht und der Übergang vom Tod in das Leben gottesdienstlich gefeiert. Das früheste bibl. Glaubenszeugnis des Osterereignisses findet sich in den Paulusbriefen (1Kor 15). Die Passionsgeschichten der Evangelien erzählen die Leidensgeschichte Jesu, seinen Tod am Kreuz und bezeugen seine Auferstehung als Geheimnis des Lebens, in der die Macht des →Todes überwunden ist.

Innerhalb des →Kirchenjahres ist O. dasjenige Fest, das als christl. →Passafest die engste Verbindung mit der atl.-jüd. Festtradition hält und zugleich die Differenz markiert. Während sich die Herkunft der dt. oder engl. Bezeichnung des Festes nicht genau eruieren lässt (O., easter), halten die übrigen germanischen und die romanischen Sprachen den ursprünglichen Zusammenhang im Namen fest (jeweils abgeleitet von Pascha, z.B. franz.: paques).

Der Osterfestkreis ist kirchlich-liturgisch geprägt, er reicht von der Passionszeit mit der Karwoche über die Osterfeiertage bis zur Osterzeit, deren Abschluss →Pfingsten bildet. Von alters her das hervorgehobene Fest ist O. heute in seiner gesellschaftlichen Bedeutung hinter das Weihnachtsfest (→Weihnachten) zurückgetreten, in der gelebten Religion des neuzeitlichen Christentums verlagert sich der Akzent vom „Kreuz zur Krippe". In der symbolischen Ausgestaltung ist O. jahreszeitlich geprägt. Im populären Osterbrauchtum verknüpfen sich Facetten naturzeitlichen Erlebens mit dem →Mysterium des Osterereignisses: aufbrechendes und sich erneuerndes →Leben. Im historischen Denken ist O. nicht einzuholen, es irritiert und transzendiert die Frage nach dem, was „damals" passiert ist. Von Beginn an bis zur Gegenwart gehören der →Zweifel und die Bestreitung des Ereignisses konstitutiv dazu, wenn O. als Glaubensgeschehen artikuliert wird.

2. Herausbildung und geschichtliche Entwicklung des Osterfestkreises: Als jährlich wiederkehrendes Fest ist O. im 2. Jh. belegt, wobei es vermutlich bereits früher begangen worden ist. Die christl. Passafeier, die sich der Passion und dem Kreuzestod Jesu erinnert, nimmt die Tradition des Auferstehungsfestes, die mit der sonntäglichen Mahlfeier (→Sonntag; →Abendmahl) verbunden ist, in sich auf. Die liturgische Mitte bildet ursprünglich die Osternachtfeier als einer durch die Nacht hindurch führenden Wache (Vigil), die als Übergang (transitus) aus der (Toten-)Trauer in die (Auferstehungs-)Freude begangen wird. An ihrem Anfang steht eine Lichtfeier (mit Segnung des Osterfeuers, Entzünden der Osterkerze und Einzug in die dunkle Kirche), eine Tauffeier wird zu einem wesentlichen Element der Osternacht. Im 3. Jh. wird der Termin für das Osterfest, der strittig gewesen ist, auf den Sonntag nach dem ersten Frühjahrsvollmond festgelegt.

Im 4. Jh. wird das Osterfest liturgisch umgestaltet und erweitert. Die Osterfeier wird nun in einer Abfolge von Gottesdiensten von Karfreitag (bzw. Gründonnerstagabend) bis zum Ostersonntag entfaltet (triduum sacrum). Aus dem ursprünglich ein- bis sechstägigen →Fasten, der mehrwöchigen Taufvorbereitungs- und Bußzeit (→Buße) entwickelt sich die siebenwöchige Passionszeit vor O., das sich wiederum nach den Osterfeiertagen als fünfzigtägige Freudenzeit ausspannt. Zwischen Karfreitags- und Ostersonntagsgottesdienst verliert die Osternacht im Mittelalter an Bedeutung und wird in der liturgischen Praxis der Kirchen erst im 20. Jh. wiederentdeckt.

Sinnenfällig wird das Osterfest in traditionellen Bräuchen und populären Festpraktiken. Dazu gehören mittelalterliche Passions- und Osterspiele, in denen bibl. Erzählungen dramatisiert werden. Im Spätmittelalter findet sich die Praxis des Ostergelächters, mit dem die Gemeinde auf derbe Geschichten und Gesten in der Osterpredigt reagiert. Die Segnung der Speisen (Osterbrot) und gemeinsames Osteressen beschließt das vorangehende Fasten. Ostereier und -hasen sind heute Insignien von O. als Kinderfest, sie nehmen Bezug auf naturzeitliche Symbolik oder sind mit Elementen sozialer Praxis verknüpft. So gelten etwa Eier religionsgeschichtlich als Fruchtbarkeitssymbole und versinnbildlichen im österlichen Kontext den Ursprungsort neuen Lebens. Sie fungieren zugleich als besondere Nahrungsmittel für Kinder, Kranke oder Wöchnerinnen und als Abgaben des zu O. zu entrichtenden Zinses. Grundmotiv der christl. Ostersymbolik sind der Kontrast, Übergang und Weg von Dunkelheit zu Licht.

3. Zur Wahrnehmung von O. in der Gegenwart: Ähnlich – wenn auch bei weitem nicht so stark – wie Weihnachten ist auch das Osterfest heute familiär geprägt. Dem jahreszeitlichen Empfinden gemäß hat es einen Zug nach „draußen", O. ist bevorzugte Reise- und Ausflugszeit und hat in seiner Gestaltung und Motivik viele Facetten eines Frühlingsfestes in sich aufgenommen. Zugleich sind die elementaren Themen des kirchlichen Festes in besonderer Weise herausfordernd: die Konfrontation mit dem →Leiden, die Gewaltsamkeit des Todes am Kreuz, der Anbruch neuen Lebens aus dem Grab heraus. Gegenüber dem – religionspsychologisch betrachtet – eher „regressiven" Momenten des weihnachtlichen Geburtsfestes hat die Feier von Tod und →Auferstehung Jesu einen „progressiven" Charakter, der den Übergang in ein neues Leben eröffnet.

Drei Momente sind praktisch-theologisch gegenwärtig genauer zu bedenken:

Innerhalb der prot. Tradition besitzt der Karfreitag ein besonderes Gewicht. Allerdings lässt sich erkennen, dass im Laufe des vergangenen Jh. dessen Bedeutung zurückgegangen ist, dies betrifft sowohl den Gottesdienstbesuch wie die kulturelle Verankerung (vgl. Fernsehprogramm, Verbot öffentlicher Vergnügungen). Dies kann zum einen als Indiz genommen werden für eine lebensweltliche Verdrängung von Leiden und Tod in der Moderne. Zum anderen aber dürfte dies auch Resultat einer spezifisch kirchlichen Karfreitagsfrömmigkeit sein, die den Karfreitag als vermeintlich höchsten ev. Feiertag in Gestalt einer Sühnopfer- (→Sühne; →Versöhnung) und einer (einseitigen) Theologie der Leidenswilligkeit isoliert hat. Zugleich hat sich in der kirchlichen Verkündigung des 20. Jh. der thematische Fokus der Karfreitagspredigt von der Frage nach →Schuld hin zur Frage nach dem Umgang mit Leid verschoben (Walther-Sollich). Karfreitag bleibt ein unverzichtbares Element jeder christl. Theologie, in der die Wirklichkeit der Welt nicht übersprungen wird. In diesem Zusammenhang wird in jüngster Zeit wieder neu nach einer zeitgemäßen Theologie des →Opfers gefragt.

Auf ev. Seite hat sich in den letzten Jahren die Fastenaktion „Sieben-Wochen-Ohne" etabliert. An ihr wird deutlich, wie sich in Aufnahme eines zentralen Motivs der Passionszeit die Tradition einer österlichen Vorbereitung in neue Lebenskontexte transformiert. Sie gewinnt ihre Plausibilität innerhalb der Spätmoderne, die ein neues Körperbewusstsein (Diät, Fitness) hervorgebracht hat und in der Verzicht als Moment intensivierten Selbst- und Welterlebens wirksam werden kann. Zugleich wird das klassische Fastenmotiv erweitert und fungiert als Unterbrechung eingelebter Gewohnheiten (Fernsehkonsum) als individueller Abhängigkeiten.

Die Osternachtfeier ist in den vergangenen Jahren in vielen ev. Gemeinden neu gestaltet und als liturgisches Ereignis gestärkt worden. Sie zeugt davon, dass sich ein Erbe der Kirchenjahrestradition im gottesdienstlichen Leben der Gegenwart neu erschließen kann. Dies ist korrespondierend auch auf kath. Seite zu beobachten. Dass die Osternacht an Bedeutung gewinnt, hat nicht zuletzt mit ihrer gottesdienstlichen Form als Weg-Liturgie zu tun, die O. liturgisch-sinnlich erschließt. In der Spätmoderne ist der Sinn für geprägte Gestalten gottesdienstlicher Praxis gewachsen, die zu besonderen Zeiten und in besonderer Weise gefeiert werden. Mit der Wiederentdeckung der Osternachtfeier, die in der gegenwärtigen ev. Praxis häufig am frühen Ostermorgen an der Schwelle von der Nacht zum Tage gefeiert wird, werden die Gottesdienste der Karwoche und der Ostertage nicht einfach ergänzt, sondern es verändert sich auch noch einmal ihre theologische Gesamtdramaturgie. Dies zeigt sich auch darin, dass der Ostersonntagsgottesdienst in seiner Bedeutung zurücktritt. Das Ensemble der gottesdienstlichen Feiern – auch Gottesdienste an Gründonnerstag gewinnen ein stärkeres liturgisches Gepräge – verändert sich insgesamt.

Bieritz, K.-H., Das Kirchenjahr. Feste, Gedenk- und Feiertage in Geschichte und Gegenwart, ^{6}2001, 85–152; Josuttis, M., Texte und Feste in der Predigtarbeit, 2002, 77–103; Stock, A./Wichelhaus, M. (Hg.), Ostern in Bildern, Reden, Riten, Geschichten und Gesängen, 1979; Walther-Sollich, T., Festpraxis und Alltagserfahrung. Sozialpsychologische Predigtanalysen zum Bedeutungswandel des Osterfestes im 20. Jh., 1997.

Kristian Fechtner

P

Paganismus Unter den Neologismen P. oder Neopaganismus, die im 20. Jh. aufkamen, wird im Deutschen in der Regel die bewusste Anknüpfung an nicht-christl. religiöse Traditionen in der europäischen Religionsgeschichte verstanden. Es handelt sich somit um eine besondere Art der Distanzierung vom Christentum. Davon zu unterscheiden sind das engl. *paganism* bzw. das franz. *paganisme*, die allgemein nicht christl. Traditionen bezeichnen und somit eher dem dt. Heidentum (→Heiden) entsprechen. Die Wurzeln des europäischen P. können bis in die Spätantike zurückverfolgt werden. So bekehrt sich der christl. erzogene Kaiser Julian (4. Jh.) zu den heidnischen Göttern und versucht, den heidnischen →Kulten die Vorrangstellung im Röm. Reich zu verschaffen und den wachsenden Einfluss des Christentums einzudämmen. Im Mittelalter lebt die antike Geisteswelt fort, wird aber nicht explizit im Gegensatz zum Christentum aufgewertet. Positive Betrachtung der Antike geht vielmehr mit einer Harmonisierung mit dem Christentum einher. In der Renaissance gelangt die explizite Identifikation mit der heidnischen Antike zur neuen Blüte; Georgios Gemistos Plethon entwickelt im 15. Jh. eine neue polytheistische →griechische Religion (→Polytheismus) zur Bewahrung der kulturellen Identität angesichts der drohenden Türkengefahr. Seine Ideen wirken in der florentinischen Renaissance weiter. In der Aufklärung wird durch die kritische Betrachtung des Christentums dessen Absolutheitsanspruch (→Absolutheit des Christentums) verstärkt infrage gestellt; neben dem →Atheismus oder dem →Deismus stellen nicht-christl. Religionen eine Alternative dar. Der Klassizismus verleiht der griech.-röm. Geisteswelt neue Bedeutung; Wilhelm von Humboldt oder Johann Wolfgang von Goethe können sich aufgrund ihrer Begeisterung für das griech. Welt- und Menschenbild gelegentlich als Heiden bezeichnen. Zwar trauert Friedrich von Schiller der unwiederbringlich verlorenen heiteren Welt der Götter Griechenlands nach; in Friedrich Hölderlins Dichtung wird sie aber wieder lebendig. Durch das Interesse an der nationalen Mythologie und Folklore, das v.a. in der Romantik bestimmend wurde, wurde die Grundlage des P. erweitert. Pagane Tendenzen prägen die viktorianische Dichtung wie auch das Werk Richard Wagners, dessen Kunstmythen die gegen Ende des 19. Jh. entstehenden „völkischen Religionen“ beeinflussten, die ihrerseits zum Nährboden für die nationalsozialistische Ideologie wurden. Friedrich Nietzsches Polemik gegen das Christentum und seine Betonung des Gottes Dionysos als Sinnbild für das sich selbst überschwänglich entfaltende und feiernde Leben leitet eine neuartige Antikerezeption ein, die verstärkt die irrationalen und rituellen Aspekte betont. In der Gegenwart gibt es eine Vielfalt paganer Gruppierungen, die auf verschiedene Traditionen – keltische, germanische, griech.-röm., aber auch nicht-europäische, z.B. indianische Vorstellungen und →Rituale – zurückgreifen und diese oft miteinander kombinieren. Die Struktur der Gruppen ist unterschiedlich, meistens sehr lose. Dem Internet kommt dabei eine wachsende Bedeutung als Mittel zur Selbstdarstellung und Kommunikation zu.

Cancik, H./Puschner, U. (Hg.), Antisemitismus, Paganismus, Völkische Religion, 2004; Faber, R./Schlesier, R., Die Restauration der Götter. Antike Religion und Neo-Paganismus, 1986; Hagenguth, K., Neopaganismus und Christentum in der viktorianischen Literatur unter besonderer Berücksichtigung der minor authors, 1997.

Ilinca Tanaseanu-Döbler

Pantheismus Der Ausdruck P. leitet sich aus dem griech. pan (dt.: alles) und theos (dt.: Gott) her und bezeichnet die Vorstellung eines Zusammenfallens von Gott und All bzw. Welt. Dies bedeutet jedoch keine völlige Ununterscheidbarkeit. Gegenüber dem →Theismus, der Gott als von der Welt getrenntes (lat.: extramundanus), in einem radikalen Sinn transzendentes und personales Wesen vorstellt, und dem Panentheismus, der als „Allingottlehre" die Welt zwar von Gott verschieden, aber doch – in welcher Hinsicht auch immer – in Gott sein lässt, setzt der P. in der Relation von Gott und Welt eine Identität bzw. wechselseitige Implikation. Der Begriff P. kommt Anfang des 18. Jh. im Umkreis des →Deismus John Tolands auf und wird im Verlaufe des Jahrhunderts zum oft pejorativen Debattenbegriff und Synonym für Spinozismus (Anknüpfung oder Fortführung der Philosophie Spinozas). Den Kristallisationspunkt bildet der sog. Pantheismusstreit der 1780er Jahre.

Dieser Hintergrund in der europäischen neuzeitlichen Philosophie macht den Begriff als religionswissenschaftliches Unterscheidungsmerkmal schwierig. Man spricht allenfalls von „pantheistischen Tendenzen" etwa in bestimmten Schulen des →Hinduismus und →Buddhismus. Das kaiserzeitlich-röm. „Pantheon" kennt die synkretistische Praxis (→Synkretismus) der Verehrung einer Vielzahl von Göttern, ohne aber die für den P. charakteristische Einheit von Gott und Welt anzunehmen.

Für den philosophischen P. der europäischen Moderne steht das metaphysische System Baruch de Spinozas (1632–1677), in dessen postumem Hauptwerk *Ethik in geometrischer Ordnung* dargestellt (1677). Grundlegend ist die Bestimmung Gottes als einzige Substanz und der Dinge als Modifikationen dieser göttlichen Substanz. Die Dinge sind in ihrer unendlichen Vielgestaltigkeit insofern „in Gott", als ihre Eigenwirksamkeit nichts anderes als die bestimmte Wirksamkeit Gottes darstellt. Das Verhältnis Gottes zur (sowohl geistigen wie körperlich-materiellen) Welt fasst Spinoza als das „immanenter Kausalität": Gottes Ursächlichkeit drückt sich in der jeweils bestimmten Wirksamkeit der Dinge aus. Das Besondere an dieser Vorstellung ist, dass Spinoza dabei Wesen (lat.: essentia) und Wirken (lat.: potentia) Gottes als in eins fallend auffasst. Dessen ewiges Wesen geht in seiner Weltwirksamkeit auf. Es gibt für Spinoza keine Differenz zwischen Gott an sich und Gott in seinem Wirken, weil Gottes wesentliche Wirksamkeit als Alles in unendlicher Weise umfassend gedacht ist. Umgekehrt ist auch die Welt nichts anderes als die Manifestation der Unendlichkeit Gottes (lat.: Deus sive natura). Man hat Spinoza deshalb einerseits Gottesleugnung (→Atheismus) und andererseits Weltverleugnung (Akosmismus) vorgeworfen. Beides verkennt die Stärken seines Gedankens. Auf der Seite des Gottesbegriffes verschränkt Spinoza die beiden wesentlichen Gottesprädikate der absoluten Einheit und der absoluten Unendlichkeit. Auf der Seite des Weltbegriffes führt er die eigenständige Vielheit der Welt mit ihrer wesentlichen Einheit zusammen durch das Konzept der Immanenz Gottes in allen Dingen. Theologisch interessant werden zwei Konsequenzen: Allen körperlichen wie geistigen Vollzügen in der natürlichen Welt eignet nach Spinoza ein Ewigkeitsbezug. Des Menschen höchstes Bestreben ist es, die Dinge in dieser Ewigkeitsdimension (lat.: sub specie aeternitatis) zu betrachten.

Der Pantheismusstreit, heraufbeschworen von Friedrich Heinrich Jacobi (1743–1819) durch die Veröffentlichung seines Briefwechsels mit dem Berliner Philosophen Moses Mendelssohn (1729–1786) über Gotthold Ephraim Lessings angebliches Bekenntnis zu Spinoza, zog trotz gegenteiliger Absichten Jacobis eine breite Spinoza-Renaissance im dt. Geistesleben nach sich. Jacobi hatte 1785 mit seinen Briefen *Über die Lehre des Spinoza* das Ziel verfolgt, Spinoza einerseits aus der jahrzehntelangen Diffamierung herauszuholen und andererseits durch philosophisch korrekte Wiedergabe die Unhaltbarkeit von dessen Lehre festzuschreiben. Ersteres ist ihm gelungen, letzteres nicht. Er stellte Spinozas System als den konsequentesten und daher unwiderlegbaren →Rationalismus dar, der jedoch notwendig auf einen metaphysischen →Atheismus, moralischen Fatalismus und freiheitsleugnenden Determinismus hinauslaufe. Positive Gegenentwürfe zu Jacobis Spinozakritik stellen die naturphilosophischen Gedanken Johann Wolfgang von Goethes und die neuspinozistischen Spekulationen in Frühromantik und Dt. Idealismus dar.

In der Theologie ragen drei maßgeblich von Spinoza beeinflusste Gestalten heraus, deren Denken pantheistische Züge trägt: Lessing, Herder und Schleiermacher.

Über Gotthold Ephraim Lessings (1729–1781) Stellung zum P. teilt Jacobi mit, dieser habe seine Position mit der pantheistischen Programmformel Eins und Alles (griech.: hen kai pan) zusammengefasst. Der nachweisbar Lessing'sche griech. Wahlspruch hen ego kai panta (dt.: Eines bin Ich und Alles) assoziiert die pantheistische Gott-Welt-Einheit mit der bibl. Tradition der →Gottesoffenbarung (Ex 3,14 u. Ich-bin-Worte des Johannesevangeliums). In seiner wirkmächtigen kleinen Schrift *Erziehung des Menschengeschlechts* (1780) entwirft Lessing einen „bildungsgeschichtlichen P." (Timm), eine →Prozesstheologie der in drei menschheitsgeschichtlichen Stadien fortschreitenden Offenbarung des all-einen Gottes für die menschliche →Vernunft.

Johann Gottfried Herder (1744–1803) greift mit seinem *Gott. Einige Gespräche über Spinoza's System* (1787) in den Pantheismusstreit ein. Gegen Jacobis Auffassung des Spinozismus als eines leblosen Determinismus versteht Herder Natur und Geschichte als die immer lebendige Fortwirkung der einen göttlichen Urkraft in den lebendigen Kräften individueller organischer Entwicklung. Sein dynamischer P. gipfelt in der bewussten Bejahung des eigenen menschlichen Selbst als lebendigen Organs im menschheitsgeschichtlichen Prozess des Reiches Gottes.

Friedrich Daniel Ernst →Schleiermacher (1768–1834) stellt seinen Religionsbegriff (*Reden über die Religion*, 1799) auf eine spinozistische Grundlage. Mit der Formel „Anschauung des Universums“ bestimmt er Religion als denjenigen Bewusstseinsakt, das Einzelne in Natur und Geistesleben als partikulare und individuelle Erscheinung der darin wirksamen Einheit des Ganzen zu verstehen. Im Begriff des Universums sind Gottes- und Weltbegriff verbunden. Trotz zahlreicher Modifikationen finden sich Motive dieses religionsphilosophischen P. im Gesamtwerk Schleiermachers.

In der heutigen theologischen Debatte spielen pantheistische Motive etwa in ästhetisch-religiösen oder kosmologischen Erwägungen (H. Timm) eine Rolle.

Bartuschat, W., Spinozas Theorie des Menschen, 1992; Ellsiepen, C., Anschauung des Universums und Scientia Intuitiva. Die spinozistischen Grundlagen von Schleiermachers früher Religionstheorie, 2006; Henrich, D. (Hg.), All-Einheit. Wege eines Gedankens in Ost und West, 1985; Scholz, H., Die Hauptschriften zum Pantheismusstreit, 1916; Schröder, W., Art. Pantheismus, Historisches Wörterbuch der Philosophie 7, 59–63; Timm, H., Gott und die Freiheit. Studien zur Religionsphilosophie der Goethezeit, 1974.

Christof Ellsiepen

Papst, Papsttum Die röm.-kath. Institution (→Römisch-katholische Kirche) des P.tums beruft sich auf die ntl. Tradition einer besonderen Berufung des →Petrus innerhalb des Kreises der →Apostel, einen Dienst der Stärkung und der Einigung in der Nachfolgegemeinschaft Jesu (→Nachfolge Christi) tun zu sollen. Gegenwärtige röm.-kath. Reflexionen beziehen auch die ökumenischen Anfragen in ihre Überlegungen ein.

Die ökumenischen Kontroversen im Blick auf den Dienst des →Bischofs von →Rom betreffen zunächst die Frage, ob die bibl. Zeugnisse für eine unbestreitbar gegebene besondere Stellung des Petrus im Kreis der →Apostel als ein Erweis der von Gott selbst – vermittelt durch →Jesus Christus – gewünschten Ordnung der →Kirche zu verstehen sind. Hat Gott selbst einem Menschen den Dienst anvertrauen wollen, für den Zusammenhalt, die Stärkung und Tröstung derer zu sorgen, die sich zu Jesus Christus bekennen? Wie aber könnte sich dieser Dienst erfüllen lassen in den – im Vergleich zur bibl. Zeit – doch sehr veränderten Sozialgefügen der Kirchen? Müsste nicht heute das von Gott möglicherweise gemeinte Dienstamt kollegial ausgeübt werden? Offene Fragen in der Deutung der Verbindlichkeit und der Konkretisierungen der Schriftaussagen über Petrus stehen einer ökumenischen Verständigung im Wege. Vor allem die Schwierigkeit, dass die röm.-kath. Lehrtradition mit dem Vaticanum I (1869–1870) eine Interpretation des bibl. bezeugten Petrusdienstes vorgelegt hat, die nicht die Zustimmung der anderen →Konfessionen findet, belastet nachhaltig das ökumenische Gespräch.

Im Kontext der Dialoge sind solide Forschungen über die Gestalt des irdischen Petrus entstanden. Sie alle stehen vor der Schwierigkeit, dass die ntl. Schriften keine Auskünfte über →Biographien geben wollen, die sich mit den Methoden der historischen Forschung heute zweifelsfrei rekonstruieren ließen. Es handelt sich vielmehr um Glaubenszeugnisse der zweiten und dritten christl. Generation, in denen sich die Erinnerungen an die überlieferten Vorgänge in der Darstellung mit Wünschen für die Gegenwart verbinden. Brauchte es nicht wieder einen Mann wie Petrus, der Jesus intensiv erlebt hat, in unserer gegenwärtigen Situation – so fragten sich die Gemeinden in den 1970er und 1980er Jahren des ersten Jh. christl. Zeitrechnung. Mitglieder der leiblichen Familie Jesu beanspruchten aufgrund ihrer verwandtschaftlichen Stellung Vorrechte. Sollen familiäre Beziehungen oder die Vertrautheit des Petrus mit den Anliegen Jesu wichtiger sein bei anstehenden Entscheidungen?

Es gibt nur wenige gesicherte Kenntnisse über den irdischen Petrus, der in den bibl. Schriften als eine schillernde Persönlichkeit dargestellt wird: ängstlich, zweifelnd und siegesgewiss auf der einen Seite, zuverlässig, einsichtig und einsatzfreudig auf der anderen Seite. Simon, später Petrus (griech.: petros: [Edel-] Stein) genannt, stammte aus Betsaida an der Nordseite des Sees von Genesaret. Vermutlich gehörte Simon mit seiner Familie zu den zweisprachigen Gräkopalästinern. Er sprach aram. und verstand auch griech. Wahrscheinlich hatte Simon Kontakt zu Johannes dem Täufer oder zumindest zu einzelnen Juden in seiner Anhängerschaft. Religiöser Eifer und die Hoffnung auf einen Neubeginn für das damalige →Israel haben ihn innerlich mit den Anliegen Jesu verbunden. Die exegetische Forschung geht davon aus, dass Simon nach seiner Heirat in das nahe gelegene Karfanaum übersiedelte und dort im Fischereibetrieb seiner Frau tätig war. Dieser wohl sehr große Betrieb erlaubte es ihm, längere Zeit selbst abwesend zu sein. Die Frau des Simon begleitete ihn nach dem Tod Jesu bei seinen Missionsreisen (1Kor 9,5). Wie oft und wie lange Simon Jesus vor seinem Tod auf seinen Wanderungen begleitete, ist nicht gesichert bekannt. Anzunehmen ist jedoch, dass Jesus im Haus des Simon in Karfanaum immer wieder Unterkunft fand. Archäologische Studien haben dort einen Ort nachgewiesen, der in früher Zeit als Versammlungsort der Christinnen und Christen diente. Wie kaum an einem anderen Ort scheint gesichert zu sein, dass Jesus sich in Karfanaum längere Zeit aufhielt. Die Spuren des Lebens des irdischen Simon Petrus verlieren sich zunehmend im Blick auf seine letzten Lebensjahre. Zumeist wird angenommen, dass er – wie auch →Paulus – in Rom das Martyrium (→Märtyrer) erlitten hat. Detailfragen werden diesbezüglich noch immer von der Forschung kontrovers beantwortet. Die alleinige Gemeindeleitung von Rom hatte Petrus wohl niemals inne, da dort für diese Zeit eine kollegiale Amtstruktur (→Amt, Ämter) in den Quellen belegt ist. Auch von theologischer Bedeutung erweisen sich nachhaltig die frühen Formen der Verehrung der Gräber von Paulus und Petrus in Rom. In ökumenischen Gesprächen findet eine Beobachtung immer wieder Beachtung: Es gibt in den ntl. Zeugnissen keinen Hinweis darauf, dass Simon Petrus einen einzelnen, namentlich bekannten Nachfolger hatte. Dennoch könnte es sinnvoll sein, ein ihm entsprechendes Amt in der Kirche einzurichten, das dann jedoch für unterschiedliche Überlegungen hinsichtlich seiner strukturellen Anlage offen bliebe.

Die traditionsgeschichtlichen Festlegungen im Verständnis des Petrusdienstes haben bereits in den ersten nachchristl. Jahrhunderten begonnen. Offenkundig war es in Zeiten der äußeren und der inneren Auseinandersetzungen in den ersten Jahrhunderten wichtig, sich auf unbestrittene Autoritäten zu berufen. Zunächst waren dies die →Apostel in ihrer Gesamtheit, die später angesichts angenommener Reisetätigkeiten zunehmend lokal differenziert wurden. Die Idee einer ununterbrochenen Reihe der Besetzungen des Amtes eines einzelnen Bischofs von Rom bildete sich erst im 3. Jh. und hatte apologetische Motive. Sehr frühe Quellen (1. Clemensbrief, Römerbrief des Ignatius von Antiochia) belegen, dass sich nach der ersten Jahrhundertwende bereits eine Tradition der Vergewisserung in Prozessen der Gewinnung von theologischen Lehrmeinungen herausbildete, bei der der Gemeinde von Rom und deren Leitung eine besondere Rolle zukam. Dabei war wohl auch wichtig, dass Rom Hauptstadt des weströmischen Reiches war. Die wichtigsten christologischen Entscheidungen (→Christologie) des 4. und 5. Jh. wurden jedoch im Osten gefällt und von den Bischöfen von Rom nachträglich ratifiziert. Mit der politischen Trennung zwischen West- und Ostrom veränderte sich auch die Bedeutung des P.tums.

In ökumenisch orientierten Veröffentlichungen finden differenzierende Lernerträge angesichts der wechselvollen Geschichte des P.tums in den nachfolgenden Jahrhunderten, die hier nicht in Einzelheiten dargestellt werden kann, Beachtung. Als Vorteile des historisch sich herausbildenden P.tums gelten: das Problem der →Macht wird nicht verdrängt, sondern ist offenkundig; Veränderung und Beständigkeit in der Kirche werden in eine Mittellage gebracht; es gibt jemanden, der synodalen Entscheidungen (→Synode, Synodalverfassung) zur Durchsetzung verhelfen kann; die Option für die Einheit der Kirche wird personal vertreten. Als Gefahren des Papstamts sind erkannt: Systembedingt kann eine unkritische Abwehr von Überlegungen, die zu einer tiefgreifenden Reform führen müssten, erfolgen; Ansätze zu theologischen Modellen, die eine stufenweise Einheit der christl. Kirchen favorisieren, können verhindert werden; ein Korrektiv bei einem offenkundigen Versagen des Bischofs von Rom ist im ekklesialen Gesamtgefüge nicht vorgesehen. Für die reformatorische Tradition (→Reformation; →Protestantismus) bleibt bei dieser Gestalt des Papstamts grundlegend zweifelhaft, wie die normative Kraft des bibl. bezeugten →Evangeliums institutionell gesichert sein könnte. Diese Anfrage steht auch hinter der von Martin →Luther angesichts der schroffen Zurückweisungen seiner Reformanliegen zunehmend polemisch vorgetragenen Identifikation des P. mit dem Antichrist. Die missbräuchliche Ausübung der päpstlichen Vollmachten in der spätmittelalterlichen Zeit (v. a. bei Ablassgewährungen [→Ablass] zur Deckung der Kosten für den Bau des Petersdoms) ist zwar heute weithin verhindert, dennoch bleiben offene Fragen nicht nur hinsichtlich der jeweiligen Ausübung des Papstamts.

Im Blick auf die röm.-kath. Traditionsgeschichte hat insbesondere das Vaticanum I (1869–1870) die weiteren Weichen gestellt: Der Jurisdiktionsprimat (→Jurisdiktionsgewalt) bestimmt, dass der Bischof von Rom nicht nur in Fragen von Glaube und Sitten, sondern vielmehr auch in Fragen der Disziplin bei allen Gläubigen die letzte Rechtshoheit hat und niemand an eine übergeordnete Instanz appellieren könnte, um eine Prüfung der Ausübung dieser Rechtshoheit zu erbitten. Das Dogma von der Infallibilität des Bischofs von Rom legt fest, dass dieser in Fragen des Glaubens und der Sitten mit jener Unfehlbarkeit ausgestattet ist, die Jesus Christus selbst der Kirche anvertraute. In Streitfällen ist das entsprechende Urteil des Bischofs von Rom nicht erst nach der Zustimmung der Gesamtkirche wirksam, sondern vielmehr aufgrund des ergangenen Urteils selbst (lat.: ex sese).

Die röm.-kath. Kirche hat nach dem Vaticanum II (1962–1965), das die Lehren des Vaticanum I weithin bestätigte, den P. jedoch deutlicher in die Kollegialität der Bischöfe weltweit eingebunden hat, v.a. mit dem →Lutherischen Weltbund (LWB), mit der →Anglikanischen Kirchengemeinschaft und mit den →Orthodoxen Kirchen Dialoge über das Papstamt geführt, die noch andauern. Nach der Einladung, die Johannes Paul II. in seiner Enzyklika *Ut unum sint* 1995 ausgesprochen hat, über sein Dienstamt in einen offenen Dialog zu treten, sind sehr viele Beiträge erschienen, die zum Teil auf frühere Vorschläge zurückgreifen. Im Wesentlichen lassen sich heute drei Perspektiven für das weiterhin erforderliche Nachdenken über das Dienstamt des Bischofs von Rom unterscheiden: 1. Die röm.-kath. Kirche könnte in einem lehramtlichen Schreiben erklären, dass die Aussagen des Vaticanum I zu den Fragen des Jurisdiktionsprimats und der Infallibilität nur für die westkirchliche Tradition verbindlich sind und daher als Äußerungen einer kirchlichen Teilsynode neu zur Verhandlung stehen, wenn dies gewünscht wäre. Konsequent wäre dann die Einberufung eines Konzils, das den Namen „ökumenisch" wirklich verdiente. 2. Die zweite Perspektive geht von der Annahme aus, dass die Aussagen des Vaticanum I in der Gesamtkirche verbindlich bleiben. In diesem Fall könnte eine moralische Selbstverpflichtung in einer verbindlichen Erklärung des Bischofs von Rom weiterhelfen, niemals das zur Anwendung zu bringen, was ihm grundsätzlich durch den Wortlaut des Konzils gestattet bleibt. 3. Diese Möglichkeit könnte unter Beachtung einer dritten Perspektive noch überzeugender werden: V.a. in den USA werden theologische Konzepte entwickelt, die eine Einbindung der Entscheidungen des Bischofs von Rom in die Kompetenz eines weltweit profilierten Beratergremiums von Bischöfen aus allen Erdteilen vorsehen, die nicht nur gelegentlich zu Weltsynoden zusammengerufen werden, vielmehr beständig tätig sind, um dem Bischof von Rom bei wichtigen Entscheidungen zur Seite zu stehen. Die Delegierten der Länder könnten in festen Zeitrhythmen erneuert werden. Warum sollte es ausgeschlossen sein, dass auch nicht röm.-kath. Christinnen und Christen einem solchen Gremium künftig beratend angehörten?

Klausnitzer, W., Der Primat des Bischofs von Rom. Entwicklung – Dogma – Ökumenische Zukunft, 2004.

Dorothea Sattler

Paradies Die in der jüd.-christl. Tradition beheimatete Vorstellung vom P. verbindet die Themenbereiche Urzeit und Endzeit (→Eschatologie). Als Phänomen der Religionsgeschichte korrespondiert die bibl. Paradiesesvorstellung Entwürfen von idealen Gegenwelten im Kontrast zur gegenwärtig erfahrbaren Welt. Ein negatives Pendant erhält das positiv bestimmte P. in der jüd.-christl. Tradition noch einmal durch die Vorstellung des Hades bzw. der Hölle (→Himmel und Hölle).

Der Begriff ist aus dem Altiranischen (für Umfriedung, umzäunter Garten) als Lehnwort in viele Sprachen übernommen worden. Im AT steht *pardes* real für einen Baumgarten (Neh 2,8; Koh 2,5) oder metaphorisch für die Geliebte (Hhld 4,13); die LXX übersetzt dann auch den *gan Eden* aus Gen 2–3 mit *paradeisos*. Sachlich verwandt ist die mythologisch gefärbte Schilderung eines „Gottesgartens" in Ez 28 und 32.

Grundlegende Bedeutung kommt der Paradieserzählung in Gen 2,4–3,24 zu. Der *Garten Eden* bzw. das P. erscheint als ein geographisch bestimmbarer Ort im Osten, von dem vier Flüsse ausgehen. Gott hat diesen Garten „gepflanzt" um des Menschen willen, der ihn „bebauen und bewahren" soll. Weder gibt es darin den →Tod, noch →Sexualität, noch Aggressivität (→Gewalt) – dafür jedoch eine besondere Form der Gottesbeziehung. Diese Beziehung wird durch die Verletzung des Gebots, vom Baum der Erkenntnis zu essen, gestört. Mit der Vertreibung treten Sterblichkeit, Mühsal und Hass, aber auch Verantwortung und kulturelles Schaffen (→Kultur) in die menschliche Existenz (→Mensch). Dabei hält die Erinnerung an den Verlust die Sehnsucht nach der Wiedergewinnung des P. wach.

Im frühen →Judentum werden verschiedene Aspekte der Paradieserzählung weiter entfaltet. Die Adam-und-Eva-Literatur interpretiert den Sündenfall im Sinne einer narrativen Anthropologie und betont den Bruch mit der urzeitlichen Ordnung unter paränetischen Vorzeichen. An der kosmologischen Positionierung des P. zeigt die Henochtradition Interesse: In 2Hen 8–9 wird die Vorstellung eines doppelten P. entworfen, wobei dem irdischen Garten der Ureltern ein himmlisches Pendant im dritten Himmel gegenübertritt (so auch ApkMos 37; die gleiche Vorstellung 2Kor 12,2.4). So wird es zum Ort der Gerechten und dient ihrem Aufenthalt bis zum Tag des Gerichts. In dieser Perspektive erscheint das P. auch im NT (Lk 23,43 und Offb 2,7). Die Auflehnung der →Tiere gegen den Menschen, verursacht durch dessen Ungehorsam gegen Gott (ApkMos 10–12), wird im eschatologischen Tierfrieden (Jes 11,6–8; 65,25) wieder aufgehoben (spielt Mk 1,13 darauf an?). Einzelne Elemente der Paradiesesvorstellung wie Wasserströme, Fruchtbarkeit oder Edelsteinreichtum verschmelzen auch mit der Erwartung eines neuen Jerusalem (4Esr 7,26–36; syrBar 4,1–6; LibAnt 26,13; im NT Offb 21–22). Spätere christl. →Apokalyptik und jüd.-rabb. Haggada malen zunehmend die Wonnen des P. als eines vorläufigen Heilsortes aus – im Kontrast zu immer drastischeren Schilderungen des Hades als eines Strafortes.

In der Dogmatik entsteht hinsichtlich der Polarität von P. und Hades mit dem Aufkommen der Lehre vom →Fegefeuer ein logisches Problem. Verbreitung erlangt die Ansicht, das P. habe eine reale und eine geistliche bzw. eine irdische, himmlische und spirituelle Dimension. In allegorischer Weise kann es auch auf Christus, die Gottesmutter, auf die Kontemplation oder das klösterliche Leben bezogen werden. Wird das P. in reformatorischer Theologie zunächst weithin pauschal mit Himmel oder Gottesgemeinschaft identifiziert, gerät es in der Moderne in die Gesellschaft vielfältiger →Utopien. Als umgangssprachliche Metapher individuellen →Glückes („Ferienparadies" u.ä.) erlebt der Begriff eine Reduktion: An die Stelle ursprünglicher →Hoffnung auf eine Wiederherstellung der →Schöpfung tritt die Genügsamkeit an einem begrenzten Ausstieg aus dem Alltag.

Die ikonographische Tradition (→Ikone) hat sich am Gartenmotiv abgearbeitet und die Aspekte von Harmonie, Fülle und Vollendung darzustellen versucht. Eindrucksvolle literarische Schilderungen als Spiegel geschichtlicher Erfahrungen liefern z.B. Dantes *Göttliche Komödie* (1311–

1321) oder Miltons *Paradise Lost* (1667/74). Eine humorvolle, aus dem Reichtum jüd./christl./islam. Traditionen schöpfende Erzählung liefert Itzik Mangers *Buch vom Paradies* (1963).

Grimm, R.R., Paradisus coelestis – Paradisus terrestris. Zur Auslegungsgeschichte des Paradieses im Abendland bis um 1200, 1977; Herrmann, U., Zwischen Himmel und Hölle. Todes- und Jenseitsvorstellungen in den Weltreligionen, 2003; Luttikhuizen, G.P., Paradise Interpreted. Representations of Biblical Paradise in Judaism and Christianity, 1999; Steck, O.H., Die Paradieserzählung, in: ders., Wahrnehmungen Gottes im AT, 1982, 9–116.

Christfried Böttrich

Parapsychologie Unter dem Begriff P., 1889 von Max Dessoir (1867–1947) vorgeschlagen, versteht man die Wissenschaft von jenen spontanen oder gesuchten Erscheinungen, die aus dem normalen Verlauf des Seelenlebens (→Seele) wie der Wirklichkeitserfahrung überhaupt heraustreten. Seit rund einem halben Jh. hat er sich gegenüber anderen Bezeichnungen wie Wissenschaftlicher →Okkultismus oder Metapsychologie durchgesetzt.

Neben dem vergleichenden Studium überlieferter und durch den Volksmund immer wieder belegter Berichte über rational bzw. durch „normale" Wissenschaften unerklärbare Vorgänge stehen in der P. Untersuchungen spontan auftretender Phänomene (z.B. Spuk) sowie Laborexperimente mit „Sensitiven" im Vordergrund. Formal hat es die P. mit zwei Gruppen von Erscheinungen zu tun: 1. mit außersinnlicher Wahrnehmung (ASW), die alle Arten von Telepathie, Hellsehen und Präkognition umfasst; 2. mit Telekinese bzw. Psychokinese (PK), nämlich „übersinnlicher" Beeinflussung materieller Vorgänge oder Gegenstände. Angesichts der Alternative von animistischer (gemeint ist hier „anima" als Psyche, nicht der religionswissenschaftliche Animismus-Begriff) und spiritistischer, ein „Geister-Jenseits" einbeziehender Hypothesenbildung hat die P. aus wissenschaftstheoretischen Gründen Ersterer meist den Vorzug gegeben.

Die geschichtliche Entwicklung der P. verlief parallel zur sozialgeschichtlich wirksamen Ausbreitung des sie herausfordernden Okkultismus. Nach ersten kritischen Untersuchungen zu Mesmerismus (um 1780) und →Spiritismus (um 1850) begann 1852 mit der Gründung der Ghost Society durch den jungen Theologen und späteren Bischof Edward White Benson (1829–1896) und insbesondere 1882 seit der Gründung der Society for Psychical Research in London die wissenschaftliche Betätigung der P. Aber erst 1934 wurde sie an den Universitäten von Durham und Utrecht institutionalisiert. Der amerikanische Biologe und Parapsychologe Josef Banks Rhine (1895–1980) hatte zuvor erstmals versucht, durch Testreihen im Labor die Existenz von ASW und PK quantitativ-statistisch zu erweisen. Zur Bezeichnung der gemeinsamen, hinter jenen Phänomenen stehenden, unbekannten Kraft verwendete man ab 1942 chiffrierend den 23. Buchstaben des griech. Alphabets: Psi wie „Psyche". Rhine deutete seine Versuchsergebnisse als empirischen Beweis für die nicht physikalische, über-raumzeitliche Natur von Psi. Allerdings räumte er ein, dass die P. in der Frage des Überlebens des körperlichen →Todes noch zu keinem klaren Urteil verhelfen konnte.

Seine vorzeigbaren Forschungsresultate trugen mit dazu bei, dass 1953 der weltweit erste Lehrstuhl für P. in Utrecht eingerichtet wurde. Schon ein Jahr später wurde in Deutschland der seit über zwanzig Jahren mit parapsychologischer Forschung befasste Hans Bender (1907–1991) Professor für Psychologie und Grenzgebiete der Psychologie. Bereits 1950 hatte er in Freiburg i.Br. das Institut für Grenzgebiete der Psychologie und Psychohygiene gegründet, das er bis zu seinem Tod leitete und das mittlerweile als die am besten eingerichtete parapsychologische Forschungsanstalt der Welt gilt. Seit 1957 erscheint in Freiburg die Zeitschrift für Parapsychologie und Grenzgebiete der Psychologie.

Schon jahrzehntelang nehmen indessen Theorien der Quantenphysik auf die Modellbildung der P. Einfluss. In der sich von daher ausbildenden Paraphysik wird die Annahme der nicht physikalischen Natur von Psi verworfen. Seither hat sich der interdisziplinäre Austausch mit den Geisteswissenschaften stark abgeschwächt.

Aus theologischer Sicht wird die P. unterschiedlich bewertet, großenteils gänzlich (gerade auch in ihrer neueren Entwicklung) ignoriert. Weitgehender Konsens besteht in der Einschätzung, dass es P. allenfalls mit verborgenen Schichten diesseitiger →Schöpfung zu tun habe. Freilich, gerade von trinitätstheologischen Überlegungen (→Trinität) her ist ja Gott selbst nicht nur welttranszendent zu verstehen (→Immanenz und Transzendenz). Hieraus ergibt sich das Postulat einer differenzierten theologischen Befassung mit weltanschaulichen und anthropologischen Fragen, die sich von den Resultaten und Überlegungen der P. her hinsichtlich einer „immanenten Transzendenz" nahelegen.

Bender, H. (Hg.), Parapsychologie. Entwicklungen, Ergebnisse, Probleme, [5]1980; Lucadou, W. von, Dimension PSI. Fakten zur Parapsychologie, 2003; Thiede, W., Parapsychologie und Theologie. Reflexion einer gemeinsamen Geschichte, Grenzgebiete der Wissenschaft 52, 2003, 57–81.

Werner Thiede

Parsismus 1. Definition: Die Bezeichnung P. für die →Religion der Anhänger →Zarathustras ist unpräzise, da sie im engeren Sinn nur die Gruppe der Parsen umfasst, d.h. jene Angehörigen der Religion, die nach dem Vordringen des →Islam ihre iranische Heimat verlassen und sich in Indien niedergelassen haben. Neben diesen Parsen gab es immer auch Anhänger der Religion im Iran, so dass es zutreffender ist, die Religion als Zoroastrismus, abgeleitet von der griechischen Namensform „Zoroaster" für den Religionsstifter Zarathustra, zu bezeichnen. Heute gibt es rund 69000 Parsen in Indien und 3000 in Pakistan; im Iran leben ungefähr 50000 Zoroastrier und seit einigen Jahrzehnten sind Anhänger dieser Religion auch v.a. nach Großbritannien und Nordamerika ausgewandert, insgesamt ungefähr 30000 bis 40000. In Deutschland leben nach Schätzungen ca. 500 bis 700 Zoroastrier.

2. Geschichte: Die von Zarathustra verkündete Religion ist ab dem 8.Jh. v.Chr. bei den Medern und danach bei den Achämeniden im Westen Irans bekannt. Seit der Achämenidenzeit (6.–4.Jh. v.Chr.) ist der Zoroastrismus im Iran die wichtigste Religion, auch während der Herrschaft der Sasani-

den (3.–7. Jh. n. Chr.) bleibt diese Position bewahrt, obwohl →Manichäismus und Christentum ebenfalls im Herrschaftsgebiet der Sasaniden weit verbreitet waren. Durch die Islamisierung Irans vom 7.–9. Jh. wird der Zoroastrismus immer stärker zurückgedrängt. In diesen drei Jahrhunderten sammeln die Anhänger der Religion ihre theologische Literatur und verfassen theologische Handbücher, um die Überlieferung vor dem Untergang zu bewahren. Ein Großteil der Zoroastrier wandert jedoch nach Indien aus; meist wird die Ankunft in der Stadt Sanjan in Indien auf das Jahr 936 datiert. Dadurch wird Indien neben Iran zum zweiten Zentrum der Religion, doch werden der Kontakt und die theologische Gemeinsamkeit zwischen den Gemeinden im Iran und in Indien aufrechterhalten. Im 17. Jh. verschlechtert sich die wirtschaftliche Lage der Zoroastrier im Iran, dadurch erfährt die Religion dort in den beiden folgenden Jahrhunderten einen Niedergang, der erst durch tatkräftige Unterstützung von Manekji Limji Hataria aus Bombay im Jahr 1854 gestoppt werden kann. Manekjis Tätigkeit im Iran führt zu einem erneuten Erstarken der iranischen Zoroastrier. Die Parsen in Indien ihrerseits haben sich vom 18.–20. Jh. die modernen westlichen Errungenschaften, mit denen sie durch die engl. Kolonialzeit bekannt werden, zum Nutzen gemacht, so dass sie in diesen Jahrhunderten eine wichtige Rolle in Indien spielen, die im unabhängigen Staat Indien seit den 1950er Jahren etwas zurückgegangen ist.

3. Lehre: Ahura Mazda als höchste Gottheit wurde seit der Achämenidenzeit immer stärker vergeistigt, so dass spätestens seit dem 4. Jh. v. Chr. das Feuer als einzig mögliche Darstellungsform von Ahura Mazda verstanden wurde. Dies führte zu einem ausgeprägten Feuerkult (→Kult) mit entsprechenden Feuertempeln (→Tempel) als zentralen Kultbauten der Religion. Göttliche Wesen, die im frühen Zoroastrismus noch eine Eigenständigkeit hatten, wurden entweder zu Eigenschaften Ahura Mazdas oder zu „Engeln", so dass schrittweise ein →Monotheismus entstand. Die Begegnung mit dem Islam brachte diese Entwicklung dabei endgültig zum Abschluss. In der Abwehrhaltung gegenüber dem Islam kam es in der zweiten Hälfte des 1. Jahrtausends n. Chr. zu einer neuerlichen Betonung der Gegensätze zwischen „Wahrheit" und „Lüge", was sich in einer Zunahme der →Symbolik von Reinheitsvorschriften (→Reinheit und Unreinheit) sowie in der besonderen Achtsamkeit in der Durchführung von →Ritualen widerspiegelt, um Fehler im Ritualverlauf zu vermeiden, wodurch →Dämonen die gute →Schöpfung Ahura Mazdas schädigen könnten. Die Vorstellung von Reinheit und Unreinheit prägt auch an vielen anderen Stellen das religiöse Leben der Zoroastrier, was im Bereich des Todes am deutlichsten ist. Der Tote wurde abseits der Siedlungen in einem Dakhma („Turm des Schweigens") bestattet, um das schädigende Wirken der Leichenhexe einzuschränken. Diese – innerhalb der Religion inzwischen umstrittene – Praxis der Leichenaussetzung wird jedoch heute nur noch von den meisten Parsen in Indien praktiziert, im Iran werden die Toten seit der Mitte des 20. Jh. in Zementsärgen begraben, auch in Europa und Nordamerika gibt es keine Leichenaussetzung. Die Rituale werden von →Priestern durchgeführt, →Laien sind daran kaum aktiv beteiligt. Dies wird damit begründet, dass nur Priester den Stand der kultischen →Reinheit bewahren können. Deshalb werden nicht nur Frauen von einer Zulassung zum Priester-

tum ausgeschlossen, sondern auch die Aufnahme von Angehörigen anderer Religionen in den Zoroastrismus ist dadurch beinahe unmöglich. Zugleich hat aber der in der Religion immer wieder genannte Gegensatz von „Wahrheit“ und „Lüge“ ein hohes Maß an ethischen Werthaltungen entstehen lassen (→Dualismus).

Stausberg, M., Die Religion Zarathustras. Geschichte – Gegenwart – Rituale, 3 Bd., 2002–2004.

Manfred Hutter

Passa Das in vorisraelitische Zeit (→Israel) zurückgehende P. setzt vermutlich die Lebensweise ortsgebundener Hirten im Kulturland voraus. Seine Datierung auf die Vollmondnacht nach dem Frühjahrsäquinoktium ist kanaanäisches Erbe. Ursprünglich wurde das P. (hebr. pāsach: abprallen, zurückstoßen) als Blutritus gefeiert, um dämonische Mächte (→Dämonen) von der Familie fernzuhalten. Diese Schutzfunktion ist im ältesten Teil der Passalegende Ex 12,1–27 noch erkennbar (V.21–23). Prägend geworden ist aber die Interpretation des P. im Zusammenhang der Plagenerzählungen. Durch das Bestreichen der Türpfosten ihrer Häuser mit dem Blut eines geschlachteten Lammes blieben die Israeliten vor dem Töten der Erstgeburt verschont (Ex 12,6f.12f.21–23.29). Als jährlicher „Gedenktag“ (Ex 12,14; Dtn 16,3) erinnert das P. an den folgenden Auszug aus Ägypten. In einem späteren Stadium wurde es in Gestalt einer rituellen Mahlfeier mit dem vormals eigenständigen Fest der ungesäuerten Brote (*Mazzot*) verbunden (Ex 12,15–20, vgl. 34,18–20) und bildete nun den Auftakt der siebentägigen Feier (14.–21. Nisan). Ihre verkürzende Bezeichnung „Passafest“ (Ex 34,25, vgl. 12,14) verweist auf den dominanten Charakter des im Passamahl vergegenwärtigten Exodus-Geschehens. Im Zuge der Kultzentralisation (→Kult) wurde das P. aus dem Familienkreis in den →Tempel verlagert (Dtn 16,2.5f; Ez 45,21.23f). Der Opfergedanke (→Opfer) und die Sühnefunktion treten zunehmend in den Vordergrund (Lev 23,5–8; Num 28,16–25). Von den drei bibl. Wallfahrtsfesten (Ex 23,14–17; Dtn 16,16) wird im NT die Einheit Passa-Mazzot – in Lk 22,15; Joh 18,28 ist mit griech.: *to pascha* das Passa*lamm*, in Mt 26,18 die Passa*feier* gemeint – weitaus am häufigsten erwähnt. Zu den zahlreichen Pilgern gehörten am Passafest auch →Jesus und seine Eltern (Lk 2,41f). Das Passafest, zu dem er mit seinen Jüngern (→Jünger Jesu) nach Judäa aufbrach, sollte sein Todespassa werden (Mk 14,1.12–16 par; Joh 13,1). Dem Joh zufolge ist Jesus in der Zeit seiner öffentlichen Wirksamkeit mindestens zweimal nach →Jerusalem gezogen, um dort das P. zu feiern (2,13; 12,1.12, vgl. 6,4). Die von der synoptischen Chronologie abweichende Datierung der Kreuzigung (→Kreuz) Jesu auf den Rüsttag zum P. (Joh 18,28; 19,31.42) wird theologisch qualifiziert: Jesus ist das für die Seinen (Joh 10,11; 15,13) und die „→Sünde der Welt“ (Joh 1,29, vgl. 6,51) geopferte wahre Passalamm (Joh 19,36, vgl. 1Kor 5,7f).

Leonhard, C., Die Erzählung Ex 12 als Festlegende für das Pesachfest am Jerusalemer Tempel, Jahrbuch für Biblische Theologie 18, 2003, 233–260; Leonhard, C., The Jewish Pesach and the Origins of the Christian Easter, Studia Judaica 35, 2006; Menken, M.J.J., Die jüdischen Feste im Johannesevangelium, in: Labahn, M. u.a. (Hg.),

Israel und seine Heilstraditionen im Johannesevangelium, FS J. Beutler, 2004, 269–286; Schmidt, W.H., Alttestamentlicher Glaube, [8]1996, 177–182; Schmitt, R., Exodus und Passah, [2]1982.

Dieter Sänger

Passion Gemessen an der kurzen Zeitdauer, die sie umgreifen, nehmen die Passionserzählungen in den kanonischen →Evangelien einen ungewöhnlich breiten Raum ein. Detailliert und mit genauen chronologischen Angaben versehen werden die Ereignisse vom letzten Mahl Jesu bis zu seiner Kreuzigung und Grablegung geschildert (Mk 14,1–15,47 par; Joh 13,2–4a; 18,1–19,42). Das Passionsgeschehen im engeren Sinne konzentriert sich damit auf weniger als 24 Stunden. Im weiteren Sinne umfasst es den mehrtägigen Aufenthalt in →Jerusalem seit dem Einzug in die Stadt (Mk 11,1–10 par; Joh 12,12–19). Zu den Besonderheiten des Joh gehört, dass die Tempelreinigung (→Tempel) aus diesem Kontext gelöst und an den Beginn des Wirkens →Jesu gestellt wird (Joh 2,13–22, vgl. Mk 11,15–19 par). Außerdem unterbricht es den Erzählfaden zwischen dem mit der Fußwaschung (Joh 13,4–20) verbundenen Abschiedsmahl (Joh 13,4b–20) und der Gefangennahme (Joh 18,1–11). Auf die Identifizierung des Verräters (Joh 13,21–30) folgen noch die beiden Abschiedsreden (Joh 13,31–14,31; 15,1–16,33) und das hohepriesterliche Gebet Jesu (Joh 17,1–26).

In der Grundstruktur des Handlungsablaufs stimmen die Evangelien überein: Jesus wird außerhalb der Mauern Jerusalems verhaftet, später dem für Kapitaldelikte allein zuständigen Präfekten Pontius Pilatus übergeben und von ihm zum Kreuzestod (→Kreuz) verurteilt (Mk 15,15 par; Joh 19,16). Röm. Soldaten vollstrecken das Urteil (Mk 15,24 par; Joh 19,18.23, vgl. 1Kor 2,8; 2Kor 13,4; Phil 2,8; 1Petr 2,21–24; Josephus, Ant 18,64; Tacitus, Ann XV 44,3). Noch am selben Tag wird der Leichnam in einem Felsengrab nahe der Hinrichtungsstätte beigesetzt (Mk 15,45f par; Joh 19,41f; 20,1). Allen vier Evangelisten ist gemeinsam, dass sie mit einem Zusammenspiel jüd. und röm. Instanzen rechnen. Im Einzelnen weisen sie jedoch z.T. erhebliche Unterschiede auf. Bei den →Synoptikern wird Jesus von einem rein jüd. Kommandotrupp verhaftet (Mk 14,43; Mt 26,47; Lk 22,47.52), bei Joh ist auch eine röm. Kohorte beteiligt (18,3.12). Mk und Mt zufolge wird im Palast des Hohenpriesters (vgl. Lk 22,54) gegen Jesus ein Prozess geführt (Mk 14,53.55–65 par), der in einen förmlichen Todesbeschluss mündet (Mk 15,1 par). Lk schildert lediglich ein Verhör vor dem Synhedrium (Lk 22,66–71); von einer Verurteilung berichtet er nichts. Hingegen wird Jesus im Joh zunächst zu Hannas gebracht und von ihm verhört (Joh 18,13.19–23), um dann dem amtierenden Hohenpriester Kaiphas (Joh 18,24) überstellt und anschließend Pilatus (Joh 18,28f) ausgeliefert zu werden. Lassen Mk und Mt die Verhandlung des Synhedriums in der Nacht vom Donnerstag zum Freitag stattfinden (Mk 14,30 par; 14,54.60–72 par; 15,1 par), verlegt Lk sie auf den Freitagmorgen (Lk 22,66). Markante Episoden wie der Judaskuss (Mk 14,44–46 par) und der Vorwurf an die Häscher (Mk 14,48–50 par) fehlen im Joh. Eine aufs Äußerste reduzierte Reminiszenz an die Gethsemane-Perikope (Mk 14,32–42 par) findet sich in Joh 12,23.27–29. Die Evangelien stimmen wieder darin überein, dass Jesus am Freitag der Passionswoche gekreuzigt wurde. Hinsichtlich der genauen Terminierung differieren sie allerdings. Abweichend von der synoptischen Chronologie, die diesen Freitag auf den ersten Tag des Passafestes (→Passa) legt (15. Nisan), da Jesu letztes Mahl am Abend zuvor als Passamahl gekennzeichnet wird (Mk 14,12–16 par), datiert Joh die Kreuzigung auf den 14. Nisan, den Rüsttag zum Passafest (Joh 18,28; 19,31.42). Beide Angaben lassen sich nicht zugunsten kalendarischer Synchronie harmonisieren. Historisch gesehen verdient die joh. Version den Vorzug. So fehlt im Ablauf der von den Synoptikern berichteten Mahlfeier – Lk 22,14–20 vielleicht ausgenommen – jeder konkrete Bezug auf die für ein Passamahl konstitutiven rituellen Elemente (z.B. auf die Vorspeise aus verschiedenen Kräutern mit Fruchtbrei, die Rezitation der Hallel-Psalmen vor [Ps 113f] und nach [Ps 115–118.136] der Hauptmahlzeit, das viermalige Trinken des Weinbechers [vgl. mPes 10,1–7]). Selbst innerhalb des mk. Zeitrahmens besteht eine offenkundige Spannung zwischen Mk 14,1f und Mk 15,20f einerseits und dem als Passamahl verstandenen →Abendmahl Jesu andererseits. Auch 1Kor 5,7 und 1Petr 1,19 sprechen für die joh. Datierung.

Wichtiger als die stets mit Unsicherheiten verbundene historische Rekonstruktion des Passionsgeschehens ist die ihm zugeschriebene theologische Bedeutung. Alle ntl. Zeugnisse beleuchten es aus nachösterlicher Perspektive. Erst die →Auferstehung Jesu (Mk 16,6; Lk 24,6.46; Röm 8,34; 1Thess 4,14 u.ö.) bzw. seine Auferweckung durch Gott (Apg 2,24; 3,15; Röm 4,24f; 8,11; Gal 1,1 u.ö.) enthüllt die Tiefendimension der P. und beantwortet die Frage nach ihrem Warum. Deshalb haben Überlegungen, wie der irdische Jesus sein →Leiden und seinen – möglicherweise bewusst in Kauf genommenen, vielleicht sogar gewollten – →Tod verstanden und gedeutet hat, nur einen begrenzten Wert.

Die synoptischen Evangelien bereiten ihre Leser/Hörer von Beginn an darauf vor, dass der Weg Jesu ins Leiden und in den Tod führt. Doch in keinem spielt die P. als ein die gesamte Darstellung prägendes Strukturprinzip eine solch dominante Rolle wie im Mk (2,19f; 3,6; 8,31; 9,31; 10,32–34.45; 11,18; 12,7.12; neben den jeweiligen Parallelen vgl. auch Lk 7,36–50; 9,51). Die Charakterisierung der Evangelien als „Passionsgeschichten mit ausführlicher Einleitung“ (M. Kähler) ist in dieser Allgemeinheit zwar korrekturbedürftig, im Blick auf Mk aber durchaus gerechtfertigt. Jesus, der Menschensohn, „muss viel leiden und sterben“ (Mk 8,31 par). Sein Geschick ist von Gott gewollt. Freilich gibt gerade der Kreuzigungsbericht zu erkennen, dass dieses unbegreiflich erscheinende Geschick nicht isoliert betrachtet werden darf. Jesu Leiden ist in der Schrift aufgenommen und wird von ihr umschlossen (vgl. Mk 14,18 [Ps 41,10]; 14,34 [Ps 42,6.12; 43,5]; 14,38 [Ps 51,14]; 14,62 [Ps 110,1; Dan 7,13]; 15,24 [Ps 22,19]; 15,29 [Ps 22,8]; 15,30f [Ps 22,9; 55,23]; 15,36 [Ps 69,22], ferner 14,49b). Der klagende Schrei „Mein Gott, mein Gott, warum hast du mich verlassen?“ (Mk 15,34 par) entstammt Ps 22,2. Das auf eine klärende Antwort drängende „Warum“ ist aber im griech. Text zugleich sprachlich offen für ein „Worauf hin“ oder „Wozu“. So gelesen fragt der Sterbende nach Sinn und Ziel seiner Gottverlassenheit. Markus beantwortet diese Frage, indem er die Geschichte Jesu am Kreuz nicht enden lässt. Von der Auferweckung des Gekreuzigten her (Mk 16,6) werden P. und Tod in den übergreifenden Horizont der Sendung des Gottessohnes (Mk 1,1.11; 9,7; 15,39) gestellt, der nach dem Willen des Vaters (Mk 14,36) sein Leben als einen „Lösepreis für viele [d.h. für alle]" (Mk 10,45) gegeben hat, um die Sünden der „vielen" zu sühnen (Mk 14,24) (→Christologie; →Sühne). Mt und Lk nehmen diesen Gedanken auf (Mt 20,28; 26,26–28; Lk 22,19f), setzen aber zusätzlich eigene Akzente. Nur die bes. augenfälligen seien genannt: Mt profiliert die Passionserzählung christologisch, indem er die hoheitliche Gestalt des gehorsamen, zum Leiden bereiten Christus betont (Mt 26,39.42.53f.68; 27,17.22.38–43). Er ist der eigentliche Herr des Geschehens (Mt 26,1f.18). Ihm, dem wahren „König der Juden" (Mt 27,29.37, vgl. 2,2) und kommenden Weltenrichter (Mt 26,64), gilt das Nein →Israels und seiner religiösen Führer (Mt 26,3.59.65f; 27,20–23.25). Deshalb ist Israel nicht länger Adressat des Evangeliums (vgl. Mt 10,5f; 15,24). Nach Ostern führt der Weg der →Jünger zu den Heiden (Mt 28,16–20). Bei Lk bewegt sich Jesus von 9,51 an konsequent auf Jerusalem zu, die Stadt seiner P. (Lk 9,51; 13,33). Analog zu Mk steht hinter ihr das von Gott verfügte Müssen (Lk 17,25; 22,37; 24,7.26). Jesus weiß um diesen göttlichen Plan (Lk 22,22.29, vgl. 22,16.31–34.37) und nimmt im Einklang mit ihm sein Leiden auf sich (Lk 22,39.42.52f; 23,46). Er ist der Gerechte (Lk 23,47), der unschuldig in den Tod geht (Lk 23,41). Pilatus bestätigt dies ausdrücklich (Lk 23,4.14.22). Kein Geringerer als der röm. Statthalter entlastet Jesus (und damit auch seine Nachfolger) von dem Vorwurf staatsfeindlicher Gesinnung. Im joh. Passionsbericht verschränken sich mehrere Sinnlinien, die das vierte Evangelium von Beginn an durchziehen. Neben den zahlreichen Passionsverweisen (Joh 2,14–22; 11,47–53; 12,1–8; 13,1f.21–30.36–38; 14–17) begegnen gehäuft Formulierungen, in denen Jesu P. und Tod soteriologisch gedeutet werden. Das Täuferzeugnis qualifiziert Jesu Tod auf dem Hintergrund der Passatradition (Joh 19,36) als stellvertretenden Sühnetod (Joh 1,29, vgl. 1,36). Jesus gibt sein „Fleisch" für das „Leben der Welt" (Joh 6,51c); als der „gute Hirte" gibt er sein Leben „für die Schafe" (Joh 10,11) bzw. „das Volk" (Joh 11,50) hin. Er stirbt freiwillig und aus Liebe „für seine Freunde" (Joh 15,13). Dabei zeichnet das Joh Jesus als Souverän seines Geschicks. Er weiß um die gekommene Stunde (Joh 12,23; 13,1, vgl. 13,3; 18,4.32), liefert sich den Häschern aus (Joh 18,4–8), tritt dem Hohenpriester und Pilatus in königlicher Souveränität entgegen (Joh 18,21–23.33–37) und trägt sein Kreuz selbst (Joh 19,17). Kompositionell bestimmend aber ist, dass Jesu P. und Tod als ein Erfüllungsgeschehen gekennzeichnet werden – als Erfüllung der Worte Jesu selbst (Joh 18,8f.32) und als Erfüllung der Schrift (Joh 19,28). Bereits das erste förmliche Schriftzitat im Joh weist darauf hin (2,17). Ab Joh 12 verdichten sich die Zitate. Am massivsten ist von der Erfüllung im Kontext der Sterbeszene (Joh 19,24.28.36f) die Rede. Dass der Gekreuzigte um die gleiche Zeit stirbt, in der am Tempel die Passalämmer geschlachtet werden, öffnet ihren Deutehorizont: Jesus ist das für die Seinen und die „Sünde der Welt" (Joh 1,29) geopferte Passalamm. Am Kreuz kommt das Erlösungswerk (→Erlösung) Jesu Christi innerweltlich zu seinem Ziel (Joh 19,30).

Jesu Leiden und sein Tod waren über die Jahrhunderte hinweg Anlass, Juden dafür haftbar zu machen und sie als Gottesmörder zu diffamieren (→Antisemitismus). Es gehört zu den bleibenden Aufgaben von →Theologie und Kirche, dieser im wahrsten Sinne des Wortes verheerenden Sicht entgegenzuwirken und sie als das zu bezeichnen, was sie ist: ein zu revidierendes theologisches und historisches Fehlurteil.

Brown, R.E., The Death of the Messiah, 2 Bd., [2]1998; Dettwiler, A./Zumstein, J. (Hg.), Kreuzestheologie im Neuen Testament, Wissenschaftliche Untersuchungen zum Neuen Testament 151, 2002; Frey, J./Schröter, J. (Hg.), Deutungen des Todes Jesu im Neuen Testament, Wissenschaftliche Untersuchungen zum Neuen Testament 181, 2005; Lang, M., Johannes und die Synoptiker, Forschungen zur Religion und Literatur des Alten und Neuen Testaments 182, 1999; Klauck, H.-J., Geschrieben, erfüllt, vollendet: die Schriftzitate in der Johannespassion, in: Labahn, M. u.a. (Hg.), Israel und seine Heilstraditionen im Johannesevangelium, FS J. Beutler, 2004, 140–157; Myllykoski, M., Die letzten Tage Jesu, 2 Bd., Annales Academiae Scientiarum Fennicae, Ser. B 256.272, 1991.1994.

Dieter Sänger

Patriarch, Patriarchate Die Bezeichnung P. stammt ursprünglich aus der antiken Familienstruktur. Ein P. ist das Familienoberhaupt oder der Stammvater einer Sippe. Daher werden auch die großen Figuren des AT als P. bezeichnet. Wann der Patriarchentitel für →Bischöfe seinen Weg in die Kirche fand, ist bislang unklar. Bis ins 5. Jh. hinein gab es dafür keine festen Regeln. Meist wurde der Begriff synonym zum Titel des Erzbischofs verwendet.

In der ersten Hälfte des 6. Jh. hatte sich der Patriarchentitel für die Metropolitansitze in →Rom, Konstantinopel, Alexandrien, Antiochien und →Jerusalem durchgesetzt, wobei diese Städte gleichzeitig in einer gewissen Rangfolge standen, ohne dass jedoch eine über die andere eine juridische Oberhoheit hatte. Das Kollegium der P. wurde verstanden als Band des Glaubens, des geistlichen Lebens und der →Sakramente. Erstmals im 6. Jh. wird der P. von Konstantinopel als ökumenischer P. bezeichnet. Ihm kommt bis heute unter den orthodoxen Kirchen ein Ehrenvorrang oder „Vorsitz in der Liebe“ zu. Er hat damit auch das Recht, in Angelegenheiten, die alle →orthodoxen Kirchen betreffen, die Initiative zu ergreifen. In allen anderen Fragen sind die anderen P.ate bzw. die von einem Erzbischof oder Metropoliten geleiteten autokephalen oder autonomen orthodoxen Kirchen selbständig und gleich.

Auch für die Oberhäupter einiger seit dem Konzil von Chalkedon von der Reichskirche abgespaltener Nationalkirchen wie der Syrischen oder Koptischen Orthodoxen Kirche, die unter dem Namen orientalisch-orthodoxe Kirchen bekannt sind, setzte sich der Patriarchentitel durch, da es sich de facto um eine Spaltung der P.ate von Antiochien und Alexandrien handelte. In der armenischen Kirche bildete sich die synonyme Bezeichnung Katholikos bzw. Katholikat.

Auch in der →römisch-katholischen Kirche gibt es den Patriarchentitel in zweierlei Gestalt: Zum einen handelt es sich um einen Ehrentitel. Hier hat ein P. seinen Rang nach den Kardinälen und ist eine Zwischeninstanz zwischen der Leitung der Ortskirche und derjenigen der Universalkirche. Zum anderen tragen die Oberhäupter der mit Rom unierten Ostkirchen den Patriarchentitel. Das geschlossenste P.at dieser Art ist das der Maroniten, die ursprünglich zum Patriarchat von Antiochien gehörten. Am bekanntesten ist das lat. P.at von Jerusalem, das durch die →Kreuzzüge entstand. Weitere lat. P.ate entstanden durch Missionierung im 16. Jh. so z. B. das koptisch-kath., das syrisch-kath. und das armenisch-kath. P.at. Hier ist der P. eine Mittelinstanz zwischen dem Papst und den Bischöfen.

Die P.ate in der frühen Kirche wurden zu Zentren kirchlichen Lebens, die z. T. auch eigene theologische Schulen hervorbrachten und eigene Riten sowie ein eigenes Kirchenrecht entwickelten.

Die rechtliche Stellung eines P. heute ist die eines *primus inter pares* unter den Bischöfen. Seine Macht ist begrenzt durch die Synoden, mit denen er nur gemeinsam seine Kompetenz durchsetzen kann. Allerdings kann er auch Synodalmitglieder entlassen bzw. Personen seiner Wahl in die →Synode berufen.

Auf dem Balkan sind im Laufe der Zeit neue P.ate entstanden: Moskau, Serbien, Rumänien, Bulgarien.

Heute gibt es neun byzantinische, neun orientalisch-orthodoxe P.ate, elf röm. P.ate, davon gehören sieben zu den verschiedenen orientalischen Riten.

Maier, B., u. a., Art. Patriarchat, LThK 7, [3]1998, 1465–1468; Ruppert, L., u. a., Art. Patriarch, LThK 7, [3]1998, 1459–1464.

Dagmar Heller

Paulus Die Rekonstruktion der Biographie und der Theologie des P. ist primär an diejenigen →Briefe gewiesen, die als authentische, von P. verfasste bzw. diktierte Schriften anerkannt sind. Die sog. deuteropaulinen Briefe im NT sind pseudepigraphe Schreiben und sie können teilweise als Produkte der entstehenden Paulus-Schule verstanden werden. Ihr historischer Wert an Informationen über P. und seine Theologie ist begrenzt. Die Apostelgeschichte des Lukas widmet mehr als die Hälfte des Umfangs ihres Werks der pln. →Mission, angefangen von Informationen über die jüd. Vergangenheit des Paulus und seine →Berufung bzw. Bekehrung bis hin zu seiner Ankunft in →Rom im Zusammenhang eines Prozesses nach Jahren missionarischer Tätigkeit. Weitere ntl. Schriften gehen allenfalls in Andeutungen auf P. ein. Die altkirchlichen Apostelakten zu P. bieten reiche Informationen, die über die Paulusbriefe und die Apostelgeschichte teilweise weit hinausgehen. Sie sind aber bereits stark von legendarischen und romanhaften Zügen durchsetzt.

1. Biographie: Nach Apg 21,39; 22,3 wurde P. in Tarsus, der Provinzhauptstadt Kilikiens, geboren. Da er sich in Phlm 9 als alten Mann bezeichnet, mag er nach antiken Maßstäben zu diesem Zeitpunkt ungefähr 55 Jahre alt gewesen sein, er wird also um die Zeitenwende geboren worden sein. Er ist Diasporajude (→Diaspora) und hell. Kosmopolit (→Hellenismus), führt seine Familie jedoch mit Stolz auf den jüd. Stamm Benjamin zurück (Röm 11,1; Phil 3,5). Paulus zählt sich zu den Pharisäern (→Judentum; Phil 3,5) und betont seinen Einsatz für deren Ideale (Gal 1,14; 5,11). Apg 22,3 sieht Saulus sogar in Jerusalem unter den Schülern des Rabbi Gamaliel I. Das röm. Bürgerrecht wird zwar nur in Apg 16,37 f; 22,25–29; 23,27 erwähnt, fügt sich aber bestens in die von Paulus vertretene loyale Grund-

haltung dem röm. Staat gegenüber ein (Röm 13,1). Den in Apg 9,4.17; 22,17 und 26,14 bezeugten jüd. Namen Saulus verwendet Paulus in seinen Briefen nie. Das Handwerk des Lederarbeiters/Zeltmachers übte er auch neben dem apostolischen Dienst aus (Apg 18,3). Zur Zeit der großen Missionsreisen ist Paulus unverheiratet (1Kor 7,7).

Das etwa auf das Jahr 33 n.Chr. zu datierende sog. Damaskuserlebnis ist für Paulus im Rückblick eine radikale Wendung vom Christenverfolger zum berufenen Missionar (Gal 1,15f; Phil 3,6; vgl. auch Apg 9,1–19; 22,1–22; 26,1–23). Allerdings wird er erst ca. 15 Jahre später im Anschluss an den Apostelkonvent in →Jerusalem zu eigener Mission aufbrechen. Zuvor wird er durch Vermittlung des Barnabas Mitglied der christl. Gemeinde in Antiochia in Syrien (Apg 11,25–26) und partizipiert an einer ausschließlich in Apg 13–14 erwähnten und von dieser Gemeinde ausgehenden Missionsreise nach Zypern, Pamphylien, Lykaonien und Pisidien. Der Apostelkonvent, an dem Barnabas, P. und Titus als Delegierte der antiochenischen Gemeinde teilnehmen, bestätigt das Recht der Heidenmission (Gal 2,1–10; Apg 15; →Heiden). Doch ein Folgekonflikt in der Gemeinde in Antiochia, der sog. antiochenische Streit, stellt gegen P. den Grundsatz der Heidenmission ohne Beachtung der Forderungen der →Tora in Frage stellen (Gal 2,11–14; vgl. auch Apg 15,22–29). Seitdem arbeitet P. als von Antiochia unabhängiger Missionar.

Die Missionsreisen führen ihn sodann durch Galatien nach Makedonien und in die Achaia, und es kommt zu Gemeindegründungen in Galatien, Philippi, Thessalonich und Korinth. Als Mitarbeiter werden jetzt Silas, Timotheus und Titus wichtig, in Korinth bietet das →judenchristliche Ehepaar Priska und Aquila Unterstützung. Längere Zeit lebt P. in der nicht von ihm gegründeten Gemeinde in Ephesus, und er besucht von dort aus abermals die gegründeten Gemeinden in Makedonien und in der Achaia. Die →Briefe dokumentieren, welche theologischen Fragen in diesen Gemeinden erörtert wurden und welche Gestalt der christl. →Glaube hier fand. Da P. auf dem Apostelkonvent die Verpflichtung übernommen hatte, für die Jerusalemer Urgemeinde (→Urchristentum, Urgemeinde) eine →Kollekte in den heidenchristl. Gemeinden zu sammeln, will er diese etwa sieben Jahre nach dieser Übereinkunft mit Energie zum Abschluss mit dem Ziel bringen, die Kollekte in Verbindung mit einer Delegation aus den heidenchristl. Gemeinden nach Jerusalem zu überbringen. Es ist ungewiss, ob diese Kollekte übergeben werden konnte und ob sie in der Urgemeinde überhaupt noch Anerkennung fand. Zunehmend ist P. in eine Isolation zunächst von den ursprünglich maßgebenden Kreisen des entstehenden Christentums in Jerusalem und Antiochia geraten, sodann haben auch seine Gemeinden, in denen beständig gegen P. auftretende Missionare aktiv waren, sich von ihm entfernt (vgl. Röm 15,23; 2Tim 1,15; 4,10.16). Sein Jerusalembesuch führt zu einem nicht in allen Teilen durchsichtigen Eklat im Tempelbereich (→Tempel). Aufgrund des Vorwurfs der Entheiligung des Tempels trachtet die jüd. Gemeinde nach seinem Leben, doch nehmen röm. Soldaten ihn vorübergehend in Schutzhaft (Apg 21,27–40). Es schließt sich eine längere Haft in Caesarea an, aus der heraus P. im Prozessverfahren an den Kaiser in Rom appelliert. Die ursprünglich im Kontext der Spanienmission geplante Reise nach Rom (Röm 15,23–24) wird somit zu einer Gefangenenreise (Apg 27,1). In Rom verlieren sich die Spuren des Paulus. Es ist davon auszugehen, dass er die röm. Haft nicht, wie die Pastoralbriefe andeuten, verlassen hat, sondern nach Ablauf einer wohl zweijährigen Frist (Apg 28,30) hingerichtet worden ist, auch wenn dieses Ende in der Apostelgeschichte nicht mehr berichtet wird.

2. Briefe: Die erhaltenen authentischen Briefe des P. sind insgesamt entstanden im Zeitraum der von Antiochia unabhängigen Mission im Anschluss an den Apostelkonvent, also ca. zwischen 50 und 56 n.Chr. Die Wahrscheinlichkeit, dass P. noch aus der mehrjährigen Gefangenschaft in Caesarea und Rom Gemeindebriefe verfasst hat (etwa den Phil und Phlm), ist gering. Die Briefe richten sich überwiegend an die Gemeindegründungen der pln. Mission (1Thess, 1Kor und 2Kor, Phil, Gal), aber auch an eine Einzelperson und die dazugehörende Hausgemeinde (Phlm) und an die P. noch unbekannte röm. Gemeinde, der er sein →Evangelium vorlegt und sie um Unterstützung seiner geplanten Mission in Spanien bittet (Röm). Weitere Briefe, die P. möglicherweise verfasst hat, sind wohl nicht aufbewahrt worden oder verloren gegangen (vgl. 1Kor 5,9 und 11), vielleicht sind sie auch nie geschrieben worden (Kol 4,16). Jedenfalls hat zwischen P. und der korinthischen Gemeinde ein Briefwechsel stattgefunden und maßgebliche Teile dieser Briefe werden im 2Kor aufgenommen worden sein. Diese Briefe erheben den Anspruch des →Apostels, auf die von ihm gegründeten Gemeinden einzuwirken und sie an das von ihm verkündete Evangelium zu binden. Sie stellen die Präsenz des Apostels in seiner Abwesenheit dar (vgl. Gal 6,11; 1Kor 16,21) und sind im →Gottesdienst verlesen und von der Gemeinde mit respondierendem Amen (Gal 6,18; Phil 4,20) und Austausch des heiligen Kusses beantwortet worden (Röm 16,16; 1Kor 16,20; 2Kor 13,12). Der Übergang zu den pseudepigraphen Briefen (→Apokryphen, Pseudepigraphen) ist nicht mit letzter Sicherheit zu markieren. Bereits in den Präskripten der authentischen Paulusbriefe treten Mitarbeiter wie Timotheus, Sosthenes und Silvanus als Mitabsender bzw. Tertius als Sekretär (Röm 16,22) auf. Es ist denkbar, dass Paulusmitarbeiter nach dem Tod des P. weiterhin nicht nur in ihrem, sondern auch im Namen des →Apostels geschrieben haben. Gleichfalls muss man mit der Wahrscheinlichkeit rechnen, dass im Namen des P. geschrieben wurde, um seine Autorität für unterschiedliche Absichten in Anspruch nehmen zu können. Während etwa der Kol noch dicht an das pln. Schriftenkorpus situiert werden kann, scheint der 2Thess sich im Namen des P. dezidiert von Christen absetzen zu wollen, die sich auf P. berufen (2Thess 2,2). Mehrheitlich gelten heute der Kol, Eph, 2Thess und die sog. Pastoralbriefe, also 1Tim, 2Tim und Titus, als nachpln. und damit als pseudepigraphe Briefe. Auch der Hebräerbrief, der hinsichtlich der Form nicht als Brief, sondern eher als Traktat gelten muss, schlägt im Schlussteil über die Nennung des Timotheus (Hebr 13,23) eine Brücke zum pln. Kreis.

Die →Briefe wenden sich zunächst an einen begrenzten Adressatenkreis, und sie stehen in einer konkreten Abfassungssituation. Da gelegentlich zum Austausch solcher apostolischen Briefe aufgefordert wird (Kol 4,16) und durch Grüße die Kommunikation zwischen den Gemeinden hergestellt wird (1Kor 16,19; Röm 16,21–23; Phil 4,22), mag durch Abschreiben und Austausch der Weg zu einer Sammlung der Paulusbriefe gebahnt worden sein. Auch zeigen die Textvarianten der Präskripte in 1Kor 1,2 und Eph 1,1, dass recht bald eine Adressierung dieser Briefe an einen größeren Adressatenkreis gewünscht wurde. Die Form der Briefe ist im Hauptteil, dem Briefkorpus, von dem jeweiligen Sachanliegen, das sich aus der Kommunikation zwischen P. und seiner Gemeinde ergibt, bestimmt, was zugleich sehr unterschiedliche Brieflängen bedingt. Relativ konstant ist der Rahmen, der im Briefeingang Präskript und Proömium, im Briefschluss einen Epilog und ein Postskript bietet.

3. Theologie: Die geschichtliche Stellung des Apostels P. ist nach der Einschätzung Rudolf →Bultmanns darin begründet, dass er „die theologischen Motive, die im Kerygma der hellenistischen Gemeinde wirksam waren, zur Klarheit des theologischen Gedankens erhoben, die im hellenistischen Kerygma sich bergenden Fragen bewußt gemacht und zur Entscheidung geführt hat und so [...] zum Begründer einer christlichen Theologie geworden ist" (R. Bultmann, *Theologie des Neuen Testaments*, [6]1968, 188). In der zurückliegenden Forschungsgeschichte variiert die religionsgeschichtliche Verortung des P., insofern seine Nähe zu paganen →Mysterienreligionen, zur jüd. →Apokalyptik, zur entstehenden →Gnosis, zur hell. Philosophie oder zum alexandrinischen Diasporajudentum behauptet wurde. Die Auslegungsgeschichte schwankt grundsätzlich stets zwischen einem antijüd. bzw. unjüd. und einem jüd. P.

Die Rekonstruktion der Theologie des P. erfolgt auf der Grundlage seiner authentischen →Briefe. Allein der Römerbrief kann die Erwartung, das theologische Denken in einer gewissen summarischen Form zu finden, ansatzweise befriedigen, da P. sein Evangelium der ihm unbekannten Gemeinde gleich einem Rechenschaftsbericht vorlegt. Doch sind die hier gebotenen Aussagen in vielfachen Auseinandersetzungen mit Gegnern, wohl auch mit seinen Mitarbeitern und in beständiger Reflexion auf das AT, in der Vorlage der Septuaginta (LXX), entstanden und also in der vorliegenden Form nicht immer Bestandteil pln. Theologie gewesen. Man wird daher mit Wandlungen rechnen, zugleich aber das sich Durchhaltende erkennen müssen.

Nach seiner →Berufung fand P. durch Vermittlung des Barnabas Anschluss an die christl. Gemeinde in Antiochia in Syrien, durch die er wiederum die entscheidende christl. Prägung empfing. Hingegen ist eine Begegnung des P. mit →Jesus auszuschließen, und ein direkter Einfluss der zur Jerusalemer Urgemeinde zählenden Jesusnachfolger erscheint eher peripher. Wenn P. in seinen späteren Briefen auf Grundwissen, Traditionen und feste Überlieferungen (z.B. 1Kor 11,23–25; 15,3–5; Gal 3,26–28) rekurriert, dann wird es sich hierbei um antiochenische oder durch Antiochia vermittelte Theologie handeln. Noch der 1Thess, der die →Erwählung der heidenchristl. Gemeinde und die nahe bevorstehende Parusie (→Eschatologie) des Kyrios Christos betont, steht ganz im Zeichen dieses Einflusses. Mit Antiochia tritt P. dafür ein, dass das Evangelium sich an Juden und Heiden wendet und dass der Zugang der Heiden zur Kirche nicht an die Einhaltung einer jüd. Lebensweise (→Beschneidung der Männer, Speisegebote, Festkalender, →Sabbat u.a.) gebunden ist. Allein der Glaube an Jesus Christus begründet die →Kirche aus Juden und Heiden (vgl. Gal 2,11–14; →Judenchristen).

P. sieht sich bis zuletzt als innerhalb des Judentums stehend (Röm 11,1;

2Kor 11,22), unterscheidet aber bereits deutlich zwischen einem christusgläubigen und einem Christus ablehnenden Teil (Röm 9–11). Die Heilige Schrift (→Bibel, Bibelausgaben) ist Zeuge des Evangeliums, ihr Text wird als Verheißung auf Christus gelesen. Im Mittelpunkt der pln. Theologie steht die Person Jesu Christi als des gekreuzigten und auferstandenen (→Kreuz; →Auferstehung), zur Parusie kommenden Kyrios (1Kor 15,3–5.23; 1Thess 4,15). Eine theologische Systematik hat P. nie entworfen, doch konvergieren alle Aspekte des Evangeliums in ihrem Bezug auf Jesus Christus bzw. es wird vorgängiges paganes und jüd. Denken im Blick auf diesen Bezug gebrochen (1Kor 1,22–23). Der Tod am Kreuz, ein nach antikem Denken schändlicher und in jüd. Sicht den Gekreuzigten gemäß der →Tora mit einem Fluch (→Segen) belastender Tod, wird durch die Auferweckung als Tat Gottes neu definiert (Gal 3,13; 1Kor 1,23f), und zwar als Erhöhung in den Stand des Kyrios (Phil 2,5–11). Gleichzeitig beschreibt P. in sakramentalen, ethischen, martyrologischen und eschatologischen Texten mit Hilfe der Metaphern des Leibes und der Glieder (1Kor 12,27; Röm 12,5), der Überkleidung mit Christus (Gal 3,27) und des Mitgekreuzigtwerdens mit ihm (Röm 6,6; Gal 2,19) eine solche Christusgemeinschaft der Glaubenden (Gal 2,20), dass zu Recht von einem mystischen Anteil innerhalb seiner →Christologie gesprochen wird.

Die Rekonstruktion der pln. Theologie hat im →Protestantismus vornehmlich die sog. Rechtfertigungslehre (→Rechtfertigung) in das Zentrum gerückt. Ihr zufolge vermittelt die Verkündigung des Evangeliums den an Christus Glaubenden die →Gerechtigkeit Gottes (Röm 1,16–17; Phil 3,9), welche in Röm 3,24–25 wiederum als Gerechtmachung durch den Sühnetod Christi (→Sühne; →Opfer) angesprochen wird. Es gehört zur Struktur dieser Rechtfertigungslehre, dass sie in anthropologischer Hinsicht die völlige Bestimmtheit des vorgläubigen Menschen von der →Sünde betont (Röm 7; aber auch 3,9; 5,12), die an Christus Glaubenden hingegen von jeglichen Werken der Tora und von der Macht der Sünde freispricht (Röm 6,7; Gal 5,4) und ihr →Leben in der Kraft des Geistes beschreibt (Röm 8,1–17; →Heiliger Geist). Die sog. „neue Perspektive in der Paulusforschung" erkennt in der Rechtfertigungslehre vornehmlich ein missionstheologisches Argument. Da Juden und Heiden durch den Glauben an Christus Mitglieder der Kirche (→Ekklesiologie) werden, verneinen die Rechtfertigungsaussagen, zu deren Gehalt stets die Betonung der →Freiheit von der Beachtung der bislang trennenden Forderungen der Tora gehört, einen Vorrang der Juden vor den Heiden und eröffnen den Heidenchristen somit einen Zugang zur Kirche (Röm 3,29). Die Sündenlehre ist in dieser Interpretation nicht das Widerlager der Rechtfertigungslehre. Jedoch ist unverkennbar, dass P. zunehmend über diesen missionstheologischen Ausgangspunkt hinausgeht, um das Rechtfertigungsgeschehen in universalen Dimensionen im Blick auf seine Stellung zu →Gesetz und Sünde zu beschreiben (Röm 3,19–20) und letztlich auch das Geschick des nicht christusgläubigen, aber erwählten →Israels in diesem Licht neu zu bedenken.

Becker, J., Paulus. Der Apostel der Völker, ^{3}1998; Dunn, J.D.G., The Theology of Paul the Apostle, 1998; Gnilka, J., Paulus von Tarsus. Zeuge und Apostel, Herders theologischer Kommentar zum Neuen Testament. Supplementband 6, 1996; Hengel, M./Schwemer, A.M., Paulus zwischen Damaskus und Antiochien, Wissenschaftliche Untersuchungen zum Neuen Testament 108, 1998; Lohse, E., Paulus. Eine Biographie, 1996; Reinmuth, E., Paulus. Gott neu denken, 2004; Schnelle, U., Paulus. Leben und Denken, 2003; Theobald, M., Der Römerbrief, Erträge der Forschung 294, 2000.

Friedrich W. Horn

Pentateuch →Tora

Person Das Wort P. stammt aus dem Lat. (persona) und bedeutet ursprünglich „Maske", dann auch „Rolle" oder „Charakter". Aus diesem Bereich des Theaters geht das Wort in den allgemeineren Sprachgebrauch über und bezeichnet die Rolle, die ein Mensch in der Gesellschaft innehat. Im röm. Recht steht „persona" ganz allgemein für menschliche Individuen.

In der christl. Tradition ist der Begriff der P. zunächst v.a. für das trinitarische (→Trinität) und christologische (→Christologie) Dogma von Bedeutung. Tertullian prägt die trinitarische Formel „una substantia, tres personae", d.h. die drei göttlichen P. (Vater, Sohn und Geist) sind in substantieller Einheit verbunden. Das Dogma von der Trinität (Nizäa, 325 n.Chr. und Konstantinopel, 381 n.Chr.) fixiert diesen Personenbegriff für die kirchliche Lehre (→Konzilien). Eine substantielle Selbstständigkeit im strengen Sinne kann diesen „P." daher nicht zukommen. Die jüd.-christl. Annahme einer Persönlichkeit Gottes steht daher zu diesem Personbegriff in einer gewissen Spannung. Dasselbe gilt auch im Blick auf das christologische Dogma (Chalkedon, 451 n.Chr.). Dessen Aussage, dass sich in Christus zwei Naturen (eine wahrhaft göttliche und eine wahrhaft menschliche) in einer P. unvermischt und ungetrennt zusammenfinden, ist zwar in seinen Motiven verständlich, indem es die absolute religiöse Würde Jesu zum Ausdruck bringen will, ohne sein Menschsein preiszugeben. Doch lässt sich die Einigung einer göttlichen Natur mit der menschlichen Natur, der als solcher ebenfalls Willensfreiheit und Selbständigkeit zukommen müssen, nicht widerspruchsfrei zu einer P. zusammendenken. Daraus hatte bereits Apollinaris von Laodicea den einleuchtenden, von der offiziellen Kirche allerdings aus guten Gründen abgelehnten Schluss gezogen, dass die menschliche Natur Christi nur rudimentär ausgebildet sei. Das neuzeitliche Verständnis Jesu von Nazareth (→Jesus Christus) geht dagegen von seiner menschlichen und persönlichen Seite aus und erschließt von hier aus seine religiöse, göttliche Würde („Christologie von unten", so schon bei Martin →Luther).

Für das MA und die frühe Neuzeit prägt Boethius den Personenbegriff mit seiner berühmten Definition „persona est naturae rationabilis individua substantia" (dt.: eine P. ist die individuelle Substanz einer rationalen Natur). Eine P. ist demnach ein vernunftbegabtes, selbständiges →Individuum. Neben dieser allgemeinen Bedeutung bezeichnet P. im MA auch jeweils spezifische Funktionen (Rollen), die das Individuum einnimmt. Neben der Vernunftbegabtheit (→Vernunft) und der Individualität wird der P. auch eine bestimmte Würde (→Menschenwürde) zugesprochen, die ihm von Gott verliehen ist (Gottebenbildlichkeit). Dies ist die Position sowohl der Renaissance (Pico della Mirandola: *de dignitate hominis*) als auch der →Reformation. Nach Martin Luther wird der Mensch erst durch Gott bzw. in Christus eine P. in vollem Sinne.

Die Neuzeit legt ein starkes Gewicht auf die Entwicklung und →Bildung des Menschen zu einer Persönlichkeit: Personalität ist das Ergebnis eines individuellen Bildungsprozesses (J. Locke). Auch fixiert die frühe Neuzeit nun den Personenbegriff in rechtlicher Hinsicht. Während Antike und MA den Ausdruck unspezifisch für menschliche Individuen überhaupt verwendeten, tritt nun die Teilhabe am Rechtsleben (→Recht) in den Vordergrund: „Der Mensch wird, insofern er gewisse Rechte in der bürgerlichen Gesellschaft genießt, eine Person genannt" (Allgemeines Landrecht für die Preußischen Staaten [1791/94] §1).

Die Würde der P. hat Immanuel Kant in den Mittelpunkt seiner Ethik gestellt: „Handle so, dass du die Menschheit, sowohl in deiner Person, als in der Person eines jeden andern, jederzeit zugleich als Zweck, niemals bloß als Mittel brauchest" (*Grundlegung zur Metaphysik der Sitten*). P. zeichnen sich durch eine unverlierbare Würde aus, die ihren Grund in der Autonomie (Selbstgesetzgebung; →Gesetz) vernünftiger Wesen hat. Daraus ergibt sich dann auch die Pflicht zur wechselseitigen Anerkennung der P. untereinander (J.G. Fichte, G.W.F. Hegel). In der Diskussion dieser Zeit ist der Gedanke der P. untrennbar mit dem Gedanken der Menschenwürde und der menschlichen →Freiheit verbunden.

Auch in der Theologie wurde der Personenbegriff neu aufgegriffen und entfaltet. Friedrich Daniel Ernst →Schleiermacher bestimmt das „Wesen der Erlösung" ganz ähnlich wie Martin Luther dahingehend, dass der Mensch in seiner Gemeinschaft mit Christus „eine religiöse Persönlichkeit erlange, welche er vorher nicht hatte" (*Der christl. Glaube*, 1. Aufl. §127.1). Dennoch gilt es, an „der Identität der P. in dem alten und neuen Leben" (§132.4) festzuhalten. Ein gegenüber der Reformation neuer Akzent liegt darin, dass die lebensgeschichtliche Kontinuität (→Biographie) und damit die empirisch erworbene Persönlichkeit nicht durch die religiöse Auffassung von Personalität abgewertet werden darf. Durch die Spannung dieser beiden Auffassungen ist jede neuzeitliche religiöse Deutung der P. bestimmt.

Die religiöse →Ethik betont die personale Dimension v.a. im Gedanken der Nächstenliebe. →Liebe erweist sich darin, eine andere P. in dem Erreichen ihrer eigenen Bestimmung zu fördern. Sie ist daher „Aneignung der Lebensaufgabe eines anderen" (Albrecht Ritschl). In der Nächstenliebe wird nicht nur der andere als P. anerkannt, sondern es wird zugleich die Ausbildung der je eigenen Persönlichkeit befördert. Deshalb sind nach jüd. und christl. Verständnis Selbstliebe und Nächstenliebe keine Gegensätze („Liebe Deinen Nächsten wie Dich selbst").

Gegenüber den in manchem ähnlichen Begriffen →Subjektivität, Individuum und →Identität zeichnet sich der Gedanke der Persönlichkeit durch seinen integrativen Charakter aus. Personalität ist das umfassende Ergebnis eines individuellen Bildungsprozesses, durch den sich eine eigene subjektive Identität ausbildet. Die dadurch gewonnene innere und äußere Stabilität und Kontinuität muss allerdings, wie auch im Fall von Individualität und Identität, immer wieder neu gegenüber innerem und äußerem Wandel behauptet werden.

Fuchs, M., Persönlichkeit und Subjektivität. Historische und systematische Studien zu ihrer Genese, 2001; Fuhrmann, M., Art. Person, I. Von der Antike bis zum Mittelalter, Historisches Wörterbuch der Philosophie Bd. 7, 1989, 269–283; Scherer, G., Art. Person, III. Neuzeit, Historisches Wörterbuch der Philosophie Bd. 7, 1989, 300–319.

Claus-Dieter Osthövener

Petrus Simon mit dem Beinamen P. erscheint als die herausragende Gestalt im Anhängerkreis Jesu (→Jünger Jesu) sowie als maßgeblicher Traditionsträger in der frühen Christenheit (→Urchristentum, Urgemeinde).

Simon/Simeon, Sohn des Jona (Mt 16,17) bzw. Johannes (Joh 1,42; 21,15.16.17) ist Galiläer (Mt 26,73), gebürtig aus Betsaida (Joh 1,44), verheiratet und wohnhaft in Kafarnaum (Mk 1,29–31), von Beruf Fischer (Mk 1,16), ein „ungelehrter und einfacher Mann" (Apg 4,13). Paulus erwähnt seine Frau, die ihn auf Reisen begleitet (1Kor 9,5). Den aram. Beinamen Kefa(s)/Stein, griech. petros, erhält er von Jesus: Nach Joh 1,42 geschieht das bei der Berufung des Simon, nach Mk 3,16 erst bei der Etablierung des Zwölfer-Kreises zur Unterscheidung von einem anderen Simon. Mt 16,18 setzt den Beinamen schon voraus und versieht ihn mit einer neuen Deutung, die auf dem Spiel mit den Bedeutungsinhalten „Stein" und „Fels" beruht: „Du bist Stein, und auf diesem Gestein werde ich ..." Erst von da an wird P., Peter usw. zum Eigennamen.

P. erscheint als Anhänger der ersten Stunde, wobei seine Berufung auf unterschiedliche Weise erzählt wird (Mk 1,16–20/Mt 4,18–22 – im Kreis zweier Brüderpaare; Lk 5,1–11 – als Zentralfigur; Joh 1,35–42 – vermittelt durch seinen Bruder Andreas). Verschiedene Auftragsworte unterstreichen die besondere Stellung des P. im Schülerkreis: Mt 16,18–19 („Felsenwort" im Kontext des Messiasbekenntnisses; →Messias); Lk 22,31–32 („Stärke deine Brüder!" im Kontext des letzten Mahles; →Abendmahl); Joh 21,15–17 („Weide meine Lämmer!" im Kontext der Ostererscheinungen; →Ostern). Übereinstimmend zeichnen ihn die Evangelisten als Wortführer und Hauptakteur unter den Anhängern Jesu, mit jeweils eigener Akzentuierung: Bei Markus ist er der exemplarische Nachfolger und Traditionsträger, Matthäus zeichnet ihn als Gründergestalt und Integrationsfigur, Lukas stellt ihn als Erstapostel (→Apostel) und Wegbereiter vor, Johannes präsentiert ihn als Hirten und Senior. Aus der Rolle, die P. in der Passionsgeschichte (→Passion) spielt (Ansage der Verleugnung Mk 14,26–31 par; Schlaf in Getsemani Mk 14,32–42 par; Verleugnung Mk 14,66–72 par), hat man zu Unrecht einen unsteten Charakter schließen wollen. Immerhin beweist er, indem er Jesus bis in den Hof des Hohenpriesters „nachfolgt", mehr Mut als die anderen. Vielmehr spiegelt die Situation des Karfreitags eine →Lebenskrise, die von der Überlieferung paränetisch genutzt wird: Verleugnung und Reue, Scheitern und Umkehr. Der Neubeginn setzt am Ostermorgen ein: Paulus (1Kor 15,5) und Lukas (Lk 24,34) nennen P. als ersten Zeugen einer Erscheinung des Auferstandenen (in Konkurrenz zu Maria Magdalena Mt 28,10; Joh 20,14–18). Lukas schildert ihn in Apg 1–8 als die Zentralfigur in der Jerusalemer Gemeinde, weiß von seinem Einfluss bis nach Samarien und Caesarea und berichtet von Wundertaten (→Wunder). Während der ersten Verfolgungen unter Agrippa I. gerät er in Haft (Apg 12,1–19) und muss Jerusalem verlassen. Auf dem Apostelkonvent (Apg 15; Gal 2,1–10) verhandelt er auf Jerusalemer Seite. Nach Gal 2,11–21 lebt er einige Zeit in Antiochien, wo er mit →Paulus in einen Konflikt um die Tischgemeinschaft zwischen Juden und Nichtjuden gerät. Seine Strategie ist dabei weniger durch radikale Positionen als durch das Bemühen um Ausgleich bestimmt. Nach Antiochien verliert sich seine Spur. In Korinth kennt man ihn (1Kor 1,12; 3,22). Sein Tod bleibt im Dunkeln.

Ein gewaltsames Ende setzt offenbar Joh 21,18–19 voraus. Dass dies in Rom zu lokalisieren ist, deuten verschiedene Aussagen gegen Ende des 1. Jh. an (1Petr 5,13; 1Clem 5,4; IgnRöm 4,3). Vom 2. Jh. an verbindet die Legende ein Martyrium des P., genauer seine Kreuzigung, mit den Pogromen Neros gegen die Christen (→Christenverfolgungen) im Zusammenhang des Brandes →Roms (Petrusakten). Die Nekropole unter St. Peter in Rom beherbergt nicht das Grab, sondern einen Gedächtnisort (des Martyriums?), den röm. Christen um 140 n. Chr. markiert haben und von dem Eusebius von Caesarea das literarische Zeugnis des Presbyters Gajus (um 205 n. Chr.) überliefert hat.

Die beiden Petrusbriefe im NT sind keine Schriften des P., sondern spätere Schreiben, die man seiner Autorität unterstellt hat. Apokryphe Texte (→Apokryphen, Pseudepigraphen) wie das Petrusevangelium, die Petrusapokalypse, die Petrusakten, ein Brief des P. an Philippus u. a. m. führen hinüber in eine ausgedehnte Legendenschreibung. Vom 3. Jh. an wird P. dann zunehmend zur Legitimierung des röm. Primates in Anspruch genommen. Seit der Reformationszeit (→Reformation) gerät er als kontrovestheologische Reizfigur zwischen die Fronten der Konfessionen. Gegenwärtig erfolgt im ökumenischen Gespräch unter dem Stichwort des „Petrusdienstes" (*Communio Sanctorum* VI 4, 2000) wieder eine vorsichtige Annäherung an das integrative Potenzial der ntl. Petrusgestalt.

Böttrich, C., Petrus, Biblische Gestalten 2, 2001; Cullmann, O., Petrus. Jünger – Apostel – Märyrer. Das historische und das theologische Petrusproblem, [3]1985; Döring, L., Schwerpunkte und Tendenzen der neueren Petrusforschung, Berliner Theologische Zeitschrift 19, 2002, 203–223.

Christfried Böttrich

Pfarrer, Pfarramt Die gegenwärtige Vorstellung davon, was ein P./ eine P.in ist und sein soll, verdankt sich einer langen Geschichte, in der dieser Beruf ganz verschiedene Bedeutungen erhalten hat (1.). Zur beruflichen Rolle des P. gehört eine Reihe typischer Aufgaben (2.). Die überkommene Rolle erfährt seit den 1960er Jahren tief greifende Veränderungen (3.); von daher muss das Leitbild des P./ der P.in heute neu bestimmt werden (4.).

1. Bis heute sind berufliche Rolle und persönliche Lebensform des P. durch das Bild des atl. Priesters (→Priester im Judentum) bestimmt, der den Zugang zu einer letztgültigen, heiligen Realität eröffnet: Wie der orthodoxe oder der kath. →Priester (→Priesteramt, römisch-katholisch) ist der ev. P. zuerst und v. a. auf Gott bezogen. Das spezifisch christl. Verständnis des Pfarrberufs hat sich in der Alten Kirche aus dem Leitungsamt des →Bischofs entwickelt; der P. steht daher immer auch für die Instituti-

on der →Kirche im Ganzen. Seit dem MA ist der Amts-Bereich des P. ein bestimmtes Territorium, die örtliche Gemeinde („Parochie" – die etymologische Wurzel des Wortes P.), in der er Aufgaben der geistlichen Versorgung, aber auch der sittlichen Erziehung und der politischen Aufsicht erfüllt. Von daher ist auch das ev. P.amt eng auf die staatliche Ordnung bezogen, was sich bis heute etwa in beamtenähnlicher Rechtsstellung und Besoldungsstruktur zeigt.

Die →Reformation hat das P.amt, im funktionalen Gegenüber zum „Priestertum aller Gläubigen", noch deutlicher auf die lokale Gemeinde bezogen, der der P. v.a. als Prediger und Lehrer dient. In seiner Ausbildung tritt daher die wissenschaftlich-theologische Auseinandersetzung mit der Bibel in den Vordergrund (→Theologiestudium). Auch im Berufsbild wird die Aufgabe der öffentlichen wie der individuellen →Bildung zentral; der P. erscheint daher seit der frühen →Neuzeit als bedeutsamer Träger der (bürgerlichen) →Kultur. Hier spielt herein, dass der ev. P. eine Familie hat und ein Pfarrhaus bewohnt; dadurch übernimmt er vielfältige Aufgaben der sozialen Integration. Seit dem 18. Jh. ist der Pfarrberuf stark auf das religiöse Leben des Einzelnen bezogen; der spezifischen Lebensform des P. wird immer mehr eine christl. Vorbildfunktion zugeschrieben. Die seit Beginn des 19. Jh. erkennbare Unterscheidung von Kirche und Gesellschaft verstärkt die institutionelle Einbindung des P., ohne dass jedoch seine vielfältigen sozialen Bezüge wesentlich an Bedeutung verlieren.

Als Resultat dieser komplexen Geschichte steht der P. in der entwickelten Moderne für die gesellschaftliche Präsenz der christl. →Religion, für die soziale Institution der (ev. Landes-) Kirche sowie für die Möglichkeit individuellen Gottesglaubens: Der P. ist das zentrale personale →Symbol des Christentums.

2. Diese symbolische Funktion des P. konkretisiert sich in einer Reihe von überkommenen Aufgaben, die sich in der Gegenwart differenziert, aber im Wesentlichen kaum verändert haben. Sie können sämtlich der reformatorischen Funktionsbestimmung des P.amtes zugeordnet werden: öffentliche Verkündigung des →Wortes Gottes, und dadurch die Leitung der Gemeinde. Beides vollzieht sich v.a. in der Leitung von →Gottesdiensten, die die Gemeinde feiert und/oder die bestimmten Anlässen (→Taufe, Trauung, →Bestattung etc., sog. →Kasualien) gewidmet sind. Im Gottesdienst steht für den P. die →Predigt im Vordergrund. Zum Beruf des P. gehört weiterhin der kirchliche und (bis heute) auch der schulische Unterricht (→Religionsunterricht); dazu kommen zunehmend Aufgaben in der →Erwachsenenbildung. Seit etwa 150 Jahren wird vom P. die Leitung oder Begleitung der verschiedenen Kreise in der Gemeinde erwartet. – Auch die seelsorgliche Begleitung Einzelner hat sich differenziert, sie geschieht heute besonders anlässlich von Kasualien (→Seelsorge). Zunehmend wird vom P. die Übernahme außer- und übergemeindlicher Aufgaben erwartet, etwa in der →Diakonie. In den letzten Jahren kommt eine ganz ursprüngliche Aufgabe des P. wieder stärker in den Blick: die bewusste Führung eines eigenen geistlichen Lebens; hieraus kann sich die Erwartung „spiritueller" Anleitung ergeben.

3. Seit den 1960er Jahren ist das überkommene Bild des P. durch eine Reihe markanter Veränderungen betroffen. Das P.amt wird nun ohne Einschränkungen für Frauen geöffnet; derzeit sind etwa 30 % der aktiv Berufstätigen weiblich, ab 2020 wird mit einer überwiegend weiblichen Pfarrerschaft gerechnet. Die gesellschaftlich allgemeinen Erwartungen an die P.in scheinen sich allerdings nur graduell von den Erwartungen an den männlichen P. zu unterscheiden. Innerkirchlich jedoch hat die Verbreitung von Teilzeitstellen, bislang v. a. von Frauen eingenommen, das Bild des unteilbaren P.amtes relativiert; und die Verbindung von familiären und beruflichen Aufgaben der P. ist unabweislich zum Thema geworden.

Für das Berufsbild des P. bedeutsam, allerdings oft übersehen, ist die Zunahme von außergemeindlichen Pfarrstellen. Ca. 25–30 % der ev. P. sind in speziellen Aufgabenfeldern der Seelsorge (v. a. Krankenhaus, Gefängnis), des Unterrichts (allgemeine und berufsbildende Schule), der kirchlichen Aus- und Fortbildung sowie in Leitungsämtern (Kirchenkreis, Landeskirche etc.) tätig. Die Struktur des Pfarrberufs zeigt, wie die Kirche sich auf die gesellschaftliche Differenzierung eingestellt hat.

Die zunehmende Differenzierung der Institution, die Zunahme nichtpastoraler Berufstätiger und ehrenamtlicher Mitarbeiter/innen in der Gemeinde, dazu die sich verändernde öffentliche Sicht der Kirche – all dies hat schließlich die Funktion der – geistlichen wie organisatorischen – Leitung durch den P. neu in den Blick gerückt.

4. Die genannten Veränderungen stellen die P. und P.innen gegenwärtig in besonderer Weise vor die Aufgabe, ihre berufliche Rolle neu zu bestimmen, und diese Rolle in je persönlicher Aneignung verantwortlich zu gestalten. Seit etwa zwanzig Jahren nimmt die Zahl einschlägiger Veröffentlichungen, auch berufsständischer „Leitbilder", ständig zu. Neben die traditionellen Bilder des P. als Lehrer, als (Bildungs-)Bürger, als Prediger oder als seelsorglicher Begleiter sind weitere Bilder getreten, die bestimmte Herausforderungen in den Mittelpunkt stellen, etwa der P. als Missionar oder als Gemeinde-Manager.

Der zunehmenden Unklarheit der Rolle des P. kann durch den Vergleich mit den Professionen des Arztes und des Richters (I. Karle) bearbeitet werden: Auch der P. vermittelt den Zugang zu sozial hoch bedeutsamen und existenziell relevanten Wissensbereichen, er/sie ist dabei nur begrenzt von außen zu kontrollieren, sondern folgt einer spezifischen Standesethik. Andere Leitbilder rekurrieren auf die religiöse Grundfunktion des Priesters, Gottesbeziehung zu eröffnen, und beschreiben den P. als „Führer in das Heilige" (M. Josuttis). Alle diese Leitbilder müssen sich daran bewähren, die zentrale Stellung des P./der P.in in der Kirche und im hochgradig ausdifferenzierten modernen Christentum einsichtig für alle Beteiligten zu machen.

Busch, A. S., Zwischen Berufung und Beruf, 1995; Greiffenhagen, M., Das evangelische Pfarrhaus, 1984; Josuttis, M., Der Pfarrer ist anders, 1982; Karle, I., Der Pfarrberuf als Profession, 2001; Klessmann, M., Pfarrbilder im Wandel, 2001.

Jan Hermelink

Pfingstbewegung, Pfingstkirchen Nach Vorläufern im 19.Jh. (Finnland, Indien u.a.) kommt es in der von Charles F. Parham (1873–1929) geleiteten Bethel Bible School in Topeka, KS, am 1.1.1901 zu einem Durchbruch pneumatischer Erfahrungen, der als neue missionarische Zurüstung im Sinne von Apg 2 und „Geisttaufe“ (→Charismatische Bewegung) erlebt und zur Geburtsstätte der modernen Pb. wird. Die meisten amerikanischen Pentecostal Churches und viele nicht-amerikanische Pk. führen sich in der einen oder anderen Form auf diese Ursprungsgeschichte zurück. In rascher Folge entstehen – meist aus dem religiösen Umfeld der Heiligungsbewegung (→Heiligung)– Pk., die sich als Teil einer übergreifenden Erneuerung von Kirche verstehen (Church of God in Christ, 1907; Church of God (Cleveland), 1907; International Pentecostal Holiness Church, 1911; Assemblies of God, 1914 (2006 die weltweit größte Pfingstkirche mit 51 Mio. Anhängern); International Church of the Four Square Gospel, 1927 (je mit längerer Vorgeschichte). Zurzeit sind etwa 20% aller US-Amerikaner durch die Pb. im weitesten Sinn geprägt. Außerhalb der USA entstehen Pk. in Indien, Kanada, Großbritannien, Mexiko, den skandinavischen u.v.a. Ländern, manchmal abhängig, oft auch unabhängig von der amerikanischen Pb. In Lateinamerika, insbesondere Brasilien (u.a. Assembléias de Deus no Brasil, gegr. 1911 mit heute etwa 17 Mio. Mitgliedern) wurden die Pk. durch energische →Mission und Offenheit für die Belange der Armen (→Armut) zur stärksten prot. Kraft. In Deutschland wächst die Pb. unter dem Eindruck der Erweckungen in Wales und den USA 1906/7 in den Kreisen des Gnadauer Verbandes bzw. der →Gemeinschaftsbewegung, der jedoch manche Begleiterscheinungen der Pb. rasch suspekt werden. Mit der *Berliner Erklärung* von 56 Theologen aus der Gemeinschaftsbewegung vom 15.9.1909 kommt es zum Bruch zwischen Pb. und →Evangelikalen. Die Pb. sei „nicht von oben, sondern von unten“ und dem Spiritismus verwandt. Die in Folge dieser Ausgrenzung entstehenden Pk. bleiben in ihrer Bedeutung im deutschen Sprachraum jedoch marginal (erst mit der Erklärung vom 1. Juli 1996 des Hauptvorstandes der Deutschen Evangelischen Allianz und des Präsidiums des Bundes Freikirchlicher Pfingstgemeinden geschieht eine Verständigung über weitere Zusammenarbeit). Die wichtigsten Verbände nach dem Zweiten Weltkrieg werden die Arbeitsgemeinschaft der Christengemeinden in Deutschland e.V. (seit 1954), aus der 1982 der Bund Freikirchlicher Pfingstgemeinden KdöR (BFP) entsteht, und der kleinere Christliche Gemeinschaftsverband Mülheim (Ruhr), gegr. 1913, seit 1998 Mülheimer Verband Freikirchlich-Evangelischer Gemeinden (MV), der sich heute als evangelikal-charismatische →Freikirche versteht. Der Diskussion dient seit 1979 das Forum freikirchlicher Pfingstgemeinden in Deutschland (FFP) mit neun Gliedkirchen. Kennzeichen der Pb. sind eine pneumatologisch ausgerichtete →Ekklesiologie, eine prämillenaristische Parusieerwartung (→Millenarismus), eine Konzentration auf →Bekehrung, Heiligung und Erfüllung mit dem →Heiligen Geist („Geisttaufe“), als deren äußeres Zeichen in erster Linie das glossolale →Gebet (→Zungenrede) gilt (die Wassertaufe (→Taufe) findet meist als Erwachsenentaufe statt). In allen Pk. werden Bekehrung, Heiligung und Geisttaufe in einem reformatorischen Deutungsrahmen als göttliche Gnadenakte erlebt, zugleich jedoch ihre reale Erfahrbarkeit und Zugänglichkeit im Gebet betont. →Christologie und Bibelverständnis (→Schriftverständnis) sind meist der evangelikalen Tradition verpflichtet, jedoch nicht unbedingt fundamentalistisch. Manche Pk. verstehen die Geisttaufe als notwendige „zweite Erfahrung" nach Bekehrung bzw. →Wiedergeburt, während andere ein Dreistufenschema (mit der Heiligung als zweiter Stufe) bevorzugen. Während die klassische Pb. die Charismen strikt übernatürlich deutet, mehren sich Stimmen, sie als „getaufte Talente", also als erneuerte Schöpfungsgaben zu interpretieren (so W.J. Hollenweger, geb. 1927, der einflussreichste deutsche Kenner der Pb.). Trotz des an Röm 12 und 1Kor 12–14 orientierten Leitbildes charismatischer Gemeinde besteht große Vielfalt in den Leitungsstrukturen (kongregationalistisch, presbyterianisch (→Presbyterianer), seltener auch episkopal), wobei dem Pastor der Einzelgemeinde meist eine hohe Bedeutung zukommt. Frauen hatten von Anfang an auch Führungspositionen inne. Pk. haben eigene Stile von Musik, →Gottesdienst („Anbetungsgottesdienste"), →Predigt, →Mission und →Seelsorge entwickelt. Anfänglich in niedrigen sozio-ökonomischen Schichten beheimatet und ohne universitäre Ausbildung für ihre Prediger, haben Pk. zunehmend alle gesellschaftlichen Schichten erreicht und oft auch ihre Haltung gegenüber akademischer Theologie zumindest in Ansätzen geändert. Züge der amerikanischen Pb. wurden als Ausdruck „schwarzer", emotionaler Religiosität gedeutet; unklar ist, inwiefern in dieser These kulturelle Klischees eine Rolle spielen. Die Pb. ist 2006 mit etwa 500 Mio. Mitgliedern in fast allen Ländern der Welt präsent. Da Pk. keine Exklusivitätsansprüche für ihre Organisationen erheben und ihren Anführern gegenüber immer kritikfähig geblieben sind, trifft der diffamierende Begriff „→Sekten" sie nicht. In Deutschland verstehen sie sich als evangelische Freikirchen. Die immensen missionarischen Bemühungen der Pk. und ihre erfahrungsorientierte →Spiritualität haben sie zu den am stärksten wachsenden Kirchen bis in die 1970er Jahre gemacht. Danach ist dieser Platz teilweise durch die Szene organisatorisch und konfessionell ungebundener charismatischer Gemeinden eingenommen worden. Gegenüber der →Ökumene sind sie traditionell zurückhaltend eingestellt, doch traten ab 1962 sieben Pk. dem →Ökumenischen Rat der Kirchen (ÖRK) bei (dazu einige African Instituted Churches mit pfingstkirchlichen Elementen), andere arbeiten auf unteren Ebenen mit (v.a. nichtnordamerikanische Pk.). Ablehnend gegenüber dem ÖRK verhalten sich nach wie vor u.a. die Assemblies of God. Auch in Deutschland ist die ökumenische Einbindung kompliziert, doch funktioniert eine ökumenische Zusammenarbeit auf Gemeindeebene i. Allg. problemlos. Mit der röm.-kath. Kirche gibt es seit 1972 regelmäßige Konsultationen. Die Pk. stellen heute weltweit in ihrer Gesamtheit nach der röm.-kath. Kirche die zweitgrößte christliche Denomination dar.

Burgess, S.M. (Hg.), The New International Dictionary of Pentecostal and Charismatic Movements, 2002; Giese, E., Und flicken die Netze. Dokumente zur Erweckungsgeschichte des 20. Jahrhunderts, [3]1988; Hollenweger, W., Charismatisch-pfingstliches Christentum, 1997.

Marco Frenschkowski

Pfingsten 1. P. als christl. Fest: P. ist neben →Weihnachten und →Ostern das dritte große christl. Fest im →Kirchenjahr. Im liturgischen Kalender bildet es traditionell den Abschluss des Osterfestkreises, wird aber weithin als selbständiges Fest und eigene Festzeit wahrgenommen. In der gegenwärtigen kirchlichen und kulturellen Praxis ist P. allerdings schwächer ausgeprägt als die beiden anderen Festzeiten und bleibt in seiner Motivik undeutlicher.

Der Name des Festes (urspr. an den pfingsten) geht auf die Bezeichnung Pentekoste zurück (griech.: der fünfzigste Tag) und gilt der Datierung nach dem Osterfest. Die ntl. Erzählung, aus der sich das Fest begründet, findet sich in Apg 2: die Herabkunft des →Heiligen Geistes, die Verständigung in der Vielfalt der Sprachen und die öffentliche Verkündigung in Gestalt einer Petruspredigt sowie die anschließende →Taufe vieler Menschen. Zu P. wird der Heilige Geist als göttliche Lebenskraft gefeiert, die in der Gemeinschaft →Jesu Christi (→Christologie) wirksam wird und die menschliches Leben exzessiv erneuert.

2. Historische Entwicklungen des Pfingstfestes: Im NT ist keine Feier eines christl. Pfingstfestes bezeugt, Pentekoste (Apg 2,1 u.ö.) bezeichnet hier das jüd. Wochenfest (Schabuoth) sieben Wochen nach dem →Passafest, das atl. zunächst als ein agrarisches Erntefest begangen wird. Später wird es in seinem Charakter heilsgeschichtlich (→Heilsgeschichte) umgeprägt und fungiert im Frühjudentum als Fest der Bundeserinnerung bzw. -erneuerung (→Bund).

In der zweiten Hälfte des 2. Jh. kommt es innerhalb des christl. Festkalenders zur Ausbildung einer fünfzigtägigen Freudenzeit im Anschluss an das christl. Passafest, die als zusammenhängender Zyklus österlich grundiert ist. In der zweiten Hälfte des 4. Jh. verselbstständigen sich sowohl das Himmelfahrtsfest als auch das Pfingstfest, das motivisch auf die Ausgießung des Geistes konzentriert und mit einer eigenen Festwoche (Festoktav) versehen wird. Die Abfolge mehrerer Pfingstfeiertage unterstützt die Entwicklung als eigenes Fest. Gottesdienstlich wird P. in Analogie zu Ostern ausgestaltet, so etwa in Form einer Pfingstvigil (in liturgischer Anlehnung an die Osternachtfeier).

Das Brauchtum ist zu P. weniger prägnant als in den anderen christl. Festzeiten, es ist vorrangig naturzeitlich bestimmt: grüne Zweige an Häusern und Kirche bis hin zu Pfingstbäumen und anderen Formen frühsommerlichen Schmuckes. Hinzu kommen Festivitäten wie Pfingsttänze oder Umzüge. Heute sind die Pfingsttage Ausflugszeit ins Grüne, Kurzreisezeit und Beginn der Sommerfeste.

3. Gegenwärtige Praxis und Bedeutung von P.: Die neuere kath. Liturgik (→Liturgie) bemüht sich, P. wieder stärker in den Osterfestkreis zu integrieren und Elemente, die es als eigenständige Festzeit auszeichnen (z. B. zweiter Feiertag), liturgisch zurückzunehmen. Das Anliegen speist sich aus der theologischen Tradition (der →Alten Kirche), verschränkt sich aber ungewollt mit der Tendenz, dass P. gegenwärtig kirchlich und kulturell an Bedeutung verliert. Demgegenüber hat auf ev. Seite die Liturgische Konferenz jüngst vorgeschlagen, P. als eigene Festzeit zu stärken. Neben der Tradition – im reformierten Bereich bspw. ist P. neben Ostern einer der

klassischen gemeindlichen Termine für die Feier des ->Abendmahls – kommt die lebensweltliche Wahrnehmung als thematisch und jahreszyklisch eigene Festzeit zur Geltung.

Allerdings bildet P. in der gegenwärtigen Praxis eine besondere Herausforderung: Eine Theologie des Heiligen Geistes ist im kirchlichen Christentum Europas eher randständig gewesen und geblieben, z.T. historisch auch dezidiert an den Rand gedrängt worden (vgl. die sog. Schwärmer innerhalb der reformatorischen Bewegung). Auch heute motiviert sie vornehmlich (außer-europäische) Pfingstkirchen und charismatische Bewegungen (->Pfingstbewegung, Pfingstkirchen). Der unterschiedliche Stellenwert der Geist-Thematik markiert nicht nur Lehrdifferenzen und divergierende Frömmigkeitsstile, sondern gibt auch zu erkennen, dass „pfingstliche" Elemente innerhalb der mitteleuropäischen Kirchlichkeit kaum einen Ort und noch keine angemessene Form gefunden haben. Erst in jüngster Zeit richtet sich die Aufmerksamkeit auch auf Erlebensweisen und -formen christl. ->Spiritualität und Gemeinschaft. Nicht zufällig ist die liturgische Pfingstfarbe rot, die – verbunden mit der Metaphorik des Feuers – mit Vorstellungen intensivierten Lebens, Hingabe und Lebenskraft konnotiert ist.

Wenn P. in ev. Predigten und Predigthilfen heute gerne als „Geburtstag der Kirche" bezeichnet wird, dann ist diese Wendung eher ein Stück zeitgenössischer Verlegenheitstheologie. Sie leistet einerseits einem historisierenden Missverständnis Vorschub (im Sinne einer datierbaren „Geburtsstunde" der christl. Kirche) und analogisiert andererseits P. mit einem Geburtstagsfest, in dem die Kirche (wie ein Individuum) ein neues Lebensjahr feiert und sich selbst feiern lässt. Die Dynamik von P. aber realisiert sich eher in Aufbruch, Grenzüberschreitung und neuer Gemeinschaft. Unter diesem Vorzeichen wird das Pfingstmotiv bspw. in ökumenischen oder interreligiösen Begegnungen oder im ->Kirchentag als ev. „Pfingstwallfahrt" (->Wallfahrt) aufgenommen. Individuell, familiär und jahreszeitlich stimmt damit zusammen, dass die Zeit um P. die hervorgehobene Tauf- und Trauzeit des Jahres darstellt.

Kirchenjahr erneuern. Gottesdienstliche Praxis im Rhythmus des Jahreskreises, hg. von der Liturgischen Konferenz, in: PrTh 41, 2006, 48–58; Josuttis, M., Pfingsten, in: ders., Texte und Feste in der Predigtarbeit, 2002, 104–117; Sammer, M., Zeit des Geistes. Studien zum Motiv der Herabkunft des Heiligen Geistes an Pfingsten in Literatur und Brauchtum, 2001; Weiser, A. u.a., Art. Pfingsten/Pfingstfest/Pfingstpredigt I–V, TRE 26, 1996, 379–398.

Kristian Fechtner

Pfingstkirchen ->Pfingstbewegung, Pfingstkirchen

Philosophie und Theologie ->Glaube und Denken stehen im Christentum in einem engen Zusammenhang. Anders als etwa die ->Griechische Religion oder die ->Römische Religion bildet das Christentum von Anbeginn eine Th. aus und bedient sich dafür der Mittel der zeitgenössischen Ph. Insofern gehört das Wechselverhältnis von ->Religion und Denken, Th. und Ph. zu den kennzeichnenden Merkmalen des Christentums. Doch zugleich bleibt die Verbindung von Th. und Ph. nicht ohne Spannungen und Konflikte. Vielmehr durchzieht das wechselvolle Verhältnis beider Seiten die abendländische Geistesgeschichte. Darin findet die doppelte Fundierung der abendländischen →Kultur in den beiden Traditionen des griech.-philosophischen Denkens einerseits und der jüd.-christl. Überlieferung andererseits ihren Niederschlag.

Idealtypisch lassen sich fünf Formen einer Verhältnisbestimmung von Th. und Ph. unterscheiden. Sie bilden zugleich eine geschichtliche Abfolge: 1. Die →Alte Kirche betont die Identität von Th. und Ph. Die christl. Th. erscheint als „wahre Ph.". 2. Im →Mittelalter kommt es zur Überordnung der Th. über die Ph. Sie findet ihren Ausdruck in der berühmten Formel von der Ph. als „Magd der Th.". 3. Die →Reformation tendiert – v.a. bei Martin →Luther – zu einer Entgegensetzung von Th. und Ph. Die betonte Hinwendung zur Schrift (→Schriftverständnis) als exklusiver Erkenntnisquelle (→Erkenntnis) der Th. geht einher mit einer grundsätzlichen Kritik der philosophischen Tradition. 4. In der →Neuzeit kehrt sich die mittelalterliche Verhältnisbestimmung um. Nun wird die Ph. der Th. übergeordnet. Die →Vernunft rückt zur Beurteilungsinstanz religiöser Offenbarungsansprüche (→Offenbarung) auf. 5. Die damit vorangetriebene Verselbständigung der Ph. gegenüber der Th. kommt im 19. und 20. Jh. zu ihrem Abschluss. Das Verhältnis beider Seiten ist nun durch positionellen →Pluralismus und verhaltene Indifferenz bestimmt – mit der Konsequenz, dass an die Stelle des klassischen Bündnisses von Th. und Ph. eine Liaison mit der Soziologie oder neuerdings den Kulturwissenschaften tritt.

1. Der Begriff der Th. stammt aus der griech. Ph. und bezeichnet dort zunächst – mit durchaus kritischem Unterton – die mythische Dichtung (→Mythos) von Homer und Hesiod. Erst Aristoteles nimmt den Begriff zur Kennzeichnung einer eigenen philosophischen Disziplin in Anspruch. Die Stoa unterscheidet dann zwischen einer mythischen und einer philosophischen Th. – und unterstreicht so die kritische Distanz der Ph. zur überlieferten →Volksreligion. Entsprechend verhält sich das frühe Christentum zunächst reserviert gegenüber dem Theologiebegriff, da er allzu eng mit dem heidnischen Mythos verbunden zu sein scheint. Erst im 4. Jh. wird er allmählich übernommen. Zuvor bezeichnen die frühchristl. →Apologeten, unter ihnen v.a. Justin der Märtyrer, die eigene Lehre zumeist als „wahre Ph.". Auf diese Weise bringen sie ihre produktive Rezeption der griech. Ph. zum Ausdruck und artikulieren zugleich einen dezidierten Überbietungsanspruch. Das frühe Christentum bedient sich zur Auslegung des eigenen Glaubens der Denkmittel der griech. Ph. – v.a. des Platonismus in seiner zeitgenössischen Gestalt des Mittel- und Neuplatonismus. Im Mittelpunkt stehen dabei der platonische Gottesgedanke und Logosbegriff, das Lebensideal der Angleichung an Gott sowie die Erkenntnis- und Gnadenlehre (→Gnade). Diese christl. Rezeption des Platonismus wird unterschiedlich beurteilt: Während Adolf von Harnack eine das →Evangelium Jesu (→Jesus Christus) verfälschende Hellenisierung (→Hellenismus) des Christentums beklagt und Herrmann Doerries im Gegenzug eine – antiplatonische – Christianisierung der hell.-röm. Welt behauptet, betont Wolfhart Pannenberg die innere Affinität von Christentum und Platonismus und spricht in diesem Sinne von einem „christl. Platonismus". Dabei darf freilich erstens nicht übersehen werden, dass der

antike Mittel- und Neuplatonismus eine Synthese der platonischen Ph. mit aristotelischem und stoischem Gedankengut darstellt; lediglich der Epikureismus und der Skeptizismus bleiben aus diesem →Synkretismus ausgeschlossen. Zweitens ist die christl. Rezeption der Ph. unter den →Apologeten keineswegs unumstritten. So macht etwa Tertullian den Platonismus für die gnostische Häresie (→Gnosis; →Häresie und Schisma) verantwortlich. Seine ablehnende Haltung gegenüber der Ph. kulminiert in der rhetorischen Frage, was denn der Philosoph mit dem Christen, die Akademie mit der Kirche, Athen mit Jerusalem zu schaffen habe. Drittens verbinden die →Apologeten ihre Hinwendung zur Ph. mit einem erklärten Überbietungsanspruch. Die Ph. wird zur pädagogischen Vorschule des christl. Glaubens erklärt; dieser wiederum führt seinerseits jene Ph. erst zur vollgültigen →Wahrheit. Nach den →Apologeten setzen die Alexandriner (Origenes) und Kappadozier (Gregor von Nyssa) die Rezeption der zeitgenössischen Ph. fort. Entsprechend stehen auch im Hintergrund des trinitarischen (→Trinität) und des christologischen (→Christologie) →Dogmas philosophische Denkfiguren. Bei →Augustin und Dionysius Areopagita erreicht die Synthese von Christentum und Platonismus schließlich ihren spätantiken Höhepunkt. Über ihre Vermittlung ist die westliche Th. bleibend vom Neuplatonismus geprägt.

2. Für das Verhältnis von Th. und Ph. im MA sind drei Momente maßgeblich: Zum einen fehlt jetzt ein ‚heidnisches' Gegenüber (→Heiden) zur Th.; die mittelalterliche Ph. ist christl. Ph. Zum anderen nimmt die Fähigkeit ab, griech. Texte im Original zu lesen. Drittens wird nur ein Bruchteil der antiken Ph. ins MA hinübergerettet. Damit nimmt der Einfluss des von →Augustin und Dionysius vertretenen Neuplatonismus nochmals entscheidend zu. Das zentrale Problem der mittelalterlichen Th. ist die Verhältnisbestimmung von Glauben und Vernunft. In der Frühscholastik (→Scholastik) kommt es zunächst zu einem Streit um den Gebrauch der Dialektik – also der aristotelischen Logik – in der Th. Gegenüber den Verfechtern eines strikten kirchlichen Autoritätsprinzips setzt sich dabei Anselm von Canterbury mit seinem Programm durch, die im Glauben vorausgesetzte kirchliche Lehre durch die Vernunft zu begründen. Für ihn strebt der Glaube selbst nach rationaler Durchsichtigkeit (lat.: fides quaerens intellectum; dt.: Glaube, der die Erkenntnis sucht). Mit dem Übergang in die Hochscholastik kommt es durch die einsetzende Aristotelesrezeption und die Gründung der Universitäten von Paris, Oxford und Cambridge zu einem tiefgreifenden Umbruch. Auf der einen Seite steht die Th. nun vor der Aufgabe, ihren Status als universitäre →Wissenschaft neu zu begründen. Auf der anderen Seite setzt mit der Etablierung einer philosophischen Fakultät die Verselbständigung der Ph. gegenüber der Th. ein. Zugleich jedoch bleiben beide Seiten über die gemeinsame Rezeption der aristotelischen Ph. miteinander verbunden. Allerdings entbrennt zwischen beiden Fakultäten zugleich ein Streit um die legitime Interpretation der aristotelischen Ph. Vor diesem Hintergrund entfaltet →Thomas von Aquin auf aristotelischer Grundlage das Programm einer hierarchischen Synthese von Ph. und Th. Die Ph. habe es mit dem Bereich des Natürlichen, die Th. hingegen mit dem Bereich des Übernatürlichen zu tun. Beide Bereiche geraten nicht miteinander in Konflikt, sondern bilden eine harmonische Einheit. Die Glaubenswahrheiten gelten zwar als übervernünftig,

aber nicht als widervernünftig. In der Spätscholastik gerät dieses Modell in die Kritik. Duns Scotus und Wilhelm von Ockham lehnen die thomasische Vermittlung von Glaube und Vernunft ab und betonen stattdessen den Bruch zwischen beiden Seiten. Die Fundierung des Glaubens in der Vernunft wird so abgelöst durch ein Glaubensverständnis, das sich auf die Offenbarung kontingenter Wahrheiten in Schrift und Dogma beruft.

3. Die im Spätmittelalter sich anbahnende Verselbständigung von Ph. und Th. wird in der Folgezeit fortgeführt. Die Wiederentdeckung der platonischen und hell. Ph. in der →Renaissance und im →Humanismus mündet in eine allgemeine Abkehr von der theologischen Scholastik. Die Reformation teilt diese Kritik und setzt an die Stelle der Scholastik eine Neubesinnung auf die Schrift und →Augustin. Dabei sind die Motive von Martin Luther und Philipp →Melanchthon durchaus zu unterscheiden. Luther entstammt dem spätmittelalterlichen Nominalismus und plädiert in dessen Sinne für eine strikte Trennung von Ph. und Th. Zwar wird die Ph. nicht grundsätzlich abgelehnt; innerhalb der Th. jedoch bekämpft Luther den scholastischen Aristotelismus und erklärt im Gegenzug die Schrift zur exklusiven Quelle theologischer →Erkenntnis. Melanchthon hingegen hat seine Wurzeln im zeitgenössischen Humanismus. Zwar lehnt er ebenfalls den Aristotelismus ab, tritt aber zugleich für eine bleibende Verbindung der reformatorischen Th. mit der Ph. ein. In seiner Universitätsreform macht er um einer gründlichen →Bildung willen das Studium der aristotelischen Ph. in der Artistenfakultät für die theologische Ausbildung verpflichtend. Er wird damit zum Wegbereiter der in der nachreformatorischen Zeit einsetzenden erneuten Aristotelesrezeption in der prot. Schulphilosophie. Trotz der erklärten Bindung an die Schrift kommt es hier der Sache nach zu einer Wiederbelebung der thomasischen Synthese von aristotelischer Ph. und christl. Th. Zwischen Lutheranern und Reformierten besteht dabei ein grundsätzliches Einverständnis, wenn auch auf luth. Seite die Leistungsfähigkeit der Vernunft zurückhaltender eingeschätzt wird. Kritik an dieser Schulphilosophie üben die Antitrinitarier, Sozinianer und Arminianer, welche unter Berufung auf das Schriftprinzip die humanistische Kritik am kirchlichen Dogma und seiner aristotelischen Interpretation fortführen.

4. Mit dem Übergang in die Neuzeit bricht unter dem Eindruck der naturwissenschaftlichen Entdeckungen das Gebäude der aristotelischen Schulphilosophie in sich zusammen. Statt dessen beginnt mit René Descartes, dem Begründer des →Rationalismus, und Francis Bacon, dem Begründer des Empirismus, eine neue Epoche der Ph. Davon ist dann auch das Verhältnis von Th. und Ph. betroffen. So kommt es zuerst in den Niederlanden zu einer Auseinandersetzung zwischen der reformierten Orthodoxie und dem Cartesianismus. Dabei gerät die aristotelische Schulphilosophie zunehmend ins Hintertreffen und wird schließlich durch eine rationalistisch geprägte philosophische Th. ersetzt. In Deutschland setzt die Rezeption der neuen Ph. wegen des Dreißigjährigen Krieges erst mit Verspätung ein. Hier sind es Gottfried Wilhelm Leibniz und Christian Wolff, die den Aristotelismus durch eine rationalistische Schulphilosophie ersetzen. Im Mittelpunkt steht auch hier der Gedanke einer Vermittlung von Vernunft und Offenbarung; nun aber wird die Vernunft zum Instrument der Überprüfung von Glaubenswahrheiten erhoben. Das Verhältnis von

Glaube und Vernunft kehrt sich damit um. In England und Frankreich hingegen nimmt die Entwicklung unter dem Einfluss des Empirismus einen ungleich radikaleren Verlauf. So bildet der engl. →Deismus (Herbert von Cherbury) den Gedanken einer natürlichen Vernunftreligion aus, um an diesem Maßstab die kirchlichen Dogmenbildung kritisch zu messen und das in →Konfessionen ausdifferenzierte Christentum als Abirrung zu brandmarken. Hier liegen zugleich die Anfänge einer von der philosophischen Th. unterschiedenen →Religionsphilosophie. Während also der →Deismus die Offenbarung zugunsten einer natürlichen Vernunftreligion verabschiedet, geht David Hume noch einen Schritt weiter und erteilt auch der natürlichen Vernunftreligion den Abschied. Mit seiner Skepsis im Blick auf eine vernünftige Begründung religiöser Glaubensgehalte radikalisiert er die reduktionistische Grundtendenz des →Deismus zu einer grundsätzlichen Religionskritik. Sie findet ihre Fortsetzung in Frankreich. Dort wird der aus England übernommene Empirismus in einen atheistischen →Materialismus überführt und die Dogmenkritik zu einer radikalen Religionskritik zugespitzt.

5. Vor diesem Hintergrund wird die besondere Leistung Immanuel Kants sichtbar, in seiner Transzendentalphilosophie die Positionen von Rationalismus und Empirismus miteinander vermittelt zu haben. Auf der einen Seite weist er den Rationalismus in die Schranken und destruiert mit der klassischen →Metaphysik auch den Erkenntnisanspruch der philosophischen Th. Auf der anderen Seite jedoch konzipiert er eine philosophische Moraltheologie (→Moral), die nun ihrerseits zum Kriterium einer kritischen Prüfung der christl. Offenbarungsreligion aufsteigt. Im Anschluss an dieses Programm einer Moralreligion innerhalb der Grenzen der praktischen Vernunft konstituiert sich der theologische Rationalismus. Ihm steht der Supranaturalismus gegenüber, der umgekehrt aus Kants Destruktion der rationalistischen Metaphysik die Legitimation für den Sprung in den christl. Offenbarungsglauben ableitet. Damit sind zugleich die beiden maßgeblichen Positionen der Verhältnisbestimmung von Ph. und Th., Glaube und Vernunft im 19. Jh. bezeichnet. So lässt sich Georg Wilhelm Friedrich Hegels Programm einer Aufhebung der Religion in eine philosophische Theorie des Absoluten als spekulative Fortführung des Rationalismus verstehen, während umgekehrt Friedrich Daniel Ernst →Schleiermachers Beharren auf der Selbständigkeit der Religion gegenüber Metaphysik und Moral das Anliegen des Supranaturalismus aufnimmt. Die Theologiegeschichte des 19. Jh. steht im Bann dieser beiden Modelle, entweder den Glauben in Wissen zu überführen oder umgekehrt an einer strikten Unterscheidung von Glaube und Wissen festzuhalten.

6. Georg Wilhelm Friedrich Hegel unternimmt mit seiner Ph. des absoluten Geistes den Versuch, die philosophische Th. unter nachkantischen Bedingungen neu zu begründen und so die klassische Synthese von Ph. und Th. wiederherzustellen. Nach seinem Tod bricht diese Synthese endgültig auseinander. Auf der einen Seite wird innerhalb der Hegelschule selbst an die Stelle des philosophischen Begriffs die Orientierung an der gesellschaftlichen Wirklichkeit gesetzt. Folgerichtig gehen Ludwig Feuerbach und Karl Marx zu einer radikalen Religionskritik über, die jedoch ihrerseits von einem ungebrochenen Glauben an Vernunft und Rationalität geprägt ist. Damit stehen sie in einer gewissen Nähe zum Positivismus Au-

guste Comtes, welcher Religion und Metaphysik als durch den wissenschaftlichen Fortschritt überwunden betrachtet. Auf der anderen Seite entstehen nun philosophische Konzeptionen, die nicht länger die Vernunft, sondern eine vernunftlose Größe als oberstes Prinzip ansetzen: So vertritt Søren Kierkegaard mit antiidealistischer Stoßrichtung den Primat der Existenz (→Existenzphilosophie) und betont die Irrationalität des Glaubens, zu welchem der Einzelne nur durch einen Sprung gelange. Arthur Schopenhauer und Friedrich Nietzsche nehmen die Vernunftkritik auf, indem sie die idealistische Annahme einer Vernünftigkeit der Welt bestreiten und stattdessen einen irrationalen Lebenswillen zum höchsten Prinzip erklären. An die Stelle der rationalistischen Metaphysik tritt so ein lebensphilosophischer Irrationalismus. Die prot. Th. des ausgehenden 19. Jh. vermag an diese dezidiert religionskritischen Strömungen zunächst nicht anzuknüpfen. Sie rezipiert stattdessen den aufkommenden, ethisch ausgerichteten Neukantianismus (→Ethik), um mit seiner Hilfe entweder die Metaphysik aus der prot. Th. zu verbannen (A. Ritschl, W. Herrmann) oder umgekehrt den Gedanken eines religiösen Apriori für eine Wiederbelebung der Religionsphilosophie in Anspruch zu nehmen (E. Troeltsch). Die röm.-kath. Th. hingegen zeigt sich bis in die Mitte des 20. Jh. darum bemüht, den Einfluss des neuzeitlichen Denkens durch ein betontes Festhalten an der scholastisch-thomistischen Synthese von Ph. und Th. einzudämmen. Erst mit dem Vaticanum II (→Konzilien) setzt auch hier ein Prozess der Öffnung ein.

7. Nach dem Ersten Weltkrieg rücken Karl Marx, Søren Kierkegaard und Friedrich Nietzsche zu den neuen philosophischen Leitgestalten auf. Der Marxismus prägt über Georg Lukacs und Ernst Bloch auch die Frankfurter Schule. Die Lebensphilosophie wirkt fort bei Martin Heidegger und in der hermeneutischen Ph. seines Schülers Hans-Georg Gadamer, in Verbindung mit einer Rezeption Kierkegaards aber auch im Existentialismus (Karl Jaspers, Jean-Paul Sartre) sowie im dialogischen Personalismus (M. Buber). Der Positivismus wirkt über Ludwig Wittgenstein und den Wiener Kreis auf die analytische Ph. ein. Eine neue philosophische Strömung stellt schließlich die Phänomenologie Edmund Husserls dar, deren Einfluss über die →Hermeneutik bis hin zum franz. Dekonstruktivismus (J. Derrida) reicht. Dieser philosophische Pluralismus findet seinen Niederschlag in einer entsprechend eklektisch-pluralen Rezeption auf Seiten der prot. Th. Dabei kommt den Traditionen von Lebensphilosophie, Existenzphilosophie und Hermeneutik sowie Marxismus besondere Bedeutung zu. So nimmt Karl →Barth Impulse der Idealismuskritik Kierkegaards auf und verwirft im Anschluss an Nietzsche die Tradition des metaphysischen Denkens. Rudolf →Bultmann wiederum erklärt die Existentialontologie (→Ontologie) des frühen Martin Heidegger zum Bezugspunkt seiner eigenen existentialen Interpretation des NT. Paul Tillich wiederum bleibt mit seinem religiösen Sozialismus marxistischen Einflüssen verpflichtet. Gerhard Ebeling und Eberhard Jüngel greifen demgegenüber auf den späten Heidegger und die Hermeneutik zurück. In der Gegenwart schließlich lassen sich im Blick auf das Verhältnis von Ph. und Th. drei Tendenzen ausmachen: 1. Auf der einen Seite finden sich Versuche, das Bündnis von Ph. und Th. auch in der Gegenwart fortzuführen – nun aber nicht mehr in metaphysischer Tradition mit der Zielsetzung einer philosophischen Th.,

sondern vielmehr wegen des dezidiert antimetaphysischen Charakters der heutigen Ph. In diesen Umkreis gehören die auf unterschiedliche Weise hermeneutisch und phänomenologisch geprägten theologischen Ansätze. 2. Auf der anderen Seite wird mit Nachdruck an einer metaphysischen Grundlegung der Th. festgehalten und aus diesem Interesse heraus die Verbindung mit der Ph. gesucht. Hier ist es v.a. die röm.-kath. Th., die in der Rezeption des transzendentalen Thomismus bei Karl Rahner die Verbindung mit der Metaphysik fortführt. Auf prot. Seite betont v.a. Wolfhart Pannenberg den Zusammenhang von Th. und Metaphysik. Die so von ihm wiederbelebte Tradition der philosophischen Th. wird, wenn auch mit von Pannenberg abweichender Stoßrichtung, aufgenommen von Falk Wagner und Ulrich Barth. 3. Eine nochmals andere Richtung hingegen kündigt das klassische Bündnis von Ph. und Th. auf – oder lässt es zumindest in den Hintergrund treten. So zeichnet sich etwa die Christentumstheorie Trutz Rendtorffs dadurch aus, dass sie an die Stelle der Ph. die Soziologie als primären Gesprächspartner setzt. In seiner Nachfolge sind dann auch die Versuche von Friedrich Wilhelm Graf und anderen zu sehen, die Th. als historische Kulturwissenschaft zu verstehen und entsprechend mit den anderen Kulturwissenschaften zu vernetzen.

Pannenberg, W., Theologie und Philosophie. Ihr Verhältnis im Lichte ihrer gemeinsamen Geschichte, 1996; Rohls, J., Philosophie und Theologie in Geschichte und Gegenwart, 2002.

Martin Laube

Pietismus Als P. bezeichnet man die um 1670 aufbrechende, bis an die Mitte des 18. Jh. vital fortwirkende kirchliche und religiöse Reformbewegung, die, zusammen mit dem angelsächsischen Puritanismus, die bedeutendste und folgenreichste Erneuerungskraft des nachreformatorischen →Protestantismus geworden ist. Indem sich der P. aus den Strukturen einer obrigkeitlich regulierten Kirchlichkeit sowie des theologisch-orthodoxen Systemdenkens zu lösen begann und stattdessen auf Verinnerlichung, Individualisierung und autonome Wahrnehmung christl. Religiosität (→Spiritualität) drängte, wurde er zu einem wichtigen Geburtshelfer des Neuprotestantismus. Die geschichtliche Komplementarität, die ihn mit der Frühaufklärung (→Aufklärung) verbindet, manifestierte sich in vielfältigen Affinitäten: in der Abkehr von kontroverstheologischer Polemik ebenso wie in der auf religiösen, moralischen und sozialen Fortschritt zielenden „Hoffnung besserer Zeiten“, in der Tendenz zur Ethisierung (→Ethik) des Christl. ebenso wie in dem Interesse an religiöser Individuation, in der Popularisierung akademischer Theologie ebenso wie in der Ausbildung einer neuen, kindgemäßen Pädagogik oder der Neigung zur Konventikel- bzw. Zirkelbildung. Nicht allein in Kirche und Theologie, sondern auch im gesellschaftlich-sozialen und literarisch-kulturellen Leben des 18. Jh. hat der P. weitreichende Wirkungen und Folgen gezeitigt. Während sich der historiographische Epochenbegriff des P. auf eine von 1670 bis etwa 1740 reichende Kernzeit bezieht, hat sich im vorwissenschaftlichen Sprachgebrauch die Neigung erhalten, auch die Erweckungs-, Gemeinschafts- und Evangelisationsbewegungen (→Gemeinschaftsbewegung;

→Evangelikal, Evangelikale Bewegung) des 19. und 20. Jh., die manche Impulse jener älteren Erneuerungsbewegung umformend weiterführten, mit einem zu phänomenologischer Unschärfe globalisierten Pietismusbegriff zu belegen.

Das Wort Pietisten tauchte um 1675 zunächst als Spottname auf und wurde von den Trägern der Bewegung nur zögernd als Selbstbezeichnung übernommen. Der Umfang des Epochenbegriffs P. war lange (und ist z.T. noch heute) umstritten. Bis zur Mitte des 19. Jh. wurde er lediglich auf die von Philipp Jakob Spener (1635–1705) und August Hermann Francke (1663–1727) geprägten Formationen, bisweilen auch auf analoge Erscheinungen des reformierten Protestantismus (→Reformierte Kirche) bezogen. Dann prägte Albrecht Ritschl einen wesentlich umfassenderen, auch auf labadistische, separatistische, herrnhutische (→Brüderunität) und andere Frömmigkeitsbewegungen ausgreifenden Pietismusbegriff. Dabei ist es im Wesentlichen bis heute geblieben, obschon in jüngerer Zeit die Selbständigkeit einzelner Gruppen wie der niederländischen Nadere Reformatie oder der Herrnhuter Brüdergemeine zunehmend betont wird.

Vorbereitet wurde der P. durch den mystischen Spiritualismus (→Mystik), der seinerseits aus linksreformatorischen Impulsen, die gegenüber der reformatorischen Rechtfertigungslehre auf innere Gotteserfahrung und →Wiedergeburt setzten (T. Müntzer, C. Schwenckfeld, V. Weigel), hervorging. Von zentraler Bedeutung war der zuletzt als Generalsuperintendent in Celle wirkende Johann Arndt (1555–1621), dessen *Vier Bücher vom wahren Christentum* (1605–1610) die praktische Bewährung der reinen Lehre in der Lebensheiligung einforderten und zu ihr anleiten wollten. Daneben kam auch der puritanischen →Erbauungsliteratur, die bald in ungezählten dt. Übersetzungen zur Verfügung stand, für das Erwachen einer praxisorientierten, skrupulös-selbstkontrollierten pietistischen →Frömmigkeit eine erhebliche Anschubfunktion zu. Mystische Traditionsspuren sind dem reformierten und radikalen P. v.a. in ihren romanischen Ausprägungen, dem luth. P. eher in Gestalt einer bernhardinischen Jesusmystik zugeflossen. Dass der P. auch insofern eine wirksame Antriebskraft fand, als er gegenüber der altluth. Orthodoxie (→Orthodoxie, (alt)protestantische) den jungen Luther legitimatorisch ins Feld führte, ist – zumal bei Spener und Francke – unübersehbar, wenn auch in seiner argumentationsstrategischen Bedeutung noch nicht zureichend erforscht.

Auf luth. Seite formierte sich der Frühpietismus 1670 in Frankfurt am Main, als Spener ein *collegium pietatis* einrichtete, in dem der fromme Gemeindekern zu erbaulicher Lektüre, Gebet und Gesang zusammenkam. Speners *Pia desideria* (1675) wurden zur Programmschrift des luth. P. War bislang die Verbesserung des kirchlichen Lebens durch obrigkeitliche Breitenmaßnahmen (z.B. →Kirchenzucht) erstrebt worden, so rief nun Spener den Pfarrer- und Theologenstand zur Initiative, um durch intensivere Beschäftigung mit der Bibel, durch Aktivierung der praktisch-religiösen Mündigkeit („allgemeines Priestertum"; →Priestertum aller Gläubigen) und eine frömmigkeitsorientierte Reform des Theologiestudiums die *ecclesiola in ecclesia* (dt.: das Kirchlein in der Kirche) zum Sauerteig lebendiger Kirchlichkeit werden zu lassen. Das Spenersche *collegium pietatis* wurde in anderen Reichsstädten und an Adelshöfen bald übernommen und avancierte zum augenfälligsten Merkmal der um sich greifenden pietistischen Bewegung. Auf reformierter Seite hatte Theodor Undereyck (1635–1693) vergleichbare Erbauungsversammlungen eingeführt. Die separatistische, sich von der Volkskirche lösende Spielart des radikalen P. war dort von Anfang an vertreten (J. de Labadie), und auch einige enge Weggefährten Speners (z.B. J.J. Schütz) gingen in Frankfurt, weil sie die Kirchen- und Abendmahlsgemeinschaft mit „Unwürdigen" nicht mehr ertrugen, alsbald in die Separation.

In den 1690er Jahren begann die Hochphase des P., der nun mancherorts, etwa in Erfurt, Leipzig und Hamburg, zu einer regelrechten Volksbewegung geworden war. Aufgrund seiner guten Beziehungen zum brandenburg-preußischen Hof konnte Spener, der seit 1691 in Berlin amtierte, durch gezielte Personalpolitik seine Bewegung zunehmend etablieren. Dadurch wurde die 1694 gegründete Universität Halle zu einem weit ausstrahlenden Zentrum des P. Der positionell geschlossene Kollegenkreis um Francke begann das theologische Studium pietistisch zu reformieren, indem er die bibl. zu Lasten der philosophischen Ausrichtung akzentuierte, den Lehrbetrieb auf ein pastoraltheologisches Ausbildungsziel ausrichtete und überhaupt der persönlichen Frömmigkeitspraxis (→Volksfrömmigkeit) gegenüber dem barocken Gelehrsamkeitsideal den Primat zuerkannte. Außerdem entstanden in Halle, vom Staat nachhaltig gefördert, wichtige soziale (z.B. Waisenhaus), kulturelle (z.B. Armenschule) und wirtschaftliche Institutionen (z.B. Apotheke, Druckerei). Von Halle aus verbreitete sich der P. nicht nur in ganz Preußen, wo Königsberg zu einem zweiten Zentrum heranwuchs, sondern darüber hinaus auch in Norddeutschland und Skandinavien (v.a. Dänemark) sowie missionierend bis nach Russland und Indien. Während die nichtpreußischen Territorien die Ausbreitung des P. oft mit Zwangsmaßnahmen (z.B. Konventikelverboten) einzudämmen suchten, gewährte in Württemberg das 1743 verabschiedete Pietistenreskript den Konventikeln obrigkeitliche Anerkennung, sodass dort, bis heute fortwirkend, der P. in die Landeskirche integriert werden und eine intensive, schwäbisch spezifizierte Frömmigkeits- und Bildungskultur gedeihen konnte (A. Bengel, F.C. Oetinger). Hatte der separatistische P. auf reformierter Seite rasch sektiererische Züge angenommen, so trat er im Luthertum eher in charismatischen Einzelgestalten hervor, die bisweilen, wie Gottfried Arnold (1666–1714), nach einer radikal-kirchenkritischen Phase (*Unpartheyische Kirchen- und Ketzer-Historie*, 1699/1700) wieder in die Amtskirche zurückfanden oder auch den fließenden Übergang zur Aufklärung personifizierten (z.B. J.C. Dippel, J.C. Edelmann).

Zur Mitte des 18.Jh. betrachteten namhafte Theologen wie Johann Joachim Spalding (1714–1804) den P. bereits als eine zurückliegende Periode. Tatsächlich war mit dem Durchbruch der dt. Aufklärung, der sich im Regierungsantritt Friedrichs d.Gr. (1740) sinnenfällig symbolisierte, die reformerische Kraft des P. weithin erlahmt. Andererseits erschloss auch der Spätpietismus noch etliche Potentiale, namentlich in Württemberg und der von Nikolaus Ludwig Graf von Zinzendorf (1700–1760) begründeten, nach dessen Tod von August Gottlieb Spangenberg (1704–1792) wieder konsolidierten Herrnhuter Brüdergemeine, wo sich noch am ehesten ein organischer, obschon tiefgreifend umformender Übergang in kulturelle (Frühromantik) und theologische bzw. religiöse Aufbrüche des frühen

19. Jh. (F. D. E. →Schleiermacher, →Erweckungsbewegungen) nachweisen lässt.

Brecht, M. u. a. (Hg.), Geschichte des Pietismus, 4 Bd., 1993–2004; Hinrichs, C., Preußentum und Pietismus. Der Pietismus in Brandenburg-Preußen als religiös-soziale Reformbewegung, 1971; Laasonen, P./Wallmann, J. (Hg.), Der Pietismus in seiner europäischen und außereuropäischen Ausstrahlung, 1992; Sträter, U. (Hg.), Interdisziplinäre Pietismusforschungen. Beiträge zum Ersten Internationalen Kongreß für Pietismusforschung 2001, 2005; Wallmann, J., Der Pietismus, ^{2}2005.

Albrecht Beutel

Pluralismus Im Unterschied zum eher beschreibenden Begriff der Pluralität meint die Rede vom P. eine prinzipiell bejahte Vielheit. Eingebürgert hat sich insbesondere die Rede vom weltanschaulichen, ethischen und/oder religiösen P. als einer nicht nur faktischen, sondern begrüßenswerten Vielfalt philosophisch-religiöser Lebenswelten in der modernen Gesellschaft (→Lebenswelt und Alltag). Dabei ist ein konturenloser P. als allg. akzeptiertes Sammelbecken subjektivistischer Beliebigkeiten zu unterscheiden von einem P., in dem weltanschaulich-religiöse →Traditionen und →Symbole öffentlich zueinander in Konkurrenz treten. Nur Letzterer hat Aussicht auf längerfristigen Bestand, insofern allein er hinreichend Kräfte gegenüber intoleranten, totalitaristischen Tendenzen einerseits und einer gleichmacherischen, alle Wahrheitsansprüche einebnenden →Toleranz andererseits zu entwickeln vermag.

Häufig verbindet sich die Rede vom herrschenden P. mit zwei falschen Grundvorstellungen: Zum einen wird irrigerweise unterstellt, vormoderne Zeiten hätten aufgrund einer mehr oder weniger strengen Einheitskultur keinen P. gekannt; in Wirklichkeit aber waren bereits das Mittelalter und insbesondere die Antike durchaus von pluralistischen Strukturen weltanschaulicher und religiöser Art durchzogen. Zum andern wird P. gern als schlichte, schier unbegrenzte Vielfältigkeit im Sinne eines naiven Multikulturalismus angepriesen, während in Wahrheit sowohl weltanschaulicher wie religiöser P. sich in überschaubaren geistigen Grundmustern darstellt und entfaltet.

Das gilt v. a. hinsichtlich seiner inneren Nähe zu monistischen Denkformen: Dem Prinzip der Einheit korreliert nämlich das der Vielheit – wie die beiden Seiten einer Münze. Insofern darf der Begriff des P. nicht darüber hinwegtäuschen, dass er bei genauerem Hinsehen eben keineswegs bloß faktische Pluralität – sei es in Konkurrenz, sei es in Harmonie – beschreibt, sondern oft sogar ein eigenes „Paradigma", eine ganz bestimmte Wirklichkeitssicht repräsentiert, die ihrerseits in einem „pluralistischen" Verhältnis zu anderen Sichtweisen steht. Von daher gerät das Konzept des P. dann leicht in Konkurrenz zum traditionellen christl. Wirklichkeitsverständnis, welches sich aufgrund des Schöpfungsglaubens nicht auf monistische Betrachtungsweisen reduzieren lässt – so wenig es im Übrigen mit seinem Glauben an den dreieinen Gott (→Trinität) und mit der →Hoffnung darauf, dass einst „Gott alles in allem" sein werde (1Kor 5,28), für einen blanken, heteronomen →Dualismus steht.

Indessen hat sich während der zweiten Hälfte des 20. Jh. eine regelrechte pluralistische Religionstheologie entwickelt, die sich in wiederum mehreren Varianten als monistisch geprägt erweist. Sie beruft sich im Kern darauf, dass die christl. Trinitätslehre bereits von einer Pluralität in Gott selbst ausgehe. Dabei wird allerdings vorschnell Trinität mit Pluralität, ja mit P. gleichgesetzt – und am Ende das christl. Entscheidende überspielt, dass die „immanente Trinität" von jeher im Zusammenhang mit ihrer Selbstüberschreitung auf reale Schöpfung hin, also nicht-monistisch gedacht werden muss, um auf solcher Basis die Menschwerdung des göttlichen Wortes (→Wort Gottes) in →Jesus Christus als einmaligen Ausdruck der →Liebe Gottes zu beschreiben. Statt diesen Grundzug christl. Glaubens festzuhalten, zielt pluralistische Religionstheologie darauf ab, Christus ins monistische Gesamtkonzept einzubetten. Das geschieht oft, aber keineswegs durchgängig unter Berufung auf den Begriff des „kosmischen Christus", der seinerseits ursprünglich im Rahmen eines monistischen Konzepts, nämlich in dem der modernen →Theosophie entwickelt worden ist. „Christus" wird selbst gern „pluralisiert", indem Jesus – gemäß dem Vorbild der altindischen Avatara-Vorstellung – nur als eine von vielen →Inkarnationen des „kosmischen Christus" bzw. des göttlichen Logos gedeutet und insofern relativiert wird.

Pluralisiert wird von daher gern auch der Sinn des Kreuzestodes Jesu und namentlich des Kreuzeszeichens (→Kreuz): An die Stelle seiner exklusiven Heilsbedeutung (→Heil) im ntl. Kontext rückt eine Vielheit geometrischer und sonstiger Interpretationen meist heidnischen und insofern betont älteren Ursprungs.

So kann etwa der kath. Religionsphilosoph Raimundo Panikkar in seinem Buch *Der unbekannte Christus im Hinduismus* (^{2}1986) die „pluralistische Polyvalenz" des Christus-Symbols unterstreichen und sich ausdrücklich zum religiösen P. im Sinne einer „relativen Gleichheit aller Religionen" bekennen. Als einer der führenden pluralistischen Religionstheologen gilt John Hick, der in seinen Büchern (etwa: *Gott und seine vielen Namen*, ^{2}2001) die Grundannahme einer transzendental vorgegebenen „Tiefenökumene" (→Ökumene) der Religionen auf der Basis einer allgemeinen →Offenbarung des Göttlichen darlegt. Auch er geht von einer Heil schaffenden Realität aus, die nur im Christentum „Christus" genannt, aber in anderen Religionen unter vielfachen Begriffen, Bildern und Symbolen sonstiger Art erfahren wird. Leonardo Boff, Paul Knitter, Leonard Swidler, Michael von Brück, Perry Schmidt-Leukel und andere pluralistische Religionstheologen denken ähnlich – unter ausdrücklicher Bejahung synkretistischer Intentionen (→Synkretismus).

Religiöser P. ist christlicherseits unter dem Vorzeichen der vorläufig noch herrschenden Verborgenheit Gottes ebenso zu bejahen wie das damit verbundene Prinzip der positiven und negativen →Religionsfreiheit. Er stellt heute wie schon zu apostolischen Zeiten die Rahmenbedingung christl. Missionstätigkeit (→Mission) dar. Kritikwürdig ist P. theologisch dort, wo er zur religionsphilosophischen Basis (→Religionsphilosophie) von →Theologie selbst wird und damit deren Inhalte konzeptionell überformt statt zur Geltung bringt. Solcher begrifflichen Engführung von „Pluralismus" muss das Faktum des realen religiös-weltanschaulichen P. entgegengehalten werden, der sich – wie nachgerade die Religion des Christentums zeigt – mitnichten in das mitunter merkwürdig zur Intoleranz neigende Schema einer Dialektik von P. und Monismus pressen lässt.

Bazinek, L., Das Problem der Erkenntnis von Wahrheit im Feld der Begegnung von pluralistischer und biblisch-christlicher Weltanschauung, 1990; Bernhardt, R. (Hg.), Horizontüberschreitung. Die Pluralistische Theologie der Religionen, 1991; Danz, C./Körtner, U.H.J. (Hg.), Theologie der Religionen. Positionen und Perspektiven evangelischer Theologie, 2005; Hummel, R., Religiöser Pluralismus oder christliches Abendland? 1994; Mehlhausen, J. (Hg.), Pluralismus und Identität, 1995; Schmidt-Leukel, P., Gott ohne Grenzen. Eine christliche und pluralistische Theologie der Religionen, 2005; Thiede, W., Wer ist der kosmische Christus?, 2001; Thiede, W., Grenzen des Wertepluralismus?, Evangelische Verantwortung 2004, 6–13; Welker, M., Kirche im Pluralismus, 1995.

Werner Thiede

Pneumatologie →Heiliger Geist

Poimenik →Seelsorge

Polytheismus In der religionswissenschaftlichen Forschung unterscheidet man den P. (Verehrung mehrerer Gottheiten nebeneinander oder in hierarchischer Gliederung), den Henotheismus (Verehrung allein einer Gottheit durch ein →Individuum bei gleichzeitiger Anerkennung der Wirkmächtigkeit anderer Gottheiten) und den →Monotheismus (Verehrung nur einer Gottheit bei gleichzeitiger Leugnung der Wirkmächtigkeit anderer Götter). Welche Form innerhalb der Menschheitsgeschichte (→Geschichte) als ursprünglich anzusehen ist, ist in der Forschung noch immer umstritten. Der unbestreitbare Vorteil des P. ist, dass einzelne Gottheiten mit konkreten Aufgaben- und Zuständigkeitsbereichen (z.B. →Schöpfung, Fürsorge für den Beter, Schutz des Sozialverbandes, Gewährung von Regen, Schutz vor →Krieg) verbunden werden können; das gesamte Pantheon bildet dann mit einer Fülle von Zuständigkeitsbereichen die Vielgestaltigkeit des →Lebens ab.

In der Umwelt des →Alten Testaments ist der P. die typische Religionsform. Sowohl in Ägypten als auch in Mesopotamien gab es lokale Ausprägungen von Gottheiten, aber auch für bestimmte Aufgabenbereiche zuständige Götter. Immer wieder wurde für Ägypten die These vertreten, dass hinter der Vielgestaltigkeit des Pantheons eine einheitliche göttliche Vorstellung („das eine Göttliche“) steht.

Die →Religion des AT war ursprünglich polytheistisch angelegt. Texte und Bilder (→Bild) aus dem 2. Jahrtausend v.Chr. (insbesondere Orts- und Personennamen in den Ächtungstexten) zeigen, dass in Palästina eine Vielzahl von Göttern (u.a. Baal bzw. Hadad, El, Reschep, Schamasch, Jerach, Astarte, Qadesch, Anat) verehrt wurde. Die einzelnen Götter hatten verschiedene Ebenen der Wirksamkeit (Stadtgott, Clangott, persönlicher Gott), wobei zumindest theoretisch offenbar jede Gottheit auf jeder Ebene verehrt werden konnte. Als sich allmählich im 12.Jh. v.Chr. anstelle der Stadtstaaten ein loses Stämmebündnis bildete, war offenbar der Gott El (vgl. Isra-El: „El kämpft") diejenige Gottheit, die in dem sich entwickelnden Territorialstaat als Nationalgott verehrt wurde. Wohl erst unter David wurde →Jahwe zum Nationalgott in →Israel. In der Bevölkerung dauerte der P. an. Dies zeigen u.a. auch Inschriften aus dem 9. und 8. Jh., die von „Jahwe und seiner Aschera", also von einer göttlichen Partnerin Jahwes sprechen. Erst mit der Josianischen Reform (2Kön 22f) wurde in Israel der Monotheismus verordnet und die Verehrung anderer Gottheiten verboten. In der Exilszeit vertraten Deuterojesaja und die Priesterschrift einen strikten Monotheismus, der die Existenz und Wirkmächtigkeit anderer Gottheiten schlichtweg bestritt. Diese strikte Leugnung anderer Gottheiten ließ sich aber in der Folgezeit nicht völlig durchhalten, zumal Figurinen fremder Gottheiten den Menschen im →Alltag immer wieder begegneten. Sätze wie „der Herr ist mehr zu fürchten als alle Götter" (Ps 96,4; vgl. V. 5) oder „der Herr ist hoch erhaben über alle Götter" (Ps 97,9) zeigen an, dass man die Wirkmächtigkeit anderer Götter durchaus akzeptierte. In nachexilischer Zeit gab es auch Strömungen innerhalb der Jerusalemer Oberschicht, Jahwe gegen den griech. Gott Zeus auszutauschen und den zumindest ansatzweise vorhandenen „theoretischen" Monotheismus in Israel aufzuweichen.

Assmann, J., Zur Spannung zwischen Poly- und Monotheismus im Alten Ägypten, Bibel und Kirche 49, 1994, 78–82; Hornung, E., Der Eine und die Vielen. Ägyptische Gottesvorstellungen, 1971; Keel, O. (Hg.), Monotheismus im Alten Israel und seiner Umwelt, 1980, 143–189; Keel, O./Uehlinger, C., Göttinnen, Götter, Gottessymbole, [5]1998; Klauck, H.-J., „Pantheisten, Polytheisten, Monotheisten" – eine Reflexion zur griechisch-römischen und biblischen Theologie, in: ders., Religion und Gesellschaft im frühen Christentum. Neutestamentliche Studien, Wissenschaftliche Untersuchungen zum Neuen Testament 152, 2003, 3–53; Oeming, M./Schmid, K., Der eine Gott und die Götter. Polytheismus und Monotheismus im antiken Israel, Abhandlungen zur Theologie des Alten und Neuen Testaments 82, 2003; Söding, T. (Hg.), Ist der Glaube Feind der Freiheit? Die neue Debatte um den Monotheismus, Quaestiones disputatae 196, 2003.

Wolfgang Zwickel

Prädestination →Erwählung, Prädestination

Praktische Theologie 1. P. Theol. als Element wissenschaftlicher Theologie in der Moderne: Es gehört zur Vielgestaltigkeit P. Theol., dass sie in unterschiedlichen Kontexten betrieben wird: als eigenständige Disziplin innerhalb der universitären Theologie (→Theologiestudium; →Theologie), als Reflexion beruflicher Handlungsfelder in der kirchlichen und religionspädagogischen Aus- und Fortbildung, als theologische Praxis in der Gemeindearbeit, →Erwachsenenbildung, →Diakonie, →Publizistik und anderen Bereichen. Ihr Gegenstand ist die gegenwärtige Praxis des Christentums in ihren kirchlichen, kulturellen und biographischen Ausprägungen. Als Teil der wissenschaftlichen Theologie ist sie eine praxisbezogene Wissenschaft, d.h. sie entfaltet Theorien in praktischer Perspektive und Absicht. Als „Theorie der Praxis" (F.D.E. →Schleiermacher) erkundet P. Theol. die zeitgenössischen Lebensformen christl. →Religion, um den Akteuren ihre religiöse Praxis kritisch zu erschließen und in ihr Handlungsmöglichkeiten zu eröffnen. Sie zielt darauf, religiöse Kompetenz auszubilden.

P. Theol. ist als jüngste Disziplin im Kanon der theologischen Fächer ein spezifisch neuzeitliches Element der Theologie. Sie bildet sich seit Anfang des 19. Jh. heraus als Reaktion auf die gesellschaftlichen und kirchlichen Umbrüche der Moderne, die dazu herausfordern, die Veränderungen christl. Lebens und kirchlichen Handelns in den Blick zu bekommen und zu bestimmen, um sich in ihnen (neu) zu orientieren. Ihr Vorläufer ist eine traditionelle Pastoraltheologie, in der Regeln und Anleitungen für die Ausübung des geistlichen Amtes formuliert und pfarramtliches Erfahrungswissen zusammengestellt worden sind. Theologie als praktische Wissenschaft zu verstehen, hat Tradition. Bereits in der →Scholastik kann Theologie als *scientia practica* begriffen werden (Duns Scotus, Johannes), innerhalb der →prot. Orthodoxie kann sie als *sapientia eminens practica*, mithin als hervorragend praktische Weisheit gelten (David Hollaz).

Einen konstitutiven Ort als eigenständige Disziplin neben der historischen und der philosophischen gewinnt praktische Theologie durch Friedrich Daniel Ernst Schleiermacher (*Kurze Darstellung des theologischen Studiums*, 1811/1830). P. Theol. gründet im Praxisbezug der Theologie als Ganzer, die ihre Einheit in ihrer praktischen, auf die Kirche bezogenen Aufgabe findet. Sie fungiert als pragmatisch-theologische „Kunstlehre" kirchenleitender Tätigkeit, wobei diese im weiten Sinne „alle besonnene Einwirkung auf die Kirche" umfasst, „um das Christentum in derselben reiner darzustellen" (*Kirchliche Dogmatik*, § 263).

2. Konzeptionen P. Theol. in Geschichte und Gegenwart:

2.1. Historische Linien: Im Gefolge Schleiermachers, z. T. auch in erklärter Abgrenzung, etabliert sich im Laufe des 19. Jh. das Fach in verschiedenen konzeptionellen und positionellen Ausprägungen. Carl I. Nitzsch entfaltet in seinem dreibändigen Lehrbuch (1847 ff) P. Theol. systematisch als Kirchentheorie und stellt die „kirchliche Ausübung des Christentums" in einzelnen Handlungsfeldern dar. Ende des 19. Jh. nimmt Ernst Christian Achelis den ekklesiologischen Ansatz (→Ekklesiologie) auf und verbindet ihn mit einer „geschichtlichen Grundlegung" der P. Theol. sowie mit materialreichen historischen Studien zu den verschiedenen kirchlichen Handlungsfeldern.

Gegenüber einem vorrangig systematisch-theologisch und historisch orientierten Verständnis des Faches bedeutet die praktisch-theologische Reformbewegung zu Beginn des 20. Jh. einen konzeptionellen Einschnitt. Durch die Liberale Theologie geprägt und im Horizont einer kulturwissenschaftlichen Wendung der Theologie insgesamt entsteht eine wissenschaftliche P. Theol., die sich stärker empirisch ausrichtet und Einsichten ev. Kirchenkunde und religiöser Volkskunde in sich aufnimmt (P. Drews). →Religionspsychologische und reformpädagogische Ansätze werden zu praktisch-theologischen Referenztheorien, um die Veränderungen des religiösen Lebens innerhalb des modernen Christentums zu begreifen und kirchliches Handeln darauf neu einzustellen (Otto Baumgarten, Friedrich Niebergall). Methodische Fragen im Blick auf Unterricht (→Religionsunterricht), →Seelsorge und →Predigt treten in den Vordergrund.

Im Gegenzug zur fachwissenschaftlichen Ausprägung der P. Theol. betont in der Folgezeit die →Dialektische Theologie den theologischen Sachbezug und fokussiert unter dem Leitmotiv des Handelns Gottes das Praktische der Theologie insgesamt dogmatisch (→Dogmatik). Ev. Theologie wird umfassend als praktische Theologie des Wortes Gottes verstanden, als eigenständige Disziplin rückt P. Theol. nach dem Zweiten Weltkrieg eher an den Rand.

2.2. Zeitgenössische Diskussionen: Einen Neuansatz markiert die sog. Empirische Wende seit Mitte der 1960er Jahre, die zum einen disziplinengeschichtlich an Anliegen der älteren praktisch-theologischen Reformbewegung anknüpft und zum anderen Methoden und Erkenntnisse der Human- und Sozialwissenschaften in sich aufnimmt. P. Theol. wird nun als moderne Handlungswissenschaft (K.-F. Daiber u. a.) konzipiert, in der seit den 1970er Jahren religions- und kirchensoziologische Forschung einen festen Platz haben. Zugleich wird der praktisch-theologische Diskurs international und ökumenisch, auch auf kath. Seite finden sich entsprechende handlungswissenschaftliche Konzeptionen. Zu einem zentralen Leitmotiv der P. Theol. als Theorie kirchlichen Handelns avanciert die von Ernst Lange geprägte Formel von der „Kommunikation des →Evangeliums", in der kirchliche Praxis in ihren vielfältigen Formen als kommunikatives Geschehen erschlossen wird. Kirchenreformerischen Interessen verpflichtet zielt die praktisch-theologische Reflexion auf den Entwurf von Praxis-Modellen kirchlichen Handelns.

Zugleich erweitert sich – wenn auch nicht ohne Widerspruch – der Gegenstandsbereich und die Perspektive der neueren P. Theol. Weil das neuzeitliche Christentum sich in individuelle, kirchliche und gesellschaftliche Gestaltungsweisen ausdifferenziert (Dietrich Rössler), beschränkt sich praktisch-theologische Reflexion nicht mehr nur auf den Binnenraum des Kirchlichen. Am weitesten fasst Gert Otto P. Theol., wenn er sie als „kritische Theorie religiös vermittelter Praxis in der Gesellschaft" bestimmt. Nachhaltige Wirkung für das zeitgenössische Selbstverständnis der P. Theol. hat die subjekttheoretische Wendung, die insbesondere Henning Luther vollzieht. Angesichts dessen, dass individuelle Lebensgeschichte mehr und mehr zum Erfahrungsraum und Deutungshorizont geworden ist, in denen sich Religion artikuliert, hat P. Theol. heute die Bedeutung der konkreten Subjekte für das Praktischwerden christlicher Religion zu eruieren und der Frage nachzugehen, wie Religion wirksam wird im Blick auf die Subjektivität und Individualität des Einzelnen.

In der Gegenwart haben sich die konzeptionellen und methodischen Ansätze der P. Theol. vervielfältigt. Neben die klassischen Methoden empirischer Sozialwissenschaft treten stärker biographisch orientierte und narrativ gestaltete Untersuchungen oder interpretative Erkundungen gelebter Religion und kirchlicher Praxis. Dabei verschiebt sich der Akzent von handlungsbezogenen Entwürfen hin zu einem Verständnis von P. Theol. als Wahrnehmungswissenschaft. In ästhetischen, semiotischen, phänomenologischen und kulturhermeneutischen Theorien erschließt sich praktisch-theologisch die Spannbreite divergierender Sprach- und Lebensformen, in denen christl. Religion in der Spätmoderne ihren Ausdruck findet. Unter diesen Vorzeichen reicht die Palette gegenwärtiger Themenstellungen von der Dramaturgie gottesdienstlicher Inszenierungen (→Gottesdienst) und dem Zeichencharakter religiöser Räume über die Bedeutung seelsorglicher Gesten oder von →Ritualen in der religionspädagogischen Praxis (→Religionspädagogik) bis hin zur Erkundung religiöser Bezüge in autobiographischer Literatur oder populären Filmen.

3. Handlungs- und Themenfelder der P. Theol. in ihren zeitgenössischen Perspektiven: Traditionell gliedert sich die P. Theol. entlang kirchlicher Handlungsfelder und -formen: Liturgik (→Liturgie) (Gottesdienst), Homiletik (Predigt), Katechetik/Religionspädagogik (Unterricht), Poimenik (Seelsorge). Zu den klassischen Rubriken zählen auch Kybernetik (Kirchen- und Gemeindeleitung [Gemeinde, Gemeindeleitung]), Pastoraltheologie im engeren Sinne (→Amt, Beruf, Person der Theologin/des Theologen [→Pfarrer, Pfarramt]) und Aszetik (christl. Leben, →Frömmigkeit). Daneben ist die Kasualpraxis (→Kasualien) (Amtshandlungen), bislang ein Unter- oder Querschnittsthema verschiedener Handlungsfelder, zu einem eigenen Themenbereich geworden. Hinzu kommen als weitere praktisch-theologische Felder die Diakonik(→Diakonie), die eher vernachlässigte Disziplin des →Kirchenrechts sowie christl. →Publizistik, →Kirchenbau und kirchliche Kunst, die in jüngerer Zeit verstärkt Aufmerksamkeit gewinnen.

Lediglich in ausgewählten Stichworten lassen sich an dieser Stelle Fragestellungen der neueren praktisch-theologischen Diskussion skizzieren:

Innerhalb der Homiletik, die Predigt im Horizont rhetorischer Kommunikation begreift, ist die Frage nach der homiletischen Situation und insbesondere nach den konkreten Hörerinnen und Hörern in den Blickpunkt gerückt worden. Der rezeptionsästhetische Ansatz (Rezeptionsästhetik) macht geltend, dass die Hörenden nicht Empfängerinnen und Empfänger, sondern Mitwirkende der Predigt sind, die wirksam wird, indem sie mit eigenen Deutungen versehen wird. Zugleich bildet der bibl. Text, der in der Predigt aus- oder aufgeführt wird, einen bestimmten Bedeutungsraum, der im homiletischen Akt je aufs Neue begangen wird.

Die Religionspädagogik nimmt in jüngerer Zeit insbesondere sozialisationstheoretische (→Sozialisation, religiöse), entwicklungspsychologische und symboldidaktische Einsichten auf und reflektiert das Unterrichtsgeschehen im Zusammenhang von Theologie und Pädagogik. Zugleich stehen Fragen nach Begründung und Gestalt des (ev.) Religionsunterrichtes an öffentlichen Schulen auf der Tagesordnung. Interkulturelles und interreligiöses Lernen gewinnen an Bedeutung. Im Horizont religiöser →Bildung sind auch gemeindepädagogische Perspektiven – von der →Kinder- und Konfirmandenarbeit (→Konfirmation, Konfirmationsunterricht) bis hin zur kirchlichen Altenbildung (→Alter, Altenarbeit) – neu zu bestimmen. In diesem Kontext hat sich in jüngerer Zeit auch eine Kirchenpädagogik entwickelt, in der Religion im Kirchenraum erfahren und gelernt wird.

Theorie und Praxis der Seelsorge sind in den letzten Jahrzehnten wesentlich durch das Gespräch mit Psychologie und Psychotherapie (→Psychologie und Theologie) geprägt. In ihr hat sie als therapeutische oder beratende Seelsorge methodische Kompetenz gewonnen, sich in Aus- und Fortbildung qualifiziert und sich theologisch wie kirchlich-organisatorisch neu profiliert. In diesem Zusammenhang erweitern systemische Perspektiven die Wahrnehmung über die individuelle Lebensgeschichte von Ratsuchenden hinaus. Im Gegenzug zur pastoralpsychologischen Ausrichtung entwickelt sich derzeit neu ein Verständnis von Alltagsseelsorge. Zugleich rückt die Frage nach spezifisch religiösen Dimensionen der seelsorglichen Praxis (bspw. in Gestalt von religiösen Ritualen) in den Blickpunkt.

War die Liturgik, die bis zu den jüngsten Lehrbuchveröffentlichungen häufig stark liturgiegeschichtlich ausgerichtet ist, in der praktisch-theologischen Diskussion eher randständig, so erlebt sie in der letzten Dekade einen Aufschwung. Mit ihren Stichworten Ritual, symbolisches Handeln, Fest und Feier, Erlebnis, Dramaturgie und Inszenierung u. a. m. avanciert sie geradezu zur spätmodernen Leitdisziplin der P. Theol. Deutlicher als zuvor wird erkannt, dass insbesondere die lebenszyklischen Kasualgottesdienste, die jahreszyklischen Festgottesdienste als gelebtes →Kirchenjahr und die Gottesdienste anlässlich besonderer öffentlicher Ereignisse wesentliche Momente sind, in denen christl. Religion heute lebensweltlich verankert ist und zum Ausdruck kommt.

Unter handlungsorientierenden Gesichtspunkten wird sich die P. Theol. auch weiterhin auf zentrale Felder kirchlicher Praxis beziehen. Angesichts gegenwärtiger Veränderungen fragt die Pastoraltheologie nach Bedingungen pfarramtlicher Praxis und nach einem praktisch-theologischen Verständnis des geistlichen Amtes zwischen Lebensform und Beruf. Umfassender verstehen sich Beiträge zu einer praktisch-theologischen Kirchentheorie, die zukunftsfähige Modelle kirchlicher Organisation reflektieren und entwerfen. Zugleich reicht die Wahrnehmung P. Theol. über Kirche hinaus. Sie hat kirchliches Handeln im engeren Sinne und gelebte Religion im weiteren Sinne im Kontext gegenwärtiger Kultur zu erkunden und in biographischen Bezügen zu begreifen. In diesen Zusammenhängen wird P. Theol. heute medienkundig und gender-bewusst, sie entwickelt Sinn für explizite Religiosität und implizite Religion. Sie geht dabei von konkreten Lebenssituationen und -äußerungen aus, um sie als religiöse Praxis im Lichte des christl. Glaubens kritisch zu reflektieren und zu gestalten. In diesem Sinne ist das Anliegen P. Theol. die „Zeitgenossenschaft" des Christentums.

Fechtner, K. u. a. (Hg.), Handbuch Religion und Populäre Kultur, 2005; Gräb, W./Weyel, B. (Hg.), Handbuch der Praktischen Theologie, 2007; Grethlein, C./Meyer-Blanck, M. (Hg.), Geschichte der Praktischen Theologie. Dargestellt anhand ihrer Klassiker, 2000; Hauschildt, E./Schwab, U. (Hg.), Praktische Theologie für das 21. Jahrhundert, 2002; Schröer, H., Art. Praktische Theologie, TRE 27, 1997, 190–220.

Kristian Fechtner

Predigt Das deutsche Wort P. kommt vom lat. Wort praedicare: ausrufen, öffentlich bekanntmachen. Die sprachliche Herkunft (→Sprache) verweist auf die Mündlichkeit und die Öffentlichkeit der gottesdienstlichen Rede. Die P. ist ein liturgischer Teil (→Liturgie) des →Gottesdienstes. Sie hat somit zum einen rituellen Charakter. Ihr kommt aber zum anderen die Aufgabe zu, das gottesdienstliche Ritual kommunikativ zu modifizieren und dieses dadurch zu aktualisieren.

Über den gottesdienstlichen Kontext hinaus ist die P. aber deutlich weiter gefasst. Martin →Luther hat in seiner Bibelübersetzung (→Bibel, Bibelausgaben) das Wort P. bzw. predigen in vielfältiger Bedeutung verwendet. Diese Verwendungen zeigen ein vielschichtiges Predigtverständnis an. P. ist demnach 1. Inbegriff des Redens von Gottes Taten und in seinem Auftrag, 2. Ausdruck für die rechte Art und Weise, Gottesdienst zu halten und 3. die von Gott selbst ausgehende Kunde, durch die das →Evangelium zum Menschen und der →Mensch zum →Glauben kommt. So übersetzt Luther Röm 10,17 („So kommt der Glaube aus dem Hören"): „So kommt der Glaube aus der Predigt". Damit ist die P. zur theologischen Grundkategorie geworden. Die P. steht in dieser Spannung, menschliche Rede zu sein und zugleich „die jeweilige Ereignung und die gültige Zueignung des durch Christus einmal bewirkten Heils" zu sein. (J. Henkys, 30 f)

Diese Spannung im Predigtbegriff spiegelt sich auch in der Predigtlehre wider. Während die prinzipielle Homiletik mit der theologischen Bestimmung der P. befasst ist, widmet sich die formale Homiletik der konkreten Predigtpraxis, die sie methodisch anzuleiten sucht. Die materiale Homiletik schließlich hat die Predigtinhalte und -themen zum Gegenstand. Die →Dogmatik beschäftigt sich v.a. mit der theologischen Wesensbestimmung der P. Die →Praktische Theologie widmet sich den konkreten Bedingungen der P. und nimmt Fragen der Gestaltung und der Rezeption von P. unter den empirischen Bedingungen in den Blick. Beide Perspektiven können aber auch in Konflikt zueinander treten, wenn der dogmatische Predigtbegriff gerade das Absehen von der wirklichen P. fordert und umgekehrt, wenn die praktisch-theologische Perspektive die theologische Aufgabenbestimmung der P. außer Acht lässt.

Formal gesehen ist die P. ein Monolog. Faktisch gestaltet sie sich jedoch als ein Dialog mit den Hörerinnen und Hörern. Gerade diese dialogische Struktur gilt es in die Predigtvorbereitung zu integrieren. Dies gelingt durch eine Orientierung an den Adressaten, ihren Verstehenshorizonten und Lebensthemen. Diese Orientierung an den Hörern und Hörerinnen kann in eher allgemeiner anthropologischer Weise geschehen oder aber auch in Beziehung auf soziale, milieu- und altersspezifische Unterschiede.

Während die Homiletik schon seit →Augustins *De doctrina christiana* in enger Anlehnung an die Rhetorik die gedankliche Klarheit und sprachliche Verständlichkeit zur Geltung gebracht hat, wird seit der Aufklärung in gesteigertem Maße die Notwendigkeit der Plausibilität und Vernünftigkeit betont, weil eine formale Autorität der P. nicht mehr reklamiert werden kann.

P. ist als P. des Evangeliums im Wesentlichen Bibelauslegung. Der liturgischen Prägnanz des →Kirchenjahres entsprechend liegen der P. Predigttexte voraus, auf die diese sich bezieht. Die Perikopen (von griech. perikope: das rings umhauene Stück) werden in Ordnungen zusammengestellt: der Ordo lectionem missae (kath.) und der Lese- und Predigttextordnung (ev.), zwischen denen es partielle Übereinstimmungen gibt.

Dass die P. eine Rede anhand eines bibl. Textes ist, ist der Regelfall. Der Textbezug der P. kann allerdings sehr unterschiedlich bestimmt werden. Spricht man von der Textbindung der P., so werden v.a. normative, autoritative und identitätsstiftende Funktionen des Predigttextes betont. Spricht man allgemeiner von Textbezug, so stehen eher kreative und kommunikative Funktionen des Textes für die P. (M. Josuttis, 385 ff) im Vordergrund. Im →Protestantismus ist eine deutliche Vorordnung der Bibel vor anderen Urkunden der christl. →Tradition namhaft gemacht. Von der Textbindung nicht zu trennen, aber zu unterscheiden ist die Schriftbindung der P. Sie bezeichnet den Gedanken, dass bibl. Texte widersprüchlich und theologisch kritikbedürftig (→Bibelwissenschaft) sein können, sodass sie inhaltlich auf ihre Evangeliumsgemäßheit hin zu befragen sind (Mitte der Schrift). Die Heilige Schrift ist als die entscheidende Norm (norma normans) bestimmt, von der aus auch kirchliche →Bekenntnisse (norma normata) infrage gestellt werden können. Grundsätzlich können aber auch andere als bibl. Texte (bes. Kirchenlieder und Katechismusstücke) die Basis einer P. bilden (→Kirchenmusik; →Katechismus). Allerdings sind auch diese Texte kritisch und konstruktiv an die Bibel als Quelle des christl. Glaubens zurückzubinden.

Seit der sog. empirischen Wendung in den 1970er Jahren standen in der Praktischen Theologie Fragen der Hörerrezeption im Vordergrund. Neben der Rhetorik flossen Fragestellungen der Kommunikationstheorie und der Sprechakttheorie in die Homiletik ein. Die psychische Disposition des Predigers und deren Einfluss auf das Kommunikationsgeschehen sowie die Funktion des Predigers als Identifikationsfigur für die Hörer wurden thematisiert. Einsichten aus der Kasualpraxis sind in die Theorie der sonntäglichen Kanzelrede eingegangen. Die besondere Beziehung der P. auf die Lebensgeschichte des Einzelnen, wie sie anlässlich von individuellen Schwellensituationen (bes. →Taufe, Eheschließung (→Ehe), →Bestattung) der Fall ist, wurde für eine stärkere Beziehung auch der sonntäglichen P. auf die Biographie der Menschen fruchtbar gemacht.

Die Mehrzahl der Kirchenmitglieder(→Kirchenmitgliedschaft) besucht den →Gottesdienst nicht regelmäßig, sondern nur an herausragenden Festtagen. Während Heiligabend 60% aller Kirchenmitglieder und darüber hinaus auch Konfessionslose (→Konfession, Konfessionalismus) den Gottesdienst besuchen, sind es an durchschnittlichen Sonntagen nur zwischen 4–6%. Bei kath. Christen ist ein deutlich regelmäßigeres Teilnahmeverhalten zu konstatieren als bei Protestanten. Was der Mangel an Regelmäßigkeit für die Rezeption der P. bedeutet, wird in der Homiletik noch zu bearbeiten sein. Die klassische Funktion der P. als Lehre (doctrina) tritt jedenfalls faktisch hinter ihre Funktion als Festrede zurück.

Seit Beginn des 19. Jh. ist ein Strukturwandel zu beobachten, der die P. als öffentliche Rede in Konkurrenz zu den Massenmedien (Bücher, Zeitschriften, Film, Fernsehen, Internet) treten lässt (→Medien). Die Thematisierung der Mediengesellschaft als Kontext der P. hat dazu geführt, potentielle Schnittmengen mit anderen Medien herauszuarbeiten. So werden z. Z. neue Perspektiven auf die P. in Analogie zum Theater und zum Film geltend gemacht. P. stellt sich vor diesem Hintergrund als *performing act* und als *story telling* dar. Darüber hinaus wird eine stärkere Verwobenheit der P. in die zeitgenössischen kulturellen Kontexte (→Kultur) angestrebt, indem beispielsweise auf Kinofilme und Bestseller-Romane explizit Bezug genommen und deren Weise der Thematisierung der klassisch religiösen Themen Glaube, →Liebe und →Hoffnung aufgenommen wird. Die Forderung nach mehr Anschaulichkeit und Konkretheit, Verständlichkeit und Bildhaftigkeit der P. ist ein dringendes Desiderat, das allerdings auch im Rahmen der Rhetorik bearbeitet werden kann.

Henkys, J., Ansätze des Predigtverständnisses, in: Bieritz, K.-H. u.a. (Hg.), Handbuch der Predigt, 1990, 27–62; Josuttis, M., Die Bibel als Basis der Predigt, in: Geyer, H.-G. u.a. (Hg.), Wenn nicht jetzt, wann dann? Aufsätze für Hans-Joachim Kraus zum 65. Geburtstag, Neukirchen-Vluyn 1983, 385–393; Nicol, M., Einander ins Bild setzen. Dramaturgische Homiletik, 2002; Weyel, B., Art. Predigt, in: Gräb, W./ Weyel, B. (Hg.), Handbuch Praktische Theologie, 2007, 627–638.

Birgit Weyel

Presbyterianer Nach Johannes →Calvin regiert →Jesus Christus seine Kirche durch sein Wort. Seine Herrschaft vollzieht er durch den Dienst von kirchlichen →Ämtern, deren Grundstruktur, freilich in besonderer, zeitgeschichtlich bedingter Ausformung, im NT vorgegeben ist (Eph 4,11f): Der Gemeinde steht ein Gremium von Amtsträgern (Presbyterium von griech.: presbyteros, dt.: Ältester, also Ältestenrat) vor, dem ordinierte Prediger, Laienälteste und Diakone angehören, welche in unterschiedlichen Zuständigkeitsbereichen miteinander für die Verkündigung in →Predigt und Unterricht, die →Kirchenzucht und die Armenpflege (→Armut) zuständig sind. In der von Calvin wesentlich mitbestimmten *Discipline Ecclésiastique* (1559) für die franz. Protestanten wurden diese ursprünglich entschieden aristokratischen Grundsätze erstmals in einen Kirchenverfassungsentwurf (→Kirchenverfassung) für ein ganzes Land umgesetzt: Leitungsorgane oberhalb der Einzelgemeinden sind von den Einzelgemeinden beschickte →Synoden (Klassen), diese wiederum beschicken die Nationalsynode. Zwischen den Tagungen dieser Synoden führen kleinere Gremien die laufenden Geschäfte.

Als P. bezeichnet man diejenigen reformierten Kirchentümer, die sich diesen Leitlinien der Kirchenordnung verpflichtet wissen. 1875 wurde The Alliance of the Reformed Churches throughout the World Holding the Presbyterian System gegründet; sie ging 1970 im →Reformierten Weltbund auf, der auch solche reformierte Kirchen umfasst, die oberhalb der Einzelgemeinde keine Leitungsstrukturen kennen (Kongregationalisten) oder deren Verfassungen anders strukturiert sind. Im ursprünglichen presbyterianischen Verfassungskonzept waltet der Wille, ein ganzes Land kirchlich zu prägen und zu gestalten. Dieses Konzept kirchlicher Ordnung und kirchlichen Wirkungsanspruchs hat seine wichtigsten Wirkungen, ausgehend von Schottland, England und Irland, in der gesamten angelsächsischen Welt ausgeübt; Hauptverbreitungsgebiete des Presbyterianismus sind heute die USA, Kanada, Australien und Neuseeland.

In Schottland begann der Kampf um den Presbyterianismus 1559 mit der Rückkehr John Knox' aus dem Genfer Exil; das *Second Book of Discipline* (1578) reklamierte für die Kirche das von Gott gewährleistete, unveräußerliche Recht, sich selbst die ihrem Wesen gemäße Verfassung zu geben. Dieser Anspruch führte zu Kämpfen, die erst 1688/9 bzw. 1707 endeten, als die presbyterianische Kirk of Scotland als einzige privilegierte Staatskirche anerkannt wurde. – Im Zuge der Kolonisierung Irlands siedelten sich im Norden der Insel auch schottische P. an (Ulster Plantation, 1606). Trotz zeitweiliger Unterdrückungsmaßnahmen und Auswanderungen nach Nordamerika konnten sie sich halten und erhielten auch neuen Zuzug; seit 1688/9 prägen sie wesentlich den (nord)irischen →Protestantismus. In England regten sich presbyterianische Strömungen seit 1570, aber sie wurden unterdrückt. Erst mit dem Beginn des Bürgerkriegs (1642), in dessen erster Phase die Schotten auf der Seite des Parlaments gegen König Karl I. kämpften, um für Schottland und England gemeinsam eine umfassende presbyterianische Kirchenordnung durchzusetzen, schien die Stunde des Presbyterianismus gekommen: Unter Mitwirkung schottischer Delegierter arbeitete die Westminster Assembly of Divines, der kirchenpolitische Ausschuss des Parlaments, ein umfassendes Lehrbekenntnis, die *Westminster Confession*, mit einem kürzeren und einem längeren →Katechismus aus (1646/7); sie wurde in der Folgezeit die wichtigste Bekenntnisschrift (→Bekenntnis, Bekenntnisse) des Presbyterianismus. Dem Bekenntnis wurde eine Gottesdienstordnung an die Seite gestellt (*Directory for Public Worship*, 1645). Auch eine presbyterianische →Kirchenverfassung (*Form of Presbyterian Church Governement*, 1645) entstand. Die Schotten bemängelten, dass dieses Ordnungswerk vom Parlament und nicht von einer spezifisch kirchlichen Instanz autorisiert wurde. Ohnehin konnte es sich faktisch nicht durchsetzen: Zunächst erhielten die Independenten, die jede Form von staatskirchlicher Zwangsuniformität bekämpften, Wirkungsmöglichkeiten und Einfluss. 1660 wurde mit der Restauration der Stuart-Monarchie die bischöfliche Kirchenverfassung wieder aufgerichtet; die P. wurden wieder zur unterdrückten Minderheit. Nach der Glorreichen Revolution 1688/9 kam ihnen die neue Toleranzgesetzgebung zugute, nötigte ihnen aber eine Existenzform als eine →Freikirche neben anderen samt allerlei Benachteiligungen (Ausschluss vom Heeres- und Staatsdienst sowie von den Universitäten) auf. In den neuenglischen Kolonien hatten die P. gegen die Kongregationalisten einen schweren Stand; verbreiten konnten sie sich zunächst in Virginia, New York und Maryland. Derzeit existieren in den USA zehn presbyterianische Kirchenverbände, die teils durch die Herkunftsländer ihrer Mitglieder, teils durch Differenzen in Glaubens- und Verfassungsfragen voneinander unterschieden sind.

Cameron, J. K., Art. Presbyterianer, TRE 27, 1997, 340–359.

Martin Ohst

Priester im Judentum Die Priesterschaft des nachexilischen →Jerusalemer →Tempels ist v. a. verantwortliche Trägerin des fortdauernden Opferkultes (→Opfer; →Kult) und der gemeinschaftlichen Feste als wirkmächtiger Vergegenwärtigung der →Heilsgeschichte und als Garant der Weltordnung. Die Priester (hebr. kohanim) repräsentierten während ihres Dienstes am Heiligtum, der körperliche Integrität erforderte und besonderen Reinheitsregeln (→Reinheit und Unreinheit) und Ehevorschriften (→Ehe) unterlag, das gesamte Volk Israel vor Gott. Ihre jeweiligen Aufgaben und Arbeiten bei den täglichen Opfern, den Fest- und Privatopfern wurden zwischen den 24 priesterlichen Dienstabteilungen, denen man aufgrund seiner Familienzugehörigkeit angehörte und die einander im wöchentlichen Turnus abwechselten, ausgelost. Die Priester lebten außerhalb ihrer Dienstzeit im gesamten Land →Israel, vorwiegend von der Landwirtschaft. Daneben hatten sie auch Einkünfte aus Abgaben, Spenden und dem Opferhandel.

Nach dem babylonischen Exil trat die Jerusalemer Priesterschaft als einzige auch in der Krisenzeit noch organisierte und verfasste gesellschaftliche Gruppe gegenüber dem eigenen Volk und den persischen Behörden in zunehmendem Maße als Repräsentantin der Allgemeinheit auf. In dieser Zeit entwickelten sich die genealogische Vorstellung der direkten aaronidischen Nachkommenschaft der Priesterfamilien und das erbliche Amt des jüd. Hohepriesters als des obersten kultischen Funktionärs. Seit frühhellenistischer Zeit war das Hohepriestertum auch mit politischen Funktionen verknüpft und wurde zum festen Element bestehender (und zuweilen heftig umstrittener) Machtstrukturen im jüd. Tempelstaat. Nach der Tempelzerstörung durch die Römer (70 n.Chr.) war die Priesterschaft Jerusalems ohne Amt, ohne kultische Funktion und ohne institutionelle öffentliche →Macht. Ein Teil der Priester versuchte neben der (insbesondere durch die rabb. Bewegung repräsentierten) aufstrebenden Laiengelehrsamkeit als konsolidierte Gruppe fortzubestehen, die für sie geltenden besonderen Gebote und kultischen Anordnungen weiterhin zu bewahren und eine statusbestimmende und -sichernde gesellschaftliche Position im Bereich der Rechtsprechung (→Recht) zu übernehmen. Innerhalb der jüd. Gemeindeorganisation nach der Tempelzerstörung hatten die priesterlichen Familien fortan keine hervorgehobene Bedeutung mehr; jedoch steht ihnen bis heute das Sprechen des Priestersegens (→Segen) in der →Synagoge zu. Ebenso werden sie bei der Lesung der →Tora im →Gottesdienst als Erste aufgerufen. Aufgrund der kultisch verunreinigenden Wirkung dieses Ortes (Reinheit und Unreinheit) betreten traditionell gläubige Nachkommen der Priester keinen Friedhof, außer im Todesfalle nächster Verwandter oder zur Beerdigung eines Leichnams (→Bestattung), der ansonsten unbestattet bleiben würde. Ebenso unterwerfen sie sich besonderen Ehevorschriften, um ihre Kultfähigkeit vor dem Hintergrund ihrer →Hoffnung auf das Anbrechen des Gottesreiches (→Reich Gottes) und die Wiederaufnahme des Tempeldienstes zu bewahren.

Büchler, A., Die Priester und der Cultus im letzten Jahrzehnt des jerusalemischen Tempels, 1995; Grabbe, L.L., Priests, Prophets, Diviners, Sages, 1995; Stern, M., Aspects of Jewish Society: The Priesthood and other Classes, in: Safrai, S./Stern, M. (Hg.), The Jewish People in the First Century II, CRI I/2, 1987, 561–630.

Michael Tilly

Priester Als P. werden religiöse Spezialisten bezeichnet, die in einer religiösen Gemeinschaft eine spezifische institutionalisierte Position bekleiden, die durch eine bestimmte Ausbildung, eine äußere Erscheinungsform, festgelegte Aufgabenbereiche und Handlungen definiert ist. P. sind meist männlich, in der Moderne sind in liberalen Strömungen traditioneller Religionen auch Frauen im Priesteramt zugelassen worden.

Der deutsche Begriff P. (althochdt. Prestar über kirchenlat. presbyter) ist vom griech. presbyteros (der Ältere) abgeleitet. In anderen Sprachen werden P. etymologisch mit religiösem Heiligtum, mit Stehen, mit Prostrationen oder anderen Funktionsbezeichnungen assoziiert.

P. unterscheiden sich von anderen religiösen Spezialisten (Heilern, Religionsstiftern, →Propheten, Theologen) dadurch, dass sie im Dienste einer religiösen Gemeinschaft durch Erbfolge oder Gemeinschaftsberufung eine Amtsfunktion (→Amt, Ämter) im religiösen →Kult ausüben, die sie nach Abschluss einer traditionell geregelten Ausbildung durch eine von anderen Amtsträgern vorgenommene rituelle Einsetzung erlangt haben. Diese Amtsfunktion stattet sie mit besonderer religiöser Autorität und hervorgehobenem sozialen Status aus, die durch äußere Unterscheidungsmerkmale (Kleidung, Schmuck, religiöse Paraphernalien, Titel, Familiennamen) zum Ausdruck gebracht werden. Das priesterliche Prestige hängt am sozialen Status der religiösen Institution, welcher er dient und ist mit spezifisch priesterlichen Privilegien und Restriktionen verbunden.

Die Aufgabenbereiche von Priestern beinhalten religiöse Handlungen wie →Opfer, →Divination, →Ritual und →Gottesdienste, die oftmals an spezifische religiöse Orte gebunden sind. Sie beinhalten weiterhin die Bewahrung und Erinnerung der religiösen Tradition durch (materielle) Sicherung, Auslegung und Lehre von religiösen Handlungen und Gegenständen sowie oralen und schriftlichen Texten als Gefäßen traditionellen Wissens und des kulturellen Gedächtnisses. Sie bewahren wesentlich die drei Bereiche der religiösen Praxis, der religiösen Theorie und der religiösen Regelvorschriften und Verbote. Sie erstrecken sich häufig jedoch auch auf politische, juristische, finanzwirtschaftliche, administrative, seelsorgerische, psychologische und pädagogische Aufgaben.

Politisch kann der P. selbst die Herrscherposition innehaben, im Dienste des Herrschers stehen, im Dienste einer vom Herrscher unabhängigen und mit diesem kooperierenden Institution stehen oder als Kritiker des herrschenden Systems auftreten. Das Priesteramt kann dementsprechend bestehende Ordnungen stabilisieren oder stören.

Historisch bilden und verändern sich spezialisierte Priesterschaften in Momenten gesellschaftlicher Ausdifferenzierung und damit verbundener hierarchisch strukturierter Arbeitsteilungen im religiös-kultischen Bereich. Bedingung für eine solche Entwicklung ist das Vermögen einer Gemeinschaft, solche außerhalb des wirtschaftlichen Produktionsprozesses stehenden Spezialisten auf der Grundlage einer Vorratswirtschaft ökonomisch zu tragen.

Friedli, R., Art. Priestertum, RGG[4], Bd. 6, 1643–1646; James, E. O., The Nature and Function of Priesthood, 1955; Oxtoby, W. G., Art. Priesthood, Ecumenical Review, Bd. 11, 528–534; Weber, M., Wirtschaft und Gesellschaft, 1922.

Joachim Gentz

Priesteramt, römisch-katholisch Die röm.-kath. Sicht des priesterlichen Dienstes lässt in der zweitausendjährigen Geschichte des Christentums Wandlungen erkennen, die losgelöst von den jeweiligen zeitgeschichtlichen Herausforderungen nicht angemessen erfasst werden können. Dabei stimmt die gegenwärtige röm.-kath. Theologie mit den reformatorischen Tradition in dem Grundsatz überein, dass die bibl. Schriften die normgebende Kraft bei der stets neu zu bedenkenden Gestaltung des priesterlichen Amtes sind, während der →Tradition die Aufgabe zukommt, die bibl. Weisungen zu bewahren. In den vielfältigen ökumenischen Gesprächen (→Ökumene) über Fragen des →Amtes konnten auf der Basis dieser hermeneutischen Vorentscheidung wichtige Annäherungen erreicht werden.

Folgende Themenaspekte werden als Fragestellungen der röm.-kath. Lehrtradition in die ökumenischen Dialoge eingebracht: 1. Welche Bedeutung hat die Ausbildung des dreigliedrigen Amtes (Diakon, →Priester und →Bischof), die sich in Ansätzen bereits innerhalb des ntl. Kanons feststellen lässt, für die Gestaltung der Zuordnung dieser Ämter zueinander in den nachfolgenden Zeiten bis heute? 2. Geben die bibl. Texte Aufschluss über eine göttliche Weisung im Hinblick auf die Bedingungen einer Zulassung zum P.? Die Fragen der Frauenordination und des Zölibats (Ehelosigkeit) werden diesbezüglich behandelt. 3. Lässt sich mit der mittelalterlichen Tradition an der Rede von der Sakramentalität des priesterlichen Amtes festhalten? Ist die →Ordination/Priesterweihe als eine zeitlich und räumlich befristete Beauftragung für eine bestimmte Aufgabe zu verstehen und was meint in diesem Zusammenhang die röm.-kath. Auffassung vom *character indelebilis* (dt.: unauslöschliches Prägemal)? 4. Wie ist das Verhältnis zwischen dem gemeinsamen Priestertum aller Getauften (→Priestertum aller Gläubigen) und dem besonderen Dienstamt der sakramental ordinierten Priester zu verstehen? In all diesen Themenbereichen gibt es auch innerhalb der röm.-kath. Theologie unterschiedliche Standorte und Argumentationen.

1. Die bibl. Schriften bieten keine systematische Lehre über das kirchliche Amt. Die →Bibel enthält vielmehr mehrere, auf Gemeindeerfahrungen bezogene, situativ herausgeforderte, zeitbezogene Vorstellungen über Dienste und →Ämter in der Glaubensgemeinschaft. In den ntl. Schriften spiegelt sich die Entwicklung der nachösterlichen christl. Gemeinden im ersten Jh. Die wachsende Bereitschaft, feste Gemeindeämter einzurichten, geht von der Annahme aus, auf diese Weise ließe sich die apostolische Jesustradition (→Apostel) in den künftigen Zeiten der Kirche eher bewahren. Es ist jedoch nicht möglich, mit Berufung auf das NT das kirchliche Amt allein pneumatologisch-charismatisch (→Heiliger Geist), allein christologisch-kultisch-eucharistisch (→Christologie; →Abendmahl) oder allein ekklesiologisch-funktional (→Ekklesiologie) zu bestimmen. Alle drei Perspektiven sind von bleibender Bedeutung. Normative Kraft haben nicht einzig die späten ntl. Zeugnisse. Zugleich ist die Frage legitim, ob die sich am Ende des 1. Jh. abzeichnende Ausbildung eines überregionalen Leitungsdienstes nicht eine Wegweisung darstellt, deren Befolgung sich bewährte.

2. Die röm.-kath. Lehrtradition lässt derzeit allein Männer zum ordinierten Amt zu, die sich zur Ehelosigkeit verpflichtet haben. Dabei beansprucht der Ausschluss der Frauen vom P. eine größere dogmatische Verbindlichkeit als die Zölibatsforderung. Letztere kann sich nicht auf eine eindeutige bibl. Weisung berufen, da ohne Zweifel einzelne →Apostel verheiratet waren und es auch in der nachösterlichen Zeit blieben (1Kor 9,5), und die Pastoralbriefe vielfältige Hinweise zur rechten Lebensordnung von Diakonen, Priestern und →Bischöfen enthält, die ein Leben in Familien voraussetzen (1Tim 3,4–5). Neben asketischen Aspekten (→Askese) waren auch Fragen der Erbfolge mitwirksam bei der im 11. Jahrhundert geschehenden röm.-kath. Festlegung auf den Zölibat, der in heutigen röm.-kath. Lehrschreiben zwar als dem Dienstamt weiterhin angemessen, jedoch kei-

neswegs zwingend mit ihm verbunden betrachtet wird (im Sinne von 1Kor 7). Die Wahrnehmung mancher Nichtbeachtung der Zölibatsverpflichtung (aus kulturell und personal unterschiedlichen Gründen) sowie die Sorge um die in einzelnen Regionen geringe Zahl der zur Ehelosigkeit berufenen Männer bilden den Hintergrund für Rufe nach einer Reform im Sinne einer (bloß) freiwilligen Verpflichtung zur Ehelosigkeit. In der Frage einer möglichen Frauenordination beruft sich die röm.-kath. Lehrtradition auf den nach Jesu Willen (→Jesus Christus) allein von Männern gebildeten Zwölferkreis, die durchgängige Tradition, die deutlichere Symbolkraft des männlichen Priesters als Repräsentant der Person Jesu Christi sowie die schöpfungstheologisch (→Schöpfung) begründete Geschlechterdifferenz. All diese Argumente haben auch im inner-röm.-kath. Gespräch Widerrede insbesondere von exegetischer Seite erfahren, da die Berufung des Zwölferkreises als sinnbildlicher Ausdruck für die Erneuerung der zwölf Stämme →Israels, repräsentiert durch die Stammväter, zu verstehen sei, und eine anderweitige Intention nicht zwingend damit verbunden ist.

3. Mit der Rede von der Sakramentalität des kirchlichen Amtes bringt die röm.-kath. Theologie ihre Überzeugung zum Ausdruck, dass Gott einzelne Menschen in den Dienst beruft, in ihrem ganzen Leben erfahrbarer Ort seiner weisenden, lehrenden, versammelnden, verbindenden, einigenden Gegenwart zu sein. Die sakramentale Ordination zu einem besonderen Dienstamt impliziert, dass Menschen sich von Gott dazu berufen erfahren (→Berufung), im Heiligen Geist als personale Zeichen der Christusgegenwart zu wirken. Sehr oft missverstanden wird ein Gedanke, der sich in der Kirchenkonstitution des Konzils (→Konzilien) findet. Dort heißt es, das Priestertum des Dienstes unterscheide sich vom gemeinsamen Priestertum aller Getauften „dem Wesen und nicht bloß dem Grade nach" (*Lumen Gentium* 10). Die weithin konsensfähig in der röm.-kath. Theologie vertretene Interpretation dieses Satzes ist, dass auf diese Weise die Besonderheit des einigenden, versöhnenden, versammelnden, verbindenden Dienstes der Ordinierten zum Ausdruck gebracht wird. Die ontologische Eigenart des sakramentalen Amtes ist es, Dienst am gemeinsamen Dienst der Verkündigung des →Evangeliums zu sein. Die Ordinierten tragen dafür Sorge, dass die vielfältigen Weisen, in denen die Verkündigung des Evangeliums geschieht, als Realisierung der Gemeinschaft in dem einen Leib Jesu Christi in der Welt erfahrbar bleiben. Sie tun den Dienst der Einheit. Dazu sind sie amtlich berufen und darin sind sie kraft des Geistes Gottes personale Zeichen der Gegenwart des erhöhten Christus. Da diese Berufung einer Person gilt, ist sie unverlierbar und nicht auf die Erfüllung einer zeitbedingten Aufgabe an einem Ort zu begrenzen.

4. Es gibt nach röm.-kath. Verständnis keinen konkurrierenden Widerspruch zwischen dem unbestrittenen gemeinsamen Priestertum aller Getauften, der Berufung einzelner Laien zu einem besonderen Dienst und dem sakramentalen Amt. Das Vaticanum II hat sich eingehend mit dem gemeinsamen Priestertum aller Getauften befasst und diesen Gedanken in vielen Texten (z.B. *Lumen Gentium* 33; *Apostolicam Actuositatem* 10) ausdrücklich formuliert. Das gemeinsame Priestertum aller Getauften realisiert sich konkret in der Teilhabe an den drei Ämtern Jesu Christi: In der Kraft des Geistes Gottes sind alle Getauften Priester, Propheten und Könige. Der priesterliche Dienst aller Getauften – auch der ordinierten Priester

– verwirklicht sich im neuen Kult der liebenden Lebenshingabe in der →Nachfolge Jesu Christi.

Hillenbrand, K. (Hg.), Priester heute. Anfragen – Aufgaben – Anregungen, 1990.

Dorothea Sattler

Priestertum aller Gläubigen 1. Grundlagen: Die Feststellung, dass die Glaubenden →Priester (und Priesterinnen) sind, geht auf 1Petr 2,9 (vgl. Offb 5,10) zurück, wo unter Berufung auf Hos 2,25 die Prärogative des Bundesvolkes (→Bund) auf die Christen übertragen werden. Damit wird zunächst eine breite Tradition der Deutung →Christi als des Inhabers des atl. bezeugten Tempelpriesteramtes (→Tempel) aufgenommen, die insbesondere im Hebr dokumentiert ist und durch die über die Trennung der Kirche vom Judentum hinweg und angesichts der Zerstörung des Tempels und des damit besiegelten Endes des Tempelpriesterdienstes der Anspruch der Christen, durch die Person Christi in der Kontinuität des Gottesbundes zu stehen, formuliert wird.

Nach der Etablierung des bischöflichen Amtes (→Amt, Ämter; →Bischof) seit dem 2. Jh. wurde weniger die Gemeinschaft aller Glaubenden als vielmehr dieses Amt als Wiederkehr des Tempeldienstes und der gemeindliche Gottesdienst als Manifestation der himmlischen →Liturgie betrachtet; das Priestertum erschien engstens mit dem eucharistischen →Opfer (→Messe [Eucharistie]; →Abendmahl) verbunden, das der Amtspriester (und nur er) *in persona Christi* (dt.: an der Stelle Christi) darbringt.

2. Das reformatorische Konzept: Erst in der →Reformation tritt das Konzept des P. a. G. in das Zentrum des kirchlichen Selbstverständnisses; es wird zur entscheidenden Kategorie, mittels derer sich der Anspruch formuliert, dass der auf das →Evangelium bzw. das →Sakrament begründete →Glaube an das Evangelium allein und unüberbietbar das Gottesverhältnis reguliert. Damit verliert ein durch einen über die →Taufe hinausgehenden Charakter und durch spezifische sakramentale Gnaden (→Gnade) ausgezeichnetes →Priesteramt seine Legitimation; die Prärogative des Amtes – der Zugang zu Gott im freimütigen Fürbittgebet (→Gebet); die Verkündigung und die Sakramentsverwaltung – werden zum Recht und zur Aufgabe jedes Glaubenden, der durch die Taufe und den an der Taufzusage hängenden Glauben mit Christus verbunden und im Modell des rechtfertigungstheologischen „fröhlichen Wechsels“ (→Rechtfertigung) Träger aller Prärogative Christi – darunter des priesterlichen und des königlichen Amtes – ist (Martin →Luther, *Von der Freiheit eines Christenmenschen*, Zum 12.–18.).

Freilich ist insbesondere im luth. Zweig der Reformation der „geistliche“ Charakter dieser Prärogative immer betont worden; das bedeutet, dass unbeschadet dieser Teilhabe am königlichen →Amt Christi eine weltliche Obrigkeit und unbeschadet der Teilhabe am priesterlichen Amt Christi ein ordiniertes geistliches Amt besteht (→Ordination), von dem gilt, dass ihm allein die Aufgabe der Verkündigung und die Sakramentsverwaltung zukommt (CA 14), wobei aber grundsätzlich diese Aufgaben der Gesamtheit der Glaubenden aufgetragen sind.

3. Problemstellungen: Die eigentliche Problematik des Konzeptes ist die theologische Zuordnung des ordinierten Amtes zum P. a. G. Der calvinistische Flügel (Johannes →Calvin; →Calvinismus) der Reformation ordnet dem P. a. G. ein unter Rückgriff auf Schriftstellen (bes. Eph 4,11) begründetes vierfaches Amt zu, dem die unterschiedlichen Aufgaben in der Kirche als Dienstaufgaben zugeordnet sind. Eine solche eher biblizistische Begründung des geistlichen Amtes nahmen Martin Luther und nach seinem Vorbild die nachfolgenden Generationen nicht vor; Luther rekurriert darauf, dass die der Kirche aufgetragene Wortverkündigung und Sakramentsverwaltung nur dann sinnvoll erfolgen kann, wenn sie da, wo sie öffentlich geschieht, von einzelnen wahrgenommen wird; da diese einzelnen das →Amt nicht eigenmächtig an sich reißen können, muss es ihnen von der Gesamtheit der Glaubenden übertragen werden.

Insbesondere im 19. Jh. kam es zu intensiven Auseinandersetzungen um das Verhältnis des P. a. G. zum geistlichen →Amt; die Betonung des eigenen Rechtes des geistlichen Amtes im konfessionellen Luthertum (→Konfession, Konfessionalismus) und die zuweilen geforderte Rückkehr zur konstitutiven Funktion eines Bischofsamtes war begründet in der Korrosion des landesherrlichen Kirchenregiments und stellte den Versuch dar, der zunehmenden, auch unter dem Titel des P. a. G. propagierten Demokratisierung der Kirche eine Instanz der doktrinalen Kontinuität entgegenzusetzen. Während hier das geistliche Amt als eigenständige Einsetzung Christi dem P. a. G. gegenübergestellt wurde, leiteten liberale Konzeptionen das geistliche Amt aus dem P. a. G. ab, teilweise angelehnt an das Modell eines Gesellschaftsvertrages als Delegation der Rechte der Gläubigen an einen Amtsinhaber, der diese Rechte wahrnimmt. Das Verhältnis ist bis heute umstritten; sinnvoll erscheint die vermittelnde Lösung, die erstmals Johann Wilhelm Friedrich Höfling vorgetragen hat und nach der die Beauftragung eines einzelnen Amtsinhabers die einzig mögliche Art und Weise ist, wie die Gesamtheit der Glaubenden auf das ihnen übertragene Priesteramt nicht verzichtet, sondern es wahrnimmt.

4. Das „allgemeine" Priestertum im röm. Katholizismus: Im Zuge der Liturgischen Erneuerung und der Forderung nach der Partizipation der Glaubenden am liturgischen Handeln der Kirche wurde auch im Bereich der röm.-kath. das mit der Taufe verliehene „allgemeine Priestertum" wieder stärker hervorgehoben und im Vaticanum II die den →Laien aus diesem Priestertum zukommenden Aufgaben auch amtlich betont. Allerdings hält das entsprechende Dokument (*Lumen Gentium* 13) ausdrücklich und verbindlich fest, dass das Weihepriestertum sich nicht nur dem Grad, sondern dem Wesen nach vom P. a. G. unterscheidet, so dass die Differenz von Priestern und Laien nicht, wie im Protestantismus, grundsätzlich aufgehoben ist.

Barth, H.M., Einander Priester sein: Allgemeines Priestertum in ökumenischer Perspektive, 1990; Goertz, H., Allgemeines Priestertum und ordiniertes Amt bei Luther, 1997; Rittner, R. (Hg.), In Christus berufen: Amt und allgemeines Priestertum in lutherischer Perspektive, Bek 36, 2001.

Notger Slenczka

Propheten, Prophetie P. (hebr. meist nabi: Prophet, etymologisch wohl Berufener oder einfach Sprecher, Pl. nebiim) und Prophetinnen treten im →Alten Testament als Übermittler göttlicher Botschaften auf, wobei sie aus dem Formelrepertoire der profanen Botenrede schöpfen („So spricht Jahwe" + Gottesrede in 1. Person Sg., mit vielen Variationen), sich also analog einem Boten verstehen. Exilisch und nachexilisch heißt der Prophet auch direkt *mal'ak*: Bote (Jes 44,26; Hag 1,13; Mal 3,1; 2Chr 36,15f). Der griech. Begriff *prophetes*, der *nabi* (und einige angrenzende Termini) meist übersetzt, bezeichnet im hell. Griechisch allgemein einen Verkünder. In Delphi z.B. meint er einen der Pythia zugeordneten →Priester; die Dichter gelten als „P. der Musen".

Konstituierend für den P. ist im alten →Israel nicht der Bezug auf die Zukunft (wie in heutiger Umgangssprache), sondern auf die Übermittlung einer Botschaft, die von Gott stammt. Diese kann Zukunft ansagen, soll aber primär die Gegenwart erhellen und mit dem Willen Jahwes konfrontieren. Die religionsgeschichtlichen Wurzeln der altisraelitischen Prophetie liegen in einer ekstatischen Bewegung (→Ekstase), die vom Ende des 2. vorchristl. Jahrtausends an im kanaanäischen Raum breit bezeugt ist (Wenamun-Bericht, 11.Jh. v.Chr.). Aus Mari (nördl. Irak) kennen wir schon aus dem 18. vorchristl. Jh. Prophetien im Sinn von Botschaften an den König im Auftrag einer Gottheit (vermittelt durch →Vision, →Traum und Ekstase). Israel hat immer gewusst, dass es auch außerhalb Israels prophetische Gestalten gibt (vgl. die Baalspropheten 1Kön 18,22; auch Jer 27,9 und bes. die Figur Bileams, Num 22–24, von dem auch außerbibl. um 700 v.Chr. in einem Text aus Deir 'Alla prophetische Worte bekannt sind). In Israel sind früh der Typ des auch mantisch und heilend tätigen *Gottesmannes* (Samuel, Elia, Elisa), und daneben Gruppen bzw. Zünfte gesellschaftlich nur begrenzt integrierter Ekstatiker bezeugt (1Sam 10,5f; 19,20–24; 2Kön 2,7.17; 4,1.38–44 u.ö.). Auch altertümliche Synonyme der Bedeutung Seher (chozä oder ro'ä, vgl. 1Sam 9,9; Dialektvariante?) zeigen die ekstatisch-visionären Wurzeln des Prophetismus. Erst allmählich entsteht der Typ des P. im engeren Sinn als eines Übermittlers spezifischer Botschaften (vgl. Am 7,14), die nach seinem Tod weitertradiert werden. Dabei bleibt der Prophet für die bibl. Überlieferung immer der exemplarische Träger des →Heiligen Geistes, der inspirierend in ihm lebt, ohne mit seiner menschlichen Persönlichkeit identisch zu sein (vgl. noch die Definition des P. 2Petr 1,21). Auch Prophetinnen hat es in Israel gegeben (Ex 15,20; Ri 4,4; 2Kön 22,14; 2Chr 34,22; Jes 8,3; Neh 6,14), ohne dass wir signifikante geschlechtsspezifische Unterschiede ihrer Botschaft wahrnehmen könnten (doch vgl. Hes 13). Mit Amos (um 780–750 v.Chr.) entsteht die klassische Schriftprophetie, die ihren Niederschlag in den bibl. Prophetenbüchern gefunden hat. Hierher gehören vorexilisch neben Amos Hosea in Israel, Jesaja in Jerusalem, Micha und Zefanja in Juda, Jeremia wieder in →Jerusalem. Der Prophet ist ein von Gott Getriebener, der seine Botschaft auch gegen erhebliche Widerstände und um einen hohen persönlichen Preis (der bis zum Martyrium (→Märtyrer) gehen kann) öffentlich macht. Er legitimiert sich durch seine Berufungsvision (Am 7,15; Jes 6; 40,1–8; Jer 1,4–12; Hes 1–3; vgl. Ex 2,23–4,17 und im NT Offb 1). Themen sind soziales Unrecht, Kultkritik, Unvereinbarkeit der Jahweverehrung mit anderen Kulten (zuerst bei Hos) u.a., die in Form von Mahn- und Drohworten u.a. zur Sprache gebracht werden. Wie alt daneben die prophetischen Heilsworte (→Heil) sind, ist im Einzelnen umstritten (alt sind z.B. wohl konditionierte Heilszusagen wie Jes 1,10–20; 30,15). Fremdvölkersprüche sind seit Am 1f bezeugt (vgl. Jes 13–23; Zef 2,4–15; Jer 46–51). In exilischer und nachexilischer Zeit, als die vorexilischen Unheilsankündigungen (etwa Hesekiels und Jeremias) in spektakulärer Weise eingetroffen waren, wird die Heilszusage konstituierend für neue Zukunftshoffnungen Israels (Deuterojesaja), wobei auch die älteren Prophetenbücher mit Elementen der Heilsansage redigiert werden. Prophetie ist ein zentrales Element atl. Religion, zumal die Botschaft der P. in Prophetenbüchern niedergeschrieben ist, die nach der heute herrschenden Auffassung jeweils über Jahrhunderte fortgeschrieben und aktualisiert wurden, also literarisch hochkomplexe Gebilde sind (vgl. die im Aufbau und Umfang z.T. divergierenden Redaktionen der Septuagintafassungen; →Bibel, Bibelausgaben). In vorexilischer Zeit existierte wahrscheinlich sowohl eine staatstragende Tempelprophetie, die meist Heilsprophetie gewesen sein wird (in ihren Konturen aber undeutlich bleibt), als auch eine oppositionelle oft königs- und kultkritische freie Prophetie. Von förmlichen Hofpropheten hören wir selten (Gad, Nathan, in gewissem Sinn auch Elisa). Heils- und Unheilspropheten konnten in heftige Konflikte miteinander um die Wahrheitsfrage geraten (1Kön 22; Jer 28 etc.). Im Exil kommt der Prophetie dann eine wesentliche Funktion in der Neukonstituierung der jüdischen Religion zu (Hes, v.a. Deutero-Jesaja, dessen Botschaft in Jes 40–55 erhalten ist). Nachexilisch kommt es noch zu einer kurzen Blüte im Zusammenhang des neu errichteten →Tempels (Hag, Proto-Sach), ehe sie als Strukturelement jüdischer Religion (→Judentum) weitgehend verschwindet (Ps 74,9; Klgl. 2,9; 1Makk 4,46; 9,27; 14,41 u.ö.). Zeuge für ein im sozialen Ansehen gesunkenes spätes Prophetentum ist Sach 13,1–6 (mit Hinweis auf asketische Lazerationsriten). Die Gründe für dieses Zurücktreten der P. werden meist im Erstarken einer Orientierung Israels an der fixierten →Tora gesucht, wobei hier vieles noch ungeklärt ist. (Schon das Prophetengesetz Dtn 13,2–12; 18,9–22 wohl aus dem 7. oder 6.Jh. bindet P. an einen Kriterienkatalog und scheidet v.a. alles Mantische (→Wahrsagung) und Fremdreligiöse aus.) Die Erwartung eines „Tages Jahwes" nimmt eschatologische (→Eschatologie), die Heilsankündigung dagegen messianische Züge (→Messias) an. Aus beiden Elementen wächst in hell. Zeit (in Ansätzen schon früher) das apokalyptische Szenario (→Apokalyptik), das freilich auch außerprophetische (→weisheitliche) Anteile hat. Das apokalyptische Danielbuch wird nicht mehr Teil des hebr. Prophetenkanons, sondern der *Schriften* (obwohl manche Prophetenbücher wie Sach noch protoapokalyptische Elemente integrieren). Die Traditionen der Unheilspropheten wurden im Judentum zwar nur langsam (noch nicht z.B. im deuteronomistischen Geschichtswerk) und partiell auch später nicht (→Samaritaner und Sadduzäer; →Urchristentum, Urgemeinde) als Teil der konstituierenden →Offenbarung angenommen. Doch setzte sich schließlich mehrheitlich ein Kanon durch, der das Erbe der Propheten integriert (vgl. die rückblickende Würdigung Sir 44–50), während gleichzeitig das Interpretament der „erloschenen Prophetie" einerseits gegenwärtige prophetische Ansprüche abwertet, andererseits das nach 70 n.Chr. entstehende Rabbinat (→Rabbiner) als Träger legitimer Schriftauslegung aufwertet.

Zur Zeit Jesu tritt Johannes der Täufer als Prophet (bzw. Elias redivivus nach Mal 3,23f) auf, den die Christen als Vorläufer Jesu verehren. Auch →Jesus selbst ist zu Lebzeiten volkstümlich als Prophet interpretiert worden (Mk 6,14; 8,28 u.ö.), ohne dass sein messianisches Auftreten allein in prophetischen Kategorien verstanden werden könnte (vgl. Kreuzestitulus). Daneben sind im 1.Jh. durch Josephus eine Reihe eschatologischer Zeichenpropheten bezeugt, die eine entfernte Parallele zu den frühchristl. P. darstellen (Zeichenhandlungen, Symbolik (→Symbol) des „neuen Exodus"). Die christl. Gemeinde lebt von Anfang an im Bewusstsein einer Neuausgießung des Heiligen Geistes als eines zentralen heilsgeschichtlichen Ereignisses (→Heilsgeschichte; Apg 2). Diese Präsenz des Heiligen Geistes erzeugt vielfältige Formen von Prophetie in den Gemeinden. P. treten sowohl als Wandercharismatiker wie auch mit einer festen Funktion in Gemeinden auf (Apg 11,27; 13,1; 15,32; 21,10; Mt 10,41; Offb; Did 10–13; Herm. u.ö.). Für →Paulus ist sowohl die Prophetie als auch die ihr als kritische Instanz zugeordnete „Unterscheidung der Geister" ein zentrales Element des Gemeindelebens (Röm 12;1; 1Kor 12–14). Inhaltlich ist Prophetie eine verständliche Offenlegung göttlicher „Geheimnisse" (ebd.), die den Weg der Gemeinde in ihren Fragen und Nöten deutet und begleitet. Wieder sind auch Frauen prophetisch tätig (Apg 21,9; 1Kor 11,5 u.ö.; diverse Zeugnisse noch aus dem 2./3.Jh.). Wie im AT spielen Kriterien einer Unterscheidung echter und falscher P. eine Rolle (1Kor 12,1–3; Mt 7,15–23; 1Joh 4,1–3 u.ö.). Die messianische Exegese der atl. Prophetentexte wird ein Baustein christl. →Hermeneutik des AT (Erfüllungszitate bei Mt). Höhepunkt und Erbe des frühchristl. Prophetentums ist das einzige prophetische Buch des NT, die Offb des kleinasiatischen P. Johannes. Im 2.Jh. schwindet das Prophetentum als Element gemeindlichen Lebens (zuletzt in der konservativen pneumatischen Bewegung des Montanismus ab Mitte des 2.Jh. in Kleinasien, die bald zur Sekte wurde). Doch begleiten prophetische Phänomene und Charismen die Kirche durch die Jahrhunderte. Immer wieder wurden Männer und Frauen zumindest volkstümlich als prophetische Menschen verehrt (im →Mittelalter z.B. Hildegard von Bingen als *prophetissa teutonica*, „die deutsche Prophetin"). Ein Glaube an P. spielt auch außerhalb der jüd.-christl. Überlieferung eine wichtige Rolle. Der →Islam verehrt →Muhammad als „Siegel der P." (Koran, Sure 33, 40) und reiht Jesus und viele atl. Gestalten in die Folge seiner P. ein. Auch der Zoroastrismus bezeichnet seine Gründerfigur →Zarathustra im Kontakt mit westlicher Begrifflichkeit als Prophet, ähnlich Neue Religiöse Bewegungen wie die →Mormonen ihren Gründer Joseph Smith. In der Gegenwart qualifizieren sowohl christl. Bewegungen mit politisch-sozialer Vision als auch mit pfingstlich-charismatischer Prägung (→Pfingstbewegung, Pfingstkirchen; →Charismatische Bewegung) wegweisende Frauen und Männer als Prophetinnen und P. (z.B. Martin Luther King oder Simon Kimbangu), z.T. in abgeschwächt-metaphorischer Weise, z.T. auch im vollen ntl. Sinn. Das innovative prophetische Wort, das die Gegenwart im Licht des →Evangeliums über menschliche Intuition und Analyse hinaus erhellt, und die dazu komplementäre Aufgabe der kritischen „Unterscheidung der Geister" sind bleibende Strukturelemente von Kirche (→Ekklesiologie). Sie müssen neben die lehrhafte Interpretation des bibl. und theologischen Traditums treten, wenn Kirche eine durch den Heiligen Geist bewegte Gemeinschaft sein will.

Frenschkowski, M., Art. Prophet, Theologisches Begriffslexikon zum Neuen Testament, ^{2}2000, 1468–1480; Koch, K., Die Propheten, 2 Bd., ^{3}1995; Lang, B. u.a., Art. Prophet etc., Neues Bibel-Lexikon 3, 2001, 172–201; Nissinen, M., Prophets and Prophecy in the Ancient Near East, 2003.

Marco Frenschkowski

Protestantismus In konfessionskundlichem Sinn bezeichnet der Begriff P. die Gesamtheit aller christl. Kirchen und Gruppen, die unmittelbar oder mittelbar aus der →Reformation des 16. Jh. hervorgegangen sind oder sich ihr angenähert haben. Er umfasst also nicht allein die luth. (→Lutherische Kirchen), reformierten (→Reformierte Kirchen) und unierten Konfessionskirchen (→Union evangelischer Kirchen (UEK)), sondern auch dissentierende Formationen und Strömungen wie die verschiedenen neuzeitlichen Täufergruppen (→Täufertum), Spiritualisten, Charismatiker (→Charismatische Bewegung; →Pfingstbewegung, Pfingstkirchen) und religiöse Separatisten, ferner die ev. →Freikirchen wie →Presbyterianer, →Baptisten oder →Methodisten, teilweise auch die nachreformatorischen →Sekten sowie die sich vom mittelalterlichen Katholizismus absondernden Gruppen der →Waldenser und böhmisch-mährischen Brüder (→Brüderunität), die sich später den reformatorischen Kirchenbildungen annäherten. Unter den ev. Konfessionsfamilien nimmt lediglich die anglikanische Kirche (→Anglikanische Kirchengemeinschaft), die sich als Brücke zum Katholizismus (→Römisch-katholische Kirche) versteht, eine Sonderstellung ein. In kulturgeschichtlichem Sinn bezeichnet P. daneben auch die kulturellen, sozialen, wirtschaftlichen und mentalen Prägungen, welche die prot. Kirchen und Gruppen in den von ihnen erfassten Ländern und Kulturen ausgelöst haben.

Der Begriff geht auf die Protestation von Speyer zurück, mit der eine ev. Minderheit aus sechs Reichsfürsten und 14 Reichsstädten auf dem zweiten Reichstag zu Speyer (1529) gegenüber dem Mehrheitsbeschluss ihre Minderheitenrechte einklagte. Die Protestation wandte sich nicht grundsätzlich gegen die Organisation und Lehre der röm.-kath. Kirche, sondern ganz konkret gegen die Aufhebung des 1526 einstimmig gefassten Reichstagsbeschlusses, der das Wormser Edikt von 1521 suspendiert und damit eine Ausbreitung der Reformation reichsrechtlich möglich gemacht hatte. Allerdings trug der Einspruch doch insofern kontroverstheologische Züge, als er sich den lutherischen Grundsatz der Glaubens- und Gewissensfreiheit zu Eigen machte, wonach „in den sachen gottes ere und unser selen haile und seligkeit belangend ain jeglicher fur sich selbs vor gott stehen und rechenschaft geben mus“ (Deutsche Reichstagsakten. Jüngere Reihe, Bd. 7/2, ^{2}1963, 1277). In späteren Reichstagsverhandlungen verwiesen die ev. Stände mehrfach auf ihre 1529 eingelegte Protestation und wurden darum von der kath. Kontroverstheologie bald *protestantes* oder „Protestierende“ genannt. Als ev. Selbstbezeichnung wurde das Wort zunächst weithin vermieden, weil damit der im Konfessionellen Zeitalter (→Konfession, Konfessionalismus) erbittert ausgefochtene Gegensatz zwischen luth. und reformierten Kirchentümern nivelliert worden wäre. Dagegen hat sich die anglikanische Kirche den Ausdruck seit der zweiten Hälfte des 16. Jh. rasch zu Eigen gemacht.

Als die luth.-reformierte Konfliktbereitschaft durch →Pietismus und →Aufklärung wirksam zurückgedrängt wurde, begann auch im dt. Sprachraum die positiv konnotierte Rezeption des Begriffs. Bereits Jahrzehnte vor den ersten ev. Kirchenunionen war, zumal im Einflussbereich der kirchlichen und theologischen Aufklärung, allenthalben von *protestantischer* Kirche, Gesinnung und Lehre sowie von *Protestanten* die Rede. Das Abstraktum P. scheint dagegen erst um 1780 aufgekommen zu sein. Über den kirchlichen Bereich ausgreifend, wurde es zum Inbegriff modern-freiheitlicher Religiosität; selbst dem Juden Moses Mendelssohn konnte Georg Christoph Lichtenberg 1786 „wahren Protestantismus" bescheinigen (Brief an F. Nicolai, 21.4.1786).

Nach dem Zustandekommen der preußischen Union 1817 hat Friedrich Daniel Ernst →Schleiermacher (1768–1834) den verbliebenen konfessionellen Gegensatz zu Rom auf die bekannte Formel gebracht, man könne den Gegensatz zwischen P. und Katholizismus vorläufig so fassen, „daß ersterer das Verhältniß des Einzelnen zur Kirche abhängig macht von seinem Verhältniß zu Christo, der leztere aber umgekehrt das Verhältniß des Einzelnen zu Christo abhängig von seinem Verhältniß zur Kirche" (Der christliche Glaube nach den Grundsätzen der evangelischen Kirche, ^{2}1830/31, § 24). Während nun das Wortfeld P. in den das Erbe der →Aufklärung fortschreibenden Traditionslinien affirmativ rezipiert wurde, bezogen im 19. Jh. nicht allein die kath. Konfessionspolemik (Syllabus errorum, 1864), sondern auch die →Erweckungsbewegungen und neokonfessionalistischen Formationen auf ev. Seite semantische Opposition. Seit der Mitte des 19. Jh. avancierte der Protestantismusbegriff zum Parteinamen der liberalen Theologie: Der 1827 gegründeten konservativen *Evangelischen Kirchenzeitung* trat 1854 die *Protestantische Kirchenzeitung* entgegen, 1865 begann die Serie der „Protestantentage", und der 1863 initiierte, rasch aufblühende Allgemeine deutsche Protestantenverein proklamierte die „Erneuerung der protestantischen Kirche im Geiste evangelischer Freiheit und im Einklang mit der gesamten Kulturentwicklung unserer Zeit" (Vereinsstatuten). Die von Friedrich Wilhelm III. von Preußen erlassene Sprachregelung, in der Benennung kirchlicher Institutionen das Wortfeld P. zu meiden, wurde auch in den außerpreußischen Landeskirchen übernommen und prägt bis heute die kirchenamtliche Nomenklatur.

Unter dem Eindruck des nach dem Kulturkampf wieder erstarkenden dt. Katholizismus verlor der Protestantismusbegriff gegen Ende des 19. Jh. seinen kirchenparteilichen Klang und etablierte sich wieder als Ausdruck des ev. Gemeinbewusstseins. Größten Zulauf registrierte der 1886 gegründete Evangelische Bund zur Wahrung der deutsch-protestantischen Interessen. Um 1900 standen sowohl der sog. Kulturprotestantismus wie auch die kirchen- und kulturgeschichtliche Erforschung des P. in voller Blüte. Max Weber ergründete den maßgebenden prot. Anteil an der Rationalisierung („Entzauberung"; →Rationalismus) der modernen Welt und der durch „innerweltliche Askese" beschleunigten Durchsetzung des neuzeitlichen Kapitalismus (*Die protestantische Ethik und der Geist des Kapitalismus*, 1904). Auf theologischer Seite wurde Ernst Troeltsch zum bahnbrechenden Theoretiker des P. (*Die Bedeutung des Protestantismus für die Entstehung der modernen Welt*, 1906). Seine kategoriale Unterscheidung eines weithin im mittelalterlichen Problemhorizont verbliebenen Altprotestantismus von dem zu Beginn des 18. Jh. mit Pietismus und →Aufklärung einsetzenden, das Christentum neuzeitlich umformenden Neuprotestantismus hat sich bis zur Gegenwart, unter allerlei Modifikationen, als ein plausibilitätstaugliches Geschichtsmodell zu bewähren vermocht.

Nach dem Ersten Weltkrieg blieb der Protestantismusbegriff in den westeuropäischen und nordamerikanischen Debattenlagen unvermindert im Schwange. Dagegen wurde er durch den Aufbruch der →Dialektischen Theologie in Deutschland rasch distanziert. Während des →Kirchenkampfes spielte er weder bei den Deutschen Christen noch seitens der Bekennenden Kirche (→Barmer Theologische Erklärung) eine namhafte Rolle. Mit den nach 1945 zaghaft einsetzenden Anknüpfungen an die im Kulturprotestantismus verhandelten Problemkonstellationen kehrte auch der Protestantismusbegriff wieder in die theologische (P. Tillich, G. Ebeling) sowie kultur- und sozialwissenschaftliche Forschung zurück. Seit einigen Jahrzehnten erlebt er sogar eine erstaunliche Renaissance.

Neben dem röm. Katholizismus und den →orthodoxen Kirchen stellt der P. die dritte Grundgestalt des neuzeitlichen Weltchristentums dar. Allerdings ist dem 1923 gegründeten Protestantischen Weltverband nach seiner Auflösung 1944 keine entsprechende internationale Organisation nachgefolgt. In der →Leuenberger Konkordie (1973) vereinbarten die meisten luth., reformierten und unierten Kirchen die uneingeschränkte Kirchen-, Abendmahls- und Ämtergemeinschaft. Dennoch wird die weltweite Zusammengehörigkeit der Evangelischen heute lediglich in internationalen Konfessionsbünden (→Lutherischer Weltbund, →Reformierter Weltbund, Baptist World Alliance, Weltrat Methodistischer Kirchen etc.) zum Ausdruck gebracht. In diesem Tatbestand spiegelt sich insofern genuin prot. Erbe, als die organisatorische, lehrmäßige und kulturelle Pluralität seit jeher die Grundverfassung des P. bestimmt hat. Die daraus namentlich für das Gespräch mit der röm.-kath. Weltkirche resultierenden Erschwernisse sind offenkundig. Obschon die zu Beginn des 20. Jh. aufbrechende →Ökumenische Bewegung aus prot. Geist und Boden erwuchs, vermeiden die meisten konsensökumenischen Dokumente der Gegenwart jede affirmative Bezugnahme zu Begriff und Sache des P.

Albrecht, Ch., Historische Kulturwissenschaft neuzeitlicher Christentumspraxis. Klassische Protestantismustheorien in ihrer Bedeutung für das Selbstverständnis der Praktischen Theologie, 2000; Fischer, H./Graf, F.W., Art. Protestantismus, TRE 27, 1997, 542–580; Ohst, M., „Reformation" versus „Protestantismus"? Theologiegeschichtliche Fallstudien, Zeitschrift für Theologie und Kirche 99, 2002, 441–479; Wallmann, J. u.a., Art. Protestantismus, RGG[4] 6, 2003, 1727–1743.

Albrecht Beutel

Prozessionen P. (von lat.: processio, Vorwärtsschreiten) stellen ein →Ritual dar, bei dem sich Gruppen einer Religion oder Glaubensrichtung innerhalb von Sakralgebäuden oder in der freien Natur gemeinsam und geordnet gerichtet bewegen. Meist sind P. in einen größeren liturgischen Ablauf (→Liturgie) eingebunden, häufig Bestandteil eines religiösen Festes. Man unterscheidet vier Ausprägungen von P., die sich auch überschneiden können: Gestaltetes Gehen bildet die Grundform, z.B. beim feierlichen Einzug in den →Gottesdienst bzw. dem kleinen und großen Einzug in der ostkirchlichen Liturgie. Ferner können P. dem öffentlichen Zeigen eines Kultbildes (→Bild) oder Kultsymbols (→Symbol) dienen. Im christl. Bereich gehören dazu P. mit dem →Kreuz, Heiligenfiguren (Heilige), →Ikonen und →Reliquien. P. können auch mimetischen, d.h. nachbildenden Charakter haben, so z.B. bei Palmsonntagsprozessionen oder →Kreuzwegen. Letztlich dienen P. gelegentlich schwerpunktmäßig der Demonstration religiöser Identität. In allen vier Varianten können Weihe- und Bittaspekte eine Rolle spielen.

P. sind in nahezu allen Religionen, u.a. im vorchristl. Mittelmeerraum weit verbreitet gewesen. Im Israel der bibl. Zeiten lassen sie sich im stärker profanen (Inthronisationsritual) wie im religiösen Kontext beobachten. Die →Psalmen legen davon u.a. Zeugnis ab (z.B. Ps 24; 26,6f.; 47,6; 68, 25–28). In und zu Heiligtümern bestanden in der Antike eigens Prozessionsstraßen bzw. „Heilige Straßen", z.B. der Prozessionsweg von Athen nach Eleusis, auf dem jeweils im Herbst um die 30.000 Menschen gemeinsam unterwegs waren. Von den frühen Christen wurden die antiken *pompae* zwar u.a. wegen ihrer Ausgestaltung als prunkvolle Selbstdarstellung abgelehnt. Dennoch entwickelten sich schon im 3.Jh. P. zu den Märtyrergräbern (→Märtyrer), aus denen die feierliche *translatio* von Reliquien hervorgegangen ist. →Taufe und Eucharistie (→Abendmahl) wurden ebenfalls mit P. zum Taufbecken oder Gabenempfang verbunden. Anamnetische P., in denen die →Heilsgeschichte erinnernd bedacht wird, spielen mit dem aufkommenden Pilgerwesen (→Wallfahrt) in Jerusalem seit dem 4.Jh. nachweislich eine starke Rolle.

Als röm.-kath. Prozession par excellence entwickelte sich das →Fronleichnamsfest im 13.Jh. Nach der →Reformation demonstrierten die Teilnehmer der Fronleichnamsprozession ihren „kath." Glauben. In der röm.-kath. Theol. ist mit dem Titulus 10 im Rituale Romanum 1614 die Prozessionsliturgie geregelt worden.

Im Bereich der →Ostkirchen werden Umgänge um die Kirchen z.B. zu Karfreitag („Epitaphios") und →Ostern gepflegt. In Notzeiten werden hier Bittprozessionen mit Ikonen oder Reliquien durchgeführt.

Ökumenisch werden inzwischen Jugendkreuzwege oder auch Martinsumzüge organisiert, die im weitesten Sinne auch zu den P. zu rechnen sind.

Für P. sind eigene Kunstgegenstände entwickelt worden, so z.B. Prozessionskreuze und Trage-Ikonen, die doppelseitig bemalt sind. Litaneien haben v.a. bei P. ihren Sitz im Leben.

Felbecker, S., Die Prozession. Historische und systematische Untersuchung zu einer liturgischen Ausdruckshandlung, 1995; Gertz, J.C./Gerhards, A., Art. Prozession, TRE 27, 1997, 591–597; Lang, B./Hoping, H., Art. Prozession, RGG^4 6, 2003, 1753–1755; Quack, A./Felbecker, S./Rausch, F.G., Art. Prozession, LThK 8, ^{3}1999, 678–681.

Andreas Müller

Prozesstheologie Als P. bezeichnet man eine theologische Strömung, die an die Einsichten der sog. Prozessphilosophie Alfred North Whiteheads (1861–1947) anknüpft. Ihre Anfänge liegen Mitte der 1920er Jahre in Chicago; in Nordamerika hat sie große Verbreitung gefunden; aber auch in Europa gibt es seit einiger Zeit (kritische) Weiterführungen prozesstheologischer Ideen.

Whitehead war von Hause aus Mathematiker; er hielt den mathematisch-naturwissenschaftlichen Zugang zur →Welt aber nicht für den allein möglichen. Vielmehr versuchte er die unterschiedlichen Zugänge zur Wirklichkeit in →Naturwissenschaft und Geisteswissenschaft sowie in Objektivität und Subjektivität als verschiedene →Erfahrungen eines gemeinsamen Weltganzen zu verstehen. Dazu entfaltete er (insbesondere in seinem Hauptwerk *Prozess und Realität* von 1929) eine Kosmologie, also eine Konzeption der Welt als ganzer, die die Gegensätzlichkeit der verschiedenen Weltzugänge in einem einheitlichen Wirklichkeitsverständnis zusammenführt. Für diese Kosmologie zentral ist die Kategorie des (wirklichen) Ereignisses. Whitehead fragt, wie ein wirkliches Ereignis (engl. *actual occasion*) zustande kommt. Es kommt nicht aus dem Nichts, sondern entsteht durch die Auswahl bestimmter Möglichkeiten aus dem Reich aller Möglichkeiten und den Übertritt dieser ausgewählten zeitlosen Objekte (engl. *eternal objects*) in die raumzeitliche Welt. Jedes wirkliche Ereignis ist in zweifachem Sinne relational: Ein wirkliches Ereignis ist einerseits eine bestimmte Verknüpfung der zeitlosen Objekte; denn es ist auf alle Möglichkeiten, alle zeitlosen Objekte bezogen, indem es sie jeweils in seiner eigenen Wirklichkeit entweder aufnimmt oder nicht aufnimmt. Ein wirkliches Ereignis steht andererseits in Beziehung zu anderen wirklichen Ereignissen, und zwar in dreifacher Weise: Es knüpft an vorangegangene wirkliche Ereignisse an; es führt diese Ereignisse in seiner eigenen Wirklichkeit frei und spontan weiter; und nachdem es vergangen ist, können andere, neue Ereignisse an es anknüpfen. Jedes Ereignis ist also eine komplexe Vernetzung von zeitloser und raumzeitlicher Welt. Die wirkliche Welt ist ihrerseits ein universaler Prozess derartiger Ereignisse. Sowohl vermeintlich rein naturwissenschaftliche Gegenstände als auch vermeintlich rein geisteswissenschaftliche Gegenstände lassen sich als eine solche Ereignisstruktur beschreiben. Dabei lässt sich bei jedem Ereignis eine subjektive und eine objektivierte Dimension aufzeigen: das Anknüpfen an vorangegangene Ereignisse, das Whitehead auch „Empfinden" nennt, ist die subjektive Dimension des Ereignisses; seine objektivierte Dimension kommt dann zustande, wenn neue Ereignisse an das seinerseits vergangene Ereignis anknüpfen. Die Trennung von Subjekt und Objekt ist mithin aufgehoben. Eine einheitliche Kosmologie ist gefunden. Zu dieser gehört auch der Gottesgedanke. Gott ist an allen Ereignissen konstituierend beteiligt (Gottes Urnatur/engl.: primordial nature), indem er die zeitlosen Objekte ordnet, ihnen ihr „ursprüngliches Ziel" gibt (das sie als „subjektives Ziel" verwirklichen können) und sie aus dem Reich der zeitlosen Objekte hinein in Raum und Zeit treten lässt. Darin ist Gott das „Prinzip der Konkretion". Gott nimmt aber auch die Ereignisse, wenn sie vorüber sind, erlösend und vollendend in sich auf (→Erlösung; →Eschatologie) (Gottes Folgenatur/engl.: consequent nature); so erhalten sie „objektive Unsterblichkeit". Insofern ist Gott der Prozess, der alles Prozesshafte umfängt.

Die Anknüpfungen der Theologie an die Ideen Whiteheads sind unterschiedlicher Natur, weil je andere Aspekte seines Denkens betont werden. Es lassen sich drei Hauptströmungen unterscheiden: In der – wesentlich an der Chicago Divinity School entfalteten – so genannten Empirischen Theologie (Henry Nelson Wieman, Bernard Eugene Meland, Bernard MacDougall Loomer u.a.) wird Whiteheads Vorstellung von einer jenseits der Empirie liegenden Ordnung abgelehnt und sein Konzept empirisch zugespitzt; selbst Gott ist beobachtbar. Dem steht der so genannte Neoklassische →Theismus (Charles Hartshorne, Schubert Miles Ogden u.a.) gegenüber, der eine metaphysische Gotteslehre entfaltet. Die unveränderliche Urnatur Gottes kommt in der rationalen Strukturiertheit des Weltprozesses zum Ausdruck; Gottes Folgenatur aber wird durch die Ereignisse verändert, so dass Gott erst durch den Prozess der Ereignisse wird; Gott ist mithin unveränderlich und lebendig zugleich. Schließlich gibt es am Claremont Center for Process Studies (John Boswell Cobb, David Ray Griffin, Marjorie Suchocki u.a.) den Versuch, Whiteheads Prozessphilosophie stärker vor dem Hintergrund christl. Grundeinsichten zu rezipieren (bspw. wird Gott deshalb von Cobb nicht als Ereignis, sondern als →Person verstanden, deren Lebensgeschichte die Welt ist); dadurch wird es möglich, Whiteheads Gedanken für eine ganze Bandbreite christl. Themen fruchtbar zu machen.

Den verschiedenen Richtungen der P. gemeinsam ist das Verständnis der Weltwirklichkeit als eines komplexen Netzwerkes von Ereignissen, die in Wechselbeziehung zueinander stehen. Diese Verflochtenheit gilt auch für Gott: Gegenüber Gottesvorstellungen des traditionellen Theismus, in denen Gott der Welt distanziert gegenübersteht, leidenschaftslos und unveränderlich ist oder in sie von außen, mittels Durchbrechung von Naturgesetzen eingreift, wird Gott in der P. als Grund aller Ereignisse bestimmt und selbst beeinflusst durch das, was sich in der Welt ereignet. Gott steht zur Welt im Verhältnis schöpferisch erwidernder →Liebe (Cobb). P. begreift Gott und Welt mithin als sich gegenseitig bereichernd. Weil die prozesstheologische Kosmologie die Einseitigkeit natur- bzw. geisteswissenschaftlicher Weltbetrachtung überwindet, besitzt sie ein besonderes Potential für den Dialog zwischen Theologie und →Naturwissenschaften und für ökologische Fragen. Neuerdings wird sie verstärkt von der Feministischen Theologie rezipiert. Da P. Gott als an allem weltlichen Geschehen beteiligt denkt, bietet sie schließlich Anknüpfungspunkte für den interreligiösen Dialog.

Cobb, J.B., Die christliche Existenz. Eine vergleichende Studie der Existenzstrukturen in verschiedenen Religionen, 1970; Cobb, J.B., Der Preis des Fortschritts. Umweltschutz als Problem der Sozialethik, 1972; Cobb, J.B., Jr./Griffin, D.R., Prozess-Theologie. Eine einführende Darstellung, 1979; Faber, R., Gott als Poet der Welt. Anliegen und Perspektiven der Prozesstheologie, 2003; Ogden, S.M., Die Realität Gottes, 1970; Welker, M., Universalität Gottes und Relativität der Welt. Theologische Kosmologie im Dialog mit dem amerikanischen Prozeßdenken nach Whitehead, [2]1988; Whitehead, A.N., Prozeß und Realität. Entwurf einer Kosmologie, 1979.

Christiane Tietz

Psalmen Mit dem Begriff P. (griech. psalmos: Saitenlied) werden im engeren Sinn die 150 →Gebete des antiken →Israel und Juda verstanden, die im Lauf des 1. Jahrtausends v.Chr. entstanden und im atl. Buch des Psalters (griech. psalteerion: Saiteninstrument, Liedsammlung) vereinigt sind. In einem weiteren Sinn können auch außerhalb des Psalters im AT (→Altes Testament) oder in der zwischentestamentlichen Literatur überlieferte

Gebete als P. bezeichnet werden (vgl. z.B. Ex 15; 1Sam 2; Jon 2,3ff; Jes 63,7ff; Neh 9,6ff bzw. die Psalmen Salomos, die Rolle der Loblieder aus Höhle 1 in →Qumran oder die in der syr. →Bibel tradierten Ps 151–155). Schließlich wird der Begriff P. zur Bezeichnung von Gebeten in der ägyptischen, syr., kleinasiatischen und mesopotamischen Umwelt des AT verwendet.

Die atl. P. sind, wie ihre altorientalischen Parallelen, Poesie. Wesentlichstes poetisches Kennzeichen bildet der Parallelismus membrorum, d.h. die inhaltliche und formale Entsprechung von zwei Vershälften (Kola, Stichen). Diese kann synonym (vgl. Ps 13,2), antithetisch (vgl. Ps 27,2), synthetisch (vgl. Ps 27,1), vergleichend (vgl. Ps 103,15) oder steigernd („klimaktisch") sein (vgl. Ps 93,3). Einzelne Kola können zu inhaltlich und formal verbundenen Versgruppen (Strophen) zusammengestellt sein, mitunter finden sich Kehrverse (Refrains, vgl. Ps 46,8.12). Die Betonungstradition im synagogalen Gebrauch (→Synagoge) der P. geht erst auf die Akzentuation und Intonationszeichen jüd. Gelehrter im frühen →Mittelalter zurück.

Bereits in der Spätantike einsetzende Versuche, die P. nach formalen und inhaltlichen Kriterien einzelnen Gattungen zuzuweisen, haben im 18./19. Jh. zunächst über den Vergleich mit der Gebetspoesie der griech.-röm. Antike, des →Islams und des fernen Ostens, seit Beginn des 20. Jh. dann mit Gebeten aus dem alten Ägypten und Mesopotamien zu einer Psalmentypologie geführt. In ihrer klassischen Begründung durch Hermann Gunkel (1862–1932) hat sich diese Typologie, die 1.) nach der jeweils verwendeten Formensprache, 2.) nach dem jeweils vorliegenden Motivschatz und 3.) nach dem jeweiligen Ursprung des P. im →Gottesdienst (→Kult) fragt, bis heute bewährt. In der neueren Forschung wird zwar aus den Gattungen nicht mehr direkt auf eine gelebte Wirklichkeit zurückgeschlossen. Die Gattungsbestimmung dient verstärkt der Erschließung textlicher Phänomene auf der literarischen Ebene. Dennoch bildet die Gattungstypologie nach wie vor einen guten Zugang, der in der gegenwärtigen redaktionsgeschichtlich ausgerichteten Forschung um die Fragen nach dem literarischen Wachstum und der literarischen Struktur des Einzelpsalms und nach kompositionellen Querverbindungen zwischen den einzelnen P. ergänzt wird.

Die wichtigsten Gattungen der P. bilden der individuelle und der kollektive Klage- und Bittpsalm sowie das individuelle Danklied und das kollektive Gotteslob (Hymnus).

Den Grundstock des Psalters bilden individuelle Klage- oder Bittpsalmen. Dieser Gattung lassen sich 35–40 P. zuweisen (z.B. Ps 13). Strukturelemente sind 1.) die Anrufung Gottes, 2.) die Schilderung existentieller Not (die eigentliche Klage) mit bis zu drei Hinweisen auf das eigene →Leid („Ich klage"), auf →Jahwe als den Grund des Leids („Gottklage"), auf das als feindlich erlebte Umfeld des Beters („Feindklage"), und mit den Fragen nach Dauer („wie lange"), Grund und Ziel der Not („warum", genauer: „wozu"), sowie 3.) die Bitte um Gottes Hilfe.

Der kollektive Klage- und Bittpsalm (Klage des Volkes) entspricht strukturell dem individuellen Klage- und Bittpsalm, hat als Subjekt der Klage aber eine kollektive Größe, die über die Zerstörung oder den Verlust von Staat, Stadt oder Tempel klagt (z.B. Ps 80; Klgl 1). Grundlegende Bausteine der Volksklage sind 1.) die Anrede Gottes, 2.) die Klage und 3.) die Bitte. Ziel des kollektiven Klage- und Bittpsalms ist, Jahwe zum Eingreifen zugunsten seines Volkes zu bewegen.

Der individuelle Dankpsalm ist im AT mit ungefähr 20 P. vertreten (vgl. z.B. Ps 118 oder außerhalb des Psalters Jes 38,10–20; Hi 33,26–28; Jon 2,3–10). Das Danklied des Einzelnen verfügt über zwei Strukturmerkmale: 1.) die Dankrede, in der der Beter Gott direkt (in der 2. Person Sing.) anredet (vgl. Ps 118,21; Jes 12,1), und 2.) die Zeugenrede, in der der Beter von einer ihm widerfahrenen Rettungstat Gottes berichtet. Im Rettungsbericht wird von Gott in der 3. Person Sing. gesprochen (vgl. Ps 34,5; 118,5). Funktion der Zeugenrede, die vor der Gemeinde oder vor den zur Opfermahlzeit Geladenen gesprochen wird, ist die Weitergabe persönlicher →Erfahrung (vgl. Ps 22,23ff; 66,16).

Der kollektive Lobpsalm (Hymnus) ist im AT z.B. mit Ps 8, 100 oder 104 vertreten. Dabei können formal der imperativische und der partizipiale Hymnus unterschieden werden. Der imperativische Hymnus wird durch einen Aufruf der Gemeinde zum Gotteslob eingeleitet und mit einer Durchführung („Explikation", „Korpus") des Lobs fortgesetzt. In der Entfaltung des Lobs wird Gottes geschichtliches Handeln thematisiert. Die Kurzfassung eines imperativischen Hymnus bildet das Miriamlied in Ex 15,21. Der partizipiale Hymnus preist in Hauptsätzen, die im Hebr. partizipial konstruiert sind und im Deutschen zumeist als Relativsätze wiedergegeben werden, Gottes Schöpfermacht (→Schöpfung) und →Gerechtigkeit (vgl. Ps 104). In späterer Zeit haben sich beide Formen vermischt (vgl. Ps 33).

Jeder Psalm bildet ein Kunstwerk für sich mit eigener Entstehungsgeschichte, eigenem Grad an textlicher Erhaltung, eigenem Ort seiner urspr. Verwendung („Sitz im Leben") und eigener Geschichte seiner sekundären Verwertung („relecture"). Für jeden P. ist daher zunächst getrennt von seiner Stellung im Psalter nach seiner urspr. Situation und Funktion zu fragen. Generell hat der individuelle Klage- und Bittpsalm seinen urspr. Ort in der spezifischen Not eines einzelnen →Menschen. Anlass der kollektiven Klage- und Bittgebete sind das ganze Volk betreffende Katastrophen. Sitz im Leben des individuellen Dankliedes ist urspr. das nach erfahrener Rettung gemeinsam mit der →Familie am Heiligtum dargebrachte Dank- bzw. Gelübdeopfer (→Opfer) (vgl. Ps 50,14). Der Hymnus hat seinen urspr. Ort im Festkult der um den Tempel versammelten Gemeinde. Er gehört somit wie die Volksklage urspr. in den offiziellen Kult. Es finden sich sowohl Hymnen, die am Jerusalemer Tempel (→Jerusalem) entstanden sind, als auch P., die erst sekundär von anderen Jahwe-Heiligtümern in den Jerusalemer Tempelkult übernommen wurden. Daneben begegnen „nachkultische Hymnen" (Ps 136), d.h. rein literarische Texte, die sich von der kultischen Situation am Tempel gelöst haben, sich zwar einer kultischen Sprache bedienen, diese aber spiritualisieren, und das Gotteslob im Akt des Lesens vollziehen (vgl. z.B. den weisheitlich geprägten Ps 73).

Eine Datierung der P. ist angesichts fehlender direkter Hinweise immer hypothetisch und hängt von vielen Faktoren ab. Externe Kriterien zur Skizzierung der Entstehungsgeschichte sind die Beobachtung von Doppelüberlieferungen (vgl. Ps 14 = Ps 53; 2Sam 22 par Ps 18.), der Nachweis der

Aufnahme in anderen P. (vgl. Ps 29 in Ps 96 oder Ps 105 und 96 und 106 in 1Chr 16,7ff) und die Gattungstypologie. Interne Kriterien bilden der Sprach- und Motivschatz sowie die erkennbaren religionsgeschichtlichen Vorstellungen. Jeweils ist damit zu rechnen, dass die P. im Lauf der Überlieferung überarbeitet und aus einer Verwendungssituation in eine andere übertragen wurden (→Tradition).

Die Zusammenstellung der P. im Psalter ist durch bestimmte literarische und theologische Motive bestimmt. Erste Ansätze der psalterübergreifenden Komposition bilden die Überschriften, die einzelne P. tragen. Diese Überschriften, die nicht zu verwechseln sind mit den Titeln, die den P. in modernen →Bibelübersetzungen vorangestellt sind, nennen entweder beispielhaft Fromme (→Frömmigkeit) des AT als Verfasser, am häufigsten David (z.B. Ps 15), wobei die Bezeichnung „für/von/dem David" urspr. nicht auktorial („von David") zu verstehen ist, sondern possessiv („für David"/„dem davidischen [d.h. königlichen] Psalmbuch angehörend"), Gilden von Tempelsängern (z.B. Ps 42,1; Ps 50,1) Psalmenarten (z.B. Ps 3,1) oder liturgische Stichworte (z.B. Ps 4,1).

Weitergehende Kompositionsvorgänge zeigen sich bei der Zusammenstellung von Einzelpsalmen zu Psalmengruppen (z.B. Zionspsalmen [Ps 46; 48; 76; 84; 87], Jahwe-Königs-Psalmen [Ps 93–99], Halleluja-Psalmen [Ps 113–118; 135–136; 146–150], Wallfahrtspsalmen [Ps 120–134]). In seiner jetzigen Gestalt bildet der Psalter ein in mehreren Phasen redaktionell zusammengestelltes Lesebuch der persönlichen Frömmigkeit und der eschatologischen →Hoffnung (→Eschatologie) nachexilischer Kreise, das auf Teilsammlungen, Einzelpsalmen und eigens für dieses Werk gedichteten Texten („redaktionelle Psalmen", z.B. Ps 1 oder der anthologische Ps 119) basiert. Durch eine späte Redaktion wurde der Psalter in fünf (unterschiedlich lange) Bücher untergliedert (→Bibelwissenschaft). Als Gliederungsmerkmal dient eine Schlussdoxologie (Ps 41,14; 72,18f; 89,53; 106,48). Den Abschluss des fünften Buchs wie des gesamten Psalters bildet der Hallelujapsalm 150. Der Redaktionsprozess der Teilsammlungen setzte in nachexilischer Zeit ein und wurde im 2.Jh. v.Chr. abgeschlossen. Um 100 v.Chr. steht die qualitative, aber noch nicht die quantitative „Kanonizität" des Psalters fest.

In ihrer Gesamtheit dokumentieren die P. den Jahweglauben in seiner Geschichte. So zeigt sich an einzelnen P. einerseits das tiefe Eingebundensein des antiken Israel und Juda in die Religionsgeschichte des alten Vorderen Orients (vgl. Ps 29 mit ugaritischer Kultpoesie oder Ps 104 mit dem Sonnenhymnus des Echnaton). Andererseits beinhaltet der Psalter eine verdichtete →Theologie und Anthropologie des AT. Der Psalter bildet somit einen Kanon im Kanon oder „eine kleine Bibel" (Martin →Luther). Der Rahmen in Ps 1 und 150 kennzeichnet den Psalter als die Antwort „Israels" auf die von Jahwe gegebene →Tora. Zugleich ist der Psalter durch die Leseanweisung in Ps 1,3 selbst eine Tora, d.h. eine Anweisung für ein dem Jahweglauben entsprechendes →Leben. Die Rückführung ungefähr der Hälfte der P. auf David und ihre punktuelle Verknüpfung mit dessen Leben („Davidisierung des Psalters") zielt darauf, in der Nachfolge Davids als der messianischen Leitfigur (→Messias) zu beten. Insofern das Schwergewicht des Psalters auf Bitten und Klagen Einzelner liegt, bietet der Psalter eine Versprachlichung menschlicher Grunderfahrungen und eine Deutung menschlicher Existenz (→Existenzphilosophie) im Angesicht Gottes. Er zielt somit auf einen fortwährenden Dialog zwischen Mensch und Gott.

Die Wirkungsgeschichte der P. wird von drei Linien bestimmt. Zum einen besitzen die P. in Kontinuität zu ihrem kultischen Ursprung bis heute eine zentrale Rolle im Gottesdienst und in der persönlichen Frömmigkeit des Judentums und des Christentums (vgl. schon Eph 5,19; Kol 3,16). Zum anderen erscheinen die P. in Weiterführung der bereits innerhalb des Psalters ansetzenden innerbibl. Schriftauslegung als Gegenstand umfangreicher Kommentierungen. Schließlich sind die P. mit ihrer Expression menschlicher Erfahrungen Ausgangspunkt von Nach- und Neudichtungen, musikalischer und bildnerischer Umsetzung sowie szenischer Darstellungen. Im NT (→Neues Testament) gehört der Psalter wie in den Qumranschriften zu den am meisten zitierten Texten (vgl. z.B. Ps 22 oder 110). Darüber hinaus finden sich im NT mit Lk 1,46ff; 1,68ff; 2,29ff und den Hymnen in Röm 11,33ff oder Phil 2,5ff selbst poetisch formulierte Gebete, die in der Tradition der atl. P. (und z.T. paganer Gebetspoesie) stehen und in einem weiteren Sinn auch zu den bibl. P. gezählt werden können.

Gerstenberger, E., Psalms. Part 1 with an Introduction to Cultic Poetry, The Forms of the Old Testament literature XIV, 1988; Part 2 and Lamentations, The Forms of the Old Testament literature XV, 2001; Janowski, B., Konfliktgespräche mit Gott, ^{2}2006; Seybold, K., Die Psalmen. Eine Einführung, UB 382, ^{2}1991; Zenger, E., Psalmen. Auslegungen 1–4, ^{2}2006.

Markus Witte

Pseudepigraphen →Apokryphen, Pseudepigraphen

Psychologie und Theologie P. u. Th. verbindet eine wechselhafte Geschichte, die auch unter den Stichworten „Th. und Psychotherapie", „Seelsorge und Psychoanalyse" etc. verhandelt worden ist. Der Begriff der P. dient dabei als Sammelbegriff für die Vielfalt psychologisch-empirischer Zugänge zur Psyche des →Menschen. Faktisch geht es jedoch in dieser Zuordnung vorrangig um die unterschiedlichen Spielarten der Tiefenpsychologie und der Humanistischen P., neuerdings auch der Kognitiven P.

P. als →Wissenschaft hat sich erst mit dem ausgehenden 19. Jh. konstituiert (obwohl es natürlich eine Fülle psychologischer Einsichten z.B. über den Zusammenhang von Geist, →Seele und →Leib seit der Antike gibt); zu einer ausdrücklichen Reflexion des Verhältnisses von P. u. Th. als Wissenschaften kommt es von daher erst im 20. Jh. Der Anstoß zu einer Verhältnisbestimmung geht dabei in der Regel von der Th. aus; auf der Seite der P. war und ist das Interesse an Th. gering.

Eine zentrale Fragestellung auf Seiten der Th. ist immer wieder, ob psychologische Theorien und Methoden weltanschaulich neutrale Werkzeuge darstellen, die sich die Th., speziell die →Seelsorge, problemlos zu eigen machen darf, oder ob solche Einsichten in eine umfassende Anthropologie eingebunden sind, die mit christl.-anthropologischen Setzungen nicht vereinbar ist.

Im Lauf der Zeit sind vier charakteristische, nicht in zeitlicher Abfolge zu verstehende Beziehungsmuster im Verhältnis zwischen P. u. Th. zu beobachten: Gegenseitige Ablehnung, dienende Funktion, Auslieferung, und wechselseitiger Dialog zwischen gleichwertigen Partnern.

1. Ablehnung: Die P. des frühen 20. Jh. verstand sich vorwiegend als empirisch-experimentelle Wissenschaft, in der Fragen nach Sinngebung und Religiosität keine Aufmerksamkeit fanden. Anders verhält es sich dagegen mit den kulturtheoretischen Schriften der Psychoanalyse, in denen sich Sigmund Freud (1856–1939) und seine Schüler ausführlich mit dem Thema →Religion auseinandersetzten. Freud versteht eine religiöse Einstellung letztlich als aus regressivem Wunschdenken abgeleitete Illusion, als Sehnsucht nach Geborgenheit bei einem allmächtigen Vater. Diese Illusion hat die Funktion, die immer wieder schmerzlich erfahrene Hilflosigkeit des Menschen gegenüber der Natur und angesichts von →Krankheit und →Tod zu kompensieren. Ziel muss es sein, eine solche religiös-regressive Einstellung zu überwinden zugunsten einer erwachsenen, aufgeklärt-resignativen Lebenshaltung. Diese religionskritische Position Freuds (→Religionskritik) hat die P. bis in die Gegenwart geprägt und einen Dialog zwischen den Wissenschaften verhindert (davon abgesehen, dass der Th. immer wieder der Status einer Wissenschaft abgesprochen wird).

Die Antwort der Th. bzw. der Seelsorge-Theorie auf die Psychoanalyse fiel zwiespältig aus: Einerseits wurde immer wieder die Notwendigkeit herausgestellt, dass →Pfarrer Menschenkenntnis und methodisches Rüstzeug für ihre Seelsorge brauchten, um angemessen auf die Nöte der Menschen reagieren zu können (so z.B. eindringlich O. Pfister). Andererseits wurde Seelsorge im Kontext der →Dialektischen Theologie als ein gegenüber der Psychotherapie „ganz anderes" Genus bestimmt. Scharfe Grenzziehungen wurden formuliert (so z.B. der frühe E. Thurneysen), man warf der Psychoanalyse Gottlosigkeit, Pansexualismus und ein Verfehlen des Wesens des Menschen vor (z.B. →Schuld werde auf Schuldgefühle reduziert). Diese Kritik, die noch verschärft wurde durch den →Kirchenkampf, sowie durch den →Antisemitismus des Nationalsozialismus und die von ihm geprägten Dt. Christen, bestimmte die Einstellung vieler Theologen gegenüber der P. nachhaltig bis in die 1960er Jahre. Ausnahmen bildeten Theologen, die die Analytische Psychologie Carl Gustav Jungs (1875–1961) oder die Existenzanalyse (V. von Gebsattel, M. Boss u.a.) rezipierten und auf dieser Basis z.B. die Arbeitsgemeinschaft *Arzt und Seelsorger* (1949) gründeten.

2. Dienende Funktion: Da die theologische Anthropologie kaum ohne psychologische Erkenntnisse zum „Wesen" des Menschen und die Seelsorge nicht ohne von der P. entliehenes methodisches Handwerkszeug auskommt, umschrieb Eduard Thurneysen die Funktion der P. für die Th. mit dem Begriff der Hilfswissenschaft. Als Hilfsmittel für die notwendige Menschenkenntnis in der Seelsorge erscheint P. hilfreich. Die Bibel gibt jedoch den normativen Maßstab vor, von dem her eine Ingebrauchnahme der P. zu beurteilen ist. P. wird in diesem Verfahren reduziert auf eine Methodenlehre, aus der die Th. nach ihren →Normen selektiv auswählt. Dieses Modell haben auch gegenwärtige evangelikale Seelsorgetheorien übernommen: Einerseits wird der P., v.a. ihren empirischen Ausprägungen, eine hohe Wertschätzung entgegen gebracht (vgl. die Bezeichnung „bibl.-

therapeutische Seelsorge“), andererseits dient P. im Wesentlichen dazu, „Hindernisse für den Empfang des Wortes“ (R. Sons) zu erkennen und auszuräumen. Ein Gespräch zwischen gleichwertigen Partnern findet hier nicht statt.

3. Auslieferung: Als Gegenbewegung zu einer wechselseitigen Ablehnung zwischen P. u. Th. ist stellenweise eine unkritische Auslieferung v.a. der Th. an die P. zu beobachten. Bereits bei Pfister findet sich eine enthusiastisch-naive Identifikation der Psychoanalyse mit den Intentionen des Handelns Jesu. Auch die theologische Rezeption des Werkes von Carl Gustav Jung verlief über weite Strecken recht unkritisch. So wurde z.B. übersehen, dass sich Jungs Gottesbegriff auf die psychologisch beschreibbare Repräsentanz Gottes im Menschen bezieht (Gott ist für Jung „eine psychische Tatsache“), und insofern mit dem christl. Gottesbegriff, der Betonung seiner Andersartigkeit und Verborgenheit, kaum zu vereinbaren ist.

Auch die Seelsorgebewegung der 1970er und 1980er Jahre hat sich stellenweise Ansätzen der Humanistischen P. ausgeliefert, vielleicht am deutlichsten dort, wo die Gesprächspsychotherapie von Carl Rogers (1902–1987) als unmittelbare empirische Umsetzung der Verkündigung der →Rechtfertigung des Sünders (= „Annahme“) (→Sünde) verstanden wurde.

Auch in evangelikalen Seelsorgeansätzen gibt es eine unkritische Rezeption des Exklusivanspruchs der P. als empirischer Wissenschaft; die nach wie vor strittige Diskussionslage über den wissenschaftstheoretischen Status der P. (Geistes- oder Naturwissenschaft?) wird damit von Seiten der Th. ausgeblendet.

4. Kritischer Dialog: Nur im Kontext eines wechselseitigen kritischen, durchaus auch von Elementen der Konkurrenz geprägten Dialogs können die Fragen, die zwischen P. u. Th. strittig sind, angemessen bearbeitet werden. Voraussetzungen für diesen Dialog sind Entwicklungen sowohl im Bereich der P. wie der Th.:

In der Tradition der Psychoanalyse hat sich mit der Ich-Psychologie (E. Erikson), mit Narzissmus- (H. Kohut) und Objektbeziehungstheorie (D. Winnicott) eine differenziertere Einschätzung der Bedeutung von Religion für das →Leben des Menschen durchgesetzt. Es werden psychosoziale Anknüpfungspunkte für die Religiosität des Menschen beschrieben, ohne die Religiosität damit auf ein „nichts als“ diese Ausgangsbedingungen zu reduzieren. Die kognitive P. hat erkannt, welche Rolle die →Weltanschauung im weitesten Sinn für die kognitive Ausrichtung eines Menschen und damit für dessen Lebensbewältigung spielt.

Auf theologischer Seite kam es seit den 1960er Jahren zu einer Wiederentdeckung der Psychoanalyse Sigmund Freuds im Sinn einer „Fremdprophetie“ (Paul Tillich, Joachim Scharfenberg: Die psychoanalytische Betonung eines triebhaften Unbewussten bewahrt vor oberflächlich-optimistischen Annahmen über den Menschen.), zu einer Rezeption von Ansätzen aus der Humanistischen P. nicht nur für die Seelsorge, sondern auch für die Gestaltung von →Gottesdienst, →Predigt und Unterricht (→Religionsunterricht), für die Pfarramtsführung insgesamt, sowie zur Rezeption von psychologischen Symbol- und Ritualtheorien (→Symbol; →Rituale). Es entwickelte sich eine Pastoralpsychologie (teilweise in Überschneidung mit religionspsychologischen Ansätzen) als Teildisziplin der →Praktischen Theologie, die mit Hilfe selektiver psychologischer Theorien Kommunikationsprozesse im Bereich von Kirche und Religion kritisch untersucht und vorantreibt.

Vor allem die psychoanalytische Narzissmus- und Objektbeziehungstheorie erweisen sich gegenwärtig als reizvolle Gesprächspartner für die Th., weil sie die grundlegende Beziehungshaftigkeit des Menschen, auch seines →Glaubens, herausstellen und darin Raum für einen Bezug zur Transzendenz (→Immanenz und Transzendenz), zu Gott offen halten. Der primäre Narzissmus bezeichnet eine Erlebnismöglichkeit, die sich in der religiösen Sehnsucht nach Einswerden mit einem transzendenten Grund des Lebens wieder belebt. Zu den psychischen Repräsentanzen des Menschen gehören auch die Gottesrepräsentanzen, in denen Gott, mit Winnicott gesprochen, im Kontext menschlicher Beziehungserfahrungen sowohl gefunden als auch geschaffen wird.

Im Bereich der P. setzt sich langsam die Erkenntnis durch, dass Religiosität oder →Spiritualität des Menschen einen wichtigen Beitrag zur Lebensbewältigung leisten können. „Reife" Religiosität, die →Toleranz, →Hoffnung und Vertrauen sowie die Fähigkeit zur →Versöhnung umfasst, wird aus psychologischer Sicht zunehmend als wichtiges Gegengewicht gegen regressiv-fundamentalistische Strömungen in der Gegenwart gesehen. Auch eine Berücksichtigung der Religiosität in psychotherapeutischen Prozessen ist zunehmend zu beobachten. Allerdings bleibt die Wahrheitsfrage dabei offen; vielleicht ist diese Offenheit jedoch Grundbedingung eines wechselseitig kritischen Dialogs zwischen P. u. Th.

Basler, M., Die Psychologie des XX. Jahrhunderts, 1979ff; Basler, M., Psychoanalyse und Religion, 2000; Klessmann, M., Pastoralpsychologie. Ein Lehrbuch, [2]2004; Plieth, M., Die Seele wahrnehmen. Zur Geistesgeschichte des Verhältnisses von Seelsorge und Psychologie, 1994; Santer, H., Persönlichkeit und Gottesbild. Religionspsychologische Impulse für eine Praktische Theologie, 2003.

Michael Klessmann

Publizistik, kirchliche Der Begriff P. (lat.: publicitas, dt.: Öffentlichkeit; publicare, dt.: veröffentlichen) umfasst die einzelnen →Medien (z.B. Bücher, Zeitungen, Zeitschriften, Hörfunk, Fernsehen, Film, Internet) im Bereich der Massenkommunikation. Zugleich bezeichnet er eine von Emil Dovifat (1890–1969) eingeführte wissenschaftliche Disziplin. K. P. beschreibt die Praxis der Verkündigung und der Information über →Glaube, →Kirche, →Theologie, →Religion in den Massenmedien. Als christl. P. reflektiert sie in Erlangen am einzigen Lehrstuhl an einer Ev.-Theologischen Fakultät die „Kommunikation des Evangeliums" – die Formulierung geht auf Ernst Lange (1927–1974) zurück –, die Entwicklung der Medien, medienethische Überlegungen sowie homiletische Fragen, die sich mit kirchlicher Verkündigung in den Medien (z.B. Fernsehgottesdienst, Radioandacht) ergeben.

Im Blick auf den Auftrag einer christl. inspirierten P. hat die →EKD 1997 unter dem Titel *Mandat und Markt* ein publizistisches Gesamtkonzept vorgelegt. Danach ist die ev. P. in einer von den Medien bestimmten

Welt eine unverzichtbare Äußerungsform der Kirche. Ihr Auftrag bezieht sich auf die Botschaft wie auf die Folgen des Glaubens. Sie übernimmt Verantwortung dafür, dass die Botschaft und die Lebensäußerungen der Kirche von allen Menschen wahrgenommen werden können. Sie ermöglicht die Beteiligung der Kirche am öffentlichen Gespräch. Vor diesem Hintergrund leistet die k. P. eine Grundversorgung im Rahmen ihres Auftrags. Im Verhältnis zur allgemeinen P. unterliegt sie den gleichen rechtlichen, technischen und wirtschaftlichen Bedingungen. Sie beteiligt sich an der Entwicklung und Bewährung publizistischer Ziele und Standards und wirkt auf sie ein im Sinne christl. Maßstäbe für eine gerechte und soziale Kommunikation. Im Verhältnis zur Kirche ist sie wie diese insgesamt dem Auftrag zur Bezeugung des →Evangeliums verpflichtet. Die k. P. ist an der Erfüllung dieses Auftrags beteiligt. Sie ist dabei nur ihrem eigentlichen Mandat verpflichtet und an kirchenamtliche Weisungen nicht gebunden. Ihr Mandat ist zugleich ihre →Freiheit.

Das der ev. P. übertragene Mandat bedeutet ein Ja zur verfassten Kirche und die Bereitschaft, den Fortbestand der Kirche publizistisch zu stützen. Zugleich verpflichtet das Mandat zu einer unabhängigen Berichterstattung über das kirchliche Leben und die christl. Lebenswirklichkeit sowie zu einer kritischen Begleitung kirchlicher Vorgänge. K. P. kann v.a. über informierende, argumentierende und dialogfähige Formen am Gespräch über den christl. Glauben mitwirken. Zu ihrem Mandat gehört auch eine missionarische Bezeugung des Evangeliums in Wort und Tat. Sie will dazu beitragen, „dass allen Menschen geholfen werde und sie zur Erkenntnis der Wahrheit kommen" (1Tim 2,4).

Die P. der ev. Kirche unterscheidet zwei Grundformen medialer Information und Kommunikation im Auftrag der Kirche voneinander: die journalistische Arbeit von unabhängigen Redaktionen und die kirchliche Öffentlichkeitsarbeit von Informations- und Pressestellen. Beide Bereiche gehören zur k. P.

Die ev. P. in ihrer heutigen Struktur wurde nach dem Zweiten Weltkrieg entwickelt. Innerhalb der EKD entstand 1973 das Gemeinschaftswerk der Ev. P. (GEP) in Frankfurt am Main. Sie koordiniert einen großen Teil der publizistischen Aktivitäten der ev. Kirche. So ist im GEP u.a. der Ev. Pressedienst (epd) angesiedelt, der 1910 als älteste deutsche Nachrichtenagentur gegründet wurde, sowie das Monatsmagazin *Chrismon*, das in einer Auflage von mehr als 1,5 Mio. Exemplaren den Zeitungen *Frankfurter Rundschau*, *Süddeutsche Zeitung*, *Der Tagesspiegel*, der *Sächsischen Zeitung* und der Wochenzeitung *Die Zeit* beigelegt wird. Hinzu kommt die Ev. Medienakademie, die Aus- und Fortbildungsprogramme für journalistische Anfänger und Fortgeschrittene aller Medien anbietet. Teil der Medienakademie ist auch die Ev. Journalistenschule.

Nach 1945 kam es zu zahlreichen Neugründungen kirchlicher Blätter, v.a. in →Mission und →Diakonie. Dass die ev. Printmedien nach wie vor ein Millionenpublikum erreichen, hängt nicht zuletzt mit den regionalen wöchentlich erscheinenden Kirchenzeitungen zusammen.

Die Präsenz von Glaube und Kirche in den säkularen Medien ist für die Kommunikation des Evangeliums und die öffentliche Vergegenwärtigung des religiösen Lebens von zentraler Bedeutung. Dabei kommt auch Rundfunk und Fernsehen ein besonderes Gewicht zu. Insbesondere die Radio-

und Fernsehprogramme der öffentlichen-rechtlichen Sender bieten im Rahmen ihres Grundversorgungsauftrags Raum für Kirchlich-Religiöses. Die Kirchen nehmen über feste Programmplätze u.a. für Morgenandachten und Gottesdienstübertragungen diese Möglichkeiten wahr, die auch als öffentliche Seelsorge zu verstehen sind. Christl. Verkündigung, die das *publice docere* (dt.: öffentliche Verkündigung) des reformatorischen Verständnisses (Art. 14 des Augsburger Bekenntnisses, 1530; *Confessio Augustana*) vom →Gottesdienst zum Ausdruck bringt, geschieht auch in der nach der *Tagesschau* ältesten Sendung des Ersten Deutschen Fernsehens, im *Wort zum Sonntag*. Auch im Angebot der privaten Sender, die ihre Programme durch Werbung finanzieren, sind die Kirchen präsent, wenngleich in deutlich geringerem Maße. Mit der Produktionsfirma EIKON ist die ev. Kirche im Filmgeschäft tätig. Und mit Matthias-Film unterhält sie einen Medienvertrieb für den Bildungsbereich.

Im Bereich der Deutschen Evangelischen Allianz wurde 1970 mit dem Informationsdienst *idea* und 1979 dem Wochenmagazin *idea spektrum* in Wetzlar eine eigenständige P. aufgebaut. 1975 wurde die Konferenz Evangelikaler Publizisten (KEP) ins Leben gerufen, die u.a. auch eine eigene Akademie zur Fort- und Weiterbildung im Medienbereich unterhält. Mit dem 1959 gegründeten Evangeliums-Rundfunk (ERF) unterhält die evangelikale Bewegung einen eigenen Sender, der aus Spenden finanziert wird. Er setzt auf Evangelisation und Seelsorge als Ergänzung des kirchlichen Angebots. 2003 wurde in Hamburg durch einen überkonfessionellen Gesellschafterkreis der private Fernsehsender *Bibel TV* gegründet, der digital über Satellit sowie im Kabelnetz empfangen werden kann.

Die röm.-kath. Kirche hat im Dekret *Inter mirifica* des Vaticanum II die Medien als „Instrumente der sozialen Kommunikation" bezeichnet. Die 1971 erschienene Pastoralinstruktion *Communio et progressio* führt dies weiter aus, ebenso die Pastoralinstruktion *Aetatis Novae* von 1992. Im Rahmen ihrer eigenen publizistischen Arbeit unterhält die kath. Kirche ähnliche Einrichtungen wie die ev. Kirche: z.B. die Kath. Nachrichten-Agentur (KNA), Kirchengebietsblätter auf Bistumsebene sowie die Tellux-Film. Mit dem *Rheinischen Merkur* (Bonn) – er fusionierte 1980 mit dem ev. Wochenblatt *Christ und Welt* (später *Deutsche Zeitung*) – ist die kath. Kirche bundesweit mit einer Wochenzeitung im Markt vertreten, die sich als ökumenische Publikation versteht.

Kirchenamt der Evangelischen Kirche in Deutschland (Hg.), Mandat und Markt. Perspektiven evangelischer Publizistik, 1997; Uden, R., Kirche in der Medienwelt. Anstöße der Kommunikationswissenschaft zur praktischen Wahrnehmung der Massenmedien in Theologie und Kirche, 2004.

Udo Hahn

Q

Quäker Q. (engl.: quaker, dt.: Zitterer) war ursprünglich ein Spottname, der auf George Fox (1624–91) und seine ersten Anhänger wegen ihres ekstatischen Gebarens gemünzt wurde. In der Gärungszeit der engl. Bürgerkriege war Fox in eine religiöse Suchbewegung hineingeraten, die ihn über alle vorhandenen religiösen Gruppen und geschichtlichen Vermittlungsinstanzen (Schrift) hinausgeführt hatte; in einer Reihe von mystisch-unmittelbaren Erleuchtungserfahrungen erlangte er Frieden und Gewissheit. Er deutete dies als →Berufung zum →Propheten, und in Predigten und spektakulären Zeichenhandlungen warb er für seinen Weg des „Wartens" auf die unmittelbare göttliche Erleuchtung. Seine Anhänger bildeten lose Gruppen ohne besondere Geistliche: Im Zentrum stand die spontane, vom →Heiligen Geist eingegebene prophetische Rede, zu der auch Frauen berechtigt waren. Fox' Auftreten (betont schlichte Kleidung, Verweigerung aller Höflichkeitsformen im Umgang) zeigt Nähe zur radikaldemokratischen Bewegung der Levellers (Gleichmacher). Nach der Wiedereinsetzung der Stuart-Monarchie überlebte die Bewegung, weil sie sich von ihren revolutionären Wurzeln weitgehend trennte. Erhalten blieb aus der Frühzeit die Verweigerung jeden Eides; neu hinzu kam die Verweigerung des Dienstes mit der Waffe (→Gewalt, Gewaltlosigkeit). Wie andere prot. Gruppen, die sich der Integration in die Staatskirche verweigerten (Dissenter), erlitten die Q. Verfolgungen – nicht nur in England, sondern auch in den nordamerikanischen Kolonien (Massachusetts). 1667 stieß der Admiralssohn William Penn (1644–1718) zu den Quäkern. König Karl II., der bei Penns Vater Schulden hatte, erteilte ihm 1681 die Erlaubnis zur Errichtung einer eigenen Kolonie in Nordamerika, die nach Penns Vater „Pennsylvania" genannt wurde. Hier fanden Q. die Möglichkeit zum selbstgestalteten Leben; zu inneren Konflikten führte auch die Frage nach dem Waffengebrauch. Penn setzte sich entschieden für die Abschaffung der Sklaverei ein. Die Verfassung, die ihm oppositionelle Siedler 1701 abtrotzten, garantierte ein Höchstmaß an individuellen Freiheiten. In England und Nordamerika verfestigte sich die Quäkerbewegung zur →Freikirche. Robert Barclay (1648–90) goss ihre religiösen Anliegen in die Formen schulgerechter Theologie. In der Folgezeit erneuerte sich immer wieder der Konflikt zwischen dem ursprünglichen mystisch-spiritualistischen Charakter der Quäkerbewegung und Tendenzen, sich in Lehre und Selbstverständnis anderen prot. Freikirchen anzupassen.

Scott, R.C. (Hg.), Die Quäker, 1974.

Martin Ohst

Qumran Ortslage auf einer Mergelterrasse am Nordwestufer des Toten Meeres, ca. 12 km südlich von Jericho und ca. 32 km nördlich von En-Gedi. Das im Vorfeld durch vereinzelte Begeher schon als archäologisch relevant beschriebene Gelände rückte im Zusammenhang mit den Schriftrollen vom Toten Meer ins Zentrum des wissenschaftlichen Interesses, die seit 1947 in bislang elf Höhlen in teilweise unmittelbarer Nähe der Ortslage gefunden worden waren. Hierbei handelt es sich um die meist sehr fragmentarischen Reste von etwa 870 antiken Schriftrollen in hebr. oder aram. Sprache (nebst wenigen griech. Fragmenten). Diese wurden wahrscheinlich im Zusammenhang mit den Wirren des ersten jüd. Krieges zwischen 66–70 n.Chr. in den Höhlen deponiert und zum Teil in großen Tonkrügen aufbewahrt. Die Entdeckung der ersten Schriftrollen aus Höhle 1 durch den Hirtenjungen Mohammed Ed-Dibh bei der Suche nach einer Ziege um 1947 ist inzwischen legendär. Die gefundenen Texte sind religiöser Natur und enthalten neben inhaltlich schon vorher bekannten alt- und zwischentestamentlichen Texten auch bis dato noch unbekannte Schriften des antiken →Judentums bis 70 n.Chr. Nach zunächst zügiger Veröffentlichung der ersten großflächig erhaltenen Schriftrollen erfolgte die weitere Edition besonders der kleineren Fragmente aus Höhle 4 bis in die 1990er Jahre eher schleppend, was in der Öffentlichkeit Anlass zu Spekulationen bis hin zu Verschwörungstheorien bot. Inzwischen liegen die Texte ediert und auch in dt. Übersetzung vor. Die Bedeutung all dieser Schriften für die Textgeschichte des AT, für die Erforschung des Judentums bis zur Zerstörung des Zweiten Tempels sowie für das jüd. religiöse Umfeld des frühen Christentums (→Urchristentum, Urgemeinde) kann nicht hoch genug eingeschätzt werden.

Die Ortslage wurde 1951 und 1953–1956 durch die École Biblique et Archéologique Française, das Jordan Antiquities Department und das Palestine Archaeological Museum (heute Rockefeller-Museum) unter der Leitung von Père Roland de Vaux ausgegraben. Währenddessen und danach erfolgten vereinzelte archäologische Sondierungen nicht nur der eigentlichen Ortslage, sondern auch des östlich angrenzenden Gräberfeldes sowie der Höhlen, die jeweils als Komponenten des archäologischen Spektrums Q angesprochen werden können.

Der Ausgräber de Vaux sah einen engen Zusammenhang zwischen den Schriftrollen und den Ruinen von Q. und interpretierte die Ortslage wie folgt: Eine eisen-II-zeitliche Vorbesiedelung aus dem 7./6.Jh. v.Chr. sei Jahrhunderte lang verlassen geblieben, im 2.Jh. v.Chr. neu besiedelt (Stratum Ia) und im 1.Jh. v.Chr. zu einer großen Anlage ausgebaut worden (Stratum Ib). Diese sei 31 v.Chr. durch ein Erdbeben zerstört worden und etwa 30 Jahre lang verlassen geblieben. Erst zwischen 4 und 1 v.Chr. sei die Besiedelung wieder aufgenommen worden (Stratum II). Die Kontinuität der Keramik und der Raumbenutzung waren für de Vaux Hinweise auf die Kontinuität der Bewohnerschaft von Stratum I und II. Diese identifizierte er in Anlehnung an zuvor v.a. durch Eleazar Sukenik und André Dupont-Sommer bei der Durchsicht der ersten gefundenen Rollen geäußerte Hypothesen als jüd. Sekte der Essener. Die Ortslage war damit in de Vaux' Augen Wohn- und Wirkstätte einer geschlossenen Essenergemeinschaft (die Verwendung des plakativen Begriffs „Mönche" für die Mitglieder der Gemeinschaft kann nicht ungebrochen auf de Vaux zurückgeführt werden, sondern ist erst Teil der medial aufbereiteten Nachgeschichte), die sich der Herstellung und der Pflege der religiösen Schriften gewidmet und diese während des ersten jüd. Krieges (66–74 n.Chr.) beim Herannahen des röm. Legionszuges in den Höhlen verborgen hätte. Die Besiedelung von Stratum II habe durch die Zerstörung der Ortslage durch Vespasian im ersten jüd. Krieg 68 n.Chr. geendet. Danach habe sie bis 74 n.Chr. als röm. Garnison (Stratum III) gedient. Münzfunde aus der Zeit des zweiten jüd. Krieges (132–135 n.Chr.) machten eine kurze Nachbesiedelung in dieser Zeit wahrscheinlich.

Diese von de Vaux archäologisch untermauerte Qumran-Essener-Theorie bot eine kohärente Erklärung für die Trägergruppen und die historische Verortung der aufgefundenen Schriftrollen und schien sich in den folgenden Jahrzehnten ihrer Rezeption in einer Vielzahl von Einzelbeobachtungen der Texte sowie des archäologischen Materials zu bestätigen. Obwohl in der Folgezeit mehrfach Modifikationen vorgeschlagen wurden, bewegte sich die Qumranforschung in ihrem Hauptansatz im Dreieck Schriftrollen – Ortslage – Essener, sodass man die Qumran-Essener-Theorie als Standardparadigma ansprechen kann, das bis in die Gegenwart einer Mehrzahl der einschlägigen Veröffentlichungen zugrunde liegt.

Dennoch wird dieses Paradigma in den letzten Jahren ernsthaft in Frage gestellt, sodass es inzwischen seine exklusive Stellung eingebüßt hat. Die Forschungslage macht daher die Skizze der Alternativdeutungen der Ortslage Q. notwendig. Wurde zwar schon im Vorfeld Kritik aufgrund der Lektüre der Texte laut (so bestritt beispielsweise Karl Heinrich Rengstorf die genuin essenische Herkunft der Schriftrollen und hielt diese für die Reste der Jerusalemer Tempelbibliothek), so wird das Paradigma in jüngerer Zeit hauptsächlich von archäologischer Seite hinterfragt. Die Kritik richtet sich einerseits auf die Verknüpfung von Schriftrollen und Archäologie durch de Vaux und votiert für eine exklusiv archäologische Interpretation der Ortslage unabhängig vom Sinnhorizont der Texte. Allein aufgrund des archäologischen Befundes ist eine Interpretation als Anlage einer Essenergemeinschaft nicht zwingend anzunehmen, da die Essener – unbeschadet einiger Vorschläge aus der Forschungsgeschichte, etwa bezüglich der Grabanlagen – archäologisch nicht eindeutig von anderen jüd. Gruppen unterschieden werden können. Damit wird der „essenische" Charakter des archäologischen Befundes lediglich durch die Parallellektüre mit den vorgefundenen Schriftrollen möglich, in denen allerdings der Begriff „Essener" an keiner Stelle Verwendung findet. Andererseits verhindert der Umstand, dass de Vaux zu Lebzeiten außer einigen Vorveröffentlichungen keinen endgültigen Grabungsbericht vorgelegt hatte, die Möglichkeit einer kritischen archäologischen Neubeurteilung und trägt zur Immunisierung der Qumran-Essener-Theorie bei. Nicht zuletzt aus diesem Grund wurde ab 1986 die Arbeit an einem Endbericht durch die Ècole Biblique wieder aufgenommen, was zu einigen neuen Vorschlägen bezüglich der Interpretation der Ortslage führte. Beurteilte etwa Norman Golb die Anlage als militärische Festung oder Lena Cansdale als Zollstation, so schlugen Robert Donceel und Pauline Donceel-Voûte, die für kurze Zeit zusammen mit Jean-Baptiste Humbert mit der Aufarbeitung des Grabungsnachlasses von de Vaux beauftragt waren, als Interpretation der Ortslage ein landwirtschaftliches Gehöft, eine Art *villa rustica* vor. Diese

These erfreut sich in der jüngeren archäologischen Diskussion großer Aufmerksamkeit, wurde inzwischen mehrfach modifiziert und gewann durch mehrere Beobachtungen an Plausibilität. Vertreter dieser These verorten die archäologischen Relikte dabei nicht in die Textwelt der Qumranrollen, sondern v.a. in den regionalen Kontext eines Wirtschaftsraumes am Toten Meer. Dieses Gebiet war in der röm. Antike keineswegs verlassen (wie es der moderne Reisende empfinden mag), sondern von einer Infrastruktur von Verkehrswegen zu Lande und Wasser durchzogen, die einen regen Handelsaustausch v.a. der lokalen Produkte Balsam, Datteln, Salz und Asphalt ermöglichte. Im Zuge der weiteren archäologischen Erforschung dieser Region „Totes Meer“ wird sich die Bestimmung der Ortslage Q. als landwirtschaftliches Gut alternativ zur Qumran-Essener-Theorie zu erweisen haben. Damit wäre allerdings die Frage nach der Provenienz der einzigartigen Schriftrollenfunde und nach dem Grund für deren Hortung in abgelegenen Höhlen wieder offen. Unbeschadet dieser Fragen bleiben diese Schriften kostbare Zeugnisse der religiösen Vielfalt im Judentum zur Zeit des Zweiten Tempels und des Urchristentums.

Donceel, R./Donceel-Voûte, P., The Archaeology of Khirbet Qumran, in: Wise, M.O. u.a. (Hg.), Methods of Investigation of the Dead Sea Scrolls and the Qumran Site. Present Realities and Future Prospects, 1994, 1–38; García Martínez, F./Tigchelaar, E., The Dead Sea Scrolls Study Edition, Bd. 1–2, 1997–1998; Maier, J., Die Qumran-Essener: Die Texte vom Toten Meer. Band 1–3, 1995–1996; Mayer, B. (Hg), Jericho und Qumran. Neues zum Umfeld der Bibel, 2000; Rohrhirsch, F., Wissenschaftstheorie und Qumran. Die Geltungsbegründungen von Aussagen in der biblischen Archäologie am Beispiel von Chirbet Qumran und En Feschcha, 1996; Vaux, R. de, Archaeology and the Dead Sea Scrolls, 1973; Vaux, R. de, Die Ausgrabungen von Qumran und En Feschcha, 1996.

Peter Busch

R

Rabbiner Seit der Zerstörung des Jerusalemer →Tempels (70 n.Chr.) bezeichnet der Begriff *Rabbi* (dt. Plural: Rabbinen; hebr.: mein Meister), der ursprünglich die allgemeine Ehrenbezeichnung eines Schriftgelehrten darstellte, einen durch Charisma und Kompetenz ausgewiesenen Angehörigen eines Netzwerkes von jüd. Toragelehrten (→Tora). Seit dem Zeitalter des →Talmuds verfestigte sich der titulare Gebrauch und der Gelehrtentitel wurde mit einer förmlichen →Ordination (hebr.: *semicha*) verbunden, wobei die palästinischen Gelehrten als *Rabbi*, die babylonischen Gelehrten als *Rav* angesprochen wurden. Der den R. und ihren Schülerkreisen von den (grundsätzlich autonomen) jüd. Gemeinden (→Judentum) zuerkannte Einflussbereich beschränkte sich auf die Lehre und die Entscheidung hinsichtlich aller Fragen der Auslegung und Anwendung der Tora im →Alltag, insbesondere hinsichtlich der Regelung von Streitfällen. Im jüd. →Gottesdienst hatten die R. keine besondere Funktion. Die R. behaupteten seit dem 3.Jh. n.Chr. die ununterbrochene Abfolge ihrer unveränderten →Tradition bis zurück in die nachexilische Zeit und von dort aus bis zur →Offenbarung der Tora am Sinai (Traditionskette). In den jüd. Gelehrtenkreisen Palästinas bis zum Beginn des 3.Jh. n.Chr. (Tannaiten) und seitdem in den rabb. Schulen Palästinas und Babyloniens (Amoräer) wurden die zahlreichen Auslegungen und Verständnistraditionen der Tora als Basis der →Halacha gesammelt, überliefert, selektiert, redigiert und zu schriftlichen Sammlungen zusammengestellt (→Mischna und Tosefta; →Midraschim; jerusalemischer und babylonischer Talmud).

Seit dem Hochmittelalter (→Mittelalter) ist der Begriff R. (dt. Plural: Rabbiner) Amts- und Funktionsbezeichnung (→Amt, Ämter) eines jüd. Gelehrten im Dienst einer Gemeinde (→Kirchengemeinde). Das allmähliche Entstehen von hierarchisch strukturierten Instanzen (Oberrabbiner; Landesrabbiner) ändert zwar nichts an der prinzipiellen Autonomie der rabb. Toraauslegung und den hierauf beruhenden Lehrentscheidungen, entspricht jedoch dem Bedürfnis der jüd. Gemeinden nach einer leistungsfähigen organisierten Repräsentanz gegenüber der muslimischen (→Islam) oder christl. Obrigkeit (→Papst, Papsttum). Neben die eigentliche Bedeutung des R. als verantwortlicher Instanz hinsichtlich aller aktuellen halachischen Fragen treten seit der →Neuzeit zunehmend seine Rolle als lokale religiöse (→Religion) und moralische (→Moral) Autorität sowie als Repräsentant der jüd. Einzelgemeinde nach außen, insbesondere gegenüber der nicht jüd. Obrigkeit. Seit dem ausgehenden 18.Jh. gleicht sich das Amt des R. in Deutschland immer mehr dem des ev. Geistlichen an; neben seelsorgerliche (→Seelsorge) und administrative Verpflichtungen treten nun auch liturgische und homiletische Aufgaben (→Liturgie; →Predigt) sowie der Gemeindeaufbau. Infolge der →Aufklärung im Judentum ging die Rabbinerausbildung seit dem 19.Jh. mehrheitlich von den traditionellen höheren Talmudschulen (hebr. *Jeschivot*) auf die akademischen Rabbinerseminare der verschiedenen jüd. Denominationen über (z.T. in Verbindung mit einem Universitätsstudium). Innerhalb der progressiven jüd. Reformbewegung werden seit Mitte des 20.Jh. auch Frauen zur Rabbinerin ordiniert.

Carlebach, J. (Hg.), Das aschkenasische Rabbinat, 1995; Greenberg, S., The Ordination of Women as Rabbis, 1988; Hezser, C., The Social Structure of the Rabbinic Movement in Roman Palestine, TSAJ 66, 1997; Klapheck, E., So bin ich Rabbinerin geworden, 2005; Neusner, J., Dictionary of Ancient Rabbis, 2003; Stemberger, G., Das klassische Judentum. Kultur und Geschichte der rabbinischen Zeit (70 n.Chr. bis 1040 n.Chr.), 1979; Urbach, E.E., The Sages. Their Concepts and Beliefs, 2 Bd., ²1987.

Michael Tilly

Rationalismus Rational ist von dem lat. ratio (dt.: Berechnung, Vernunft, Beweis) entlehnt. Eine →Wissenschaft kann rational sein hinsichtlich ihrer Erkenntnisquelle (→Erkenntnis) wie auch hinsichtlich ihrer wissenschaftlichen Methodik. Rational heißt daher das durch vernünftiges Denken Hervorgebrachte wie auch das durch Begründung oder Beweis vernünftig Ausweisbare. Letzteres muss aber nicht der →Vernunft allein entspringen. Rationalistisch nennt man diejenige wissenschaftliche Grundhaltung, die die Vernunft als einzige Quelle des Wissens anerkennt. Dem philosophischen R. steht der Empirismus (→Erfahrung), dem theologischen R. steht der Supranaturalismus (→Offenbarung) gegenüber.

Der philosophische R. steht innerhalb der europäischen →Aufklärung idealtypisch für diejenige Richtung, die die Vernunft als einziges Prinzip sicherer Erkenntnis ansieht. Dagegen nimmt der Empirismus auch Vernunft in Anspruch, sieht sie aber in der dienenden Funktion, die durch Erfahrung gegebene Realität zu erschließen. Als Hauptvertreter des klassischen R. gelten Descartes, Spinoza, Leibniz und Wolff.

Der R. René Descartes' (1596–1650) stellt die Grundfrage, wie man sich seines Wissens unzweifelhaft gewiss sein kann. Als Rahmen dieser Frage kommt nur das menschliche Bewusstsein in Betracht, denn nur dessen ich mir bewusst bin, kann ich auch gewiss sein (Gewissheit). Als auf fundamentale Weise unbezweifelbar erweist sich der Denkvollzug selbst, der zugleich die Existenz seines Akteurs, des Ich als Substanz, impliziert (cogito ergo sum/Ich denke, also bin ich). Die Selbstevidenz des denkenden Ich fungiert nun als Letztbegründung und Paradigma einer rationalistischen Wissenschaft. Nur das, was mit einer der Selbstgewissheit entsprechenden Evidenz auch in allen seinen Differenzierungen, also klar und deutlich, eingesehen ist, kann als gesicherte Erkenntnis gelten.

Baruch de Spinoza (1632–1677) übernimmt das cartesische Evidenzmerkmal der Klarheit und Deutlichkeit, geht aber in der Fassung der metaphysischen Voraussetzungen rationaler Welteinsicht eigene Wege. Adäquates Erkennen ist möglich, weil alles Wirkliche in der Einheit Gottes als der einzigen Substanz gegründet ist. Der menschliche Verstand ist solcher Einsicht nur fähig, sofern er als Teil einer umfassenden Ganzheit des Mentalen, des unendlichen göttlichen Verstandes, agiert. Die Evidenz der bewussten Teilhabe am Ganzen gibt die Gewissheit, die Dinge im menschlichen Geist auch genau so mental zu repräsentieren, wie sie tatsächlich sind. Aus dieser erkenntnistheoretischen Einsicht zieht Spinoza ethische Konsequenzen. Sich der eigenen Bestimmtheit durch äußere Konstellationen im Natur- und Affektzusammenhang bewusst zu werden, vermindert deren faktische, lebensweltliche Handlungsrelevanz und ist daher die erste Bedingung einer rationalen Welteinsicht und Lebensorientierung.

Der R. Gottfried Wilhelm Leibniz' (1646–1716) hat v.a. wissenschaftsmethodische Bedeutung. Gegen John Lockes Empirismus vertritt er in seinen *Neuen Abhandlungen über den menschlichen Verstand* (1707) die These, die sinnlich gegebene Erfahrung könne in keiner Weise die Wahrheit von Ideen ausweisen. Dazu bedarf es vielmehr der rationalen Analyse. Im Falle von Vernunftwahrheiten (→Wahrheit) ist das die rein rationale Ableitung aus evidenten Vorbegriffen. Im Falle von Tatsachenwahrheiten, also für den gesamten Bereich menschlicher Erfahrung, ist der Beweis der Wahrheit nur durch die Form des analytischen Verfahrens selbst zu erbringen: In der Regelhaftigkeit des Übergangs von einem Forschungsschritt zum folgenden, mithin in einem rationalen Element, liegt die Logik der empirischen Wissenschaften.

Diesen Ansatz verfolgt Christian Wolff (1679–1754) weiter, indem er die verschiedensten Gebiete des Wissens in einer rationalen Darstellungsform erschließt und damit den Anspruch verbindet, das jeweilige Gebiet nach den darin vorwaltenden Prinzipien erklären zu können. Mit der Differenzierung von rationalen und empirischen Wissenschaften ist jedoch zugleich eine methodische Einbeziehung der Erfahrung verbunden. Wolff gilt als Schöpfer der dt. Wissenschaftssprache.

Die erkenntnistheoretischen Grundanliegen des R. und des Empirismus vereinigt Immanuel Kant (1724–1804) in der These der Zweistämmigkeit der Erkenntnis in seiner *Kritik der reinen Vernunft* (1781). Erkenntnis entspringt weder nur aus sinnlich Gegebenem (a posteriori) noch allein aus Vernunft (a priori), sondern verdankt sich einem Zusammenwirken beider in der Anwendung von Verstandeskategorien auf Erfahrung.

Als theologischen R. bezeichnet man die um 1790 beginnende dritte Phase der prot. Aufklärungstheologie in Deutschland nach Übergangstheologie (J.F. Buddeus) und Neologie (A. Spalding, J.S. Semler). a) Dessen Vertreter – Johann Friedrich Röhr (1777–1848), Julius August Ludwig Wegscheider (1771–1849), Friedrich Immanuel Niethammer (1766–1848), Heinrich Eberhard Gottlob Paulus (1761–1851) u.a. – sehen den Kern des Christentums in einer natürlich-vernünftigen Religion, die in ihrem ethischen Gehalt aufgeht, und knüpfen hierin v.a. an die →Religionsphilosophie Kants an. Die kantische Kritik lässt die theoretische Frage der Erkennbarkeit und Gegenständlichkeit Gottes offen und konzentriert die *Religion innerhalb der Grenzen der bloßen Vernunft* (1793/94) auf deren praktisch-ethischen Gehalt. b) Daraus ergibt sich eine kritische Sichtung altdogmatischer Lehrbegriffe. Besonders die Trinitäts-, Zwei-Naturen- und Erbsündenlehre sowie die Lehre von der stellvertretenden Genugtuung Christi (→Christologie) werden von den theologischen Rationalisten in ihrer inneren Logik hinterfragt, in eine historische Betrachtung eingeordnet (Dogmengeschichte als theologische Disziplin) und mit dem Hinweis auf die mangelnde „Beförderung der Moralität" entwertet. c) Die rationalistische Kritik der bibl. Überlieferung legt den Grundstein für die historisch-kritische Bibelexegese (→Bibelwissenschaft) der Folgezeit. Die geschichtliche Erklärung des Lebens Jesu und des frühen Christentums (→Urchristentum, Urgemeinde) dient aber zugleich dem Zweck, den ethischen Kern des Christentums freizulegen. d) Mit der Vernunft als Quelle der Religion geht die Ablehnung jedes übernatürlichen autoritativen Offenbarungsanspruchs einher. Letzteres markiert den Gegensatz des R. zur zeitgenössischen Position des Supranaturalismus, vertreten u.a. von Franz Volkmar Reinhard (1753–1812). Die zum Teil hitzig geführte Debatte weist auf eine der Grundfragen des modernen Protestantismus, inwieweit christl. Offenbarungsglaube vereinbar ist mit geschichtlich-vernünftigem Wahrheitsbewusstsein und ethisch-religiösem Freiheitsgefühl.

Beckmann, J.P./Wagner, F., Art. Rationalismus, TRE 28, 1997, 161–178; Hirsch, E., Geschichte der neueren evangelischen Theologie, Bd. 5, [3]1964.

Christof Ellsiepen

Recht 1. Grundlagen: R. und →Gesetz. Der Begriff R. ist in seiner durchschnittlichen Verwendung mindestens doppeldeutig; er bezeichnet zum einen den häufig, aber nicht notwendig schriftlich kodifizierten, jedenfalls berechenbar und strafbewehrt institutionalisierten Komplex von Handlungs- und Verhaltensnormen (Geboten und Verboten) unterschiedlicher Reichweite, die das Zusammenleben einer Gruppe von →Menschen ordnen (lat.: lex); der Gegenbegriff ist dann der Zustand der Gesetzlosigkeit oder der Rechtsbruch. Und er bezeichnet zweitens den abstrakten Zustand, den herzustellen diese Normenkomplexe bestimmt sind (lat.: ius); der Gegenbegriff ist dann das Unrecht. In diesem zweiten Sinne hat der Begriff eine Nähe zu ethischen Phänomenen (→Ethik) bzw. den Grundbegriffen, in denen sie sich formulieren (z.B. →Gerechtigkeit). Beide Bedeutungen stehen nicht einfach nebeneinander, sondern definieren einander wechselseitig: Eine institutionalisierte Ordnung des Zusammenlebens erhebt den Anspruch, R. im Sinne von *ius* zu etablieren und zu normieren; sie unterliegt allerdings durchschnittlicherweise der kritischen Rückfrage, die sich auf ‚vorrechtliche' normative Evidenzen stützt. Diese Differenz zwischen ‚R.' und ‚Gesetz' (Legitimität [Rechtmäßigkeit] und Legalität [Gesetzeskonformität]) formuliert sich in den Theorien, die das abendländische Denken geprägt haben: als Unterschied von göttlichem und menschlichem R. einerseits und als Differenz von gesetztem und natürlichem bzw. Vernunftrecht (→Vernunft) auf der anderen Seite. Die Wahrnehmung dieser Differenz ist selbst kontingent oder historisch positiv; in den altorientalischen Gesellschaften z.B. ist das R. insgesamt theonom begründet – der Herrscher ist Exekutor des göttlichen Gesetzes, nicht aber die Instanz, die es setzt, und das königliche R. selbst ist göttlichen Ursprungs. In der Erfahrung eines dem Gesetz entspringenden Unrechts verschafft sich die Differenz von menschlichem und göttlichem R. Geltung und durchbricht als Antithetik den Zustand selbstverständlich anerkannten Rechtmäßigkeit des Gesetzes; diese Einsicht strebt dann aber danach, die Antithetik aufzuheben – entweder im Ausweis der Rechtmäßigkeit des Gesetzes, oder in der Etablierung einer rechtmäßigen Alternative zum gegebenen Gesetz.

2. →Naturrecht und göttliches R.: Eine komplexe Differenz von R. und Gesetz ist den abendländischen Gesellschaften mit ihren jüd.-christl. Wurzeln eingestiftet. Die typbildenden ‚Ursituationen' sind einerseits das Verhältnis von König und →Prophet in den atl. Texten, die die in den altorientalischen Gemeinschaften vorherrschende identifikatorische Verbindung von →Kult/Gott und König in eine überwiegend antagonistische Spannung bringt; andererseits die Erfahrung des Exils (bzw. der Existenz als religiöser Minderheit in der frühen Kirche [→Urchristentum, Urgemeinde; →Alte Kirche]); und drittens die Gesellschaftskritik des Sokrates, die sich bei Platon, Aristoteles und in der Stoa in je unterschiedlicher Weise im kritischen Verhältnis von faktischem Gerechtigkeitsverständnis und Rechtsidee formuliert. In der Formationsphase des Christentums stand dieses ebenso wie das →Judentum in einem spannungsreichen Verhältnis zum Rechtssystem der röm. Weltmacht. Diese Spannung spricht sich einerseits in der apokalyptischen Antithetik (→Apokalyptik) von →Reich Gottes und Reich der Welt aus; andererseits aber muss die frühe Kirche mit dem Anspruch eben dieses Rechtssystems umgehen, dass in ihm unbeliebige und allgemein als gültig erfahrene Grundlagen menschlichen Zusammenlebens formuliert werden. Diesen Anspruch expliziert in dem im *Corpus Iuris Civilis* zusammengefassten Röm. R. der die *Institutiones* einleitende Rekurs auf das *ius naturale* (die alle, auch die außermenschlichen Lebewesen bestimmende Gesetzmäßigkeiten: z.B. das Verhältnis von Mann und Frau und Eltern und Kindern) und das *ius gentium* (das allen Menschen qua Vernunftwesen zugängliche und das Zusammenleben in allen Völkern gleichsinnig regelnde Gesetz; Inst I,2,1); erst dann folgt das positive R. (das in seiner Geltung auf bestimmte politische Einheiten limitierte R. oder das R. engerer Personengruppen). Mit der konstantinischen Wende stand die Christenheit vor der Aufgabe, die Differenz von R. und Gesetz auf die Möglichkeit einer harmonischen Beziehung hin zu formulieren. Exemplarisch kann für die vorneuzeitliche Gestalt der Verhältnisbestimmung der Gesetzestraktat des →Thomas von Aquin (Summa theologiae I–II q 90–108) stehen; er ordnet der *lex divina* – der alle Wirklichkeit ordnenden Vernunft Gottes – die *lex naturae* zu: den normativen Niederschlag der *lex divina* in der menschlichen Vernunft, durch die die Grundlagen und Prinzipien jedes R. dem Menschen eingestiftet und zugänglich sind. Die *lex positiva* stellt die Ableitung aus dieser *lex naturae* dar, gewinnt als solche Ableitung ihre Legitimität und hat an ihr die Grenze ihrer Geltung. Auch die *lex vetus* – das Gesetz des Alten →Bundes – wird diesem Schema eingeordnet und in ihrer Geltung unter den Vorbehalt der Übereinstimmung mit der *lex naturae* gestellt; eine grundsätzlich vergleichbare Begrenzung des Anspruches der durch göttliche Autorität legitimierten Rechtssätze auf das mit der Vernunft Übereinstimmende nimmt Martin →Luther (*Eine Unterrichtung, wie sich die Christen in Mose sollen schicken*, 1525) vor.

3. Die Zwei Reiche (→Zwei-Reiche-Lehre) und das R.: Die reformatorische Unterscheidung zweier Reiche (→Reformation) fixiert diese Ablösung der Rechtsgeltung von Begründungen auf religiös-autoritative, aber kontingente Ereignisse. Sie verpflichtet den Christenmenschen dazu, eine solche Rechtsverfassung nicht nur zu dulden, sondern zu achten, an ihr mit-

zuwirken und sie mit durchzusetzen, die unter den Bedingungen der Sündenverfallenheit des Menschen am Maßstab der Vernunft äußere Sozialität der Sünder (→Sünde) gewährleistet (und nicht eine nach bibl. Vorschriften ausgerichtete Gemeinschaft der Frommen etabliert): Das Zusammenleben der Menschen muss von Prinzipien geleitet sein, die die Begabung mit dem →Heiligen Geist und damit eine selbstlose Gesinnung nicht voraussetzen – diese Forderung ergibt sich aus der theologischen, näher in der Rechtfertigungslehre (→Rechtfertigung) begründeten Einsicht, dass die Gabe des Heiligen Geistes prinzipiell unverfügbar und daher als Grundlage einer verlässlichen Gemeinschaft nicht geeignet ist. Die Prinzipien gemeinschaftlicher Rechtsordnung müssen vielmehr auch die Personen, die als Sünder sozialwidrig gesinnt sind, zur Gemeinschaft verbinden. Entsprechend muss das Prinzip des R. die allen zugängliche und für alle verbindliche Vernunft sein, und das R. selbst muss strafbewehrt sein und damit den Menschen auf das ansprechen, was auch den Sünder noch motiviert: das Selbstinteresse. Damit ist der Sinn geweckt für eine Begründung des R., die auf spezifische religiöse Voraussetzungen keine Rücksicht nimmt; noch in der Unterscheidung von Rechtslehre und Tugendlehre in Immanuel Kants *Metaphysik der Sitten* ist diese Zuordnung zweier Rechtssphären aufbewahrt.

4. Naturrecht im konfessionellen Zeitalter: Der religiös begründete Verzicht auf eine spezifisch konfessionelle Begründung (→Konfession, Konfessionalismus) der Rechtsordnung setzt bei Luther wie bei →Thomas von Aquin eine schöpfungstheologische Begründung (→Schöpfung) des R. voraus, eröffnet aber zugleich die Möglichkeit einer Verselbständigung der Rechtsordnung gegen religiöse Voraussetzungen, die zunächst den Schlüssel zur Bewältigung des konfessionellen Bürgerkrieges bot, der der Reformation gefolgt war. Die Aufnahme der stoisch-humanistischen →Tradition des Natur- bzw. Vernunftrechts schlägt sich in Staats- bzw. Rechtsbegründungen nieder, die strittiger konfessioneller oder positiv-religiöser Grundlagen nicht mehr bedürfen und das R. als zweckrationale Gestaltung des anthropologisch – als natürlicher Trieb oder Bedürfnis (S. v. Pufendorf: *socialitas* und *imbecillitas*) oder in der Vermeidung der Folgen des Kriegszustandes (T. Hobbes) – begründeten Gemeinschaftswillens des Menschen herleiten. Diesen Natur- oder Vernunftrechtstheorien stehen Theorien der Souveränität gegenüber, die angesichts der Sprengkraft materialer (religiöser) Geltungsvorbehalte für die Rechtsordnung die Setzung eines material ungebundenen und daher auch nicht kritisierbaren Souveräns als Geltungsgrundlage des R. betrachten und so zu einer Trennung von R. und Moral zugunsten des gesetzten R. gelangen (Jean Bodin; T. Hobbes).

5. Naturrecht und Rechtspositivismus in der →Neuzeit: Die neuzeitliche Rechtstheorie ist von daher geprägt durch den Gegensatz des Rechtspositivismus einerseits und der vernunft- oder naturrechtlichen oder politisch-weltanschaulichen Begründungstheorien andererseits. Grundsätzlich ergibt sich hier jeweils eine Vielzahl von Begründungstheorien; der Rekurs auf natürliche Gegebenheiten und Ausstattungen des Menschen, aus denen sich Verpflichtungen ableiten lassen (etwa in der neuscholastischen Natur-

rechtslehre [→Scholastik]: J. Mausbach; J. Messner u.a.), stehen in der Gefahr eines naturalistischen Fehlschlusses und werden – nach einer Renaissance des Naturrechts nach dem Ende des Zweiten Weltkriegs – gegenwärtig seltener vertreten; der vernunftrechtliche Versuch, bestimmte, nicht deskriptiv (als Implikat von Strebungen) erhobene, sondern normativ strukturierte Vernunftpflichten als Ableitungsprinzipien einer Rechtsordnung zu erheben, entspricht dem deduktiven Wissenschaftsbegriff des 17. und 18. Jh.; das R. wird hier aus den mit dem Zusammenleben von Vernunftwesen gesetzten Erfordernissen abgeleitet und etwa durch Vertragstheorien gegen einen vorangehenden Naturzustand abgegrenzt. Beide Begründungsansätze gewinnen ihre Attraktivität dadurch, dass sie mit der Natur bzw. der Vernunft Instanzen der Rechtsbegründung angeben, die dem die europäischen Staaten ruinierenden Konfessionsgegensatz entzogen und – dem Anspruch nach – allen Menschen in allen Kontexten zugänglich bzw. für alle verbindlich sind.

Auf der anderen Seite rekurriert die etwa historische Rechtsschule auf die faktische Sitte und die (auch religiöse) Prägung eines Volkes als vorrechtlichem Geltungs- und Legitimitätsgrund des positiven R. (typbildend: F. v. Savigny); hier spiegelt sich die romantische Verweigerung gegenüber dem Begründungsanspruch einer an gewachsene Strukturen nicht gebundenen und sie hinterfragenden Vernunft wieder. Die Offenheit der Rechtsbegründung auf die Unentrinnbarkeit und unverfügbare Vorgegebenheit der Geschichte ist die gleichermaßen der natur- oder vernunftrechtlichen Begründung wie dem Positivismus gegenüberstehende Anmutung dieser Position; allerdings vollzieht sich hier der Übergang zum Positivismus darin, dass der Jurist derjenige ist, der die Transformation des Volksgeistes in Rechtssätze vollzieht, so dass das so entstandene positive R. zugleich Manifestation dieser Volkssitte ist. Diese Alternative zur natur- oder vernunftrechtlichen Rechtsbegründung ist am besten greifbar in der modernen Rechtsbegründungsfigur des Souveräns, d.h. der Instanz, die zur durch das R. nicht gebundenen Rechtssetzung befähigt und berechtigt ist – sei es der absolute Monarch, eine aristokratische Gruppe, eine Partei, ein Diktator oder das Volk. Die gedankliche Stärke dieses Ansatzes etwa bei Carl Schmitt liegt in der These, dass jede Rechtsordnung an irgendeiner Stelle faktisch auf eine durch das R. nicht gebundene, zur (Aus-)Setzung des R. im Ganzen berechtigte Instanz und damit auf die Politik bzw. die weltanschaulich geleitete Geschichtsdeutung (→Weltanschauung) verweist; den Hintergrund dieser Theoriebildungen stellt – wie der Rekurs auf Louis Gabriel Antoine de Bonald, Donoso Cortéz, auf Joseph de Maistre und andere antirevolutionäre Theoretiker ausweist – die Erfahrung des Zerbrechens der (die konfessionellen Differenzen überbrückenden) Überzeugungsgemeinschaft im anhebenden Zeitalter der Geschichtsideologien und der entsprechenden Bürgerkriege dar, die dazu nötigt, als letzte Rechtsquelle die rechtlich nicht mehr gebundene Dezision des Rechtssetzenden zu fassen.

Diesen Ansätzen gegenüber geht ein rechtspositivistischer Ansatz davon aus, dass das R. durch das formaljuristisch korrekte Zustandekommen, nicht aber durch seinen Inhalt Geltung erlangt. Eine solche Position kann sich als praktische Maxime in der Weigerung, das geltende R. der Frage nach seiner Legitimität zu unterwerfen, äußern; eine positivistische

Rechtstheorie aber geht von der (neu)kantianischen Einsicht aus, dass Geltungsansprüche (Sollensurteile) auf Tatsachenfeststellungen (Seinsurteile) nicht begründet werden können. Den konsequent rechtspositivistischen Versuch, auf alle rechtsexternen Begründungsinstanzen Verzicht zu leisten, stellt die *Reine Rechtslehre* Hans Kelsens dar, die die Figur der Souveränität des R. so fasst, dass eine Rechtstheorie nicht die Begründung des R., sondern die Erhebung der in der faktisch geltenden Rechtsordnung immer schon vorausgesetzten, nicht weiter ableitbaren systematischen (aber nicht notwendig genetischen) Grundnorm und die Kritik der Ordnung von diesem Prinzip her zur Aufgabe habe.

6. Theologische Rechtsbegründungen: Nach dem Zweiten Weltkrieg boten sich naturrechtliche Grundlegungen des R. als Heilmittel gegen die Instrumentalisierung des R. durch menschenverachtende Ideologien an; die rechtsförmige Selbstdurchsetzung des Nationalsozialismus wurde als Folge des Rechtspositivismus betrachtet (wiewohl viele Kritiker der Weimarer Republik unter den Staatsrechtslehrern gerade keine positivistische Rechtstheorie vertraten). Auch innertheologisch wurde der Versuch unternommen, die luth. oder neuprot. Verselbständigung der Gesellschafts- und Rechtsordnung gegen theophore Voraussetzungen, die theologische Verselbständigung des Bereiches des R. als ‚eigengesetzlicher', theologisch nicht kritisierbarer Ordnung durch eine materiale Grundlegung des R. abzulösen. Der Versuch einer theologisch-christologischen Grundlegung (→Christologie) des R. (etwa bei Karl →Barth in der Begründung des Staates und der Rechtsordnung als Analogie zur Gnadenordnung Gottes [→Gnade]: Rechtfertigung und R.) ist als Ausdruck der materialen Selbstverpflichtung einer einflussreichen gesellschaftlichen Gruppe (der Kirche (→Ekklesiologie) bestimmter Prägung) auf eine freiheitliche Rechtsordnung begrüßenswert, nicht aber als normative Grundlegung eines Rechtskonsenses innerhalb einer religiös und weltanschaulich pluralisierten Gesellschaft (→Pluralismus; →Gesellschaftstheorie) geeignet; sie ist den abgelehnten neuprot. Positionen und der dort durchaus etablierten kritischen Funktion des Begriffes des universalen Reiches Gottes für jede natürliche Gemeinschaft (A. Ritschl) auch näher verwandt, als sich die Autoren träumen ließen. Der Versuch, materiale Rechtsbegründungstheorien außertheologischen Ursprungs einer theologischen Deutung zu unterziehen und so als anschlussfähige Theorien zu rezipieren, wird in der gegenwärtigen →Theologie in unterschiedlichen Modifikationen vorgetragen (etwa: W. Huber) und war in dieser Weise auch in den Diskussionen über konkrete Rechtsgestaltungen wirksam (vgl. R. Anselm).

7. →Menschenrechte: Das Problem einer Begrenzung der Rechtssetzungskompetenz durch Grundsätze, die als Kriterien konsensfähig sind und nicht dem Verdacht unterliegen, selbst Ausdruck partikularer religiöser oder weltanschaulicher Setzungen zu sein, hat das Grundgesetz (GG) und haben viele Gemeinwesen in ihren Verfassungen durch die Anerkennung einer vorstaatlichen →Menschenwürde und entsprechender R. und durch die Überführung derselben in unmittelbar geltendes R. mit regulativer Funktion gelöst; die UN-Menschenrechtscharta formuliert einen ähnlichen, allerdings auf die Rezeption durch die souveränen Staaten angewie-

senen Rechtskonsens. Die Begründungsoffenheit dieser Menschenrechte ermöglicht deren Reformulierung in einer Vielfalt von weltanschaulichen und religiösen Kontexten. Ob der Konsens über die Unantastbarkeit der Menschenwürde sich mit dem Anspruch universaler Geltung durchsetzen kann oder sich als partikular europäische, letztlich spezifisch religiös begründete Einsicht limitieren muss, wird sich zeigen; jedenfalls aber sorgt gerade der universale Anspruch dieser Legitimitätsprinzipien, der Anspruch auf allgemeine Evidenz und der Verzicht auf explizit partikulare Voraussetzungen dafür, dass jede Alternative dazu sich ebenfalls als universal evident ausweisen muss.

Anselm, R., Jüngstes Gericht und irdische Gerechtigkeit, 1994; Behrens, O. (Hg.), Der biblische Gesetzesbegriff. Auf den Spuren seiner Säkularisierung, 2006; Böckenförde, E.-W., Recht, Staat, Freiheit, 1991; Dilcher, G., u.a. (Hg.), Christentum und modernes Recht, 1984; Friedrich, M., Geschichte der deutschen Staatsrechtswissenschaft, 1997; Huber, W., Gerechtigkeit und Recht, 1996; Mehlhausen, J. (Hg.), Recht, Macht, Gerechtigkeit, 1998; Reuter, H.-R., Rechtsethik in theologischer Perspektive, 1996; Strömholm, S., Kurze Geschichte der abendländischen Rechtsphilosophie, 1991.

Notger Slenczka

Rechtfertigung 1. Sprachgebrauch und bibl. Überlieferung: Im außertheologischen Sprachgebrauch bezeichnet R. zumeist einen Vorgang, in dem Menschen sich in zwischenmenschlichen Beziehungen oder vor Gericht für ein ihnen zugeschriebenes Verhalten verantworten müssen oder wollen, um eine gerechte Beurteilung zu erfahren. Demgegenüber geht es in der bibl.-theologischen Rede von R. um die →Gerechtigkeit des Menschen vor Gott und damit verbunden um die Frage, worin diese Gerechtigkeit besteht. Im →Alten Testament sind es v.a. Texte aus exilischer und nachexilischer Zeit, die um die Frage kreisen, ob und wie der →Mensch Gerechtigkeit vor Gott erlangen kann (Ps 72,1–3). Dabei tritt in den jüngeren Texten immer deutlicher die Einsicht hervor, dass der Mensch vor Gott nicht gerecht zu sein vermag (Ps 143,2; 51,6). Verbunden damit verstärkt sich die Konzentration auf die forensische Vorstellung des göttlichen Gerichtsurteils. So erscheint in den Psalmen Salomos aus dem 1.Jh. v.Chr. die Rechtfertigung Gottes ganz auf sein richtendes Handeln konzentriert (vgl. PsSal 2,15; 3,5; 4,8; 8,7; Sir 18,2). Dass es in der Frage nach der Gerechtigkeit des Menschen vor Gott zugleich um die Gerechtigkeit Gottes geht, wird im Hiobbuch deutlich. In den Gottesknechtsliedern des Jesajabuches wird der Rechts- und Rettungswille Gottes unter den Völkern besungen, der durch den stellvertretenden Tod des Gottesknechts für die →Sünden (Jes 53,11f) die Vielen, also auch die Völker (Jes 52,15) gerecht spricht.

Mit der Vorstellung, dass Gott selbst durch das →Leiden des Knechts nicht nur Israel, sondern allen Menschen Gerechtigkeit eröffnet, ist eine entscheidende Voraussetzung für die ntl. Botschaft (→Neues Testament) gegeben. Hier gewinnt der Begriff der R. v.a. in der Theologie des →Paulus zentrale Bedeutung. Ausgehend von der Einsicht in die universale Heilsbedeutung (→Heil) des Kreuzestodes Jesu Christi (→Jesus Christus) und seiner →Auferstehung lehrt Paulus, dass der Mensch nicht durch die Werke des →Gesetzes vor Gott gerecht zu werden vermag (Gal 2,16; 3,11). Die Gerechtigkeit, die vor Gott gilt, gründet nach Paulus vielmehr in der →Erlösung des Menschen von der Sünde durch →Kreuz und →Auferstehung Jesu Christi (Röm 3,24; Gal 3,13). Weil Gott selbst in Jesus Christus die →Versöhnung gestiftet hat, muss sich der Mensch die Gerechtigkeit vor Gott nicht durch Werke des Gesetzes erwerben, sondern empfängt die Gerechtigkeit im →Glauben ohne alle Werke (Röm 3,28). Im Lichte der in Jesus Christus geschehenen Erlösung wird damit zugleich das Bestreben, die Gerechtigkeit durch die Werke des Gesetzes erlangen und sich dieser Werke vor Gott rühmen zu wollen, als Grundsünde des Menschen manifest (Röm 3,27; 4,2; 1Kor 1,28f; Gal 6,14; Phil 3,4–11). Dagegen bringt Paulus in Röm 4,5 zur Geltung, dass der Glaube dem zur Gerechtigkeit gerechnet wird, der nicht versucht, durch Werke vor Gott gerecht zu werden, sondern „an den glaubt, der die Gottlosen gerecht macht". Das →Evangelium, das sich an alle Menschen – Juden und →Heiden – richtet, ist mithin die Botschaft von der „Gerechtigkeit, die vor Gott gilt, welche kommt aus Glauben in Glauben" (Röm 1,17). Darin sieht Paulus die Verheißung in Hab 2,4 erfüllt: „Der Gerechte wird aus Glauben leben". Die Gerechtigkeit des Glaubens, durch die nach pln. Interpretation von Gen 15,6 in Röm 4,3; Gal 3,16 schon →Abraham vor Gott gerecht war, eröffnet dem Menschen die Gotteskindschaft (Röm 8) und schenkt ihm →Frieden mit Gott (Röm 5,1).

2. Kirchliche Lehrentwicklung: In der →Alten Kirche spielt der Begriff der R. zunächst eine untergeordnete Rolle. Entscheidend ist hier die Vorstellung, dass der Mensch durch die Gottessohnschaft und das Heilswerk Jesu Christi in die zuvor durch die Sünde zerstörte Gemeinschaft mit Gott zurückgeführt wird. Die Frage, worin die Gerechtigkeit vor Gott besteht und in welcher Weise der Mensch zu dieser Gerechtigkeit vor Gott beitragen kann und soll, gewinnt erst in der Auseinandersetzung zwischen Pelagius und →Augustin zentrale Bedeutung. Im Rekurs auf die pln. Rechtfertigungslehre betont Augustin, dass der Mensch aufgrund der von Adam ererbten Ursünde unfähig ist, sich selbst aus eben diesem Erbsündenzusammenhang zu befreien. Allein die →Gnade Gottes ermögliche dem Menschen die selbstlose →Liebe zu Gott und zum Nächsten, zu der er als Geschöpf Gottes bestimmt sei.

Während in der östlichen Theologie die altkirchliche Vorstellung von der R. als Vergottung durch Mittelalter und Neuzeit hindurch bis heute das Rechtfertigungsverständnis der →orthodoxen Kirchen des Ostens bestimmt, hat sich in der westlichen Lehrbildung ausgehend von Augustin die Frage nach dem Verhältnis von Gottes Alleinwirksamkeit und menschlicher Aneignung bei der Vermittlung des Heils dauerhaft als zentrales Thema von →Theologie und →Frömmigkeit etabliert. In den mittelalterlichen Sentenzenkommentaren und in den theologischen Summen gewinnt es einen festen Ort. →Thomas von Aquin versteht die R. in Entsprechung zu dem lat. Begriff *iustificatio* als Gerechtmachung durch die Eingießung der Gnade, die allein Gottes Werk sei und den Menschen dazu bewege, Gottes Liebe zu erkennen und ihn in Glaube, Liebe und →Hoffnung zu verehren. R. wird mithin in effektivem Sinne als allein der Gnade Gottes zu verdankender Veränderungsprozess des Menschen verstanden. In der spätmittelalterlichen Theologie bei Duns Scotus, in der Schule des Wilhelm von Ockham und bei Gabriel Biel wird sodann die Mitwirkung des Menschen im Geschehen der R. immer stärker betont: Der Mensch solle tun, was ihm möglich ist (lat.: facere quod in se est), um Verdienste bei Gott zu erwerben. Die praktische Umsetzung dieser Gnadentheologie bietet das spätmittelalterliche Bußwesen (→Buße; →Ablass; →Mittelalter.).

Die mit jeder Buße verbundene Frage, wie man gewiss sein könne, genug getan zu haben, um Gottes Gnade zu verdienen, bringt den Mönch Martin →Luther zur Verzweiflung. In seinen schweren Anfechtungen sucht ihn sein Ordensoberer Johann von Staupitz zu trösten, indem er ihn immer wieder auf die im Leiden Christi offenbare Barmherzigkeit Gottes hinweist. Im Lichte dessen versucht Luther beharrlich, den wahren Sinn der bibl. Rede von der Gerechtigkeit Gottes zu verstehen und gewinnt in der Auslegung des Römerbriefs die Einsicht, dass Gottes Gerechtigkeit eine schenkende sei, durch die Gott dem Sünder die R. allein aus Glauben ohne alle Werke zuteil werden lasse. Er begreift die R. mithin als ein forensisches Geschehen der Gerechtsprechung, das er in seiner Schrift *Von der Freiheit eines Christenmenschen* (1520) auf den fröhlichen Wechsel zurückführt, in welchem Christus die Sünde des Menschen auf sich nimmt und ihm seine Gerechtigkeit schenkt. Die R. ereignet sich für den Menschen nach Luther als ein Geschehen, in dem der Glaubende aus seiner in die Sünde verstrickten Existenz herausgerissen wird und ein neues Sein in Christus gewinnt. So sehr sich der Glaubende, wenn er auf sich selbst in seiner vorfindlichen Existenz blickt, als Sünder wahrnehmen muss, darf er sich doch durch den Zuspruch des Evangeliums vor Gott gerecht wissen (→Gewissheit.). Insofern gilt für Luther, dass der Glaubende Sünder und Gerechter (lat.: simul iustus et peccator) sei. Dies impliziert, dass sich der Mensch die Gerechtigkeit nicht als seine Qualität zugute halten kann, sondern immer neu auf den Rechtfertigungszuspruch angewiesen ist. Philipp →Melanchthon bringt diesen Gedanken zur Geltung, indem er die R. als Zurechnung der fremden Gerechtigkeit Christi bestimmt, die der Mensch im Glauben ergreift. Sündenvergebung und Zurechnung der Gerechtigkeit Christi bedeuten nach Melanchthon dabei zugleich die Aufnahme in die Gotteskindschaft, die er im Unterschied zu Luther aber nicht als Einssein mit Christus beschreibt. Wenngleich schon Luther und Melanchthon damit unterschiedliche Akzente in der Auslegung der R. allein aus Glauben ohne alle Werke setzen, bringen sie diese doch gleichermaßen als den zentralen Artikel reformatorischer Theologie (→Reformation) zur Geltung.

Nach dem Tod Luthers kommt es unter den Anhängern seiner Lehre zu Streitigkeiten über das Verständnis der R. Hier geht es in Auseinandersetzung mit Andreas Osiander zunächst um die Frage, wie die in der R. zugesprochene Gerechtigkeit zu verstehen sei, sodann um das Verhältnis von R. und guten Werken und um die Bedeutung des göttlichen Gesetzes für die Christen und schließlich im Streit zwischen Matthias Illyricus Flacius und Viktorin Strigel um das Verständnis der Erbsünde. Beigelegt werden die innerluth. Streitigkeiten in der Konkordienformel von 1577, die die für die luth. Tradition wegweisende Auslegung der Glaubensgerechtigkeit bietet. In der Auslegung der R. durch die sog. rechtfertigungstheologischen Exklusivpartikel allein aus Glauben (lat.: sola fide), allein aus Gnade (lat.: sola gratia), allein durch Christus (lat.: solo Christo) und allein durch das

Wort (lat.: solo verbo) wird hier die reformatorische Grundeinsicht in die Bedingungslosigkeit der R. festgeschrieben. Dies betont ebenso entschieden die reformierte Tradition, wobei sie allerdings die Bedeutung der →Heiligung bzw. der Erneuerung in den guten Werken als Folge der R. stärker herausstellt. Einflussreich ist hier v.a. die Lehre von →Johannes Calvin.

Die röm.-kath. Kritik an der ev. Rechtfertigungslehre basiert auf der Überzeugung, dass die R. in Glaube, Liebe und Hoffnung und damit in den Werken der Heiligung verwirklicht werden müsse. Entsprechend richtet sich die auf dem Konzil von Trient im Dekret über die R. von 1547 formulierte Rechtfertigungslehre gegen das forensische Verständnis der R. Demgegenüber wird die R. als ein effektives Geschehen des Gerechtwerdens verstanden, das zwar allein durch Gottes Gnade ermöglicht werde, gleichwohl aber die Bereitschaft zur Annahme der Gnade voraussetze und das neue Sein des Menschen in Glaube, Liebe und Hoffnung bewirke. In dem Interesse, die sittliche Erneuerung des Menschen durch die R. zu betonen, verdammt das Konzil die reformatorische Grundeinsicht, dass der Mensch allein aus Glauben gerecht werde. In der Folgezeit verschärft sich der Gegensatz, indem in der Entwicklung der röm.-kath. Gnadentheologie die Mitwirkung des Menschen im Prozess seiner inneren und äußeren Umwandlung noch stärker betont wird, während die ev. Theologen entschieden am rein forensischen Charakter der R. festhalten.

Unter dem Einfluss des →Pietismus einerseits, der →Aufklärung andererseits gewinnt die Frage nach der seelischen und sittlichen Umwandlung des Menschen durch die R. jedoch auch in der ev. Theologie neue Bedeutung. Dabei gilt es zum einen zu klären, inwiefern der Glaube an die R. ein neues Selbstbewusstsein und darin eine innere Veränderung des Menschen begründet. Zum anderen tritt das Problem in den Vordergrund, wie der Mensch die forensische Zurechnung der Gerechtigkeit Christi annehmen können soll, wenn er durch seine Vernunft doch gleichzeitig weiß, dass sich die eigene Sittlichkeit nicht durch die Zurechnung fremder Verdienste erreichen lässt. In der Reaktion auf diese in der →Religionskritik von Immanuel Kant auf den Begriff gebrachte Schwierigkeit interpretieren führende ev. Theologen im 19. Jh. – wegweisend sind hier Friedrich Daniel Ernst →Schleiermacher und Albrecht Ritschl – die Vorstellung von der forensischen R. als Gerechterklärung des Glaubenden, der darin gerecht ist, dass er die in Jesus Christus manifeste exemplarische Gottesbeziehung als seine religiöse bzw. sittliche Bestimmung ansieht und diese in seinem Lebensvollzug zu realisieren sucht.

In kritischer Abgrenzung von dieser Konzentration auf das Erlösungsbewusstsein des gerechtfertigten Glaubenden und seine Sittlichkeit lenken im frühen 20. Jh. die →Dialektische Theologie und die Lutherrenaissance den Blick wieder auf das rechtfertigende Handeln Gottes. In der exegetischen Theologie wird dabei der forensische Sinn der Rechtfertigungsbotschaft neu herausgearbeitet. Dies bildet eine wichtige Voraussetzung in den ökumenischen Dialogen über die Rechtfertigungslehre, die im Zuge der →Ökumenischen Bewegung nach dem Vaticanum II zwischen ev. und kath. Theologen in Gang gekommen sind und 1999 zur *Gemeinsamen Erklärung zur Rechtfertigungslehre* (GE) des →Lutherischen Weltbundes und des Päpstlichen Einheitsrates geführt haben. In dieser Erklärung wird festgehalten, dass die Lehrverurteilungen des 16. Jh. das gemeinsam gewonnene Verständnis der bibl. bezeugten Rechtfertigungsbotschaft nicht mehr treffen (vgl. GE Nr. 14–18). Auf dieser Basis werden die traditionellen Lehrunterschiede insbesondere in Bezug auf das Verständnis des Glaubens, der Sünde und der Bedeutung der guten Werke als unterschiedliche Gewichtung und Ausgestaltung gemeinsamer theologischer Anliegen interpretiert.

3. Gegenwärtige Bedeutung: Nicht zuletzt die ökumenische Debatte über die Rechtfertigungslehre hat gezeigt, dass sich ihre Bedeutung als ev. Grundartikel nur im Zusammenhang einer gegenwartsbezogenen Auslegung des Evangeliums von der Gerechtigkeit Gottes zur Geltung bringen lässt, in der Gott dem Menschen in Christus Gemeinschaft mit sich selbst schenkt und ihm darin ein heilsames Gottes-, Selbst- und Weltverhältnis eröffnet. Bei der Auslegung der Evangeliumsbotschaft geht es nicht so sehr um den Begriff der R. als solchen, sondern vielmehr um die Glaubenseinsicht, dass Gott selbst in Jesus Christus seine bedingungslose Liebe zum Menschen offenbart und auf diese Weise den Grund rechter Gottesbeziehung gelegt hat, die im Vertrauen zu Gott besteht und sich nicht durch Werke gewinnen lässt. In solchem Geschehen ereignet sich die R. Gottes. Die regulative Bedeutung theologischer Rechtfertigungslehre besteht darin, die Bedingungslosigkeit der Zuwendung Gottes zum Menschen im Evangelium zur Geltung zu bringen.

Härle, W., Zur Gegenwartsbedeutung der „Rechtfertigungs"-Lehre. Eine Problemskizze, Zeitschrift für Theologie und Kirche, Beiheft 10, 1998, 101–139; Lehmann, K./Pannenberg, W. (Hg.), Lehrverurteilungen – kirchentrennend? Bd. 1: Rechtfertigung, Sakramente und Amt im Zeitalter der Reformation und heute, 1986, 35–75; Maurer, E., Rechtfertigung, 1998.

Friederike Nüssel

Reformation 1. Begriff: Der Begriff R. bezeichnet die theologischen, sozialen und politischen Vorgänge, die v. a. im Röm. Reich Dt. Nation im 16. Jh. zur Bildung vom →Papst unabhängiger ev. Kirchen (→Protestantismus) und damit in der westlichen Christenheit zum Auseinanderbrechen des einheitlichen *Corpus christianum* und zur Prägung der christl. Lebensformen durch Konfessionalität (→Konfession, Konfessionalismus) geführt haben.

Zahlreiche Wurzeln der R. lassen sich schon in der spätmittelalterlichen Kirche (→Mittelalter), →Frömmigkeit und Theologie finden, doch liegt der Beginn der R. im engeren Sinne im Anfang des 16. Jh., eng verbunden mit dem öffentlichen, kirchenkritischen Auftreten der dezidiert pln.-augustinischen Theologie Martin →Luthers. Als Anfangsdatum, das eine Entwicklung von mehreren Jahren symbolisch verdichtet, gilt in der Regel die Versendung von Luthers Thesen gegen den →Ablass am 31. 10. 1517. Bezieht man neben theologiegeschichtlichen Entwicklungen auch die gesellschaftliche Umsetzung der R. ein, so wird man den Beginn nicht vor den 1520er Jahren ansetzen können. Da der Augsburger Religionsfrieden von 1555 die kirchen- und reichspolitischen Konsequenzen aus dem Vorgang der R. zieht, kann man mit ihm den Zeitabschnitt der R. enden lassen – die R. geht mit ihm in das Konfessionelle Zeitalter über.

Für die verbreitete normative Verwendung des Adjektivs „reformatorisch" sind weniger die historischen Vorgänge prägend als die theologischen Normierungsvorgänge der Bekenntnisschriften (→Bekenntnis, Bekenntnisse), die aus dem Prozess der R. hervorgegangen sind.

2. Verlauf: 2.1 Die Voraussetzungen (14./15. Jh.): In der R. kulminierten Entwicklungen des späten MA: Seit der Zeit um 1300 lässt sich in Theologien unterschiedlicher Provenienz (Meister Eckhart, Wilhelm von Ockham) eine zunehmende Aufmerksamkeit auf die Bedeutung des →Laien beobachten. Insbesondere Frömmigkeitsformen der →Mystik und der Devotio moderna relativieren dabei das für das MA selbstverständliche System klerikaler (→Klerus) Heilsvermittlung (→Heil). Im →Humanismus entstand eine Bewegung, die alternative Formen der Bildungsvermittlung gegenüber der klerikal bestimmten mittelalterlichen Universität begründete. Dieser in mehreren Bereichen zu beobachtende Prozess der Laisierung und Entklerikalisierung ging gelegentlich sogar mit einem vehementen Antiklerikalismus einher.

Diese geistes- und mentalitätsgeschichtlichen Entwicklungen gehen einher mit der Steigerung des realen kirchenpolitischen Einflusses von Laien im ausgehenden MA. Dies ist insbesondere für die Reichsstädte zu beobachten, in denen die Räte durch den Erwerb von Präsentationsrechten für geistliche Stellen zunehmend die bischöflichen Einflüsse zurückdrängten. Auch auf territorialer Ebene entstanden neue weltliche Einflussmöglichkeiten auf die Kirche, die sich im Reich insbesondere in der Bildung von Landeskirchentümern (z. B. Brandenburg, Meißen, Merseburg) und der Beanspruchung bischöflicher Rechte (→Bischof) wie Visitationen durch Landesherren zeigten. Auf europäischer Ebene waren solche Entwicklungen am Weitesten in Frankreich entwickelt, wo seit der *Pragmatischen Sanktion von Bourges* (1438) der päpstliche Einfluss stark reduziert war.

Dass auch im späten MA der Gedanke von Konfessionalität, also von nebeneinander bestehenden Kirchen mit konkurrierenden Ansprüchen auf die rechte Auslegung des Evangeliums (→Schriftverständnis), nicht undenkbar war, zeigt das Beispiel Böhmens, wo seit dem Frieden von Kuttenberg 1485 neben der romorientierten kath. Kirche auch eine hussitische Kirche (→Brüderunität; →Häresie und Schisma) respektiert war. Daher wird die böhmische Entwicklung auch gelegentlich bereits als R. bezeichnet.

2.2 Die Gärungszeit (1512–1520): Mit der Berufung Martin Luthers auf die Wittenberger Theologieprofessur lässt sich der Beginn einer neuen Theologie beobachten, die sich zunächst durch die Zentrierung auf den christologischen Sinn der Schrift (→Christologie; →Schriftverständnis) in der →Hermeneutik niederschlug. Der zunehmend kritisierten scholastisch-aristotelischen Theologie (→Scholastik) stellten der Augustinereremit Luther und seine Freunde und Kollegen Vorstellungen der Mystik, v. a. aber →Augustins entgegen. Die Betonung von dessen antipelagianischen Schriften gab der Theologie an der jungen Wittenberger Universität schon 1516/7 ein erkennbares eigenes Gepräge, das sie durch ihren antischolastischen Impetus auch für Humanisten attraktiv mache.

Den Übergang von der akademischen Theologiereform in die Öffentlichkeit stellten die Ablassthesen dar, deren Veröffentlichung Luther zugestand, nachdem die Versendung an zuständige Bischöfe am 31. Oktober 1517 ohne Reaktion geblieben war. Die sich hieraus entwickelnde Publizistik wie auch die öffentlichen Ereignisse der Heidelberger Disputation 1518 und der Leipziger Disputation 1519 führten rasch zu einer reichsweiten Wahrnehmung der Vorgänge.

In der Gestalt Martin Luthers war eine publizistisch vielfach bekannt gemachte Symbolfigur gefunden, um die sich verschiedene Reformkräfte scharten, die zum Teil aus ganz anderen theologischen Hintergründen kamen wie etwa der Zürcher Leutpriester Huldreich →Zwingli, der auf einem eigenständigen Weg zur Vorstellung von der Notwendigkeit einer Kirchenreform gekommen war, aber durch Luthers Auftreten in Leipzig wohl den entscheidenden Impuls zu nachhaltiger Änderung der Verhältnisse gewann.

2.3 Die reformatorische Öffentlichkeit und städtische R. (ca. 1520–1526): Zum entscheidenden Medium der R. wurde der von Johannes Gutenberg erfundene Buchdruck, der umgekehrt in der R. erstmals seine volle mediale Kraft entfalten konnte. Eine Fülle von kleinformatigen Flugschriften, unter denen die sog. reformatorischen Hauptschriften Luthers von 1520 herausragen, thematisierte theologische und kirchenpolitische Fragen. Das Lesepublikum bestand v.a. im Bürgertum der Städte, das in den reformatorischen Gedanken eine Bestätigung und Intensivierung der städtischen Reformansätze des späten MA sah.

Das überschaubare soziale Gefüge einer spätmittelalterlichen Stadt bildete die Grundlage dafür, dass solche Meinungsbildungsprozesse vergleichsweise rasch zur politischen Umsetzung kommen konnten. Erstmals wurde 1523 in Zürich die Verantwortung für die Reformbewegung vom Rat übernommen, der in einem vielfach nachgeahmten Verfahren eine Disputation nach Zürich einberief, zu der der zuständige Bischof aus Konstanz zwar eingeladen war, die Entscheidungshoheit aber beim Rat lag. Die von diesem verfügte Freigabe ev. →Predigt bildete den Auftakt für einen sich über mehrere Jahre hinziehenden Umbau des städtischen Kirchensystems, an dessen Ende ein gänzlich aus der bischöflichen Jurisdiktion gelöstes ev. Zürich stand. Im Zuge der 1520er Jahre folgten zahlreiche andere Reichsstädte, an vorderster Stelle Nürnberg und Straßburg. Diese Entwicklungen haben zur Charakterisierung der R. als „städtisches Ereignis" geführt, was insofern sein Recht hat, als das städtische Bürgertum den entscheidenden sozialen Nährboden für die Aufnahme reformatorischer Ideen bildete.

Der Gedanke eines Umbaus der alten Kirche verband dabei Theologen unterschiedlicher Provenienz, die keineswegs alle als Vertreter einer Rechtfertigungstheologie im Sinne Luthers beschrieben werden können. Verbindend war wohl hauptsächlich der Gedanke, dass die Umgestaltung der Kirche durch die →Laien möglich, ja notwendig war – und damit verbunden die Ablehnung durch die alte Kirche. Die vorhandenen Differenzen wurden schon von den frühen 1520er Jahren an so scharf, dass es zu Abspaltungen kam: Die Wittenberger Unruhen, die ausbrachen, während Luther 1521/2 zum Schutz vor der auf dem Wormser Reichstag gegen ihn erlassenen Reichsacht auf der Wartburg war, führten zur Distanzierung des

Hauptstroms der R. von Luthers auf raschen und strikten Abbau der alten Kirche dringenden Universitätskollegen Andreas Bodenstein von Karlstadt. Durch seine bald einsetzende Entwicklung wie auch durch die in Wittenberg auftretenden Zwickauer Propheten und Thomas Müntzer wurde das Phänomen einer Ausrichtung reformatorischer Theologie, die eine unmittelbare Geistbegabung in den Mittelpunkt stellte (Spiritualismus), bewusst. Aus dem Erbe Müntzers nach dem →Bauernkrieg wie auch aus einer Radikalisierung von Zwinglis Sakramententheologie in Zürich entwickelte sich zudem das →Täufertum, das sich durch Ablehnung der Kindertaufe auszeichnete. Diese gelegentlich als „linker Flügel" der R. zusammengefassten Phänomene sind v.a. dadurch miteinander verbunden, dass sie nicht in die sich später herausbildenden Landeskirchentümer integriert wurden.

2.4 Die Territorialisierung der Reformation (1526–1555): Erst die früher oft als obrigkeitliche R. kritisch bewertete Übernahme der Verantwortung für die R. durch die Fürsten sicherte der R. auf Reichsebene eine Existenz, die durch die vergleichsweise machtarmen Städte nicht gewährleistet worden wäre. Eine bewusst unscharf gehaltene Formulierung des Abschiedes des Speyerer Reichstages von 1526 wurde von den reformationswilligen Fürsten, insbesondere Hessens und Sachsens, als Grundlage für die Umsetzung der R. in ihren Ländern verstanden, was weitestgehend durch die Durchführung von Visitationen geschah. Diese Auffassung verteidigten sie auf dem zweiten Speyerer Reichstag 1529 in der Protestation von Speyer.

Dass im selben Jahr das Marburger Religionsgespräch und damit der Versuch, den seit 1525 zwischen Luther und Zwingli ausgetragenen Abendmahlsstreit zu schlichten, scheiterte, brachte die Evangelischen in eine machtpolitisch prekäre Lage, zumal der Augsburger Reichstag 1530 den von ihnen vorgelegten Bekenntnissen – *Confessio Augustana* und *Confessio Tetrapolitana* – die Anerkennung versagte. Durch die Bildung eines Schutzbündnisses, des Schmalkaldischen Bundes, konnten sie aber ihre Basis im Reich so ausbauen und verstärken, dass die R. sich territorial immer mehr ausdehnen konnte. Als bedeutendste Zuwächse sind Württemberg 1534, sowie in den Folgejahren Brandenburg und das herzogliche Sachsen zu nennen. Die Bedeutung des reformatorischen Lagers ging so weit, dass der Kaiser in den frühen 1540er Jahren den Versuch machte, die Krise durch reichsinterne Religionsgespräche beizulegen, der aber scheiterte. Mehrfache bündnispolitische Schachzüge führten dazu, dass die Protestanten zunächst im Schmalkaldischen Krieg 1546/7 eine vernichtende Niederlage erfuhren, die sie an den Rand ihrer Existenz brachte, sie dann aber auf dem Augsburger Reichstag 1555 volle Anerkennung fanden.

2.5 Der Beginn der Konfessionalität: Mit dieser Durchsetzung der R. auf territorialer Ebene ging zeitlich eine institutionelle Vertiefung des innerprotestantischen Zwiespalts einher, der sich v.a. in der Genfer R. unter Johannes →Calvin herausbildete, dem 1549 durch den *Consensus Tigurinus* ein Zusammenschluss mit den Zürchern und damit den Erben Zwinglis gelang – hierin lag der Beginn für die Herausbildung der reformierten Konfession (→Reformierte Kirchen) neben der luth. (→Lutherische Kirchen), die sich selbst erst in langen Kämpfen bis zur Erstellung der Konkordienformel 1577 herausbilden musste. Gleichzeitig konstituierte sich die →römisch-katholische Kirche auf dem Trienter Konzil wenn auch nicht dem Anspruch nach, so doch faktisch als Partikularkirche neben anderen.

3. Deutung: Die gelegentlich noch mit der traditionellen prot. Geschichtsschreibung erfolgende Betonung einer Epochalität der R. trägt zu einem historischen und theologischen Verstehen des komplexen Transformationsvorganges der R. wenig bei. Wichtiger ist es, die Vielschichtigkeit des Vorganges auch methodisch zu berücksichtigen. Dabei hat die in den vergangenen Jahrzehnten dominierende sozialhistorische Erforschung der R. (P. Blickle, H.-J. Goertz, B. Moeller) ebenso wie die stärker institutionen- und politikgeschichtliche (H. Schilling) und die theologiehistorische (H. Oberman) immer wieder die Fülle der von der R. aufgenommenen und zu einem neuen Gesamtzusammenhang gebrachten spätmittelalterlichen Entwicklungen aufgezeigt. Den glücklichsten Begriff hierfür hat Berndt Hamm mit dem Konzept der „normativen Zentrierung“ gefunden. Die ganze Breite der reformatorischen Bewegung wird wohl am Besten erfasst, wenn man eine solche Zentrierung nicht auf die Rechtfertigungslehre im luth. Sinne engführt, sondern den in der theologischen Lehre vom allgemeinen Priestertum (→Priestertum aller Gläubigen) ausgedrückten Aspekt des Mitspracherechts der Laien in den Vordergrund stellt. Dann erscheint die R. als eine Kulminationspunkt in einer langen Entwicklung, die von der Zeit um 1300 bis in die Aufklärung hineinreicht.

Blickle, P., Die Reformation im Reich, [2]1992; Goertz, H.-J., Deutschland 1500–1648. Eine zertrennte Welt, 2004; Hamm, B., The Reformation of Faith in the Context of Late Medieval Theology and Piety, 2004; Hamm, B./Moeller, B./Wendebourg, D., Reformationstheorien. Ein kirchenhistorischer Disput über Einheit und Vielfalt der Reformation, 1995; Kohnle, A., Reichstag und Reformation. Kaiserliche und ständische Reichspolitik von den Anfängen der Causa Lutheri bis zum Nürnberger Religionsfrieden, 2001; Leppin, V., Wie reformatorisch war die Reformation?, Zeitschrift für Theologie und Kirche 99, 2002, 162–176; Leppin, V., Reformation, 2005; Moeller, B., Reichsstadt und Reformation, 1987; Moeller, B., Deutschland im Zeitalter der Reformation, [2]1981; Obermann, H. A., Werden und Wertung der Reformation, [3]1989; Schilling, H., Die neue Zeit. Vom Christenheitseuropa zum Europa der Staaten, 1250–1750, 1999; Seebaß, G., Spätmittelalter – Reformation – Konfessionalisierung, 2006.

Volker Leppin

Reformierte Kirchen 1. Verbreitung: Die R. K. bilden mit über 85 Mio. Mitgliedern in ungefähr 750 einzelnen Kirchen die größte ev. Kirchenfamilie weltweit. In den meisten Ländern der Erde gibt es eine R. K. Allerdings ist sie sehr häufig eine Minderheitskirche; nur in wenigen Ländern hat sie einen starken oder doch zumindest deutlichen Bevölkerungsanteil (in Europa sind das die Schweiz, Schottland, die Niederlande, Ungarn, Rumänien und Deutschland; außerhalb Europas v.a. die USA, Südafrika, Nigeria, Teile Indonesiens und Südkorea). Die gegenwärtig am stärksten wachsenden R. K. befinden sich im mittleren Afrika und in Südkorea. Zur reformierten Konfessionsfamilie (→Konfession, Konfessionalismus) gehören die →Presbyterianer mit der Betonung eines presbyterial-synodalen Kirchenverständnisses (→Synode, Synodalverfassung) und damit der Gemeinschaft der Gemeinden, die Kongregationalisten mit dem Pochen auf die Selbständigkeit der einzelnen Gemeinden und die Reformierten, ein eher die historische Kontinuität zur →Reformation betonender Begriff, der in Deutschland der allein gebräuchliche ist. Diese verschiedenen Akzentsetzungen im Reformiertentum sind auch darin erkennbar, dass es in vielen Ländern mehrere oder sogar viele R. K. nebeneinander gibt, die meist aufgrund von Spaltungen entstanden sind. Die meisten R. K. gehören dem →Reformierten Weltbund mit Sitz in Genf an (ca. 75 Mio. Kirchenglieder in 218 Kirchen) – sie sind zumeist auch Mitglieder des →Ökumenischen Rates der Kirchen. Ein anderer, konservativerer Zusammenschluss ist das Reformed Ecumenical Council (Grand Rapids/ USA), dem 39 Kirchen mit insgesamt zehn Mio. Gliedern angehören; seit 1982 gibt es außerdem die International Conference of Reformed Churches, ein lockerer Zusammenschluss von 22 kleineren, konservativen R. K. mit insgesamt ca. 600.000 Gliedern. Darüber hinaus existieren viele weitere kleinere R. K. ohne Anbindung an eine transnationale Organisation.

In Deutschland gibt es ca. 2 Mio. Reformierte, die zum größten Teil in unierten Kirchen (→Union evangelischer Kirchen [UEK]) leben.

2. Bekenntnisstand: Die R. K. haben kein einheitliches Bekenntniscorpus (→Bekenntnis, Bekenntnisse), vielmehr gelten in verschiedenen R. K. unterschiedliche Bekenntnisse. Das darin erkennbare partikulare Bekenntnisverständnis zeigt sich auch darin, dass in manchen Kirchen die Bindung an die Bekenntnisse im 19. Jh. sogar abgeschafft wurde (etwa in der Schweiz, in der vorher v. a. das 2. Helvetische Bekenntnis, die *Confessio Helvetica Posterior* von 1566, galt) oder dass alte Bekenntnisse durch neue ersetzt wurden (z. B. in Schottland). Besonders im 20. Jh. sind zahlreiche neue reformierte Bekenntnisse entstanden (z. B. in den USA, Großbritannien, Indonesien, Südafrika, Korea, Japan und Kuba). Dennoch haben einige reformierte Bekenntnisse transnationale Bedeutung erlangt und verbinden so verschiedene R. K. Dazu gehören der *Heidelberger Katechismus* (1563), der in den meisten europäischen Kirchen gilt und darüber hinaus dort, wo durch Auswanderungen aus den und Missionsarbeit (→Mission) der niederländischen und dt. R. K. neue R. K. entstanden sind. Die *Confessio Helvetica Posterior* gilt in vielen osteuropäischen R. K. Das niederländische Bekenntnis (*Confessio Belgica* von 1561) gilt in vielen niederländischen und auf diese zurückgehenden Kirchen; die *Dordrechter Artikel* oder *Canones* (1618) gelten in einem Teil der niederländischen Kirchen (Gerformeerde Kerken) und den Kirchen, die (z. B. in Südafrika, Indonesien oder den USA) auf diese zurückgehen, die *Confessio Gallicana* (1559) gilt in den franz.-sprachigen R. K. In den engl.-sprachigen R. K. gilt zumeist die *Westminster Confession* (1647). Da weltweit viele neue oft kleine Kirchen im 20. Jh. v. a. von konservativeren Kirchen aus den USA begründet wurden, gilt die *Westminster Confession* deshalb auch dort.

3. Kirchenverfassung: Die →Kirchenverfassungen sind ebenfalls wie die Bekenntnisse nicht einheitlich. Jedoch lassen sich zwei Grundtypen erkennen, die auch als Mischformen auftreten: das kongregationalistische und das presbyterianische Kirchenverständnis. Der Kongregationalismus geht von der Selbständigkeit der einzelnen Gemeinde aus, die keine Kirchenlei-

tung über sich hat; Synoden sind nur gemeinsame Beratungsgremien ohne exekutive Gewalt. In der presbyterialen Verfassung (im Engl. ist das „presbytery" eine Gebietssynode) entscheidet die Synode die über eine Gemeinde hinausgehenden Angelegenheiten, sie ordiniert die →Pfarrer und ist Kirchenleitung. In Kontinentaleuropa herrscht meistens eine beide Akzente aufnehmende Form vor, die presbyterial-synodale Verfassung (wobei hier presbyterial auf den Presbyter als Kirchenältesten in der Ortsgemeinde verweist und also den kongregationalistischen Akzent aufnimmt). In manchen Kirchen wird das synodale Element mit entsprechenden Weisungsbefugnissen stärker betont (so z. B. in Ungarn, wo sogar ein Bischof an der Spitze der Kirche steht), anderswo eher die Hoheit der einzelnen Gemeinde (so z. B. in den Niederlanden, wo die Classis wenig Einflussmöglichkeiten in die Gemeinden hinein hat). Allen Synoden und Leitungsgremien der R. K. ist jedoch zweierlei gemeinsam: 1. Die Presbyter bzw. Kirchenältesten haben in allen Gemeinden eine entscheidende Stellung inne und bilden gemeinsam mit dem Pfarrer das Presbyterium, das die Gemeinde leitet (wobei z. B. in der Schweiz der Pfarrer nur Gastrecht im Presbyterium hat). 2. Alle kirchenleitenden Funktionen (Synoden, Classis etc.) werden von Pfarrern und Presbytern paritätisch besetzt.

Bauswein, J. J./Vischer, L., The Reformed Family Worldwide, 1999; Benedetto, R. u. a., Historical Dictionary of Reformed Churches, 1999; Müller, E. F. K., Die Bekenntnisschriften der reformierten Kirche, 1903; Plasger, G., Die relative Autorität des Bekenntnisses bei Karl Barth, 2000; Vischer, L., Reformiertes Zeugnis heute, 1988; Reformierte Bekenntnisschriften, hg. v. Busch, E. u. a., 2002 ff; Plasger, G./ Freudenberg, M. (Hg.), Reformierte Bekenntnisschriften. Eine Auswahl von den Anfängen bis zur Gegenwart, 2005.

Georg Plasger

Reformierte Theologie 1. Gestalten Reformierter Theologie: Zu den reformierten Reformatoren gehören im 16. Jh zunächst Huldreich →Zwingli, Heinrich Bullinger und Johannes →Calvin. Mit ihren durchaus unterschiedlichen Akzenten hat besonders Calvins Theologie wirkungsgeschichtlich die R. T. beeinflusst. 1563 entstand der *Heidelberger Katechismus* (→Katechismus), der für die R. T. in Deutschland entscheidend gewesen ist; manche Lehraussagen Calvins (z. B. die Prädestinationslehre [→Erwählung, Prädestination]) hat er allerdings nicht übernommen. Im 17. Jh. bildet sich die reformierte altprot. →Orthodoxie mit dem Ziel, v. a. die Theologie Calvins zu sichern; dabei werden philosophische Denksysteme (Aristotelismus z. B. bei Theodor Beza und Hieronymus Zanchi, Ramismus z. B. bei Daniel Eilshemius und Johannes Piscator) genutzt, die aber zur Verfestigung der Lehre führen. Andere Akzente bietet die Föderaltheologie des Johannes Coccejus. Im engl. Puritanismus wird die subjektive Dimension besonders stark betont (deutlich in der *Westminster Confession* von 1647). Das 18. Jh. ist weitgehend von der Aufklärung bestimmt, die die konfessionelle Theologie (→Konfession, Konfessionalismus) in den Hintergrund drängt. Im 19. Jh. gibt es reformierte Neuaufbrüche. Ob der reformierte Theologe Friedrich Daniel Ernst →Schleiermacher dazu gezählt werden kann, ist umstritten. In den USA setzt die Mercersburger Theologie (John Williamson Nevin, Philip Schaff) neue Akzente, der Marburger Theologe Heinrich Heppe arbeitet die reformierte Tradition gründlich auf, und in den Niederlanden (Abraham Kuyper) und den USA (Charles Hodge) entsteht der Neocalvinismus. Im 20. Jh. wurde die R. T. v.a. von Karl →Barth beeinflusst; aber auch Emil Brunner und nach 1945 Otto Weber, Walter Kreck, Hans-Joachim Kraus und Jürgen Moltmann sind hier als bedeutende Vertreter für den deutschen Sprachraum zu nennen.

2. Dokumente Reformierter Theologie: Entscheidend für das, was R. T. ist, sind die →Bekenntnisse der →reformierten Kirchen. Hier gibt es nun kein fest umrissenes Korpus wie im Luthertum, sondern Bekenntnisse mit unterschiedlicher regionaler und zuweilen auch zeitlicher Begrenzung. Zu den wichtigsten reformierten Bekenntnissen gehören für das dt.-schweizer Reformiertentum die *Berner Thesen* (1528) und das *Zweite Helvetische Bekenntnis* (1566). Für die Genfer Kirche bedeutend und insgesamt einflussreich war Calvins *Genfer Katechismus* (1545). Für die franz. Kirche war die *Confessio Gallicana* (1559) wichtig, die auch Vorbild des Niederländischen Glaubensbekenntnisses von 1561 ist. Der *Heidelberger Katechismus* von 1563 ist für die dt. reformierte Kirche und u.a. für Ungarn und die Niederlande grundlegend geworden. Die *Westminster Confession* von 1647 dokumentiert eine neue Phase der R. T. Neuere Bekenntnisse sind dann v.a. im 20. Jh. entstanden. Hervorzuheben sind hier die →*Barmer Theologische Erklärung* von 1934, die aus reformierter Sicht Bekenntnischarakter hat, und das südafrikanische *Belhar-Bekenntnis* (1986).

3. Akzente Reformierter Theologie: Es gibt kein einheitliches reformiertes Bekenntnis, auf das sich die R. T. besinnen könnte. Vielmehr sind in den unterschiedlichen Orten viele nebeneinander stehende Bekenntnisse entstanden. An manchen Orten wurden sogar alte Bekenntnisse abgeschafft, um sie durch neue zu ersetzen. Und im 20. Jh. hat es v.a. in den Kirchen der sog. Zwei-Drittel-Welt eine Reihe neuer Bekenntnisse gegeben. Damit ist deutlich, dass es „die" R. T. nicht geben kann. Vielmehr ist seit der Entstehung des →Reformierten Weltbundes 1875 die Frage immer wieder virulent, was denn die reformierten Theologen und Theologinnen lehrmäßig miteinander verbindet, was also R. T. kennzeichnet. Im Folgenden werden daher nur einige Akzente R. T. benannt, die auf einer relativ breiten Basis stehen.

Die Bedeutung der Heiligen Schrift eint die R. T. mit den anderen ev. Kirchen. Sie ist die einzige Quelle für zuverlässige theologische →Erkenntnis. Aufgrund der Betonung des Bundesgedankens (→Bund) steht dabei das →Alte Testament in hohem Rang. Denn dort ist bereits erkennbar, dass Gott den Menschen zum Bundespartner erwählt. Vollkommen ist dieser Bund Gottes in →Jesus Christus Ereignis geworden. Hier hat sich ausgehend von →Calvin und dann auch über die R. T. hinausgehend die „Drei-Ämter-Lehre Christi" herausgebildet, die in besonderer Weise imstande ist, Person und Werk Jesu Christi zusammen zu sehen: das priesterliche Amt (→Priester) weist auf die →Versöhnung zwischen Gott und Mensch hin, das königliche Amt auf die gnädige Herrschaft Gottes und das prophetische Amt auf das göttliche Gebot (→Gesetz). Vom Handeln Gottes in Jesus Christus ausgehend betont die R. T. das Versöhnungshandeln Gottes, das die →Rechtfertigung einschließt, stärker als die luth. Theologie (Martin →Luther), die die Rechtfertigung des Sünders (→Sünde) in die Mitte stellt. Weil Christus das prophetische Amt ausübt, betont die R. T. die Relevanz der Gebote Gottes; der *Heidelberger Katechismus* stellt das ganze Leben der Christen unter den Begriff der Dankbarkeit. Anders als oft vermutet, spielt die Lehre von der doppelten Prädestination in weiten Teilen der R. T. keine Rolle; vielfach wird sie ausdrücklich bestritten. Ebenfalls ausgehend von →Calvin ist in der Lehre von der Kirche (→Ekklesiologie) die Frage nach der Lebensform der Kirche wichtig; die Kirchenordnung genoss deshalb in den reformierten Kirchen hohe Relevanz. In der →*Barmer Theologischen Erklärung* ist diese Erkenntnis als allgemein ev. dokumentiert worden: Die Gestalt der Kirche hat ihrer Botschaft zu entsprechen. Das Verständnis der →Sakramente, über welches sich Martin Luther und Huldreich Zwingli in Marburg 1529 nicht einigen konnten, ist seit 1973 mit der Verabschiedung der →Leuenberger Konkordie zwischen Lutheranern und Reformierten nicht mehr kirchentrennend. Der besondere Akzent der Reformierten liegt freilich nach wie vor auf dem Wortgeschehen und der Handlung. Die Sakramente besiegeln sinnenfällig, was das Wort verheißt.

Heppe, H./Bizer, E. (Hg.), Die Dogmatik der evangelisch-reformierten Kirche, 1958; Plasger, G./Freudenberg, M. (Hg.), Reformierte Bekenntnisschriften. Eine Auswahl von den Anfängen bis zur Gegenwart, 2005; Harinck, G./van Keulen, D. (Hg.), Vicissitudes of Reformed Theology in the Twentieth Century, 2004; Welker, M./Willis, D. (Hg.), Zur Zukunft der reformierten Theologie. Aufgaben, Themen, Traditionen, 1998.

Georg Plasger

Reformierter Bund Der R. B. ist ein eingetragener Verein; seine Mitglieder sind einige Kirchen, ca. 400 Gemeinden und ca. 740 Einzelpersonen. Er sammelt und vertritt die dt. reformierten Gemeinden, unterstützt sie durch Förderung der kirchlichen Handlungsfelder (→Predigt, →Liturgie, Gemeindeaufbau) und der →reformierten Theologie. Organe sind die alle zwei Jahre stattfindende Hauptversammlung sowie das Moderamen, das von einem Moderator geleitet wird. Ein Generalsekretär führt die laufenden Geschäfte.

Viele reformierte Gemeinden in Deutschland fanden sich im 19. Jh. im Gefolge der Bildung der ev. Unionskirchen (→Kirchenunionen) als Minderheit wieder. Das führte u.a. zu einem wachsenden reformierten Bewusstsein v.a. auf der theologischen Ebene und zur Sammlung der Reformierten. Im August 1884 wurde in Marburg der R. B. gegründet. Er verstand sich „als freier brüderlicher Bund zur Wahrung und Pflege der Güter der reformierten Kirche". Schwerpunkt war die Fürsorge für den Pastorennachwuchs: Studentenkonvikte in Halle, Erlangen und Göttingen und ein Predigerseminar in Elberfeld wurden gegründet. Die Bemühungen um die Errichtung einer reformierten Professur in Göttingen als Ausgleich für die seit dem 19. Jh. nicht mehr existenten Ausbildungsstätten wurden erst 1921 mit der Berufung Karl →Barths von Erfolg gekrönt. Daneben entstand 1899 das Detmolder Diakonissenmutterhaus.

Nach 1918 erstarkte die theologische Arbeit, nicht zuletzt durch den starken Einfluss Karl →Barths. Im →Kirchenkampf stand der R. B. – im Unterschied zu den reformierten Landeskirchen – auf der Seite der Bekennenden Kirche; schon im Januar 1934 fand die erste „Freie reformierte →Synode" statt. Nach 1945 war der R. B. von Anfang an in die Arbeit der entstehenden →Evangelischen Kirche in Deutschland (EKD) eingebunden. Wichtig wurde die Zusammenarbeit mit den unter der Apartheid leidenden südafrikanischen schwarzen Kirchen. 1982 sprach das Moderamen des R. B. in der Friedensfrage den umstrittenen *status confessionis* hinsichtlich der Atomrüstung aus. Seit den 1980er Jahren wurden Wege einer Israel zugewandten Theologie und Christologie gesucht. Mit dem Fall der Mauer wurde die Förderung der reformierten (Minderheits-)Kirchen in Mittel- und Südosteuropa zu einem bedeutenden Arbeitsschwerpunkt.

Guhrt, J. (Hg.), 100 Jahre Reformierter Bund. Beiträge aus Geschichte und Gegenwart, 1984.

Georg Plasger

Reformierter Weltbund (RWB) Der 1875 in London gegründete RWB/World Alliance of the Reformed Churches (WARC) mit Sitz in Genf vereinigt 218 reformierte Kirchen in über 108 Ländern mit ca. 75 Mio. Gliedern. Der RWB tritt dafür ein, die Einheit und das Zeugnis der →Reformierten Kirchen zu stärken, die reformierte Tradition in veränderten Kontexten neu zu interpretieren, sich für →Frieden, wirtschaftliche und soziale →Gerechtigkeit, die →Menschenrechte und die Bewahrung der →Schöpfung einzusetzen, die Entwicklung der Gemeinschaft von Frauen und Männern zu fördern und den Dialog mit anderen christl. Gemeinschaften und anderen Religionen zu verstärken. Neben der Frage nach der reformierten Identität waren →Mission und soziales Zeugnis und ab 1920 auch die →Ökumene beherrschende Themen. Schon früh wandte sich der RWB gegen Sklaverei und Rassismus, 1937 bekundete er seine Verbundenheit mit der Bekennenden Kirche (→Barmer Theologische Erklärung) in Deutschland; ab 1950 fokussierte der RWB die Apartheidspolitik in Südafrika und suspendierte 1982 die Mitgliedschaften zweier seiner weißen, das Apartheidssystem unterstützenden Mitgliedskirchen.

Arbeitsschwerpunkte waren und sind auch bilaterale Dialoge mit anderen konfessionellen Weltverbünden (→Römisch-katholische Kirche, →Baptisten, Lutheraner [→Lutherische Kirchen], →Anglikaner [→Anglikanische Kirchengemeinschaft], Orthodoxe [→Orthodoxe Kirchen des Ostens], →Methodisten, →Mennoniten und →Adventisten).

Pradervand, M., A Century of Service. A History of the World Alliance of Reformed Churches, 1975; Sell, A. P. F., A Reformed, Evangelical, Catholic Theology, 1991.

Georg Plasger

Reich Gottes Der Begriff R. G. hat im Laufe seiner Geschichte eine vielfältige Deutung erfahren. Bereits im bibl. Schrifttum selbst reicht das Spektrum von innerweltlichen bis zu jenseitigen Heilsvorstellungen (→Heil). Im Alten Testament ist die Rede vom „Königtum Gottes" bzw. von der „Königsherrschaft →Jahwes", wie am ehesten zu übersetzen wäre, z.T.

noch stark von mythologischen Farben (→Mythos) geprägt: Sie meint einerseits die Herrschaft Gottes über sein Volk, verankert diese aber andererseits auch so in universalem Horizont, dass über die anderen Völker hinaus überhaupt die gesamte Welt als Gegenstand der göttlichen Machtentfaltung in den Blick kommt. Dabei muss sich dieses Verständnis von Anfang an mit dem Problem auseinandersetzen, dass die allg. erfahrbare Wirklichkeit vielfach nicht von einer zweifelsfrei zu glaubenden Herrschaft Gottes über die natürlichen und moralischen Chaos-Mächte zeugt. In den →Psalmen, die von Jahwes Thronbesteigung handeln, kommt demgemäß die Idee einer jährlich im Neujahrsfest, also zyklisch zu feiernden Erneuerung der dynamischen Herrschaft Gottes über sein Volk und die Welt zum Tragen. In der solchermaßen sich äußernden Hoffnungshaltung dürfte ein Stück weit auch der mythische Gedanke der sich zyklisch erneuernden Ursprungsmacht fortleben.

In der Spätzeit des Alten Testaments entwickelt sich diese Hoffnungsvorstellung fort ins Apokalyptische (→Apokalyptik) und wird dadurch in letzter Konsequenz geradezu auf den Kopf gestellt: Nicht am Anfang der →Schöpfung ist die sich dann immer wieder erneuernde Königsherrschaft Gottes zu denken; vielmehr ist sie eigentlich erst am Ende der Geschichte als Vollendung der Schöpfung (→Erlösung des Kosmos; →Auferstehung der Toten) zu erwarten. Und bis dahin besteht sie allenfalls transzendent im Himmel (→Immanenz und Transzendenz), um von da aus nach Gottes Plan und gemäß der Glaubensbereitschaft der Menschen (→Glaube) bereits während der Geschichte ansatz- und stückweise Wirklichkeit zu werden. So klingt es im Daniel-Buch an, wo zugleich der „Menschensohn" als der aus dem Transzendenten kommende, endzeitliche Repräsentant der dann endlich unzerstörbaren Gottesherrschaft visionär angekündigt wird.

In diesem apokalyptischen Sinn hat →Jesus die Botschaft vom kommenden Gottes- bzw. Himmelreich in den Mittelpunkt seiner Verkündigung gestellt. Der überkommene apokalyptische Horizont allein bildete aber keineswegs das Eigentliche und Besondere seiner Predigt. Vielmehr diente bei ihm dieser Horizont einem radikalen spirituellen Konzept, das durchweg vom Prinzip der Ganzheitlichkeit geprägt war, und zwar in mehrfacher Hinsicht. Zum Ersten ließ der heils- und endgeschichtlich erhoffte universale Einbruch der Gottesherrschaft, der als radikal ernst genommener Gedanke lebendige Naherwartung im Sinne einer spirituellen Grundhaltung provozieren musste, alle weltlichen Maßstäbe, Hoffnungen und Ziele verblassen und zugleich Gottes Zuspruch und Anspruch absolut in den Vordergrund treten (→Bergpredigt). Zum Zweiten war auch die Vorwegnahme von Gottes künftigem Königsein radikalisiert durch Jesu messianisches Selbstverständnis (→Messias), das besagte, dass der einst herrlich kommende „Menschensohn" in Niedrigkeit bereits mit Jesu Auftreten präsent war. Dies wurde nicht nur durch seine vollmächtige Wortverkündigung(→Wort Gottes), sondern auch durch gleichermaßen vollmächtiges Handeln unterstrichen – einerseits in radikalem Protest (Tempelreinigung) und andererseits im ganzheitlich-heilsamen Vollzug an Kranken (Heilungswunder [→Heilung; →Wunder], oft als Sieg über widergöttliche →Dämonen bzw. Chaos-Mächte verstanden) und Verstoßenen (Gemeinschaftsmahle). Zum Dritten realisierte sich überhaupt, weil ja in Jesu Person der Menschensohn als endzeitlicher Richter (→Jüngstes Gericht) präsent war, in der Glaubensbeziehung zu ihm ewiges Heil. Folglich bildete das Gottesvolk eine geistige, keine nationale Größe mehr. In seinem opferbereiten Gang ans →Kreuz, an das er mit dem zynischen Hinweisschild genagelt wurde, er sei der (eschatologische) König der Juden, hat Jesus die Radikalität seiner Verkündigung „ganzheitlich" besiegelt. Nach seinem Tod bestätigten die Osterereignisse (→Ostern) in der Erfahrung der Jüngerschaft (→Jünger Jesu) seine →Identität als eschatologischer „Menschensohn", mit dessen herrlicher Wiederkunft das R. G. universal zu erwarten sei (→Eschatologie).

Auch wenn die frühe Kirche den Begriff des R. G. nicht mehr als solchen in den Mittelpunkt ihrer Verkündigung stellte (und sich erst recht nicht einfach mit ihm identifizierte), war er ihr doch keineswegs fremd und in seinem Sachgehalt weiter gegenwärtig. Das gilt nicht nur hinsichtlich des apokalyptischen Rahmens, sondern auch hinsichtlich der spirituellen Radikalität der christl. Botschaft. So ist für →Paulus und Johannes im auferstandenen Gekreuzigten der endzeitlich herrschende Christus als jener Richter im Getauften (→Taufe) präsent, der sich am Kreuz bereits ein für alle Mal stellvertretend unter Gottes Gericht gestellt hat und daher den eschatologisch gültigen Freispruch für den Glaubenden mit sich bringt. Gerade so ergreift Gott die Königsherrschaft über den Menschen, dass er ihn in der Bindung an Jesus Christus ewiges Leben gewinnen und damit schon im Hier und Heute „ganz" werden lässt. Die pln. Rechtfertigungsbotschaft (→Rechtfertigung) steht zutiefst im Zeichen solch ganzheitlicher Reich-Gottes-Spiritualität.

Im weiteren Verlauf der →Kirchengeschichte ist die Rede vom R. G. mit ihrer radikalen eschatologischen Dimension häufig von enthusiastischen und sektiererischen Kreisen in Anspruch genommen worden, die Gottes Königtum gern exklusiv in ihrer Gruppe am Wirken gesehen haben (z.B. sprechen die →Mormonen in diesem Sinn gerne vom „R. G. auf Erden"). Dabei haben sie zwar das apokalyptische Muster, aber selten die eschatologische Radikalität des Neuen Testamentes in ihrer Tiefe übernommen. →Humanismus, Spiritualismus und →Aufklärung haben demgegenüber mancherlei theologische und philosophische Versuche erbracht, das apokalyptische Element aus der christl. Reich-Gottes-Botschaft zu streichen und deren heilsgeschichtlichen Sinn in einen von der Figur Jesu ausgehenden allgemein-mystischen (S. Franck), übergeschichtlich-moralischen (I. Kant) oder spirituell-evolutiven (F.D.E. →Schleiermacher, A Ritschl, A. Schweitzer) zu transformieren. Daneben entfalteten sich säkulare Umdeutungen, die den Reich-Gottes-Gedanken in politischen →Utopien oder in einem vagen Fortschrittsglauben aufgehen ließen. Auch diese fragwürdigen Versuche eines „modernen" Verständnisses der wesenhaft apokalyptisch geprägten Vorstellung vom Königreich Gottes haben die radikale Ganzheitlichkeit des spirituellen Anliegens im Neuen Testament nur verflachen können. Entsprechendes gilt im Blick auf – im interreligiösen Dialog beliebte – synkretistische Gleichsetzungen (→Synkretismus) des Reich-Gottes-Begriffs mit fremdreligiösen Heilsbegriffen.

All solchen Tendenzen in Vergangenheit und Gegenwart gegenüber ist ein neues Ringen um den radikalen Gehalt der ursprünglichen Botschaft vom R. G. in ihrem ganzheitlichen Sinn angesagt. Hilfreich kann hierbei ein ausdrücklich trinitarisches Verständnis (→Trinität) dieser Botschaft (J.

Moltmann) sein, das – ganzheitlicher als die luth. →Zwei-Reiche-Lehre – die Dimensionen von Schöpfung, →Versöhnung und →Erlösung so miteinander zu verschränken weiß, dass die Rede vom Gottesreich vor heteronom-theistischen oder autonom-pantheistischen Missdeutungen geschützt und theonom auf den Begriff der christl. →Freiheit bezogen wird.

Hampel, V., Menschensohn und historischer Jesus, 1990; Härle, W./Preul, R. (Hg.), Reich Gottes, 1999; Klein, G., „Über das Weltregiment Gottes". Zum exegetischen Anhalt eines dogmatischen Lehrstücks, Zeitschrift für Theologie und Kirche 90, 1993, 251–283; Kraus, H.-J., Reich Gottes: Reich der Freiheit. Grundriß Systematischer Theologie, 1975; Moltmann, J., Trinität und Reich Gottes, [3]1994; Rolinck, E., Geschichte und Reich Gottes. Philosophie und Theologie der Geschichte bei Paul Tillich, 1976; Sauter, G., Die Theologie des Reiches Gottes beim älteren und jüngeren Blumhardt, 1961; Taubes, J., Abendländische Eschatologie, 1947; Thiede, W., Auferstehung der Toten – Hoffnung ohne Attraktivität?, 1991; Thiede, W., Der gekreuzigte Sinn. Eine trinitarische Theodizee, 2007.

Werner Thiede

Reinheit und Unreinheit Das Begriffspaar bezeichnet in vielen, darunter allen antiken mediterranen Gesellschaften eine elementare Unterscheidung, aus der sich im Hinblick auf Gegenstände, Personen, Orte und Zeiten eine Landkarte der sozial konstruierten Wirklichkeit ergibt, die der Orientierung, der Identitätskonstruktion und der Verhaltenssteuerung dient. Die Konstruktion erfolgt von der Vorstellung der U. her. Das Begriffspaar hat (bis heute) hygienische (rein, sauber), moralische (reines Gewissen, Dreckskerl), ethnische (dreckige, stinkende und Angabe einer ethnischen oder nationalen Zugehörigkeit), genderorientierte (Drecksau; vgl. Voss), soziale („arm, *aber* sauber") und religiöse Konnotationen.

Das Begriffspaar kann als Reflex auf die materiellen Überlebensstrategien einer Gruppe gedeutet werden: Als unrein wird klassifiziert, was die Überlebensmöglichkeiten einer Gruppe gefährdet und ineffektiv ist; so gelten Schweine, die Nahrungskonkurrenten des Menschen sind, in ariden Regionen, in denen die Transhumanz die Lebensformen bestimmt, als unrein, während Schafe und Ziegen, die Nahrung nutzen können, die für Menschen nicht in Frage kommt, als rein klassifiziert werden (vgl. M. Harris). Das Begriffspaar kann auch als Reflex der tatsächlichen sozialen und politischen Verhältnisse interpretiert werden und dient der Konstruktion der kulturellen →Identität und somit der Abgrenzung des Einzelnen von seiner Umwelt, der von Gruppen innerhalb der Gesellschaft und dieser nach außen. Als rein gilt das in der Gruppe als normal und erwünscht Geltende, als unrein das, was diese Einteilungen verletzt und als Anomalie wahrgenommen wird; das Schwein gilt als unrein, weil es in der Systematik von Kleinviehzüchtern, für die paarzehige, wiederkäuende Huftiere die Norm bilden, anormal ist. Geburt und →Tod, Körperflüssigkeiten wie Speichel, Ausscheidungen etc. haben eine verunreinigende Potenz, weil sie an den Übergängen einer Klassifikation zur anderen (Lebende – Nichtlebende; insbesondere innen – außen) stehen (vgl. M. Douglas). Reinheitsvorstellungen bestimmen damit auch die Grenzen der Gruppe und fungieren als boundary-marker.

Die Vorgänge um →Sexualität, Geburt und Tod, Nahrungsaufnahme und Ausscheidungen gelten in vielen Gesellschaften als potentiell verunreinigend. U. wird als eine einem Gegenstand, einer Person oder einem Ort anhaftende Eigenschaft verstanden, die mit Hilfe von Reinigungsritualen (→Rituale) (insbesondere solche, die mit Feuer und Wasser verbunden sind) entfernt werden kann oder durch das Verstreichen-Lassen einer Zeitspanne von selbst verschwindet. U. gilt als ansteckend: Sie wird durch Körperkontakt übertragen. U. korrespondiert nicht zwangsläufig einer moralischen Verfehlung und ist eine von Motivation und Gesinnung unabhängige Größe. U. macht einen Gegenstand, eine Person, einen Ort oder eine Zeitspanne für die Wahrnehmung bestimmter Funktionen, wie z.B. kultische Aufgaben oder gemeinschaftliche Mahlzeiten, ungeeignet, wobei diese Faktoren spezifisch kombiniert werden können: Für →Priester können andere Reinheitsvorschriften gelten als für →Laien, für Frauen andere als für Männer, für den →Tempel andere als für Privathäuser. Mit der Vorstellung des reinen Herzens ist die Berührungsfläche zum Bereich des Moralischen angesprochen. Das Verhältnis zum Heiligen (→Heilig) ist uneindeutig: Einerseits korrespondiert dem Heiligen das Reine. So erfordert das Betreten des heiligen Bezirks zumeist die vorherige Reinigung. Andererseits kann das Heilige verunreinigend wirken, so sind nach der Berührung mit dem Heiligen zuweilen bestimmte Reinigungsrituale nötig (Lev 16,27f; Num 19,7f).

Im →Alten Testament und im antiken →Judentum regulieren die Reinheitsvorschriften die Kontaktmöglichkeiten mit →Jahwe, insbesondere aber nicht ausschließlich im kultischen Zusammenhang. Die Vorgänge um Sexualität, Geburt und Tod gelten als verunreinigend; eine besondere Aufmerksamkeit finden bestimmte Erkrankungen, insbesondere solche, die heute zu den Haut- und Geschlechtskrankheiten gezählt werden (z.B. Lev 13.15; Num 19,11–22). Vom Aussatz befallen werden und somit als unrein gelten können auch Häuser und Kleidungsstücke (z.B. Lev 14,33–57). Als Diagnostiker fungieren Priester. Weiterhin gelten bestimmte Tiere als für die Opferung (→Opfer) und für den Verzehr als ungeeignet und mithin unrein; bes. prominent ist das Verbot der Opferung und des Verzehrs von Schweinen. V.a. gelten Fremdkulte sowie deren Anhänger als unrein: Der soziale Kontakt zu Nicht-Juden bzw. das Leben in einer nicht-jüd. Umwelt (→Diaspora) war somit für die religiös begründete Identität gefahrvoll. Bes. umfangreiche Reinheitsvorschriften galten für Tempel, Priester und →Kult. Das Betreten des Tempels und die Aufnahme kultischer Aufgaben erforderte die vorherige Reinigung. Übertretungen wurden massiv sanktioniert, z.B. war Nicht-Juden der Zutritt zu Teilen der herodianischen Tempelanlage bei Androhung der Todesstrafe verboten. Zu den Reinigungsriten zählen v.a. Waschungen, Opfer und die Besprengung mit Blut (Lev 16). Für die Beseitigung der Totenunreinheit war ein Ritus vorgesehen, für den die Asche eines verbrannten Opfertiers nötig war (Num 19). Die Ethisierung kultischer Reinheitskategorien findet sich in der Weisheitsliteratur (→Weisheit) sowie bes. bei Philo und im Aristeasbrief. Als Ideal wurde die Vorstellung eines reinen →Israel formuliert und in einen eschatologischen Kontext (→Eschatologie) gestellt (Jer 33,8; Ez 36,25). Von hell. Zeit an gewannen Reinheitsvorstellungen verstärkt an Bedeutung. Davon waren insbesondere der Schutz des Tempels und Jerusalems vor Verunreinigungen v.a. durch Fremde und Fremdkulte betroffen. Die

Einhaltung von Speisegeboten erhielt konfessorischen Charakter (2Makk 6,18–31). Eine besondere Bedeutung maß der kultischen R. die Qumrangemeinschaft (→Qumran) zu (1QS 3,1–9; 5,14–10). Auch die Pharisäer zielten auf eine verstärkte Beachtung von Reinheitsvorschriften.

Im frühen Christentum wurde die antik jüd. Ethisierung der Reinheitsvorschriften weitergeführt (Mt 5,8; Mk 7,15) und gewann insbesondere im Zusammenhang der Heidenmission an Bedeutung. Die Reinheitsvorschriften wurden reduziert und vereinfacht (Apg 15,20.28) oder verloren ihre Bedeutung ganz (Röm 14,20; Mk 7,19b; Tit 1,15).

Douglas, M., Reinheit und Gefährdung. Eine Studie zu Vorstellungen von Verunreinigung u. Tabu, 1988; Harris, M., Kulturanthropologie. Ein Lehrbuch, 1989; Parker, R., Miasma. Pollution and Purification in Early Greek Religion, 1983; Voss, J., Das Schwarzmondtabu. Die kulturelle Bedeutung des weiblichen Zyklus, 1988.

Gudrun Guttenberger

Reinkarnation R. ist einer von mehreren religionswissenschaftlichen Fachbegriffen, die den Übergang einer je kulturspezifisch verstandenen Persönlichkeitsidentität in eine neue Existenzform bezeichnen. Da die kulturspezifische Persönlichkeitskonstruktion und Identitätsauffassung dabei jeweils den genauen Inhalt des Begriffs bestimmt, ist dessen Verwendung als systematischer religionswissenschaftlicher Begriff problematisch. Im Abendland wird R. als die →Wiedergeburt der Seele eines Verstorbenen in einem neuen Körper verstanden. Davon unterscheiden sich grundlegend die Vorstellung einer R. einer →Seele in mehreren Körpern ebenso wie die Vorstellung einer R. einer Seele eines noch lebenden Menschen in ein Neugeborenes oder auch die Vorstellung einer R. eines →Karma ohne Personen- oder Seelenträger wie auch die Vorstellung einer Auflösung der Person in mehrere Seelen, die Vorstellung einer Verwandlung der Person in mehrere unterschiedliche Dinge (Tiere, Pflanzen, Steine etc.) oder auch die Vorstellung der R. bloß von Teilen der Person. Deshalb ist es religionswissenschaftlich sinnvoll, nach unterschiedlichen Kontexten systematisch unterschiedliche Formen von R. zu unterscheiden.

Die Ahnenreinkarnation ist die in ethnographischen Quellen am häufigsten beschriebene Reinkarnationsform. Sie besteht in der Wiedergeburt der (je ganz unterschiedlich verstandenen) Seele oder Lebenskraft eines meist verwandten Ahnen in einem Neugeborenen. Die gleichzeitige Existenz des Ahnen im Totenreich (oder sogar Konvivenz des noch lebenden reinkarnierten Großelternteils) mit einem oder auch mehreren von diesem Ahnen reinkarnierten Nachfahren zeigt, dass diesem Typ der R. ein anderes Konzept von Personenidentität zugrunde liegt, das als partizipatorische oder soziale Identität beschrieben worden ist und meist nur bis zur →Initiation relevant ist, durch die in der Pubertät dann eine neue Identität geschaffen wird.

Die vielfältigen hinduistischen Reinkarnationsvorstellungen (→Hinduismus) verbinden so gut wie alle die Wiedergeburt einer Individualseele in einen neuen menschlichen oder tierischen Körper mit der Idee einer Verdienstübertragung (Karma) von der einen Existenz in die nächste. Nach teilweise detailliert ausformulierten Karmagesetzen ist die wiedergeborene Existenz durch die Aktivitäten früherer Existenzen kausal bedingt. Im Zentrum der hinduistischen Reinkarnationslehre steht nicht das ontologische Konzept einer historisch identischen Person, sondern die Begründung herrschender Lebensverhältnisse durch eine karmisch kausal operierende Gesetzmäßigkeit. Im religiösen Vollzug tritt die Karmalehre häufig in den Hintergrund.

Insofern knüpfen die buddhistischen Reinkarnationsvorstellungen (→Buddhismus) mit ihren Karmakonzepten auch an die hinduistischen an. Im Unterschied zu den hinduistischen Vorstellungen wird im Buddhismus die mögliche Existenz einer individuellen Seelensubstanz jedoch explizit abgelehnt und nur ein Bedingungszusammenhang postuliert. Die Frage, wer oder was hier noch wiedergeboren wird oder Träger von Karma sein kann, stellt eines der zentralen scholastischen Probleme des Buddhismus dar und wird von unterschiedlichen Schulen verschieden beantwortet.

Im Abendland findet sich eine Pluralität von Reinkarnationsentwürfen, die keinerlei Einheitlichkeit oder gemeinsame Entwicklungslinie aufweisen. Es fehlen auch Schultraditionen, in denen Reinkarnationslehren überliefert worden wären. In Europa stellt das Christentum die denkerischen Rahmenbedingungen für Reinkarnationsmodelle, die häufig an antike, bspw. platonische Vorstellungen von Seelenwanderung anknüpfen. Im →Islam sind Seelenwanderungsvorstellungen gnostischen Ursprungs (→Gnosis) und treten ausschließlich im schiitischen Islam (→Schiiten) auf. Im →Judentum findet sich die Vorstellung einer Seelenwanderung in Teilen der kabbalistischen Tradition. Die Idee einer R. widerspricht aber grundlegend dem Gedanken an eine →Auferstehung des ganzen Menschen (nicht bloß einer leibfreien Seele) wie er im Judentum, Christentum und Islam gedacht wird. Reinkarnationslehren finden sich in diesen Traditionen daher v.a. in unorthodoxen Randgruppen und nicht im theologischen mainstream dieser Religionen. Erst in der Aufklärung mit Gotthold Ephraim Lessing und dem kardecistischen →Spiritismus tritt die Hypothese von der Seelenwanderung in die öffentliche Debatte und wird von der theosophischen Bewegung (→Theosophie) und von vielen an diese anknüpfenden esoterischen Gruppierungen bis heute so stark in den öffentlichen Diskurs getragen, dass zwischen 15–25% der europäischen Bevölkerung (in den USA noch mehr) diesen Gedanken akzeptieren.

Die in vielen religiösen Traditionen auftretende Vorstellung einer spezifischen Säuglingsreinkarnation stellt sich als ein Sonderfall von R. dar, der eigenen Regeln und Funktionen folgt. So wird in diesem Fall häufig von eigenen Jenseitssphären für kleine Kinder ausgegangen, von wo aus sie – u.U. auch mehrfach – in einem oder, im Falle weiterer Todesfälle, auch in mehreren später geborenen Kindern derselben Mutter wiedergeboren werden. Diese Vorstellungen, die eine primär tröstende Funktion haben und emotional sowohl Sehnsucht als auch Abwehr hervorrufen können, führen zu spezifischen Bestattungsformen verstorbener Kinder, die häufig mit den sonst herrschenden Nachtodkonzeptionen nicht vereinbar sind.

Ein weiterer Spezialfall von R. stellt die Transmigration eines Menschen in tierische, pflanzliche oder mineralische Existenzformen dar. Die Transmigration kann dabei sowohl vollständig erfolgen, indem ein Mensch als Tier, Gespenst oder Pflanze wiedergeboren wird. Sie kann aber auch partiell erfolgen, indem bspw. der rechte Arm in einen Hahn, der linke in eine Armbrust, die Hüften in einen Wagen und der Geist in ein Pferd verwandelt wird, wie es etwa im 6. Buch des *Zhuangzi* heißt.

Bergunder, M., Wiedergeburt der Ahnen, 1993; Bergunder, M., Reinkarnationsvorstellungen als Gegenstand von Religionswissenschaft und Theologie, Theologische Literaturzeitung 126, 2001, 702–720; Cyranka, D., Lessing im Reinkarnationsdiskurs, 2005; Flaherty, W.D. O' (Hg.), Karma and Rebirth in Classical Indian Traditions, 1980; Freitag, R., Seelenwanderung in der islamischen Häresie, 1984; Grünschloß, A., Diskurse um „Wiedergeburt" zwischen Reinkarnation, Transmigration und Transformation der Person, in: Feldmeier, R. (Hg.), Wiedergeburt, 2005, 11–44; Halbfass, W., Karma und Wiedergeburt im indischen Denken, 2000; Sachau, R., Westliche Reinkarnationsvorstellungen, 1996; Zander, H., Geschichte der Seelenwanderung in Europa, 1999.

Joachim Gentz

Religion R. ist ein Allgemeinbegriff zur Bezeichnung der Beziehung von Menschen zur Transzendenz, d.h. zu einer als transzendent verstandenen Gottheit. Der Begriff der R. ist weit gespannt. Er umfasst sowohl die subjektive Seite religiöser Gefühle und →Erfahrungen als auch positive Inhalte und →Bekenntnisse, sowohl die je individuelle Religiosität als auch die gemeinschaftlich z.B. in →Gebet und Kultus ausgeübte Religionspraxis, die in einer Religionsgemeinschaft institutionalisiert ist. Die Etymologie des Wortes ist nicht ganz geklärt. R. kommt von dem der röm. →Kultur entstammenden Begriff *religio*, der die auf die Götter bezogenen Handlungs- und Einstellungsweisen bezeichnet. R. kann sowohl auf *relegere* (das genaue Beachten der Götter) als auch auf *religari* (die Bindung an die Götter) zurückgeführt werden. (F. Wagner, Art. Religion, 1050) Für das Verständnis von R. in seiner heutigen Verwendung ist der in der →Aufklärung begründete Begriff von R. prägend, der diese als eine anthropologische Grundkonstante versteht und die Unterscheidung von R. und →Theologie als der Reflexionsgestalt von Religionspraxis herausgearbeitet hat.

Friedrich Schleiermacher entfaltet in seinen wirkungsstarken, 1799 erschienenen *Reden über die Religion. An die Gebildeten unter ihren Verächtern* R. als Anschauung und Gefühl. Damit ist die Selbstständigkeit der R. zur Geltung gebracht. R. ist weder →Metaphysik, d.h. eine philosophische Lehre von den letzten Gründen und Zusammenhängen des Seins, noch →Moral, d.h. eine praktische Theorie sittlichen Handelns. R. ist demnach kein „Gemisch von Meinungen über das höchste Wesen oder die Welt und von Geboten für ein menschliches Leben" (Schleiermacher, Reden, 45). Als Anschauung und Gefühl zeichnet die R. eine Unmittelbarkeit der Gotteserfahrung aus: „alles ist in ihr unmittelbar und für sich wahr" (58). Als Anschauung und Gefühl verstanden ist die R. eine anthropologische Grunderfahrung, die durch das Wirken der Transzendenz – Schleiermacher spricht von ‚Universum' – hervorgerufen wird. In seiner 1830/1 erschienenen Glaubenslehre definiert er die →Frömmigkeit als „eine Bestimmtheit des Gefühls oder des unmittelbaren Selbstbewußtseins" (Bd 1, 14), die darin besteht, „daß wir uns unsrer selbst als schlechthin abhängig, oder, was dasselbe sagen will, als in Beziehung mit Gott bewußt sind." (23)

Erst wenn die Deutung einer →Erfahrung als religiöse zur unmittelbaren Erfahrung hinzutritt, wird sie als R. bestimmbar. Weil die R. individuell ist, verbindet sich mit ihr das Bewusstsein des Beschränktseins der eigenen R. Die R. drängt daher auf Umfangserweiterung und Bereicherung des je eigenen Religionhabens, d.h. auf gegenseitige Mitteilung. Die Kirche ist der Ort der von Schleiermacher sog. ‚Circulation des religiösen Interesses'. Die religiöse Institution ist also nur zum Zweck der Mitteilungsvollzüge des religiösen Bewusstseins eingerichtet (Wagner, *Was ist Religion*, 72). Die epochale Leistung Schleiermachers liegt zum einen in der Herausarbeitung der Selbstständigkeit der R. im Gegenüber zu anderen Kulturgebieten wie z.B. →Wissenschaft, Kunst und Philosophie. Zum anderen aber ist bei ihm eine prägnante Etappe in der Entwicklung der R. zum Allgemeinbegriff erreicht, der es ermöglicht, die Vielzahl der einzelnen positiven Religionen und die Vielfalt der „Formen des Religiösen in der Gegenwart" (Charles Taylor) unter einen Begriff zu fassen.

Um 1900 fächern sich als Folge eines allgemeinen Empirisierungsschubs der Geisteswissenschaften die mit der R. befassten Wissenschaften auf. Die R. ist nicht nur Gegenstand der Theologie, der Religionswissenschaft sowie der Religionsphilosophie, sondern sie wird in ihrer Vielgestaltigkeit als empirisches Phänomen Gegenstand von Religionssoziologie, Religionsphänomenologie und →Religionspsychologie. Die R. wird seither unter je spezifischen Fragestellungen und mit verschiedenen Methoden in den einzelnen Fachwissenschaften erforscht. Dabei gibt es unterschiedliche Auffassungen über Definition und insbesondere die Funktion von R.

Die →Religionssoziologie bestimmt die R. im Kontext der Verhältnisbestimmung von Individuum und Gesellschaft. Nach Georg Simmel (1858–1918) ist das →Individuum sowohl eine soziale Zurechnungsinstanz als auch ein Abweichungsphänomen, dessen Individualität gerade dadurch qualifiziert wird, dass das Individuum von sozial Vorgegebenem abweicht, d.h. „daß der einzelne Mensch sich von den andern einzelnen unterscheide, daß sein Sein und Tun nach Form oder Inhalt oder beiden nur ihm allein zukomme, und daß dieses Anderssein einen positiven Sinn und Wert für sein Leben besitze" (G. Simmel, GA 11, 811). Damit gerät das Individuum in ein Spannungsverhältnis zwischen Sozialisations- und Individuationsprozessen. Dieses soziale Problem wird durch die R. aufgenommen, thematisiert und in unterschiedlichen Ausformungen bearbeitet.

William James hat in einem Vorlesungszyklus aus den Jahren 1901/2 einen Klassiker der Religionspsychologie hervorgebracht: *Die Vielfalt religiöser Erfahrung. Eine Studie über die menschliche Natur*. Als Neurophysiologe, seit 1876 Professor für →Psychologie und Philosophie an der Harvard University, formuliert er sein Interesse an der religiösen →Erfahrung und damit das Programm der Religionspsychologie. „[I]ch bin weder ein Theologe noch in Religionsgeschichte ausgebildet, noch ein Anthropologe. [...] Für einen Psychologen aber sollten die religiösen Neigungen des Menschen zumindest ebenso interessant sein, wie alles andere, was zu seiner geistigen Verfassung gehört." (James, 48) Anhand von Tagebüchern, Autobiographien und anderen introspektiven Literaturen bietet James eine Übersicht über religiöse Gefühle und religiöse Antriebe, die er zu systematisieren und zu typisieren versucht. Der Freudschen Tiefenpsychologie und der in diese eingelassene Religionskritik hält er vor, dass sie religiöse Gefühle lediglich als „Nichts-als – Ausdruck unserer organischen Verfassung bezeichnen"(James, 44). Gegenüber diesem reduktiven Verfahren betont James das Anliegen der Religionspsychologie, welches darin besteht, dass religiöse Bewusstseinszustände einen ganz wesentlichen →Wert haben als Ausdruck der lebendigen Erfahrung. Nicht die Erklärung von Religiosität, die mit dieser letztlich reduktiv verfährt, sondern der konkrete Gehalt des religiösen Bewusstseins soll zur Deutung der R. betrachtet werden.

Im Laufe des 20. Jh. sind eine Fülle an Religionstheorien entstanden, die ihr Religionsverständnis in erster Linie an ihrer Funktionsbestimmung, d. h. an dem, was die R. für die Welterklärung und die Lebensbewältigung von einzelnen Menschen und die Begründung und Stabilisierung sozialer Ordnungen leistet, orientieren. R. wird so als eine Praxis der Kontingenzbewältigung verstanden (Arnold Gehlen und Hermann Lübbe), als eine sich in symbolischen Formen (→Symbol) vollziehende Weise der Weltauffassung (Ernst Cassirer und Clifford Geertz), als ein sinnstiftender heiliger Kosmos (Peter L. Berger). Als bes. wirkungsstark hat sich die phänomenologische Religionstheorie Rudolf Ottos (1888–1937) erwiesen, die über den europäischen Raum hinaus auch im angloamerikanischen sowie japanischen und indischen Kontext rezipiert wird. R. wird in *Das Heilige* (1917) als Begegnung mit einer transzendenten →Macht (*fascinosum et tremendum*) verstanden, die sich in Anziehung oder in Abstoßung vollziehen kann.

Diese Religionstheorien versuchen, gerade auch die enge Verwobenheit der R. mit der Kultur sowie moderne, zum Teil privatisierte, jedenfalls sich auch unabhängig von religiösen Gemeinschaften vollziehende Formen von „unsichtbarer Religion" (Thomas Luckmann) in ihr Verständnis von R. einzubeziehen.

Drehsen, V. u. a. (Hg.), Kompendium Religionstheorie, 2005; Krech, V., Wissenschaft und Religion. Studien zur Geschichte der Religionsforschung in Deutschland 1871 bis 1933, 2002; James, W., Die Vielfalt religiöser Erfahrung, 1997; Schleiermacher, F., Reden über die Religion. An die Gebildeten unter ihren Verächtern, hg. v. Meckenstock, G., 1999; Schleiermacher, F., Der christliche Glaube, Bd. 1, hg. v. Redeker, M., 1960; Simmel, G., Gesamtausgabe, hg. v. Ramstedt, O., 1989 ff; Wagner, F., Was ist Religion? Studien zu ihrem Begriff und Thema in Geschichte und Gegenwart, ^{2}1991; Wagner, F., Art. Religion, Wörterbuch des Christentums, 2001, 1050–1055.

Birgit Weyel

Religionen ethnischer Gemeinschaften →Stammesreligionen

Religionsfreiheit Die rechtlich gewährleistete →Freiheit des Einzelnen, religiöse und weltanschauliche Überzeugungen zu bilden bzw. zu übernehmen, öffentlich zu äußern und die Lebensführung an ihnen zu orientieren, wird im modernen Sinne als „Religionsfreiheit" bezeichnet. Das Grundrecht der R. ist von seiner Herkunft her in erster Linie ein Abwehrrecht des Einzelnen gegen staatliche Bevormundung und Einmischung im persönlichen Bereich des →Glaubens und der Glaubensbetätigung. Es umfasst daher vornehmlich den positiven Aspekt, eine religiöse Haltung zu haben und öffentlich zu vertreten, schließt aber auch den negativen Aspekt ein, keine religiöse Überzeugung zu teilen und zu befolgen. Die R. im Sinne von Bekenntnisfreiheit (→Bekenntnis, Bekenntnisse) gewährleistet auch das →Recht, religiöse oder weltanschauliche Überzeugungen nicht nur allein, sondern auch gemeinsam mit anderen öffentlich zu vertreten und zu befolgen. Insofern erstreckt sich die R. auch auf Religionsgemeinschaften und schützt ihr Recht, ihre Angelegenheiten nach eigenem Selbstverständnis ordnen und sich frei im öffentlichen Bereich betätigen zu können (kollektive oder korporative R., Kultusfreiheit; siehe Art. 4, Abs. 1, 2 und Art. 140 GG in Verbindung mit Art. 137 Abs. 3 Weimarer Reichsverfassung).

Die Entwicklung des Christentums zur Staatsreligion im römischen Reich (Edikt des Kaisers Theodosius 380) und die Orientierung staatlichen und kirchlichen Handelns an der Sicherung der Glaubenseinheit im →Mittelalter schloss jede Form von R. aus. Erst das Zerbrechen der Einheit des christl. Glaubens in der →Reformation und das Entstehen konfessionsverschiedener Territorien bzw. eines innerstaatlichen Konfessionspluralismus (→Konfession, Konfessionalismus) leitete eine Entwicklung zur Ausformung der R. ein. Der Augsburger Religionsfrieden 1555 garantierte sowohl der „alten Religion“ als auch den Anhängern des „Augsburger Bekenntnisses“ (1530) äußere rechtliche Existenzsicherung und Freiheit der geistlichen Entfaltung. Mit dem Emigrationsrecht (ius emigrandi) wird eine erste bescheidene Form individueller R. rechtlich anerkannt, das im Westfälischer Frieden 1648 zu einem Recht weiterentwickelt wird, im Lande bleiben und die eigene →Religion weiterhin ausüben zu können (Recht auf Pflege der Hausandacht). Mit der Erhebung der faktisch im „Normaljahr“ 1624 bestehenden Konfessionsverhältnisse zur Rechtsnorm wird das „ius reformandi“ des Landesherrn (das Recht, den Konfessionsstand im eigenen Territorium zu bestimmen) insofern eingeschränkt, als sein Konfessionswechsel für die Religionsausübung der Untertanen keine Bedeutung mehr hat. Die korporative R. wird auf die Reformierten ausgedehnt. Juden und „Sekten“ bleibt die reichsrechtliche Anerkennung verwehrt. Von den bis zum Ende des Reichs 1806 geltenden Bestimmungen des Westfälischen Friedens weichen insbesondere die in Brandenburg-Preußen erweiterten Schutzbestimmungen für Juden und andere religiöse Gemeinschaften ab (Toleranzedikte des Großen Kurfürsten Friedrich Wilhelm, 1640–1688; Gewährung der „vollkommenen Glaubens- und Gewissensfreiheit“ im Preußischen Allgemeinen Landrecht 1794). Wo die Etablierung prot. Kirchen und Gemeinschaften zu innerstaatlich geduldetem Konfessionspluralismus führte, entwickelten sich zeitweilig oder dauerhaft rechtliche Bestimmungen zur R. (Gewährleistung von Gewissensfreiheit [→Gewissen] und Freiheit zur privaten und – mit Einschränkungen für Katholiken – öffentlichen Religionsausübung in der „Union von Utrecht“ 1579; Kultusfreiheit für die prot. Dissenters in Großbritannien – ebenfalls mit Einschränkungen für die Katholiken – in der „Bill of Rights“ 1689; Gewährleistung von Glaubens- und Kultusfreiheit auch für Protestanten und Juden in der franz. Verfassung 1791). Als angeborenes und unveräußerliches Recht aller Menschen wird R. erstmals in der „Bill of Rights“ von Virginia 1776 deklariert. Zugleich wird jede Form von staatlichem Zwang in Fragen der Religion untersagt, was in den USA seither im Sinne einer strikten

Trennung von →Kirche und Staat verstanden wird. Seit dem 20. Jh. wird die R. als Grundrecht mit ihren verschiedenen Aspekten in allen rechtsstaatlich und demokratisch verfassten Gesellschaften (→Demokratie; →Gesellschaftstheorie) respektiert. Es findet sich nicht nur in den Grundrechtskatalogen aller demokratischen Verfassungen, sondern auch in den internationalen Menschenrechtserklärungen (Art. 18 der Allg. Erklärung der Menschenrechte der UNO, 1948; Art. 18 des Internationalen Pakts über bürgerliche und politische Rechte, 1966; Art. 9 der Konvention zum Schutz der Menschenrechte und Grundfreiheiten des Europarates, 1950) (→Menschenrechte).

Wie die umfassende rechtliche Respektierung der R. erfolgte auch ihre umfassende kirchliche Anerkennung erst im 20. Jh. Von Bedeutung war hier die Praxis des →Ökumenischen Rates der Kirchen, der sich für die Aufnahme eines Artikels über die R. in die UNO-Menschenrechtserklärung (1948) einsetzte und sich an ihrer Erarbeitung beteiligte. Seitdem hat er in mehreren Erklärungen seine Haltung immer wieder bekräftigt und auf die „grundlegende Bedeutung" der R. „für alle menschlichen Freiheiten" hingewiesen (Erklärung „Christliches Zeugnis, religiöse Freiheit und Proselytismus", Neu Delhi 1961; Erklärungen anlässlich der Vollversammlungen Uppsala 1968 und Nairobi 1975). In den ev. Kirchen setzte sich eine positive Würdigung der R. erst allmählich durch. Einwände richteten sich insbesondere gegen ein nach landläufiger Auffassung der R. zugrunde liegendes rationalistisches und individualistisches Menschen- und Freiheitsverständnis (→Rationalismus; →Individuum), das aufgrund seines Entstehungszusammenhanges in der Französischen Revolution und →Aufklärung einer christl. Interpretation der R. entgegenzustehen schien. Seit den 1950er-, verstärkt seit den 1970er Jahren ist diese Skepsis einer Deutung der R. gewichen, die das „Eintreten für die Religionsfreiheit" … als „Verwirklichung der Freiheit des Glaubens" versteht („Die Menschenrechte im ökumenischen Gespräch", Beitrag der Kammer der EKD für öffentliche Verantwortung, 1975) (→Evangelische Kirche in Deutschland (EKD). In ihrer Denkschrift „Ev. Kirche und freiheitliche Demokratie" (1985) stellt die EKD fest, dass eine staatliche Ordnung, die durch Anerkennung der R. ihre Autorität wirksam selbst begrenzt, „zu unserer eigenen Angelegenheit" gemacht werden kann und soll. Aufgrund des herkömmlichen Verständnisses von R. als der durch den Staat garantierten Freiheit für die röm.-kath. Kirche (libertas ecclesiae) kommt der „Erklärung über die Religionsfreiheit, Dignitatis humanae" des Vaticanum II (1965) historische Bedeutung zu (→Konzilien). Danach ist die religiöse Freiheit des Einzelnen in der „Würde der menschlichen Person selbst gegründet, so wie sie durch das geoffenbarte Wort Gottes und durch die Vernunft selbst erkannt wird" (→Person; →Wort Gottes; →Vernunft). Der Staat hat daher R. so anzuerkennen, „dass (sie) zum bürgerlichen Recht wird."

In der gegenwärtigen Diskussion stehen Fragen des Verhältnisses von positiver und negativer R. sowie ihre Grenzen im Vordergrund. So hat der von früheren Entscheidungen abweichende Beschluss des Bundesverfassungsgerichtes von 1995 gegen das Anbringen von →Kreuzen in Klassenzimmern sowie die Auseinandersetzung um das Tragen von Kopftüchern während des Schulunterrichtes die Frage nach der angemessenen Ausbalancierung von positiver und negativer R. wie auch nach dem sachgemäßen Verständnis der religiösen Neutralität des Staates erneut entstehen lassen. Der Grundsatz, nach dem die prinzipiell schrankenlose R. dort an Grenzen stößt, wo sie auf kollidierende Grundrechte anders denkender Grundrechtsträger trifft, ist durch den Beschluss des Bundesverfassungsgerichts von 2002 zur ausnahmsweisen Aufhebung des Schächtungsverbotes aus Gründen der freien Religionsausübung Gegenstand öffentlicher Diskussion geworden. Insbesondere im Zusammenhang der Integrationsaufgabe islamisch geprägter →Kultur kann die Frage der angemessenen Auslegung der R. Konflikte von sozialer Sprengkraft entstehen lassen: So geht es etwa bei der Stellung der Frau um fundamentale zivilisatorische Normen der Gleichberechtigung der Geschlechter, die nicht zugunsten des Rechtes ungestörter Religionsausübung aufgegeben werden können. Da der →Islam im Ganzen – anders als Christentum und →Judentum – die R. als individuelles Menschenrecht bisher nicht anerkannt hat, sie vielmehr der Scharia unterordnet („Erklärung der Menschenrechte im Islam", Erklärung der Islamischen Konferenz 1990), steht der Islam in demokratisch verfassten Ländern vor der Frage, wie er in Zukunft die R. als Kern der Grundrechte einer freiheitlichen Gesellschaftsordnung dem eigenen Handeln zugrunde legen will.

Campenhausen, A. von, Religionsfreiheit in: Isensee, J./Kirchhof, P. (Hg.), Handbuch des Staatsrechts der Bundesrepublik Deutschland, Bd. IV, 1989, 369–434; Dierken, J., Das Religionsrecht und die Dialektik der Freiheit, Zeitschrift für Theologie und Kirche 100, 2003, 64–89; Heckel, M., Religionsfreiheit – Eine säkulare Verfassungsgarantie, in: ders., Gesammelte Schriften, Bd. 4, 1997, 647–859; Herms, E., Die weltanschaulich-religiöse Neutralität von Staat und Recht aus sozialethischer Sicht, in: Der Staat, 40, 2001, 327–347; Huber, W., Religionsfreiheit und Toleranz – Wie aktuell ist der Augsburger Religionsfriede?, EKD, 2005; Lutz, H. (Hg.), Zur Geschichte der Toleranz und Religionsfreiheit, 1977; Mortanges, R.P. de, Art. Religionsfreiheit, TRE 28, 1997, 565–574.

Michael Wöller

Religionskritik Unter R. in einem engen Sinne sind diejenigen Religionstheorien zu fassen, deren Vorstellungen von Genese und Wesen der →Religion dem Beweisziel dienen, sie als eine zwar historisch gegebene, gleichwohl aber der Bestimmung des →Menschen und seiner kulturellen Selbstentfaltung hinderliche und somit zu überwindende Größe abzuleiten. Von dieser radikalen oder destruktiven R. sind daher alle Formen externer oder interner Kritik zu unterscheiden, die sich zwar auf geschichtlich-positive Erscheinungsformen von Religion oder das religiöse Bewusstsein selbst beziehen, damit aber keine vollständige Negation der Religion intendieren. Vorläufer und Motive beider Formen der R. lassen sich bis in die Antike zurückverfolgen – R. ist so alt wie die Religion selbst, wie nicht zuletzt mit Blick auf Leben und Lehre Jesu (→Jesus Christus) gezeigt werden kann. Gleichwohl erhält die R. mit der systematischen Entfaltung des Religionsbegriffs in der Neuzeit erst ihren eigentlichen Explikationsrahmen. Nach Maßgabe eines jeweils vorausgesetzten Begriffs der natürlichen bzw. Vernunftreligion oder des wahren Christentums, bemüht sich seit der Aufklärung eine in erster Linie auf Entdogmatisierung und

Entkonfessionalisierung zielende R. um eine Neubegründung und Umformung der christl. Religion. Der Begriff R. selbst begegnet unter dem Einfluss der kritischen Philosophie Kants erstmals bei Johann Heinrich Tieftrunk (1790). In der Geschichte der radikalen R. haben sich fünf Haupttypen ausgebildet, die auch für neuere Ansätze (z.B. Günter Dux) paradigmatischen Rang besitzen:

1. Die materialistische R. des Paul Henri Thiry d'Holbach: Im Vergleich zur weitgehend christl. →Aufklärung in Deutschland bildet sich vor dem Hintergrund der Allianz zwischen kirchlicher Großinstitution und den Machtinteressen des absolutistischen Staatsapparates sowohl in England als auch in Frankreich eine schärfere Kritik am politisch-religiösen System heraus. Voltaire kann der Religion im Anschluss an die engl. R. einerseits, die Skepsis eines Pierre Bayle andererseits, letztlich nur noch eine Funktion für die zivilisatorisch-vernünftige Sittenbildung zuweisen. Diese bei allen Differenzen auch für den engl. →Deismus eigentümliche Verschränkung von natürlicher Religion und Moral wird jedoch bei den franz. Enzyklopädisten, insbesondere unter materialistischen Prämissen zunehmend brüchig. Von d'Holbach (1723–1789) wird schließlich auch eine partielle Vereinbarkeit von Religion und Moral grundsätzlich negiert. Auf der Basis einer sensualistischen Erkenntnistheorie bestreitet sein mechanistischer Atomismus geistige Entitäten und führt alle Phänomene auf stoffliche Vorgänge zurück. Seine vor diesem Hintergrund durchgeführte Begründung der →Ethik lässt keinen Spielraum mehr für eine vernunftgemäße Religiosität. Der bereits bei Voltaire genannte ‚Priesterbetrug' wird daher neben Furcht, Leichtgläubigkeit und Unwissenheit als Hauptursache für das Ent- und Fortbestehen von Religion angesehen. Nach d'Holbach dient die priesterliche und theologische Moral ausschließlich der Unterdrückung und Vernebelung des Menschengeschlechts. Erst und nur mit dieser Position ist in der Aufklärung ein konsequenter →Atheismus erreicht. Sie kann zudem als Prototyp für die R. eines weltanschaulichen Monismus im Namen der Naturwissenschaft gelten (z.B. E. Haeckel).

2. Die anthropologische R. von Ludwig Feuerbach: Gegenüber dem franz. Materialismus geht es Feuerbach (1804–1872) weniger um die ideologiekritische Bekämpfung eines von Partikularinteressen getragenen Betrugs, als um die anthropologische Ableitung des allgemeinen Kulturphänomens Religion. Das kritisch-reduktive Moment ergibt sich durch die Differenz religiöser Vorstellungen zu ihrem adäquaten Begriff. In diesem kategorialen Zugang zeigt sich deutlich die Herkunft Feuerbachs aus dem spekulativen Idealismus, von dem er sich zugleich aber auch kritisch absetzt. Sein im *Wesen des Christentums* (1841) entfalteter, später erweiterter Ansatz erhebt demgegenüber den Anspruch, die Genese der Religion aus der Natur des Menschen aufgezeigt zu haben (daher auch als „genetische R." bezeichnet): Religion ist letztlich nichts als das Produkt einer vergegenständlichenden Projektion des menschlichen Wesens. Entscheidend ist die Differenz zwischen endlichem Individuum und dem Unendlichen, das Feuerbach in der menschlichen Gattung realisiert sieht. Die religiöse Entfremdung seiner Gattungsallgemeinheit soll die seinem Glückstrieb (Egoismus) widerstrebende Endlichkeitserfahrung durch illusorische (→Tod) Hoff-

nungen kompensieren. Das religiöse Bewusstsein, das Feuerbach geschichtsphilosophisch dem kindlichen Wesen der Menschheit zuordnet, erfasst die Unendlichkeit seines Gattungswesens also nur im Modus göttlicher Prädikate und ist somit bloß ein „indirektes Selbstbewusstsein". In diesem Sinne ist es eine Selbsttäuschung. Bezeichnend für Feuerbachs R. ist also weniger die Projektionsthese, die etwa schon für Kant oder die ältere Anthropomorphismusdebatte einschlägig ist, sondern die These, dass die religiös-vergegenständlichende Projektion keine dem Menschen notwendige Konstruktion, sondern eine das menschliche Wesen verstellende Illusion ist.

3. Die sozioökonomische R. von Karl Marx: Nicht nur in den Anfängen im Umkreis der Junghegelianer, sondern auch auf seinem weiteren Denkweg gilt die R. Feuerbachs für Marx (1818–1883) als Voraussetzung und Ausgangspunkt. Er entnimmt ihr gerade auch dann noch wesentliche Motive für sein theoretisch-praktisches Revolutionsprogramm, wenn er sich von Feuerbach abgrenzt und eigene Akzente setzt. Die zentrale Neuerung besteht darin, dass Marx die Genese von Religion primär auf die politisch-ökonomische Verfasstheit der Gesellschaft bezieht. In seinem Glauben an eine jenseitige Wirklichkeit wiederholt das religiöse Bewusstsein gleichsam eine bereits auf der sozioökonomischen Ebene bestehende Entfremdung. Religion ist so als „Ausdruck" einer inhumanen, den Menschen sich selbst entfremdenden Gesellschaftsform zu verstehen, namentlich der Kapitalwirtschaft des bürgerlichen Staates. Die gesellschaftlichen Verhältnisse und ihre irdischen Götzen werden somit zum eigentlichen Gegenstand der Kritik und zum Ziel revolutionärer Praxis. Religion sinkt dagegen zum bloßen Epiphänomen herab, welches sich zwangsläufig auflöst, sobald die gesellschaftlichen Missstände beseitigt sind. Über diese bloße Ausdrucksfunktion hinaus gesteht Marx der Religion noch eine stabilisierende Funktion zu. Wie bereits d'Holbach diagnostiziert er eine narkotisierende Wirkung religiöser Illusionen bezüglich jenseitiger Glückserfüllung und göttlicher Allmacht (Opium des Volkes). Religion ist Inbegriff bourgeoiser Ideologie. An zahlreichen Entsprechungen (vgl. z.B. das Ideal der klassenlosen Gesellschaft) zeigt sich jedoch deutlich, dass Marx' „materialistische" Geschichtsphilosophie entgegen ihrem Anspruch christl. Motive aufnimmt und gleichsam eine säkulare Fassung urchristl. Eschatologie darstellt.

4. Die lebensphilosophische R. Friedrich Nietzsches: Die These, der Sozialismus sei aufgrund seiner Ideale letztlich nur ein „latentes Christentum", findet sich bereits in der an Schärfe kaum zu überbietenden Ideologiekritik Nietzsches (1844–1900). Vor allem *Der Antichrist* (1888/95) sowie die späten Nachlasstexte zeigen eine methodisch und sachlich komplexe Endgestalt seiner sich werkgeschichtlich entwickelnden R. Dabei integriert und erweitert Nietzsche Momente der R. seiner Vorläufer: die Verschränkung von Religions- und Moralkritik, die herrschaftssoziologisch-sozialpsychologische Demaskierung der Priester als „heiliger Parasiten" und Unterhalter einer degenerierten „Sklaven- bzw. Herdenmoral", die in der Formel vom „Tod Gottes" geronnene Entlarvung und Reduktion metaphysischer Fiktionen und Trostmittel sowie grundsätzlich die historisch-religionsgeschichtliche und v.a. psychologisch-funktionale Genetisierung von Reli-

gion. Als konstruktive Basis der Kritik dient seine Lebensphilosophie. Leben ist nicht nur Erhaltungstrieb und Selbststeigerung („Wille zur Macht"), sondern Prinzip von Wertsetzungen. Religion gilt Nietzsche als spezifischer Fall von Wertsetzung. An ihrer historischen Genese und psychologischen Funktionslogik weist er einen →Nihilismus nach, der in einer „Umwertung" der affektiven Lebensbejahung durch „décadence-Werte" (Mitleid) besteht. Auch wenn Jesus eine ambivalente Stellung zugesprochen wird, so steht v.a. das Christentum mit seinen metaphysisch-moralischen Dualismen für den Typus einer lebenshemmenden und verneinenden Deutungskultur (Sündenlehre →Sünde). Eine gegenläufige Umwertung, die affektiv-intellektual vollzogene Bejahung des Lebens in seinem Ewigkeitswert, stellt Nietzsches „höherer Typus Mensch" dar. Dass dieses Konzept zwischen neuem Religionstypus und säkularer Nachfolgegestalt changiert, verleiht Nietzsches radikaler R. eine konstruktive Dimension und wird für die Entwicklung der Religionskultur seit der Jahrhundertwende maßgeblich.

5. Die psychoanalytische R. von Sigmund Freud: Die bereits bei Nietzsche anklingende Diagnose einer „religiösen Neurose" bildet das Beweisziel der tiefenpsychologischen R. Freuds (1856–1939). Religion, im Sinne der Weltanschauung des gemeinen Mannes, soll vom wissenschaftlichen Standpunkt aus als eine Art „allgemein menschliche Zwangsneurose" genetisch eingesehen und dadurch mitsamt ihren „entstellenden Wunschillusionen" überwunden werden. Voraussetzung ist zunächst eine entwicklungspsychologische Grundeinsicht der Psychoanalyse: Religiöse Vorstellungen gehen auf Bedürfnisse und Wünsche der Kindheit zurück und sind illusionäre Erinnerungsbilder für die infantile Abhängigkeitssituation und den nur mangelhaft verdrängten ödipalen Schuldkomplex gegenüber dem Vater bzw. der Elterninstanz. Gott ist nichts als ein „erhöhter Vater". Doch um die Analogie zum neurotischen Schuld- bzw. Ödipuskomplex durchzuführen, erweitert Freud diesen Ansatz um ethnologische und kulturgeschichtliche Argumente. Das entscheidende Analogon zur kindlich-ödipalen Schulderfahrung ist die Ermordung des Stammvaters in der archaischen Urhorde, an der sich die Menschheit vom →Totemismus bis zum Christentum kulturgeschichtlich abarbeitet. Während so der Sühnetod Christi als eine durch die Erbsündenlehre zugleich verschleierte Anerkennung der Urtat deutbar wird, muss die Vergottung des Sohnes als deren zwanghafte Wiederholung verstanden werden, die im →Abendmahl – analog zum Totemmahl – ihren rituellen Ausdruck findet. In diesem zwanghaften Ineinander von Wiederkehr und Verdrängung liegt der neurotische Zug der Religion.

6. Theologie und R.: Innerhalb der Theologie lassen sich grundsätzlich zwei Strategien im Umgang mit der radikalen R. unterscheiden: a) Man sucht ihr dadurch zu entgehen, dass man sich ihre Argumente, insbesondere den Projektionsvorwurf zu eigen macht. Das Auftreten der radikalen R. wird so als Symptom einer strukturellen Krise des religiösen Bewusstseins bzw. der ‚Religionstheologie' selbst gewürdigt, um fundamentaltheologisch auf davon unbetroffene Prinzipien auszuweichen. Hierher gehört der Gedanke einer die Religion als ‚menschliche Möglichkeit' negierenden

Selbstoffenbarung Gottes (Karl →Barth) ebenso wie Falk Wagners im Anschluss an Georg Friedrich Wilhelm Hegel unternommener Versuch, Religion in eine Theorie des Absoluten „aufzuheben“. Aber auch ohne derartig voraussetzungsreiche und strittige Bemühungen um einen objektiven Geltungsgrund der Theologie kann man b) den destruktiven Konsequenzen der radikalen R. entgehen. Die Projektion religiöser Ideen ist nämlich genau dann weder beliebig noch bloßes Epiphänomen, wenn deren strukturelle Unhintergehbarkeit gezeigt wird – gegen die Annahme von bloß kontingenten Gründen durch die radikale R. Zudem verfehlt die dort jeweils unterstellte schlichte Alternative zwischen einem „wahren“ und „falschen“ Bewusstsein die Komplexität menschlicher Einstellungen zur Lebenswirklichkeit. Widerspricht man also den reduktionistischen Zügen des radikalen Typus, so wird R. keineswegs gänzlich verabschiedet. Sie und ihre berechtigten Anliegen bilden vielmehr ein konstitutives Moment der Religionsbegründung, was sich an den Religionstheorien seit der →Aufklärung bestätigt. Insbesondere aber für das Wesen des Christentums – so hat es jedenfalls Friedrich Daniel Ernst →Schleiermacher in seiner fünften *Rede über die Religion* entwickelt – ist das aus dem Unbedingtheitssinn von Religion herrührende kritische („polemische“) Moment eigentümlich.

Barth, U., Religion in der Moderne, 2003; Dux, G., Die Logik der Weltbilder, [2]1985; Schütte, H.-W., Religionskritik und Religionsbegründung, in Schiffers, N./Schütte, H.-W. (Hg.), Zur Theorie der Religion, 1973, 95–135.142–144; Wagner, F., Was ist Religion? Studien zu ihrem Begriff und Thema in Geschichte und Gegenwart, [2]1991.

Roderich Barth

Religionspädagogik Der Begriff R., der erst seit etwa dem späten 19. Jh. gebräuchlich ist, bezieht sich nach heutigem Verständnis in Lehre und Forschung auf alle Bereiche der religiösen →Erziehung, →Bildung, Entwicklung und →Sozialisation in Schule, Kirche und Gesellschaft bzw. in globalen Zusammenhängen (→Globalisierung). Grundlegend für die R. ist die pädagogisch-theologische Perspektive, der zufolge die Vermittlung und Aneignung der religiösen →Tradition (→Religion) als ein Bildungsprozess ausgelegt werden kann, der auch den Kriterien der modernen Erziehungswissenschaft gerecht wird. Die Generationentatsache – dass die Menschheit generationenförmig verfasst ist und immer wieder neue Generationen ins Leben eintreten – begründet die Notwendigkeit einer R., aber erst deren bildungstheoretische Auslegung gibt ihr das spezifische Profil. Religiöse Bildung schließt dabei die gesamte Lebensspanne ein, sodass auch das Erwachsenenalter bzw. die (religiöse) Bildung Erwachsener noch zum Umkreis der R. gehören muss (→Erwachsenenbildung, kirchliche).

Ein Verständnis von R. lässt sich zunächst aus der Geschichte gewinnen. Auf →Glaube oder Religion bezogene pädagogische Fragen finden sich schon in der →Bibel (Dtn 6,20: „Wenn dich nun dein Sohn morgen fragen wird …“, Lehrer in der neutestamentlichen Gemeinde, 1Kor 12,28 usw.), auch wenn dort natürlich noch nicht von R. in einem wissenschaftlichen Sinne gesprochen werden kann. Theoretische Anleitungen für den katechetischen Unterricht (→Katechismus, →Taufe) werden dann aber bereits in der Alten Kirche entwickelt (z.B. von →Augustin). Auch christl. Erziehungslehren wurden damals formuliert. Die Katechetik als Lehre vom katechetischen Unterricht kann als geschichtliche Vorläuferin der R. angesehen werden. In der katechetischen Arbeit und den Katechismen bes. der Reformationszeit (→Reformation) erreicht die Katechetik einen Höhepunkt. Eine religionspädagogische Theorie im modernen Sinne bildet sich unter dem Einfluss der →Aufklärung heraus – nämlich angesichts der Herausforderungen durch eine moderne Kultur und Wissenschaft sowie durch eine Pädagogik, die – wie etwa im Falle Jean-Jacques Rousseaus (*Emile*, 1762) – von der „natürlichen" Entwicklung des Kindes ausgehen will und katechetische Belehrungen scharf ablehnt. Von grundlegender Bedeutung für die Begründung einer R. unter den Voraussetzungen von →Aufklärung und Moderne sind die pädagogischen und katechetischen Schriften Friedrich Daniel Ernst →Schleiermachers, der deshalb als Vater der modernen R. bezeichnet werden kann, auch wenn er den Begriff R. noch nicht verwendet. Ein eigenes Fach schließlich, das ausdrücklich als R. bezeichnet wird und das auch über eigene Professuren verfügt, gibt es erst seit dem frühen 20. Jh. Wenn damals der Begriff Katechetik aufgegeben und durch den neuen Begriff der R. ersetzt wird, steht dies für eine bewusste Öffnung für „moderne" Kultur und Wissenschaft (Psychologie, empirische Religionsforschung, aber auch die Naturwissenschaften), einschließlich einer Pädagogik, welche Kirche oder Theologie nicht mehr als alleinige Autoritäten in Fragen der (religiösen) Erziehung anerkennt (sog. relative Autonomie der Pädagogik). Im weiteren Verlauf des 20. Jh. bleibt die Hinwendung zur R. jedoch umstritten. Zum Teil wird programmatisch eine Rückkehr zur traditionellen Katechetik gefordert, wobei auch die politischen und gesellschaftlichen Erfahrungen mit dem Nationalsozialismus und später mit dem Staatssozialismus in der DDR eine Rolle spielten. Unter solchen Voraussetzungen vermochte ein auf kulturelle Öffnung angelegtes Programm von R. kaum einzuleuchten. Seit den 1960er Jahren ist in der Bundesrepublik eine bis heute währende Rückkehr zur Bezeichnung R. zu beobachten, wobei in der kath. Terminologie zwischen der schulischen R. und der kirchlichen Katechetik unterschieden wird. In Ostdeutschland herrschte bis zum Ende der DDR ganz die Katechetik vor, die dort auch heute noch stärkere Aufmerksamkeit findet als im Westen.

Systematisch lässt sich die R. mit Bezug auf ihre Handlungsfelder bestimmen. Pädagogische Aufgaben in der Gemeinde werden zusammenfassend in der Gemeindepädagogik bearbeitet, die manchmal von der in dieser Sicht dann auf die Schule begrenzten R. unterschieden wird. Bei einer solchen Unterscheidung fehlt es jedoch an einem allgemeinen Begriff bzw. einem Verständnis, das die verschiedenen Lern- und Handlungsfelder übergreift. Ein solches – umfassendes – Verständnis von R. hat sich zumindest weithin durchgesetzt, sodass die Gemeindepädagogik als Teil der R. verstanden wird. Inhaltlich gehören zur Gemeindepädagogik sämtliche pädagogischen Handlungsfelder in der Gemeinde – angefangen beim Kleinkindalter (pädagogische Aufgaben im Umkreis der Taufe, Angebote für Eltern und Kinder in den ersten Lebensjahren usw.) über (kirchliche) Kindergärten/Kindertagesstätten, Kindergottesdienst, Kinder- und Jugendarbeit (→Kinderarbeit, kirchliche, →Jugendarbeit, kirchliche), Konfirmandenarbeit (→Konfirmation) bzw. auf kath. Seite die Vorbereitung auf die Erstkommunion und der Firmunterricht (→Firmung) bis hin zu Erwachsenenbildung und, zunehmend wichtig, besonderen Angeboten für ältere Menschen (→Alter, Altenarbeit).

Hauptsächlich auf Schule und →Religionsunterricht bezogen ist heute die Religionsdidaktik als Theorie des auf Religion bezogenen Lehrens und Lernens, die der Sache nach allerdings auch den Unterricht der Kirche (Konfirmandenunterricht), die Erwachsenenbildung usw. thematisieren kann. Von einer wissenschaftlich reflektierten Religionsdidaktik kann v.a. seit dem 19.Jh. gesprochen werden. Damals dienten die Pädagogik und Psychologie der Nachfolger Johann Friedrich Herbarts (sog. Herbartianer) als Grundlage für eine nach klaren instruktionspsychologischen Regeln (sog. Formalstufen) vollzogene Unterrichtsgestaltung. Im 20.Jh. wechselten die religionsdidaktischen Leitvorstellungen mehrfach, teils stärker unter dem Einfluss von Pädagogik und Psychologie, teils mehr im Anschluss an theologische Positionen. Bes. umstritten war die Hinwendung zum sog. problemorientierten Religionsunterricht in den 1960er Jahren, bei dem der damals fast ausschließlich an Bibeltexten ausgerichtete Unterricht durch die Beschäftigung mit Gegenwartsthemen abgelöst werden sollte. Heute werden eher Verbundmodelle angestrebt, die ebenso der bibl. Tradition gerecht werden wollen wie den Herausforderungen von Gegenwart und Zukunft. Die Symboldidaktik (→Symbol) hat zu einer neuen Anerkennung des Eigenrechts symbolisch-metaphorischer Ausdrucksformen (→Metapher) als →Sprache der Religionen geführt und damit zugleich zu einer Aufwertung des Ästhetischen. Eine schüler- und kindorientierte Didaktik ist allgemeiner Standard, ohne dass dies naiv im Sinne einer Pädagogik nur vom Kinde aus verstanden würde. Insbesondere die neueren Bemühungen um eine Elementarisierung der religionsunterrichtlichen bzw. religiösen Inhalte streben eine Integration entwicklungspsychologischer Erkenntnisse an. Neue Herausforderungen erwachsen auch für die Religionsdidaktik aus den internationalen Untersuchungen zu Schulleistungen (PISA usw.). Z.T. wird versucht, Standards für den Religionsunterricht zu formulieren, mit deren Hilfe geprüft werden kann, welche Kompetenzen die Schülerinnen und Schüler tatsächlich erworben haben.

Über den engeren Umkreis der R. hinaus verweist die inhaltlich an die R. anschließende kirchliche Bildungsverantwortung. Hier geht es zum einen um Bildungseinrichtungen in kirchlicher Trägerschaft (Kindergärten, kirchliche Schulen, kirchliche Erwachsenenbildung usw.), die weder einfach in den Bereich der Gemeinde fallen noch sich auf religiöse Bildungsprozesse beschränken. Zum anderen wird auf die kirchliche Mitverantwortung für den gesellschaftlichen Bildungsdiskurs verwiesen, wie sie z.B. durch Denkschriften (etwa der Evangelischen Kirche in Deutschland) wahrgenommen werden kann. Diese Mitverantwortung erwächst aus dem christl. Verständnis von Mensch und Wirklichkeit (abgekürzt wird oft vom christl. Menschenbild gesprochen) und gehört insofern wesentlich zum kirchlichen Handeln hinzu.

Zu den systematischen Fragen der R. gehört auch die nach der Stellung der R. in der Theologie bzw. in der Wissenschaft insgesamt. R. wird heute in Deutschland v.a. als theologische Disziplin betrieben, was eine gleichzeitige Zugehörigkeit zur Erziehungswissenschaft jedoch nicht ausschließt.

So gibt es R. sowohl an theologischen Fakultäten als auch in erziehungs- oder kulturwissenschaftlichen Fakultäten etwa im Rahmen der Lehrerausbildung (in England z.B. gehört die R. ganz zur Erziehungswissenschaft, in den USA ganz zur Theologie, mit Ausnahmen v.a. im kath. Bereich). Darüber hinaus bezieht sich die R. auf eine Vielzahl weiterer Wissenschaften als Bezugsdisziplinen: Psychologie, Soziologie, Religionswissenschaft, Kinder-, Jugend- und Kulturforschung u.a.m. und ist um einen Dialog mit diesen bemüht.

Angesichts der gesellschaftlichen Pluralität (→Pluralismus) muss die R. heute auch ökumenischen (→Ökumene) und interreligiösen Lernaufgaben gerecht werden. Als Ziel religiöser Erziehung und →Bildung gilt zunehmend eine prinzipienorientierte Pluralitätsfähigkeit, u.a. in Abgrenzung von →Fundamentalismus und Relativismus als problematischen Reaktionen auf Pluralität.

Leitend ist für die R. durchweg die Perspektive der praktischen Gestaltung von Erziehungs- und Bildungsprozessen, die in der Wissenschaft v.a. durch theoretische Klärungen unterstützt werden kann. Dazu bedient sich die R. v.a. historischer, empirischer und systematischer Forschungsmethoden. Die R. untersucht entsprechende Bildungsprozesse bzw. Bildungsinstitutionen (Familie, Schule, Jugendvereine usw.) in ihrer geschichtlichen Entwicklung, in ihrer empirischen Gestalt sowie in ihrer anzustrebenden Ausrichtung. Darin bleibt sie der Erziehungswissenschaft als ihrer nächsten Nachbardisziplin eng verwandt, auch wenn sich diese heute weithin als eine religiös oder weltanschaulich neutrale („nicht normative") Wissenschaft versteht. Demgegenüber wird in der R. zumeist an einer christl. Bindung festgehalten und R. entsprechend als eine normative Wissenschaft ausgelegt. Inhaltlich bedeutet dies die Bindung an ein bestimmtes Verständnis von Mensch und Wirklichkeit, wie es in der christl. Anthropologie und →Ethik ausformuliert wird. Zunehmend wird es angesichts der Herausforderungen des Lebens in einer multikulturellen und multireligiösen Gesellschaft jedoch auch wichtig, die religionspädagogischen Traditionen und Modelle in anderen Religionen wahrzunehmen, mit denen sich die christl. R. bislang aber noch kaum beschäftigt hat. Eine christl. Bindung von R. widerspricht keinesfalls der Auseinandersetzung mit anderen Religionen, sondern steht für ein Modell dialogischer →Identität und Verständigung. Ein solches Modell wird überall dort in Frage gestellt, wo →Frieden und →Toleranz allein einer immer weiteren Ausdehnung religiöser bzw. weltanschaulicher Neutralität und eines entsprechenden Handeln des Staates im Erziehungs- und Bildungsbereich zugetraut werden. Die Weiterentwicklung einer pluralitätsfähigen R. ist daher nicht nur für diese Disziplin selbst, sondern auch für die Zukunft von Kirche und Religion in der Gesellschaft von großer Bedeutung.

Adam, G./Lachmann, R. (Hg.), Religionspädagogisches Kompendium, [6]2003; Biehl, P. (Hg.), Religionspädagogik seit 1945. Bilanz und Perspektiven, Jahrbuch der Religionspädagogik 12, 1996; Copley, T., Teaching Religion: Fifty Years of Religious Education in England and Wales, 1997; Evangelische Kirche in Deutschland, Maße des Menschlichen. Evangelische Perspektiven zur Bildung in der Wissens- und Lerngesellschaft, 2003; Grethlein, C., Religionspädagogik, 1998; Mette, N./Rickers, F. (Hg.), Lexikon der Religionspädagogik, 2001; Nipkow, K.E., Bildung als Lebensbegleitung und Erneuerung. Kirchliche Bildungsverantwortung in Gemeinde, Schule und Gesellschaft, 1990; Nipkow, K.E./Schweitzer, F. (Hg.), Religionspädagogik. Texte zur evangelischen Erziehungs- und Bildungsverantwortung seit der Reformation, 3 Bd., ThB 84, 88, 89, 1991/1994; Osmer, R.R./Schweitzer, F., Religious Education between Modernization and Globalization: New Perspectives on the United States and Germany, 2003; Rothgangel, M./Thaidigsmann, E. (Hg.), Religionspädagogik als Mitte der Theologie?, 2005; Schweitzer, F. u.a., Entwurf einer pluralitätsfähigen Religionspädagogik, 2002; Schweitzer, F., Religionspädagogik, 2006; Wegenast, K./Lämmermann, G., Gemeindepädagogik, 1994.

Friedrich Schweitzer

Religionsphilosophie Obgleich die Frage nach Gott zu den Grundthemen des philosophischen Denkens gehört und das Verhältnis zu →Religion und →Mythos die Philosophie seit ihren Anfängen begleitet, kommt es erst im 18. Jh. zur Ausbildung einer eigenen Disziplin der R. Ihre Entstehung ist eng verbunden mit der Ablösung vom aristotelischen Metaphysikverständnis (→Metaphysik) einerseits und der Ausprägung des neuzeitlichen Religionsbegriffs andererseits. An die Stelle der traditionellen philosophischen →Theologie (→Philosophie und Theologie) tritt nun eine der Theologie gegenüber selbständige Beschäftigung mit dem kulturellen Phänomen der Religion. Dabei ist allerdings das Verständnis von Aufgabe und Reichweite der R. höchst unterschiedlich. Das Spektrum reicht von Versuchen einer Religionsbegründung über Entwürfe einer Religionstheorie bis hin zu Programmen einer radikalen Religionskritik. Unumstritten erscheinen lediglich die Abgrenzungen der R. von den deskriptiv-empirisch verfahrenden religionswissenschaftlichen Disziplinen (einschließlich →Religionspsychologie und →Religionssoziologie) einerseits und der theologischen Selbstbeschreibung einer bestimmten Religion andererseits.

Der Begriff geht zurück auf das im Jahr 1772 erschienene mehrbändige Werk *Die Philosophie der Religion* des Jesuiten Sigismund von Storchenau. In den folgenden Jahren verbindet er sich vornehmlich mit dem religionsphilosophischen Programm Immanuel Kants, wie er es in seiner Schrift Die *Religion innerhalb der Grenzen der bloßen Vernunft* aus dem Jahr 1793 entfaltet. Vor dem Hintergrund einer radikalen Kritik der traditionellen Metaphysik und Ontotheologie beschränkt Kant die Aufgabe der Religion darauf, die moralischen Pflichten als göttliche Gebote (→Gesetz) zu erweisen und so der autonom-vernünftigen →Moral zu ihrer Umsetzung zu verhelfen. Auf der Wende zum 19. Jh. erweitert sich das Spektrum religionsphilosophischer Ansätze, so dass Friedrich Daniel Ernst →Schleiermacher in seiner Glaubenslehre das Fehlen einer allgemein anerkannten R. beklagen kann. In der Folgezeit gerät die R. dann allerdings zunehmend unter den Einfluss Georg Wilhelm Friedrich Hegels. Sie wird von ihm als die das System der Philosophie abschließende Disziplin bestimmt, welche die religiöse Vorstellung in die Form des philosophischen Begriffs überführt, das Gottesbewusstsein als Moment des Selbstbewusstseins Gottes entschlüsselt und damit die →Versöhnung Gottes mit sich selbst zur Darstellung bringt. Nach dem Tod Hegels spaltet sich seine Schule in zwei Richtungen, deren eine die R. in einer spekulativen Theologie aufgehen lassen will, während die andere zunehmend zu einer radikalen Kritik der Religion übergeht. Mit dem Zusammenbruch des dt. →Idealismus und der Krise des Vernunftparadigmas (→Vernunft) in der Mitte des 19. Jh. sieht sich auch die

R. vor neuartige Herausforderungen gestellt. Das metaphysisch-spekulative Interesse tritt in den Hintergrund; dafür gewinnen zunehmend historische und psychologische Fragestellungen an Bedeutung. Die damit verbundene Methodendifferenzierung führt schließlich zu einer entsprechenden disziplinären Verselbständigung: Es entstehen nicht nur die vergleichende Religionswissenschaft und die Religionsgeschichte, sondern ebenso die Religionspsychologie und die Religionssoziologie. Im Gegenzug kehrt die R. – exemplarisch bei Ernst Troeltsch und im Neukantianismus – zur Aufgabe einer philosophischen Begründung der Religion zurück. Dabei nimmt der Neukantianismus den Weg über eine erkenntnistheoretische Analyse des religiösen Bewusstseins, während Troeltsch – nachdem er sich anfänglich ebenfalls auf das erkenntnistheoretische Paradigma beschränkt hatte – sogar eine Wiederbelebung der Metaphysik fordert. In der ersten Hälfte des 20. Jh. formiert sich ein Spektrum unterschiedlicher religionsphilosophischer Ansätze: Dieses reicht von Ernst Cassirers kulturphilosophischem Programm einer Kritik des mythischen Bewusstseins über die religionsphilosophische Inanspruchnahme der neu entstandenen Phänomenologie bis hin zu einer Wiederaufnahme Hegelschen Gedankenguts. Anders als in der röm.-kath. Theologie gerät die R. auf ev. Seite zudem unter das Verdikt der →Dialektischen Theologie über die natürliche Theologie. Paul Tillichs Entwurf einer eigenen R. bildet hier die Ausnahme. Nach dem Zweiten Weltkrieg steht die R. im angelsächsischen Sprachraum unter dem Einfluss der analytischen R.; neuerdings gewinnen aber auch Ansätze einer am amerikanischen Pragmatismus orientierten R. an Gewicht. In Deutschland sind demgegenüber zunächst keine spürbaren neuen Impulse zu verzeichnen. Erst in jüngerer Zeit erhalten einerseits phänomenologische, andererseits spekulative Ansätze wieder Auftrieb.

Die voranstehende entwicklungsgeschichtliche Skizze hat nochmals deutlich gemacht, dass es ein einheitliches Verständnis von Aufgabe, Thema und Methode der R. nicht gibt. Statt dessen lassen sich grob folgende religionsphilosophische Typen unterscheiden.

1. R. als Kritik der Religion. Bereits die antike Philosophie konstituiert sich durch eine kritische Abgrenzung vom überlieferten Mythos. Seitdem bildet die Religionskritik einen festen Typus der philosophischen Beschäftigung mit der Religion. Dabei wendet sich die Antike gegen den polytheistischen Anthropomorphismus (→Polytheismus) der griech. Volksreligion (→Griechische Religion), im →Mittelalter richtet sich die Kritik gegen die nichtchristl. Religionen und die beginnende Neuzeit betont die Autonomie der Vernunft gegenüber den religiösen Autoritätsansprüchen. Vorbereitet durch die Religionskritik des britischen Empirismus (D. Hume) und der franz. →Aufklärung (P. H. T. d'Holbach) bildet sich im 19. Jh. die Form einer radikal-genetischen Religionskritik heraus, welche durch den Aufweis der vermeintlichen Quellen der Religion – seien diese nun anthropologisch (L. Feuerbach), gesellschaftlich (K. Marx), moralisch (F. Nietzsche) oder psychologisch (S. Freud) bestimmt – die Religion selbst zu überwinden trachtet.

2. R. als Aufhebung der Religion. In engem Zusammenhang mit der Religionskritik steht ein religionsphilosophischer Typus, welcher auf die Voll-

endung der Religion durch die Philosophie abhebt. Auch dieser Typus findet sich bereits in der griech. Antike, indem etwa Platon die Philosophie als die sich selbst bewusst gewordene Religion beschreibt. Kennzeichnend dafür ist die Deutung des philosophischen Erkenntnisweges als Heimkehr der →Seele zu den Göttern. Auch bei Plotin und in der neuplatonischen Tradition wird die Philosophie als Vollendung der Religion verstanden; sie trägt damit ihrerseits einen religiösen Charakter. Seinen klassischen Ausdruck findet dieses Programm schließlich in der Hegelschen R. Die Religion teile mit der Philosophie zwar den gleichen Inhalt – das Selbstbewusstsein des absoluten Geistes –, doch erst die Philosophie präsentiere ihn nicht mehr in der Form der bildhaft gebundenen Vorstellung, sondern auf der Ebene des begrifflichen Denkens. Der religiöse Inhalt werde also zugleich bewahrt und in eine andere Form überführt – eben daraus resultiert die ambivalente Zweideutigkeit der Hegelschen R. zwischen Kritik und Vollendung der Religion.

3. R. als philosophische Theologie. Von ihren antiken Anfängen bis weit in die Neuzeit hinein gipfelt die Philosophie im Entwurf einer philosophischen Theologie. Exemplarisch dafür steht die Beschäftigung mit den →Gottesbeweisen. Dabei lassen sich im wesentlichen zwei Beweistypen unterscheiden: Der kosmologische Beweis schließt von der Beschaffenheit der →Welt auf ihren vorauszusetzenden Ursprung in Gott, während der ontologische Beweis aus dem Begriff Gottes dessen Existenz abzuleiten sucht. Der kosmologische Beweistyp geht auf Aristoteles zurück und stellt nicht nur in der →Scholastik, sondern auch in der frühen Neuzeit die beherrschende Beweisform dar. Seine unterschiedlichen Varianten finden sich in den „fünf Wegen" des →Thomas von Aquin zusammengefasst. Dabei wird a) von der Bewegung auf einen ersten Beweger, b) von der Kette der Wirkursachen auf eine erste Ursache, c) vom zufällig Daseienden auf ein notwendig Seiendes, d) von den unterschiedlichen Rangordnungen der Dinge auf ein Vollkommenes sowie e) von der Weltordnung auf einen Urheber zurückgeschlossen. Der ontologische Beweis hingegen wird erstmals von Anselm von Canterbury formuliert und in der Neuzeit von René Descartes, Gottfried Wilhelm Leibniz und Georg Wilhelm Friedrich Hegel wiederaufgenommen. Dabei wird aus dem Begriff Gottes – als *aliquid quo maius cogitari nequit* (Anselm), *ens perfectissimum* (Descartes), *ens necessarium* (Leibniz) oder des Absoluten (Hegel) – auf sein in diesem Begriff notwendig implizierten Sein geschlossen. Immanuel Kant unterzieht beide Beweistypen einer durchschlagenden Kritik, indem er erstens den kosmologischen auf den ontologischen Beweis zurückführt und zweitens diesen dadurch widerlegt, dass die Existenz keine Eigenschaft eines Dinges darstelle und daher niemals aus dessen Begriff abgeleitet werden könne. Obgleich mit Kant die Tradition der metaphysischen Ontotheologie an ihr Ende kommt, gibt es bis in die Gegenwart hinein immer wieder Versuche, einen neuen Gottesbeweis zu formulieren. In der an Kant anschließenden idealistischen →Tradition (→Idealismus) hingegen verlagert sich das Interesse von Gott auf das religiöse Gottesbewusstsein.

4. R. als Phänomenologie der Religion. Auf der Wende zum 20. Jh. entsteht ein religionsphilosophischer Typus, der bei der empirischen Vielfalt reli-

giöser Erscheinungsformen ansetzt und diese auf gemeinsame Grundphänomene und Wesenszüge hin zu beschreiben sucht. Insofern verbindet sich hier die empirische Hinwendung zu konkreten Religionsphänomenen mit der Suche nach allgemeingültigen Sinn- und Bedeutungsstrukturen. Dabei kommt es schon bald zur Ausbildung zweier konkurrierender Richtungen: Auf der einen Seite steht der Versuch einer empirisch orientierten, objektiven Klassifizierung religiöser Phänomene (P.D.C. la Saussaye), auf der anderen Seite formiert sich eine hermeneutische Religionsphänomenologie (→Hermeneutik), welche vornehmlich daran interessiert ist, die subjektiven Deutungssysteme der jeweiligen religiösen Gemeinschaften zu verstehen. Exemplarisch dafür stehen die Arbeiten von Nathan Söderblom, Rudolf Otto und Gerardus van der Leeuw. Die neuere Religionsphänomenologie nimmt demgegenüber Abstand von dem Versuch, hinter den religiösen Erscheinungen das Wesen der Religion zu erfassen. Statt dessen beschränkt sie sich darauf, die unterschiedlichen Symbol- und Deutungssysteme lebendiger Religionen zu beschreiben und diese auf ihre sozialen, kulturellen und auch psychologischen Zusammenhänge hin durchsichtig zu machen. Vorrangig geht es also darum zu verstehen, was für Menschen in anderen →Kulturen als religiös sinn- und bedeutungsvoll erscheint.

5. R. als Analyse religiöser →Sprache. Einen eigenen Typus stellt schließlich die im Gefolge der analytischen Philosophie entstandene R. dar. Die Analyse der religiösen Sprache steht hier im Dienste einer Abkehr vom traditionellen Problemstand der R. Im Gefolge des Logischen Positivismus und seiner restriktiv-formalen Sprachtheorie wird die religiöse Rede zunächst als sinnlos eingestuft (L. Wittgenstein, R. Carnap, A.J. Ayer). Mit der Hinwendung zur Alltagssprache kommt es dann allerdings im Anschluss v.a. an die Spätphilosophie Ludwig Wittgensteins zur Ausbildung einer R., die weniger am Verifizierbarkeits- und Falsifizierbarkeitsprinzip orientiert ist, sondern einerseits die unterschiedlichen kognitiven, moralischen, expressiven, interpretativen und performativen Funktionen religiöser Sprache durchsichtig macht und andererseits die interne „Grammatik" religiöser Sprachspiele zu beschreiben sucht. In jüngerer Zeit finden sich schließlich auch wieder Ansätze, die zu den erkenntnistheoretischen und sogar metaphysischen Problemstellungen der klassischen R. zurückleiten.

Laube, M., Im Bann der Sprache. Die analytische Religionsphilosophie im 20. Jahrhundert, 1999; Ricken, F., Religionsphilosophie, 2003; Rohls, J., Philosophie und Theologie in Geschichte und Gegenwart, 2002; Schaeffler, R., Religionsphilosophie, 1983.

Martin Laube

Religionspsychologie 1. Begriff: R. bezeichnet eine wissenschaftliche Disziplin, die mit den Mitteln der Psychologie religiöse, d.h. auf Transzendenzerfahrung (→Immanenz und Transzendenz) bezogene Phänomene beschreibt und untersucht. Der Status der R., die Frage ihrer Zugehörigkeit zur akademischen Psychologie, ist immer wieder strittig.

2. Zur Geschichte: Als Vorläufer der R. kann man den Kirchenvater →Augustin, Blaise Pascal oder Friedrich Daniel Ernst →Schleiermacher bezeichnen, weil sie sich in reflektierender Selbstbetrachtung mit den psychischen Hintergründen ihrer religiösen Erfahrungen im Kontext ihrer →Biographie beschäftigen. R. im modernen Sinn beginnt im frühen 20. Jh. mit den Amerikanern Granville Stanley Hall, Edwin Diller Starbuck, J. H. Leuba und William James, etwas später dann auch in Deutschland mit Georg Wobbermin, Karl Girgensohn und Werner Gruehn. Sie begründeten eine empirisch-experimentelle, bewusstseinsorientierte R., die sich v. a. den auffälligen religiösen Phänomenen zuwandte: Bekehrungserlebnissen (→Bekehrung), →Visionen, Auditionen, mystischen Erfahrungen (→Mystik) etc. Daneben entwickelte sich eine tiefenpsychologisch orientierte R.: Im Sinne eines hermeneutischen Verfahrens (→Hermeneutik) sucht sie die Religiosität des Menschen im Kontext von dessen Beziehungsstruktur und →Biographie zu verstehen. Die Psychoanalyse Sigmund Freuds, die Analytische Psychologie von Carl Gustav Jung, Ich-Psychologie (E. Erikson), Narzissmus- und Objektbeziehungstheorie (H. Kohut, D. Winnicott), Symboltheorie (P. Ricoeur) sowie die kognitive Psychologie von J. Piaget und seiner Schule haben wichtige Beiträge zum Verstehen der Religiosität des Menschen geleistet. Dabei sind die Grenzen zwischen R. und einer stärker anwendungsbezogenen Pastoralpsychologie nicht immer klar auszumachen.

3. Themen: R. erforscht nicht die Religion selbst, sondern den Zusammenhang und die Wechselwirkung von Verhalten (als Gesamtheit von Denken, Fühlen und Handeln) und Religiosität. Welche psychosozialen und innerpsychischen Bedingungen lassen Menschen religiös sein bzw. werden? Welche psychologisch beschreibbaren Wünsche und Motive finden ihren Ausdruck in einer religiösen Orientierung (z. B. der Wunsch nach Geborgenheit bei einem allmächtigen Vater oder die Suche nach einem Sinn des Ganzen oder das Streben nach einer transsozialen Quelle von Zuwendung und Achtung)? Der Zusammenhang von →Biographie bzw. Entwicklungsgeschichte und Religiosität ist von besonderem Interesse (z. B. die Frage, wie Gottesbilder oder Moralvorstellungen (→Moral) mit der →Biographie zusammenhängen und sich im Lebenslauf verändern). Weiterhin geht es um die Erforschung spezifisch religiöser Phänomene wie →Bekehrung, →Gebet, →Magie oder Offenbarungserlebnisse (→Offenbarung). Bedeutsam ist die Frage, was eine „reife" oder „erwachsene" Religiosität auszeichnet und wie es andererseits zu pathologischen Entwicklungen kommt, beispielsweise zu besonderen Strafängsten (→Strafe) oder Wahnvorstellungen, zu Fanatismus, extremer →Askese und Skrupelosigkeit etc. In jüngster Zeit findet der Zusammenhang von Religion und Gesundheit besondere Aufmerksamkeit. Eine Reihe von Indikatoren scheint darauf hinzuweisen, dass eine religiöse Orientierung in positiver Korrelation zur Krankheitsbewältigung bzw. Gesundung steht (→Krankheit). Angesichts der Komplexität der in Frage stehenden Parameter sind jedoch die diesbezüglichen Forschungsergebnisse bisher noch wenig eindeutig.

4. Methodik: R. arbeitet mit einer methodischen Prämisse, die man „Ausschluss der Transzendenz" genannt hat. D. h. Glaube bzw. religiöse Einstel-

lung wird als immanentes, psychosozial beschreibbares Phänomen untersucht. Aussagen über Gott und Transzendenz und ihre mögliche Einwirkung auf menschliche Religiosität werden methodisch ausgeschlossen. Auf dieser Basis sind religionspsychologische Forschungsmethoden einsetzbar: Einerseits empirische Methoden wie die Auswertung von Interviews und Selbstzeugnissen, psychologische Tests und Verhaltensbeobachtung, andererseits verstehende Interpretation, in der religiöses Verhaltens von bestimmten psychologischen Theorien her (tiefenpsychologisch, kognitivlerntheoretisch etc.) gedeutet wird.

5. R. und Theologie: Religionspsychologische Methodik ist von theologischer Seite vielfach als seinem eigentlichen Gegenstand unangemessen kritisiert worden: Glaube wird theologisch verstanden als unverfügbares, geschenktes Vertrauen auf Gottes Wort (→Wort Gottes), und nicht als innerpsychisches Geschehen. Beide Perspektiven müssen sich jedoch nicht ausschließen: Glaube hat Teil an der Menschwerdung Gottes; insofern können Lebensbedingungen, Entwicklungsprozesse und Ausdrucksformen des Glaubens mit den Mitteln empirischer Wissenschaft untersucht werden, wenn klar ist, dass die Herkunft des Glaubens unverfügbar bleibt (Unterscheidung von Ermöglichung und Verwirklichung). Unter dieser Voraussetzung wächst auf theologischer Seite das Interesse, religiöse Phänomene auch in ihrer psychosozialen Bedingtheit wahrzunehmen wie umgekehrt in der Psychologie (→Psychologie und Theologie) eine zunehmende Bereitschaft zu beobachten ist, die religiöse oder spirituelle Dimension in ihrer Auswirkung auf die Lebensgestaltung insgesamt sowie auf das Erleben und Bewältigen von Krisen insbesondere (engl.: coping) ernst zu nehmen. Damit weicht die bisher häufig anzutreffende Gegnerschaft und Skepsis zwischen R. und Theologie einem vorsichtigen wechselseitigen Interesse.

Fraas, H.J., Die Religiosität des Menschen. Ein Grundriß der Religionspsychologie, 1990; Grom, B., Religionspsychologie, 1992; Henning, C./Murken, S./Nestler, E. (Hg.), Einführung in die Religionspsychologie, 2003; Klessmann, M. Pastoralpsychologie. Ein Lehrbuch, ^{2}2004 .

Michael Klessmann

Religionssoziologie Die R. betrachtet die →Religion als soziales Phänomen und hat es mit den Wechselwirkungen von Religion und Sozialität zu tun. Dabei richtet sie ihr Augenmerk auf die unterschiedlichen Ebenen religiöser Interaktion, religiöser Institutionen, religiöser Gruppen, Organisationen und Bewegungen sowie religiöser Kommunikation im Horizont der modernen Gesellschaft. Sie gliedert sich in einen theoretischen und einen empirischen Zweig: Während auf der einen Seite sozial-, gesellschafts- und neuzeittheoretische Fragestellungen im Vordergrund stehen, kommen auf der anderen Seite zunehmend die innerhalb der empirischen Sozialforschung entwickelten quantitativen und qualitativen Methoden zur Anwendung.

Die Entstehung der R. auf der Wende vom 19. zum 20. Jh. steht in einem engen Zusammenhang mit der disziplinären Konsolidierung der Soziologie überhaupt. Dabei ist die Frage nach einer hintergründigen Kontinuität der R. mit der Religionskritik des 19. Jh. umstritten. Auf jeden Fall zeichnen sich die klassischen religionssoziologischen Entwürfe – namentlich Émile Durkheims, Georg Simmels und Max Webers – dadurch aus, dass sie das Thema Religion in den Horizont umfassender gesellschafts- und sozialtheoretischer Fragestellungen einbetten. Dabei kommen sie im einzelnen zu höchst unterschiedlichen Ansätzen. So betont Durkheim die Integrationsfunktion der Religion für die Sicherung der gesellschaftlichen Einheit. Simmel wiederum hebt nahezu gegenläufig ihre Bedeutung für die Ausbildung von Individualität hervor. Weber schließlich ist vorrangig daran gelegen, den Anteil der Religion an der Genese der modernen →Welt herauszuarbeiten.

Bereits in der nachfolgenden Generation zeichnet sich ein tiefgreifender Umbruch ab. An die Stelle der gesellschaftstheoretisch ausgerichteten R. tritt eine empirisch arbeitende Kirchensoziologie. Diese nimmt ihren Ausgang zu Beginn der 1930er Jahre in Frankreich und in den Niederlanden; nach dem Zweiten Weltkrieg fasst sie auch in Deutschland Fuß. Im kritischen Rückblick wird ihr erstens eine problematische Gleichsetzung von Religiosität und Kirchlichkeit vorgeworfen, welche zu einer Verengung der soziologischen Fragestellung geführt habe, zweitens eine in ihrem strukturfunktionalistischen Theorierahmen begründete Anfälligkeit für kirchenpolitische Instrumentalisierungen sowie drittens ein unreflektiertes Festhalten an der umstrittenen Säkularisierungsthese (→Säkularisierung).

Zu Beginn der 1960er Jahre setzt eine Rückkehr zu den Fragestellungen der klassischen R. ein. Dabei lassen sich zwei Richtungen unterscheiden. Auf der einen Seite wird der Versuch unternommen, die Engführungen der Kirchensoziologie zu überwinden und den Blick erneut auf den elementaren Zusammenhang von Religion und Gesellschaft zu richten (Peter L. Berger, Thomas Luckmann). Den Ausgangspunkt bildet die Formulierung eines allgemeinen Religionsbegriffs, um über die Schranken expliziter Kirchlichkeit hinaus einen Zugang zur unüberschaubaren Vielfalt religiöser Erscheinungsformen gewinnen zu können. In der Durchführung erblickt Berger die Aufgabe der Religion dann darin, eine verbindliche Sinnordnung – einen Heiligen Kosmos – zu etablieren, welche den Einzelnen in einer bedrohlichen Umwelt vor der Gefahr des Sinnverlusts bewahre. Demgegenüber verortet Luckmann die Funktion der Religion bereits im Prozess der Personwerdung. Religion ist für ihn das, was den →Menschen zum Menschen werden lässt. Auf dieser Grundlage widerspricht er der geläufigen Säkularisierungsthese: In der →Neuzeit komme es keinesfalls zu einem Verschwinden der Religion. Vielmehr gerate lediglich das kirchlich-religiöse Sinnmonopol in die Krise, weil sich die Religion zunehmend in ‚unsichtbare' Formen flüchte. Sie werde privatisiert, indem sie aus dem öffentlichen Bereich in die Privatsphäre auswandere; und sie werde subjektiviert, indem sich ihre Themen zunehmend auf die Belange des Einzelnen einschränkten. Auf der anderen Seite steht das Programm der Christentumssoziologie (T. Rendtorff, J. Matthes). Es wendet sich gleichermaßen gegen die Kirchensoziologie wie die neoklassische R. Im Mittelpunkt der Kritik steht der allgemeine Religionsbegriff, welcher das problematische Schema eines Gegenübers von Religion und Gesellschaft mit sich führe. Der Christentumsbegriff hingegen unterlaufe diese Dichotomie und erlaube es daher, über die Grenzen institutionalisierter Kirchlichkeit und individueller →Frömmigkeit hinaus auch die soziokulturellen Realisierungsformen des Christentums in den Blick zu nehmen. Damit könne zugleich an die Stelle der säkularisierungstheoretischen Opposition von Christentum und Neuzeit ein Modell treten, das gegenläufig dazu die Neuzeit in den Horizont der Christentumsgeschichte rückt.

Der theoretische Neuaufbruch der R. erlahmt allerdings schon bald. In den 1970er Jahren bietet lediglich Niklas Luhmann mit seiner systemtheoretischen R. einen nennenswerten Neuansatz. Er fasst die Religion als ausdifferenziertes Funktionssystem auf, welches im Blick auf die Gesamtgesellschaft die Funktion erfüllt, Kontingenz zu thematisieren und in Sinn zu überführen. Die besondere Provokation des Luhmannschen Ansatzes besteht darin, dass er die Religion konsequent als soziales Phänomen behandelt und den Bezug auf das religiöse →Individuum ausblendet. Im Zuge einer allgemeinen Renaissance des Religiösen erlebt zu Beginn der 1990er Jahre auch die R. einen Neuaufschwung. Im Mittelpunkt steht dabei zum einen der systemtheoretische Ansatz Luhmanns, zum anderen und mehr noch die Robert Luckmanns. Ihre rasch zunehmende Beliebtheit verdankt sich der erklärten Hinwendung zu den vielfältigen Formen nachchristl. Diesseits-Religion. In den folgenden Jahren nimmt die Suche nach den unsichtbaren Formen des Religiösen geradezu fieberhafte Züge an. Die Palette erstreckt sich von Kino und Fernsehen über Werbung und Mode bis hin zu Fußball und Popmusik. Mittlerweile allerdings flaut dieser Trend wieder ab. Statt dessen setzt sich allmählich die Erkenntnis durch, dass Luckmanns funktionale Entgrenzung des Religionsbegriffs nicht nur zu einer Inflation des Religiösen führt, sondern zugleich den christentumsgeschichtlichen Horizont der neuzeitlichen Religionskultur ausblendet. In jüngster Zeit findet daher das nahezu in Vergessenheit geratene Programm der Christentumssoziologie wieder verstärkte Beachtung.

Dahm, K.-W./Drehsen, V./Kehrer, G., Das Jenseits der Gesellschaft. Religion im Prozeß sozialwissenschaftlicher Kritik, 1975; Knoblauch, H., Religionssoziologie, 1999; Krech, V., Religionssoziologie, 1999; Krech, V./Tyrell, H. (Hg.), Religionssoziologie um 1900, 1995.

Martin Laube

Religionsunterricht Unter R. wird heute v.a. der schulische R. verstanden. Daneben kann aber auch an den kirchlichen Unterricht (Konfirmandenunterricht [→Konfirmation]), einen R. für Erwachsene usw. gedacht werden. Geschichtlich geht der R. im christl. Bereich auf den in der Alten Kirche eingerichteten katechetischen Unterricht bes. für erwachsene Taufbewerber zurück (→Katechismus, →Taufe), und auch an die bereits im NT genannten Lehrer kann gedacht werden (Röm 12,7, Eph 4,11). Unterricht gehört zum christl. Glauben, weil dieser →Glaube sich auf eine bestimmte – nämlich auf die bibl. bzw. christl. – Überlieferung bezieht und von den Menschen verstanden werden soll. Ohne ein Lernen im weitesten Sinne kann es den christl. Glauben nicht geben, auch wenn dieser Glaube umgekehrt nicht einfach auf Lernen zurückgeführt werden kann. Theologisch gesehen bleibt der Glaube eine freie Gabe Gottes und ein Geschenk des →Heiligen Geistes. R. kann aber mit den Inhalten des Glaubens vertraut machen und den Glauben unterstützen. Insofern gehört er heute für viele Menschen zu den wichtigsten Zugängen zum christl. Glauben.

Für einen R. in der Schule haben sich bes. die Reformatoren (→Reformation)eingesetzt, später auch die kath. Kirche. Martin →Luther vertrat die Auffassung, dass jedes Kind in der Schule das →Evangelium kennen lernen sollte. Nach reformatorischem Verständnis kann der Glaube der Kirche (→Ekklesiologie) den Glauben des einzelnen Menschen nicht ersetzen. Jeder soll verstehen, um was es beim Glauben geht. Noch weitergehend hob bes. Johannes →Calvin die Fähigkeit hervor, Rechenschaft über den eigenen Glauben geben zu können. Ev. Kirche ist daher auf →Bildung angewiesen, was erklärt, warum sich die Reformatoren von Anfang an für die Einrichtung nicht nur von R., sondern auch von Schulen einsetzten. Die Schulpflicht und damit auch der tatsächliche Besuch des R. setzten sich jedoch erst Jahrhunderte später durch (z.T. erst zu Beginn des 20. Jh.). Seit der Reformation war aber an vielen Orten ein R. in der Gemeinde (katechetische Unterweisung, Katechismuspredigten usw.) eingerichtet, der sich an Kinder und Jugendliche, aber auch an Erwachsene richtete. Neben dem Katechismus spielen im R. ab dem 18. Jh. zunehmend bibl. Geschichten (Kinder- und Schulbibeln) sowie ethische Themen (→Ethik) eine Rolle. Seit der →Aufklärung versteht sich der R. dabei vielfach als eigenständiges Bildungsangebot, das pädagogisch, nicht kirchlich zu begründen sei. Für den R. sollen demnach bildungstheoretische Kriterien, nicht aber einfach die kirchliche Dogmatik maßgeblich sein. Der zu Beginn des 20. Jh. vollzogene Übergang von der Katechetik zur →Religionspädagogik stand für einen nach den Maßstäben der Pädagogik und der Lern- und Entwicklungspsychologie gestalteten kindgemäßen R., der aber bes. in der Zeit zwischen 1930 und 1960 noch einmal durch einen ausdrücklich katechetischen R. (sog. Evangelische Unterweisung und katholische Materialkerygmatik) in Frage gestellt und verdrängt wurde.

Das Verhältnis zwischen schulischem R. und Kirche ist bis heute umstritten. Seit der Weimarer Republik sind Staat bzw. staatliche Schule und Kirche (→Kirche und Staat) jedoch grundsätzlich getrennt, wobei diese Trennung nach dt. Verständnis durchaus Raum für Kooperationen etwa beim R. lässt. Gemäß Art. 7,3 Grundgesetz (GG) ist der R. in der staatlichen („öffentlichen") Schule „ordentliches Lehrfach", also z.B. nicht einfach eine freiwillige Wahlmöglichkeit, auch wenn aufgrund der →Religionsfreiheit (Art. 4 GG) eine Austritts- bzw. Befreiungsmöglichkeit bestehen muss (faktisch wird diese Möglichkeit wenig in Anspruch genommen). Der R. wird „in Übereinstimmung mit den Grundsätzen der Religionsgemeinschaften" (Art. 7,3 GG) erteilt und steht zugleich unter Aufsicht des Staates, was auch die staatliche Verantwortung für die Bereitstellung von ausgebildeten Lehrkräften einschließt (die im Übrigen eine Beauftragung durch die Kirche benötigen, sog. *vocatio* auf ev. und *missio* auf kath. Seite). Damit ist die weltanschauliche Neutralität des Staates gewahrt: Der Staat kann von sich aus keine religiösen Inhalte vorschreiben, sondern muss deren Festlegung den Religionsgemeinschaften überlassen. Ausnahmen von diesem Grundmodell einer gemeinsamen Verantwortung von Staat und Kirche für den R. finden sich im Bereich der westlichen Bundesrepublik in Bremen (nur staatliche Verantwortung) und in Hamburg (nur ev. R., der sich seit einigen Jahren programmatisch „für alle" öffnet und dafür das Gespräch mit anderen Religionsgemeinschaften sucht). In Berlin gibt es nur einen R. in allein kirchlicher Verantwortung (neuerdings auch R. in Verantwortung einer islam. Religionsgemeinschaft). Nach der deutschen Vereinigung von 1990 folgten die östlichen Bundesländer dem vom GG vorgeschriebenen Modell (in der Zeit der DDR gab es dort keinen schulischen R., sondern nur die in der Gemeinde angebotene Christenlehre), wobei zwischen R. und Ethik eine Wahlpflicht besteht. Ausnahme ist Brandenburg, wo mit LER (Lebensgestaltung – Ethik – Religionskunde) neben einem kirchlichen R. als freiwilliges Wahlangebot in der Schule ein neues, allein vom Staat verantwortetes und bis heute umstrittenes Fach geschaffen wurde. Für Religionskunde als Unterricht über Religion ist nicht die Theologie, sondern die Religionswissenschaft die wichtigste Bezugsdisziplin (das gilt auch für die auf Religion bezogenen Anteile des in den Bundesländern unterschiedlich bezeichneten Ersatz- bzw. Alternativfaches Ethik, Werte und Normen, Philosophie usw.). Religion und Religionen sollen in diesem Falle in religiöser und weltanschaulicher Neutralität dargestellt werden.

Schulischen R. gibt es in fast allen Ländern der westlichen Welt. Im internationalen Vergleich ist allerdings bereits innerhalb Europas die Vielfalt unterschiedlicher Modelle von R. bemerkenswert. In den Unterschieden spiegelt sich die Geschichte des jeweiligen Landes mit seinen spezifischen politischen, rechtlichen, kulturellen und religiösen Verhältnissen. Den dt. Verhältnissen nahe verwandt ist der R. in Österreich und Belgien, stärker religionswissenschaftlich geprägt ist der R. in Schweden sowie in England und Wales, z.T. auch in den Niederlanden. Länder ohne R. in der staatlichen Schule sind Frankreich (→Laizismus) und die USA (strikte Trennung von Staat und Kirche). Eine große Herausforderung geht in vielen Ländern von der zunehmenden religiösen Vielfalt in der Bevölkerung sowie vom Fehlen formeller Konfessions- oder Religionszugehörigkeiten aus. Ein herkömmlicher konfessioneller R. erreicht dann u.U. nur einen Teil der Kinder und Jugendlichen, auch wenn z.B. der ev. R. auch für Schülerinnen und Schüler ohne formelle oder mit anderer Religionszugehörigkeit offen ist. Entweder werden daher neben dem ev. und kath. R. weitere Formen eingeführt (in Deutschland bislang v.a.: orthodoxer, jüd. und, in Ansätzen, islam. R.), oder der konfessionelle R. wird durch eine allein staatlich verantwortete Religionskunde abgelöst (Norwegen; mit einer gewissen Beteiligung der Religionsgemeinschaften auf lokaler Ebene, England und Wales, neuerdings auch Kanton Zürich). Die Einrichtung von islam. R. war in Deutschland lange Zeit bes. kontrovers, weil Verstöße gegen Grund- und →Menschenrechte (etwa im Blick auf die Rechte von Frauen oder bestimmte körperliche Strafen) befürchtet wurden. Soweit sich ein solcher R. jedoch an den Rahmen des GG hält, ist er prinzipiell von Art. 7,3 GG ebenso abgedeckt wie ein christl. R. Ein noch nicht gelöstes Problem ist jedoch das für den Islam bezeichnende Fehlen einer institutionalisierten „Religionsgemeinschaft", wie sie das GG beim R. als Gegenüber für den Staat fordert. Ohne ein solches Gegenüber kann der Staat keinen islam. R. einrichten, bestenfalls eine islam. Religionskunde als Unterricht über den Islam (so als Schulversuch in Nordrhein-Westfalen).

Umstritten ist, ob eine weltanschaulich neutrale, lediglich auf Information angelegte Religionskunde die Aufgabe einer religiös-existentiellen

Orientierungshilfe erfüllen kann. In England und Wales gehört neben dem *learning about religion* deshalb seit einiger Zeit auch das *learning from religion* zum Auftrag des R. Zugleich gilt: Je stärker sich der schulische R. von kirchlichen Zusammenhängen distanziert, desto mehr muss die Kirche selbst für religionspädagogische Aufgaben in der Gemeinde aufkommen, zumal die →Familie heute nur noch selten Kinder zur Gemeinde führen oder zur Kirchlichkeit erziehen will. Unumstritten auch in kirchlichen Stellungnahmen zum R. ist, dass der schulische R. vom Bildungsauftrag der Schule her begründet werden muss, nämlich als Beitrag zur persönlichen Bildung einerseits und zu einem Zusammenleben in →Frieden, →Gerechtigkeit und →Toleranz in der Gesellschaft bzw. im internationalen Zusammenhang andererseits. Im Vordergrund steht die Begleitung der religiösen Entwicklung und →Sozialisation der Kinder und Jugendlichen, nicht die Einführung in die Kirche etwa im Sinne der Werbung von Mitgliedern u.ä. (→Kinderarbeit, kirchliche;→Jugendarbeit, kirchliche). Gleichwohl ist der R. auch für die Kirche von nicht zu unterschätzender Bedeutung, da hier zahlreiche Kinder und Jugendliche, die nur selten in Kontakt mit einer Kirchengemeinde kommen, der christl. Überlieferung und den Fragen des Glaubens begegnen können. Es gibt in Deutschland neben dem R. kein anderes religionspädagogisches Angebot, das eine über viele Jahre hinweg andauernde religiöse Begleitung zulässt und zugleich so viele Kinder und Jugendliche erreicht.

Auch im christl. R. müssen in einer multikulturellen und -religiösen Gesellschaft neben dem Christentum andere Religionen und →Weltanschauungen thematisiert werden. Konfessioneller R. sollte sich zumindest phasenweise für die Kooperation mit dem R. anderer Konfessionen oder – soweit vorhanden – Religionen, mit dem Ethikunterricht usw., aber auch mit anderen Fächern der Schule öffnen. Ökumenisches und interreligiöses Lernen stellen zunehmend wichtige Aufgaben für den R. dar. Ebenso gewinnen ethische Themen, nicht zuletzt angesichts des in der Gesellschaft stark angewachsenen Bedarfs an ethischer Orientierung, immer mehr Gewicht.

Didaktisch bemüht sich der R. seit Jahrzehnten konsequent um eine methodisch vielfältige, schüler-, erfahrungs- und subjektorientierte Erschließung der christl. Überlieferung, die auch den Maßstäben einer erziehungswissenschaftlichen Didaktik oder Bildungstheorie gerecht wird. Eine Zeit lang wurde dabei von einem Gegensatz zwischen einem historisch ausgerichteten Bibelunterricht und einem auf aktuelle Fragen bezogenen sog. problemorientierten R. ausgegangen. Dieser Gegensatz ist jedoch überholt – Bibelunterricht soll aktuell und problemorientiert sein, und der auf Gegenwartsthemen gerichtete R. muss der bibl. Überlieferung angemessen Raum geben. Von dauerhafter Bedeutung ist jedoch die heute selbstverständliche Erweiterung der Religionslehrpläne durch Gegenwartsthemen. Darüber hinaus finden religiöse →Symbole (Symboldidaktik) vermehrt Aufmerksamkeit.

Übergreifendes Ziel des R. ist heute eine reflektierte Pluralitätsfähigkeit als Orientierung in der religiösen und weltanschaulichen Pluralität (→Pluralismus) sowie die Unterstützung religiöser Identitätsbildungsprozesse, auch wenn die religiöse →Identität selbst ebensowenig wie der Glaube durch R. einfach vermittelt werden kann. Der R. kann und soll die religiöse Identitätsbildung jedoch unterstützen und mit der christl. Überlieferung im Kontext konkurrierender Wahrheitsansprüche von anderen Religionen, Weltanschauungen usw. vertraut machen. Er soll Kindern und Jugendlichen eine existentielle Auseinandersetzung mit Glaubensfragen ermöglichen. Als ein pädagogisches Angebot bleibt er zugleich an die Maßstäbe von Bildung gebunden und muss die Freiheit des Glaubens achten, der nach christl. Verständnis allein in der Macht Gottes steht.

Adam, G./Lachmann, R. (Hg.), Religionspädagogisches Kompendium, [6]2003; Bizer, C. u.a. (Hg.), Religionsdidaktik, Jahrbuch der Religionspädagogik 18, 2002; Die deutschen Bischöfe, Die bildende Kraft des Religionsunterrichts. Zur Konfessionalität des katholischen Religionsunterrichts, 1996; Evangelische Kirche in Deutschland, Identität und Verständigung. Standort und Perspektiven des Religionsunterrichts in der Pluralität, 1994; Lachmann, R./Schröder, B. (Hg.), Geschichte des evangelischen Religionsunterrichts in Deutschland, 2007; Schreiner, P. (Hg.), Religious Education in Europe, 2000; Schweitzer, F., Religionspädagogik, 2006.

Friedrich Schweitzer

Reliquien R. sind körperliche Überbleibsel bzw. Überreste (lat.: reliquiae), die einen Bezug zu Heiligen oder →Märtyrern haben und deswegen – in fast allen Religionen – verehrt werden (→Heiligenverehrung). Von Körper- bzw. Primärreliquien (vom Leichnam oder Teilen davon) werden Berührungs- bzw. Sekundärreliquien unterschieden (Gegenstände, die mit einem Körper oder mit dem Grab in Kontakt waren). Andenken aus der Nähe von Gräbern religiöser Persönlichkeiten gelten als Tertiärreliquien.

Im Christentum sind R. eng mit der Heiligenverehrung verknüpft und seit dem 2. Jh. bezeugt: Über den Gräbern von Märtyrern wurden Gottesdienste gefeiert, weswegen man allmählich in jeden Altar ein *sepulcrum* (dt.: Grabstätte) einfügte, das eine (später von der röm. Ritenkongregation zugeteilte) R. enthält. Mangels Masse an heiligen Skeletten praktizierte man die Leichenzerstückelung. Im →Mittelalter gelangten als Folge der →Kreuzzüge viele R. nach Europa bzw. ins Abendland. Missbrauch blieb nicht aus: Ein reger Reliquienhandel und -schwindel setzte ein. Die vierte Lateransynode (1215) reagierte mit strengen Bestimmungen, ebenso das Konzil von Trient, das aber die Verehrung bestätigte (1563). Im Spätmittelalter war die Reliquienverehrung zudem eng mit dem Ablass(-handel) (→Ablass) verknüpft. Für Martin →Luther waren R. „alles tot Ding", Johannes →Calvin sah darin Götzenverehrung (Idolatrie). Da R. als größter Schmuck einer Stadt galten, entwickelte sich eine regelrechte Wallfahrtsindustrie (→Wallfahrt), die mit frommen Andenken (Devotionalien) Geld machte: Je mehr Reliquien, desto größer der Umsatz! Um nur einige prominente Orte zu nennen, deren Tourismusattraktionen und -einnahmen eng mit R. zusammenhängen: Turin und Trier, Altötting und Lisieux, Santiago de Compostela oder Rom. Teile des Körpers der Karmelitin Thérèse von Lisieux (1925 heiliggesprochen) werden seit über 50 Jahren weltweit ausgestellt.

Der *Kult der toten Körper* hängt eng mit der tiefen menschlichen Sehnsucht nach Gesundheit und dem Schutz vor bösen Gewalten zusammen. Weil R. im Volksglauben (→Volksfrömmigkeit) als heilbringend gelten, erhoffte man sich von der Berührung Heilwirkungen verschiedenster Art. Theologisch gesehen ist der Verweischarakter zu betonen, den R. auf die heilige Person und darüber hinaus auf Gott bzw. Christus haben (indirekte oder relative Verehrung). In sich sind R. gerade nicht Gegenstand der Verehrung. Allerdings besteht, mindestens im kath. Raum, die latente Gefahr eines magischen Verständnisses (→Magie). Problematisch wird es, wenn aus der Religion des Lebendigen, des Auferstandenen, eine Religion der Toten gemacht wird. Schon Jesus fragte: „Was sucht ihr den Lebendigen bei den Toten?" (Lk 24,5)

Weil der Begriff R. auf religiöse Vorbilder festgelegt ist, spricht man heutzutage auch von *Memorabilien* (weltliche Erinnerungsstücke). In die Menge geworfene T-Shirts von Fußballstars oder Rockmusikern (Elvis Presley) gelangen in Auktionshäusern oder bei ebay ebenso zur Versteigerung wie Gegenstände von Künstlern (Joseph Beuys), Politikern (John F. Kennedy, Evita Peron) oder Päpsten (zuletzt das Privatauto von Papst Benedikt XVI.). Dahinter steckt offenbar das Bedürfnis, von einem Idol einen Gegenstand zu besitzen und dessen *Charisma* dadurch gleichsam präsent zu haben. Profane Formen der Reliquienverehrung im 20. Jh. sind der Genie- und Starkult, aber auch der meist bizarre sozialistische Personenkult: Einbalsamierte Leichen von in Mausoleen zur Schau gestellten politischen Führern sind eine Mischung aus christl. Heiligenverehrung und „pharaonischer Machtdemonstration" und gelten als „eine atavistische Inszenierung von Realpräsenz" (H. Mohr).

Felber, A. u.a., Art. Reliquien/Reliquienverehrung, RGG[4], Bd. 7, 2004, 417–426; Angenendt, A., Heilige u. Reliquien, [2]1997; Kongregation für den Gottesdienst u. die Sakramentenordnung: Direktorium über die Volksfrömmigkeit u. die Liturgie, 2001.

Andreas R. Batlogg

Renaissance Der Begriff R. bezeichnet gemeinhin eine Epoche der Kulturgeschichte Europas, die sich in etwa vom 14. bis zum 16. Jh. erstreckt. Ihren Namen, der wörtlich →Wiedergeburt bedeutet, verdankt jene Epoche dem Umstand, dass in nahezu allen Kulturbereichen die Ausrichtung an den Idealen der antiken →Kultur Griechenlands und →Roms eine zentrale Bedeutung annimmt und in diesem Sinne von einer Wiedergeburt der Antike gesprochen werden kann. Da es allerdings ähnliche Ausrichtungen an der antiken Kultur früher und auch später gab, ist das Spezifische der R. vielmehr darin zu sehen, dass sie die Ausrichtung an der antiken Kultur mit einer umfassenden kulturellen Neubesinnung verband, die für das neuzeitliche Denken grundlegend wurde.

Diese Neubesinnung durchzieht praktisch alle Kulturbereiche. In der Literatur finden wir den Ausgangspunkt in den Dichtungen Francesco Petrarcas, der im Anschluss an das antike Formideal in geschliffener Sprache die subjektiven Reflexionsleistungen des →Individuums über seinen Ort in der Welt (→Welt, Weltbild) zur Darstellung bringt. In den darstellenden Künsten, in denen die R. zweifelsohne ihre weit reichendsten Wirkungen entfaltete, lässt sich ausgehend von Giotto bis hin zu Michelangelo eine Neubesinnung auf das feststellen, was den →Menschen als Menschen ausmacht. Die Architektur versuchte dem Formideal einer kosmischen Harmonie durch Ebenmaß und ausgewogene Proportionalität Ausdruck zu verleihen. Auf der gesellschaftlichen Ebene setzten sich insbesondere in Italien republikanische Staatsformen durch, die die Gestaltungsmöglichkeiten wenn nicht aller, so doch möglichst vieler Mitglieder des Gemeinwesens beträchtlich erhöhte. Die in den verschiedenen Kulturformen zu beobachtende Neubesinnung auf die Frage des Menschen nach sich selbst fand schließlich in der Philosophie der Renaissance ihren maßgeblichen Ausdruck. Schriften von Manetti und Pico della Mirandola stellten den Menschen als ein freies und auf Gott hin bestimmtes Wesen dar, dem darum eine ganz spezifische und unaufgebbare Würde (→Menschenwürde) zukam. Damit verband sich ein umfassendes Bildungsprogramm (→Bildung), das unter dem Begriff des →Humanismus auf eine umfassende Gestaltung der Persönlichkeit angelegt war. Dieses Ideal löste das mittelalterliche Bildungsideal ab und verfügte bis weit in die Gegenwart hinein über eine prägende Kraft.

Die gelegentlich vertretene Auffassung, diese Neubesinnung auf den Menschen verdanke sich einem antichristl. oder gar areligiösen Impuls, ist eine verkürzte und einseitige Darstellung. Sie verdankt sich v.a. dem Umstand, dass weder der Katholizismus noch der →Protestantismus aufgrund ihrer konfessionellen Auseinandersetzungen an die großen Ansichten der R. anzuknüpfen vermochten. An einer Reihe von Denkern wie beispielsweise dem Florentiner Gelehrten und Priester Marsilio Ficino lässt sich das Bemühen zeigen, die Grundüberzeugung ihrer Zeit von der Erhabenheit des Menschen mit der christl. Lehre vom gnadenhaften Handeln Gottes (→Gnade) in Einklang zu bringen. Damit stellen sie das zu neuem Selbstbewusstsein gelangte Verständnis des Menschen von sich selbst auf ein christl. Fundament.

Burke, P., Die europäische Renaissance, 1998; Kristeller, P.O., Humanismus und Renaissance, 2 Bd., 1974/1976; Trinkaus, C., In Our Image and Likeness. Humanity and Divinity in Italian Humanist Thought, 2 Bd., 1970.

Jörg Lauster

Rituale 1. Gegenstand und begriffliches Feld: Als Ritual (oder rituelle Praxis) wird eine besondere Form menschlichen Verhaltens bezeichnet. Der Begriff steht für einzelne Handlungen oder zusammenhängende Handlungssequenzen, die einen geregelten Ablauf und eine vorbestimmte Gestalt haben. R. basieren darauf, dass sie als soziale und/oder persönliche Praxis überkommen, eingelebt und zu bestimmten Gelegenheiten wiederholbar sind; sie sind geprägte, keine spontanen Verhaltensweisen. In ihrer Gestaltung und Bedeutung rekurrieren sie auf gemeinschaftliche Traditionen (einer →Kultur, einer Gruppe, einer →Familie), auch wenn sie höchst individuell variiert und praktiziert werden können, d.h. streng genommen sind „Privat-Rituale“ von Einzelnen Grenzphänomene ritueller Praxis. R. sind, allerdings eher längerfristig, veränderbar, sie lassen sich aber nicht ad hoc „erfinden“. Die Subjekte haben an R. teil, indem sie der rituellen Logik entsprechend agieren. R. sind szenische Gestaltungen und körperliche Praktiken, die Worte, Gesten und Handlungen umfassen. Für sie ist konstitutiv, dass rituelle Handlungen symbolische Bedeutung(en) (→Symbol) haben und im Sinnhorizont, der sie umspannt, ihre Wirkung entfalten, indem sie vollzogen bzw. begangen werden. Anthropologisch wurzeln R. in der Fähigkeit und/oder Bedürftigkeit des →Menschen, ritualisiert zu handeln, wobei die gegenwärtige Diskussion offen lässt, ob und inwiefern R. gesellschaftsspezifisch oder wesensmäßig zur Kultur des Menschen gehören.

Der heute durch die Sozial-, Kultur- und Humanwissenschaften geprägte Begriff des Rituals ist verwandt mit einer Reihe älterer Begriffe, die ursprünglich in der →Theologie und in der →Religionswissenschaft beheimatet sind und z.T. parallel oder synonym in Gebrauch bleiben (vgl. die entsprechenden Lemmata der einschlägigen Lexika und Handbücher). Sie akzentuieren jeweils einen besonderen Aspekt ritueller Praxis, ohne dass sie trennscharf und eindeutig voneinander abgesetzt sind. „Riten" bezeichnen Gebräuche und Handlungen, die Sitte und Brauch entsprechend oder nach Maßgabe kirchlicher Ordnung „recht" (lat.: rite) ausgeführt werden. Insbesondere innerhalb der kath. Tradition meint „Ritus" die kirchlich verbindliche Form der gottesdienstlichen Feier als →Messe (bzw. die jeweils gültigen Formen liturgischer Akte wie Sakramentsspendung (→Sakramente) etc.). „Zeremonien" werden öffentliche rituelle Vollzüge genannt, die förmlich begangen und feierlich gestaltet sind und die, etwa im staatlich-politischen Kontext, einen repräsentativen Charakter haben. Im kirchlich-liturgischen Sprachgebrauch hingegen können darunter auch gottesdienstliche (→Gottesdienst) oder religiöse Handlungen gefasst werden, die theologisch nachgeordnet und nicht verbindlich sind, weil sie nicht zum Kernbestand des Ritus gehören. Schließlich wird im Zusammenhang ritueller Praxis auch der Begriff „→Kult" gebraucht. Er fungiert als Inbegriff des gesamten rituellen Lebens einer →Religion und betont, dass sich in ihm der religiöse Sinn (Beziehung von Gott und Mensch; Begegnung mit dem Heiligen; Glaube einer Gemeinschaft) realisiert und erschließt. In diesem Sinne kann in ev. Tradition der Gottesdienst auch als „Cultus" bezeichnet werden (F.D.E. Schleiermacher).

Umgangssprachlich hat der Begriff des Rituals z.T. einen pejorativen Beigeschmack: Wenn eine Handlung ein „bloßes Ritual" darstellt, dann erscheint sie als eine lediglich äußerliche Verhaltensweise ohne innere Beteiligung derjenigen, die sie ausführen. Wo sie gar zum Ritual „erstarrt", da verfällt ihr Sinn. Dem kritischen Vorbehalt wird Rechnung getragen, indem R. gegenüber „Routine" und „Gewohnheit" abgegrenzt werden. Beides gehört wesentlich zum →Alltag und zu dessen Bewältigung. Auch R. können Teil der alltäglichen →Lebenswelt sein. Während die Routine aber bereits darin besteht, bestimmte Alltagspraktiken so zu habitualisieren, dass sie ohne bewusste Überlegung, gleichsam „wie im Schlaf" ausgeführt werden, ist für ein Ritual kennzeichnend, dass die jeweilige Handlung zugleich von symbolischer Bedeutung ist und eine andere Wirklichkeitsebene erschließt.

2. Rituelle Phänomene und Ritualtheorien: Insbesondere die Religions- und Kulturwissenschaft haben es unternommen, rituelle Phänomene zu differenzieren und zu klassifizieren. R. können nach ihrem sozialen Kontext unterschieden werden. Sie sind als repräsentative Kulte angesiedelt auf

der Ebene des Gemeinwesens, etwa als (zivilreligiöse) R. politischer Herrschaft, staatlicher Identität oder sozialer Einheit. Auf einer zweiten Ebene liegen öffentliche R. einer konkreten Religionsgemeinschaft, bspw. christl. Gemeinde- und Festtagsgottesdienste. Weiterhin sind Familie, Verwandtschaft und das unmittelbare soziale Beziehungsfeld der Kontext einer anderen Gattung von R., die am Lebenszusammenhang der Primärgruppe orientiert sind. Dies reicht vom antiken Hauskult über das gemeinsame Essen mit oder ohne Tischgebet bis zur Aussegnung im Familienhaus eines Verstorbenen. Schließlich existieren auch individuell begangene R. persönlicher →Frömmigkeit oder Lebensgestaltung, die von Einzelnen übernommen und praktiziert werden. Dazu gehören die traditionelle Bibellese ebenso wie das Entzünden von Kerzen beim Besuch einer Kirche. Manche rituellen Phänomene lassen sich nicht eindeutig zuordnen, sie bilden Vermittlungs- und Mischtypen, so etwa die rituelle Praxis der kirchlichen Kasualien. Eine andere Klassifikation unterscheidet R. nach Anlass und Intention. Bezogen auf eine Gruppe finden sich bspw. R., die auf der zyklischen Wiederkehr jahreszeitlicher bzw. kalendarischer Ereignisse beruhen (Jahreswechsel) und R., die auf krisenhafte Widerfahrnisse des sozialen Lebens reagieren (Katastrophen). Im Blick auf die Einzelnen lassen sich R. ausmachen, die in einem regelmäßigen Rhythmus der Vergewisserung und Stärkung dienen, die in bestimmten Krisensituationen ihren Ort haben (→Krankheit) oder in denen lebenszyklische Übergänge gestaltet werden. Die Religionswissenschaft hat auch versucht – dies ist eine dritte Art zu differenzieren – R. nach ihren Grundgesten und Handlungsvollzügen zu unterscheiden (Essen/Trinken, Tanz, →Opfer, Waschung etc.).

In verschiedenen wissenschaftlichen Disziplinen sind Ritualtheorien formuliert worden, die über einen deskriptiven Ansatz hinaus nach Sinn und Bedeutung von R. fragen, indem sie die Genese und Funktion rituellen Handelns erörtern. Skizzenhaft sind drei Diskurse anzuführen, in denen jeweils unterschiedliche Perspektiven zur Geltung kommen:

In einem klassischen Aufsatz (*Zwangshandlungen und Religionsausübung*, 1907) hat Sigmund Freud religiöse R. mit neurotischen Zwangshandlungen verglichen und tiefenpsychologisch analogisiert. Beide Verhaltensweisen unterliegen einer gewissenhaften Ausführung, sind mit →Angst vor Unterlassung besetzt und isolieren die Agierenden von anderen Handlungsmöglichkeiten und tätigen Auseinandersetzungen mit der Wirklichkeit. Auch wenn Freud rituell-religiöse Praxis nicht per se als krankhaft-neurotisches Verhalten interpretiert, so zieht er in die Diskussion doch eine dezidiert ritualkritische Linie ein. Gleichwohl sieht Freud im Ritual auch Parallelen zum kreativen Spiel des Kindes. Im Anschluss an Carl Gustav Jung hat Erich Neumann die Bedeutung und Ambivalenz des Ritus erörtert. Von seinem Ursprung her ist das Ritual ein schützender Akt, der das Unbewusste kanalisiert und immer wieder als vitale Kraft menschlichen Lebens in die Persönlichkeit „einströmen" lässt. Kollektivgeschichtlich degenerieren Riten aber auch zur „Ritualstarre", in der sich ihre Vitalität verschließt. Erik H. Erikson verortet entwicklungspsychologisch die Genese des religiösen Rituals in frühkindlichen →Erfahrungen. Rituelles Verhalten wird geprägt in den ersten Begegnungen zwischen Mutter und Säugling, aus denen sich – im Wechselspiel mit der regelmäßigen, sich wiederholenden und damit verlässlichen Zuwendung der Mutter – ein Gefühl des „Sich-Verlassen-Dürfens" ausbildet. Späteres rituelles Handeln vergewissert Urvertrauen, R. stabilisieren das Verhältnis des Ichs zur Welt.

In soziologischer Perspektive untersucht Erving Goffman Interaktionsrituale, in denen Alltagserfahrungen organisiert werden. Soziale Kommunikation ist eingebettet in rituelle Verhaltensweisen, die in ihr entstehen und als gesellschaftliche Konvention gepflegt werden. R. sind, handlungstheoretisch streng genommen, Ritualisierungen. Begrüßen und Verabschieden etwa strukturieren und regeln nicht nur Begegnungen, sie sind zugleich Medien sozial vermittelter Akzeptanz und Wertschätzung, die im Gegenzug eben auch dezidiert verweigert werden, wenn entsprechende soziale Akte unterbleiben. Interaktionsrituale beruhen darauf, dass die Akteurinnen und Akteure selbstregulierend einen sozialen Raum gestalten, in dem sie sich wechselseitig sozial darstellen und sich ihre soziale →Identität ausbildet. Im Horizont einer „verstehenden" Soziologie werden R. als sozial institutionalisierte Handlungen beschrieben, in denen Wirklichkeit als sinnhafte Welt gesellschaftlich „konstruiert" wird (A. Schütz/T. Luckmann). Riten sind, so Thomas Luckmann, die „Handlungsform von Symbolen", die innerhalb der Lebenswelt Wirklichkeitsmomente versinnbildlichen und vermitteln, die außerhalb der unmittelbar zugänglichen Realität liegen. Im rituellen Handeln wird das gegenwärtig Erfahrbare überschritten, wobei sich dieses Überschreiten aufstuft von den „kleinen" Transzendenzen im Alltag bis zu den „großen" Transzendenzen religiöser R.

Der Ethnologe Arnold van Gennep hat zu Beginn des 20. Jh. in einem zum Klassiker gewordenen Werk das Strukturschema eines „Übergangsrituals" entwickelt (*Les rites de passage*, 1909). Im Rahmen seiner Studien zur rituellen Praxis tribaler Gesellschaften identifiziert er einen Ritual-Typus, durch den Veränderungen des individuellen, kulturellen und kosmischen Lebens begangen und bewältigt werden. Das Ritual ist darauf angelegt, von einer Lebensphase, einem sozialen Status, einer Zeitspanne oder einem Weltzustand in eine(n) davon unterschiedene(n) zu gelangen. In vielfältigen lebens- und jahreszyklischen Zusammenhängen findet van Gennep Passageriten, die jeweils eine dreiteilige Grundstruktur besitzen: Trennungsriten während einer Phase der Ablösung, Schwellen- bzw. Umwandlungsriten in einer Zwischenphase und Riten der Eingliederung in einer (Re-)Integrationsphase. R. als Übergangsriten im Sinne van Genneps haben eine innere Dynamik und in ihrer Dramaturgie einen Richtungssinn. Die Theorie ist vielfach rezipiert und – auch wenn sie ursprünglich im Kontext von Stammesgesellschaften formuliert worden ist – u. a. in die praktisch-theologische Diskussion um die kirchliche Kasualpraxis (→Kasualien) eingebracht worden. Der Kulturanthropologe Victor Turner nimmt van Genneps Muster auf und überträgt es auf rituelle und ritualanaloge Phänomene der Gegenwartskultur. In dieser Übertragung konzentriert er das Modell auf die Schwellenphase rituellen Geschehens, die er als „liminale Phase" bezeichnet (lat. limen: Schwelle, Grenze). „Liminalität" ist Chiffre für das sozial und kulturell Übergängige ritueller Praxis und symbolischer Handlungen, in denen die im Alltag gültigen Zeit- und Sinnordnungen überschritten werden. Von alters her ist die liminale Praxis Kern der lebens- und jahreszyklischen Übergangsrituale, in der Moderne wandert sie verstärkt in die kulturellen Räume von Spiel, moderner Kunst und Unterhaltung aus, verliert dabei aber auch ihren verbindlichen Charakter. Rituelle Praxis wird in dieser Perspektive stärker in ihrer ästhetisch-expressiven Dimension wahrgenommen, R. eröffnen dem Individuum und der Gemeinschaft Begegnungs- und Möglichkeitsräume eigener Art. Neuere Ritualtheorien betonen den performativen Charakter rituellen Handelns, R. sind wirkungsvolle Aufführungen und Inszenierungen.

3. Theologische Perspektiven: Die ev. Theologie hat traditionell einen ritualkritischen Akzent. Vor dem Hintergrund bibl. Kultkritik und der reformatorischen Auseinandersetzungen (→Reformation) mit Riten und Zeremonien, welche die Botschaft des →Evangeliums in menschlichen Gebräuchen verdunkeln, ist lange der differenztheologische Gegensatz von Ritual und Kerygma (Verkündigung) vertreten worden, so insbesondere in der Diskussion um die kirchlichen Kasualien. Mit der Rezeption sozial- und humanwissenschaftlicher Theorien und Einsichten werden seit den 1960er Jahren R. theologisch neu bewertet und gewichtet. Den Gottesdienst als Ritual zu verstehen, ist eine wesentliche Aufgabe der Liturgik (→Liturgie). Neuere Ritualtheorien gehören auch zum Grundbestand der praktisch-theologischen Kasualtheorie. Mittlerweile ist die Aufmerksamkeit für die Bedeutung von R. in der seelsorglichen Praxis und von rituellem Handeln im Bereich der Religionspädagogik gewachsen. Im Ritual und in Ritualtheorien bündeln sich heute verschiedene Themen: bspw. Religion als leibliche Praxis; Bedeutung von äußeren Formen für die Lebensgestaltung von Religion; unterschiedliche Teilhabeformen an religiöser Praxis; die Kraft der Wiederholung und die Frage nach nachhaltigen und prägenden Praxisformen des Christentums in der Erlebnisgesellschaft. Theologisch ist der Zusammenhang zwischen Ritual und Sakrament zu bedenken. Zugleich führt der Ritualbegriff in seinen vielfältigen Theoriezusammenhängen die Theologie über den Bereich kirchlicher Praxis hinaus. Wie verhalten sich religiöse zu säkularen R.? Rituelle Praxis ist ein Wesenszug christl. Religionskultur. Sie theologisch sorgsam zu gestalten heißt, ritualkundig Sinn, Kraft und Bedeutung von R. auszuloten und ritualkritisch die Grenzen rituellen Handelns zu markieren.

Belliger, A./Krieger, D. J. (Hg.), Ritualtheorien, ^{2}2003; Gennep, A. van, Übergangsriten, 1986 (franz.: 1909); Hauschildt, E., Was ist ein Ritual?, Wege zum Menschen 45, 1993, 24–35; Lang, B., Art. Ritual/Ritus, Handbuch religionswissenschaftlicher Grundbegriffe Bd. 4, hg. v. Cancik, H. u. a., 1998, 442–458; Luckmann, T., Riten als Bewältigung lebensweltlicher Grenzen, Schweizerische Zeitschrift f. Soziologie 3, 1985, 535–550; Martin, G. M., Rituale – religiös, therapeutisch, ästhetisch, in: ders., Was es heißt: Theologie treiben, 2005, 93–104.

Kristian Fechtner

Rom Schon früh hat das Christentum in Rom Fuß gefasst: Mitte des 1. Jh., also nur kurze Zeit nach dem Tod →Jesu, schrieb →Paulus einen Brief an die dortige Gemeinde, und er kam wenig später auch selbst dorthin (Apg 28). Glaubwürdiger Überlieferung zufolge (1Clem 5,4–7) erlitten sowohl er als auch →Petrus unter Nero in Rom das Martyrium (→Christenverfolgungen). Schon früh wurden ihre Gräber an der Via Ostiense bzw. am Mons Vaticanus von der Christengemeinde verehrt. Später wurden sie auch kirchenpolitisch instrumentalisiert, um die Bedeutung des röm. Bischofssitzes (→Bischof) zu steigern. Die Gemeinde war zunächst nicht bischöflich organisiert; der monarchische Episkopat setzte sich in Rom sogar besonders spät durch. Sprache der Gemeinde war bis weit ins 3. Jh. hinein ganz überwiegend das Griechische, denn die Christen rekrutierten sich zunächst aus Immigranten aus dem Osten – darunter auch einige bedeutende Lehrer und christl. Philosophen: Justin, Tatian, Marcion, später wohl auch Hippolyt. Als erster genuin lat. Theologe in Rom ist (der als Häretiker ausgeschiedene) Novatian anzusprechen. In Rom finden sich auch die ältesten Zeugnisse →christl. Kunst – teils durch den Überlieferungszufall der Katakomben (wo die Erhaltungsbedingungen für Fresken besonders günstig waren), teils durch das mit Konstantin anhebende monumentale Bauprogramm der Hauptstadt (bes. Lateranbasilika, Petersdom).

Parallel zum politischen Niedergang des westlichen Reiches und seiner Kapitale läuft ein einzigartiger Bedeutungszuwachs des röm. Bischofssitzes (→Papst, Papsttum). Beginnend mit Damasus (366–84), der speziell die Petrus-Tradition zur theologischen Begründung seines Amtes herangezogen hatte, über Leo I. d. Gr. (440–61) bis hin zu Gregor I. (590–604) formt sich die Grundlage des mittelalterlichen Papsttums, das an der Spitze eines eigenen Staatswesens steht. Ohne diese in ungebrochener Kontinuität bis heute bestehende Institution wäre Rom im frühen MA (wie so viele andere Städte im Mittelmeerraum) in der Bedeutungslosigkeit versunken. Die Romidee hielt sich trotz äußeren Niedergangs, und sie war nun eng mit dem Papsttum verknüpft. Sie hatte in karolingischer Zeit sogar die Kraft, die alte Reichsidee in Konkurrenz zu →Byzanz wieder neu zu beleben (Krönung Karls des Großen zum Kaiser durch Papst Leo III. am Weihnachtsabend des Jahres 800). Damit war Rom zum spannungsreichen Bezugspunkt sowohl politischer als auch kirchlicher Machtansprüche geworden. Städtebaulich spiegelte sich dieser permanente Rückbezug auf legitimierende Vorbilder der Geschichte in einer Welle von „Renaissancen", v. a. in karolingischer Zeit (9. Jh.) und dann wieder im 12. Jh., als die Stadt wuchs und ein spezifisch städtisches Selbstbewusstsein entfaltete. Den tiefsten Niedergang ihrer bisherigen Geschichte erlebte die Stadt in der Zeit des Exils der Päpste (14. Jh.), als mit dem Wegfall der Pilgerströme auch eine bedeutende Einnahmequelle entfiel.

Die Grundlagen für das Rom der Neuzeit wurden gelegt, als die Päpste in der zweiten Hälfte des 15. Jh. (v. a. Sixtus IV.) sich bemühten, die in Norditalien beginnende Kunst und Kultur der →Renaissance auch nach Rom zu holen. Große Künstler trugen nun dazu bei, dem päpstlichen Hof (der jetzt permanent nicht mehr im Lateranpalast, sondern am →Vatikan residierte) zu neuem Glanz zu verhelfen. Das künstlerische Selbstbewusstsein der Zeit kulminierte in dem Entscheid unter Julius II., die alte Peterskirche völlig abzureißen und durch einen Neubau zu ersetzen. An der über eineinhalb Jahrhunderte offenen Baustelle wirkten die bedeutendsten Künstler der Zeit (Raffael, Michelangelo, Bernini). Dem künstlerischen Wachstum entsprach keine vergleichbare Neuprofilierung in geistlicher Hinsicht. Erst nachdem die Glaubensspaltung durch die Reformation bereits eingetreten war, setzten sich auch in Rom die religiös-reformerischen Kräfte durch, und im Gefolge des tridentinischen Konzils wurde die Stadt zum Mittelpunkt der →Gegenreformation. Dazu trugen nicht zuletzt die neuen Ordensgemeinschaften (→Orden und Kongregationen) bei, die entweder direkt in Rom entstanden waren (Oratorianer) oder durch ihre Papstbindung einen ausgeprägten Rombezug entwickelten (Jesuiten; →Exerzitien). Sie prägten durch ihre Bautätigkeit das barocke Rom (erste Jesuitenkirche: Il Gesù). Auch organisatorisch stellte sich die Kirche neu auf: unter Sixtus V. (1585–1590) wurde die →Kurie zum effizienten Verwaltungszentrum einer wachsenden Weltkirche umgestaltet. Während das 17. Jh. in Rom äußerlich eine nie gekannte Prachtentfaltung der Papstkirche brachte, nahm doch die politische und kirchliche Bedeutung der Stadt in der Zeit des beginnenden Absolutismus ab.

Einen Tiefpunkt erreichte diese Entwicklung in napoleonischer Zeit, von der sich die Stadt und das Papsttum jedoch zunächst erholen konnte. Im Vaticanum I (→Konzilien) sollten die Kräfte neu formiert werden, doch noch bevor das Konzil offiziell geschlossen war, marschierten im Herbst 1870 die Soldaten Giuseppe Garibaldis in Rom ein und machten dem Kirchenstaat ein Ende. Der Papst zog sich als freiwilliger Gefangener in den Vatikan zurück, und erst 1929 wurden die Rechtsverhältnisse durch die Lateranverträge dahingehend geklärt, dass dem Vatikan auf einem winzigen Territorium pro forma staatliche Souveränität restituiert wurde, während Rom Hauptstadt Italiens blieb. Als solche hat sie in den letzten 140 Jahren einen einzigartigen Bauboom erlebt, der sie bis weit über jede historische Grenze hat anwachsen lassen. Kirchlich gesehen, ist der Katholizismus nach wie vor vorherrschend, doch tritt neben ihn auch in Rom eine Pluralität religiöser Ausdrucksformen – christl. oder nicht-christl. Prägung. Aus der jüngeren Kirchengeschichte ist insbesondere das Vaticanum II zu nennen, das in den Jahren 1962–65 der kath. Weltkirche seinen Stempel aufgeprägt hat.

Elze, E. (Hg.), Rom in der Neuzeit. Politische, kirchliche und kulturelle Aspekte, 1976; Esch, A., Rom. I. Geschichte und Deutung, Der Neue Pauly 15/2, 2002, 841–863; Gatz, E., Rom. IV. Seit Gregor dem Großen bis zur Neuzeit, TRE 29, 1998, 365–379; Krautheimer, R., Rom. Schicksal einer Stadt 312–1308, ^{2}1996.

Martin Wallraff

Römisch-katholische Kirche 1. Zur heutigen Situation: Die röm.-kath. K. umfasst ca. 1,03 Mrd. Gläubige und damit mehr als die Hälfte aller Christen (ca. 1,78 Mrd.). Zu ihr gehören die lat. K., die aus dem altkirchlichen →Patriachat des Westens mit →Rom als Zentrum hervorgegangen ist, und die mit ihr verbundenen (unierten) Ostkirchen (→Orthodoxe Kirchen des Ostens). Die lat. K. zählt weltweit über 1,01 Mrd. Gläubige, mehr als die Hälfte davon leben in sog. Entwicklungsländern. Zu den Ostkirchen gehören ca. 18, 2 Mio. Gläubige. Eine wichtige Erfahrung von Teilnehmern des Vaticanum II (1962–1965; →Konzilien) war das Erlebnis, eine weltweite K. zu sein. Einige unierte Ostkirchen wurden im 20. Jh. Jahrzehnte lang durch kommunistische Herrschaft unterdrückt. Die politischen Veränderungen in Osteuropa haben ihnen größere Freiheit gebracht, allerdings sind frühere Probleme im Verhältnis zu den orthodoxen K., die die unierten K. nicht selten als Konkurrenz betrachten, wieder aufgelebt.

2. Wandlungen des Kirchenbildes in der Geschichte: Zum röm.-kath. Kirchenverständnis gehört die Überzeugung, dass die röm.-kath. K. in ungebrochener Kontinuität mit der K. der →Apostel (→Amt, Ämter) steht, die ihrerseits im Werk und Auftrag Jesu Christi gründet. In der Kirchengeschichte wurde diese Kontinuität oft als absolute Identität mit der Urkirche (→Urchristentum, Urgemeinde) verstanden. Diese in manchen Kreisen auch heute noch vertretene Meinung kann einer realistischen kirchengeschichtlichen Betrachtung nicht standhalten. Der apostolische Charakter der röm.-kath. K. steht oder fällt aber auch nicht mit einer so verstandenen geschichtslosen Identitätstheorie. Das Verständnis der K. hatte immer wieder tiefgehende Wandlungen durchzumachen. Dazu gehört beispielsweise: der Weg von der verfolgten Bekennerkirche (→Christenverfolgungen) zur Reichskirche (4./5. Jh.), die nicht zuletzt politisch bedingte Trennung von Ost- und Westkirche und die Kirchenspaltung der Reformationszeit (→Reformation). Während die frühe K. v.a. als →Mysterium (dt.: Glaubensgeheimnis) verstanden wurde, das sich nur in Bildern wie Leib Christi ausdrücken lässt, ging es im späteren Kirchenverständnis eher um die K. als Institution und richtete der Blick sich zunehmend auf die Vollmachten der Amtsträger. Die K. verstand sich mehr und mehr als hierarchisches Gefüge, wobei sich für die westliche K. auch der politische päpstliche Machtsanspruch (→Papst, Papsttum) immer mehr verstärkte. Die →Laien wurden dadurch zum Gehorsam verpflichtete Befehlsempfänger der Amtsträger. Dem entgegen wirkte beispielsweise die mittelalterliche Armutsbewegung (→Armut), die in den sog. Bettelorden (Franziskaner u. Dominikaner) das Anliegen einer authentischen Jesusnachfolge (→Nachfolge Christi) zur Geltung brachte.

In der Reformation wird besonders bei Martin →Luther die Lehre vom →Priestertum aller Gläubigen (1Petr 2,9) neu in Kraft gesetzt. Amtliche Strukturen und Vollmachten werden dabei nicht abgelehnt, aber auch nicht als konstitutiv für die K. gesehen. Demgegenüber wird dann in der →Gegenreformation die Bedeutung der amtlich-hierarchischen Struktur der K. verteidigt und ausgebaut. Erst im 19. und 20. Jh. werden in der Tübinger Schule, der kath. Jugendbewegung und der Liturgischen Bewegung (R. Guardini) Ansätze eines von Vereinseitigungen befreiten Kirchenverständnisses sichtbar, die im Vaticanum II voll zum Zuge kommen.

3. Die K. im Verständnis des Vaticanum II: Als erstes Konzil hat sich das Vaticanum II (1962–65) umfassend mit der Frage nach dem Wesen der K. beschäftigt. Die gottgegebene Befähigung der K. und ihre Aufgabe sollten neu ins Bewusstsein gehoben werden. Diese Neubesinnung hat sich v.a. in der Kirchenkonstitution *Lumen gentium* (dt.: Das Licht der Völker: Christus) niedergeschlagen. Schon im ersten Kapitel wird deutlich, dass nun nicht mehr die institutionelle Seite der K. im Vordergrund des Interesses steht, sondern die K. als Mysterium. In diesem Sinne wird sie auch als →Sakrament der heilvollen Gemeinschaft mit Gott und den Menschen bestimmt: „Die K. ist ja in Christus gleichsam das Sakrament, d.h. Zeichen und Werkzeug für die innigste Vereinigung mit Gott wie für die Einheit der ganzen Menschheit“ (*Lumen gentium* 1). Damit wird die K. nicht länger einfach mit dem fortlebenden Jesus Christus gleichgesetzt, sondern sie sieht sich in den Dienst seines Wirkens genommen. Die K. ist berufen, die

Gegenwart Jesu Christi durch die Sakramente und die Wortverkündigung zu vermitteln und im ganzen Leben zu vergegenwärtigen.

Diese und ähnliche Aussagen beinhalten zugleich Nähe und Abstand zum göttlichen Urgrund der K. Sie gründet im Willen Gottes, ihr ist die Gegenwart Jesu Christi im Wirken des Heiligen Geistes zugesagt. Die K. trägt diesen Schatz aber in zerbrechlichen Gefäßen (2Kor 4,7). Sie ist von Sünde und Versagen bedroht, ohne freilich dadurch das heilvoll-heilende Wirken Christi einzubüßen.

Das zweite Kapitel von *Lumen gentium* trägt den Titel *Das Volk Gottes* und erst das dritte Kapitel handelt von der hierarchischen Verfassung der K. Damit betont das Konzil programmatisch, dass alle Getauften, ob sie mit Ämtern und Diensten in der K. betraut sind oder nicht, Glieder des Volkes Gottes sind: „Wenn auch einige nach Gottes Willen als Lehrer, Ausspender der Geheimnisse und Hirten für die Anderen bestellt sind, so waltet doch unter allen eine wahre Gleichheit in der allen Gläubigen gemeinsamen Würde und Tätigkeit zum Aufbau des Leibes Christi“ (*Lumen gentium* 33). Das Wirken des Amtes wird nicht mehr einfach von Leitungsbefugnissen und Vollmachten her – die es gleichwohl gibt – beschrieben, sondern als Dienst, der in und an der Gemeinschaft zu leisten ist. Diese Gemeinschaft (lat.: communio) gründet im Dreifaltigen Gott (→Trinität) selbst: „So erscheint die ganze K. als das von der Einheit des Vaters und des Sohnes und des Heiligen Geistes her geeinte Volk“ (*Lumen gentium* 4). Diese Communio soll sich auch im Verhältnis der K. zu den übrigen Menschen und der Welt verwirklichen.

Im Verständnis des Vaticanum II ist die K. mithin keine geschichtsenthobene absolute, sondern eine relationale Größe: Ihr Sein und Wirken gründet in der Beziehung zum Dreifaltigen Gott; sie empfängt ihr Sein und Wirken als Sakrament des →Reiches Gottes aus der Beziehung zu Christus im Heiligen Geist, als Gemeinschaft verwirklicht sie sich in Beziehungen, die ihr zugleich gegeben und aufgegeben sind. Ebenso steht sie in Beziehung zu den anderen K., kirchlichen Gemeinschaften und anderen Religionen. Die K. soll sich immer auch im Dasein für Andere verwirklichen. Dabei öffnet das Konzil im Ansatz die Tür für eine Anerkennung des kirchlichen Charakters anderer christlicher Gemeinschaften, indem die K. nicht länger einfach mit der röm.-kath. K. identifiziert wird.

4. Die Grundvollzüge der K.: Die K. lebt und entfaltet sich in vier Grundvollzügen, die im Leben, Sterben und in der Auferstehung Jesu Christi begründet sind: in der Verkündigung bzw. im Zeugnis (griech.: martyria), in →Gottesdienst und →Gebet (griech.: leiturgia), im Dienst am Mitmenschen (griech.: diakonia) und in der geschwisterlichen Gemeinschaft (griech.: koinonia). Sie gehören in der einen christl. Berufung zum befreiten Leben mit Gott und miteinander untrennbar zusammen.

In Fortsetzung des Wirkens Jesu geben die an ihn Glaubenden das Evangelium des barmherzigen Gottes weiter. In dieser Verkündigung gründet der christl. →Glaube, der rettet (vgl. Röm 10,13–15). Zum Zeugnis des christl. Glaubens sind alle Glieder der K. berufen. Der Zeuge steht mit seiner ganzen Person hinter dem Glauben und richtet sein konkretes Leben nach ihm aus. In der Gemeinschaft der K. bekennt er seinen Glauben und stärkt so den Glauben der anderen. Umgekehrt hat er diesen Glauben durch das Zeugnis der Mitchristen und die amtliche Verkündigung der K. empfangen und erfährt durch sie darin Stärkung. Das Zeugnisgeben der K. ist also ein bleibend dialogisches Geschehen, das sich nicht nur nach innen, sondern auch nach außen richtet, damit die Menschen das Evangelium hören und zum Glauben an Jesus finden (Mt 28,19f). Das Zeugnis des Glaubens geschieht nicht aus eigenem Vermögen, sondern in der Kraft des Heiligen Geistes (1Kor 12,3). Die ordinierten Amtsträger sind von Gott dazu berufen, sein →Evangelium in und vor der Gemeinschaft der Glaubenden zu verkündigen und, je nach ihrem Amt als →Bischof, →Priester oder Diakon, für die innere Einheit der Ortskirche (Diözese) bzw. Gemeinde und ihrer Einheit mit der Gesamtkirche Sorge zu tragen.

In Treue zu Jesus, seinem Beten, das auf die Ehre Gottes und das Heil des Menschen ausgerichtet ist (vgl. das →Vaterunser Mt 6,9–13), und in Treue zum letzten →Abendmahl kommen die Jünger nach seiner Auferstehung zum Gebet und zum Brechen des Brotes zusammen (Apg 2,42). Für dieses Mahl setzte sich ab dem 2. Jh. der Begriff „Eucharistie" (dt.: Danksagung) durch: Dankbar wird gefeiert, dass der auferstandene Christus mit seinem heilbringenden Leben und Sterben in der Eucharistie gegenwärtig wird. Nach dem Vaticanum II ist die Eucharistie „Quelle" und „Höhepunkt des ganzen christlichen Lebens". Sie „bezeichnet" und „bewirkt" „die Einheit des Volkes Gottes" (*Lumen gentium* 11). Neben der zentralen, täglich gefeierten Eucharistie und der →Taufe, in der christl. Leben grundgelegt wird, kennt die röm.-kath. K. fünf weitere Sakramente: →Firmung, →Buße, →Ehe, Weihe (→Ordination) und →Krankensalbung. Als Zeichen der rettenden Zuwendung Gottes bildet die Feier der Sakramente die Mitte der →Liturgie, wobei die Wortverkündigung ein wesentlicher Bestandteil ist. Ihre Wertschätzung drückt sich besonders in der Verehrung der Heiligen Schrift (→Bibel, Bibelausgaben) durch →Prozession, Halleluja-Ruf, Weihrauch und Kerzen (→Frömmigkeit) aus. Neben der Feier der Sakramente kennt die röm.-kath. K. noch eine Vielzahl von Gottesdienstformen wie das Stundengebet, die Bestattungsliturgie (→Bestattung), Wortgottesdienste zu verschiedenen Anlässen und Segnungen (→Segen) von Personen und Gegenständen.

Der dritte Grundvollzug von K. ist die →Diakonie. In der Nachfolge Jesu, der sich den Leidenden heilend zugewandt und ihnen Gottes rettende Nähe geschenkt hat, ist es Grundauftrag der K. sowie jedes ihrer Glieder allen körperlich und seelisch Leidenden beizustehen. Dabei begegnen die Glaubenden in ihnen verborgen ihrem Herrn selbst (Mt 25,40). Die →Liebe zu Gott und zum Nächsten gehören untrennbar zusammen; sie sind die beide Teile des christl. Hauptgebotes (Mk 12,28–34). So dient die Zusammenarbeit der Christen in der Diakonie dem Wohl der Menschen und ist zugleich Zeichen des gemeinsamen Glaubens an den einen Herrn und der gemeinsamen Sendung zu den →Armen.

Die geschwisterliche Koinonia der Christen wird in der Lehre von der K. (→Ekklesiologie) oft nicht als eigener Grundvollzug gesehen, da sie in den anderen Grundvollzügen enthalten ist. Sie ist jedoch als Zusammensein der Christen, in der jeder sich ganz angenommen und beheimatet weiß, zugleich eine eigene Wirklichkeit. In ihr drückt sich der Glaube spürbar aus, dass Gott sie aus Liebe zu seinen Söhnen und Töchtern, zu Geschwistern gemacht und zu einem neuen Leben befreit hat.

5. Ämter und Stände in der K.: Nach röm.-kath. Überzeugung gehen die Ämter der K. in ihren grundlegenden Zügen letztendlich zurück auf die ntl. bezeugte K. (→Kirche, biblisch) der →Apostel. In den frühen Jh. hat sich hieraus eine Amtsstruktur herausgebildet, die zunehmend Lehr- und Leitungsvollmachten ausübte, ohne sich freilich von der Zustimmung des Volkes völlig unabhängig zu wissen. Bischof Cyprian von Karthago (3. Jh.) fügte seinem Wort „Nichts ohne den Bischof" im Blick auf seine Priesterschaft hinzu „Nichts ohne euren Rat" und im Blick auf seine Gemeinde „Nichts ohne die Zustimmung des Volkes".

Im frühen →Mittelalter wuchsen den Amtsträgern auch aus politischen Gründen (→Kirche und Staat) immer mehr Vollmachten zu. Der →Klerus begann zu einem eigenen Stand zu werden, der sich mit dem sich entwickelnden Ordensstand als Stand christl. Vollkommenheit betrachtete. Dadurch wurden die →Laien immer mehr als „Stand der Unvollkommenheit" angesehen, dessen Pflicht darin bestünde, auf die Amtskirche zu hören und ihr Gehorsam zu leisten. Das Zeugnis für Christus schien danach allein bei der Amtskirche zu liegen.

Das Vaticanum II hat diese „Ständelehre" im Prinzip, wenn auch noch nicht immer faktisch, überwunden. Auch die Laien haben am Heilsauftrag der K. teil: „Der Apostolat der Laien ist Teilnahme an der Heilssendung der Kirche selbst. Zu diesem Apostolat werden alle vom Herrn selbst durch Taufe und Firmung bestellt" (*Lumen gentium* 33). An der Vergegenwärtigung dessen, was Jesus Christus als Hohepriester, Lehrer und Prophet ein für allemal zum →Heil der Menschen vollbracht hat, wirken nicht nur die Träger des Weiheamtes mit, sondern alle Gläubigen, so besonders in ihrer Hingabe an Gott und die Mitmenschen, im Gebet, im Wort- und Tatzeugnis eines christl. Lebens, im Hören auf den inneren „Glaubenssinn" und nicht zuletzt in der Mitdarbringung des eucharistischen →Opfers.

Das schließt in der Sicht des Konzils keineswegs besondere Vollmachten der Bischöfe, Priester und Diakone aus. In ihrer Grundwürde sind sie zwar den anderen Kirchengliedern gleichgestellt, sie haben aber doch in einer besonderen Teilhabe an den Ämtern des Herrn Aufgaben und Dienste wahrzunehmen, die ihn in besonderer Weise gegenwärtig werden lassen (besonders in der Feier der Eucharistie). Die vorzüglichste Aufgabe des Amtes ist es, bei aller Vielfalt die Einheit der K. zu bewahren.

6. Die röm.-kath. K. und die Ökumene: Mit dem Vaticanum II hat sich die röm.-kath. K. offiziell der →Ökumenischen Bewegung angeschlossen und sie als Ausdruck des Heiligen Geistes gewürdigt: „Die Einheit der Christen wiederherstellen zu helfen" sah das Konzil als eine seiner „Hauptaufgaben" an (vgl. das Dekret *Unitas redintegratio* 1). Lange vertrat die röm.-kath. K. die Auffassung, dass sie mit der wahren K. Jesu Christi völlig identisch ist. Demgegenüber erklärt das Konzil differenzierter, dass die K. Christi „verwirklicht" ist „in der katholischen Kirche (...). Das schließt nicht aus, dass außerhalb ihres Gefüges vielfältige Elemente der Heiligung und der Wahrheit zu finden sind, die als der K. Christi eigene Gaben auf die katholische Einheit hindrängen" (*Lumen gentium* 8). Der Anspruch der röm.-kath. K., dass in ihr die K. Christi verwirklicht ist, bezieht sich auf ihre sichtbare Gestalt, also auf ihre Leitung durch Papst und Bischöfe als Dienst an der Bewahrung der apostolischen Überlieferung und der Ein-

heit der K. (vgl. *Lumen gentium* 8;19;23) und auf die „Fülle der Heilsmittel" (*Unitas redintegratio* 3), wozu zentral die Sakramente gehören. Im Blick auf die gelebte Wirklichkeit der K. als Gemeinschaft mit Gott und untereinander in Glaube, Hoffnung und Liebe räumt das Konzil dagegen der röm.-kath. K. keinen Vorrang gegenüber den nichtkath. K. und kirchlichen Gemeinschaften ein und würdigt diese als „Mittel des Heils", derer sich der Geist Christi bedient (*Unitas redintegratio* 3). Die röm.-kath. K. steht mit ihnen durch den gemeinsamen Glauben an Christus und die eine Taufe schon in einer wirklichen, wenn auch noch nicht vollkommenen Gemeinschaft. Sie wird in ökumenischen Wortgottesdiensten bekannt und gefeiert. Eine Eucharistiegemeinschaft ist aus röm.-kath. Sicht noch nicht möglich, da sie volle Kirchengemeinschaft besagt, die eine Übereinstimmung in allen wichtigen Lehrfragen voraussetzt.

Die Sorge um die Wiederherstellung der Einheit der Christen ist Aufgabe der ganzen K., wobei das Konzil die →Bekehrung des eigenen Herzen, das Leben nach dem Evangelium und das Gebet als „Seele der ganzen ökumenischen Bewegung" (*Unitas redintegratio* 7–8) ansieht. Mit Kardinal Walter Kasper ist festzuhalten, dass hiermit von einer bloßen „Rückkehr-Ökumene", einer einfachen Rückkehr der anderen K. und kirchlichen Gemeinschaften in die röm.-kath. K. Abstand genommen ist. Seit dem Vaticanum II ist viel Gutes in den Beziehungen der röm.-kath. K. zu den anderen Christen geschehen. Wir betrachten uns nicht mehr als Konkurrenten, sondern als Schwestern und Brüder, die zueinander gehören und sich gegenseitig, auch im Glauben, bereichern; wir sehen, dass das uns verbindende Gemeinsame unseres Glaubens weit größer ist als das, was uns noch trennt. Die →Ökumene geschieht dabei auf drei Ebenen, die miteinander verflochten sind. Die erste Ebene ist die der Kirchenleitungen, die sich zu Konsultationen treffen, gemeinsame Worte verabschieden. Die Ebene der theologischen Gespräche findet sich in Dialogkommissionen, Arbeitskreisen und an Theologischen Fakultäten. Mit allen christl. K. und vielen kirchlichen Gemeinschaften hat die röm.-kath. K. offizielle Dialoge geführt (orthodoxe und orientalische K., →Lutherischer Weltbund, →Anglikanische Kirchengemeinschaft, →Reformierter Weltbund, Methodistischer Weltrat, Baptistischer Weltbund u. a.). Ökumene vollzieht sich drittens auf der Ebene der Gemeinden in vielfältigen Formen in den vier Grundvollzügen der K. Christen beten miteinander und feiern gemeinsam Gottesdienste, geben Zeugnis von ihrem gemeinsamen Glauben in Bibelkreisen und Seminaren, sie arbeiten in der →Diakonie zusammen und feiern miteinander Feste. So legen sie Zeugnis vom erlösenden Wirken des Geistes Jesu ab und bezeugen, dass ihre durch die Taufe begründete Verbundenheit tiefer und stärker ist als die aus menschlicher Schuld stammende Trennung.

Hinzen, G., Die Katholische Kirche, in: Johann-Adam-Möhler-Institut (Hg.), Kleine Konfessionskunde, [4]2005, 17–80; Kasper, W., Art. Kirche III. Systematisch-theologisch, Lexikon für Theologie und Kirche 5, [3]1996, 1469; Katechismus der katholischen Kirche, 1993; Miggelbrink, R., Einführung in die Lehre der Kirche, 2003; Neuner, P., Die heilige Kirche der sündigen Christen, 2002.

Harald Fritsch/Günter Koch

Römische Religion Wie die begriffliche Rede von →Griechischer Religion beschreibt auch das Syntagma röm. →Religion einen späteren, perspektivisch-abgrenzenden Zugriff aus einer (bereits monotheistisch orientierten) Außenperspektive (→Monotheismus). Seit der Spätantike (Tertullian, *Apologie* 24,1; *Acta Cypriani* I 1), dann v.a. in der →Renaissance und Romantik, wird der Versuch erkennbar, die antike Religion insgesamt als Alternative zur *religio christiana* auf den (heuristischen) Begriff *religio Romana* zu bringen. Angesichts der bereits frühen Interdependenzen und Verflechtungen röm. R. mit verschiedensten Phänomenen und Entwicklungen mediterraner Religionshistorie, in Anbetracht von Migrationen und Diffusionen, insbesondere angesichts der übergreifenden Entwicklungen der Hellenisierung sind klare Definitionen und monolineare Abgrenzungen etwa gegenüber einer orientalischen Religion nicht zu gewinnen.

Im Blick auf invariante, besondere Praktiken, Normen (→Normen, sittliche) und Glaubensvorstellungen (→Glaube) muss heute der klassische Versuch Georg Wissowas als problematisch gelten, röm. R. einseitig auf →Recht und →Ritual festzuschreiben, die Welt des Mythischen (→Mythos) dagegen für das Griechentum zu reservieren. Insgesamt ist der lange bestimmende Schematismus, nach dem sich die röm. R. als *religio practica et politica* vorrangig im Befolgen ritueller Verpflichtungen und in rechtlicher Bestimmung erschöpft, dagegen kaum Merkmale primärer religiöser →Erfahrungen aufgewiesen habe, überholt. Im Unterschied zu Prozessen religiöser Hellenisierung sind die Entwicklungen der *Romanisierung* der Mittelmeerwelt im Religiösen dabei nach wie vor wenig erforscht. Damit fehlen aber zugleich wesentliche Parameter zur Darstellung der Entstehung der religiösen Sinnwelt und der Praktiken des frühen Christentums (→Alte Kirche) als Teil der hell.-röm. Zeit und Welt (→Zeit und Ewigkeit). Jüngste Darstellungen der Religion der ersten Christen bleiben unvollständig, wenn sie das älteste Christentum als ein quasi idiosynkratisches Zeichensystem konzipieren, ohne die vielfältigen Voraussetzungen und Verflechtungen in Hinsicht auf hell.-röm. *religio* in den Blick zu nehmen.

Zunächst stellt sich auch im Fall röm. R. das Quellenproblem. Über literarische Zeugnisse hinaus ist auch hier die epigraphische und archäologische Evidenz (Grabfunde; religiöse Architektur etc.) einzubeziehen. Texte und Zeugnisse, die im öffentlichen →Kult bzw. in „privater" →Frömmigkeit eine Rolle spielten (wobei beides nicht rein zu trennen ist), sind von (philosophischen u.a.) Quellen zu unterscheiden, die eine Metareflexion auf Funktionen und Sinndeutung des Religiösen anzielen (historiographisch: Livius; philosophisch: Cicero, Lukrez u.a.). Einschlägige Quellen verfolgen eigene literarisch-rhetorische Interessen. Dies zeigt exemplarisch die für Informationen über röm. *religio* bes. wichtige Rede des Cicero *De domo sua*, in der es nach der Rückkehr aus seinem Exil um das Problem der Rückgabe und Rückverwandlung seines Hauses aus einem geweihten Gebäude in ein Privathaus geht (vgl. auch seine Rede *Über die Antwort des Haruspices*).

Ciceros Etymologie des Religionsbegriffes, die beim Verbum *relegere* ansetzt (De natura deorum 2,72) ist wie weitere entsprechende Versuche nicht tragfähig. Cicero bestimmt *religio* sonst als *cultus pius deorum* (*De natura deorum* I 117) bzw. *iustitia erga deos* (part. 78). Demgegenüber bezeichnet die *superstitio* ein exzessives „Zuviel“ an religiöser Pflichterfüllung (im Deutschen meist wiedergegeben mit „Aberglaube“).

Die öffentlich finanzierten *sacra publica* bildeten die Verpflichtungen der *res publica* gegenüber den Göttern ab, von deren Verehrung man sich Nutzen und Förderung für die Gemeinschaft erwartete und die darum Verehrung im Kult verdienten. Der Begriff *sanctus* („heilig“) hängt zunächst mit dem besonderen Schutz der Grenzen bzw. Mauern zusammen.

Wie in der griech. Religion kennt die röm. R. ein Pantheon von Göttern, welches sich *auch* als symbolische Objektivierung sozial-politischer Realitäten wie der des röm. Hauses (*religio domestica*; *pater familias*; vgl. *gens* u.a.) bzw. der Hierarchisierung von Eliten interpretieren lässt. Lokale Zuschnitte spielen auch hier eine hervorragende Rolle. Zugleich war das röm. Götterpantheon nicht erst in hell. Zeit anschluss- und integrationsfähig. Es operierte im Kern jedoch anders als unter den Bedingungen eines griech. →Polytheismus, wenngleich es von hier inspiriert war. Es war mythisch-pragmatisch nicht in vergleichbarer Weise festgelegt, vielmehr flexibler. Es kannte zudem eine Fülle von „Sondergöttern“ (vgl. Rüpke, 23/Usener).

Das Verständnis der Bauformen röm. *praxis pietatis* gibt gravierende Probleme auf. Dies gilt insbesondere für die Frage der Rückverwurzelung von →Gebeten, Gelübden, →Opfern, Sühnemitteln (*piacula*), →Prozessionen, Prodigien, Spielen etc. in altröm. Religiosität (bes. Livius). Die Auffassung des Minucius Felix, nach der die röm. R. im Kern durch die Vorstellung vom Götterzorn geprägt gewesen sei („… eos deprehendes initiasse ritus omnium religionum, vel ut remuneraretur divina indulgentia vel ut averteretur imminens ira aut iam inruens et saeviens placaretur …“; Min. Fel. 7,2), erlaubt keine religionsgeschichtliche Systematisierung. Ein →Bild vom idealen öffentlichen Kultus gibt am Ende der Zeit der Republik Cicero in seiner Schrift *De legibus*, wo deutlich wird, dass nicht allein die alten Gottheiten und die Heroen, sondern vielmehr auch die →Tugenden göttliche Verehrung beanspruchen (II 19–28). Cicero stellt auch die *sacra privata* in den Horizont öffentlicher Verpflichtung. Eigener Logik folgte der röm. Festkalender (*fasti*). Der röm. →Tempel forderte nicht notwendig ein Kultbild.

Wie im Falle derjenigen religiösen Phänomene, die man →griechischer Religion zuweisen kann, lässt sich auch röm. R. als „eingebettet“, involviert in die gesamte kollektive Lebensrealität verstehen. Grundsätzlich gibt es für den röm. →Menschen keinen Lebensbereich, der kategorial von religiöser Bestimmung und Verpflichtung auszunehmen wäre, auch wenn es in den Städten eine Teilnahmepflicht an öffentlichen Ritualen regulär nicht gab. Allerdings sind v.a. in der Verbindung des Politischen mit religiösen Praktiken röm. Besonderheiten zu benennen.

Röm. Religionsgeschichte ist entsprechend nicht isoliert von Sozialgeschichte und politischer Epochengeschichte zu schreiben. Man ist hier zunächst auf eine →Geschichte der öffentlichen Praxis der Eliten des röm. Imperiums verwiesen. Hinsichtlich der Quellen ergibt sich das Problem, dass sog. „Volksreligiosität“ (vgl. Plinius der Ältere, Hist. Nat. 28–32) (→Volksfrömmigkeit) nur fragmentarisch und gebrochen greifbar wird. Besondere Organisationsformen des Religiösen, wie sie dann auch eine

Form für die Einführung der Mysterienkulte bereitstellten, boten sich mit dem antiken Vereinswesen (*collegia*).

Der Umbruch von der Republik zum Prinzipat musste mit der Veränderung der Definition von Öffentlichkeit notwendig Wandlungen im Verständnis der *religio publica* mit sich bringen. Der Kaiser gewinnt als *pontifex maximus* bestimmende Funktion. Zugleich sind entsprechende Möglichkeiten innerhalb der röm. Religionsgeschichte auch vorbereitet, hier nicht gänzlich fremd. Dies gilt auch für den Herrscherkult, der als *religio* in →Rom zunächst unter gewisser Zurückhaltung zu etablieren, dagegen im Osten nahe liegender und kommunikabler war. Je nach politischer Lage konnte schon früh ein intensiviertes Kontrollinteresse der Instanzen des röm. Staates Platz greifen (vgl. die Bacchanalien-Verfolgung im Jahr 186 v.Chr. [CIL 1^2, 581,10]; vgl. das Claudiusedikt, das zur Ausweisung der christusgläubigen Juden [→Judenchristen] aus Stadtrom führte).

Beard, M./North, J./Price, S., Religions of Rome, 1998; Belayche, N./Bendlin A. u.a., Forschungsbericht römische Religion (1990–1999), Archiv für Religionsgeschichte 2, 2000, 283–345; Bremmer, J.N./Horsfall, N.M., Roman Myth and Mythography, 1987; Cancik, H./Rüpke, J. (Hg.), Römische Reichs- und Provinzialreligion, 1997; Clauss, M., Kaiser und Gott. Herrscherkult im römischen Reich, Darmstadt 2001; Muth, R., Einführung in die griechische und römische Religion, ^{2}1998; North, J., Roman Religion, 2000; Rüpke, J., Die Religion der Römer. Eine Einführung, 2001; Scheid, J., La Religion des Romains, 1998; Theißen, G., Die Religion der ersten Christen. Eine Theorie des Urchristentums, ^{3}2000; Wissowa, G., Religion und Kultus der Römer, ^{2}1912.

Reinhard von Bendemann

S

Sabbat Bezeichnung für den wöchentlich gehaltenen Ruhetag in der jüd. Tradition (→Judentum), aus dem sich in christl. Rezeption die Sonntagsruhe (→Sonntag) herleitet.

Die Wurzeln dieser Tradition, eine bestimmte Zeitspanne in eine Siebenersequenz einzuteilen, deren letzte Phase als Ruhezeit begangen wird (beispielsweise als Sabbattag oder Sabbatjahr), liegen im Dunkeln der Frühzeit Israels und leiten sich womöglich aus dem in altorientalischen Gesellschaften als kultisch besonders intensiv begangenen Vollmondtag (eine Erinnerung daran könnte noch in der Opposition „Neumond" und S. = Vollmond in 2Kön 4,23 vorliegen) bzw. aus der Struktur des vorexilischen Mazzotfestes nach Ex 34,18–20 her. Demnach wurde wahrscheinlich im vorexilischen Israel der monatliche Vollmondtag namens S. sowie ein wöchentlicher Ruhetag kultisch begangen.

In der Exilszeit verschmolzen diese beiden rhythmisierten Ruhezeiten, indem der siebte Tag der Woche S. genannt und als zentraler Ruhetag →Israels gefeiert wurde. Die Observanz dieses wöchentlichen Ruhetages diente neben der →Beschneidung und den Speisevorschriften (→Reinheit und Unreinheit) als Unterscheidungsmerkmal Israels zu den dieses beherrschenden Völkern und hatte im Rahmen der als existenziell bedrohlich empfundenen Exilserfahrungen Israels äußerst identitätsstiftende Funktion. Die Entfaltung der Sabbattheologie in den exilischen und nachexilischen Schichten des AT ist von hier aus plausibel, so die Kombination mit der Exoduserfahrung in der (deuteronomistisch geprägten) Dekalogformulierung (→Dekalog) in Ex 5,12–15 und die Verankerung in der Schöpfungsordnung →Jahwes in Gen 2,1–3 und der (priesterschriftlich geprägten) Dekalogformulierung in Ex 20,8–11. Beides bringt den S. in Verbindung zum heilsstiftenden Wirken (→Heil) Jahwes, des alleinigen Gottes und fordert als Konsequenz die Sabbatobservanz als Antwort des Gläubigen auf Jahwes Handeln. Der S. ist dadurch untrennbar mit dem monotheistischen Bekenntnis (→Monotheismus) zu Jahwe verknüpft, und dieser Bekenntnischarakter wird im (priesterschriftlich geprägten) Gebot der Sabbatruhe in Ex 31,12–17 deutlich, dessen Verletzung mit der Todesstrafe geahndet werden soll. In Jes 56,1–8 hat dann das Bekenntnis zum S. nicht mehr absondernde Funktion zu den fremden Völkern, sondern ist im Gegenteil der entscheidende Akt zur Verbindung mit den Nichtisraeliten. Wer den S. hält, ist unbeschadet seiner Herkunft Knecht Jahwes.

Damit ist im Judentum seit der Exilszeit die Einhaltung der Sabbatruhe konstitutiver Akt des religiösen Zeichensystems. Die identitätsstiftende Wirkung der Sabbatobservanz in der Antike wird gerade an den griech. und röm. Stimmen deutlich, die diese als besonderes jüd. Phänomen formulieren, allerdings meist abwertend beurteilen oder ohne Kenntnis der eigentlichen Sabbatpraxis und sehr entstellt beschreiben. In der innerjüd.

Diskussion präzisiert sich die inhaltliche Bestimmung dessen, was unter der Sabbatruhe genau zu verstehen sei, ab hell. Zeit im Laufe vieler Jahrhunderte und findet im 2. Jh. insbesondere in den Mishnatraktaten Shabbat und Erubim sowie in den talmudischen Ausformulierungen hierzu im frühen Mittelalter ihren literarischen Niederschlag. Dabei wird in der zentralen Diskussion, welche Arbeiten am S. erlaubt oder nicht erlaubt seien, das gesamte Feld menschlicher Tätigkeiten im Licht der sabbatgemäßen Alltagsfrömmigkeit reflektiert. Zusätzlich findet die Sabbatheiligung (→Heiligung) in liturgischer Form ihre religiöse Ausgestaltung und formuliert sich in zahlreichen Sabbatpsalmen, -liturgien, -gebeten und -liedern, die teilweise schon in die Zeit des AT zurückreichen (Ps 92) und bis heute als religiöse und kulturelle Ausdrucksform des Judentums gepflegt und geschätzt werden.

Beim frühen Christentum werden gerade an der Sabbatpraxis die jüd. Wurzeln besonders deutlich, da es sich hieran zunächst nahtlos anlehnte. So ist der in den Evangelien an einigen Stellen wahrnehmbare Streit um den S. (besonders Mk 2,23–24; Mk 3,1–6) keinesfalls als Ablehnung des S. durch Jesus zu verstehen, sondern als Beitrag zur innerjüdischen Diskussion um die genaue inhaltliche Bestimmung rechter Sabbatobservanz. Auch das Jesuslogion Mk 2,27 („Der Sabbat ist um des Menschen Willen gemacht, nicht der Mensch um des Sabbat Willen") findet sich parallel auch in rabb. Überlieferung und dient keineswegs einer Aufhebung des S. durch Jesus. Die nachösterlichen Gemeinden pflegten die jüd. Sabbatpraxis zunächst noch selbstverständlich weiter, im Rahmen der Trennungsprozesse vom Judentum kam es dann in einer längeren Entwicklung bis zum Ende des 2. Jh. zur Konzentration des Ruhetages auf den „Herrentag", dem Auferstehungstag (→Auferstehung) nach dem S., der im Christentum in manchen Gegenden zunächst noch zusätzlich zum S. und bis heute singulär als Sonntag gefeiert wird. Früheste Ansatzpunkte zur Hochschätzung dieses ersten Tages nach dem S. sind womöglich schon im NT in Apg 20,7 (→Abendmahl am ersten Tag der Woche) und Offb 1,10 („Herrentag") erkennbar, im 4. Jh. wird er durch Kaiser Konstantin offiziell zum öffentlichen Ruhetag proklamiert. Allerdings wird unbeschadet der Verschiebung um einen Tag im Christentum der Sabbatcharakter strukturell beibehalten, so die Grundeinheit von einer „Woche", deren Segmentierung in sieben Teile, die Eigenschaft als Ruhetag und die religiös-kultische sowie spirituelle Prägung. Wenn auch in der christlichen Entwicklungsgeschichte zeitweise im sog. Sabbatianismus die kultische Relevanz des Sonntags abgelehnt und die Heiligung des eigentlichen S. eingefordert wurde (bspw. von den →Adventisten), so lebt der jüd. S. im christl. Sonntag strukturell und theologisch immer noch fort. Gerade angesichts der Herausforderungen der aktuellen globalisierten Welt könnten bei der theologischen Neureflexion des Sonntags diese tradierten Charakteristika der Ruhe, der Heiligung und der Alltagsspiritualität zukunftsweisend sein.

Doering, L., Schabbat, 1999; Haag, E., Vom Sabbat zum Sonntag, 1991; Kaiser, J., Ruhe der Seele und Siegel der Hoffnung, 1996.

Peter Busch

Säkularisierung Der Begriff S. entstammt ursprünglich dem →Kirchenrecht und bezeichnet zunächst die Rückkehr eines Ordensgeistlichen in den weltlichen Stand, später dann die Überführung kirchlichen Eigentums in staatliche Verfügungsgewalt (Säkularisation). Im Laufe des 19. Jh. verbindet er sich mit dem in der prot. Kirchengeschichtsschreibung beheimateten Begriff der „Verweltlichung" und wird in der Folge zu einer umfassenden geschichtsphilosophischen Prozesskategorie ausgeweitet. Der Säkularisierungsbegriff dient nun zur Beschreibung des geschichtlichen und strukturellen Verhältnisses von Christentum und Moderne. Dabei verschränken sich allerdings beschreibende und wertende Elemente.

In seiner beschreibenden Funktion bezieht sich der Säkularisierungsbegriff v. a. auf folgende ineinander verflochtene Aspekte:

1. Unter S. wird zunächst die mit der gesellschaftlichen Ausdifferenzierung verbundene Ablösung der neuzeitlich-modernen Welt von der mittelalterlichen Einheitskultur des *corpus christianum* verstanden. An die Stelle eines hierarchisch strukturierten und religiös dominierten Sozialgefüges tritt eine Vielzahl selbständiger Funktionssysteme (→Mittelalter; →Neuzeit).

2. Für die →Religion ergibt sich daraus zum einen ein Prozess der Entstaatlichung und Privatisierung. Politische und religiöse Sphäre werden konstitutionell und institutionell getrennt; die Gestaltung der religiösen Praxis geht aus dem öffentlichen zunehmend in den privaten Bereich über (→Kirche und Staat).

3. Damit verbindet sich zum anderen ein Prozess der Entkirchlichung und Individualisierung. Die gesellschaftliche Bindungskraft des kirchlichen Christentums nimmt deutlich ab; die Religion wird ebenso zur Sache des Einzelnen wie umgekehrt der Einzelne zur Sache der Religion.

Seine ideenpolitische Brisanz erhält der Säkularisierungsbegriff allerdings dadurch, dass er als umfassende zeitdiagnostische Deutungskategorie eingesetzt wird. Dabei lassen sich verschiedene Phasen und Verwendungsweisen unterscheiden.

In der zweiten Hälfte des 19. Jh. fungiert der Säkularisierungsbegriff, eingeführt durch positivistische Freidenkergruppen, als kulturelle Emanzipationsparole (→Emanzipation) mit kirchenkritischer Prägung.

Gegen Ende des 19. Jh. wird der Säkularisierungsbegriff vornehmlich im dt. Historismus (Wilhelm Dilthey, Max Weber, Ernst Troeltsch) zu einer kulturhermeneutischen Prozesskategorie neutralisiert und dazu verwendet, die Genese der modernen Welt in ihrer Ablösung von vorneuzeitlichen Konstellationen zu beschreiben.

Nach dem Ersten Weltkrieg wiederum dient die Säkularisierungskategorie als zivilisationskritisches Verfallsschema, um aus kirchlicher Perspektive die ‚Heillosigkeit' der modernen →Welt anzuprangern und entsprechende Missionsbemühungen in Gang zu setzen. Diese Verwendung herrscht auch nach dem Zweiten Weltkrieg noch vor – und eignet sich nun überdies zur entlastenden Deutung und Einordnung der nationalsozialistischen Katastrophe.

In den 1950er und 1960er Jahren erfährt der Säkularisierungsbegriff eine nochmalige Umprägung. Er wird jetzt dazu eingesetzt, das Verhältnis von Christentum und Neuzeit zu bestimmen. Das kann so geschehen, dass 1. die neuzeitliche S. als legitime Folge des christl. →Glaubens gedeutet (F.

Gogarten), 2. über den Aufweis neuzeitlicher Säkularisate eine hintergründig-unabgegoltene Abhängigkeit der Neuzeit vom Christentum behauptet (C. Schmitt, K. Löwith) oder 3. umgekehrt der Kontinuitätsbruch zwischen Christentum und Neuzeit betont wird. Im letzteren Fall erscheint die Brauchbarkeit der Säkularisierungskategorie für die Deutung der Neuzeit überhaupt fraglich (H. Blumenberg).

Parallel dazu kommt es in der zeitgenössischen →Religionssoziologie zu einer intensiven Debatte um die Leistungsfähigkeit des Säkularisierungsbegriffs. Dabei wird auf der einen Seite eine dezidierte Säkularisierungsthese formuliert. Ausgehend von den krisenhaften Erfahrungen fortschreitender Entkirchlichung deutet sie die religionskulturellen Umbrüche der Moderne als Anzeichen eines unwiderruflichen Bedeutungsschwunds von Christentum und Kirche in den westlichen Gesellschaften (P.L. Berger). Auf der anderen Seite wird eben diese Säkularisierungsthese zum →Mythos erklärt (T. Luckmann). Die Religion verschwinde nicht, sondern verändere lediglich ihre soziale Gestalt. An die Stelle der überkommenen kirchlichen Institutionen träten zunehmend unsichtbare Religionsformen. Von wieder anderer Seite werden zudem die impliziten Annahmen und Voraussetzungen der Säkularisierungsthese einer kritischen Revision unterzogen (J. Matthes, T. Rendtorff). Sie arbeite nicht nur mit einem problematischen Verfallsschema, sondern mehr noch mit einer verhängnisvollen Diastase von Religion und Gesellschaft. Zwischen Religion und Gesellschaft werde so unterschieden, dass die Religion neben der Gesellschaft zu stehen komme. In der Folge erscheine sie nurmehr als Relikt einer überholten Gesellschaftsformation, während umgekehrt die Gesellschaft selbst ihre Abgrenzung von der Religion zum Signum der eigenen Modernität erhebe.

In den aktuellen Debatten schließlich tritt die Säkularisierungsthese zunehmend in den Hintergrund. In theoretischer Hinsicht zeigt sich, dass sie von problematischen Hintergrundannahmen zehrt. Ihre suggestive Plausibilität verdankt sie lediglich dem Umstand, diese Annahmen erfolgreich abgeblendet zu haben. Darüber hinaus verliert sie jedoch auch ihren empirischen Rückhalt. Zum einen erweist sie sich als zu grob, um die äußerst differenzierten und oft auch widersprüchlichen religiösen Wandlungsprozesse angemessen zu erfassen. Zum anderen weisen die überkommenen kirchlich-religiösen Institutionen und konfessionellen Milieus eine erstaunliche Beharrungskraft auf. Daneben entsteht ein florierender religiöser Markt mit einer Vielzahl unterschiedlicher Angebote und Wahlmöglichkeiten. Ein offensichtliches Bedürfnis nach spirituellem Sinn findet seinen Niederschlag in religiösen *bricolage*-Formen (dt.: Bastel-Formen), führt aber auch zu einem Erstarken charismatisch geprägter Gemeinschaften und streng kirchlicher Frömmigkeitsformen (→Frömmigkeit). Schließlich lassen die aktuellen Konfliktszenarien in und mit der islam. Welt ein neues Bewusstsein für die christl.-religionskulturelle Prägung der westlichen Gesellschaften aufkommen. Kurz gefasst: Das gegenwärtige Problem scheint nicht mehr das vermeintliche Verschwinden von Religion zu sein, sondern gerade ihr unübersichtliches Wuchern.

Barth, U., Art. Säkularisierung I. Systematisch-theologisch, TRE 29, 1998, 603–634.; Lübbe, H., Säkularisierung. Geschichte eines ideenpolitischen Begriffs, [2]2003; Pollack, D., Säkularisierung – ein moderner Mythos?, 2003; Rendtorff, T., Von der Kirchensoziologie zur Soziologie des Christentums. Über die soziologische Funktion der „Säkularisierung", in: ders., Theorie des Christentums. Historisch-theologische Studien zu seiner neuzeitlichen Verfassung, 1972, 116–139.

Martin Laube

Sakramentalien S. nennen die kath. Theologie (→Römisch-katholische Kirche) und das kath. →Kirchenrecht „heilige Zeichen, durch die in einer gewissen Nachahmung der →Sakramente Wirkungen, bes. geistlicher Art, bezeichnet und kraft der Fürbitte der Kirche erlangt werden" (*Codex Iuris Canonici*, 1983, can. 1166, wörtlich übernommen aus der Liturgiekonstitution des Vaticanum II, Nr. 60). Es ist hier primär an (rituelle) Zeichen*handlungen* (→Rituale) gedacht, die nicht von Christus selbst gestiftet sind wie die Sakramente, sondern von der Kirche eingeführt wurden. Konkret sind dabei sog. Weihungen und Segnungen (→Segen) (sowie sog. →Exorzismen) gemeint, die sowohl an Personen wie an Sachen vollzogen werden. Weihungen von Personen sind z. B. Einsegnungen zum Leben in einer Ordensgemeinschaft oder zu einer hier führenden Rolle (Prior, Abt) oder segnende Beauftragungen zu anderen Diensten in der Kirche, Segnungen sind etwa ein Reisesegen, die Segnung einer Mutter nach der Geburt eines Kindes oder die Segnung zu einem Ehejubiläum. Letztere nennt man auch *benedictiones invocativae*, die Weihen dagegen *benedictiones constitutivae*. An Sachen vollzogene Weihungen sind etwa Weihen von Kirchen oder von liturgischen Gebrauchsgegenständen, aber auch außerkirchliche Einrichtungen bzw. Sachgegenstände können Gegenstände von Weihungen bzw. Segnungen sein (etwa eine Brücke, ein Fahrzeug, ein Gebäude), wobei hier im Wesentlichen die Funktion bzw. der Gebrauch (usus) des Gegenstandes im Blick ist. Es gibt darüber hinaus auch sog. *sacramentalia permanentia*, das sind gesegnete Gegenstände, die selbst Segen vermitteln (wie z. B. das Weihwasser).

Bei den S. haben wir es weithin mit Vollzügen zu tun, die unter dem Stichwort „Einsegnungen" oder „Einweihungshandlungen" auch im ev. Raum begegnen (vgl. etwa die *Ev.-Luth. Agende IV*, 1987).

Die Unterscheidung der S. von den Sakramenten ist erst üblich geworden, nachdem im MA die Siebenzahl der Sakramente (als von Christus eingesetzter gnadenvermittelnder Riten) festgelegt worden war. Es ist indessen deutlich, dass es hier in der Sache eher fließende Übergänge gibt, weil einerseits die Stiftung der Sakramente durch Christus weithin die einsetzende Initiative der Kirche einschließt, und weil andererseits zu den später sog. S. auch Zeremonien aus den Vollzugsweisen der Sakramente selbst gehören (wie z. B. das Weihwasser als Taufwasser, das Kreuzzeichen (→Kreuz), die Weihe von Kerzen etc.). Theologisch hat man die (objektive, *ex opere operato* wirkende) Gnadenkausalität der eigentlichen Sakramente von der nur aufgrund der Fürbitte der Kirche wirkenden Kraft der S. unterschieden. In dem Maße, in dem auch im kath. Verständnis die Siebenzahl der Sakramente durch eine gegliederte Zuordnung zu →Taufe und Eucharistie (→Abendmahl; →Messe) als den beiden Hauptsakramenten eine differenziertere Struktur gewinnt und in dem auch die eigentlichen Sakramente als Begehungen und Handlungen der Kirche (im ostkirchlich-altkirchlichen Verständnis) gewürdigt werden, wird auch die Unterscheidung der S. von den Sakramenten eher fließend werden. Dies wiederum entspricht der prinzipiellen Offenheit eines ev. Sakramentsbegriffs (vgl. *Apologie* 13, 17).

Die Kritik der Reformatoren an den vielerlei S. in der kath. Kirche richtete sich sowohl gegen den hiermit verknüpften verbreiteten →Aberglauben als auch gegen das hier zutage tretende kirchliche Selbstverständnis, demzufolge die Kirche über Segen und Segenshandlungen beliebig verfügen kann. Gegenwärtig wird man demgegenüber zu bedenken haben: 1. die verschiedenen Dienste in Kirche und Welt sowie die verschiedenen Lebensabschnitte und Lebensstände werden mit Recht als des spezifischen Segens Gottes bedürftig wahrgenommen; 2. der Glaube ist über den Vorgang des Hörens und Verstehens des Wortes (→Wort Gottes) hinaus auf symbolische Vergegenständlichungen angewiesen; 3. die Weihe und Segnung auch von nichtkirchlichen Gegenständen eröffnet die Perspektive ihrer schöpfungsmäßigen Bestimmung (→Schöpfung) und weist darauf hin, dass allein ihre sachgemäße Nutzung dem Leben der Menschen dient.

Meßner, R., Art. Sakramentalien, TRE 29, 1998, 648–663; dort weitere Lit.

Ulrich Kühn

Sakramente Die heutige Verwendung des Begriffs Sakrament als zusammenfassende Bezeichnung von kirchlichen Handlungen wie →Taufe und →Abendmahl ist nicht die ursprüngliche. Das lat. *sacramentum* hängt etymologisch mit *sacrare*: weihen, heiligen zusammen. Es bezeichnete in dem vorchristl. lat. Sprachraum einmal eine Geldsumme, die prozessierende Parteien beim →Priester im Heiligtum niederlegen, zum anderen hatte es die Bedeutung „Militäreid".

In den ältesten lat. Bibelübersetzungen ist *sacramentum* die Übersetzung des griech. *mysterion*: Geheimnis. *Mysterion* wird im NT jedoch nicht zur Benennung von kirchlichen Handlungen verwendet, sondern meint die endzeitliche göttliche Gabe des →Reiches Gottes (Mk 4,11), den vor der Welt verborgenen, am →Kreuz Jesu vollendeten Ratschluss Gottes (1Kor 2,7; Eph 3,9) sowie weitere Glaubenswahrheiten, z.B. die künftige →Erlösung Israels (Röm 11,25) oder das Verhältnis Christi (→Jesus Christus) zur Kirche (→Kirche, biblisch; Eph 5,32). Erst Tertullian (um 200) bezeichnet auch Taufe und →Abendmahl als *sacramentum* und meint damit den Charakter dieser Vollzüge als „Fahneneid" (so v.a. bei der Taufe) wie auch ihr Wesen als religiöses Geheimnis.

Für die theologische Entfaltung und Präzisierung des Sakramentsbegriffs ist in erster Linie →Augustin (gest. 430) bestimmend geworden. Für Augustin sind S. sichtbare Zeichen, die sinnbildhaft auf eine unsichtbare Wirklichkeit verweisen. Diese unsichtbare Wirklichkeit, nämlich die göttliche →Gnade, ist jedoch zugleich in den Zeichen selbst enthalten. Wenngleich die Zeichenqualität der Dinge auch in ihrer Natur begründet ist (z.B. eignet sich Wasser von Natur aus als Zeichen einer unsichtbaren Reinigung), so sind sie Sakrament doch allein von der besonderen Anordnung Gottes her. Das Sakrament entsteht aus dem (sichtbaren) Element und dem Glaubenswort der Kirche. Die Würde des Sakraments kann nicht durch die Unheiligkeit des Priesters, der es verwaltet, zunichte gemacht werden. Die Lehrentwicklung im →Mittelalter baut im Wesentlichen den theologischen Ansatz →Augustins aus. Der Versuch von Ratramnus (9. Jh.) und von Berengar (11. Jh.), das Sakrament lediglich als →Symbol für ein von ihm gesondertes inneres Wirken der Gnade anzusehen, wurde zurückgedrängt durch die sich durchsetzende Auffassung, nach der die Gnade im Sakrament selbst enthalten ist (Hugo v. St.Viktor, 12. Jh.). Die Zahl der S. war zunächst unbestimmt. In Ablösung der älteren Auffassung von nur zwei Sakramenten, Taufe und →Abendmahl, rechnete man im frühen Mittelalter mit einer größeren Anzahl, im Extremfall mit bis zu dreißig Sakramenten. Die Hochscholastik (→Scholastik) legte sich dann auf die Siebenzahl fest: Taufe, →Firmung, →Buße, Eucharistie, →Ordination, →Ehe, →Krankensalbung (letzte Ölung). Es wurde die Lehre von der Wirksamkeit der S. *ex opere operato* (d.h. durch ihren bloßen Vollzug, unabhängig von irgendwelchen persönlichen Voraussetzungen) ausgebildet. Einige S. (Taufe, Firmung, Ordination) prägen ein unverlierbares Merkmal (character indelebilis) ein.

Die offizielle Sakramentslehre der →Römisch-katholischen Kirche liegt abschließend in den Bestimmungen des Trienter Konzils (7. Sitzung, 1547) vor. Danach ist ein Sakrament ein wirksames Gnadenmittel. Die göttliche Gnade ist im Zeichen als der von Gott benutzten Instrumentalursache enthalten. Ihre Mitteilung erfolgt unabhängig von der Haltung des Empfängers (ex opere operato). Es ist lediglich die Absicht (Intention) des Spenders und Empfängers nötig, zu tun, was die Kirche tut. Die Heilswirkung des Sakraments kann freilich durch einen „Riegel", d.h. durch mangelnde Disposition des Empfängers (fehlender Glaube und fehlende Reue) verhindert werden. Den Sakramenten eignet prinzipiell Heilsnotwendigkeit, wenn auch in unterschiedlichem Maße (Ehe- und Weihesakrament z.B. kann und braucht keineswegs jeder Christ zu empfangen). Sie sind von Christus eingesetzt und dürfen nicht von jedem Christen, sondern nur aufgrund besonderen kirchlichen Auftrags gespendet werden. Auch die Siebenzahl der S. wird aus der Scholastik übernommen. Daneben kennt die kath. Kirche eine Vielzahl sog. →Sakramentalien.

In den Kirchen der →Reformation ist das Sakramentsverständnis von dem Verhältnis der S. zum Wort der Verkündigung bestimmt. Dabei geht die luth. Lehrtradition von den einzelnen von Christus gestifteten Handlungen (Taufe, →Abendmahl etc.) aus und bildet den allgemeinen Sakramentsbegriff erst als nachträgliche Abstraktion (vgl. CA 9–13 im Unterschied etwa zum *Heidelberger Katechismus*, Frage 65 ff, und zu den Trienter Dekreten). Eine Schwierigkeit ist die Entwicklung Martin →Luthers in unserer Frage. Kommt das Sakrament beim jüngeren Luther (1518–1521) v.a. als Gottes Zeichen und Siegel der im Wort der Verkündigung empfangenen →Vergebung und →Rechtfertigung in Betracht, so erlangt später – im Verlauf des Abendmahlsstreits mit Huldreich →Zwingli und der Auseinandersetzung mit den Täufern (→Täufertum) – die Gabe des Sakraments in sich selbst neben der Verkündigung eigenständige Bedeutung. In der offiziellen luth. Lehre sind die S. dem Wort der Verkündigung sachlich nicht untergeordnet, sondern nebengeordnet. Eine Definition des Sakraments findet man Apol.13, 3: „Sakramente nennen wir Riten, die ein Mandat Gottes haben und denen die Verheißung der Gnade beigegeben ist."

Drei Merkmale sind hier entscheidend: 1. Sakrament ist ein Ritus, d.h. im Unterschied zum Wort der Verkündigung der Vollzug einer kultischen Handlung (→Kult). 2. Von einem Sakrament kann nur gesprochen werden, wenn ein Auftrag Gottes, nämlich die ausdrückliche Einsetzung durch Christus, vorliegt. 3. Schließlich muss dieser göttliche Auftrag die Verheißung der Gnade enthalten. Gemeint ist die durch solche Verheißung erfolgende Bindung der Gnadengegenwart Gottes an die rituelle kirchliche Handlung, was v.a. gegenüber der reformiert-calvinistischen Lehre (→Calvin, Johannes) betont wird. Der →Glaube dessen, dem das Sakrament gereicht wird, führt die Gegenwart nicht herbei, sondern empfängt sie zum →Heil. Wo kein Glaube ist, begegnet Gottes sakramentale Gegenwart zum Gericht.

Die Kirchen der Reformation lehnen die Siebenzahl der S. ab, weil bei einigen die Einsetzung durch Christus nicht nachweisbar sei. In der luth. Kirche sprach man zunächst von drei bzw. vier Sakramenten (Taufe, →Abendmahl, Absolution und evtl. Ordination, vgl. *Apologie* 13). Die spätere luth. Lehre rechnet ein sichtbares Element zum Wesen des Sakraments und kennt deshalb nur noch die beiden S. Taufe und Abendmahl.

Die Sakramentslehre der →Reformierten Kirchen ist nicht Zwingli, sondern →Calvin verpflichtet. Zwingli lehnte den Ausdruck „Sakrament“ als unbiblisch ab. Für ihn sind Taufe und →Abendmahl einerseits symbolische Gedächtnis-handlungen der Gemeinde. Andererseits und v.a. sind sie Bekenntnis- und Erneuerungszeichen, durch die der Christ und die Gemeinde ein Zeugnis ihres Glaubens ablegen und sich der Welt und untereinander zu erkennen geben. →Calvin hält dagegen fest, dass S. von Gott gesetzte Zeichen sind. Sie haben den Sinn, Gottes Gnade und Verheißung zu bezeugen und zu bekräftigen und unseren Glauben zu stärken. Erst in zweiter Linie stellen sie auch ein „Zeugnis unserer Frömmigkeit Gott gegenüber“ dar (*Institutio religionis christianae* IV, 14,1). Sie sind so dem Wort der Verkündigung als Zeichen und Siegel zu- und untergeordnet. Andererseits stehen sie zusammen mit dem Wort und also neben ihm als äußeres Zeugnis Gottes dem →Heiligen Geist gegenüber, der allein Glaube und Heil mitteilt. Dass die S. Gottes Gnade enthalten und allen Empfangenden unterschiedslos darreichen, wie es die luth. und die röm.-kath. Lehre gemeinsam vertreten, lehnt →Calvin ab. Vielmehr bleiben sie, wo der Geist nicht sein inneres Werk tut, leere Zeichen. In diesem Sinn ist die Definition des *Heidelberger Katechismus* (1563) zu verstehen: S. „sind sichtbare heilige Wahrzeichen und Siegel von Gott dazu eingesetzt, daß er uns durch den Gebrauch derselben die Verheißung des Evangeliums desto besser zu verstehen gebe und versiegele“ (Frage 66). Als S. in diesem Sinne gelten Taufe und →Abendmahl.

In der neueren, zumal der ökumenischen Diskussion, ist das Wesen der S. von ihrem Charakter als Feiern der Gemeinde her zusätzlich erschlossen worden. Indem die christl. Gemeinde im Rahmen eines symbolischen Ritus einen Menschen tauft (mit der Formel „ich taufe dich“) oder indem sie im Namen Jesu das (symbolische) Mahl zu seinem Gedächtnis hält, gewährt Gott den Feiernden seine besondere Zuwendung. Man kann die S. von daher als realsymbolische Glaubenshandlungen der Gemeinde Jesu Christi verstehen, die ihren Ort an für die Gemeinde und den Einzelnen in ihr konstitutiven Momenten haben. Damit wird das theologische Verständnis zugleich dem Handlungssinn der S. gerecht, wie ihn die ostkirchliche Tradition von der Alten Kirche her stärker als die westliche Tradition bewahrt hat. Und es werden falsche Spekulationen über substantielle Veränderungen der Elemente etc. vermieden.

Dies ist bedeutsam zunächst auch für das Verständnis der Stiftung der S. durch Christus, die von der Theologie aller Kirchen als für ein Sakrament grundlegend angesehen wird. Historisches Nachfragen hat sowohl im Blick auf die Taufe wie auch im Blick auf das Herrenmahl zu der Einsicht geführt, dass der vorösterliche Jesus die S. nicht als ständige Riten der Kirche „eingesetzt" hat. Vielmehr hat die nachösterliche Gemeinde unter betontem Rückgriff auf Jesus neu damit begonnen, die Riten, die wir S. nennen, zu begehen. Somit gehört die vom erhöhten Christus im Geist geleitete Gemeinde in ihrem Handeln hinein in den „Stiftungszusammenhang" der S. Auch hier greifen also das Handeln der Gemeinde und das göttliche Wirken in den Sakramenten ineinander.

Das Ineinander von menschlichem und göttlichem Handeln ist dann v.a. auch für das Verständnis der Art der Gegenwart und der Zuwendung Gottes in den Sakramenten grundlegend. Indem die Gemeinde die sakramentalen Handlungen „im Namen" des dreieinigen Gottes (→Trinität) bzw. „zum Gedächtnis" Jesu und seines Todes vollzieht, wird sie hineingenommen in die heilsame Bewegung des Christusgeschehens, wie sie insbesondere aus den Taufaussagen in Röm 6 zu erschließen ist, wie es aber auch der Sinn der (in der Geschichte umstrittenen) Abendmahlsworte mit der Identifikation von Leib und Blut Christi mit Brot und Wein ist. „Leib" und „Blut" meinen den in den Tod gehenden Christus, zu dessen Gegenwart sich die Feiernden bekennen und der ihnen seine Gemeinschaft in dieser Feier (*intra usum*) gewährt und sie mit auf seinen Weg nimmt.

Die Frage, ob nur Taufe und Herrenmahl als S. der Kirche anzusehen sind, ist vom luth. →Bekenntnis mit gutem Grund offengelassen worden (vgl. *Apologie* 13, 17). Am Anfang wurden auch →Beichte/→Buße und →Ordination zu den Sakramenten gerechnet, später nur Taufe und →Abendmahl, weil ihnen sichtbare „Elemente" eignen. Die mittelalterliche kath. (und orthodoxe) Festlegung auf sieben S. schließt nicht aus, dass Taufe und Herrenmahl/Eucharistie als *sacramenta maiora* gelten und dass heute z.B. die Frage erörtert wird, ob die Firmung neben der Taufe als eigenständiges Sakrament angesehen werden kann. Dass der Sakramentsbegriff ohnehin nur in „analogem" Sinn auf die sieben Handlungen zutrifft (z.B. auf die →Ehe), zeigt, dass an dieser Stelle kein unüberwindlicher konfessioneller Gegensatz besteht.

Jüngel, E./Rahner, K., Was ist ein Sakrament?, 1971; Kühn, U., Sakramente, Handbuch systematischer Theologie 11, [2]1990; Schneider, T., Zeichen der Nähe Gottes, [7]1998; Wenz, G., Einführung in die ev. Sakramentenlehre, 1988.

Ulrich Kühn

Samaritaner Die S. sind Anhänger einer im Traditionsstrom des Pentateuch stehenden Religionsgemeinschaft, deren Name sich wohl vom hebr. samerim: Bewahrer des →Bundes herleitet. Das Religionssystem der S. teilt mit dem →Judentum den exklusiven →Monotheismus, die kanonische

Verbindlichkeit der →Tora, die Hochschätzung des →Mose als Vermittler der Tora, die Hoffnung auf die Ankunft eines →Messias und die Begehung der in der Tora angelegten jüd. Feste. Es gewinnt allerdings sein spezielles Profil durch die Ablehnung der Prophetenbücher (→Propheten, Prophetie) und der weiteren Schriften der antiken jüd. →Bibel als unbedingt verbindlich und durch die Konzentration auf den Berg Garizim als den Heiligen Berg im Gegensatz zum Zion in Jerusalem.

Als frühestes Ereignis in der Geschichte der S. wird oft die bei Josephus (Ant. Jud. 11,306–312) beschriebene Ausweisung eines Teils der Jerusalemer Priesterschaft und deren Ansiedelung in Sichem in spätpersisch-frühhell. Zeit gewertet. Die eigentliche Sonderentwicklung der S. als eigene religiöse Gemeinschaft in identitätsstiftender Abgrenzung vom Jerusalemer Judentum ist aber wohl erst in der Makkabäerzeit im 2. Jh. v. Chr. anzusetzen. Inwiefern im Vorfeld fremde ethnische Einflüsse wie die Ansiedelung heidnischer Bevölkerungsteile nach 2Kön 17,24–41 hierfür relevant sind, ist in der Forschung umstritten; derartige Zusammenhänge gehören, wenn überhaupt, in die protosamaritanische Geschichte.

Im NT werden an verschiedenen Stellen erhebliche Spannungen zwischen S. und Juden deutlich (explizit Joh 4,9; als polemischer Reflex Joh 8,48; Mt 10,5; Lk 9,52; bei Lk 10,33–35; 17,16 kann eine negative Leserattitüde den S. gegenüber vorausgesetzt werden).

Die Gemeinschaft der S. hatte in der Spätantike bis zur Zeit Justinians im 6. Jh. ihre Blüte erlebt und sich nach wechselvoller Geschichte im Mittelalter bis in die Gegenwart erhalten. Sie pflegt ihre Traditionen im Staat Israel besonders in den beiden Zentren Holon bei Tel Aviv und Nablus fort.

Dexinger, F./Pummer, R. (Hg), Die Samaritaner, 1992; Zangenberg, J., Samareia. Antike Quellen zur Geschichte und Kultur der Samaritaner in deutscher Übersetzung, 1994.

Peter Busch

Satanismus S. ist ein nicht klar definierter Sammelbegriff für eine Vielzahl von verschiedenen Gruppierungen und Überzeugungen, die sich alle mehr oder weniger auf Vorstellungen über den „Satan" (→Teufel) beziehen. Diese gehen neben den christl. Satanslehren auch auf den iranischen →Dualismus, die althebr. Dämonenlehre (→Dämonen) und die →Gnosis zurück und sind aufgrund ihrer vielschichtigen Bezüge ebenso wenig einheitlich bestimmbar. Der Begriff S. wird als Selbstbezeichnung einerseits sowohl von denen verwendet, die sich ihm zurechnen, als auch von Theologen und Religionswissenschaftlern, die mit ihm kritisch oder beschreibend gewisse Gruppierungen und Vorstellungen erfassen wollen und zu unterschiedlichen Darstellungen kommen.

Während sich bereits in den ersten Jh. unserer Zeitrechnung das atl. Satansbild vom göttlichen Advokaten zum Gott unterworfenen Widersacher im NT wandelte, kann von einem S. im Sinne einer expliziten, z. T. auch rituellen Verehrung Satans erst wesentlich später gesprochen werden. In Bezug auf gewisse vermeintlich vom christl. Glauben abgefallene Gruppierungen (Häretiker [→Häresie und Schisma], Hexen) fand die Anschuldigung der Satansverehrung seit dem 11. Jh. von Seiten der christl. Kirche Verwendung. Die Grundlagen für einen „positiven" S. als Selbstbezeichnung wurden allerdings erst wesentlich später zunächst von den Gegnern der →Reformation und dann auch der →Aufklärung gelegt, die das in dem Zusammenhang neu aufgekommene Bild vom →Menschen als freiem →Individuum „satanisch" konnotierten. Zu dieser negativen Bewertung individuellen Freiheitsstrebens entwickelte sich eine Gegenbewegung, die sich eben jenes ursprünglich negativ bewertete Konzept vom selbstbestimmten Menschen zum erstrebenswerten Vorbild nahm und Satan als Luzifer, den Lichtbringer, damit identifizierte. Dieses gewandelte Motiv von Satan als dem Prototypen menschlichen Freiheits- (→Freiheit) und Erkenntnisstrebens (→Erkenntnis) und in dessen Folge später auch die von vielen satanistischen Gruppen aufgegriffene „Selbstvergottung" des Menschen fand seit dem 17. Jh. in die Schriften von Autoren wie John Milton (*Paradise Lost*), William Blake (*First Book of Urizen*), Johann Wolfgang von Goethe (*Faust*) oder Charles Baudelaire (*Litanies*) Einlass und war damit auch im sog. literarischen S. des 19. Jh. von großer Bedeutung. Zu diesem ist als wohl prominentester Vertreter und erster wirklich expliziter Satanist Lord Byron (*Cain*) zu zählen, der die Satansfigur nicht nur als literarische Figur, sondern die mit ihr verknüpfte Weltanschauung (→Welt, Weltbild) auch als seine eigene betrachtete. Die enge Verbindung zwischen S. und Kunst wird hier begründet und setzt sich im 20. Jh. v.a. im Rahmen des Black Metal als einer Richtung innerhalb des Heavy Metal weiter fort.

Neben diesen mehr ideell als rituell geprägten satanistischen Strömungen gab es ab dem 17. Jh. die ersten nachweisbaren Schwarzen Messen in Frankreich sowie die sog. Hell Fire Clubs im Großbritannien des 18. Jh. Allerdings muss in beiden Fällen an der tatsächlichen und explizit religiösen Bezugnahme auf Satan gezweifelt werden; das Dämonische, Satanische sollte dem Geschehen vielmehr lediglich einen besonderen, exotischen Anstrich verleihen, war aber niemals selbst Gegenstand der →Rituale. Dies wurde es im eigentlichen Sinne erst ab der Mitte des 20. Jh., mit dem schließlich der moderne, explizite und auch rituelle S. anzusetzen ist, dessen Zentrum sich geographisch weg von Europa in die USA verlagerte. Dem modernen S. sind neben Aleister Crowley, der aufgrund seines „synkretistisch gebrochenen" S. als dessen nicht ganz unumstrittener Begründer gilt, erneut verschiedene Gruppierungen zuzurechnen. Diese unterscheiden sich sowohl hinsichtlich der rituellen Praxis als auch der weltanschaulichen Prägung sehr deutlich voneinander. So haben Charles Manson und einige mit ihm in Kontakt stehende und im Untergrund operierende satanistische Gruppen im Dunstkreis der Hippie-Bewegung im Kalifornien der 1960er Jahre den S. als äußerst gewalttätige und skrupellose Bewegung an die Öffentlichkeit gebracht, während die First Church of Satan, 1966 gegründet von Anton Szandor La Vey, eine in den USA öffentlich anerkannte Kirche ist, die sich mehrheitlich aus Mitgliedern der gehobenen Mittelschicht mit überdurchschnittlich hohem Bildungsgrad zusammensetzt. Vom ranghöchsten Adepten der Church of Satan – Dr. Dr. Michael Aquino – wurde außerdem 1975 nach einem Zerwürfnis mit La Vey der Temple of Set als zweite große organisierte satanistische Vereinigung gegründet. Beide zählen jeweils zwischen 300 und 3000 Mitglieder. Dem entsprechende europäische Gruppierungen sind als eingetragene

Vereine organisiert – alle genannten stimmen in einer konsequenten Ablehnung krimineller Verstöße gegen das Gesetz überein.

Aufgrund der großen Bandbreite an Gruppierungen ist eine Zusammenfassung gemeinsamer Inhalte des S. abgesehen von der Bezugnahme auf eine wie auch immer geartete Vorstellung von Satan schwer zu leisten – von atheistisch-hedonistischer über konsequent materialistische Gesinnung reicht das Spektrum bis hin zur religiösen Überhöhung des Menschen selbst. Nach Joachim Schmidt lassen sich jedoch zumindest grob fünf verschiedene Formen des S. entsprechend der jeweils dort dominanten Inhalte ausmachen: 1. Der reaktive, paradigmatisch konforme S. greift das christl.-theologische Satansbild unverändert auf und wertet es positiv um. 2. Der gnostisch umgewertete S. spricht Satan positive Eigenschaften zu, insofern er als der dem Menschen wohlgesonnene Gott gesehen wird, dem der christl. Gott als Demiurg, also Täuscher und Unterdrücker des Menschen gegenübersteht. 3. Der integrative S. sieht Gott und Satan nicht als voneinander getrennte Instanzen, sondern identifiziert sie in verschiedener Weise miteinander – dies entweder als zwei Pole einer Einheit oder aber im Zusammenwirken mit weiteren Kräften, die nur zusammen eine Ganzheit ergeben. 4. Der autarke, sekundär achristl. S. hat sich weitgehend vom christl. Satansbild gelöst und eigene, davon unabhängige Überzeugungen und Konzepte entwickelt, die zwar immer noch klar den christl. entgegenstehen, aber vom Anspruch her doch mehr als nur komplementär zu diesen sein wollen. 5. Für den synkretistisch gebrochenen S. spielt Satan zwar noch eine Rolle, doch steht er dabei nicht mehr im Mittelpunkt des Kultes oder Lehrsystems.

Ein Sonderphänomen stellt der sog. Jugendsatanismus dar, der v.a. seit Mitte der 1980er Jahre im Zuge der Diskussionen über Jugendokkultismus (→Okkultismus) große Medienpräsenz erlangte. Der dort vielfach geäusserten Vermutung einer weit verbreiteten Gefährdung Jugendlicher durch den S. wurde inzwischen auch empirisch nachgegangen. Erhebungen wie die von Hartmut Zinser und Wolfgang Hahn in Berlin zwischen 1989 und 1991 konnten diese Vermutung jedoch nicht bestätigen. Der Jugendsatanismus sei demnach eher ein spezifischer und vorübergehender Ausdruck jugendlicher Rebellion und eine Form der Orientierungssuche in einer religiös pluralistisch (→Pluralismus) verfassten Gesellschaft.

Lewis, J.R., Satanism today: An Encyclopaedia of Religion, Folklore and Popular Culture, 2001; Schmidt, J., Art. Satanismus, Modern Language Review 3, 2000, 237–240; Schmidt, J., Satanismus. Mythos und Wirklichkeit, ²2003; Schweer, T., Satanismus, 2004.

Stephanie Gripentrog

Schamanismus Seit Ende des 16. Jh. gingen in Europa Berichte über religiöse Spezialisten aus Sibirien und Nordamerika ein, die bald mit dem Namen „Schamanen" belegt wurden, nach der Eigenbezeichnung in tungusischen (sibirischen) Gemeinschaften. Über die Extension des Begriffs herrscht bis heute keine Einigung in der →Wissenschaft: Manche begrenzen das Phänomen auf die zirkumpolaren Völker, von denen der Begriff generiert wurde, andere wählen einen systematischen Zugang, der den S.

als eine religiöse Grunderfahrung (→Religion; →Erfahrung) auffasst, die historisch bis in die Jungsteinzeit zurückgeht und lokal auf allen Kontinenten zu finden ist.

Eine rein phänomenologische Ausrichtung der Forschung, durch Mircea Eliade (1907–1986) angestoßen, übersieht zuweilen den erheblichen Einfluss westlicher Projektionen auf das Phänomen, etwa die Überbetonung der Trance oder der Unterweltreise.

Traditionell gehört zum S. die Interaktion des Schamanen (häufiger Männer als Frauen, außer in Korea) mit spirituellen Entitäten (→Spiritualität) – Ahnengeistern, →Tier- und Pflanzenwesen etc. –, die häufig in einem Zustand erweiterter Wahrnehmung vonstatten geht und der →Heilung von Klienten sowie dem Wohlergehen der Gemeinschaft (Gesundheit, Jagd, Ernte etc.) dient. Als bedeutende Religion findet sich der S. heute v.a. in (mehr oder weniger) traditionellen Gesellschaften Nordeurasiens, Afrikas und den Amerikas sowie in China und Korea, wo er als „Urreligion" und Grundlage späterer →Traditionen betrachtet wird und damit auch der Schaffung nationaler Identitäten dient (Tuva).

In Europa entfaltete die Konstruktion des S. seit dem 18. Jh. eine große Wirkung, sowohl auf →Kunst und Literatur (Johann Wolfgang von Goethe) als auch auf Religion und →Philosophie (Johann Gottfried von Herder, Friedrich Wilhelm Joseph Schelling und die Romantik). Dieses Interesse wurde im Zuge der New-Age-Bewegung (→New Age) erneut aktiviert. Der hier entstandene „Neoschamanismus" (Carlos Castaneda, Michael Harner u.a.) verbindet naturphilosophische und ökologische Konzepte (→Pantheismus, →Animismus, „Tiefenökologie") mit akademischem Wissen zu einem persönlichen und gesellschaftlichen Heilungsweg.

Hutton, R., Shamans: Siberian Spirituality and the Western Imagination, 2001; Stuckrad, K. von, Schamanismus und Esoterik. Kultur- und wissenschaftsgeschichtliche Betrachtungen, 2003; Znamenski, A.A. (Hg.), Shamanism. Critical Concepts in Sociology, 3 Bd., 2004.

Kocku von Stuckrad

Schiiten →Sunniten und S. sind wie zwei →Konfessionen innerhalb des →Islam. Während die Sunniten die Mehrheit der muslimischen Bevölkerung bilden, gibt es auch noch etwa 10–15% S., die heute v.a. im Iran, Irak, Syrien und Libanon leben. Die Sunniten sind die Nachfolger jener Gruppe, die nach dem →Tod des →Propheten →Muhammad dafür waren, dass ein Kalif (Nachfolger) die religiöse und politische Führung der Muslime übernehmen soll. Eine Minderheit war allerdings damals der Ansicht, dass der Nachfolger Muhammads aus dessen Familie stammen müsse. Sie glaubten, in Ali, dem Vetter und Schwiegersohn des Propheten, den rechtmäßigen und von Gott erwählten Kalifen gefunden zu haben. Sie stützten sich dabei auf eine Überlieferung, nach der Muhammad im Jahre 632 bei seiner Rückkehr von der letzten Pilgerfahrt zwischen Mekka und Medina an einem Teich (Ghadir Khumm) zu den Gläubigen gesagt haben soll: „Oh ihr Leute! Ich werde vielleicht schon bald die göttliche Einladung annehmen und von euch gehen. [...] Ich hinterlasse zweierlei wertvollen Besitz als Vermächtnis an euch [...]. Eines ist das Buch Gottes, des Glorreichen und Erhabenen. Haltet es fest, damit ihr nicht vom rechten Weg abweicht. Und die zweite wertvolle Sache ist meine Nachkommenschaft (Ahl-ul-Bayt)." Dementsprechend erkannten sie nur Ali, der im Jahre 656 in der Moschee von Medina zum Kalifen proklamiert wurde, als rechtmäßig an. Die ersten drei Kalifen wurden dagegen als Usurpatoren betrachtet. Aus den sich daraus ergebenden Nachfolgestreitigkeiten resultierte die erste bewaffnete Auseinandersetzung innerhalb der muslimischen Gemeinschaft – die blutige Schlacht zwischen Muawiya und Ali. Man versuchte der Situation durch einen Schiedsspruch gerecht zu werden, nach dem die Rechtmäßigkeit des Kalifats von Uthman und Muawiyas Anspruch auf Rache und Fortsetzung der Herrschaft durch die Umayyaden bestätigt wurde. Infolge dieser Entscheidung verlor Ali immer mehr an Autorität, bis er im Jahre 661 ermordet wurde. Aber auch nach dem Tode Alis hielten viele seiner Anhänger an der Auffassung fest, dass nur ein direkter Nachfahre Muhammads ein Imam und damit Führer der islam. Gemeinde (Umma) sein kann. Damit begann die Entwicklung der Schia, der Partei Alis.

Als Muawiya 680 starb und seinen Sohn Yazid als Nachfolger einsetzte, stieß dieser Schritt auf breiteren Widerstand unter den Muslimen, die sich nun Rettung und →Gerechtigkeit von den Söhnen Alis versprachen. Deshalb trat Husain, Alis zweiter Sohn, im Jahre 680 mit seinen Anhängern gegen die Armee des Kalifen Yazid an. Da sie eindeutig in der Minderheit waren, boten die Bewohner Kufas ihre Hilfe an. Als aber Husain mit seinem Gefolge vor Kufa angelangt war, verweigerten sie ihm den Zutritt zur Stadt. Die Truppe flüchtete in die Wüste nach Kerbela, geriet in einen Hinterhalt, wurde belagert und zusammengeschossen. Husain wurde dabei das Haupt abgeschlagen. Die ganze Tragödie zog sich mehrere Tage und Nächte hin – wahrscheinlich sind die Belagerten regelrecht verdurstet. So unbedeutend das Drama im militärischen Sinne war, schnitt es doch seinen Anhängern tief ins Herz, denn sie fühlten sich an seinem Tod schuldig.

Schon wenige Jahre später entwickelte sich eine Bewegung von Büßern (→Buße), die sich mit rituellen Handlungen (Ritus) an den 10. Oktober 680 (10. Muharram 61), den Tag des schmachvollen Todes Husains bei Kerbela erinnerten. Der Gedanke des Büßertums wurde seitdem charakteristisch für die Schia. Die öffentliche Trauer ermöglicht es den Gläubigen (→Glaube), am Leiden Husains teilzuhaben und damit auch einen Teil ihrer individuellen →Sünden abzubüßen. Daraus entstanden die Aschura-Riten, die alljährlich im islam. Monat Muharram stattfinden. Zu den →Ritualen gehören Erzählungen, die öffentlich oft in speziell dafür errichteten Moscheen vorgetragen werden, Trauerprozessionen in Trauerkleidung mit Selbstgeißelungen oder auch die kultische Inszenierung des Martyriums (→Märtyrer) Husains (Taziya). Dabei steht an jedem Tag ein anderes Ereignis der Schlacht im Mittelpunkt der rituellen Handlungen. Als Höhepunkt ritzen sich Gläubige die Stirn mit Rasierklingen auf oder verletzen sich mit Schwertern. Die Taziya ähnelt in ihren Ausdrucksformen den Passionsspielen (→Passion) des europäischen Mittelalters. Wie sehr sich in den Riten auch die Traurigkeiten aussprechen, die jeder persönlich zu bewältigen hat, mag der oft zu vernehmende Satz: „Jeder Tag ist Aschura und jeder Ort ist Kerbela" zum Ausdruck bringen.

Die Schia spaltete sich im Laufe ihrer Entwicklungen in verschiedene Richtungen, wobei die drei Hauptrichtungen entweder die ersten fünf (Zaiditen), die ersten sieben (Ismailiten), oder alle 12 (Imamiten) Imame anerkennen. Außerdem rechnet man auch die heutigen Alewiten (Ali-Anhänger), die früher Nusairier genannt wurden, zu den S. Als stärkste Gruppierung innerhalb der Schia kristallisierte sich im Laufe der Zeit die Zwölfer-Schia oder Imamiya heraus. Sie verehren vierzehn Unfehlbare, die aus der Familie des Ali stammen: Muhammad, Fatima und die zwölf Imame: Ali ibn Abi Talib (gest. 661); al-Hasan (gest. 670 oder 678); al-Husain (gest. 680); Ali Zain al-Abidin (gest. um 713); Muhammad al-Baqir (gest. um 733); Dschafar as-Sadiq (gest. 765); Musa al-Kazim (gest. 799); Ali ar-Rida (gest. 818); Muhammad al-Taqi (gest. 835); Ali an-Naqi (gest. 868); al-Hasan al-Askari (gest. 874); Muhammad al-Mahdi. Dieser zwölfte und letzte Imam ist nach Ansicht der Zwölfer-Schiiten nicht gestorben, sondern wurde von Gott entrückt und lebt seitdem in der Verborgenheit. Die S. glauben, dass sich im Imamat die geistliche Seite des Prophetenamtes fortsetzt. Der jeweilige Imam gilt als Erbe der →Weisheit Muhammads. Er hat Anteil an dessen Licht, das Allah schon vor der →Schöpfung seinem eigenen Glanz entnahm und Muhammad einhauchte. Ali, der selbst auch präexistent gedacht wird, hat diese Lichtsubstanz geerbt. Das Imamat ist demnach das sukzedierende Licht Muhammads. Folglich haben die Imame Anteil an der göttlichen Wesenssubstanz (→Trinität), sind sündlos und mit übernatürlichen Eigenschaften ausgestattet. Das macht sie zu Gnadenmittlern (→Gnade) Gottes.

Die Schia war nicht immer nur eine unterdrückte politische Minderheit, vielmehr gab es auch Herrscherhäuser, die dem schiitischen Glauben anhingen. So waren die Mitglieder der Fatimiden-Dynastie Ismailiten (909–1171 im Mahgreb, Ägypten und Syrien) und die Buyiden Imamiten (932–1062 im Norden Irans). Dennoch hat es ziemlich lange gedauert, bis sich der schiitische Islam auch als Herrschaftsform im Iran etablieren konnte. Erst im Jahre 1501 ließ sich Schah Ismail in Tabriz zum Herrscher ausrufen und erklärte die schiitische Glaubensrichtung als verbindliche →Religion für die safawidischen Gebiete. Seit dieser Zeit gingen auch die Trauerrituale (Rituale) anlässlich von Aschura in die iranische Volksreligiosität ein. Die Erzählungen um diese Schlacht gehören zum festen Bestandteil der religiösen Erziehung. Das iranische Fernsehen zeigt in der Trauerzeit Bilder von verschiedenen Aschura-Prozessionen sowie Aufnahmen aus Kerbela. Die Zwölfer-Schiiten sind davon überzeugt, dass der zwölfte Imam, der Mahdi, dereinst wiederkehren wird, um die →Mission des Propheten Muhammad zu vollenden und ein Reich der Gerechtigkeit auf Erden zu errichten. Es gab immer wieder Zeiten, in denen man die Wiederkunft des Imam-Mahdi unmittelbar erwartet hat. Aus einer solchen sozial-religiösen Mahdibewegung des 19. Jh. auf persischem Boden sind die Bahai hervorgegangen.

Der zwölfte Imam ist im Glauben der imamitischen S. das einzig legitime Oberhaupt der Muslime. In der Verfassung des iranischen Staates ist er deshalb auch das eigentliche Staatsoberhaupt. Der →Klerus herrscht nach dieser Auffassung nur in Stellvertretung bis zu dessen Wiederkehr. Um dies zu gewährleisten, gibt es eine genaue Hierarchie: Muhammad und die Imame; der Groß-Ayatollah, der Ayatollah, der Hodschatoleslam (Beweis des Islam) und die Mullahs. Der Aufstieg zu einem Groß-Ayatollah ist für einen schiitischen Geistlichen ein langer und beschwerlicher Weg. Als Student durchläuft er drei Stufen. Die muqaddima-Stufe (4–5 Jahre; arab. Sprache, islam. Recht), die sath-Stufe (5 Jahre; islam. →Recht, →Philosophie) und die kharij-Stufe (etwa 8 Jahre). Die Geistlichen sind die Rechtssprecher der S. Jeder Gläubige sucht sich einen Groß-Ayatollah als *Quelle der Nachahmung* und lebt dessen Rechtsauslegung. Diese Wahl ist allerdings nicht bindend. Missfällt der Spruch eines Ayatollah, so ist es legitim, sich einen anderen zu suchen. Stirbt eine *Quelle der Nachahmung*, so werden all ihre Rechtssprüche unwirksam. Die →Macht eines Geistlichen wird an der Anzahl der Gläubigen gemessen, die ihm folgen. Das iranische System, also die Vertretung des zwölften Imam durch einen Rechtsgelehrten stellt eine revolutionäre Neuerung innerhalb des schiitischen Staatsdenkens dar. Denn der schiitische Islam ging über Jahrhunderte davon aus, dass nur die Herrschaft des zwölften Imam rechtmäßig ist. Deshalb sei es in der Zeit seiner Abwesenheit unwichtig, wer die politische Herrschaft ausübt. Diese Auffassung hatte zur Trennung von Staat und Religion geführt. Erst seit der islam. Revolution von 1978/79 ist die Herrschaft des obersten Rechtsgelehrten Staatsdoktrin. Diese Regierungsweise wird von den iranischen Staatsklerikern als gottgewollt postuliert. Die Besetzung der höchsten Würde unterhalb des Propheten und der Imame, des Postens eines Marja-e taqlid-e motlaq kommt dennoch nur dann vor, wenn alle Groß-Ayatollahs einen aus ihrer Mitte einstimmig als höher in →Frömmigkeit und Weisheit ansehen. Zuletzt besetzte Groß-Ayatollah Borujerdi (gest. 1961) dieses Amt.

Der in Nadschaf ansässige schiitische Gelehrte al-Sistani vertritt heute eine andere Auffassung über das Verhältnis von Religion und Staat, als es für den Iran konstituierend ist. Er sagt, dass Gott dem gesamten Volk die Souveränität übertragen habe und nicht einem einzelnen Rechtsgelehrten. Im Wettstreit zwischen Nadschaf und Qom geht es um wichtige politische Entscheidungen, die die Zukunft in diesen Ländern maßgeblich bestimmen werden. Wenn Nadschaf wieder zu seiner historischen Bedeutung zurückfindet, wird es auch zu einem Sammelbecken der iranischen Opposition. Das hat die jüngste Geschichte schon einmal gezeigt. Ayatollah Khomenei hatte 1935 in Qom den höchsten akademischen Grad erworben. 1964 war er aufgrund seiner regimekritischen Äußerungen gezwungen, sein Land zu verlassen. Er ging zunächst ins türkische Exil und floh dann 1965 nach Nadschaf. Dort organisierte er bis 1978 die iranische Opposition, bis er von der Regierung Saddam Hussains nach Neauphle-le-Chateau in Frankreich exiliert wurde. Heute emigrieren iranische Geistliche wieder in den Irak. Nach den Wahlen dort ist es sehr wahrscheinlich, dass der schiitische Islam nicht nur im Iran, sondern auch im Irak in Zukunft tonangebend sein wird.

Halm, H., Die Schia, 1988; Halm, H., Der schiitische Islam: Von der Religion zur Revolution, 1994; Kermani, N., Dynamit des Geistes. Martyrium, Islam und Nihilismus, 2002; Yann, R., Die Geschichte der Schia. Grundlage einer Religion. Neu durchgesehen von Birgit Hoffmann, 1983.

Catherina Wenzel

Schisma →Häresie und Schisma

Schleiermacher, Friedrich Daniel Ernst (21.11.1768 Breslau – 12.2. 1834 Berlin)

Friedrich Daniel Ernst S. war der bedeutendste ev. Theologe der nachreformatorischen Zeit. Die von ihm ausgehende Wirkung ist, weit über das Fach hinaus, bis zur Gegenwart lebendig geblieben. Im Grunde ließe sich nahezu die gesamte deutschsprachige Theologiegeschichte des 19. und 20. Jh., zumal auf ev. Seite, als eine affirmative, kritische oder vermittelnde Anverwandlung seines reichen geistigen Erbes verstehen.

Als Sohn eines reformierten Feldpredigers wurde S. 1768 in Breslau geboren. Nachdem sich der Vater der Brüdergemeine (→Brüderunität) angeschlossen hatte, wurde S. zur Ausbildung auf das herrnhutische Pädagogium Niesky, danach auf das Seminarium in Barby gegeben (1783–1787). Unter der dort herrschenden geistigen Enge geriet er in eine tiefe religiöse Krise, aus der er sich durch das dem Vater abgerungene Theologie- und Philosophiestudium in Halle zu befreien hoffte. Seinen prägenden akademischen Lehrer fand S. in Johann August Eberhard, dessen kantkritisches System ihn zu denkerischen Vermittlungsversuchen anspornte. In Halle wohnte er bei seinem Onkel S. E. T. Stubenrauch, der einen nachhaltig formenden und dialogisch-begleitenden Einfluss auf ihn ausübte.

Nach der Tätigkeit als Hauslehrer der Grafenfamilie Dohna im ostpreußischen Schlobitten und einer religionspädagogischen Ausbildungsphase an Friedrich Gedikes Berliner Seminarium ging S. 1794 als Hilfsprediger nach Landsberg an der Warthe. Zwei Jahre später kam er als reformierter Prediger (→Reformierte Theologie; →Reformierte Kirchen) an der Charité nach Berlin. Zusammen mit seinem luth. Amtskollegen erarbeitete er Vorschläge zur Verbesserung ihrer Tätigkeit, die auch die Forderung einer gemeinsamen luth.-reformierten →Liturgie enthielten. Überhaupt hat S. in der Anbahnung der preußischen Union (1817; →Kirchenunionen) eine wichtige Rolle gespielt. In Berlin fand er rasch engen Anschluss an die führenden Theologenfamilien Sack und Spalding, und die Neologische Schule, die er in seinen frühen Jahren durchlief, wurde neben der herrnhutischen Prägung und den Einflüssen der zeitgenössischen Philosophie (v. a. I. Kant, Neospinozismus) sowie der Frühromantik zu einem fruchtbaren, noch immer nicht zureichend gewürdigten Wurzelgrund seines theologischen und philosophischen Denkens. Neben dem Austausch mit führenden Repräsentanten der Aufklärungstheologie (→Aufklärung) fand S. zugleich Eingang in die Berliner Salons und literarischen Zirkel; entscheidend wurden namentlich die intensiven Kontakte zu der „Seelenfreundin" Henriette Herz sowie zu Friedrich Schlegel, der ihn auch zur Mitarbeit an der frühromantischen Zeitschrift *Athenaeum* bewegen konnte.

Die lebhafte literarische Tätigkeit, die er in seinen ersten Berliner Jahren entfaltete, kulminierte in dem eine theologische Zeitenwende markierenden Werk *Über die Religion. Reden an die Gebildeten unter ihren Verächtern* (1799). Darin etablierte S. die Religion (→Frömmigkeit), deren Wesen er als „Anschauung und Gefühl" des Universums, näherhin als „Sinn und Geschmak fürs Unendliche" bestimmt sah, als einen neben →Moral (Handeln) und →Metaphysik (Spekulation) gleichursprünglichen Vollzug menschlicher Existenz. Kurz danach lieferte er mit den *Monologen* (1800), die praktische Philosophie Johann Gottlieb Fichtes kritisch fortschreibend, das Manifest einer Ethik der Individualität.

Um Abstand von den Turbulenzen zu gewinnen, in die er durch die Berliner Frühromantik und insbesondere durch eine unglückliche Liebesgeschichte mit der Ehefrau eines Kollegen geraten war, wechselte S. 1802, durch August Friedrich Wilhelm Sack vermittelt, auf die Hofpredigerstelle im hinterpommerschen Stolp. Die dort reichlich vorhandene Muße kam der intensiven literarischen Arbeit zugute: Er verfasste einige poetische Etüden, begann seine – klassisch gewordene – Platon-Übersetzung, äußerte sich mehrfach zu kirchenpolitischen Reformthemen und entwarf die *Grundlinien einer Kritik der bisherigen Sittenlehre* (1803), in denen er die ethischen Systeme (→Ethik) von der Antike bis zu Kant und Fichte einer kritischen, auf strenge Wissenschaftlichkeit drängenden Prüfung unterzog.

Im Herbst 1804 wurde S. zum außerordentlichen Professor und Universitätsprediger in Halle berufen. Nur dadurch hatte der preußische König den Abgang des hoffnungsvollen jungen Theologen auf eine Würzburger Professur abwenden können. Während seiner viersemestrigen Lehrtätigkeit in Halle absolvierte Schleiermacher ein breites, fast alle theologischen Disziplinen umfassendes Vorlesungsprogramm. Nachdem Napoleon I. die Schließung der Universität Halle verfügt hatte, übersiedelte er Anfang 1807 endgültig nach Berlin. Dort bot er, zunächst als Privatgelehrter, öffentliche Vorlesungen an und beteiligte sich an verschiedenen kirchlichen und akademischen Reformprojekten (z. B. *Gelegentliche Gedanken über Universitäten in deutschem Sinn*, 1808). Seit 1809 wirkte S. als reformierter Prediger an der Dreifaltigkeitskirche, seit dem Wintersemester 1810/11 zudem an der neu gegründeten Berliner Universität als Professor und erster Dekan der theologischen Fakultät. Aus der 1809 geschlossenen Ehe mit Henriette von Willich, geb. von Mühlenfels, gingen vier Kinder hervor, von denen der einzige Sohn Nathanael bereits neunjährig starb. Ihm hat S. die von tiefer, reflektierter Frömmigkeit getragene, noch heute anrührende Grabrede gehalten.

Mit dem Beginn seiner Berliner Professur wurde er Mitglied der philosophischen Klasse der Preußischen Akademie der Wissenschaften. Das damit verbundene Recht, an der philosophischen Fakultät Vorlesungen zu halten, nutzte S. ausgiebig – er las Kollegs über Ethik, Dialektik, Hermeneutik, Pädagogik, Psychologie, Ästhetik und Philosophiegeschichte – und wurde dadurch ein erfolgreicher Konkurrent der Berliner philosophischen Koryphäen (J.G. Fichte, G.W.F. Hegel). Zugleich erfüllte S. seinen theologischen Lehrauftrag in einer sämtliche Disziplinen umfassenden, enzyklopädischen Breite; das Fehlen atl. Lehrveranstaltungen erklärt sich daraus, dass dieses Fach seinerzeit zumeist noch von Orientalisten, nicht von Theologen vertreten wurde. Zwei aus dieser Lehrtätigkeit erwachsene Werke haben außerordentliche Bedeutung erlangt.

Die *Kurze Darstellung des theologischen Studiums zum Behuf einleitender Vorlesungen* (1811, ²1830) legte eine die Gattungsgeschichte revolutionierende Enzyklopädie der theologischen Wissenschaft vor. Innovativ war daran nicht nur die Aufteilung des Faches in die drei Disziplinen Philosophische, Praktische und, als deren Mitte, Historische Theologie, der S. auch die Exegese, Dogmatik und Statistik (Kirchenkunde) zurechnete, sondern ebenso die Entscheidung, die Einheit des Faches nicht mehr substantiell, sondern funktional zu bestimmen: „Die christliche Theologie ist [...] der Inbegriff derjenigen wissenschaftlichen Kenntnisse und Kunstregeln, ohne deren Besiz und Gebrauch eine zusammenstimmende Leitung der christlichen Kirche, d.h. ein christliches Kirchenregiment nicht möglich ist" (§ 5; KGA I/6, 328). „Dieselben Kenntnisse, wenn sie ohne Beziehung auf das Kirchenregiment erworben und besessen werden, hören auf theologische zu sein, und fallen jede der Wissenschaft anheim, der sie ihrem Inhalte nach angehören" (§ 6; ebd.).

Das andere exorbitante Hauptwerk trägt den Titel *Der christliche Glaube nach den Grundsäzen der evangelischen Kirche im Zusammenhange dargestellt* (1821/22, ^{2}1830/31). Mit ihm verfasste Schleiermacher, aus aufklärungstheologischen und transzendentalphilosophischen Wurzeln vielfältig gespeist, die erste konsequent neuprot. Glaubenslehre. In ihr zentrierte er die traditionellen Lehrbestände auf das durch Christi Heilswirken bestimmte Sünden- und Gnadenbewusstsein der geschichtlich geprägten kirchlichen Frömmigkeit. Das Wesen der Frömmigkeit definierte er als dasjenige unmittelbare Selbstbewusstsein oder Gefühl, das sich durch seine „schlechthinige Abhängigkeit und Beziehung mit Gott" (§ 4.4; KGA I/13,1, 38) bestimmt und dadurch gegenüber der Welt zur →Freiheit befreit weiß. Die materialen Lehraussagen rekonstruierte Schleiermacher demzufolge als wissenschaftlich kontrollierte Selbstexplikationen der Frömmigkeit. Diese neuzeitlich umgeformte Fokussierung der →Dogmatik auf die menschliche Glaubenserfahrung, die bereits die Reformatoren und namentlich Martin →Luther vorbereitet hatten, ist seitdem für die dogmatische Arbeit, sei es negativ (K. →Barth) oder affirmativ (G. Ebeling), bestimmend geblieben.

Anfang 1834 erlag S. einer verschleppten Lungenentzündung. Die öffentliche Anteilnahme war ohnegleichen: Bis zu 30.000 Menschen sollen seinem Begräbnis beigewohnt haben. Nicht nur die konstitutive Bedeutung religiöser Subjektivität, sondern auch das Problem einer sachgemäßen Vermittlung von Kirche und Kultur hat S. der ev. Theologie unauslöschlich ins Stammbuch geschrieben. Das nach 1945 verstärkt aufblühende Interesse an seinem Werk und Leben wird durch die noch unabgeschlossene, monumentale *Kritische Gesamtausgabe* (1980ff) zusehends stimuliert. Seit 1996/97 leistet die Schleiermacher-Gesellschaft e.V. einen wichtigen Beitrag zur wissenschaftspraktischen Infrastruktur.

Albrecht, C., Schleiermachers Theorie der Frömmigkeit. Ihr wissenschaftlicher Ort und ihr systematischer Gehalt in den Reden, in der Glaubenslehre und in der Dialektik, 1994; Fischer, H., Art. Schleiermacher, Friedrich Daniel Ernst, TRE 30, 1999, 143–189; Herms, E., Menschsein im Werden. Studien zu Schleiermacher, 2003; Jüngel, E., Art. Schleiermacher, Friedrich Daniel Ernst, RGG^{4} 7, 2004, 904–919; Lange, D. (Hg.), Friedrich Schleiermacher 1768–1834. Theologe – Philosoph – Pädagoge, 1985; Nowak, K., Schleiermacher. Leben, Werk und Wirkung, 2001.

Albrecht Beutel

Schöpfung Der Begriff der S. bringt in umfassender Weise zum Ausdruck, wie die christl. Religion das Verhältnis Gottes zur Welt und daraus resultierend das Verhältnis des →Menschen zur Welt deutet.

Den markanten Ausgangspunkt bilden die beiden Schöpfungsberichte, die am Anfang der Bibel stehen. Der ältere Bericht (Gen 2,4b–3,24) erzählt von der Erschaffung eines Menschenpaares, das aufgrund eigenen Fehlverhaltens aus dem paradiesischen Urzustand der S. heraus fällt in ein Leben, das aus Mühe und Arbeit besteht. Bereits hier wird deutlich, wie Schöpfungstheologie eine Deutung der je aktuellen Lebenswelt des Menschen zu leisten versucht. Einen stärker kosmologisch ausgerichteten Rahmen spannt der jüngere Schöpfungsbericht, mit dem die Bibel beginnt (Gen 1,1–2,4a). Gott erschafft machtvoll in sechs Schöpfungstagen zunächst die materiellen Grundlagen der Welt – ein Gedankenmodell, das dann später zu der Theorie einer Erschaffung der Welt aus dem Nichts ausgebaut wurde (lat.: creatio ex nihilo; 2Makk 7,28). Dann trennt er Meer und Land, setzt die Gestirne an den Himmel, bringt lebende Geschöpfe hervor und erschafft schließlich den Menschen am Schluss seines Schöpfungswerks als sein Ebenbild. Die historisch-kritische Erforschung dieser Schöpfungserzählungen hat eindrücklich gezeigt, wie diese Texte in produktiver Auseinandersetzung mit altorientalischen Schöpfungsmythen (→Mythos) entstanden. Für die Bedeutung der jüd.-christl. Schöpfungstheologie ist dieser religionsgeschichtliche Hintergrund aufschlussreich. Bei der Beantwortung der Frage nach Grund und Zweck der Welt und des Menschen in der Welt greift die Überlieferungstradition zwar auf Schöpfungsmythen aus der Umwelt zurück, sie korrigiert und transformiert sie aber um jene Aspekte, die aus dem eigenen Welterleben einzutragen sind. In diesem Zusammenhang werden v.a. die Abhängigkeit der Welt von ihrem Schöpfer und die vollendete Güte seiner S. in den Vordergrund gestellt.

Bereits der atl. Textbestand macht hinreichend deutlich, dass der Begriff der S. keineswegs auf eine bloße Theorie der Weltenstehung zu reduzieren ist. Die großen Schöpfungspsalmen (→Psalmen) wie etwa der Psalm 104 bringen in hymnischer Sprache den Lobpreis über die lebendige Vielfalt der Welt und ihrer Schönheit zum Ausdruck. In ihnen artikuliert sich ein religiös grundiertes Lebensgefühl, das sich in der bleibenden Angewiesenheit der Welt und des Menschen auf Gott hin dankbar aufgehoben weiß.

Das NT knüpft an die Vorstellung von Gott als dem Schöpfer aller Dinge an (Röm 4,17; 11,36). Insbesondere in der Jesus-Überlieferung finden wir darüber hinaus auch Artikulationen jenes getragenen Lebensgefühls wieder, die bereits für das atl. Schöpfungslob kennzeichnend waren (Mt 6,25ff). Eine Besonderheit ist die Vorstellung von der Schöpfungsmittlerschaft Christi (1Kor 8,6; Kol 1,16f u.ö.). Unter Rückgriff auf die weisheitlichen (→Weisheit) Logos-Spekulationen ist →Jesus Christus als göttlicher Logos Grund, Mittler und Ziel der S. Es geht also darum, dass in Christus die eigentliche Bestimmung der S. sichtbar wird. Im Anschluss an diesen Gedanken finden sich bei →Paulus bemerkenswerte Ausführungen zur Erlösungsbedürftigkeit (→Erlösung) der S. (Röm 8).

Der Blick auf die bibl. Belege macht deutlich, dass die Lehre von der S. vor dem Hintergrund einer religiösen Welterfahrung Antwort auf die Frage nach dem Grund und dem Ziel der Welt und nach der Stellung des Menschen in dieser Welt gibt. Naturgemäß müssen sich religiöse Antworten auf diese Fragen mit zeitgenössischen Theorien der Kosmologie auseinandersetzen. Das taten die bibl. Schöpfungsberichte, indem sie kritisch antike Schöpfungsmythen verarbeiteten, und dies setzte sich in der →Alten Kirche fort. Es galt das Spezifische der christl. Welterfahrung in der Auseinandersetzung mit den herrschenden kosmologischen Theorien der großen philosophischen Richtungen gedanklich herauszustellen (→Philosophie und Theologie). Dabei kam es durchaus auch zu produktiven Synthesen. So wurde beispielsweise von der Alten Kirche bis zur Renaissance der Gedanke der Schöpfungsmittlerschaft Christi vornehmlich mit Hilfe der platonisch-neuplatonischen Ideenlehre entfaltet. Aus dieser Synthese platonischer, aristotelischer und bibl. Motive formierte sich die feste Lehrgestalt eines christl. Weltbildes, das bis zum Beginn der Neuzeit die Auffassung von Gott als Weltschöpfer, der Entstehung und Bewahrung der Welt und der Stellung des Menschen in der Welt entscheidend prägte. Erst die naturwissenschaftlichen Entdeckungen der Neuzeit stellten dieses Weltbild, das auch zwischen den verschiedenen Konfessionen nie strittig war, radikal in Frage.

Aufbauend auf einem grundlegenden Methodenwechsel kristallisierten sich in den Naturwissenschaften – zunächst in der Physik, dann aber auch in Geologie, Paläontologie, Biologie und Chemie – Einsichten heraus, die dem bibl. Schöpfungsberichten fundamental widersprachen. In einer für Theologie und Kirche fatalen Weise und entgegen der eigentlichen Absicht der Schöpfungsberichte reagierte die Kirche darauf durch eine doktrinäre Festschreibung ihres Weltbildes und verfolgte Forscher, die aufgrund ihrer naturwissenschaftlichen Erkenntnisse anderes lehrten. Das kopernikanische Weltbild setzte sich gegen den massiven theologischen und kirchlichen Widerstand durch. Mit der gleichen Energie, allerdings mit institutionell weniger lebensbedrohenden Möglichkeiten wurden im 19. Jh. Charles Darwins Theorien zur →Evolution bekämpft. In diesem bis ins 21. Jh. hinein geführten Kampf gegen die naturwissenschaftlichen Entdeckungen wurde von kirchlicher Seite theologisch außer Acht gelassen, dass sich die Schöpfungslehre niemals allein auf objektive Welt- und Menschheitsentstehungstheorien reduzieren lässt.

Die weit verbreitete Auffassung, dass die christl. Kirchen mittels ihrer als unaufgebbare Wahrheit ausgewiesenen Schöpfungslehre das Aufkommen naturwissenschaftlicher Erkenntnisse zu unterbinden versuchte, trifft zwar in vielfacher Hinsicht zu, sie ist aber als Pauschalurteil auch gerade in historischer Perspektive entschieden zu einseitig. Von theologischer Seite fehlte es von Anfang an nicht an Versuchen, die neuen naturwissenschaftlichen Erkenntnisse produktiv aufzunehmen. Der Reformator Alexander Osiander setzte sich z.B. im 16. Jh. für eine Verbreitung der Theorien des Nikolaus Kopernikus ein, im 18. Jh. fanden sich anglikanische und ev. Theologen, die Darwins Ansichten gewinnbringend in einen am Entwicklungsgedanken ausgerichteten Schöpfungsbegriff integrieren wollten, während schließlich die von dem Katholiken Pierre Teilhard de Chardin im 20. Jh. vorgelegte Kosmologie einen der weitgehendsten Versuche darstellt, Schöpfungslehre und Naturwissenschaft produktiv aufeinander zu beziehen. Neben der radikalen Frontstellung zwischen christl. Schöpfungslehre und wissenschaftlicher Naturerkenntnis gab es also immer schon Versuche einer gegenseitigen Durchdringung.

Ein dritter Weg fand v.a. in der prot. Theologie großen Anklang. Ihm liegt als tragende Einsicht die Auffassung zu Grunde, dass der Schöpfungsglaube seinem Wesen nach gar keine naturwissenschaftliche Weltbeschreibung zu liefern versucht, sondern Ausdruck einer subjektiven religiösen

Gestimmtheit oder eines Offenbarungsglauben ist. Neben der gegenseitigen Bekämpfung einerseits und dem integrativen Modell andererseits wird hier eine schiedlich-friedliche Kompetenzaufteilung angestrebt. So verschiedene Denker wie Friedrich Daniel Ernst →Schleiermacher im 19. Jh. und Karl →Barth im 20. Jh. waren sich trotz einer ganz unterschiedlichen theologischen Begründung in dieser Zielsetzung einig. Unter dem Stichwort ‚Abschied von der Kosmologie' wird gegenwärtig eine auf Schleiermacher zurückgehende Auffassung weiter gedacht, die den Schöpfungsglauben im Wesentlichen als Endlichkeitsreflexion begreift (U. Barth), d. h. als eine Deutungsleistung, mit der der Mensch sein eigenes Welterleben religiös interpretiert.

Damit ist eine wesentliche Aufgabe gegenwärtiger Schöpfungslehre benannt. Es gilt aufzuzeigen, wie die christl. Lehre von der S. in ihrer bibl. Begründung und in ihrer überlieferungsgeschichtlichen Entfaltung begriffliche Instrumentarien bereitstellt, die dem Menschen helfen, sich selbst in der Welt, in der er lebt, besser zu verstehen. Schöpfungslehre ist in diesem Sinne als religiöse Verarbeitung von Welterfahrung zu begreifen. Das schließt ein, dass über die Darstellung des traditionellen Lehrgehaltes hinaus Anknüpfungspunkte an die konkrete Welterfahrung von Menschen zu ermitteln und auf ihre Durchsichtigkeit für die Schöpfungslehre hin zu entfalten sind. In diesem Sinne ist die philosophische und kulturgeschichtliche Disziplin der Naturästhetik ein wichtiger Gesprächspartner für die Theologie. Da es die Schöpfungslehre mit den großen, ja geradezu maßlosen Fragen nach Grund und Ziel der Welt zu tun hat, wird sich jedoch die im Protestantismus bisweilen favorisierte strikte Abtrennung von der Naturwissenschaft sinnvollerweise nicht aufrecht erhalten lassen. Es kommt vielmehr darauf an, ein wechselseitig sich inspirierendes Gespräch in Gang zu setzen, bei dem klar ist, dass Theologie und Naturwissenschaften bei der Frage nach Entstehung und Ende des Kosmos, nach der Stellung des Menschen im Gefüge der Natur und nach einem die Wirklichkeit ordnenden Prinzip aus unterschiedlicher Perspektive und mit unterschiedlicher Methodik das gleiche Ziel nach grundlegender Lebensorientierung verfolgen.

Barbour, I. G., Wissenschaft und Glaube, [2]2006; Gräb, W., Urknall oder Schöpfung. Zum Dialog von Naturwissenschaften und Theologie, 1995; Link, C., Schöpfung, 2 Bd., 1991; Pannenberg, W., Systematische Theologie, Bd. II, 1991, 15–202.

Jörg Lauster

Scholastik S. bezeichnet die im Schul- bzw. Lehrbetrieb entwickelte →Theologie und →Philosophie des →Mittelalters mit bestimmten Formen des wissenschaftlichen Arbeitens. Der Begriff stellt keine Selbstbezeichnung dar, sondern eine Außenperspektive, die lange Zeit mit einer negativen Bewertung verbunden war.

Die Begriffsgeschichte geht auf Aristoteles zurück, der *scholasticus* als um ihrer selbst willen gewählte Tätigkeit verstand. Seit Cicero bezieht sich der Begriff auf alles, was mit dem Schulbetrieb zu tun hat, meint überdies auch „gelehrt". Im mittelalterlichen Bildungswesen hießen dann sowohl die Studenten/Schüler als auch die Lehrer *scholastici*. Durch humanistische und reformatorische Kritik erhielt der Begriff eine inhaltlich-methodische Bedeutung und gleichzeitig eine negative Bewertung, so z.B. bei Martin →Luther in der Disputation *Contra scholasticam theologiam* von 1517. Die S. galt dabei als Verfremdung des →Evangeliums durch aristotelische Kategorien sowie als nutzloser, sophistischer Streit um rein formale Begriffsdistinktionen. Dieses prot. Negativ-Bild (→Protestantismus) setzte sich in der →Aufklärung fort bis zum 20. Jh., in welchem dann aber im Zuge des allgemeinen Mittelalterinteresses auch die S. historisch erforscht wird. Katholischerseits wurde im Zuge der Neuscholastik des 19. und 20. Jh. die S. zur positiven, päpstlich dekretierten Normgröße in methodischer und lehrinhaltlicher Hinsicht, bevor auch hier die historisch orientierte Zugangsweise sich durchsetzte.

Die historische Wesensbestimmung der S. kann entweder über ihre Methode bzw. Wissenschaftsgestalt oder über einen angeblichen Bestand an gemeinsamen Lehrinhalten gewonnen werden. Weiterführend erscheint der Ansatz, S. über die sie tragende Institution und ihre institutionalisierten Formen zu bestimmen. S. ist dann die mittelalterliche Schultheologie, welche an der Universität die in der Bibel enthaltenen Glaubenswahrheiten rational explizierte und begrifflich systematisierte gemäß den aristotelischen Wissenschaftsstandards ihrer Zeit. Mit dieser Charakterisierung ist scholastische sinnvoll von einer monastischen Theologie abzugrenzen, welche in Klöstern (→Kloster; →Mönchtum) der religiösen Praxis diente und unmittelbar auf die →Nachfolge Christi statt auf begriffliche →Erkenntnis abzielte. Im Lehrbetrieb mit der Unterrichtssprache Latein herrschten zwei Grundformen vor: die *lectio* als fortlaufende Kommentierung eines autoritativen Textes. Die Auslegung bibl. Texte orientierte sich an der Theorie vom vierfachen Schriftsinn (→Schriftverständnis) zurückgehend auf Johannes Cassianus, der neben dem *historischen* auch einen *allegorischen* (christologisch-ekklesiologischen), *anagogischen* (eschatologischen) und *tropologischen* (moralischen) Sinn der Schrift lehrte. Eine zweite Form stellte die *disputatio* dar als thesenhafte Beantwortung einer strittigen Frage in Auseinandersetzung mit Pro- und Contra-Argumenten. Literarisch führt man diese sog. *Quaestionenmethode* idealtypisch so durch, dass die Frage genannt wird, dann Gegenargumente zur eigenen These aus der →Tradition aufgezählt werden, dann Pro-Argumente für die eigene These aus der Tradition, darauf folgt die Entfaltung der eigenen These, worauf dann eigens die eingangs genannten Gegenargumente von der gefundenen Lösung her behandelt werden. In diesem Durchgang spezifiziert sich die Fragestellung, und die (scheinbaren) Widersprüche zwischen verschiedenen Autoritäten werden aufgelöst bzw. miteinander vermittelt. Begriffsanalysen und die Unterscheidung von Bedeutungsaspekten spielen dabei eine zentrale Rolle. Literarische Form gewann diese Methode in den *Quaestiones disputatae* und den *Summen*, welche geordnete Gesamtzusammenfassungen eines Wissensgebietes darstellten.

Geschichte: Die Vorscholastik zwischen dem 8. und 10. Jh. war v.a. durch gelehrte Sammeltätigkeit und Arbeit an der Überlieferung in Klöstern und Domschulen charakterisiert. Mit der Frühscholastik (11. und 12. Jh.) entstand eine in Disziplinen gegliederte Schulwissenschaft, vornehmlich an Kathedralschulen. Aufbauend auf den *artes liberales* mit dem Schwerpunkt

Grammatik und Dialektik entfaltete sich das →Theologiestudium, das auf der Kommentierung meist bibl. und patristischer Texte durch die *magistri* beruhte. Daraus entwickelten sich Sentenzensammlungen als thematisch geordnete Zusammenstellungen patristischer Zitate (Sentenzen), deren berühmteste, die Sentenzensammlung des Peter Lombardus (1100–1160) zum vorherrschenden Lehrbuch der Theologie bis zum 16. Jh. wurde. Seine Gliederung wirkte vorbildhaft für die mittelalterliche →Dogmatik: I Gotteslehre II Schöpfungs- und Sündenlehre (→Schöpfung; →Sünde), III →Christologie und Gnadenlehre (→Gnade), IV Sakramentenlehre (→Sakramente) und →Eschatologie. Auf Peter Lombardus ging die dann allgemein geteilte Begründung der Siebenzahl der Sakramente zurück. Eine herausragende Leistung stellte die frühscholastische Lehrentwicklung zur Eucharistie (→Messe; →Abendmahl) dar. Es setzte sich die sog. Transsubstantiationslehre durch, welche Christi (→Christologie) sakramentale Gegenwart als Verwandlung der Substanz von Brot und Wein zu →Leib und Blut Christi unter Bewahrung der Akzidentien von Brot und Wein verstand und welche 1215 im 4. Laterankonzil (→Konzilien) lehrmäßig definiert wurde. Weitere bedeutende Scholastiker waren Anselm von Canterbury (1033–1109), der den später sog. ontologischen →Gottesbeweis formulierte, Peter Abaelard (1079–1142) und Hugo von St. Viktor (1099–1141).

Hochscholastik: Ab 1200 entstand mit den Universitäten in Paris, Bologna und Oxford eine neue Institution, deren an Aristoteles angelehnte Wissenschaftsstandards sowie die aristotelische, rein philosophische Weltsicht (→Welt, Weltbild) die Theologie vor neue Herausforderungen stellte. Aristotelische →Metaphysik und →Ethik, interpretiert mit Hilfe der islam. Kommentare von Averroes (Ibn Ruschd) und Avicenna (Ibn Sina) und des jüd. Philosophen Moses Maimonides, wurden grundlegend durch die Unterscheidung von Akt/Potenz, Form/Materie, Substanz/Akzidenz. Zunächst stand die Kirche der Aristotelesrezeption kritisch gegenüber und verbot die universitäre Lektüre seiner naturphilosophischen Schriften. Nachdem bedeutende Theologen die Vereinbarkeit mit christl. →Dogmatik gezeigt hatten, konnte die Pariser Universität 1255 die aristotelischen Schriften auch offiziell in ihren Lehrplan aufnehmen. Dagegen wurde der sog. radikale Aristotelismus, vertreten von Siger von Brabant, 1277 als Häresie verurteilt, Streitpunkte bildeten die aristotelische Lehre von der Ewigkeit der Welt und der Einheit des Geistes in allen Menschen. Der Student musste sich nun nach dem Studium der *artes liberales* an der Artistenfakultät zwischen einem Studium an der medizinischen oder juristischen oder theologischen Fakultät entscheiden. Der gesamte Ausbildungsgang dauerte für einen Theologen gewöhnlich mindestens 12 Jahre. Als die bedeutendsten Theologen gelten Alexander von Hales (1185–1245), Albertus Magnus (1200–1280), Bonaventura (1217–1274), →Thomas von Aquin (1225–1274) und Duns Scotus (1265–1308). Theologisch leisteten sie eine begrifflich präzise Systematisierung der Sünden- und Gnadenlehre. Die Gnade fassten sie als durch Sakramente vermittelten, eingegossenen übernatürlichen *habitus* auf, der im Menschen die →Tugenden Glaube und →Liebe bewirkt, auf diese Weise die menschliche →Erkenntnis und den menschlichen Willen formt. Die beiden theologischen Hauptströmungen, verkörpert durch die Franziskaner auf der einen und die Dominikaner auf der anderen Seite, stritten dabei über die menschliche Vorbereitung und Mitwirkung am Gnadengeschehen.

Vom 14. Jh. bis zur Mitte des 16. Jh. reicht die Spätscholastik, welche gesteigertes Interesse an logischen und sprachphilosophischen Fragen, ausgeprägte Schulenbildung und Infragestellung der Harmonie von Glauben und Wissen kennzeichnet. Für Wilhelm von Ockham (1285–1347) beruhte Erkenntnis auf Erfahrung von Einzelnem, daher ist für ihn Wissen nur in Bezug auf erfahrbare Einzeldinge gegeben. Im Anschluss an ihn entbrannte der sog. Universalienstreit: sind die Allgemeinbegriffe als solche real (Realismus) oder nur Setzungen des Menschen aufgrund der Erkenntnis von Einzeldingen (Nominalismus)? Der vorherrschende Nominalismus vertrat als sog. *via moderna* eine grundsätzliche Differenz zwischen sprachlicher Erfassung und erfasster Wirklichkeit, so dass man sich auf Logik in der Philosophie konzentrierte und in der Theologie sich von metaphysischen Lehrbegründungen abwandte, während die *via antiqua* basierend auf dem Realismus an der Entsprechung von Denken und Sein festhielt. Neben spätscholastischen Theologen wie Gabriel Biel (1410–1495) traten Theologen mit stärker erfahrungsbezogenen Ansätzen wie Raimundus Lullus (1233–1316) und Nikolaus von Kues (1401–1464) auf, der Nominalismus und Realismus zu synthetisieren versuchte.

Die historische S.-Forschung zeigt zunehmend die theologische Substanz, die Innovativität, Vielgestaltigkeit sowie Schriftorientierung dieser mittelalterlichen Schultheologie.

Leinsle, G., Einführung in die scholastische Theologie, 1995; Pieper, J., Scholastik. Gestalten und Probleme der mittelalterlichen Philosophie, 4 1998; Schönberger, R., Was ist Scholastik?, 1991.

Miriam Rose

Schriftverständnis Für die großen Buchreligionen ist es in ihrer religiösen Selbstverständigung unerlässlich, ein theologisches Verständnis ihrer schriftlich fixierten Grundlagen zu entfalten. Der Begriff S. erfasst genau diesen Aspekt in einem engeren Sinne so, dass es nicht um eine grundsätzliche Bedeutung beispielsweise der →Bibel geht, sondern darum, wie die textliche Gestalt als Grundlage der →Religion zu verstehen ist.

Das Christentum hat sich dabei zunächst ganz dem S. des antiken →Judentums angeschlossen und dessen Schriften religiös in Gebrauch genommen. Zur Legitimierung wurde wie im Judentum auch darauf verwiesen, dass die Schriften vermittelt durch die besondere Rolle ihrer Verfasser göttliche Autorität für sich in Anspruch nehmen konnten. In der geschichtlichen Entwicklung hat das Christentum allerdings relativ rasch eigene Schriften ausgebildet, die –wie die pln. →Briefe – entweder auf einen konkreten Anlass zurückgehen oder – so ist das offensichtlich bei den →Evangelien der Fall – einem religiösen Bedürfnis nach historischer Vergewisserung entspringen. Die Vielzahl der Schriften, die auf diesem Wege in den ersten Jh. entstand, machte Auswahlkriterien erforderlich. Dieser Kanonisierungsprozess ist für das christl. S. höchst folgenreich, da sich in ihm eine Reihe wichtiger Kriterien herauskristallisieren. Als legitimiert gelten Schriften, deren Verfasser entweder – wie z. B. →Paulus – für sich göttliche Autorität in Anspruch nehmen konnten oder in einer vermeintlich historischen Nähe zum irdischen →Jesus Christus standen. Darüber hinaus konnten auch mit einiger Freiheit inhaltliche Gesichtspunkte angelegt werden. Die ersten Versuche, die angelegten Kriterien systematisch zu einem theologischen Verständnis der Schrift zu ordnen, stammen von den Kirchenvätern Origenes und →Augustin. Als Schlüsselbegriff zu Erklärung der göttlichen Autorität der Schriften fungierte dabei die Vorstellung, die Verfasser seien von Gott selbst inspiriert (→Inspiration) worden. Dass die bibl. Schriften ihre besondere Bedeutung einer besonderen Inspiration zu verdanken haben, kann von da ab als eine tragende Grundüberzeugung des christl. S. bis in die Gegenwart hinein gelten. Fraglich ist allerdings, wie diese Inspiration näher zu fassen ist.

Mit aller Gewalt aufgebrochen ist diese Frage im Zeitalter der →Reformation. Martin →Luthers Berufung auf die Schrift in der Auseinandersetzung mit der röm. Kirche und die von ihm selbst eingeleitete Ausformulierung des Schriftprinzips *sola scriptura*, wonach alle Glaubensaussagen und der Glaube selbst aus dem Umgang mit den bibl. Schriften hervorgehen müssen, verschärfte die Frage nach dem, was die Schrift ihrem Wesen nach ist. In der Auseinandersetzung mit dem auf dem Konzil von Trient grundgelegten kath. Prinzip von Schrift und Tradition entwickelten Luthers Erben in der →altprot. Orthodoxie zur Absicherung der Schriftautorität die Theorie der Verbalinspiration. Diese ging über die bis dahin gängigen Inspirationsvorstellungen weit hinaus, insofern sie Theorien bis hin zu einem wörtlichen Diktat der bibl. Schriften entwarf, bei denen sich der heilige Geist der menschlichen Schreiber lediglich als Werkzeuge bediente.

Die innerhalb der kath. Theologie entwickelten historischen Argumente gegen die Verbalinspiration wurden in der →Aufklärung und dann v.a. im 19. Jh. zu einem umfassenden Methodenapparat der historischen Kritik ausgebaut, dessen Anwendung auf die bibl. Schriften deren historische Entstehung, redaktionelle Überarbeitungen und Überlieferung mit guten Gründen erhellen konnte. Die Einsichten der historischen Kritik erwiesen die bibl. Schriften als von Menschen verfasste und überlieferte Texte und destruierten die Annahme einer übernatürlichen Verbalinspiration. Nach zähem Ringen verschwand die kontroverstheologisch motivierte Kampflehre der Verbalinspiration Ende des 19. Jh. aus dem akademisch-theologischen Diskurs über das S. und führte von da ab ein Schattendasein in fundamentalistischen Kreisen (→Fundamentalismus).

Die Herausforderungen, die das Aufkommen und die erfolgreiche Etablierung der historischen Kritik für das christl. S. mit sich bringen, sind erheblich. Zunächst wurden dabei v.a. im 19. Jh. Wege beschritten, das schon in der →Alten Kirche übliche Argument der historischen Nähe auszubauen. In der Tat ist die „Ursprungsnähe" der bibl. Schriften eine tragende Säule des christl. S. Allerdings hat die historische Kritik auch hier die Vorstellung aus den Angeln gehoben, etwa die Verfasser der Evangelien als Augenzeugen des Lebens Jesu zu betrachten. Vielmehr konnte sie erweisen, dass die Evangelien maßgeblich im Interesse einer Missionsverkündigung (→Mission) abgefasst wurden. Das entscheidende Argument der Ursprungsnähe muss vor diesem Hintergrund dann umformuliert werden. Es gilt zu zeigen, dass die bibl. Schriften als die kulturell kontextabhängigen Verarbeitungen jener Erfahrungen zu betrachten sind, die die ersten Christen (→Urchristentum, Urgemeinde) mit der Person Christi gemacht haben und die darum eine noch für heutige Anknüpfung prägende Kraft haben. Zur Beschreibung dieses Sachverhalts sind neuere kulturgeschichtliche Einsichten in die Vorgänge kultureller Erinnerung sehr hilfreich. Im Anschluss an die Arbeiten von Jan Assmann u.a. können so die bibl. Texte in einen Prozess des kulturellen Gedächtnisses eingezeichnet werden, der in der Vergewisserung der Ursprungsereignisse dem Aufbau christl. →Identität dient.

Assmann, J., Religion und kulturelles Gedächtnis. Zehn Studien, 2000; Lauster, J., Prinzip und Methode. Die Transformation des protestantischen Schriftprinzips durch die historische Kritik von Schleiermacher bis zur Gegenwart, 2004; Slenczka, N., Das Evangelium und die Schrift. Überlegungen zum ‚Schriftprinzip' und zur Behauptung der ‚Klarheit der Schrift' bei Luther, in: ders., Der Tod Gottes und das Leben des Menschen, 2003, 39–64.

Jörg Lauster

Schuld Das Thema S. des →Menschen ist neben der Theologie Gegenstand v.a. der Psychologie, der Rechtsprechung und der philosophischen →Ethik. Die Psychologie behandelt lebenshemmende Schuldgefühle, die dem Einzelnen bewusst sind oder ihn unbewusst bestimmen, und sucht die ihnen zugrunde liegenden Ursachen zu analysieren. Das Strafrecht setzt die S. und Schuldfähigkeit voraus für die Strafbarkeit menschlichen Verhaltens und legt Sanktionen fest. Die philosophische Ethik fragt nach den vernünftigen Bedingungen, unter denen von S. des Subjekts oder der Gemeinschaft überhaupt gesprochen werden kann. Die Theologie versteht die S. in erster Linie als Folge der →Sünde des Menschen. Wie die Sünde als Verfehlung des Verhältnisses des Menschen zu Gott erfasst wird, mit der zugleich ein verkehrtes Verhältnis des Sünders zu sich selbst und zu der ihn umgebenden Welt einhergeht, so wird die S. v.a. als S. vor Gott und sodann als S. vor der Mitwelt und vor sich selber verstanden. Der Mensch ist als Geschöpf dem Schöpfer zu Lob und Dank verpflichtet (Röm 1,19ff) und dazu bestimmt, sein Leben zu vollziehen, wie es seinem Geschöpfsein entspricht, und auch mit seiner Welt schöpfungsgemäß (→Schöpfung) umzugehen. Indem der Sünder dies in jeder Hinsicht schuldig bleibt, ist er unentschuldbar. Von diesem Schuldzusammenhang ist nach →Paulus kein Mensch, Jesus Christus ausgenommen, frei (Röm 3,10).

Die S. der Sünde vermag der Mensch nicht durch sich selbst aufzuheben. Dies gilt zumindest in zweierlei Rücksicht. Die Sünde ist als S. gegenüber Gott qualitativ unendlich. Sodann setzt die Sünde einen Wirkzusammenhang frei, der sich verselbständigt und sich dem weiteren Zugriff des Sünders entzieht. Dieser vermag die Sünde nicht wieder ungeschehen zu machen. Von daher geht mit der Sünde eine objektive S. einher. Von dieser objektiven S. zu unterscheiden ist das subjektive Schuldgefühl. In ihm ist der Sünder sich seiner S. bewusst und übernimmt sie als die seine. Im Zusammenhang der Frage, wie es zum Schuldbewusstsein und der Übernahme der S. durch den Einzelnen kommt, wird dem Gewissen (Röm 2,15) und der Vorhaltung des Gesetzes, in welchen sich der Wille Gottes manifestiert, in der Theologie eine wichtige Funktion zugewiesen. →Gewissen und →Gesetz decken die Übertretungen des Sünders und mithin seine S. auf (Röm 3,20). Sie werfen ihn damit einerseits auf sich selbst zurück. Denn sie gebieten ihm das Zu-Sollende und beanspruchen ihn bei seinem (vermeintlichen) Vermögen, das Gesollte erfüllen zu können: Du kannst, denn du sollst! Insofern der in sich verderbte Wille des Sünders das Gesollte nicht zu wollen vermag, führen Gewissen und Gesetz, gerade indem sie ihn bei seinem Können behaften, immer tiefer in die Sünde und Schuldverstrickung hinein (Röm 7). Zugleich wird andererseits durch die Erkenntnis der S. das Bedürfnis nach →Erlösung von ihr geweckt. Darin liegt die zu Jesus Christus hinführende Funktion des Gewissens und der Gesetzespredigt (Gal 3,24) und die Bedeutung, die dem Schuldbewusstsein im Zusammenhang der Erlösungslehre in der christl. Theologie zukommt. Die christl. Religion geht davon aus, dass die durch die Sünde in die Welt gekommene S. des Einzelnen und des Menschengeschlechts nur durch Gott selber versöhnt werden kann und sieht dies als ein für alle Mal geschehen in der →Versöhnung der Welt in Jesus Christus (2Kor 5,18–21; Röm 3,25f; Röm 5,8–11). Diese wird dem Einzelnen und der Gemeinde durch die Sakramente →Taufe und →Abendmahl und im Zuspruch der Sündenvergebung (→Vergebung) durch die →Predigt im Glauben vergewissert.

Während für die Theologie des AT und NT die S. des Einzelnen und die des Volkes bzw. der Menschheit und damit der Gedanke der Individualschuld und der Gesamtschuld eng verknüpft sind (Röm 5; Mt 23,29–33), kann diese Verbindung unter neuzeitlichen Bedingungen problematisiert werden. Gibt es so etwas wie ein kollektives Schuldbewusstsein oder ist, wo von S. geredet wird, primär der Einzelne in seiner Verantwortlichkeit und der dafür vorauszusetzenden Freiheit im Blick? Und welches Verständnis von Verantwortung und welches von →Freiheit ist dabei leitend?

Sodann gerät die Gewissensinstanz im Zuge ihrer Entlarvung durch Friedrich Nietzsche und Sigmund Freud unter Kritik. Vormals als Stimme Gottes im Einzelnen betrachtet und noch von Immanuel Kant als etwas behauptet, das jeder Mensch ursprünglich in sich hat und das in seiner Funktion lediglich zu kultivieren, nicht aber erst anzuschaffen sei, wird sie von den →Religionskritikern als Produkt gesellschaftlicher Konventionen zur Unterdrückung des Freiheits- bzw. des Trieblebens des Einzelnen aufgedeckt und einer am Schuldbewusstsein ausgerichteten Theologie und Frömmigkeitskultur der therapeutische Kampf angesagt. Nicht zu Unrecht wird hier auf Formen einer auf Dauer gestellten, die Selbstwerdung des Einzelnen verhindernden Isolierung des noch dazu moralistisch enggeführten Schuldbewusstseins aufmerksam gemacht.

Die Theologie tut gut daran, in Theorie und Praxis die Kritik an einer überzogenen Fixierung auf das Schuldbewusstsein aufzunehmen. Indem sie das Schuldbewusstsein im Zusammenhang der in Jesus Christus ein für alle Mal vollbrachten Versöhnung Gottes mit der Welt und vom Zuspruch der Sündenvergebung her erfasst, nimmt sie den ihr eigentümlichen Umgang mit dem Schuldbewusstsein wahr. Dessen spezifischer, von der ethischen, rechtlichen und auch psychologischen Behandlung des Schuldbegriffs unterschiedener Aspekt liegt darin, dass der Schuldige vor Gott im Unterschied zu jedweder endlichen Instanz – auch im Unterschied zum eigenen Gewissen – noch einmal ganz anders vor sich selbst gebracht wird und ihm im Vertrauen auf die Barmherzigkeit Gottes das Bekenntnis seiner S. erst wahrhaft eröffnet und durch den Zuspruch der Vergebung zugleich einer heilsamen Wende zugeführt wird. Es gibt Formen der S., die der Mensch sich nicht selbst vergeben kann und auch der andere dem Schuldigen wohl nur eingeschränkt. Auch die persönliche Übernahme rechtlich verhängter Strafe vermag die Tat als solche nicht ungeschehen und die mit ihr verbundene S. nicht als wahrhaft vergebene aufzuheben. Die fünfte Bitte des →Vaterunsers bringt deutlich den theologischen Bezug der Schuldproblematik zum Ausdruck: Der Mensch ist elementar auf →Vergebung seiner S. angewiesen, die ihm heilsam nur von Gott her zukommen kann und die ihn dazu ermächtigt, wiederum dem an ihm schuldig Gewordenen zu vergeben. Genuiner Ort des Schuldbekenntnisses und der Bitte um Vergebung der S. ist das →Gebet des Einzelnen und der zum Gottesdienst versammelten Gemeinde. Für die christl. Gemeinde und für den Glauben des Einzelnen ist das Bewusstsein von der Solidarität der Menschheit im Sündersein grundlegend, wie es Röm 5 theologisch ausführt und in der fünften Vaterunserbitte ausgedrückt ist.

Gestrich, C., Die Wiederkehr des Glanzes in der Welt. Die christliche Lehre von der Sünde und ihrer Vergebung in gegenwärtiger Verantwortung, [2]1996; Kant, I., Kritik der praktischen Vernunft, A 1788; Kant, I., Die Religion innerhalb der Grenzen der bloßen Vernunft, 1793; Kierkegaard, S., Der Begriff Angst, 1844, in: Gesammelte Werke hg. v. E. Hirsch/H. Gerdes 11.12. Abteilung, [3]1985; Lauret, B., Schulderfahrung und Gottesfrage bei Nietzsche und Freud, 1977; Ricoeur, P., Phänomenologie der Schuld. Bd. 1: Die Fehlbarkeit des Menschen; Bd. 2: Symbolik des Bösen, deutsch 1971.

Christine Axt-Piscalar

Schwangerschaftsabbruch Unter einem S. versteht man jede Beendigung einer Schwangerschaft ab dem Zeitpunkt der Einnistung der befruchteten Eizelle in den Uterus. Bereits in der Antike wurden S. vorgenommen. Das Christentum hat sich von Beginn an gegen den S. ausgesprochen (z.B. Did 2,2). Der ungeborene →Mensch wurde nicht mehr als Besitz des Vaters wahrgenommen, sondern als eigenständige →Person, die damit unter das Tötungsverbot fällt. Gleichwohl bleibt der S. im Abendland Praxis. Ebenfalls seit der Antike wurde auch im Christentum im Anschluss an Aristoteles zwischen beseelten und noch unbeseelten Föten unterschieden, wobei die Grenze meist beim 40. Tag lag. Vor bzw. nach dieser Grenze konnte der S. unterschiedlich bewertet werden. Von der *Peinlichen Gerichtsordnung* Karls V von 1532 (Art. 133) bis zum bundesdeutschen Strafgesetzbuch (§ 218) bleibt der S. jedoch prinzipiell verboten.

Nach der Wiedervereinigung der beiden deutschen Staaten (1990) mussten die unterschiedlichen Rechtsauffassungen harmonisiert werden. Während in der westlichen Bundesrepublik seit 1975 eine Indikationslösung galt, die den S. unter bestimmten Bedingungen bis zur 12. Schwangerschaftswoche straffrei machte, bestand in der DDR eine Fristenlösung, die den S. bis zur 12. Woche ohne Begründung ermöglichte. Die schwierigen Debatten führten schließlich zum Schwangeren- und Familienhilfeänderungsgesetz (SFHÄndG) von 1995, in dem der S. unter bestimmten

Bedingungen bis zur 12. Woche zwar als rechtswidrig, aber straffrei eingestuft wird. Bedingungen dafür sind, dass sich die Frau 1. einer Beratung in einer anerkannten Beratungsstelle unterzieht, 2. zwischen der Beratung und dem S. drei Tage liegen und der Abbruch 3. von einem Arzt vorgenommen wird. Weiterhin ist ein S. nicht rechtswidrig, wenn er (bis zur 12. Woche) nach einer Vergewaltigung (kriminologische Indikation) vorgenommen wird, oder um eine Gefahr für das →Leben oder die Gesundheit der Mutter abzuwenden (medizinische Indikation). In letzterem Falle besteht keine zeitliche Beschränkung. Eine früher sog. embryopathische Indikation besteht nicht mehr. Vielmehr hebt das Gesetz auch in diesem Fall nur auf die Zumutbarkeit einer Fortsetzung der Schwangerschaft für die Frau ab. Damit sollte vermieden werden, dass etwa angesichts einer diagnostizierten Behinderung des Kindes über dessen Lebenswert entschieden werden müsste.

Der ethische Grundkonflikt (→Ethik) beim S. besteht zwischen dem Lebensrecht des ungeborenen Kindes und dem Recht auf Selbstbestimmung der Frau. Obwohl diese Rechte nicht tatsächlich gleichrangig sind, da das Lebensrecht eines Menschen stets höher zu bewerten ist, ist eine Schwangerschaft doch so eng mit dem Leben auch der Frau verbunden, dass ihre Rechte nicht außer Acht gelassen werden können. Da zudem Frauen in vielen Fällen gegen ihre Umwelt (etwa den Mann) geschützt werden müssen, betrifft die Berücksichtigung ihres Rechtes auf Selbstbestimmung faktisch ihr Lebensrecht. Daher gehen die meisten ethischen Positionen davon aus, dass zwischen den beiden Rechten im Konfliktfall abgewogen werden muss.

Der S. stellt einen Konflikt dar, der nicht in die eine oder andere Richtung einfach gelöst werden kann. Seine partielle Zulassung ungeachtet der Tatsache, dass es sich um die Tötung eines werdenden Menschen handelt, verdankt sich der Einsicht, dass das Leben des Fötus nicht gegen seine Mutter geschützt werden kann, sondern nur mit ihr zusammen. Daher legt das Gesetz fest, dass die Pflichtberatung vor einem S. zielorientiert (in Richtung auf den Erhalt der Schwangerschaft), jedoch ergebnisoffen (im Blick auf die freie Entscheidung der Schwangeren) durchgeführt werden soll. Die ev. Kirche hat daher entschieden, sich an der Beratungspraxis zu beteiligen, weil sie darin einen Weg sieht, sowohl den Schwangeren als auch den ungeborenen Kindern so weit wie möglich zu helfen. Die röm.-kath. Kirche hat dagegen auf Weisung Papst Johannes Paul II. im Jahr 2000 ihre Beteiligung an der staatlichen Beratungspraxis eingestellt, weil es nach Ansicht des →Papstes zu dem Eindruck kommen könnte, dass die Kirche den S. toleriert. Dies entspricht einer unterschiedlichen Gewichtung in der Wahrnehmung des Problems in den beiden großen Kirchen. Während die kath. Kirche nach 1945 stärker den unbedingten Lebensschutz in den Vordergrund stellt, nimmt die ev. Kirche eher den Konflikt wahr. Sie trägt damit der Einsicht Rechnung, dass zumindest jedes von außen vorgetragene Urteil und jede einer Frau aufgezwungene Entscheidung mit →Schuld verbunden ist. Daher will sie den Einzelfall stärker berücksichtigen.

Aus theologischer Sicht erscheint es dringlich, den Geist der bundesdeutschen Rechtslage im Bewusstsein wach zu halten: Der S. ist ein Notbehelf, kann aber nicht selbstverständliche Praxis sein. In diesem Sinne kann der S. auch kein probates Mittel der Geburtenregulierung sein, zumal es nicht an verlässlichen Verhütungsmethoden mangelt. Wer jedoch vehement gegen jede Form des S. votiert, muss zugleich bereit sein, Frauen in entsprechenden Konfliktsituationen anderweitig zu unterstützen. Das Problem des S. ist daher letztlich nicht allein eines der betroffenen Frauen, sondern des Umgangs der Gesellschaft mit ihrem Nachwuchs und den Frauen, die diesen Nachwuchs austragen müssen.

Beck, L. u.a., Art. Schwangerschaftsabbruch, Lexikon der Bioethik, Bd. 3, 1998, 262–278; Jütte, R. (Hg.), Geschichte der Abtreibung. Von der Antike bis zur Gegenwart, 1993; Lippold, M.W., Schwangerschaftsabbruch in der Bundesrepublik Deutschland. Sachstandsbericht und kritische Würdigung aus theologisch-ethischer Perspektive, 2000.

Christian Schwarke

Scientology Die Church of Scientology (International) (CS bzw. CSI, dt.: Scientology-Kirche), entstand 1954 in Kalifornien neben anderen kurzlebigen Gemeinschaftsgründungen im Gefolge von Lafayette Ronald Hubbards (1911–1986) ersten Veröffentlichungen über Dianetik und Scientology (1950 ff). S. (programmatisch: Lehre vom Wissen) beruht auf einem weltanschaulich überhöhten therapeutischen Interventionsmodell: Der Geist („Thetan“) sei von allen traumatischen Erinnerungen (sog. Engrammen) zu „klären“ – den negativen Niederschlägen aus diesem Leben (Dianetik) und aus früheren Existenzen (Scientology). Ziel des „Auditings“ ist ein überirdisch befähigter sog. Operierender Thetan, der in der Lage ist, „ein besseres Spiel zu spielen“.

Neben kleineren Splittergruppen (z.B. „Freie Zone“) unterstreicht die CSI weltweit die Selbstdarstellung von S. als →Religion. Die wichtigsten Zentren liegen in Clearwater (FL), Los Angeles (CA) und East Grinstead (England). Technik-Faszination, Elemente des UFO-Glaubens (UFO-Religion), Sehnsucht nach paranormalen Fähigkeiten, ökonomische Motive und therapeutische Elemente treten hier in Gestalt einer ‚post-religiösen‘ Mischung in Erscheinung, die von Anfang an große Faszination hervorrief (Hubbards Dianetik-Buch avancierte zum Selbsthilfe-Bestseller), aber auch massive Ablehnung provozierte (z.B. Ablehnung der Dianetik als laienpsychologischer Humbug aus fachlicher Sicht). Der immer exklusivere Anspruch der CS, mit Hubbards „angewandter Philosophie“ bzw. „religiöser Technologie“ läge ein „wissenschaftlich“ fundiertes Heil(ung)sprogramm vor, verband sich mit einer dualistischen Weltsicht (→Dualismus)und Verschwörungstheorien. Beide, die CSI und ihre Kritiker, haben massive Stereotypen kultiviert und dabei ähnlich überzogene Bilder von Größe, Wachstum (bzw. „Gefahr“ und Einfluss) der Organisation verbreitet: angeblich weit über 8 Mio. Mitglieder weltweit. Skeptischere Schätzungen gehen heute von maximal 1 Mio. Aktiven oder deutlich weniger aus (Schwerpunkt USA, BRD ca. 5000).

Die CS gilt in den öffentlichen Diskursen der westlichen Welt meist als „die“ deviante und konfliktträchtigste Religions- bzw. Weltanschauungsgemeinschaft (vgl. die riesige Zahl von Pro- und Kontra-Seiten im Internet), und viele Diskurse um Neue Religiöse Bewegungen sind von negativen Assoziationen zur CS gezeichnet. Die Frage, ob es sich um eine Religion im Vollsinn oder um eine straff organisierte Marketingorganisation zum Vertrieb alternativer Lebenshilfeprogramme handelt, ist auf religionswissenschaftlicher, soziologischer und juristisch-staatlicher Seite ständig umstritten. Die CS ist nämlich mit traditionellen Religionsbegriffen schwer zu fassen, zumal rituelle Aktivitäten nur eine (künstlich anmutende) Randexistenz fristen und die Heilsversprechen primär diesseitig formuliert sind: leicht induzierbarer innerweltlicher Gewinn und maximaler Erfolg. So überwiegen technologisch-instrumentelle Machbarkeitsphantasien, auch in geistig-spirituellen Belangen. Religiöse Elemente sind dennoch nicht zu bestreiten: z.B. Vorstellungen von →Wiedergeburt und Jahrmillionen „früherer Leben", Befreiung der Seele „Thetan" aus der materiellen Welt, sowie Science Fiction-artige →Mythen, die nur in einem gestuften Einweihungs- und Schulungssystem eröffnet werden (Arkandisziplin). S. repräsentiert daher den technologisch-szientistischen Strang des →New Age in hervorragender Weise.

Als typisches Produkt der westlichen Industriegesellschaften spiegelt die CS viele ökonomisch-technokratische Grundmotive dieser Kontexte und weist mehr fundamentale Passungsqualitäten zum gesellschaftlich etablierten Wertekanon auf als davon abweichende Normen. Problematisch und konfliktträchtig erweisen sich jedoch die harten Verkaufstaktiken (Tendenz zur maximalen Einbindung der Mitglieder in das Kurssystem; daher häufiger Totalitarismusverdacht) und rigide Strategien in der sog. „Ethik" von S., die der effektiven „Handhabung" von Mitgliedern und Gegnern dienen sollen. Bei der Beurteilung von S. ist aber zwischen der straff organisierten institutionellen Makro-Ebene (Führungskader, Sea-Org etc.) und der Perspektive der einfachen Anhänger zu unterscheiden, die geradezu „volkskirchlich" und ohne Anzeichen jener ständig unterstellten „Gehirnwäsche" an den Kursangeboten von S. partizipieren: d.h. freiwillig und mehr oder weniger (un)regelmäßig.

New Era Publ. (Hg.), Was ist Scientology?, [2]1998; New Era Publications (Hg.), Ursprung, geistliches Amt, Zeremonien und Predigten der Scientology Religion, 1999; www.scientology.org; www.scientology.de; www.freezone.de; Atack, J., A Piece of Blue Sky. Scientology, Dianetics and L. Ron Hubbard Exposed, 1990; Diringer, A., Scientology. Verbotsmöglichkeit einer verfassungsfeindlichen Bekenntnisgemeinschaft, 2003; Frenschkowski, M., Art. Hubbard, Lafayette Ronald (‚Ron'), BBKL XVI, 1999, 752–771 (Lit.!); Haack, F.-W., Scientology, Magie des 20. Jahrhunderts, [3]1995; Kruchem, Th., Staatsfeind Scientology?, 1999; Wallis, R., The Road to Total Freedom. A Sociological Analysis of Scientology, 1977; Werner, R., Scientology im Spiegel des Rechts, 2002; Willms, G., Scientology: Kulturbeobachtungen jenseits der Devianz, 2005.

Andreas Grünschloß

Seele Mit Bezug auf die S. ist grundsätzlich zwischen nichtwissenschaftlichen Kontexten wie Alltagssprache, Literatur oder religiösen Ausdrucksformen einerseits und anthropologischen bzw. psychologischen Fachterminologien andererseits zu unterscheiden.

In nichtwissenschaftlichen Kontexten besitzt der Seelenbegriff eine ungebrochen hohe Plausibilität und begegnet auch in der Gegenwart in vielfältiger Gestalt. Der Grundbedeutung nach ist mit S. eine sich im zeitlichen Verlauf des Erlebens artikulierende und auslegende Ganzheit gemeint, die in einer ihr wesentlichen Wechselbeziehung zu körperlichen Vorgängen steht, welche durch diese Beseeltheit zum →Leib werden. In den Kulturkreisen des christl. Abendlandes zählt die S. insbesondere in der Frömmigkeitssprache (→Frömmigkeit) neben Herz und Gemüt zu den zentralen anthropologischen Begriffen. Im symbolischen Bestand der christl. Religion, in ihren →Gebeten und Liedern begegnet S. als Medium religiösen Erlebens in seiner konkreten Vielfalt und Individualität. Die S. ist daher auch hervorgehobener Gegenstand kirchlicher Praxis (→Seelsorge).

Die moderne wissenschaftliche Beschreibung des Menschen zeigt demgegenüber kein Interesse am Seelenbegriff. Friedrich Albert Langes Diktum von der „Psychologie ohne Seele" ist bezeichnend für die sich seit der Mitte des 19. Jh. verselbständigende, empirisch-experimentelle Wissenschaft. In der philosophischen Anthropologie und →Theologie ist ein entsprechender Befund zu verzeichnen. Zwar finden sich noch bis in die Anfänge des 20. Jh. hinein neben expliziter Kritik am traditionellen Begriff der S. auch Reformulierungsversuche, doch zeigt sich durchgängig die Tendenz, an die Stelle der S. andere anthropologisch-psychologische Leitbegriffe zu setzen, wie z. B. Ich, Selbst, Subjekt, Bewusstsein, Person, Gewissen, Existenz, Dasein, Leben etc. Die dieser Entwicklung gegenüberstehende Weiterverwendung des Seelenbegriffs in nicht-wissenschaftlichen Kontexten weist somit zurück auf vorneuzeitliche Traditionen bis hin zur frömmigkeitsgeschichtlich einflussreichen Sprache der Psalmen.

Das in der Septuaginta (LXX) überwiegend mit *psyche*, in der Vulgata mit *anima* und von Martin →Luther mit S. übersetzte hebr. Wort *naephaesch* gehört zu den anthropologischen Grundbegriffen des AT und umfasst wie sein griech., lat. und dt. Äquivalent ein breites Bedeutungsspektrum (vitale, affektiv-emotive und voluntativ-kognitive Aspekte), steht aber jeweils für die →Person als Ganze. Besonders häufig ist das Vorkommen in den →Psalmen und der Poesie, wo es allgemein zum Ausdruck eines Verhältnisses zum eigenen Zumutesein, insbesondere zum Verlangen nach Gott dient. Dergestalt als anthropologischer Ort der Gottesbeziehung ausgezeichnet, können mit *naephaesch* besonders eindringliche Formen des religiösen Selbstgesprächs und der Selbstaufforderung gebildet werden (Ps 42,6f). Als Inbegriff des personalen Lebens ist die *naephaesch* dem Tod entgegengesetzt, obgleich etwa die Bitte des Elias (1Kön 19,4) diese Grenze zu transzendieren beginnt.

Entgegen der oft vertretenen These eines Gegensatzes zwischen hebr. und griech. Seelenverständnis finden sich in der älteren griech. Literatur weitgehende Entsprechungen. Die pythagoreisch-orphischen Vorstellungen von einer Seelenwanderung und die Deutung der Verbindung mit dem Leib als →Strafe weisen dann jedoch in eine neue Richtung. Auch Platon verwendet sie als mythologischen Rahmen seines Seelenkonzepts. Für sein Seelenverständnis sind im Wesentlichen drei Gedankenkreise bestimmend. Zum einen ist die Einzelseele der anthropologische Ort des Gottähnlichwerdens und steht insofern im Gegensatz zum vergänglichen Körper. Sodann werden in Anbetracht der Verschiedenheit ihrer Handlungsweisen drei Seelenteile unterschieden (das „Begehrende", „Muthafte" und „Überlegende") und schließlich wird sie als kosmisches Prinzip der

Vermittlung von göttlichem Sein und veränderlicher Erscheinungswelt vorgestellt. Die Gedanken Platons entfalten eine mächtige Wirkungsgeschichte bis in die Neuzeit hinein (vgl. z.B. Plotins Henologie, Rennaissanceplatonismus oder Unsterblichkeits- und Reinkarnationsdiskurse im 18. Jh.). Neben diesen idealistischen Seelenkonzepten im Gefolge Platons wird aber noch ein zweiter Typus für die Geschichte des Seelenbegriffs bestimmend (vgl. z.B. Hochscholastik, Philipp →Melanchthon oder die neuzeitliche Schulphilosophie). Er geht auf die von Aristoteles in *De anima* vorgelegte erste wissenschaftliche Psychologie zurück, in der die S. ausschließlich von ihrer Funktion als Formprinzip her bestimmt wird und Wesen und Wirklichkeit lebendiger Organismen (Pflanzen, Tiere, Menschen) ausmacht. Durch diesen Ansatz wird schon methodisch ein Dualismus unterlaufen, während die S. entsprechend der konkreten Vielfalt der Lebensvollzüge als eine Komplexion aufeinander aufbauender Vermögen analysiert wird.

In der christl. Lehrbildung vollzieht sich die begriffliche Durchklärung der eigenen Symbolbestände in Form einer kritischen Aneignung der antiken Seelenlehren. Der Kritik unterliegen v.a. die dem Schöpfungsglauben und der →Eschatologie widerstreitenden Annahmen wie Präexistenz und Seelenwanderung. Ein Höhepunkt dieser Entwicklung und zugleich ein neuer Typus von Psychologie wird bei →Augustin erreicht. Die neuplatonische Verschränkung von Selbst- und Gotteserkenntnis zugleich aufnehmend wie modifizierend bezieht sein Denken Grundimpulse aus einer Phänomenologie der seelischen Tätigkeiten. Die autobiographischen *Bekenntnisse* führen in der als seelisches Grundvermögen aufgewerteten Erinnerung eine sich in der Spannung von →Sünde und →Gnade haltende Deutung der Einheit des endlichen, sich über Brüche entwickelnden Lebens vor und weisen damit weit über die Antike hinaus (z.B. psychologischer Roman im 18. Jh., neuere Biographie-Theorien).

Die neuzeitliche Emanzipation der Anthropologie verleiht auch der Geschichte des Seelenbegriffs eine vielschichtige Dynamik. Für das Seelenverständnis entscheidend wird René Descartes' Einschränkung der S. auf das rein Mentale, d.h. eine nicht mehr als Lebensprinzip verstandene und der Körperwelt (lat.: res extensae) prinzipiell entgegen gesetzte *res cogitans*. Dieser Substanzdualismus steckt gleichsam das Spektrum ab, in dem sich ab dem ausgehenden 17. Jh. sowohl Vertiefungen der rationalistischen Auffassung (Spinoza, Leibniz) als auch materialistische Seelentheorien (La Mettrie, d'Holbach) finden. Die von beiden Richtungen vorausgesetzte Substantialität der S. wird vom neuzeitlichen Empirismus in Frage gestellt (Locke, Hume), eine Kritik, die dann in Immanuel Kants transzendentalphilosophischer Widerlegung der rationalen Psychologie und deren Wesensontologie der S. ihren Abschluss findet. Unbeschadet davon bleibt die Tradition der empirischen Psychologie (grundlegend: Wolffs *Psychologia empirica*, 1732), in welcher S. gemeinhin für die Phänomene des inneren Sinns steht, die der gesamten Erfahrungswelt eine individuelle Perspektive verschaffen. Neben den strittigen Fragen nach dem Sitz der S., dem Leib-Seele-Verhältnis, einer oder mehrerer Grundkräfte oder der Unsterblichkeit entsteht so im 18. Jh. eine vielfältige Kultur der Beschreibung und Beschäftigung mit dem Inneren, den Empfindungen und Gefühlen. Hier können Traditionen der →Mystik (Seelengrund) ebenso fortgeführt werden wie die für den →Pietismus eigentümliche Abkehr von einer gegenständlichen Auffassung der S. hin zu deren praktisch-alltagskultureller Bedeutung. Die S. wird so zum Medium und Akteur ethischer, ästhetischer und religiöser Darstellungsvollzüge.

Diese Phänomenbestände lassen sich auch in wissenschaftlichen Befunden der Gegenwart identifizieren, was für eine Rehabilitierung des Seelenbegriffs spricht. Insbesondere für die Theologie ist die S. als Inbegriff der Geschöpflichkeit des Menschen (Gen 2,7) und der Tiefendimension religiösen Erlebens unverzichtbar. Bereits Adolf von Harnack hat daher im Anschluss an →Augustin die „Seele und ihren Gott" in das Zentrum seiner Wesensbestimmung des Christentums gestellt.

Dessoir, M., Geschichte der neueren deutschen Psychologie, ND d. 2. Aufl. 1964; Jüttemann, G. u.a., Die Seele. Ihre Geschichte im Abendland, ND 2005; Rohde, E., Psyche. Seelencult und Unsterblichkeitsglaube der Griechen, ND d. 2. Aufl. 1961; Seebass, H., Art. naephaesch, ThWAT 5, 1986, 531–555.

Roderich Barth

Seelsorge 1. Begriff: S. stellt eine besondere Form der Kommunikation des →Evangeliums dar. Ihr Schwerpunkt liegt auf der deutenden Begleitung von einzelnen Menschen in unterschiedlichen Lebenssituationen (Knotenpunkte des →Lebens, Krisen; →Lebenskrisen), in denen die Frage nach Lebenssinn und Lebensgewissheit aufbricht. Ihr Ziel besteht darin, durch personale Begegnung und unter Rückgriff auf die Ressourcen der jüd.-christl. Tradition Lebens- und Glaubensgewissheit zu stärken, →Freiheit zu ermöglichen sowie Orientierung und Trost anzubieten. S. sucht Menschen auf (bei Haus- und Krankenbesuchen) und spiegelt darin etwas von der Zuwendung Gottes zu den Menschen. Sie bietet Gespräch, solidarisches Miterleben von Freude und Leid sowie Deutung von Lebenswiderfahrnissen an. S. geschieht im Auftrag der →Kirche: Alle Christen sind zur S. berufen; schwerpunktmäßig wird sie jedoch von →Pfarrern bzw. Pfarrerinnen und Besuchsdienstgruppen angeboten.

2. Ursprung und Geschichte: Bibl. S. bezieht sich (im Unterschied zu Ansätzen einer Sorge um die →Seele im Platonismus) auf den ganzen bedürftigen →Menschen (das hebr. Wort für Seele *näphäsch* meint den Menschen als Abhängigen, Bedürftigen). In dieser Tradition bezeichnet der Begriff Psyche im NT an einigen Stellen das Leben als ganzes (z.B. Mt 6,25). Von →Jesus von Nazareth wird übereinstimmend in den Evangelien berichtet, dass er sich hilfsbedürftigen Menschen, v.a. den Armen, Kranken und Ausgestoßenen, heilend und tröstend zuwandte (z.B. Mk 2,15ff, oder das Bild vom guten Hirten Joh 10 u.ö.). Die Mitglieder der christl. Gemeinde betrachteten es von Anfang an als selbstverständlichen Ausdruck ihres →Glaubens an Jesus, den Christus, sich gegenseitig zu trösten (1Thess 4,18), zu ermahnen (2Kor 13,11), einander beizustehen (Phil 4,3), eine selbstverständliche Praxis der Solidarität zu pflegen. Eine klare begriffliche Trennung zwischen Verkündigung, Unterricht, S. und →Diakonie gab es in der Frühzeit noch nicht.

In der Alten Kirche und bis ins ausgehende Mittelalter gewinnt S. durch das Institut der →Beichte einen stark rechtlich-sakramentalen Charakter (→Sakramente). S. wird zum Mittel der →Kirchenzucht.

Die →Reformation hat demgegenüber die vorausgehende und frei lassende →Gnade Gottes auch im seelsorglichen Geschehen herausgestellt. Die →Rechtfertigung wird zum Schlüssel der S.: „Er ist […] mit uns, fürchte dich nicht, wir werden siegen und leben, obschon wir Sünder sind." (Martin Luther). So verstandene S. wird zur Grunddimension von Martin →Luthers Werk. Allerdings lässt sich in der nachreformatorischen Zeit doch wieder eine zunehmende Pädagogisierung der S. und eine Verknüpfung mit Mitteln der Kirchenzucht beobachten. Im →Pietismus wird S. zur Erbauung des inneren Menschen im Gespräch.

Erst im 19. Jh. entwickelt sich eine wissenschaftlich orientierte Seelsorgelehre: Orientierung am einzelnen Menschen, methodische Reflexion des Gesprächs, Ansätze zu einer Professionalisierung.

3. Seelsorgekonzepte im 20. Jh.: Im Kontext der →Dialektischen Theologie zwischen 1920 und 1950 erscheint S. als „Ausrichtung des Wortes Gottes an den Einzelnen" („kerygmatische S.", E. Thurneysen, H. Asmussen u. a.). Der sündige Mensch (→Sünde) ist unter das Wort von Gericht und Gnade Gottes zu stellen. Darin unterscheidet sich S. von Psychotherapie. Die Wirkungsgeschichte dieses Ansatzes hat zu einer problematischen Methodisierung des Seelsorgegesprächs und einer Unterscheidung zwischen dem Eigentlichen (= das Geistliche) und dem Uneigentlichen (= die alltäglichen Probleme) geführt.

Vertreter der Seelsorgebewegung der 1960er und 1970er Jahre („Therapeutische S.", J. Scharfenberg, D. Stollberg, R. Riess, H. Lemke u. a.) haben demgegenüber in Aufnahme von Ansätzen aus der Psychoanalyse, der humanistischen Psychologie (→Psychologie und Theologie) (v. a. der klientenzentrierten Gesprächspsychotherapie von C. Rogers, aber auch der Gestalttherapie nach F. Perls) und der US-amerikanischen Seelsorgebewegung betont, dass S. eine Form der beratenden Begleitung darstellt, in der Annahme nicht nur verkündigt werden kann, sondern als zwischenmenschliches Korrelat der Gnade Gottes auch ansatzweise erfahrbar werden muss. Der Versuch, eine erfahrungsnahe oder auch inkarnatorische Theologie (→Inkarnation) seelsorglich-methodisch als „Annahme" und „Begleitung" umzusetzen, kann als charakteristisch gelten. Kritisch ist gegenüber der Seelsorgebewegung geltend gemacht worden, dass die verkündigende Dimension zu wenig zur Geltung kommt (z. B. H. Tacke). Von dieser Kritik zu unterscheiden sind eher evangelikal (→Evangelikal, Evangelikale Bewegung) ausgerichtete Seelsorgekonzepte wie die „Biblisch-therapeutische" (M. Dieterich) oder die „nouthetische S." (J. Adams).

Seit den 1990er Jahren haben sich Theorie und Praxis der S. pluralisiert und ausdifferenziert: Es wird angeregt, wieder verstärkt „die Bibel ins Gespräch zu bringen" (P. Bukowski) und auf die Bedeutung von →Ritualen in der S. zu achten; feministische und interkulturelle bzw. interreligiöse Impulse spielen eine zunehmende Rolle: Sie verweisen auf die Begrenztheit der Möglichkeit des Verstehens zwischen Männern und Frauen sowie zwischen Menschen aus unterschiedlichen kulturellen Lebenskontexten. Übernahme von Konzepten aus der systemischen Familientherapie erweitern die seelsorgliche Perspektive: Nicht nur der einzelne Mensch steht im

Zentrum des Gesprächs, sondern dessen Vernetzung mit den größeren Systemen Umwelt, Gesellschaft, Arbeitswelt und →Familie ist immer mit zu berücksichtigen. Damit erscheint eine systemisch qualifizierte S. besonders geeignet für die S. im Zusammenhang mit →Kasualien. Außerdem verliert S. ihren vorrangig individualisierenden und unpolitischen Charakter. Auch die Bedeutung der ethischen Dimension für die S. wird wieder entdeckt.

4. Methoden: S. geschieht vorrangig als Gespräch zwischen zwei oder mehr Personen. Die Gesprächsstruktur ist asymmetrisch und doch zugleich partnerschaftlich und tendenziell herrschaftsfrei (kein Zwang, keine Manipulation) angelegt. Der/die Rat Suchende bestimmt Zielrichtung und Fortschritt des Gesprächs; der Seelsorger/die Seelsorgerin stellt einen Vertrauen fördernden Rahmen zur Verfügung (störungsfreier Raum, Zeit) und bietet Lebensdeutungen an, die möglicherweise neue Einsichten eröffnen. Zur methodischen Grundlegung und Gestaltung eines heilsamen Gesprächs hat S. kein eigenständiges Methodenrepertoire, sondern macht Anleihen bei psychotherapeutischen oder beraterischen oder auch philosophischen Konzepten. Am bekanntesten geworden ist die Klientenzentrierte Psychotherapie nach Carl Rogers mit einer Grundhaltung, die durch Empathie, positive Wertschätzung und Echtheit charakterisiert ist. Diese grundlegenden Verhaltensweisen, („Therapeutenvariablen“, Rogers), die für einen Rat suchenden Menschen eine heilende Atmosphäre bereit stellen, eignen sich auch, um das theologische Anliegen der S. erfahrbar zu vermitteln. Psychoanalytische Einsichten machen auf die Bedeutung von Übertragungs- und Widerstandsphänomenen in der Gesprächsbeziehung aufmerksam. Perspektiven und Methoden aus der systemischen Familientherapie (z.B. stärkere Lösungsorientierung, oder Reframing [Umdeuten]) gewinnen zunehmend an Bedeutung für die S.

Die Orientierung der S. am Modell Arzt – Patient ist in neuerer Zeit wiederholt kritisiert worden, ohne dass praktikable Alternativen in Sicht wären.

Äußere Kennzeichen der S. sind ihr häufig informeller Charakter (sie kann sich zwischen „Tür und Angel“ ergeben), ihre niedrigschwellige Ausrichtung, ihre Offenheit für beinahe jedes Thema, ihre „Geh-Struktur“ (im Unterschied zur „Komm-Struktur“ etwa beim Arzt oder einer Behörde). Mit diesen Merkmalen ist S. deutlich von Lebensberatung oder Psychotherapie unterschieden, methodisch jedoch durchaus vergleichbar. Seelsorger bzw. -innen stehen unter Verschwiegenheitspflicht, das Beichtgeheimnis ist auch rechtlich unverbrüchlich („Zeugnisverweigerungsrecht“).

5. Arbeitsfelder und Zielgruppen: Der Auftrag zur S. zielt auf alle Menschen; dieser allgemeine Auftrag bildet sich am deutlichsten ab in der Gemeinde (→Kirchengemeinde) (Parochie), in der prinzipiell alle dort lebenden Menschen in den unterschiedlichsten Lebenssituationen seelsorglich begleitet werden.

Die gesellschaftliche Differenzierung macht es jedoch erforderlich, dass sich S. für besondere Arbeitsfelder und Zielgruppen spezialisiert und die in diesen Kontexten spezifischen Kommunikationsbedingungen berücksichtigt.

S. findet in öffentlichen Institutionen statt als Krankenhausseelsorge (differenziert wiederum nach einigen Spezialisierungen des Krankenhauses wie Intensivstation, psychiatrische Abteilung, Kinderkrankenhaus etc.), Gefängnisseelsorge, Altenheimseelsorge, Militärseelsorge.

S. richtet sich an besondere Zielgruppen, die durch spezifische Kommunikationsbedingungen charakterisiert sind: Gehörlose, Blinde und Sehbehinderte, geistig und psychiatrisch behinderte Menschen.

S. in Krisensituationen: Seit den 1990er Jahren hat sich ein Notfallseelsorgenetz etabliert; in Zusammenarbeit mit dem Rettungswesen antwortet die Kirche hier auf seelsorglichen Bedarf im Zusammenhang von Unfällen, Katastrophen und privaten Krisen.

S. mittels technischer Medien: Telefonseelsorge oder S. im Internet werden zunehmend in Anspruch genommen, weil die Rat Suchenden hier ihre Anonymität wahren können.

6. Ausbildung: S. kann nicht theoretisch gelernt werden, sondern braucht ein Lernmodell des *learning by doing*, in dem eigene Erfahrungen kritisch-reflektierend und erfahrungsbezogen aufgearbeitet werden (mit Hilfe von Selbsterfahrung, Gesprächsprotokollen, Rollenspielen und Supervision). Erste Begegnungen mit S. können in Seminaren und Praktika im →Theologiestudium erworben werden; im Vikariat ist eine praxisbezogene Seelsorgeausbildung selbstverständlicher Bestandteil der zweiten Ausbildungsphase. Eine vertiefende Seelsorgeausbildung bieten verschiedene Sektionen der Deutschen Gesellschaft für Pastoralpsychologie (DGfP) an. Besonders verbreitet ist die Klinische Seelsorgeausbildung (KSA).

Nauer, D., Seelsorgekonzepte im Widerstreit. Ein Kompendium, 2001; Stollberg, D., Wahrnehmen und Annehmen. Seelsorge in Theorie und Praxis, 1978; Thurneysen, E., Die Lehre von der Seelsorge, 1948; Winkler, K., Seelsorge, ^{2}2001; Ziemer, J., Seelsorgelehre, ^{2}2004.

Michael Klessmann

Segen S. ist ein elementarer religiöser Begriff, der heute sehr viel häufiger und umfassender gebraucht wird als in der →Bibel. Dabei ist zu differenzieren zwischen erstens dem Segens*begriff*, d.h. seinem theologischen Verständnis, zweitens Segens*worten* und drittens Segens*gesten*.

Das dt. Wort „segnen" leitet sich aus dem mittelalterlichen Kirchenlatein ab von (cruce) signare: (mit dem Kreuz) bezeichnen. In der Bibel werden dafür die Wortfamilien hebr.: brk, griech.: eulogein, lat.: benedicere gebraucht, die in ihrer Grundbedeutung „gut reden" heißen und je nach Subjekt unterschiedlich zu übersetzen sind. Ist Gott das handelnde Subjekt, so heißt es „segnen", ist es ein Mensch, so ist das Verb mit „loben, preisen" wiederzugeben. Selbstverständlich ist aus der jüd. Tradition die Wechselbeziehung zwischen Segenserfahrung und Gotteslob (Sir 50,20f; Lk 24,50f.53; Eph 1,3). Der S. umfasst in der Bibel die heilvolle Zuwendung Gottes von der irdischen Fruchtbarkeit über die Bewahrung und das Gelingen bis zur Gabe des ewigen Lebens.

Von grundlegender Bedeutung ist die Segensverheißung an →Abraham, die beim *Jahwisten* in Gen 12,1–3 die Wende von den Flucherfahrungen (Fluch) der Urgeschichte (Gen 3,14.17; 4,11; 5,29; 9,25) zum S. als Leitmotiv für die Geschichte →Israels markiert. Inhaltlich werden vier Dimensionen des S. sichtbar: erstens die Verheißung des Landes als materielle Lebensgrundlage (Gen 12,1.7; 13,15 u.ö.), zweitens die Verheißung der Nachkommenschaft für die Fortexistenz in der Zukunft (Gen 12,2; 13,16 u.ö.), drittens die soziale Bedeutung von S. und Fluch in den zwischenmenschlichen Beziehungen (Gen 12,3; 27,29; Num 24,9) und viertens die Völkerperspektive (Gen 12,3 usw.; Ps 72,17; Sir 44,21).

Im Deuteronomium (27,11–26; 28,3–6) stellt die Alternative zwischen S. und Fluch nicht wirklich vor eine echte Wahl, sondern die Erfahrungen des Unheils durch das Exil werden als Fluch über Israels Ungehorsam Gott gegenüber gedeutet. Die Alternative hat die Funktion einer Mahnung zum Halten der Gebote (→Gesetz), die Gott mit seinem →Bund gegeben hat (Dtn 28–30).

Die Priesterschrift schlägt einen großen Bogen von der →Schöpfung zum →Kult. Denn einerseits segnet Gott – unmittelbar, d.h. ohne menschliche Segenshandlung – Tiere und Menschen zur Fruchtbarkeit (Gen 1,22.28) sowie den →Sabbat als Ruhetag (Gen 2,3), andererseits verpflichtet er durch eine →Offenbarung Aaron und seine Söhne als →Priester auf den Wortlaut des aaronitischen S. im →Gottesdienst (Num 6,22–27).

Im NT werden kreatürliche Segenserfahrungen als Selbstverständlichkeit vorausgesetzt und für die Argumentation herangezogen (2Kor 9,6.10; Hebr 6,7f). Umso stärker ist die Konzentration auf den „Segen Christi“ (Röm 15,29). In Gal 3,6–4,7 entfaltet →Paulus angesichts der Auseinandersetzung um die Heilsbedeutung des Gesetzes (der Tora) zwar keine systematisch durchreflektierte Theologie des S., aber er begründet seine Sicht der →Rechtfertigung mit der Segensverheißung an →Abraham (3,6–9; vgl. Gen 12,3 u.ö.). Diese sieht Paulus in →Christus als dem *einen* Nachkommen erfüllt (Gal 3,16), dessen stellvertretenden Fluchtod am →Kreuz den S. brachte, der nun auch die (Heiden-)Völker einbezieht (Gal 3,13f). Diese pointiert individuelle Deutung (vgl. Apg 3,25f) verbindet der →Apostel mit der kollektiven Interpretation, dass durch Christus als dem *einen* Nachkommen (Gal 3,16) „in ihm“ auch *alle* Glaubenden Nachkommen Abrahams (Gal 3,29) und damit Erben (Gal 3,29; 4,1–7) des ihm verheißenen S. sind (Gal 3,8f.14.18). Durch zwei Schriftzitate interpretiert Paulus das Anrechnen der →Gerechtigkeit (Gen 15,8) und die Segensverheißung (Gen 12,3) wechselseitig. Daher umfasst der S. die Rechtfertigung (Gal 3,8), den Loskauf, d.h. die Befreiung vom Fluch des Gesetzes (Gal 3,13), das (ewige) Leben (Gal 3,11), den S. für die (Heiden-)Völker (Gal 3,14; vgl. 3,28), den Geistempfang (Gal 3,8f.14), die Gotteskindschaft (Gal 3,26; 4,5f) und die Neuschöpfung des Menschen in Christus (Gal 6,15). Diese Deutung der Abrahamsverheißung wird in Eph 1,3–14; 2,11–22; 3,1–8; 6,23f von einem Paulusschüler mit dem S. als umfassendem Oberbegriff für alles →Heil weiter ausgeführt.

Im Hebräerbrief liegt alles Gewicht auf der Landverheißung, die schon bei der Berufung Abrahams auf das himmlische →Jerusalem als die wahre Heimat und bleibende Stadt gedeutet wird (Hebr 11,8–10.13–16; 12,22; 13,14). Die Gemeindeglieder sollen nicht wie Esau abfallen (Hebr 12,16f), sondern nach dem Vorbild Abrahams den als endzeitliches Erbe verheißenen S. durch →Glaube und Geduld erlangen (Hebr 6,12ff). In der Tradition der Landverheißung wird das „Erben des Segens“ im NT zu einem feststehenden Ausdruck für das Empfangen des endzeitlichen Heils (Mt 25,34; Hebr 12,17; 1Petr 3,9; vgl. Gal 3,8f.14.18.29; 4,1–7; Eph 1,3.11.13f).

Ethisch wird das Erwidern von S. und Fluch aus Gen 12,3a (vgl. Gen 27,29; Num 24,9) von Jesus durch das Gebot der Feindesliebe aufgehoben: „Segnet, die euch verfluchen“ (Lk 6,28; vgl. das Vergeltungsverbot in Röm 12,14; 1Petr 3,9, ferner Jak 3,9f).

Segensworte sind der Segensgruß im Alltag beim Kommen und Gehen (Dtn 28,6; Ps 121,8) sowie der aaronitische S. zum Abschluss des Gottesdienstes (Num 6,24–26). Eine dem S. vergleichbare Funktion haben der Friedensgruß (Lk 10,5; 24,36 u.ö.), die Beistandszusage zum Abschied (vgl. Lk 24,50f mit Mt 28,20; Joh 14,16) sowie die Gruß- und Segensformeln zu Beginn und am Ende der ntl. Briefe, von denen einige später als liturgische Formeln in den Gottesdienst übernommen wurden. Das Segnen ist ein performativer Akt, d.h. ein effektiver Zuspruch, der den S. bewirkt, der in der Wunschform ausgesprochen wird.

Eine Segenshandlung durch das Auflegen der Hände auf den Kopf vollzieht Jakob über Ephraim und Manasse (Gen 48,14.17f; vgl. 27,26f). Diese Segnung ist ein Akt der Kraftübertragung und hat ihren Sitz im Leben der Familie. In Mk 10,13–16 demonstriert Jesus in einer prophetischen Zeichenhandlung durch die Segensgeste der Handauflegung, dass auch die Kinder zum Reich Gottes gehören. In Lk 24,50f segnet der Auferstandene bei der Himmelfahrt die Jünger zum Abschied. Dieser S. erinnert durch die erhobenen Hände (Lev 9,22; Sir 50,20f) an den aaronitischen S. (Num 6,22–27), hat in Betanien außerhalb des Tempels aber keine gottesdienstliche Funktion, sondern fasst das ganze Heilswirken Jesu als Erfüllung einer priesterlichen Aufgabe zusammen: „Jesus tut, was der Priester (sc. Zacharias) in 1,22 nicht mehr konnte: er segnet, und zwar seine Jünger zum Dienst“ (E. Schweizer). Für die Ausbreitung des Wortes verspricht Jesus den Geist als Kraft aus der Höhe (vgl. Lk 24,49 mit Apg 1,4f.8; 2,33.38f).

Durch die Handauflegung nach der →Taufe (Apg 8,14–19; 19,1–7; Hebr 6,2) wird der Geist (→Heiliger Geist) mitgeteilt. In der →Firmung bzw. →Konfirmation hat die Handauflegung sich zu einer gottesdienstlichen Handlung verselbstständigt, die heute den Segenshandlungen zugerechnet, im NT aber noch nicht als Segnung bezeichnet wird. Entsprechendes gilt für die →Ordination durch Handauflegung (1Tim 4,14; 5,22; 2Tim 1,6; vgl. die Vorstufen in Apg 6,6; 13,3).

Aufs Ganze gesehen gehört der S. zwar nicht zu den Leitmotiven der *neutestamentlichen Theologie* und hat auch noch keine so große Bedeutung wie im heutigen kirchlichen Leben. Insbesondere Lukas, Paulus sowie die Verfasser des Epheser- und Hebräerbriefs verbinden die Wortgruppe aufs engste mit der Heilsbedeutung des →Kreuzes und der →Auferstehung Jesu. Gleichwohl wird der Aspekt der Fruchtbarkeit nicht verdrängt (2Kor 9,5ff; Hebr 6,7f), sondern auf das Wachsen des Glaubens und der Gemeinde ausgedehnt (Röm 1,11–13; 15,29). Die kreatürlichen Erfahrungen werden jedoch nicht weiter thematisiert, da diese Seite des S. unumstritten ist, während die Heilsbotschaft als entscheidende Neuerung die ntl. Texte prägt, zu deren Entfaltung u.a. eben auch der Segensbegriff herangezogen wird.

Eine *systematisch-theologische* Durchdringung des Segensverständnisses bietet Martin →Luther, indem er einerseits im Anschluss an Gal 3 die Segensverheißung an →Abraham mit dem Zuspruch des Evangeliums von Jesus Christus identifiziert, andererseits den aaronitischen S. in einer Predigt trinitätstheologisch entfaltet (WA 30/3,572–582).

Erst von Luther wurde der aaronitische S. (Num 6,24–26) in die *Ordnungen für den christlichen Gottesdienst* eingeführt (WA 12, 214; 19, 102) und mit dem Abschiedssegen Jesu bei der Himmelfahrt (Lk 24) begründet. Allg. durchgesetzt hat sich der aaronitische S. im 19. Jh., im 20. Jh. bekam er in den ev. Gottesdienstordnungen eine Monopolstellung.

Neben dem Schlusssegen im Gottesdienst haben sich in den Kasualien (Taufe, →Konfirmation, Trauung, →Bestattung) spezielle Segenshandlungen herausgebildet, deren Bedeutung als eigenständiger Zyklus einer lebensgeschichtlichen Form der →Frömmigkeit erst im 19. Jh. erkannt wurde. Religionswissenschaftlich zutreffend wird die Funktion dieser Segenshandlungen als Passageriten an den Wendepunkten des Lebens verstanden. Die theologische Pointe liegt aber nicht einfach im Überschreiten einer Schwelle, sondern im Zuspruch des göttlichen S. und Beistands für die neue Situation. Im liturgischen Vollzug mit Handauflegung und Segenswort wird die gnädige Zuwendung Gottes bzw. das Heil Christi mit der Lebensgeschichte eines einzelnen Menschen verbunden. Geschichtlicher Ausgangspunkt ist die Handauflegung nach der Taufe (Apg 8,16f; 19,5f), aus der die Handauflegung bei der Ordination (1Tim 4,14 u.ö.) und später bei der Firmung bzw. Konfirmation entstanden sind. Daher kann die Handauflegung bei der Taufe als erste Vorstufe für die heutigen Kasualien betrachtet und geradezu als „Ur-Segen" begriffen werden, aus dem analog zur Konfirmation sich auch allen anderen Segenshandlungen systematisch ableiten sowie theologisch, lebensgeschichtlich und liturgisch in Anknüpfung an die Taufe darstellen lassen (vgl. auch den Zusammenhang zwischen S. und Taufe in Gal 3,8f.14.26–29).

Außerhalb des Gottesdienstes hat der S. seinen Sitz im Leben in der →Familie (Gen 27; 48). Wenn Eltern ihre Kinder segnen, praktizieren sie das Priestertum aller Gläubigen im Sinne der Reformatoren.

Umstritten sind *Realbenediktionen*, d.h. die Segnung von Gegenständen wie Fahnen, Waffen, Motorrädern, (kirchlichen) Gebäuden, Feuerwehrhäusern, Schulen usw. Seit die kath. Kirche nach dem Vaticanum II die sachliche Verwurzelung der Realbenediktionen in den *Berakhot*, d.h. jüd. Lob- und Dankgebeten, herausstellt, hat sich eine Annäherung zwischen den großen Kirchen vollzogen, die in neueren ökumenischen Handreichungen ihren Niederschlag gefunden hat. Nach bibl. Verständnis können Realien nicht Objekt einer menschlichen Segenshandlung sein, sondern nur Gegenstand eines →Gebets, das Gott um seinen S. bitten oder ihm Lob und Dank sagen kann. Ihre Segenskraft erhalten Dinge nicht durch eine liturgische Handlung, sondern wie die ganze Schöpfung unmittelbar von Gott. Angemessen sind daher nur Gebete nach dem Vorbild jüd. Tischeulogien oder in der Tradition von 1Tim 4,4f.

Nach bibl. Verständnis vermag der S. nicht nur →Glück, Gesundheit und Gelingen zu geben, sondern vergewissert gerade auch in Situationen der →Angst, des →Leidens, Scheiterns und Sterbens (→Tod) des göttlichen Beistands. Er beruht nicht auf der bisweilen falschen Hoffnung, dass alles wieder gut wird, sondern spendet den Trost des Evangeliums, dass keine Macht der Welt von der Gnade des Herrn, der Liebe Gottes und der

Gemeinschaft des heiligen Geistes zu trennen vermag (vgl. Röm 8,38f mit 2Kor 13,13). Der S. umfasst in einem ganzheitlichen Sinn die Geschöpflichkeit, Erlösungsbedürftigkeit und persönliche Glaubensbeziehung bis hin zu den ethischen Konsequenzen in der sozialen Verantwortung. Ein christl. S. erschöpft sich nicht im Glück und Wohl des Menschen, sondern kommt im ewigen Heil zur Vollendung und im Lobpreis Gottes zu seinem Ziel.

Eyselein, C., Segnet Gott, was Menschen schaffen? Kirchliche Einweihungshandlungen im Bereich des öffentlichen Lebens, CThM.PT 20, 1993; Frettlöh, M.L., Theologie des Segens. Biblische und dogmatische Wahrnehmungen, 1998; Greiner, D., Segen und Segnen. Eine systematisch-theologische Grundlegung, 1998; Heckel, U., Der Segen im Neuen Testament. Begriff, Formeln, Gesten. Mit einem praktisch-theologischen Ausblick, Wissenschaftliche Untersuchungen zum Neuen Testament 150, 2002; Heckel, U., Kasualien als Segenshandlungen. Eine theologische Grundlegung der kirchlichen Passageriten, Una Sancta 58, 2003, 188–204.319; Seybold, K., Der Segen und andere liturgische Worte aus der hebräischen Bibel, 2004.

Ulrich Heckel

Sekten Der religiöse →Pluralismus unserer →Kultur fordert zu verstärkter Beschäftigung mit S. heraus. Das ist namentlich seit den 1990er Jahren ins kirchliche und gesellschaftliche Bewusstsein getreten, als in Deutschland medienwirksame Kampagnen gegen die Scientology-Kirche (→Scientology) und manche christl. S. gestartet wurden; zudem taten mehrfache Massen-Selbstmorde und Anschläge durch sektiererische Vereinigungen das Ihre. Der dadurch erfolgten Kriminalisierung des Sektenbegriffs suchte der 1998 vorgelegte Abschlussbericht der vom deutschen Bundestag eingesetzten Enquete-Kommission *Sog. Sekten und Psychogruppen* mit der Empfehlung zu begegnen, im Rahmen öffentlicher Auseinandersetzung mit neuen religiösen Gemeinschaften und Psychogruppen auf jede Verwendung des Begriffs S. zu verzichten. Doch der faktischen Popularität der Rede von S. wird dieser Vorschlag ebenso wenig gerecht wie ihrer theologischen Unentbehrlichkeit. Gegen die Abschaffung des Sektenbegriffs zugunsten anderer, ihrerseits fragwürdiger Begriffe spricht die Notwendigkeit positioneller Argumentation, sofern es aus kirchlich-theologischer Sicht um mehr gehen muss als um bloße religionswissenschaftliche Information. Fairness in der Wahrnehmung von Lehr- und Sozialstrukturen sind dabei allemal vorauszusetzen; aber analytisch gefördertes Begreifen der Faszinationskraft von S. darf und soll auch einhergehen mit begründeten theologischen und psychologischen Warnungen.

Fast jeder Mensch kann einmal in eine S. hineingeraten. Religiöse Sondergemeinschaften bieten die Wärme der Überschaubarkeit, verbindlich zu praktizierende Lebensregeln und eine klare →Weltanschauung. Oft sind sie missionarisch (→Mission) ausgerichtet, weshalb viele von ihnen zahlenmäßig zunehmen, während die großen Kirchen unter einem stetigen Mitgliederschwund leiden. Wer über S. vorschnell die Nase zu rümpfen geneigt ist, sollte überdies bedenken, dass das Christentum selbst seinen Weg als „Sekte“ begonnen hat. Im Neuen Testament meint der zugrunde liegende Begriff öfter wertneutral die Schulrichtung einer Philosophie oder →Religion. So benennt auch die lat. Übersetzung *secta* generell bestimmte

Denk- und Handlungsweisen, denen man sich anschließen kann, insbesondere Schul- und Parteirichtungen religiöser Art. Aber schon ntl. klingt auch das Disqualifizierende, der Vorwurf der Abtrennungstendenz an. Von daher entwickelt sich frühkirchlich (→Urchristentum, Urgemeinde) ein kritischer Klang im Begriff der S., der sich mit bibl. Warnungen vor Untreue im →Glauben verbindet und bei den →Kirchenvätern fortsetzt. Als dann seit Konstantin →Kirche und Staat so eng aufeinander bezogen sind, dass die Separation einer Gruppe von der Mutterorganisation mit gesellschaftlicher Diskriminierung korreliert, kommt es zur Klerikalisierung des Sektenbegriffs – wobei hier der Begriff des Klerikalen mit dem Duden verstanden ist als „partei- und machtpolitische Ansprüche den →Klerus betreffend". Von S. wird also in jenen Zusammenhängen so geredet, dass darin die explizite Diskriminierung der häretischen Gruppe mit der Absicht zum Ausdruck kommt, sie um des Dogmatischen (→Dogmatik) willen ethisch (→Ethik) zu disqualifizieren und damit gesamtgesellschaftlich zu isolieren.

Bekanntlich gibt es diesen „klerikalisierten" Sektenbegriff das ganze →Mittelalter hindurch – mit wachsender Neigung, zwecks Bekämpfung der Häresie (→Häresie und Schisma) als eines öffentlichen Verbrechens Gewalt bis hin zur Todesstrafe anzuwenden. Noch Martin →Luther hält lediglich den schweigenden Ketzer für duldungswürdig. Im Gefolge der Einführung des Konfessionskirchentums (→Konfession, Konfessionalismus) aber kommt es zu ersten Verschiebungen von der religiösen auf die säkulare Ebene: An die Stelle der theologischen Argumente treten zunehmend politische und naturrechtliche Überlegungen. Der Ausdruck S. wird zum Sammelbegriff für solche religiösen Gruppen, die im Unterschied zu den Konfessionskirchen keine reichsrechtliche Anerkennung erhalten. Die weitere Entwicklung des Staatskirchentums bringt schließlich Sonderrechte für S. mit sich: Zunehmend werden sie staatskirchenrechtlich als Religionsgemeinschaften eigener Art anerkannt. Die Rede von S. verschwindet schließlich aus den staatlichen Gesetzesbüchern. Seit den Bestimmungen der deutschen Verfassung von 1919 ist die Staatskirche hierzulande völlig aufgehoben, womit auch den religiösen Randgruppen die gleichen Rechte zuerkannt werden.

Landläufig denkt man nach wie vor bei S. oft an kleinere religiöse Gemeinschaften, die sich von einer „Mutterkirche" abgespalten haben und seitdem gegen diese Mission betreiben. Doch das trifft keineswegs auf alles zu, was etwa in einem Sekten-Lexikon an Gruppen beschrieben wird. Bspw. bilden die →Mormonen keine Abspaltung, sondern sind eigenständig entstanden. Die →Christengemeinschaft lässt Doppelmitgliedschaft zu. Und die Neuapostolische Kirche (→Apostolische Gemeinschaften) zählt zu den ausgesprochen großen christl. Gruppen. Im Übrigen ist klar, dass keine Gemeinschaft sich selbst als Sekte bezeichnet: Mit diesem Ausdruck sind immer „die Anderen" gemeint.

Insofern gilt es heutzutage, sich kirchlicherseits nicht nur gegenüber S., sondern gleichzeitig gegenüber einem zu unspezifischen Sektenbegriff abzugrenzen. Im Gefolge der sog. Jugendreligionen, die in ihrer teilweise schockierenden Fremdheit eine Ausweitung des traditionellen Sektenbegriffs auf die neuen Phänomene gewissermaßen nahelegten, wurde bald auch von Jugendsekten gesprochen. Damit ging der Sektenbegriff tendenziell auf vieles „Fremdreligiöse“ über, sofern es obendrein einen Anschein des moralisch Anrüchigen erweckte. Tatsächlich gibt es menschenverachtende Methoden in religiösen Extremgruppen; in manchen kommen bewusstseinsverengende oder -kontrollierende Methoden zum Zuge, etwa eine intensiv gepflegte Insider-Sprache, deren spezifische Begrifflichkeit der Abschottung nach außen dient. Kritikern von S. geht es indessen auch um möglichen „volkswirtschaftlichen Schaden“ und um „gesellschaftliche Folgekosten“. So sind heute oft andere Aspekte sog. S. im Blick als die theologisch oder religiös relevanten, nämlich sozialpolitische oder juristische. Bedenklich ist diese Entwicklung nicht zuletzt deshalb, weil der säkularisierte Sektenbegriff in seiner pauschalisierenden Anwendung bisweilen zur Diskriminierung auch von christl. Gruppen oder →Freikirchen führt, die weder theologisch noch sozialethisch als problematisch zu gelten haben.

Eigentliches Reden von S. aber hat im Kern nicht Abweichungen von „moralischen“ →Normen, sondern von gemeinkirchlichen Glaubensinhalten im Blick. Kriterium ist hierfür die Zustimmungsfähigkeit zur Basisformel des Ökumenischen Rates der Kirchen in ihrer neueren Formulierung von 1961: „Der Ökumenische Rat der Kirchen ist eine Gemeinschaft von Kirchen, die den Herrn Jesus Christus gemäß der Heiligen Schrift als Gott und Heiland bekennen und darum gemeinsam zu erfüllen trachten, wozu sie berufen sind, zur Ehre Gottes, des Vaters, des Sohnes und des Heiligen Geistes.“

Als S. können also all jene mehr oder weniger „christl.“ Gruppen gelten, die diese ökumenische Grundformel ablehnen. Motive solcher Ablehnung sind oft andere heilige Schriften oder Offenbarungsquellen (→Offenbarung) neben der →Bibel, die in ihrer angeblichen Notwendigkeit in die traditionellen Grundlehren vom dreieinen Gott und speziell von →Jesus als dem einen Sohn Gottes (→Trinität; →Christologie), aber demgemäß auch in die Lehren vom Weg zum ewigen →Heil gravierende Änderungen eintragen. Es macht Sinn, derartig abweichende Gruppen mit dem Sammelbegriff S. zu kennzeichnen. Deshalb hat Johannes Wirsching Recht, wenn er unterstreicht: „Die Notwendigkeit, Wahrheit von Irrtum abzugrenzen, bleibt auch angesichts gesellschaftlich gleichberechtigter Glaubensgemeinschaften bestehen, und man kann ihr nicht dadurch entgehen, dass man sich einer (scheinbar) unbelasteten Begrifflichkeit bedient“ (*Kirche und Pseudokirche*, 1990, 133). Sogar die oben erwähnte Enquete-Kommission hat – wie es an einer weniger hervorgehobenen Stelle ihres Abschlussberichts heißt – am Ende nichts dagegen, dass „in klar umschriebenen Zusammenhängen (etwa theologischer oder religionswissenschaftlicher Art)“ der Sektenbegriff gebraucht wird. Das aber bedeutet im Endeffekt, dass er auch aus dem öffentlichen Diskurs, in dem sich Kirche, →Theologie und Religionswissenschaft immer wieder zu Wort zu melden haben, keineswegs eliminiert werden darf.

Nach wie vor haben daher Gruppen wie Jehovas Zeugen, die Neuapostolische Kirche, die Kirche Jesu Christi der Heiligen der Letzten Tage (Mormonen) und andere aus der Sicht der Kirchen, deren gemeinsame Grundlage die Heilige Schrift und das →Bekenntnis zum dreieinigen Gott bilden, als S. zu gelten – zumal sie sich meist jeweils als die einzig wahre Kirche geben und ihre Lehren, Praktiken und/oder →Ämter als mehr oder weniger exklusiven Weg zum (obersten) Heil verstehen. Sie haben nicht begriffen, was es bedeutet, wenn es im Neuen Testament heißt: Der Leib Christi soll erbaut werden, bis wir „alle hinankommen zur Einheit des Glaubens und der Erkenntnis des Sohnes Gottes ..., zum vollen Maß der Fülle Christi – auf dass wir nicht mehr unmündig seien und uns bewegen und umhertreiben lassen von jeglichem Wind der Lehre durch Bosheit der Menschen und Täuscherei, womit sie uns beschleichen und uns verführen“ (Eph 4,12–14).

Gasper, H./Müller, J./Valentin, F. (Hg.), Lexikon der Sekten, Sondergruppen und Weltanschauungen. Fakten, Hintergründe, Klärungen, [6]2000; Hassan, S., Ausbruch aus dem Bann der Sekten, 1993; Hempelmann, R. u.a. (Hg.), Panorama der neuen Religiosität. Sinnsuche und Heilsversprechen zu Beginn des 21. Jahrhunderts, [2]2005; Thiede, W., Sektierertum – Unkraut unter dem Weizen? Gesammelte Aufsätze zur praktisch- und systematisch-theologischen Apologetik, 1999.

Werner Thiede

Selbstmord, Suizid Die in allen Kulturen und Zeiten vorkommende Tatsache, dass eine Person sich absichtlich durch eigenes Tun zum Tode bringt oder es versucht, ist eine grundsätzlich nicht verhinderbare Extremform menschlichen Handelns, die niemals eindimensional oder monokausal zu betrachten ist, sondern phänomenologische (Methoden, Umstände, Statistik), psychodynamische, soziale, ethische und theologische Motive und Aspekte berührt. Anstelle des Begriffs „Selbstmord“, der die Tat von vornherein unter den Verdacht der verwerflichen Gesinnung rückt, eine moralische Verurteilung ausdrückt und der der ohnehin existierenden gesellschaftlichen Tabuisierung weiteren Vorschub leistet, haben sich die Fachausdrücke S. (vom lat.: sui caedere; dt.: sich selbst zu Fall bringen), Suizidversuch oder auch Selbsttötung durchgesetzt, um eine Wertung zunächst auszuschließen. Freitod, der oft philosophisch verwendete Gegenbegriff zum Selbstmord, lenkt zu einem Verständnis des Geschehens, das nahe legt, es handele sich um eine frei von psychologischen oder sozialen Zwängen gewählte und im Vollbesitz der Urteilskraft vollzogene Tat. Es wird damit verschleiert, dass der S. in den meisten Fällen als einzig möglicher Ausweg gewählt wird, also gerade nicht freiwillig geschieht. Ebenfalls unsachgemäß erscheint der verharmlosende Begriff „lebensmüde“, der die (auto-)aggressiven Anteile und den Signal- bzw. Appellcharakter der Suizidhandlung ausblendet. Der Suizidversuch als selbstschädigende Handlung ohne tödlichen Ausgang und oft ohne Selbsttötungsabsicht rechnet in bis zu 90% der Fälle mit Intervention von außen, sollte also nicht als misslungener S. betrachtet werden.

Obwohl die Bibel von mehreren Suiziden berichtet, lässt sich nirgends ein ausdrückliches Verbot oder eine moralische Beurteilung finden. Im Gegensatz dazu gibt es eine z.T. bis heute andauernde Tradition in der gesamten Kirchengeschichte, die den S. fast ohne Ausnahme negativ bewertet als Mord gegen das Tötungsverbot (→Augustin), als Eingriff in den Schöpferwillen (→Schöpfung) Gottes, als Handlung gegen die sich selbst geschuldete →Liebe oder als Unrecht gegen die Gemeinschaft (→Thomas von Aquin, Thomismus), weshalb es zu Ritualen der Verdammung, Exkommunikation und Verweigerung der kirchlichen →Bestattung kommt. Martin →Luther mildert die moralische Verurteilung dadurch, dass er den

Suizidanten als vom Satan (→Teufel) Besiegten erklärt in Analogie zu einem, der im Wald von Räubern ermordet wird. Die philosophische Beurteilung neigt eher zur Apologie des „Freitodes“ als Bestätigung der →Freiheit gegenüber dem →Leib, weil →Leben und →Tod indifferent seien, weil der Mensch sich wesentlich selbst gehört oder wenn er an der Höherentwicklung nicht mehr mitwirken kann (Stoa, F. Nietzsche, M. Heidegger, C. Améry), kennt aber auch z. B. mit Immanuel Kant ein unbedingtes Verbot. In der neueren ev. Theologie bahnt sich ein differenziertes Nein zum S. an. Dietrich Bonhoeffer trennt den Selbstmord, dem es nur um die eigene Person geht, von der Selbsttötung als Form der Hingabe für andere. Karl →Barth entzieht dem Menschen seinem Schöpfer gegenüber die Beurteilung seines eigenen Lebens als gelungen oder verfehlt. Seit den 1970er Jahren des 20. Jh. vollzieht die Theologie aber eine Wende und betrachtet den S. besonders unter Einbeziehung psychologischer und soziologischer Erkenntnisse als ein vielschichtiges Phänomen, das in seinem Appellcharakter ernst genommen und einer differenzierten ethischen Beurteilung zu unterwerfen ist.

Die Suizidrate (in Deutschland ca. 13.000 pro Jahr, ca. 10 Mal so viele Versuche) steigt prozentual an von Jugendlichen zu Personen mittleren und hohen Alters, wobei zwei Drittel davon Männer sind, die mehrheitlich sog. „harte“ Methoden (Erhängen, Erschießen, Sprünge aus großer Höhe) wählen, während Frauen mehr „weiche“ (Gift, Gas, Wasser) anwenden. Zu den Risikogruppen gehören Depressive, Schizophrene, Menschen, die einen S. angekündigt oder die einen (oder mehrere) Versuche hinter sich haben, Alkoholkranke, Medikamenten- und Drogenabhängige, Alte und Vereinsamte, Menschen nach einer Trennung oder schwerem Verlust, mit Konflikten am Arbeitsplatz, chronisch Kranke, Schmerzpatienten und Menschen in Haft. Oft ist der S. ein Appell an die nächsten Bezugspersonen, eine lebensgefährliche Zeichenhandlung. Sie soll zeigen, dass ein Weiterleben ohne Zuwendung und Hilfe anderer nicht mehr möglich ist.

Es gibt eine Fülle von Erklärungsmodellen, die mit Hilfe von pathologischen, psychodynamischen und -analytischen, psychiatrischen, erb-, sozialisationstheoretischen und soziologischen Theorien das Phänomen betrachten und für die Praxis der Suizidverhütung und Prävention bereitstellen, aber nicht eine allgemein gültige Suizidtheorie. Das „präsuizidale Syndrom“ (Ringel), nämlich die zunehmende Einengung der Gestaltungs- und Entfaltungsmöglichkeiten als Freiheitsverlust oder Isolation, die nach außen gehemmte, auf die eigene Person aber gesteigerte Aggression sowie die die Gefühlswelt aktiv und passiv überschwemmenden Suizidfantasien sind Ausdruck für den Ausweg aus einer Sackgasse, in der sich ein zur ständigen Kränkung gewordenes Leben wähnt. So erscheint S. weniger als eine rückwärts gerichtete Bearbeitung von Problemen (Bilanzsuizid) mit einem eindeutigen Ende als vielmehr eine nach vorne gerichtete Handlung mit dem Wunsch nach neuen Lebensmöglichkeiten und -beziehungen. S. soll nicht in erster Linie auslöschen, vielmehr etwas erreichen, nämlich die Lösung eines unerträglich empfundenen Leidensdruckes. Die häufigsten Motive sind ein weg von Kränkungen und →Krankheiten, ein hin zu Ruhe, Frieden, Beziehungen, eine Selbst- oder Fremdbestrafung, plötzlicher oder chronischer Schmerz, Verlust, Kränkung, →Schuld und Trauer, Lebensekel, Absurdes. Freitod aus nüchterner Lebensbilanz kann nicht ausgeschlossen werden, jedoch ist der Mensch im Augenblick nicht dazu fähig, sein Leben fest zu halten, also gerade nicht frei.

Die Suizidprophylaxe oder Prävention kann dreifach eingreifen, auf der Gesellschaftsebene, um die Suizidquote zu vermindern, als Hilfe für Suizidgefährdete durch Eindämmung der Risikofaktoren vor dem Versuch und nach dem Suizidversuch, um eine Wiederholung zu vermeiden und den Schritt ins Leben zu erleichtern. Sie ist eine gesamtgesellschaftliche Aufgabe, die nicht nur von Spezialisten (Telefonseelsorge, Ärzte, Seelsorger, Kriseninterventionsstellen) zu leisten ist, sondern durch Beziehungsangebote von jedem Einzelnen durch Dasein, Dabeibleiben und Gesten der Anteilnahme zur Schaffung neuer Entwicklungsprozesse und Öffnung von Lebensperspektiven, eines Lebens, das wieder ein Wozu und Wofür gewinnt. Dazu gehört auch die Ausrottung von gefährlichen Mythen: Wer ankündigt, tue es nicht; es geschehe ohne vorherige Vorzeichen; wer es tun will, dem sei nicht zu helfen; wer es einmal versucht, werde es immer wieder tun; S. sei erblich. Besondere Fürsorge gehört den Hinterbliebenen, denen sich die Kainsfrage stellt: Wo ist dein Bruder?, die Trauer, →Leid, Wut, Verlassenheit, →Angst, Scham, erschüttertes Selbstwertgefühl emotional durchleiden, kognitiv ihr eigenes Wertesystem in Frage stellen und mit Rückzug, Aggression oder eigenem Suizidversuch reagieren.

Theologisch-ethisch betrachtet ist die Schuldfrage (→Schuld) schwer zu beantworten, da der Suizidant offenbar die Verantwortung für sein Leben aus vielerlei Gründen nicht wahrnehmen kann. Theologische Ethik fragt nach dem, was im Leben hält, wie sich Freiheit bewähren und wie sie vermittelt werden kann. Dogmatische Gebote, Verbote und Wertvorstellungen gegenüber Suizidanten und ihren Angehörigen sind gesetzlich und verfehlen die herrliche Freiheit der Kinder Gottes und die Botschaft von seinem Ja zum Leben.

Aebischer-Crettol, E., Aus zwei Booten wird ein Floß. Suizid und Todessehnsucht: Erklärungsmodelle, Begleitung und Prävention, 2000; Christ-Friedrich, A., Der verzweifelte Versuch zu verändern. Suizidales Handeln als Problem der Seelsorge, 1998; Jörns, K.-P., Nicht leben und nicht sterben können. Suizidgefährdung – Suche nach dem Leben, 1979; Holderegger, A., Suizid – Leben und Tod im Widerstreit, 2002.

Wolfgang Marhold

Septuaginta (LXX) →Bibel, Bibelausgaben

Serafim Der von der hebr. Wurzel saraf: verbrennen abgeleitete Pluralbegriff bezeichnet in →Israel – wie in zeitgenössischen benachbarten →Kulturen – ursprünglich wahrscheinlich Wüstendämonen in Gestalt geflügelter Schlangen mit bestimmten menschlichen Attributen („Uräusschlange"). Im AT (→Altes Testament) werden S. in der Berufungsvision des Propheten Jesaja (Jes 6,2–6) (→Propheten, Prophetie) ausführlich als himmlische Mischwesen (→Himmel und Hölle) mit sechs Flügeln, Händen und menschlicher Stimme beschrieben, die den Thron →Jahwes umstellen und ihn lobpreisen. In jüd. Schriften aus hell.-röm. Zeit (insbesondere 1Hen 61,10; 71,6) sind sie gemeinsam mit den Kerubim und den Ophanim als Teil des himmlischen Hofstaates vorgestellt, die Gott umlagern und ihn in der himmlischen Liturgie verehren (vgl. Offb 4,8). In den

Fortschreibungen der bibl. Erzählungen in den haggadischen Teilen der rabb. Traditionsliteratur (→Rabbiner; →Tradition) werden die Beschreibungen der S. als Teil der jüd. Engellehre (→Engel) weiter ausgebaut und systematisiert. Das Gotteslob der S. (Jes 6,3) hat als *Sanctus* Eingang in die christliche →Liturgie gefunden.

Görg, M., Die Funktion der Serafen bei Jesaja, BN 5, 1978, 28–39; Jaroš, K., Art. Seraf(im), Neues Bibel-Lexikon 3, 2001, 574; Savignac, J. de, Les „Seraphim", VT 22, 1979, 320–325; Schäfer, P., Rivalität zwischen Engeln und Menschen, SJ 8, 1975, 18–20.

Michael Tilly

Sexualethik Gegenstand der S. ist zum einen das sexuelle Verhalten des Einzelnen sich selbst und anderen Menschen gegenüber. Hierzu gehören Fragen der Findung und Ausgestaltung der sexuellen →Identität sowie die traditionellen Fragen der Sexualmoral (Treue, sexuelle Praktiken etc.). Zum anderen muss die S. die sozialen Rahmenbedingungen, unter denen →Sexualität in einer Gesellschaft zu einer bestimmten Zeit gelebt wird, in den Blick nehmen. Hierzu gehören Fragen der Rechtsordnung (→Recht) sowie der öffentlichen Wahrnehmung und Diskussion der Sexualität. Die traditionelle Verengung der S. auf den Einzelnen und sein Verhalten verkennt die vorhandenen (wenn auch nicht immer sofort erkennbaren) gesellschaftlichen Zwänge und Anpassungserfordernisse, unter denen das →Individuum steht. Dies führt zu einer unangemessenen Moralisierung (→Moral). Umgekehrt entzieht eine S., die nur die sozialen Rahmenbedingungen bedenkt, dem Einzelnen seine →Freiheit und Verantwortung.

Die S. des →Christentums ist trotz aller Konstanten einem Wandel unterworfen und in sich vielfältig. Bereits im →NT finden sich konkurrierende Bestimmungen. Während →Paulus Enthaltsamkeit und Ehelosigkeit als eine der →Erlösung angemessene Verhaltensweise empfiehlt (1Kor 7,7.38), gehen die Pastoralbriefe von einem ehelichen Leben aus (1Tim 4,2–4; 5,14). Unterschiedlich waren im →Judentum auch die Positionen zur Ehescheidung (Hillel- und Schammajschule, vgl. Mt 19,1–12). Durchgängig werden allerdings im AT wie im NT Unzucht und Homosexualität verurteilt (Lev 18; Röm 1,26f, 1Kor 6,9). Die Polygynie war im alten →Israel zwar möglich, beschränkte sich aber offenbar auf Situationen, in denen die Nachkommenschaft anders nicht gesichert werden konnte (Gen 16). Die Pastoralbriefe fordern dann auch im Blick auf ein zeitliches Nacheinander die Einehe für Amtsträger (→Amt, Ämter) (1 Tim 3,2).

In Auseinandersetzung mit der Umwelt entwickelte die Kirche in der Antike eine Tendenz zu Abwertung des Körpers (→Leib) und der Sexualität. Positiv wurde Sexualität dann im →Mittelalter im Rahmen des →Naturrechts begründet und ihre legitime Ausübung auf den Zeugungsakt beschränkt (→Thomas von Aquin, *Summa Theologiae* III, q.154, 2). Die Gegenüberstellung von sexueller →Askese und ehelicher Sexualität wurde in eine Wertehierarchie eingezeichnet, die in der Enthaltsamkeit das höhere Ziel sah. In jüngerer Zeit wird deutlich, dass Enthaltsamkeit jedoch nicht nur einengende Folgen haben musste. So bedeutete Enthaltsamkeit für Frauen eine Möglichkeit, sich jenseits von erzwungener Mutterschaft und

Unterordnung in einer patriarchalischen Gesellschaft zu entfalten. Entgegen dem kritischen Verhältnis zur Sexualität wurde die →Ehe bereits im Hochmittelalter als Sakrament (→Sakramente) gedeutet und damit der Heilsordnung (→Heil) zugeschrieben.

Die →Reformation revolutionierte diese →Tradition durch die Ablehnung des Sakramentscharakters der Ehe und ihre Einordnung als gottgewollte Schöpfungsordnung (→Schöpfung), beschränkte legitime Sexualität jedoch weiter auf den Zweck der Zeugung (Martin →Luther, *Vom ehelichen Leben*, 1522). In der →Neuzeit gingen kirchliche und bürgerliche S. eine immer engere Verbindung ein, die sich erst in der Mitte des 20. Jh. aufzulösen begann.

Seit den 1960er Jahren ist in den westlichen Gesellschaften ein gravierender Wandel der S. eingetreten. Nahezu alle traditionellen Selbstverständlichkeiten (Sexualität nur in der →Ehe, Heterosexualität) wurden in Frage gestellt. Während die röm.-kath. Kirche diesem Wandel ablehnend gegenüber steht (nicht jedoch alle Theologinnen und Theologen), bemüht sich die ev. Kirche, Tradition und gesellschaftliche Realität in einem langsamen Prozess stärker zu vermitteln (Kirchenamt der EKD, *Gottes Gabe und persönliche Verantwortung*, 1998). Ermöglicht wird dieser Wandel durch die Begründung der Sexualität in der →Liebe (statt im Naturrecht). Jedes Verhalten muss sich von daher darauf befragen lassen, ob es Sexualität im Geist der Liebe und in Verantwortung gegenüber dem jeweiligen Partner ausgestaltet. Wurden z. B. nicht eheliche Lebensgemeinschaften und jeder voreheliche Geschlechtsverkehr in der Kirche früher strikt angelehnt, so sind sie heute weitgehend akzeptiert, wenn damit der Intention nach eine auf Dauer zielende Beziehung verbunden ist. Auch ist, wie bereits das bürgerliche Trauerspiel des 19. Jh. zeigte (u. a. Friedrich Hebbel, *Maria Magdalene*, 1844) deutlich geworden, dass eine Ächtung vorehelichen Geschlechtsverkehrs mehr Leid in die Welt bringen kann als eine weniger restriktive Haltung.

Kontrovers diskutiert wird gegenwärtig v. a. die Bewertung der Homosexualität. Auf der einen Seite steht hier eine lange biblische, kirchliche und gesellschaftliche Tradition der Ablehnung. Auf der anderen Seite setzt sich zunehmend die Erkenntnis durch, dass auch Homosexualität verantwortlich gelebt werden kann. Viele der Attribute, die homosexuellen Partnerschaften im Vergleich zu einer→Ehe abgesprochen werden, sind zudem auch in vielen Ehen nicht verwirklicht (Dauerhaftigkeit, Kinder).

Bei der Ablehnung homosexueller Partnerschaften spielt das Schriftargument eine große Rolle. Wie auch in anderen ethischen Fragen lassen sich die Texte der Bibel jedoch nicht mehr ohne Weiteres auf heutige Verhältnisse übertragen. Die ntl. Autoren haben keine homosexuelle Beziehung im Sinne einer Liebesbeziehung vor Augen, sondern die Ausnutzung Schwächerer und eine für das damalige Verständnis unerlaubte Entweihung des Mannes durch das Erleiden der Penetration.

Gegenwärtig zeichnet sich bei der Bewertung (in der EKD) eine Trennung zwischen individuellen und sozialen Aspekten ab: Während homosexuell orientierte Menschen nicht diskriminiert werden sollen, dürfe es eine Gleichstellung ihrer Beziehungen mit der →Ehe im Blick auf Art. 6.1 des Grundgesetzes (besonderer Schutz der Ehe) nicht geben (Kirchenamt der EKD, *Mit Spannungen leben*, 1996).

Unterschiedlich bewertet wird auch die Scheidung einer Ehe. Während die röm.-kath. Tradition in der →Ehe ein Sakrament sieht, gilt die Ehe im Protestantismus als „weltlich Ding" (Martin Luther). Daraus folgt u.a. eine unterschiedliche Behandlung der Wiederverheiratung, die nur von der ev. Kirche akzeptiert wird. Gleichwohl sprechen nach wie vor beide Kirchen davon, dass jede Scheidung mit Schuld verbunden ist. So richtig dies prinzipiell ist, kann auch die Fortführung einer →Ehe mit Schuld belastet sein. Angesichts einer Lebenswelt (→Lebenswelt und Alltag), die vom Individuum in fast allen Bereichen ein hohes Maß an Flexibilität fordert (Berufstätigkeit, Ortswechsel etc.), wird es zudem immer schwieriger, im Bereich der Partnerschaft eine lebenslange Kontinuität zu entwickeln. Gerade wenn es der christl. S. um den Erhalt der →Ehe geht, muss sie stärker als bisher soziologische Befunde beachten und die sozialen Rahmenbedingungen in ihre Überlegungen einbeziehen (vgl. Beck/Beck-Gernsheim 1990, Kaufmann 1996).

Ein Sonderproblem stellt in diesem Zusammenhang das Verhalten kirchlicher Amtsträger dar. Einerseits haben sie unbestritten eine Vorbildposition inne, die rechtlich in ihrer Verpflichtung zum Ausdruck kommt, der Verkündigung im Lebenswandel zu entsprechen. Andererseits gilt die Sexualität in der Gegenwart der westlichen Gesellschaften als Privatangelegenheit. Hinzu kommt, dass die Realität (etwa die Zahl der geschiedenen Pfarrerehen) das Beharren auf einem Sonderstatus zur unglaubwürdigen Utopie machen könnte.

Unabhängig vom jeweiligen Thema steht die S. in besonderer Weise vor der Aufgabe, zwischen den eigenen Vorurteilen und sexuellen Orientierungen einerseits und den guten Gründen, die für oder gegen ein bestimmtes Verhalten sprechen, zu unterscheiden.

Beck, U./Beck-Gernsheim, E., Das ganz normale Chaos der Liebe, 1990; Fraling, B., Sexualethik. Ein Versuch aus christlicher Sicht, 1995; Kaufmann, F.X., Die Zukunft der Familie im vereinten Deutschland, 1995; Kirchenamt der EKD (Hg.), Gottes Gabe und persönliche Verantwortung, 1998; Kirchenamt der EKD (Hg.), Mit Spannungen leben. Eine Orientierungshilfe des Rates der EKD zum Thema Homosexualität, 1996; Lüthi, K., Christliche Sexualethik. Traditionen, Optionen, Alternativen, 2001; Luther, M., Vom ehelichen Leben, 1522; Molinski, W., Art. Sexualethik, Lexikon der Bioethik, Bd. 3, 1998, 310–325; Otto, E., Theologische Ethik des Alten Testaments, 1994; Usarski, F. u.a., Art. Sexualität, Ethik der Weltreligionen, hg. v. Klöcker, M./Tworuschka, U., 2005, 217–236.

Christian Schwarke

Sexualität Die S. des →Menschen ist biologisch mit seiner Zweigeschlechtlichkeit verbunden. Ihr primärer Nutzen besteht in ihrer Funktion für die Fortpflanzung. Das schließt nicht aus, dass S. wie bei anderen Primaten auch andere Funktionen übernehmen kann (z.B. *Konfliktbewältigung bei Bonobos*, vgl. de Waal, 2000). Gegenüber älteren, vornehmlich moralisch bestimmten Perspektiven auf die S. wurde seit dem Beginn des 20. Jh. in der Psychologie die Frage der Entwicklung von S. und ihren Ausformungen zentral (Sigmund Freud). Damit einher ging eine zunehmende Individualisierung der S. und ihrer Wahrnehmung in der Gesellschaft (→Gesellschaftstheorie). Rechtlich gesehen wird die S. heute weniger durch allgemeine Sitten (→Normen, sittliche) als vielmehr durch das Selbstbestimmungsrecht des Einzelnen normiert.

Bis in die Mitte des 20. Jh. wurde die S. eng an die Fortpflanzung gebunden. Im Wesentlichen durch psychologische Erkenntnisse bedingt, ist S. in der Folge stärker als Bedürfnis des Menschen entdeckt worden. Dabei ist auch die in der Bibel bereits mit der →Schöpfung des Menschen verbundene Zweigeschlechtlichkeit (Gen 1,27) als naturgegeben neu bewertet worden. U.a. die zunehmende Akzeptanz auch homosexueller Orientierungen hat dazu geführt, stärker zwischen biologischen und kulturellen Dimensionen der S. zu differenzieren. Dies haben auch historische und kulturelle Vergleiche nahegelegt (M. Foucault, C. Geertz). So reichen die unterschiedlichen Haltungen einer Gesellschaft gegenüber Zwittern von der Pathologisierung (in den westlichen Industrienationen) bis zur Verehrung (bei den Navajo).

Das Geschlecht eines Menschen wird daher nicht mehr einfach als gegeben wahrgenommen. Vielmehr wird zwischen biologischem Geschlecht (sex) und sozialem Geschlecht (gender) unterschieden. Jede Geschlechtszuschreibung besteht nicht allein aus biologischen Fakten, sondern aus Normen, erwarteten Verhaltensweisen und Erscheinungen. So kann es in verschiedenen Gesellschaften sehr unterschiedlich sein, was es bedeutet, eine Frau zu sein (Körperbild, Selbstverständnis, Rechte, sozialer Rang etc.).

Moderne Kommunikationsformen (Internet) und medizinische Verfahren haben es zudem möglich gemacht, das biologische Geschlecht virtuell oder tatsächlich zu wechseln (Turkle, 1999). Dies verstärkt die Tendenz zur Diffusion geschlechtlicher Identitäten, bleibt aber immer noch auf sie bezogen. Das anthropologische Merkmal der Geschlechtlichkeit löst sich daher nicht auf.

Die S. ist einerseits eng mit der eigenen →Identität als →Person verbunden und andererseits in den meisten Gesellschaften mit fest gefügten Traditionsbeständen (Regeln, Tabus) reglementiert. Dies führt dazu, dass Abweichungen von dem als normal geltenden Sexualverhalten in der Regel mit großen Irritationen verbunden sind. Daraus resultiert die Emotionalität vieler Debatten um die S., zumal die realen Hintergründe, die zur Entstehung bestimmter Normen geführt haben, oft nicht mehr bewusst sind. So gehen z.B. die bereits im AT aufgestellten Ehehindernisse (Lev 18) auf die stabilisierende Wirkung einer exogamen Heiratspolitik für den Stamm zurück. Die strikte Sexualmoral des 19. Jh. hatte ihre Ursachen in medizinischen und ökonomischen Gefahren unkontrollierter S.

Die durch moderne Verhütungsmethoden in den westlichen Gesellschaften ermöglichte Entkopplung von S. und Fortpflanzung hat andere Aspekte der S. stärker in den Vordergrund der Wahrnehmung treten lassen (Lust, Beziehungsfragen). Dies und eine offenere Haltung gegenüber verschiedenen sexuellen Orientierungen und Lebensformen hat dazu geführt, dass der oder die Einzelne seine bzw. ihre S. nicht mehr selbstverständlich in einem strikt vorgegebenen Rahmen entwickeln kann bzw. muss. Eine geschlechtliche Identität zu entwickeln und das biologische Geschlecht mit den verschiedenen Zuschreibungen und Rollenerwartungen in Übereinstimmung zu bringen, wird zu einer komplexeren Aufgabe.

Das veränderte Verständnis der S. hat die Vor- und Nachteile eines restriktiven bzw. permissiven Umgangs mit der S. vor Augen geführt. Zwar befreit der Fortfall überkommener Institutionen und Rechtsnormen, aber er zwingt das →Individuum zu einem selbstverantworteten Handeln.

Als den Menschen sowohl individuell als auch sozial besonders bestimmende Eigenschaft ist die S. positiv oder negativ in allen Religionen ein zentrales Motiv. In antiken Religionen wird dies an den zahlreichen Fruchtbarkeitsriten deutlich. Aber auch die asketischen Strömungen (→Askese) im Christentum und im →Buddhismus zeugen vom hohen Stellenwert der S., wenn sie eine →Heiligung des Individuums auf die sexuelle Enthaltsamkeit gründen.

Die religiöse Deutung der S. kann sehr unterschiedlich ausfallen. Im →Judentum und Christentum galt die S. im Gegensatz zu den religiösen Traditionen der Umwelt nicht als Bestandteil religiöser Erfahrung. Vielmehr wurde S. v.a. aufgrund der mit ihr verbundenen Erfahrungen von Lust wie auch der natürlichen Verhaftung des Menschen als Gefährdung gedeutet (Pagels, 1991). Die weitgehend negative Haltung des Christentums zur S. basierte anthropologisch auf einer dem Platonismus entlehnten Trennung von →Leib und Geist (→Seele), sowie der Identifizierung des Geistes mit dem Göttlichen. Folgenreich war hier v.a. die Theologie →Augustins, der in der S. einen der wichtigsten Kampfplätze des Menschen gegen die Begierde (concupiscentia) sah. Die →Reformation hat hier ein nüchterneres Verständnis entwickelt, insofern S., wenn sie ehelich eingebunden war, als Gabe Gottes gelten konnte, die sich jedoch im Rahmen des Weltlichen bewegte.

In der gegenwärtigen Theologie wird gegenüber der Tradition stärker die Einheit von Körper und Geist betont. S. wird daher zu einem notwendigen Ausdruck dieser Einheit. Impulse zu einer Neubewertung der S. gingen dabei v.a. von der →Feministischen Theologie aus und schlugen sich in einer veränderten Gewichtung und Auslegung bibl. Texte nieder (Schottroff, 1999). So wurden paulinische Aussagen (→Paulus) in ihrem Kontext der Auseinandersetzung mit der hellenistischen Kultur relativiert, während atl. Quellen (Hohelied) neu ins Blickfeld rückten.

Gesichtspunkte für eine angemessene theologische Wahrnehmung und Bewertung der S. des Menschen bilden neben den Erkenntnissen der Humanwissenschaften ein hermeneutisch reflektierter Umgang mit den bibl. Texten und die unumgängliche Aufgabe, die Tradition verantwortlich weiterzuentwickeln. Der historisch aus der antiken Umwelt erklärbare asketische Zug im Christentum kann nicht zum alleinigen Interpretationsmaßstab der bibl. Texte gemacht werden. Umgekehrt beziehen sich viele Verbote der Bibel im Blick auf die S. auf andere Gesellschaftsformen, als sie die Gegenwart prägen.

Als Teil der →Schöpfung sieht die Theologie die S. als untrennbar mit dem Menschen verbunden. Sie kann deshalb nicht als →Sünde verstanden werden. Wie alle Erscheinungen des Lebens hat sie jedoch Anteil an der Zweideutigkeit des →Lebens (P. Tillich), die vom Menschen in der →Freiheit seiner Lebensführung ein verantwortliches Handeln gegenüber anderen und sich selbst verlangt.

Banner, M./Gerber, U., Art. Sexualität II–III, TRE 31, 2000, 195–221; Beck, U./Beck-Gernsheim, E., Das ganz normale Chaos der Liebe, 1990; Foucault, M., Sexualität und Wahrheit, 3. Bd., 1976ff; Freud, S., Drei Abhandlungen zur Sexualtheorie,

1905; Geertz, C., Dichte Beschreibung, [4]1995; Pagels, E., Adam, Eva und die Schlange. Die Theologie der Sünde, 1991; Schottroff, L./Wacker, M.-T. (Hg.), Kompendium feministische Bibelauslegung, [2]1999; Schwikart, G., Sexualität in den Weltreligionen, 2001; Turkle, Sh., Leben im Netz, 1999; Usarski, F. u.a., Art. Sexualität, Ethik der Weltreligionen, hg. Klöcker, M./Tworuschka, U., 2005, 217–236; Waal, F. de, Der gute Affe. Der Ursprung von Recht und Unrecht bei Menschen und anderen Tieren, 2000.

Christian Schwarke

Shintoismus Shintoismus ist die westliche Bezeichnung für eine sich als genuin nationale Religion Japans verstehende Bewegung, die sich aus unterschiedlichsten historischen (Schriften) und regionalen (Kulttraditionen) Quellen speist und insbesondere nach der Öffnung Japans zum Westen gegen Ende des 19. Jh. im sog. Staats-Shintô deutlich nationalideologische, auf den erneut als Integrationsfigur stilisierten Kaiser (Tenno-Kult) fixierte Züge aufweist.

Shintô bezeichnet zunächst den Weg (to) der Götter (shin bzw. kami). *To*, auch *do* gelesen, bedeutet „Weg" wie in →*Tao*ismus und ist eine dem westlichen Religionsbegriff (→Religion) ähnliche Bezeichnung, um Anhänger und spezifische Weisen einer Glaubensrichtung zu bezeichnen. So werden in den chinesisch geprägten Kulturen auch der →Buddhismus (jap.: butsu-dô) und der →Konfuzianismus als *dô*, als Wege bezeichnet. *Kami* (= shin) sind in japanischer Lesung eines chinesischen Schriftzeichens numinose Wesen, die zumeist mit dem Götterbegriff in westliche Sprachen übersetzt werden, jedoch im Japanischen eine ungleich breitere Bedeutungsvarianz im Sinne numinoser, „göttlicher" Wesen aufweisen. Die genuin japanische Leseweise für Shintoismus lautet *kami-no-michi*. Im Mittelpunkt der sehr verschiedenen Richtungen, die unter Shintoismus subsumiert werden, steht die Verehrung der Ahnen (→Totenkult, Ahnenverehrung) und von „Naturmächten", die in einem rituellen Sinne verehrt werden. Die Ursprünge der Verehrung der *kami* sind historisch nur schwer rekonstruierbar, denn die Entstehung der frühen Schriften im 8. Jh. sowie deren erste „wissenschaftliche" Erforschung im 18. Jh. steht in einem deutlich nationalistisch geprägten Interesse. Die ursprünglichen Quellen sowie deren Pflege stehen also selbst bereits in einem kollektivreligiösen Kompilations- und Verehrungsinteresse. Die erste schriftliche Überlieferung und zugleich Kanonisierung der Geschichten und Mythen (→Mythos), die die verschiedenen *kami* der Klane des frühen Japan sowie diejenigen *kami* der Bäume, Flüsse, Landschaften usw. als Protagonisten zum Inhalt haben, geschah im 8. Jh. im Auftrag des *Tennô*-Klans, der historisch gesehen die herrschaftliche Oberhoheit gewann und damit die Möglichkeit, seine Varianten der mythischen Überlieferungen festzuschreiben. Die Mythologie und die frühe Geschichte Japans wurde unter diesen Bedingungen 712 von *Ô no Yasumaru* basierend auf älteren Arbeiten in einer Schrift, dem *Kojiki*, niedergelegt. Es umfasst in drei Teilen Mythen, Genealogien, historische Sagen, die zu einer wahren und einzig gültigen Version festgeschrieben wurden. Das erste Buch hat eine Kosmogonie und Genealogie des Kaiserhauses zum Inhalt. Himmel und Erde werden von dem Urgötterpaar Izanagi und Izanami erzeugt. Die Tochter dieses Urgötterpaares ist die Sonnengöttin Amaterasu, deren Enkel Ninigi wiederum die Generation der Tennô auf der Erde (Japan) begründet. Das zweite Buch beschreibt und legitimiert die göttlichen Nachkommen und reicht bis in die Regierungszeit des 15. Kaisers Ojin. Das Werk schließt mit Nachrichten über die Regierungszeit der Kaiserin Suiko zu Beginn des 7. Jh. (33. Tennô). Das Kojiki legitimiert, ordnet und hierarchisiert daher die Stellung der Familienklans zueinander und zum zentralen Tennô-Klan, weswegen es im Medium der Schrifttradition die Vielzahl der mythischen Erzählvarianten reduziert und damit der kollektiven Bindung dient. Das etwas später entstandene *Nihongi/Nihonshoki* (Chroniken Japans) aus dem Jahr 720 überliefert die Mythologie variantenreicher. Die im 18. Jh. aufkommende Nationalphilologie (*kokugaku*) wendet sich jedoch gerade dem *Kojiki* zu, das eine weniger sinisierte Sprache bietet, um von daher eine reine nationalreligiöse Variante des Staats-Shintô zu begründen und zu etablieren. Im Kaiserreich nach der Meji-Restauration von 1868 erlangt das *Kojiki* dann entsprechend den Rang einer Shintô-Bibel.

Das →Weltbild geht von einer Dreiteilung in die Bereiche des Himmels (takama-no-hara), in den hiesigen Bereich der Verkörperungen (utsushiyo) und den Bereich der Unterwelt (yomotsu-kuni) aus. Die in der Kosmogonie erzählte Welt der *kami* bildet die Grundlagen für die verschiedenen Formen der rituellen Verehrungen der Natur, der Ahnen und des Kaiserhauses in den verschiedenen Festen (Matsuri). Zentrum der rituellen Handlungen sind die jeweiligen Schreine, an denen die Verehrung der Ahnen und der *kami* auf familiärer und regionaler Dorfebene stattfinden. Sodann sind auf nationalreligiöser Ebene die großen Schreine wie der Ise-Schrein wichtig, die ihre eigenen Matsuri haben. Dem Ise-Schrein kommt auf staatsreligiöser Ebene eine große Bedeutung zu, da z. B. im inneren Teil die Sonnengöttin Amaterasu verehrt wird. Der Schrein bildet den Mittelpunkt der kaiserlichen Riten. Unter dem Staats-Shintô wurde der Schrein zu einer nationalreligiösen Kultstätte. Es geht bei diesen Schreinen um eine respektvolle Form der Verehrung nationalheiliger Wesen und Gegenstände, die der Begründung und Verstetigung hierarchischer Autoritäts- und Reziprozitätsverhältnisse dienen. Durch die regelmäßige Wiederkehr dieser festlichen Handlungen wird eine Rhythmisierung und Ritualisierung der Grundstruktur der alltäglichen Handlungswelt erreicht. Nach der Verfassungsneuregelung des Verhältnisses von Religion und Staat wurde nach dem Zweiten Weltkrieg die Ausübung der kaiserlichen Riten dem Kaiserhaus allein zugeschrieben, jedoch hat sich die nationalreligiöse Bedeutung bei Feiern an den Nationalschreinen z. T. weiter bis heute durchgehalten, was bspw. die Auseinandersetzungen um die Teilnahme der Ministerpräsidenten bei der Verehrung der Gefallenen am Yasukuni-Schrein bezeugt. Die Schreine konstituieren ein feines Netz an heiligen bzw. heterotopischen Orten, die die Einbruchsstellen der Welt der *kami* in den homogenen Raum des japanischen Landes so markieren, dass sich ein feines Netz von den lokalen Schreinen, die den Orts-*kami* geweiht sind, über die japanweit verbreiteten Schreine, die gemeinsamen Anliegen gewidmet sind (so die Inari-Schreine, die dem *kami* des Ackerbaus gewidmet sind) bis hin zu den markanten nationalreligiösen Schreinen wie den Ise-Schrein, dem Meji- und Izumo-Schrein und letztlich zum Yasukuni-Schrein spannt, das ganz Japan überzieht. Der Aufbau der Schreinanlagen weist einige gemeinsame Merkmale auf: die Anlagen fügen sich in die Natur ein und sind durch das rot gestrichene Eingangstor (torii) zugleich deutlich hervorgehoben. Das *torii* kann auch andere markante und verehrte Orte in der Natur markieren. Von dem *torii* bis zu den zentralen Schreingebäuden können sich mehr oder weniger lange Wege mit verschiedenen Gebäuden, die der Aufbewahrung von Opfergaben (→Opfer) oder der Verehrung dienen, und Hallen erstrecken. Diese haben ebenfalls einen prozessions-funktionalen Charakter (→Prozessionen).

Neben den regionalen („volksreligiösen") und den nationalreligiösen Shintô-Bewegungen können z.T. auch die zahlreichen Neuen Religionen und die sog. Neuen-Neuen-Religionen dem Shintô zugerechnet werden. Im Laufe der langen Geschichte seit dem 8.Jh. sind immer auch Interferenzen mit sinisierenden religiösen Elementen wie dem Konfuzianismus, dem Taoismus und insbesondere den verschiedenen Varianten des Buddhismus zu berücksichtigen. Auch in der massenmedialen Popularkultur wie den Manga und den Zeichentrickfilmen erreichen die *shintô*-religiösen Vorstellungswelten, die sich um die verschiedenen lokalen *kami* und deren Mythen gruppieren, einen großen Einfluss, wie der auch außerhalb Japans erfolgreiche Film *Chihiros Reise ins Zauberland* des Regisseurs Hayao Miyazaki eindrucksvoll demonstriert.

Kitagawa, J, Religion in Japanese History, 1966; Littleton, C.S., Shintoismus, 2005; Lokowandt, E., Shintō. Eine Einführung, 2001; Naumann, N., Die Mythen des alten Japan, 1996.

Jürgen Mohn

Sikhs Der Sikhismus entstand im nordwestindischen Bundesstaat Punjab an der Nahtstelle zwischen →Islam und →Hinduismus. Er wurde begründet von Guru Nanak (1469–1539), der sich auf die Reformideen des monotheistischen Mystikers (→Monotheismus; →Mystik) Kabir (1440–1518) bezog. Nanak wandte sich gegen Ritualismus und Bilderkult des Hinduismus sowie die Starrheit des Islam und schuf einen monotheistischen bilderfreien Glauben an die indische Gottheit Vishnu. Die Einheit von Menschen verschiedener Kulturen und Religionen war neben der Gleichberechtigung von Mann und Frau ein wichtiges Ziel. Auf den dritten Guru Amardas geht die Freie Küche (Guru Kar Langar) zurück, in der Arme und Reiche ungeachtet ihrer Kastenherkunft verköstigt werden. Zentrum der S. ist das heilige Buch *Granth Sahib*, das von dem fünften Guru Arjan (1563–1606) aus Versen seiner Vorgänger sowie Kabirs zusammengestellt wurde. Es wird im Goldenen Tempel in Amritsar, dem zentralen Heiligtum der S., aufbewahrt. Ihre heilige Stadt Amritsar war vom vierten Guru Ramdas (1534–1582) gegründet worden. Der Goldene Tempel liegt in einem Teich und symbolisiert mit seinen vier Eingängen die allgemeine Offenheit sowie die gegenüber den von den S. abgelehnten vier Kasten. Der letzte menschliche Guru Gobind Singh etablierte am 13.4.1699 die Bewegung als organisierte Religionsgemeinschaft und gründete einen theokratischen Militärstaat. Nach seinem Ableben wurde dem heiligen Buch der Status eines Gurus zuteil mit dem Titel *Adi Sri Guru Granth Sahibji.* Die „spirituelle Kampfesbruderschaft" hatte folgende fünf

Kennzeichen: 1. langes Kopf- und Barthaar (lebenslang nicht zu schneiden) mit Turban, 2. kleiner Holzkamm für Haarpflege, 3. Armreif aus Eisen bzw. Stahl als Zeichen der Brüderlichkeit, 4. Dolch oder Schwert zur Selbstverteidigung, 5. locker sitzende Kniehose, die leichte Beweglichkeit gestattet. Männer erhielten den Zunamen Singh (Löwe), Frauen den Zunamen Kaur (Prinzessin). Verfolgungen im vorkolonialen Indien und Unterdrückung durch die britischen Kolonialherren prägten die historischen Erfahrungen der S. bis zum traurigen Höhepunkt der Stürmung des Goldenen Tempels durch Regierungstruppen (unter Indira Gandhi) 1984. Sie stellen ca. 2 % der indischen Bevölkerung dar. Die Lehre der S. wird von Nanak in seinem Werk *Japji Sahib* so zusammengefasst: „Es gibt nur einen Gott, der die wahre und endgültige Wirklichkeit ist. Er ist ohne Furcht, ohne Hass, jenseits aller Zeit, jenseits von Geburt. Durch seine Gnade enthüllt er sich den Menschen“. Hindu-Gottesnamen werden verwendet, am häufigsten Wahegure, jedoch wird die Vorstellung von Herabkünften Gottes (avatara) abgelehnt, aber die indische Lehre von →Wiedergeburt übernommen. Die Karma-Vorstellung wird benutzt, aber im Verhältnis zur →Gnade Gottes uminterpretiert. Mystische und ethische Elemente sowie anstelle von Askese und Rückzug der aktive Einsatz um der Menschheit willen haben einen hohen Rang. Nanak sieht im *Japji Sahib* fünf Sphären (Khand) des geistlichen Wachstums vor, die zum Ausbruch aus dem Kreislauf der Wiedergeburten führen können. In den Gurdwaras, den Gotteshäusern der S., finden die Gottesdienste statt: Lesung aus dem *Granth Sahib*, Gotteslob (shabad kirtan), Segensgebet (ardas), Verteilung von Gott geweihter Süßspeise (karah parshad). In jedem größeren Gurdwara findet sich ein Langar, die öffentliche Küche, in der Dal (Linsen) und Chapatti (Fladenbrot) gereicht werden. Die gottesdienstlichen Funktionen (Singen des Gotteslobs durch den Ragi, Lesen des Granth Sahib durch den Granthi) können von jedem Teilnehmenden wahrgenommen werden, Priester gibt es nicht. Wichtigster Feiertag ist Baisakhi, der 13.4., als Erinnerung an die Gründung der Religionsgemeinschaft 1699 und den Geburtstag von Guru Nanak. Neben einem Aufnahmeritus (Nehmen von Nektar und Akzeptieren der Glaubenslehre und der ethischen Regeln) gehören das dreimal tägliche Gebet, die Enthaltsamkeit von Alkohol und Tabak sowie vegetarische Kost zu den Lebensregeln.

Baumann, C.P., Sikhismus, in: Tworuschka, U. (Hg.), Heilige Stätten, 1994, 158–168; Baumann, C.P., Heilige Schriften des Sikhismus, in: Tworuschka, U. (Hg.), Heilige Schriften, 2000, 197–210; Gupta, D., The Context of Ethnicity. Sikh Identity in a Comparative Perspective, 1996; Oberoi, H., The Construction of Religious Boundaries. Culture, Identity, and Diversity in the Sikh Tradition, 1994; Singh, K., A History of the Sikhs, 1979–1983; Singh, P., The Sikhs, 1999; Stukenberg, M., Der Sikh-Konflikt. Eine Fallstudie zur Politisierung ethnischer Identität, 1995; Stukenberg, M., Die Sikhs, 1995; Thiel-Horstmann, M., Leben aus der Wahrheit. Texte aus den Heiligen Schriften der Sikhs, 1988.

Ulrich Dehn

Simon →Petrus

Sohn Gottes →Christologie

Sonntag Der S. ist ursprünglich der zweite Tag der griech.-röm. Planetenwoche. Durch die Mithras-Religion und den Kult des Sonnengottes (lat.: sol invictus) gewinnt er an Bedeutung.

Für die Christen gilt von Beginn an der auf den →Sabbat folgende Tag als Tag der →Auferstehung Jesu Christi (→Christologie), „Herrentag" genannt (Offb 1,10). Am Abend dieses Tages (vielleicht auch Samstagabend) treffen sich die ersten Christen, um →Gottesdienst zu feiern. Weitere theologische Deutungen begegnen bei Justin: „Am Sonntag halten wir deshalb alle gemeinsam die Versammlung, weil dies der erste Tag ist, an dem Gott die Finsternis und die Materie umwandelte und so die Welt erschuf; auch ist unser Heiland Jesus Christus am gleichen Tage von den Toten auferstanden." (Apologie I,67,8). Inwieweit zu diesen Versammlungen immer die gemeinsame Mahlfeier (→Abendmahl) gehört oder ob es auch – im Anschluss an die jüd. Synagogenfeier (→Synagoge) – bloße Wortfeiern gibt, ist historisch nicht sicher zu entscheiden.

Zu dieser theologischen Ausrichtung tritt unter Konstantin dem Großen 321 n. Chr. die Komponente der Arbeitsruhe hinzu. Gesetzlich bestimmt der Kaiser den „verehrungswürdigen Tag der Sonne" zum allgemeinen Ruhetag ohne →Arbeit (ausgenommen Feldarbeit, und damit im Gegensatz zu atl. Sabbatbestimmungen) und ohne Rechtsgeschäfte (ausgenommen Sklavenfreilassung). Diese ursprünglich nicht nur auf das Christentum zielende Regelung führt dann dazu, dass zunehmend Bestimmungen des Sabbat auf den S. übertragen werden.

So kommt der S. als Tag des christl. Gottesdienstes und der allgemeinen Arbeitsruhe zu seiner bis heute wirkenden Gestalt. Er integriert – auf dem Hintergrund der jüd. Siebentageswoche – die Erinnerung an die Auferstehung Jesu, den antiken Sonnenkult und die jüdische Sabbatfrömmigkeit, enthält also gleichermaßen eine eschatologische (→Eschatologie), kosmologische und heilsgeschichtliche (Soteriologie) Dimension.

Im MA tritt durch das Aufkommen vieler Heiligen- (→Heiligenverehrung) und Märtyrerfeste (→Märtyrer; →Volksfrömmigkeit) die Bedeutung des S. zurück, obgleich die Arbeitsruhe immer wieder in Verordnungen eingeschärft wird.

Im Zuge der Abschaffung der Heiligenfeste stärken die Reformatoren (→Reformation) die theologische Bedeutung des S. Dabei unterstreicht Martin →Luther in der Auseinandersetzung mit sog. sabbatistischen Strömungen den theologischen Charakter des S. als Tag des Gottesdienstes, also der Beschäftigung mit dem Wort Gottes, und weist gesetzliche Arbeitsverbote zurück; zugleich bekämpft er Missbräuche des Müßiggangs („in Tabernen liegen, toll und voll … wie die Säu"; *Großer Katechismus* zum 3. Gebot). Während man sich im Luthertum um dementsprechende Einstellungsänderungen der Menschen bemüht, wird im reformierten Protestantismus (→Reformierte Kirchen) die Haltung Martin Bucers prägend. Er fordert strenge Gesetze zur Einhaltung der Arbeitsruhe. In Gestalt des sog. Engl. S. gewinnt diese Haltung im Puritanismus Oberhand und führt zu einem strikten Verbot nicht nur jeder Form von Arbeit, sondern auch von Volksbelustigungen und Vergnügungen.

Die wirtschaftlichen Umwälzungen im Zuge der Industrialisierung stellen im 19. Jh. die Arbeitsruhe in Frage. Das Interesse der Industriellen an Ausnutzung der Maschinen, aber auch das Angewiesensein der Arbeiter auf den Lohn weichen das Arbeitsverbot auf. Daraufhin wird 1891 in Deutschland die Sonntagsarbeit gesetzlich verboten. § 139 der Weimarer Reichsverfassung, übernommen durch § 140 des Grundgesetzes (GG), stellt bis heute gültig fest: „Der Sonntag und die staatlich anerkannten Feiertage bleiben als Tage der Arbeitsruhe und der seelischen Erhebung gesetzlich geschützt."

In der röm.-kath. Kirche besteht – durch das Vaticanum II noch einmal eingeschärft – Sonntagspflicht. Die Gläubigen sind zur Teilnahme an der sonntäglichen Eucharistiefeier verpflichtet (ersatzweise an der Messe am Vorabend); wenn dies nicht möglich ist (z.B. wegen Priestermangel), wird die Teilnahme an einem sog. Wortgottesdienst empfohlen.

Kulturell und lebenspraktisch hat sich die Bedeutung des S. in den letzten Jahrzehnten fundamental verändert. Er ist Bestandteil einer größeren Zeiteinheit, des Wochenendes, geworden, die mittlerweile von Freitagnachmittag bis Sonntagabend reicht. Zeichenhaft steht dafür seit 1.1.1976 die Empfehlung R 2015 der Internationalen Organisation für Standardisierung, einer Unterorganisation der UNO, den S. als letzten Tag der Woche zu betrachten. Mittlerweile hat sich dies in den meisten Kalendern und auch im Lebensgefühl der Menschen durchgesetzt. Die christl. Kirchen erklären dagegen den S. als Tag der Auferstehung zum ersten Tag der liturgischen Woche.

Der Trend zur sog. Freizeitgesellschaft führt zu vermehrter Sonntagsarbeit, jetzt v.a. im Dienstleistungsgewerbe. Die allgemein zu beobachtende Flexibilisierung der Arbeitszeiten steht ebenfalls der traditionellen Prägung des S. als des gemeinsamen arbeitsfreien Tages entgegen.

Auch von daher ist – neben Anderem – soziologisch der deutliche Rückgang der am Sonntagsgottesdienst Teilnehmenden seit dem Ende der 1960er Jahre zu verstehen. Mittlerweile besuchen etwa 4% der Protestanten und 15% der Katholiken am Sonntag den Gemeindegottesdienst, wobei die niedrige Besucherzahl im →Protestantismus mindestens bis ins 19.Jh. zurückreicht, im Katholizismus dagegen erst in den letzten beiden Jahrzehnten ein rapider Rückgang zu beobachten ist.

Aktionen der Kirchen, den S. wieder in seiner Besonderheit ins Bewusstsein zu rufen, sind durch das ungeklärte Ineinander der beiden seit dem vierten Jh. bestehenden Komponenten, Gottesdienstfeier und Arbeitsruhe, belastet. Die Integration des Sabbat in den S. ist kulturgeschichtlich erklärbar, aber – wie bereits Luther weiß (s. Erklärung zum dritten Gebot im *Großen Katechismus*) – bibl.-theologisch keineswegs zwingend, ganz abgesehen von ihrer mangelnden Anschlussfähigkeit an die veränderte Zeitstruktur. Insgesamt steht bei der Frage nach dem S. das grundsätzliche Problem eines angemessenen christl. Lebensstils in der Gegenwart zur Diskussion. Die schöpfungstheologische (Ex 20,11) und soziale (Dtn 5,15) Begründung des Sabbatgebots im Dekalog widerspricht ebenso offensichtlich einer ständig aktiven und verbrauchenden Kultur, wie die Feier der →Auferstehung einer die Endlichkeit menschlicher Existenz verdrängenden Daseinsweise entgegensteht.

Bergholz, T., Art. Sonntag, TRE 31, 2000, 449–472; Grethlein, C., Grundfragen der Liturgik. Ein Studienbuch zur zeitgemäßen Gottesdienstgestaltung, 2001, 130–146,

266–297; Luther, M., Großer Katechismus, Bekenntnisschriften der evangelisch-lutherischen Kirche, 1930 u.ö., 545–733, 580–586.

Christian Grethlein

Soteriologie →Christologie

Sozialethik S. begegnet als Begriff im theologischen Zusammenhang erstmals 1868 bei Alexander von Oettingen. Sie bezeichnet die wissenschaftliche Reflexion verantwortlich menschlichen Zusammenlebens im Hinblick auf seine gesellschaftlich strukturellen, institutionellen und politischen Dimensionen (→Gesellschaftstheorie). Im Gesamtzusammenhang der theologischen Disziplinen ist sie, wie die Ethik allgemein, der →Systematischen Theologie zugeordnet. Die S. steht aber auch in engem Bezug zur →Praktischen Theologie, insofern es dabei um die Bewährung kirchlichen Handelns in der Gesellschaft geht, zur →Kirchengeschichte, insofern sie die Zeugnisse kirchlicher und theologischer Tradition in ihre Überlegungen mit einbezieht und zu den bibl. Wissenschaften (→Bibelwissenschaft), insofern sich die sozialethische Urteilsbildung immer auch an zentralen Inhalten der bibl. Überlieferung orientiert.

Die meisten ethischen Probleme können weder allein der S. noch der Individualethik bzw. Ethik der Person zugeordnet werden. Auch auf den ersten Blick primär individualethische Fragen wie der Umgang mit →Schwangerschaftsabbruch enthalten eine unverkennbare sozialethische Dimension, da die gesellschaftliche Moralökologie und die sie mitprägenden politischen Rahmenbedingungen immer auch das Verhalten der Einzelnen beeinflussen. Umgekehrt enthalten sozialethische Fragen (wie etwa die Frage nach der Zukunft des Sozialstaats) immer individualethische Dimensionen, da politische Gestaltungsvorschläge das jeweils zu erwartende Verhalten der →Individuen berücksichtigen müssen.

Auch wenn sich die Bemühungen um sozialethische Urteilsfindung durch die gesamte Kirchengeschichte ziehen, ist die S. als wissenschaftliche Disziplin jung. Vor allem durch die Entstehung einer kath. Soziallehre seit der Enzyklika *Rerum Novarum* des Papstes Leo VIII. (1891) gewinnt sozialethische Reflexion im Bereich der Kirche Ende des 19. Jh. an Bedeutung. Mit der Zunahme der Komplexität der Lebenswelten und der Ausdifferenzierung der einzelnen gesellschaftlichen Bereiche wie Staat, Wirtschaft und Medizin wächst im 20. Jh. das Bedürfnis, die dabei sich stellenden moralischen Fragen einer methodisch geordneten wissenschaftlichen Reflexion zu unterziehen. Während im Religiösen Sozialismus um die Wende zum 20. Jh. der religiöse Gestaltungsimpuls gegenüber der Bemühung um Teilnahme am interdisziplinären wissenschaftlichen Diskurs noch das bestimmende Element bedeutete, beginnt mit dem Werk Ernst Troeltschs (1865–1923) in der Theologie eine systematische Bemühung um die Entwicklung einer S., die sozialwissenschaftliche Diskurse aufnimmt und sich bemüht, durch fundierte methodisch reflektierte Beiträge selbst am gesellschaftlichen Diskurs teilzuhaben. Aufgrund dieser starken interdisziplinären Dimension ist es nicht überraschend, dass wesentliche Impulse für die Entwicklung der ev. S. nach dem Zweiten Weltkrieg aus der Arbeit des neu gegründeten →Ökumenischen Rates der Kirchen kamen, in dem Theologen mit Vertretern anderer Berufe und Disziplinen zusammenarbeiteten. Das aus ökumenischen Diskussionszusammenhängen stammende Stichwort der „verantwortlichen Gesellschaft" wurde zum Programmwort der ev. S. (H.D. Wendland), indem es einerseits die Unzulänglichkeit naiver biblizistischer Argumentationen in komplexen gesellschaftlichen Fragen klar darstellt, andererseits aber die Notwendigkeit der ethischen Reflexion der in diesen komplexen Zusammenhängen steckenden moralischen Fragen ebenso klar deutlich macht. Durch die Entwicklung einer „ethischen Theorie sittlicher Urteilsfindung" trug Heinz Eduard Tödt zur methodisch reflektierten Identifizierung und Reflexion sozialethischer Fragen bei.

Die Frage, in welcher Weise sozialethische Urteilsbildung theologisch verwurzelt werden kann, blieb lange Zeit kontrovers. Vor allem zwei Modelle wurden dabei prägend. Das sich auf Martin →Luther berufende Modell der Zwei-Regimenter-Lehre betonte das Eigenrecht der jeweiligen gesellschaftlichen Bereiche. Bibl. Orientierungen können nach diesem Modell nur mit größter Zurückhaltung als Maßstäbe für das Handeln in allen nicht unmittelbar kirchlichen Bereichen behandelt werden. Für die Entscheidungsprozesse in diesen Bereichen ist allein die menschliche →Vernunft maßgeblich. Die Bedeutung des Glaubens liegt primär in der Motivation zum Handeln, nicht in dessen Prägung durch inhaltliche Orientierungen. Dem wurde das Modell der „Königsherrschaft Christi" gegenübergestellt. Nach diesem insbesondere von der Theologie Karl →Barths geprägten Modell muss die auch in der →Barmer Theologischen Erklärung (1934) betonte Einsicht ernst genommen werden, dass →Jesus Christus Herr über unser ganzes Leben ist und es deswegen keine Bereiche des Lebens gibt, die nicht seiner Herrschaft unterworfen wären. Für die S. bedeutet das, dass auch in komplexen politischen und wirtschaftlichen Fragen nach Orientierungen gesucht werden muss, die in der Ziellinie der „Königsherrschaft Christi" liegen. Die Wirklichkeit wird in der Sicht des Glaubens als „von Gott in Christus versöhnte Wirklichkeit" (D. Bonhoeffer) gedeutet und ist daher offen für mutiges und vorwärtsweisendes Handeln im Sinne von „Gleichnissen des Reiches Gottes" (→K. Barth) auch im gesellschaftlichen und politischen Leben. Von diesem Ansatz her lassen sich deutliche Linien von der →Ekklesiologie zur S. ziehen, wenn auch nicht unbedingt wie bei Stanley Hauerwas („The church is a social ethic") eine Identität von beidem angenommen werden muss.

In jüngster Zeit hat der Gegensatz der beiden Modelle immer mehr an Bedeutung verloren. Heute wird auch von säkularen Wissenschaften und allgemeiner Öffentlichkeit die Bedeutung ethischer Orientierungen anerkannt. Angesichts zunehmender Pluralisierung und Individualisierung des Lebens wird neu nach Ausrichtungen gefragt, auf die Menschen sich von unterschiedlichen religiösen und weltanschaulichen Grundlagen her einigen können. Die christl. Überlieferung wird angesichts ihrer geschichtlichen und kulturellen Bedeutung als ein bedeutsamer Faktor bei der Suche nach Grundorientierungen gesehen, die in der Gesellschaft Geltung beanspruchen können. Aufgabe der christl. S. ist es, die Grundorientierungen so zu reflektieren und in die gesellschaftliche Debatte einzubringen, dass sie sinnvoll auf die jeweiligen Sachgesetzlichkeiten bezogen werden. Von daher ist „S. als Verantwortungsethik" (W. Huber) zu verstehen.

Aus dieser Aufgabenstellung heraus, hat sich in der ökumenischen S. eine dreistufige Methodologie entwickelt, die hierzulande erstmals im Gemeinsamen Wort der Kirchen zur wirtschaftlichen und sozialen Lage in Deutschland (*Sozialwort*) von 1997 breite Beachtung gefunden hat. In einem ersten Schritt werden von den eigenen bibl. Quellen her Grundorientierungen wie die „Option für die Armen" (→Armut) herausgearbeitet. Diese Grundorientierungen werden in einem zweiten Schritt durch Argumentationen aufgeklärter Vernunft als anschlussfähig auch für religiös und weltanschaulich anders orientierte Menschen aufgewiesen. In einem dritten Schritt werden von den Grundorientierungen her konkrete politische Vorschläge zur Umsetzung gemacht. Während die Grundorientierungen hohe Verbindlichkeit besitzen, muss die Tragfähigkeit der politischen Umsetzungsvorschläge sich im Diskurs aller Menschen guten Willens erst erweisen.

Die S. hat es gegenwärtig zunehmend mit Fragestellungen zu tun, die hohe öffentliche Relevanz besitzen. Bei den bioethischen Diskussionen geht es um den Stellenwert menschlichen Lebens in seinen Anfängen und die Frage, ob die Pflicht zum Schutz embryonalen Lebens unbedingt gilt oder mit ethisch hoch stehenden Zwecken wie der Entwicklung neuer Therapieformen in Abwägung gebracht werden darf (→Genethik). Es geht aber auch um die Frage, welches Menschenbild den Umgang mit den Biotechnologien prägt. Bei den Diskussionen um die wirtschaftliche und soziale Zukunft unter den Bedingungen der Globalisierung geht es um den Stellenwert und das Verständnis sozialer Gerechtigkeit und seine universale Öffnung. Wirtschaftsethische Überlegungen (→Wirtschaftsethik) nehmen dabei auch die Frage in den Blick, wie die wirtschaftliche Rationalität in den Dienst des Menschen gestellt werden kann, anstatt selbst alle menschlichen Lebenszusammenhänge zu dominieren. In friedensethischen Diskursen wird erörtert, wie die ethische Pflicht, in Situationen von Not und Unrecht den Betroffenen zu Hilfe zu kommen, so ins rechte Verhältnis zum ethisch ebenfalls gebotenen Vorrang der Gewaltfreiheit (→Gewalt, Gewaltlosigkeit) gesetzt werden kann, dass Gewalt so weit wie möglich minimiert wird. Ökologische Ethik beschäftigt sich mit der Frage, wie der menschliche Auftrag der Weltgestaltung so ausgefüllt werden kann, dass der Charakter der Natur als →Schöpfung Gottes auch im Hinblick auf die nicht-menschliche Natur geachtet wird. Das Verhältnis zwischen Mensch und Natur wird dabei im Sinne einer „Ethik der Selbstbegrenzung" näher in den Blick genommen. Dass alle diese Fragen immer auch eine im Recht ihren Ausdruck findende politisch-institutionelle Komponente haben, macht die Rechtsethik deutlich. Ein zentrales Thema ist dabei, welche moralischen Fragen rechtlich geregelt werden müssen und welche Fragen nicht Gegenstand staatlicher Regelungen sein können, sondern als Ausdruck der legitimen Pluralität jeweils unterschiedlicher persönlicher Lebensentwürfe gesehen werden müssen.

Bei all diesen Themen geht es darum, die Relevanz der christl. Überlieferung in einer modernen pluralistischen Gesellschaft plausibel zu machen und diese Überlieferung im Lichte gegenwärtiger Herausforderungen neu zu interpretieren. S. gehört deswegen zu den Kernaufgaben einer „öffentlichen Theologie", die im interdisziplinären wissenschaftlichen Diskurs und in den öffentlichen Debatten einer demokratischen Gesellschaft die

Orientierungskraft der jüd.-christl. Tradition als Ressource für die Gesellschaft insgesamt zu erweisen versucht.

Hebblethwaite, B., Art. Sozialethik, TRE 31, 2000, 497–527; Herms, E., Gesellschaft gestalten. Beiträge zur evangelischen Sozialethik, 1991; Honecker, M., Grundriß der Sozialethik, 1995; Huber, W., Gerechtigkeit und Recht. Grundlinien christlicher Rechtsethik, 1996; Huber, W., Art. Evangelische Sozialethik, RGG[4] 2, 1999, 1723–1727; Körtner, U., Evangelische Sozialethik, 1999; Robra, M., Ökumenische Sozialethik, 1994; Wolf, E., Sozialethik. Theologische Grundfragen, [3]1988.

Heinrich Bedford-Strohm

Sozialisation, religiöse R. S. bezeichnet den lebenslangen Prozess der Aneignung sozial vermittelter religiöser Anschauungen, Einstellungen und Verhaltensweisen und dessen Ergebnis der Herausbildung einer religiösen Identität als Voraussetzung stabiler personal-sozialer Kompetenz in alltäglich-lebensweltlicher wie lebensgeschichtlicher Hinsicht (→Lebenswelt und Alltag). Dieses Verständnis r. S. setzt eine Definition des Religionsbegriffs voraus, die der →Religion funktional die Aufgabe der Integration der Gesellschaft zuweist, sie also vornehmlich mit den grundlegenden und sozialintegrativen Sinnsystemen, Wert- und Normgefügen einer Gesellschaft (Werte; →Normen, sittliche; →Gesellschaftstheorie) identifiziert (Émile Durkheim, Talcott Parsons, Robert N. Bellah). Die Theorie der r. S. geht dabei von einem komplexen Prozess der Wechselwirkung zwischen Umwelt und →Individuum aus, beschreibt also nicht allein die Vorgänge der Vermittlung von religiösen Sinnkomplexen und ihre sozialen Bedingungen, sondern stellt zugleich den Anteil aktiver Beteiligung des Individuums und deren Auswirkungen auf die soziale Umwelt und deren Religionskultur (→Kultur) dar. Zugleich erfasst sie die Beziehungen der religiösen Entwicklung zu den anderen Dimensionen des Sozial-Werdens der →Person sowie deren wechselseitige Beeinflussung (Entwicklung des Selbstwertgefühls, der Gewissensbildung [→Gewissen] und der Identitätsfindung). Dabei unterscheidet sie kognitive Komponenten (Umformung der Unbestimmbarkeit der Welt [→Welt, Weltbild] in die Bestimmtheit sinnhafter Weltansicht), affektive Komponenten (Bewältigung der inneren Affektlage mit Hilfe von →Symbolen und →Ritualen) und pragmatische Komponenten (Vermittlung von Werten, Normen und Ordnungsbildern zur Begründung von Handlungspräferenzen).

Die Theoriebildung zur r. S. berücksichtigt sowohl religions- und kirchensoziologische Fragestellungen und →Erkenntnisse als auch psychologische und psychoanalytische Entwicklungstheorien (→Psychologie und Theologie). Sie ist insbesondere für die →Religionspädagogik von Interesse, nicht nur um Kriterien für eine erfahrungsorientierte religionspädagogische Praxis (→Erfahrung) zu entwickeln, sondern auch um den Beitrag religiöser →Erziehung und →Bildung zur Vermittlung einer religiösen Kompetenzaneignung bestimmen zu können, die unter den Bedingungen eines allgemeinen Traditionsabbruchs (→Tradition) und Verlustes an Verbindlichkeiten einerseits und einer unüberschaubaren Erweiterung religiöser Optionsräume andererseits die Ausbildung des Humanum auf Zukunft hin ermöglicht.

Drehsen, V./Mette, N., Art. Sozialisation (religiöse), LexRP 2, 2001, 2007–2015; Fraas, H.-J., Die Religiosität des Menschen, 1990; Preul, R., Religion – Bildung – Sozialisation, 1980; Schwab, U., Art. Religiöse Sozialisation, NHRPG, 2002, 180–185.

Michael Wöller

Soziallehre In ihren S. begründen und entfalten gesellschaftliche Gruppierungen die Inhalte ihrer ethischen Überzeugungen und weisen auf die Rahmenbedingungen zu ihrer Verwirklichung hin. Die christl. Kirchen haben in der zweiten Hälfte des 20. Jh. zunehmend erkannt, dass die Wahrnehmung von gesellschaftlicher Verantwortung in ökumenischer Verbundenheit glaubwürdiger erscheint. Seit dieser Zeit gibt es intensive Bemühungen um eine gemeinsame christl. →Sozialethik. Angesichts der Erkenntnis einer gegebenen strukturellen Komplexität in den ökonomischen, ökologischen, politischen, kulturellen und geschlechteranthropologischen Faktoren, die sich auf die Lebensbedingungen der Geschöpfe auswirken, erscheint es als unabdingbar, Kooperationen nicht nur zwischen den christl. Theologien, sondern darüber hinaus auch mit den Sozialwissenschaften, den Wirtschafts- und Politikwissenschaften sowie der philosophischen Ethik vorzunehmen. Ökumenische S. gewinnen ihre Norm durch das gemeinsam ausgelegte Zeugnis der bibl. Schriften, die mit ihrer schöpfungstheologischen Begründung der (Sozial-)Ethik eine Verbindung zu der in der röm.-kath. Tradition lange Zeit vorherrschenden Naturrechtslehre (→Naturrecht) ermöglichen. Wie kaum eine andere theologische Reflexion sind die S. zudem gefordert, wachsam die jeweilige Zeitsituation als fordernde Anrede Gottes in der Gegenwart aufzunehmen.

Die in der röm.-kath. S. im 19. Jh. angesichts der sozialen Not insbesondere in der Arbeiterschaft herausgebildeten Prinzipien, die in S. zu bedenken sind, haben im gesamten christl. Raum weithin ihre Gültigkeit bewahrt. Demnach ist die Personwürde eines jeden →Menschen (→Menschenwürde) zu achten, indem gesellschaftliche Rahmenbedingungen geschaffen werden, die ein freiheitliches, selbstbestimmtes Leben in Gemeinschaft erlauben. Die Voraussetzung dafür ist die Bereitschaft zur gelebten Solidarität unter allen Geschöpfen weltweit. Bei der Zielsetzung, das Gemeinwohl zu fördern, gilt es, die Eigenverantwortung der Geschöpfe soweit wie möglich zu erhalten und daher die in eine Gesellschaft von außen herangetragenen Hilfeleistungen immer unter dem Aspekt der →Subsidiarität zu betrachten, bei der die Zuständigkeit für Entscheidungen soweit wie möglich bei den betroffenen Menschen verbleibt.

Die christl. S. beziehen die von den bibl. Schriften den Theologien aufgetragene Frage, wie das Miteinander der Geschöpfe auch unter dem Vorzeichen der Sündenverstrickung (→Sünde; →Schuld) im Generationenzusammenhang im Guten zu verändern wäre, in ihre Überlegungen ein. Insbesondere im Hinblick auf die Analyse von Faktoren, die bei der Beschreibung von Unheilssituationen und bei Wegen zu deren Überwindung zu beachten sind, hat sich eine Weitung des Horizonts ergeben: Die durchgängige Beachtung auch der Genderperspektive bei allen Überlegungen macht auf geschlechteranthropologische Hintergründe für die unterschiedlichen Lebenssituationen von Frauen und Männern aufmerksam, die nicht in gleichem Maße beispielsweise an den Gütern →Bildung oder

Mobilität partizipieren. Fragen der Umweltethik haben heute eine vorrangige Bedeutung hinsichtlich der Sicherung der Lebensgrundlagen der nachfolgenden Generationen. Weltweite Krankheitsphänomene wie die Ausbreitung des HI-Virus rücken die sozialethischen Themen wieder näher an die individualethischen heran. Insbesondere in Fragen der →Sexualethik zeigt sich, dass das Subsidiaritätsprinzip durch eine stärker regionalisierte, die jeweilige Kulturgeschichte berücksichtigende und darin differenzierte Aufnahme der S. an den Lebensorten der Menschen neue Relevanz erfahren könnte. Die Frage der Konfessionszugehörigkeit tritt in diesem Zusammenhang hinter die übergeordnete Thematik zurück, wie die bibl. begründeten S. unter den Voraussetzungen von kulturellen Traditionen zu vermitteln wären. Angesichts der bestehenden Differenzen in der (sozial-)ethischen Einschätzung der Wurzeln und der Folgen v.a. im Bereich der praktizierten Homosexualität unterliegen die konfessionellen christl. Weltbünde heute hohen Belastungsproben, die durch Lehrgespräche allein wohl kaum zu bestehen sind.

In Deutschland hat die ökumenische Zusammenarbeit der christl. Kirchen bei der Formung von S. eine lange und gefestigte Tradition. Das 1997 erschienene gemeinsame Wort des Rates der EKD und der Dt. Bischofskonferenz mit dem Titel *Für eine Zukunft in Solidarität und Gerechtigkeit* ist das Ergebnis eines breit angelegten Konsultationsprozesses, in dem die Kirchen nach der Wiedervereinigung von Ost- und Westdeutschland in den anstehenden Themenbereichen wie v.a. Arbeitslosigkeit, Armut, Verstädterung oder Zerstörung der Lebensgrundlagen gemeinsam Stellung nahmen, kann als eine Bündelung einzelner voraufgegangener ökumenischer Worte im Bereich der S. gelten. Zu diesen zählen Beiträge zu medizinethischen Fragen (beispielsweise im Bereich der Organtransplantation, der Patientenverfügung, der Sterbebegleitung oder der pränatalen Diagnostik) ebenso wie zu wirtschaftsethischen Herausforderungen (→Wirtschaftsethik; beispielsweise im Blick auf Eigentumsrechte, die Alterssicherheit oder die Wahrung des Kulturerbes). Auch der Themenbereich Migration und Flucht aus politischen oder wirtschaftlichen Gründen fand in ökumenischen Worten der Kirchenleitungen Beachtung. Die europapolitische Arbeit der Kirchen in Deutschland geschieht heute weitgehend in ökumenischer Verantwortung. Die kirchlichen S. gelten dabei als weniger konfessionsspezifisch, als dies in Einzelfragen der Individualethik v.a. im Bereich von →Ehe, →Familie und →Sexualität spürbar ist.

Zunehmend erscheint es im ökumenischen Gespräch wichtig, die Frage nach bestehenden konfessionellen Grunddifferenzen auch unter ethischer Perspektive zu betrachten. Lange Zeit stand die als röm.-kath. identifizierte Vorstellung von einem erst durch Taten der Liebe vollendeten Glauben aus reformatorischer Sicht unter dem Verdacht der Werkgerechtigkeit. Der Versuch, das Gesetz Gottes zu erfüllen und darin die Einheit von Gottes- und Nächstenliebe zu leben, schien im Widerspruch zu stehen zum Vertrauen allein auf die Gabe des →Evangeliums Gottes zur →Erlösung der immer sündig bleibenden Menschheit. Heute ist diese ev. – röm.-kath. Grunddifferenz im Zuge der ökumenischen Verständigung über die Rechtfertigungsbotschaft weithin ausgeräumt worden. Gottes Gesetz ist nicht identisch mit kleinlichen Anweisungen. Es geht bei ihm um eine Weisung zu mitmenschlicher Gerechtigkeit im Namen des einen Gottes, des Schöpfers aller sichtbaren und unsichtbaren Wirklichkeit. Das Bemühen, einander gerecht zu werden, steht nicht im Widerspruch zu der Aussage, die heute zwischen den Konfessionen konsensfähig ist, dass nicht die guten Werke, sondern allein Gottes Wille, sich auch den Schwachen, den Gescheiterten zuzuwenden, die jüd.-christl. Hoffung auf vollendete Gemeinschaft mit Gott begründe. Der →Dekalog ist wie andere Weisungen zu einem gerechten Leben in Gemeinschaft eng verbunden mit Israels Deutung seines Geschicks als Tat jenes Gottes, dessen Sinnen und Trachten Gerechtigkeit ist. Hosea klagt im Namen Gottes: „Es gibt keine Treue und keine Liebe und keine Gotteserkenntnis im Land. Nein, Fluch und Betrug, Mord, Diebstahl und Ehebruch machen sich breit, Bluttat reiht sich an Bluttat“ (Hos 4,1–2); „→Liebe“ will dieser Gott, nicht „Schlachtopfer“; „Gotteserkenntnis“ möchte er, nicht „Brandopfer“ (Hos 6,6). Micha fasst zusammen, was Jahwe von den Menschen erwartet, was gut ist: „Nichts anderes als dies: Recht tun, Güte und Treue lieben, in Ehrfurcht den Weg gehen mit deinem Gott“ (Micha 6,8). Das Evangelium ist Gottes Zusage und Versprechen, immer da zu sein für seine →Schöpfung und diese Verheißung in Zeit und Geschichte erfahrbar, erlebbar zu machen. Dieses Evangelium, dessen Sinn Israel in dem Satz zusammenfasst: „Ich bin JHWH, dein Gott, der dich aus Ägypten heraufgeführt hat, aus dem Sklavenhaus“ (Dtn 5,6; Ex 20,2), entpflichtet nicht von mitmenschlicher Liebe, es ermahnt vielmehr dazu und tröstet zugleich mit dem gläubig-vertrauenden Wissen um einen Gott, der in die Herzen sieht und die kleine Kraft wertschätzt. Gott stellt sich in der Geschichte Israels und der christl. Glaubensgemeinschaft als ein Gott vor, der sein Reich – die Herrschaft seiner Liebe – hier und heute schon im Zusammenleben der Geschöpfe beginnen lässt. Die Tat der Nächstenliebe im Sinne der Achtung des Daseinsrechtes der Geschöpfe hat eschatologische Bedeutung (→Eschatologie). Sie ist kein Sonderbereich neben der Gottesbeziehung der Menschen. Wer den anderen Menschen liebt, hat das →Gesetz erfüllt (Röm 13,8.10; Gal 5,14) und Gottes Wesen erkannt (1Joh 4,7f.).

Beestermölle, G. (Hg.), Ökumenische Sozialethik als gemeinsame Suche nach christlichen Antworten, 1996; Eberle, M./Asmus, S. (Hg.), Quo vadis ökumenische Sozialethik? Weltgestaltung im Zeitalter der Globalisierung, 2005.

Dorothea Sattler

Spiritismus Versteht man unter S. die methodisch gesuchte Kontaktaufnahme und Kommunikation mit den Geistern Verstorbener und/oder sonstigen „jenseitigen“ Geistwesen, wobei ein entsprechend mehrstöckiges bzw. multidimensionales →Weltbild vorausgesetzt ist, so hat man es mit einem uralten, interkulturell verbreiteten Phänomen zu tun, von dem auch schon im Alten Testament erzählt wird (1Sam 28). Neuzeitlich lässt sich der in zahllosen Varianten begegnende S. als eine Reaktion auf die nüchterne Aufklärungsepoche (→Aufklärung) und die →Säkularisierung des Abendlands schlechthin verstehen. Aufsehen erregte zunächst der Mathematiker und Naturwissenschaftler Emanuel Swedenborg (1688–1772): Was ihm Totengeister und Engelwesen aus dem Jenseits mitteilten, befand sich mit aufklärerischen Ideen wie Gott, Unsterblichkeit, →Vernunft,

→Tugend, →Freiheit und Fortschrittsglaube in bemerkenswertem Einklang, genauso wie rationalistisch die christl. Trinitäts- und Versöhnungslehre (→Trinität; →Versöhnung) verworfen wurden. Als Philosoph der →Aufklärung reagierte Immanuel Kant darauf kritisch mit seiner Schrift *Träume eines Geistersehers, erläutert durch Träume der Metaphysik* (1766). In Swedenborgs Fußstapfen traten Männer wie Johann Heinrich Jung-Stilling (1740–1817), Johann Friedrich Oberlin (1740–1826) und Jakob Lorber (1800–1864), die alle ebenfalls eine Jenseitstopographie entwarfen und teilweise einander widersprechend „Entschleierungen" verborgener Wirklichkeiten literarisch niederlegten.

Mehr Aufsehen als sie erregte der Arzt Franz Anton Mesmer (1734–1815) mit seinem Postulat einer das ganze All durchdringenden und verbindenden „magnetischen" Kraft, die er sich als feinstoffliches universales Fluidum vorstellte und für therapeutisch nutzbar hielt. Da somnambule Trancezustände bei seinem Heilverfahren eine bedeutende Rolle spielten, wurden sie zum „Einfallstor" von Kundgaben aus der Geisterwelt und bereiteten auch durch die Tätigkeit seiner Schüler dem S. auf breiterer Front den Boden. In den USA förderte namentlich Andrew Jackson Davis (1826–1910) ein entsprechendes Weltbild mit dem 1847 im mesmerischen Schlaf diktierten Buch *The Principles of Nature*. Ein Jahr später – kaum zufällig im Kontext der sog. „zweiten Aufklärung" – kam es zu einem neuen Schub des S.: In der Nacht zum 1.4.1848 hörten die Mädchen Margaret und Kate Fox in den Wänden ihres Bauernhauses, das in dem Dorf Hydesville im Staate New York lag, unerklärliche Klopflaute, die bald mittels eines Klopf-Alphabets der Geister-Kommunikation dienten. Ein verstorbener Krämer wollte sich auf diese Weise gemeldet haben: Als einstiger Bewohner des Hauses sei er ermordet und im Keller vergraben worden. Als man nachgrub und Skelettreste fand, war dies der Beginn einer internationalen Welle des S. Sieben Jahre später zählte man allein in Nordamerika rund zwei Millionen Spiritisten.

In Frankreich, wo schon bald eine spiritistische Zeitschrift erschien, geriet 1856 der Pädagoge Hippolyte Léon Denizard Rivail (1804–1869) unter den Einfluss des spiritistischen Mesmerismus. 1857 fasste er die von ihm erhaltenen Geisteroffenbarungen systematisch in seinem *Buch der Geister* zusammen. Von seinem Führergeist erfuhr er, er habe im alten Gallien schon einmal gelebt, und zwar unter dem Namen Allan Kardec. Unter diesem Namen verfasste er fortan seine Schriften, die unerwartet viel gelesen und in etliche Sprachen übersetzt wurden. Ihm v.a. verdankte der S. in Europa und in der Neuen Welt seine rasante Verbreitung – und auch seinen Namen, denn bis dahin hatte man metaphysisch-theosophisch (→Theosophie) von „Spiritualismus" gesprochen, während Kardec bewusst auf den englischen Begriff der *spirits* (Totengeister) abhob. Im Unterschied zu Davis, der auf der Linie Swedenborgs lag, bejahte Kardec den Gedanken der Seelenwanderung; im Blick auf diesen eklatanten Widerspruch lässt sich ein „angloamerikanischer" S. unterscheiden von einem „romanischen" im Sinne Kardecs.

V.a. in Brasilien, wo die Auflagenziffer der Schriften Kardecs die der Bibel übertrifft, entwickelte sich der S. zu einer anhaltend einflussreichen Strömung. Aber auch in Nordamerika und Europa gewann er seit der Kulturrevolution um 1968 an Stärke und Erscheinungsvielfalt. So machten im

Kontext der esoterischen Welle (→Esoterik) der Tonbandstimmen-S., der sich längst auch auf Telefone und Computer erstreckt, der UFO-Spiritismus und das sog. Channeling von sich reden. Immer wieder kam und kommt es offenbarungsspiritistisch zu ausgesprochen religiösen Gruppen- und Gemeinschaftsbildungen um (meist weibliche) Medien. Die sich aus dem S. ergebenden weltanschaulichen und sprituellen Herausforderungen sind von →Theologie und Kirche nur bedingt erkannt worden.

Haack, F.-W., Rendezvous mit dem Jenseits. Der moderne Spiritismus/Spiritualismus und die Neuoffenbarungen, 1973; Ruppert, H.-J., Okkultismus. Geisterwelt oder neuer Weltgeist? 1990; Thiede, W., Theologie und Esoterik, 2007; Thiede, W., Die mit dem Tod spielen. Okkultismus – Reinkarnation – Sterbeforschung, 1994.

Werner Thiede

Spiritualität Der Begriff S. leitet sich von dem lat. Wort spiritus: Hauch, Atem, Geist ab, genauer noch von dem entsprechenden Adjektiv spiritualis, das dem ntl. pneumatikos: auf geistige oder geisterfüllte Weise, dem Geist gemäß, entspricht. Er weist eine große Nähe zum Begriff der →Frömmigkeit und der Religiosität auf und hat eine wechselvolle Geschichte unterschiedlicher Bedeutungen hinter sich. Im Unterschied zu der in der theologischen Tradition geprägten Kategorie der Frömmigkeit weist der Begriff S. eine große Unschärfe auf.

S. bezeichnet die von religiöser →Erfahrung geprägte persönliche Beziehung zu Gott. Das Moment der Reflexivität tritt zurück hinter das Gefühl der unmittelbaren Bezogenheit auf eine transzendente Wirklichkeit (→Philosophie und Theologie). Das Wirken des Göttlichen im eigenen →Leben ist Gegenstand von S. S. bedeutet aber auch eine „Grundhaltung des Christen, die sich in allen Vollzügen seines Lebens prägend auswirkt.“ (Stählin, 290)

Häufig wird S. mit der Pflege spiritueller Praktiken, Übungen und Formen kommunitären Lebens verbunden. →Fasten, gemeinschaftliches Leben in Gruppen, →Gebet, Kontemplation, →Meditation u.a.m. sollen durch ihre Habitualisierung dazu dienen, S. zu gewinnen oder zu pflegen. S. zielt weniger auf außergewöhnliche, ekstatische Erfahrung (→Ekstase) als vielmehr auf eine vertiefte Wahrnehmung des alltäglich gelebten Lebens (→Alltag). Zwar lassen sich in der christl. Spiritualitätskultur (→Kultur) unterschiedliche konfessionelle Ausprägungen (→Konfession, Konfessionalismus) identifizieren. Vielfältige Überschneidungen und Adaptionen haben allerdings stattgefunden. Formen geistlicher Praxis, die ursprünglich mit der Exerzitienbewegung (→Exerzitien) des Jesuitenordnens (→Orden und Kongregationen) verbunden waren, sind bspw. in der Form von Einkehrtagen, Schweigezeiten u.a. von der ev. geprägten liturgischen Bewegung (→Liturgie) der Berneuchener nach dem Ersten Weltkrieg aufgenommen worden, „um durch Sichsammeln, Nachsinnen, Beten und eucharistisches Feiern stille zu werden vor Gott, mit dem Ziel, die Berufung des Christen zu erneuern und gestärkt und wacher im Glauben zurückzukehren an den vorgegebenen Platz in der Welt.“ (Seitz, 703) Ein populäres Beispiel für eine ökumenische Spiritualitätsbewegung ist die Ordensgemeinschaft von Taizé mit ihren internationalen ökumenischen Jugendtreffen. Aber auch darüber hinaus ist eine ökumenische S. im Entstehen. „Ökumenisch heißt sie, weil sie das Zusammenleben der Konfessionen und Kirchen als geistliche Herausforderung anerkennt". (Luibl, 58)

Die ursprünglich ausgesprochen religiöse Bedeutung (→Religion) des Begriffs wird innerhalb der Kirchen (→Kirche, evangelisch, katholisch, orthodox) nicht immer zentral gewichtet. S. kann auch schlicht als ein auf weisheitlicher Ratgeberliteratur aufruhender alternativer Lebensstil und als allgemeine Suche nach mehr Lebensqualität verstanden werden. „Sinn im Alltag zu finden, sich nicht mit der Oberfläche zu begnügen, das meint S. Spirituell zu leben, ist eine faszinierende Einladung: die Hast zu unterbrechen, innezuhalten in der Hektik, die Eile gegen die Gelassenheit einzutauschen. Bewusst das Leben auszukosten. Hier und jetzt." (http://www.ekd.de/glauben/achtsamkeit/html) In der →Praktischen Theologie kann der Begriff der S. daher auch verwendet werden, um „die neuartigen, für die gegenwärtige Religionskultur charakteristischen Gestalten individueller Religionspraxis (→Individuum) zu erfassen", für die ein erneutes Interesse an religiöser Erfahrung und an Techniken zur Gewinnung religiöser Erfahrung kennzeichnend ist. (Steck, 230) Sowohl eine selbstständige Anknüpfung an traditionelle Frömmigkeitsformen als auch eine Umgestaltung anderer religiöser Formen charakterisiert diese Spiritualitätsbewegungen mit der ihnen eigenen Ausbildung von →Synkretismen. Als wichtigste Wurzeln der zeitgenössischen Spiritualitätsbewegung gelten die moderne Esoterik und eine wiederbelebte christl. →Mystik.

Der Begriff der S. hat den der Frömmigkeit zum Teil verdrängt. Lässt sich in dieser Entwicklung ein „Paradigmenwechsel" beobachten? (E. Fahlbusch, *Spiritualität oder Frömmigkeit?*) Ist die Frömmigkeit, die auf den Weltbezug des Glaubens zielte und mit dem Voranschreiten der Moderne in diesem Weltbezug (→Welt, Weltbild) zunehmend aufzugehen schien, im 20. Jh. als Frömmigkeit in einer weltlichen Welt neu gesucht und im Begriff der S. wieder zur Geltung gebracht worden? (Luibl) Der enorme Aufschwung, den die S. als Programmbegriff in und außerhalb der Kirchen erlebt, lässt sich gewiss damit begründen, dass er zum einen eine definitorische Unschärfe mit sich führt, sodass er als Sammelname für diverse moderne Lebensstile fungieren kann. Zwischen Joggen als asketischem Körperexerzitium (→Askese), Yoga als Entspannungstechnik auf der einen und einer liturgischen Erneuerung der Abendmahlsfeier (→Abendmahl) auf der anderen Seite kann ein breites Spektrum an Phänomenen als S. gelesen werden. S. ist demnach „ein bestimmter Stil, etwas, was die Einzelelemente und Bruchstücke in Beziehung setzt und verbindet – und dies nicht nach bestimmten Gesetzen und auf ein definiertes Ziel hin, sondern als Bewegung, als Prozeß" (Luibl, 53). Was sich lebensweltlich (→Lebenswelt und Alltag) als Aufspaltung von Wirklichkeit in unterschiedliche spannungsvolle Wirklichkeiten beschreiben lässt, wird vom Individuum als Zerrissenheit erfahren, der die Suche nach S. entgegenwirken soll. Dies lässt sich etwa an der Betonung der Körpererfahrung illustrieren. Das Postulat der ‚Ganzheitlichkeit' reagiert auf die moderne Zergliederung der Leiberfahrung (Erfahrung). „Die Wiederentdeckung des Körperlichen dient damit als religiöse Vergewisserungsstrategie, mit der sich die religiöse Hoffnung auf Ganzheitlichkeit verbindet." (Luibl, 55)

Mit dem „schlagwortartigen Gebrauch des Wortes" verbindet sich denn auch die Kritik, dass sich mit dem Begriff S. „allzu leicht Ansprüche erheben, Hoffnung legitimieren, Sachverhalte kaschieren und Wirklichkeit vernebeln lassen“, sodass nur eine „kritische theologische Neubesinnung“ (Fahlbusch, Art. Spiritualität, 85) zur Unterscheidung der Geister beitragen könne. Tatsächlich ist es stets auch Ausdruck christl. Frömmigkeit, die eigene praxis pietatis sowohl in kritischer als auch in konstruktiver Reflexion zu begleiten. Der →Heilige Geist als spiritus rector von S. ist dabei auch stets als eine Person eines insgesamt trinitarisch verstandenen Gottes (→Trinität) zu sehen und nicht aus dem christologischen Konnex (→Christologie) herauszulösen. Dieser Zusammenhang ist auch gegenüber einer vita spiritualis und der programmatischen Forderung nach „mehr“ S. in Anschlag zu bringen.

Fahlbusch, E., Art. Spiritualität, TRT 5, ^{4}1983, 84f; Fahlbusch, E., Spiritualität oder Frömmigkeit? Bemerkungen zu einem zeitgenössischen Paradigmenwechsel, Mitteilungen des Konfessionskundlichen Instituts 41, 1990, 114–117; Luibl, H. J., Spiritualität – auf der Suche nach der etwas anderen Frömmigkeit. Über Gottes buntes Treiben im Wandel der Zeiten, Pastoraltheologie 86, 1997, 42–65; Seitz, M., Art. Exerzitien II. Praktisch-theologisch, TRE 10, 1982, 703–707; Stählin, T., Aspekte ökumenisch gelebter Spiritualität, Una sancta 36, 1981, 290–298; Steck, W., Praktische Theologie. Horizonte der Religion – Konturen des neuzeitlichen Christentums – Strukturen der religiösen Lebenswelt, 2000, 227–231; http://www.ekd.de/glauben/achtsamkeit/html.

Birgit Weyel

Sprache Unter S. wird im allgemeinen ein Vorrat an Zeichen verstanden, die sich nach bestimmten Regeln miteinander verbinden lassen und der zwischenmenschlichen Kommunikation dienen. Dabei ist zu unterscheiden zwischen den Ebenen des allgemeinen Sprachvermögens (franz.: langage), dem überindividuellen Zeichensystem einer bestimmten S. (franz.: langue) sowie dessen individueller Aktualisierung durch den einzelnen Sprecher oder Schreiber (franz.: parole). Das Vermögen der S. gehört seit der Antike zu den herausragenden Bestimmungsmerkmalen des →Menschen. So bezeichnet etwa Aristoteles den Menschen als das Logos habende Lebewesen (griech.: zoón lógon echon) und verweist durch die Doppelbedeutung von Logos als Wort und Vernunft zugleich auf den engen Zusammenhang von S. und Vernunft. In der Theologie wiederum kommt der S. ebenfalls eine zentrale Bedeutung zu: Auf der einen Seite gilt das Wort nicht nur als exklusives Instrument des göttlichen Schöpfungshandelns (→Schöpfung), sondern zugleich als paradigmatisches Medium seiner Selbstoffenbarung (→Offenbarung). Entsprechend wird auf der anderen Seite das Verhältnis zwischen Gott und Mensch nach dem Modell sprachlicher Anrede gedeutet, um damit zugleich dessen personale Unmittelbarkeit hervorzuheben: Der Mensch ist als der von Gottes Wort angeredete Mensch zugleich selbständige Person und zur Gemeinschaft mit Gott bestimmter Mensch.

Die klassische Sprachtheorie und -philosophie ist von der griech. Antike über das Mittelalter bis in die Neuzeit hinein durch ein instrumentelles Sprachverständnis gekennzeichnet. Die S. wird als zeichenhafter Ausdruck der Gedanken aufgefasst; sie fungiert als Werkzeug, um die Verbindung zwischen den „inneren" Vorstellungen und den „äußeren" Gegenständen herzustellen. Die Bedeutung der Worte werde dabei durch Übereinkunft – und insofern konventionell – festgelegt. Diese Sprachauffassung vermag erstens die Differenz zwischen unmittelbaren und artikulierten Lautäußerungen einzuholen, weist zweitens die Annahme eines natürlichen Abbildverhältnisses zwischen Wort und Sache zurück – und trägt so der Pluralität menschlicher S. Rechnung – und macht drittens über die Betonung der Sachbezogenheit der Zeichen die intersubjektive Verständigungsleistung der S. verständlich. Im Gegenzug freilich verstrickt sie sich in die Schwierigkeit, ihrer konventionalistischen Pointe wegen den Ursprung der S. nicht angemessen erklären zu können, weil jede Festlegung auf eine Konvention eine erfolgreiche Verständigung bereits vorauszusetzen scheint. Darüber hinaus erweist sich die Abwertung der S. gegenüber dem Denken als problematisch; es gibt weder ein sprachunabhängiges Denken noch ein sinnvolles Sprechen ohne begleitendes Denken. Schließlich und v.a. aber unterschlägt die Reduktion der S. auf ein bloßes Werkzeug die konstitutive Funktion der S. für die →Erkenntnis und Erschließung der Welt.

Im Laufe des 18. Jh. kommt es zur Ausbildung einer eigenen Disziplin der Sprachphilosophie. In kritischer Wendung gegen das überkommene instrumentelle Verständnis der S. wird nun erstens von Wilhelm von Humboldt die welterschließende Funktion der S. betont. Ihm zufolge ist die S. „nicht eigentlich Mittel [...], die schon erkannte Wahrheit darzustellen, sondern weit mehr, die vorher unerkannte zu entdecken" (Werke, Bd. 3, 19f). Zweitens hebt Johann Georg Hamann in kritischer Auseinandersetzung mit der – allein der Vernunft verpflichteten – Transzendentalphilosophie (→Immanenz und Transzendenz) Immanuel Kants den engen Zusammenhang von S. und Denken hervor. Eine wichtige Rolle spielt schließlich drittens der Sprachursprungsstreit. Dabei stehen eine supranaturalistische (G. Hamann), eine konventionalistische (J. Locke) und eine naturalistische Auffassung (J.-J. Rousseau) einander gegenüber. Johann Gottfried Herder wiederum verweist in seiner berühmten Abhandlung *Vom Ursprung der Sprache* (1772) auf die Fähigkeit des Menschen zur Reflexion, zielt damit aber erklärtermaßen auf eine philosophische statt historische Erklärung des Ursprungs der S.

Zum beherrschenden philosophischen Thema wird die S. allerdings erst mit dem Aufkommen der analytischen Philosophie in der ersten Hälfte des 20. Jh. Nach dem ontologischen Paradigma (→Ontologie) der Antike und des Mittelalters sowie dem subjektivitätstheoretischen Paradigma der Neuzeit wird nun für die Gegenwart der Übergang zum sprachphilosophischen Paradigma ausgerufen. Damit verbindet sich der programmatische Anspruch, den Großteil der überkommenen philosophischen Probleme durch eine konsequente Sprachanalyse weniger lösen als vielmehr auflösen und so als bloße Scheinprobleme entlarven zu können. Vor allem in der Frühphase der analytischen Philosophie fallen dabei →Metaphysik und Theologie unter ein radikales Sinnlosigkeitsverdikt. Als maßgeblicher Vertreter der analytischen Philosophie gilt Ludwig Wittgenstein. Sein *Tractatus logico-philosophicus* (1921) steht repräsentativ für die formalsprachliche Richtung des Logischen Empirismus, seine *Philosophischen Untersuchungen* (1951) hingegen vollziehen die Wende zur *ordinary language philosophy* (dt.: Philosophie der normalen S.), wie sie dann im performativen Ansatz John L. Austins und der Sprechakttheorie John R. Searles fortgeschrieben wird. An die Stelle der rigiden Sprach- und Sinnkritik des Logischen Empirismus tritt nun das Programm einer Beschreibung des tatsächlichen Sprachgebrauchs und der Vielfalt seiner Funktionen. Vor diesem Hintergrund wird es auch möglich, sich der religiösen S. zuzuwenden und eine analytische →Religionsphilosophie auszubilden. Freilich bleibt das Interesse an der S. keineswegs auf die analytische Philosophie beschränkt. Nicht nur in der Phänomenologie Martin Heideggers, der →Hermeneutik Hans-Georg Gadamers und der Sozialphilosophie von Jürgen Habermas, sondern auch im französischen Strukturalismus (Ferdinand de Saussure, Claude Levi-Strauss) und Dekonstruktivismus (Michel Foucault, Jacques Derrida) wird der S. eine zentrale Bedeutung zugemessen, ohne jedoch die Philosophie insgesamt auf Sprachanalyse zu reduzieren.

Die Frage nach der Angemessenheit menschlicher S. zur Beschreibung Gottes gehört zu den Grundthemen der Theologie. Dabei werden unter dem Einfluss des Neuplatonismus bereits in der Alten Kirche die Grenzen der Reichweite menschlicher S. betont. So unterscheidet Dionysius Areopagita zwischen drei Wegen der Gotteserkenntnis (*via negationis, via eminentiae, via causalitatis*), bevorzugt jedoch zugleich den Weg der Negation, da von Gott allein gesagt werden könne, was er nicht sei. Die Intention, die Unzulänglichkeit des menschlichen Redens von Gott festzuhalten, steht auch im Hintergrund der mittelalterlichen Analogielehre. →Thomas von Aquin zufolge sei wegen der Herkunft des Geschöpflichen aus dem göttlichen Ursprung eine zumindest analoge Rede von Gott möglich, wenngleich jede Ähnlichkeit zwischen Gott und Mensch von einer noch größeren Unähnlichkeit umgriffen werde. Die analoge Rede stehe so zwischen den beiden Polen von univok-eindeutiger und äquivok-mehrdeutiger Rede. Mit der neuzeitlich-idealistischen Kritik am aristotelischen Kausalschema der Gotteslehre tritt der Analogiegedanke in den Hintergrund. Er wird erst im 20. Jh. unter ontologischen (Erich Przywara), transzendentaltheologischen (Karl Rahner) oder symboltheoretischen Vorzeichen (Paul Tillich) erneuert. Gegenüber diesen Ansätzen bringt die →Dialektische Theologie betont den Abstand zwischen Gott und Welt zur Geltung (Karl →Barth), indem sie an die Stelle jener Varianten einer *analogia entis* das Modell einer von Gott im →Glauben ermöglichten *analogia fidei* setzt.

6. Im Horizont der analytischen Philosophie kommt es in der zweiten Hälfte des 20. Jh. zu einer intensiven Debatte um das Verständnis der religiösen S. Während in der Frühphase der analytischen Philosophie von der mangelnden empirischen Verifizierbarkeit (Alfred J. Ayer) bzw. Falsizifizierbarkeit (Antony Flew) religiöser Sätze auf deren Sinnlosigkeit geschlossen oder umgekehrt deren kognitive Struktur überhaupt bestritten wird (Richard B. Braithwaite), verlagert sich nach der Hinwendung zur *ordinary language philosophy* (dt.: Philosophie der normalen S.) das Interesse auf eine Analyse des religiösen Sprachgebrauchs. Dabei werden nun nicht nur dessen expressive, interpretative und performative Funktionen herausgearbeitet, sondern im Zuge des Übergangs von der syntaktisch-semantischen zur pragmatischen Analyse zugleich die Zusammenhänge von Sprachspiel und Lebensform durchsichtig gemacht (Ludwig Wittgenstein). Damit öffnet sich schließlich auch der Blick für die kulturelle Einbettung religiöser Sprach- und Handlungsvollzüge. Seit den 1970er Jahren lässt sich schließ-

lich auch eine Wiederaufnahme erkenntnistheoretischer Fragestellungen beobachten. Vor allem Alvin Plantinga und Ingolf U. Dalferth zeigen sich darum bemüht, den Wahrheitsanspruch religiöser Sätze ernst zu nehmen und sich der Frage ihrer rationalen Begründbarkeit zuzuwenden.

Borsche, T. u.a., Art. Sprache, Historisches Wörterbuch der Philosophie 9, 1995, 1437–1495; Hennigfeld, J., Die Sprachphilosophie des 20. Jahrhunderts. Grundpositionen und -probleme, 1982; Humboldt, W. von, Werke, Bd. 3: Schriften zur Sprachphilosophie, hg. von Flitner, A./Giel, K., 1963; Laube, M., Im Bann der Sprache. Die analytische Religionsphilosophie im 20. Jh., 1999; Prechtl, P., Sprachphilosophie, 1998.

Martin Laube

Staat →Kirche und Staat

Stammesreligionen Der Begriff „Stammesreligion“ gilt in der ethnologischen und religionswissenschaftlichen Diskussion als veraltet, weil das Wort „Stamm“ sich im 19. und 20. Jh. aufgeladen hat mit europäischen Projektionen über „unzivilisierte“ außereuropäische Kulturen und die angeblich direkte Ablesbarkeit archaischer Stadien der Menschheitsgeschichte aus solchen Kulturen. Bis heute hat sich kein alternativer Begriff allgemein durchgesetzt. In Gebrauch sind u.a. „traditionale“, „ethnische“, „indigene“ oder „primäre Religion“. Im Englischen ist *primal religion* verbreitet und hat teilweise Anerkennung in betroffenen nicht-westlichen Kulturen gefunden.

Unabhängig von der Bezeichnung kann auf die Beschreibung des gemeinten Sachverhalts nicht verzichtet werden: von der neuzeitlichen ethnologischen Forschung, aber auch von christl. Missionaren sind mit fast weltweiter Verbreitung (Afrika, Nord-, Mittel- und Südamerika, Arktis, Süd- und Südostasien, Australien, Ozeanien) Kulturen beschrieben worden, in denen die Zusammengehörigkeit größerer Verbände von Menschen durch die gemeinsame Abstammung von bestimmten Ahnen und ein daraus abgeleitetes Verwandtschaftssystem definiert ist. Charakteristisch für solche Verbände ist regelmäßig, dass die Aspekte menschlichen Lebens, die aus europäischer Sicht als →Religion bezeichnet werden, untrennbar zur Kultur insgesamt gehören, diese vollständig durchdringen und inhaltlich auf den Erhalt des Verwandtschaftssystems bezogen sind. Beschreibend ließe sich demnach von „Religionen von Abstammungsgemeinschaften“ sprechen.

Generell gilt, dass solche Kulturen spätestens im 20. Jh. von der kulturellen und ökonomischen →Globalisierung erfasst wurden und in religiöser Hinsicht auf die Nachbarschaft von Christentum, →Islam, →Hinduismus, →Buddhismus u.a. reagieren, wenn nicht ihre Angehörigen sogar kollektiv oder individuell diesen Religionen beigetreten sind. Daher gibt es keine Stammesreligion in Reinform (mehr). Dennoch sind ihre Traditionen nicht einfach verloren gegangen, sondern prägen bleibend das Selbstverständnis von Menschen, die sich aus ihnen herleiten, ggf. auch die konkreten indigenen Gestalten von deren Christentum, Islam usw.

Eine Beschreibung von gemeinsamen Charakteristika traditionaler Religionen hat ihren bleibenden heuristischen Wert als idealtypisches Modell, das beim Auffinden von solchen Prägungen hilfreich sein kann. U.a. sind dafür zu nennen:

Verstorbene Ahnen gelten in irgendeiner Form als präsent in der Welt der Lebenden; die Kommunikation mit ihnen wird gepflegt z.B. durch die Darbringung von Speisen, den Unterhalt eines Feuers oder die Haltung von Tieren. Unabhängig davon gelten lebende Nachkommen (Enkel oder Urenkel) oft als Reinkarnationen von Ahnen (→Totenkult, Ahnenverehrung). Besonders wichtige, in der Regel weit zurückliegende Ahnen der größeren Gemeinschaft werden in Mythen (→Mythos) erinnert.

Mensch-Sein (→Mensch) wird von der Gemeinschaft aus gedacht; das Individuum erhält seinen Wert und seinen Platz aus der Gemeinschaft. Wichtigste Kriterien dabei sind die Position im Verwandtschaftssystem, das Alter und das Geschlecht. Eine soziale Schichtung der Gesellschaft nach anderen Kriterien ist demgegenüber kaum ausgeprägt.

Menschen empfinden sich als zugehörig zu einem größeren Ganzen gemeinsam mit Tieren, Pflanzen, Steinen, Gewässern, Geistwesen usw. Zusammengehörigkeit wird auch über die menschliche Gemeinschaft hinaus in Analogien zu Verwandtschaft verstanden.

Die Gemeinschaft der lebenden Menschen ist trennscharf untergliedert in verschiedene Altersklassen, in der Regel Kinder, junge Erwachsene, erwachsene Familieneltern, Älteste. Als weitere „Altersklasse“ schließt sich nach dem Tod der Status der Ahnen an.

Der Übergang zwischen den Altersklassen wird klar markiert durch →Rituale, die von der westlichen Wissenschaft als „Übergangsrituale im Lebenslauf“ (→Biographie) oder rites de passage bezeichnet werden. Solche Rituale finden in der Regel statt anlässlich von Geburt, Geschlechtsreife, Hochzeit, →Bestattung. Übergangsrituale sind nicht nur auf das Individuum bezogen, sondern auf die ganze Gemeinschaft. Daher gibt es für den Übergang in die Altersklasse der Ältesten oft kein „eigenes“ Ritual, sondern die Bestattung eines Elternteils oder Hochzeit eines Kindes hat gleichzeitig diese Bedeutung (→Initiation).

Das Verhältnis der Geschlechter zueinander kann unterschiedlich definiert sein, ist aber immer klar geregelt und mit einer Aufgabenteilung versehen. Das moderne Schema von Patriarchat oder Matriarchat ist in der Regel zu einfach, um die Verhältnisse angemessen wiederzugeben. Kritische historische Forschung hat ergeben, dass manche angeblich traditionellen „Patriarchate“ erst durch westliche Zuschreibung zur vollen Durchsetzung gelangt sind.

Verwandtschaftssysteme können über männliche (patrilineare) oder weibliche (matrilineare) Abstammungslinien definiert sein oder beidem unterschiedliche Bedeutung beimessen. Wichtig sind in diesem Zusammenhang auch Regeln darüber, wo die nicht für die Fortführung der Linie dominanten Ehepartner zu finden sind: außerhalb der Abstammungsgemeinschaft (exogam) oder innerhalb von ihr (endogam).

Religion besteht nicht in erster Linie aus Lehren und Überzeugungen, sondern aus Riten und Mythen. Mythen erzählen nicht von einer Welt jenseits der Alltagswelt (→Lebenswelt und Alltag), sondern von deren Fundierung im Zusammenhang des Ganzen. Gottesvorstellungen sind praktisch in allen traditionalen Religionen aufzufinden, ohne durch die Alternative „Monotheismus"/„Polytheismus" angemessen beschrieben zu sein. Kultische Verehrung wird oft weniger Gott zugewandt als den Ahnen oder Wesen, die für die unmittelbare Beziehung zu lebenswichtigen Gütern (Wasser, Nahrung, Fruchtbarkeit, Schutz) stehen.

Der Ort religiöser Praxis ist nicht abgegrenzt gegenüber Orten des Alltags (es gibt keine Trennung von „heilig" und „profan"), sondern befindet sich im Zentrum des Familien- und Gemeinschaftslebens (z. B. Feuerstelle, tragender Pfahl eines Hauses, Versammlungshalle, zentraler Platz des Dorfes).

Religion auszuüben ist nur wenig delegiert an bestimmte Funktionsträger (insbesondere Spezialisten zur Bekämpfung von Krankheit und Unglück, zum Auffinden verborgenen Wissens); die Gemeinschaft der Ältesten spielt eine wichtige Rolle für die Bewahrung erzählter Erinnerung und die Durchführung von Ritualen. Religiöse Praxis wird im Vollzug von Generation zu Generation weitergegeben.

Dabei ist im System traditionaler Religionen nicht vorgesehen, dass einzelne Individuen sich auch gegen die Zugehörigkeit zur Gemeinschaft und zu ihrer Religion entscheiden könnten. Zugehörigkeit ist zwingend; sie wird als lebenswichtig sowohl für den Einzelnen als auch die Gemeinschaft betrachtet. Entsprechend groß sind die Umbrüche, die das Eindringen von Vorstellungen religiöser Entscheidungsfreiheit für traditionale Gesellschaften bedeutet haben.

Dabei sind traditionale Religionen nicht nur einfach Verlierer einer Entwicklung, die sie überrollt hätte. Moderne Bedingungen der →Religionsfreiheit haben traditionalen Religionen neue Entwicklungsdynamiken eröffnet bis hin zu der Möglichkeit, ihr Menschenbild und ihre Weltsicht modernen westlichen Menschen als alternative Heilslehre (→Heil) anzubieten.

Bergunder, M., Wiedergeburt der Ahnen. Eine religionsethnographische und religionsphänomenologische Untersuchung zur Reinkarnationsvorstellung, 1994; Sundermeier, T., Nur gemeinsam können wir leben. Das Menschenbild schwarzafrikanischer Religionen, [3]1997; Wernhart, K. R., Ethnische Religionen. Universale Elemente des Religiösen, 2004.

Andreas Feldtkeller

Sterbehilfe →Sterben, Sterbehilfe

Sterben, Sterbehilfe S. und S.hilfe sind nicht erst mit Beginn der modernen Medizin zum Problem geworden. Das Bewusstsein um die Endlichkeit des →Lebens stellt jeden Menschen vor das paradoxe Problem seiner eigenen Existenz: Der →Mensch ist das Lebewesen, welches weiß, dass es sterben muss; das Ich als manifester Träger des Wissens nimmt sich selbst als →Individuum wahr. „Das Individuum aber ist das eigentliche Opfer des Todes. Indem das Ich zum reflektierenden Wissen gelangt, gelangt es zum Wissen seines notwendigen Untergangs." (C. F. von Weizsäcker) S. gehört zu den Grunderfahrungen des Menschseins sowohl als Wissen um die eigene Endlichkeit als auch durch die Erfahrung des S. des anderen. S. ist zugleich individueller und sozialer Prozess.

Bibl. Texte als Zeugnisse menschlicher Lebenserfahrung und Gottesbewusstseins sind fundamentale Bezugsgrößen für das Verständnis und den Umgang mit S. im Christentum. Der Tod ist die natürliche Grenze des irdischen Lebens. Die Schrift spricht vom Sterbenmüssen. Gutes S. wird in den Erzählungen bibl. Figuren qualifiziert durch die Attribute „alt und lebenssatt“ (Gen 25,8; Hi 42,17 oder Dtn 34,7). Ihr S. vollzieht sich zugleich im Bewusstsein des sozialen Kontextes. →Abraham und Hiob regeln letzte Dinge, verteilen ihr Erbe unter die Nachkommenschaft (Gen 25,5f, Hi 42,15). Es wird aber auch von S. erzählt, das zu früh ins Leben einbricht. Die atl. und ntl. Auferweckungserzählungen (1Kön 17,17–24; 2Kön 4,18–37; Joh 11,1–45 u.a.) heben den Tod von Kindern und jungen Menschen auf, motiviert durch die Trauerreaktionen der Angehörigen und begründet in der lebensschaffenden Kraft Gottes. Martin Honecker sieht hier den „Kampf der Medizin gegen einen vermeidbaren Tod“ begründet: „Der Tod ist ein Feind des Menschen – aber der Tod ist der letzte Feind, der gerade nicht den Sieg behält (1Kor 15,55–57).“ (M. Honecker)

S. wird im Horizont des Gottesglaubens (→Glaube) gedeutet. Grundlegend ist die Aussage Röm 6,23: „Der Tod ist der Sünde Sold“. Das S. betrifft nicht nur die Beziehung zwischen den Menschen, sondern auch die Gottesbeziehung. Das S. führt letzten Endes zum Tod als totaler Beziehungslosigkeit und letzter Passivität (E. Jüngel): Das Totenreich (Scheol) ist ein trostloser Ort, an dem es keinerlei Aktivitäten gibt (Koh 9,10; Ps 6,6). Im Zentrum des christl. Glaubens steht das S. →Jesu. Die Menschwerdung Gottes (→Inkarnation; →Christologie) umfasst auch die Erfahrung des Sterbenmüssens (vgl. Hebr 2,9). In den Passionsberichten (→Passion) der Evangelisten verdichten sich die bibl. Vorstellungen und radikalisieren sich im Sterbensschrei des Gottverlassenen (Mk 15,34): Die bittere Realität des S. als Gottverlassenheit reicht bis hinein in die Gotteslehre. →Paulus stellt das S. in einen radikal christologischen Zusammenhang. Er zieht keine trennscharfe Linie zwischen Tod und Leben; beide Aspekte überlagern und durchdringen einander. Die in Röm 6 vorgestellte →Taufe auf den Tod Jesu ist so zu verstehen, dass Paulus den Getauften in eine heilsdynamische Bewegung hineingestellt sieht, in welcher er einerseits bereits jetzt der konkreten Herrschaft des Todes abgestorben ist, andererseits aber dem Tod insoweit unterliegt, als die endgültige eschatologische Überwindung (→Eschatologie) der Todesmacht noch aussteht. Die Taufe verortet die Gläubigen in einer „Schwellenphase eines umfassenden Transformationsprozesses. Die Taufe eröffnet und markiert bei Paulus ein Leben im Übergang.“ (C. Strecker) In Anlehnung an Arnold van Gennep und Victor Turner deutet Christian Strecker den durch die Taufe markierten Schwellenzustand als einen „permanent liminalen Raum“ zwischen Tod und →Auferstehung Christi. Die Pointe des pln. Verständnisses ist dabei, dass gerade die Erfahrung der radikalen Beziehungslosigkeit überwunden wird durch die Teilhabe an der „vertikalen *communitas*“: „jene Teilhabe am Transzendenten, die für die rituelle Liminalität durchaus typisch ist“ und als Taufritus die horizontale Gemeinschaft der Christusgläubigen bedingt.

Insgesamt eignet den bibl. Texten ein nüchtern realistisches Verständnis des S. Endlichkeit wird zwar akzeptiert, stellt aber ein menschliches und theologisches Problem dar, das als Leid erfahren wird.

In der Gegenwart wird S. v.a. als ein Problem des Gesundheitswesens betrachtet. Philippe Ariès hat in seiner Geschichte des Todes beschrieben, wie in vormoderner Zeit der Tod durch →Krankheiten verursacht wurde, die nicht den plötzlichen Tod, sondern einen Prozess des S. mit sich brachten. Deshalb war es möglich, das soziale Umfeld zu verständigen und zum Sterbenden zu rufen. Der Prozess des S. galt dabei als irreversibel und erwartbar. Mit dem Siegeszug der modernen Medizin seit Entwicklung der Antibiotika wurde es möglich, bislang als todbringend geltende Krankheiten zu heilen. Dies wurde zur zentralen Aufgabe des nach funktionalen Kriterien organisierten Krankenhausbetriebs. Damit wurde jedoch das S. zum Problem, das der Intention des Gesundheitswesens zuwider läuft. Dieser Gegensatz wurde durch die Entwicklung der Intensivmedizin gesteigert. Durch den Ersatz von Herz-Kreislauf- und Beatmungsfunktionen kann der Sterbeprozess dauerhaft verzögert werden. Damit wird die Feststellung des eingetretenen Todes eine medizinische Angelegenheit. Entsprechend hat 1968 das Komitee der Harvard Medical School den Hirntod (Zustand der irreversibel erloschenen Gesamtfunktion des Großhirns, des Kleinhirns und des Hirnstamms) als Tod des Menschen medizinisch definiert.

Gleichzeitig mit der Intensivmedizin – und auf diese reagierend – wurde der Sterbeprozess als das Geschehen vor Eintritt des Todes zum Gegenstand von Forschung. Das Unbehagen an der zunehmenden Hospitalisierung der letzten Lebensphase und an der Verdrängung aus den alltagsweltlichen Kontexten spielten dabei eine zentrale Rolle. In ihrem Bemühen, die Vorgänge im Sterbeprozess besser zu verstehen und ihnen durch professionelle Begleitung zu entsprechen, führte die Ärztin Elisabeth Kübler-Ross „Interviews mit Sterbenden", die Einblicke in psychische Prozesse der Bewältigung des Wissens um die eigene Endlichkeit ermöglichten und auch der Erforschung von Trauerprozessen den Weg bahnten. Parallel dazu widmete sich, ausgehend von Großbritannien, die Palliativmedizin und -pflege der Erforschung des Sterbeprozesses mit dem Ziel, Leidsymptome zu lindern und „Leben bis zuletzt" zu ermöglichen. Ein besseres Verständnis der körperlichen, psychologischen und spirituellen Aspekte des S. ermöglicht die Linderung von Leid (→Leiden). Ziele palliativmedizinischer Behandlung sind dabei die Erhaltung der Würde des Patienten, den Sterbeprozess weder zu beschleunigen noch zu verzögern, Angehörige zur Begleitung zu befähigen und sie in dieser Phase zu unterstützen. Statt S. als Ausnahmefall im Rahmen des Gesundheitswesens zu betrachten und zu gettoisieren, wird es durch eine ganzheitlich orientierte *palliative care* in das System integriert mit der Folge einer Professionalisierung von Sterbebegleitung.

Mit den Möglichkeiten der modernen Medizin hängt auch die Zunahme öffentlicher Debatten um eine Liberalisierung der S.hilfe zusammen. Meist ist damit die sog. aktive S.hilfe gemeint, das aktive ärztliche Eingreifen zur Beendigung des Lebens. Ziel der Handlung ist es, den schnellen Tod des Patienten herbeizuführen. Diese Tötung auf Verlangen ist bislang in Deutschland verboten, im Unterschied zu gesetzlichen Regelungen in den Niederlanden und Belgien. Erlaubt ist dagegen die Beendigung oder der Verzicht auf lebenserhaltende Maßnahmen, die Änderung des Therapieziels von Heilung und Verlängerung des Lebens zum Zulassen des S.

(sog. passive S.hilfe). Zu differenzieren ist S.hilfe schließlich im Hinblick auf den Patientenwillen: Freiwillige S.hilfe bezieht sich auf den ausdrücklich – auch in Form einer Patientenverfügung – geäußerten Wunsch von Patienten. Im Falle nicht-freiwilliger S.hilfe können Betroffene ihren Wunsch nicht (mehr) formulieren. Unfreiwillige S.hilfe bedeutet die Tötung gegen den geäußerten Lebenswillen oder ohne ihn eruiert zu haben. Die Diskussion um die rechtliche Zulässigkeit der Tötung auf Verlangen oder der ärztlichen Beihilfe zum →Selbstmord (ärztlich assistierter Suizid) dreht sich einerseits um das Verständnis von Autonomie und Selbstbestimmung, andererseits um Gefahren des Missbrauchs sowie der Folgen für das ärztliche Berufsethos und die Tendenz einer Ökonomisierung und Rationierung des medizinischen Beistands am Lebensende. Ulrich H.J. Körtner warnt: „Es besteht die Gefahr, daß die gesetzlich eingeräumte Entscheidungsfreiheit zum Entscheidungsdruck mutiert, welcher von nahestehenden Personen oder der Gesellschaft insgesamt auf einen sterbenskranken Menschen ausgeübt wird. So droht der vermeintliche Schutz der Autonomie durch die Legalisierung der aktiven S.hilfe eben dieselbe zu untergraben."

Insgesamt zeigt sich, dass heutiges S. angesichts der Möglichkeiten moderner Medizin von Intensiv- bis Palliativmedizin den Einzelnen in einem höheren Grad zur Selbstverantwortung nötigt, der die Umstände des eigenen S. frühzeitig – etwa durch eine Patientenverfügung – regeln muss. In der Befähigung dazu liegt eine wachsende Aufgabe beratender und seelsorglicher Tätigkeit, die angesichts der Medikalisierung und Individualisierung des S. immer wieder an Grundeinsichten erinnern wird: Bei der Sterbephase handelt es sich um eine besondere Phase des Lebens; der sterbende Mensch ist ein unverwechselbares Individuum, dessen Würde im institutionellen und gesellschaftlichen Kontext zu schützen ist; Sterbebegleitung findet ihre Grenze, wo nicht mehr zur Lebensführung beigetragen wird, sondern der Tod des Menschen gezielt herbeigeführt werden soll.

Bausewein, C./Roller, S./Voltz, R., Leitfaden Palliativmedizin, [2]2004; Dabrock, P./ Klinnert, L./Schardien, S., Menschenwürde und Lebensschutz, 2004; Heller, A./ Heimerl, K./ Metz, C. (Hg.), Kultur des Sterbens, 2000; Jüngel, E., Tod, [5]1993; Körtner, U.H.J., Unverfügbarkeit des Lebens, 2001; Körtner, U.H.J., Bedenken, dass wir sterben müssen, 1996; Kübler-Ross, E., Interviews mit Sterbenden, [7]1973; Nassehi, A., Sterben und Tod in der Moderne, in: ders./Pohlmann, R. (Hg.), Sterben und Tod, 1992, 11–26; Saunders, C., Hospiz und Begleitung im Schmerz, [3]1993; Strecker, C., Auf den Tod getauft – ein Leben im Übergang. Jahrbuch für Biblische Theologie 19, 2004, 259–295; Weizsäcker, C.F. von, Der Garten des Menschlichen. Beiträge zur geschichtlichen Anthropologie, 1977.

Traugott Roser

Stigmatisation Das griech. Wort *stigma* bedeutet Stich, Mal oder Zeichen. In der Antike war es die Kennzeichnung von Sklaven durch Brandmale. Im religiösen Kontext wird damit meist das Phänomen des Auftauchens der Wundmale Christi an Handflächen und Handrücken sowie Fußsohle und Fußrücken (Nagelwunden), an der rechten Seite (Speerwunde), seltener auch an Schultern, Rücken und Knien (Geißelung) oder am Kopf (Dornenkrone) bezeichnet. Es wird zwischen innerer S., die sich durch Schmerzen an den entsprechenden Stellen äußert, welche sich nicht als Wunden zeigen, und äußerer S., die als Rötungen, blutunterlaufene Stellen und offene Wunden auftreten, unterschieden, wobei Erstere in Zweitere übergehen können wie etwa 1812 bei Anna Katharina Emmerick (1774–1824). Die Wunden sind dadurch gekennzeichnet, dass sie Formen religiöser →Symbole (→Kreuz, Buchstaben) annehmen können, dass Substanzgewinn (Nagelköpfe aus Körpersubstanz) oder Substanzverlust (Löcher in Händen oder Füßen) stattfinden kann, dass sie nicht abheilen, stetigen Blutverlust aufweisen, sich nicht infizieren und oftmals periodisch in Bezug zum christl. Kalender an bestimmten Wochen- oder Feiertagen auftreten. Die Stigmatisationen werden häufig durch langjährige →Krankheiten, durch →Visionen, Wunderheilungen (→Heilung), Wunderkräfte (→Wunder) und paranormale Erscheinungen begleitet. Die Tatsache, dass die Wundmale an den Handflächen und nicht an den Handgelenken auftreten, wo sie historisch bei der Kreuzigung aufgetreten sein müssen, wird als Beweis für den ideoplastischen Ursprung der Stigmata in subjektiven Vorstellungen angeführt. Fälle von S. treten v.a. bei Mitgliedern der →römisch-katholischen Kirche, seltener auch in anglikanischen, methodistischen oder baptistischen Kontexten auf. Franz von Assisi (1181–1226) gilt mit seiner S. im Jahre 1224 als der bekannteste Fall früher S. Im 20. Jh. sind Therese Neumann aus Konnersreuth (1898–1962) und Pater Pio von Pietrelcina (1887–1968) die beiden bekanntesten Fälle.

Der abgeleitete Begriff der sozialen S. wurde von Erving Goffman (1922–1982) in seinem Buch *Stigma: Notes on the Management of Spoiled Identity* (1963) geprägt.

Höcht, J.M., Träger der Wundmale Christi, Eine Geschichte der Stigmatisierten, 1994; Malzahn, I., Pater Pio von Pietrelcina. Wunder, Heilungen und von der Kraft des Gebets, 2001.

Joachim Gentz

Strafe Im Allgemeinen ist S. die negative Sanktion für unerwünschtes Verhalten eines Einzelnen oder einer sozialen Einheit. Zu unterscheiden ist zwischen dem Subjekt des Strafens (in der Regel entweder der Geschädigte oder eine hierzu legitimierte Institution oder göttliche Schicksalsmächte), dem Objekt des Strafens (entweder Täter oder Verantwortliche oder die soziale Gruppe, der diese angehören) sowie der Norm, deren Übertretung geahndet wird (entweder formelle oder informelle Normen); ein Sonderfall ist die Sanktionierung unerwünschter Eigenschaften eines Einzelnen oder einer Gruppe, in diesem Fall spricht man nicht von S., sondern von Stigmatisierung oder Diskriminierung, die im Extremfall bis zum Massenmord reichen kann. Weiter ist zu differenzieren zwischen dem Verfahren, durch das eine S. verhängt wird, und deren Vollzug (einschließlich der sich wandelnden Strafarten).

Historisch hängen Formen und Begründung der S. mit der jeweiligen Gesellschaftsstruktur, insbesondere den Formen der Herrschaft, zusammen. Entstanden ist die S. aus den Phänomenen der Rache und der Vergeltung, ein Zusammenhang, der auch in heutigen Strafvorstellungen eine Rolle spielt. Subjekt der S. waren demzufolge entweder der Geschädigte oder dessen Sippenverbund (Privatstrafe). Normativ bezog sich die S. auf Abweichung von der Sitte, auf den Tabubruch oder auf die direkte Schädigung eines Betroffenen. Objekt der S. war der Täter oder dessen Familie bzw. Sippe, gegebenenfalls auch über Generationen hinweg. Neben menschlichen spielte die Vorstellung der S. durch übermenschliche Instanzen eine zentrale Rolle, diese können personaler (Gottheiten, Ahnen, Naturgeister) oder überpersonaler Art (Schicksal, →Karma) sein. Sie strafen bei der Verletzung der natürlichen Ordnung bzw. bei der Übertretung zentraler sozialer Normen. Im Hintergrund steht die Überzeugung, dass menschliches Handeln und Ergehen in einem Zusammenhang stehen, sodass Vergehen eine unmittelbare oder spätere negative Folge mit Notwendigkeit nach sich ziehen.

Die weitere Entwicklung der Strafpraxis hängt mit der Entwicklung des →Rechts zusammen. Deutlich wird dies an der im europäischen Raum sich vollziehenden Ablösung der Privatstrafe (z. B. Fehde) durch eine staatlich geregelte Rechts- und Strafpraxis. Dies zeichnet sich seit dem MA durch Versuche, ein Fehdeverbot durchzusetzen, ab und mündet 1495 im Ewigen Landfrieden, der die Fehde untersagte und im Streitfall gebot, Gerichte anzurufen. In diesem Zusammenhang ist dann auch der *Erlass der Peinlichen Halsgerichtsordnung* durch Karl V. im Jahr 1532 zu sehen. Hintergrund ist die Ausbildung staatlicher Territorialherrschaft, die auf die Durchsetzung des Gewalt-, und damit auch des Strafmonopols, angewiesen war. Entsprechend war diese Durchsetzung umstritten und erst geraume Zeit später abgeschlossen.

Sobald sich die S. von persönlichen Verhältnissen ablöst und zu einer staatlichen Praxis wird, stellt sich die Frage nach deren Legitimation. Darauf antworten Straftheorien, die sich grob in absolute und relative unterscheiden lassen.

In absoluten Straftheorien liegt der Sinn der S. in ihr selbst; ihren Ausdruck findet diese Ansicht v. a. in Vergeltungstheorien. An antike Vorstellungen anknüpfend basiert sie auf der klassischen Definition von Hugo Grotius, dass die S. ein Übel des Leidens sei, das wegen eines Übels des Handelns zugefügt werde. S. ist so verstanden eine staatlich geregelte Vergeltung im Unterschied zur Rache. Sie setzt sowohl die Verwerflichkeit der Tat als auch die Zurechenbarkeit auf einen Täter voraus und verweist auf →Gerechtigkeit. Klassische Vertreter der Vergeltungstheorie sind Immanuel Kant und Georg Wilhem Hegel. Für Kant wird die S. über einen Verbrecher verhängt, weil er verbrochen hat. Sie ist am Wiedervergeltungsrecht (lat.: ius talionis) zu orientieren. Ebenso verteidigt Hegel das Vergeltungsprinzip, indem er von der Gerechtigkeit ausgehend die S. als Wiederherstellung des Rechts versteht, und gleichzeitig in der S. der Täter als Vernünftiger geachtet wird, da er sich durch die →Vernunft unter die allgemeinen Bedingungen des Rechts stellt. Problematisch ist die Vergeltungstheorie aus drei Gründen: Sie begründet nicht die Notwendigkeit der S., sondern setzt sie bereits voraus, die Vorstellung des Schuldausgleichs (→Schuld) bleibt unbefriedigend, weil der Schuldcharakter von einem starken Begriff der Willensfreiheit abhängig, und damit kaum praktikabel ist und zudem bleibt unklar, warum ein zuvor begangenes Unrecht durch die Zufügung eines Übels aufgewogen werden könnte (Huber).

Für relative Straftheorien liegt der Sinn der S. in ihrem Nutzen, künftige

Taten zu verhindern. Hier werden zwei Varianten vertreten, die General- und die Spezialprävention. Die Generalprävention versteht S. als Abschreckung potentieller Täter (negative) und als Stabilisierung des Rechtssystems (positive Generalprävention). Diese v.a. im utilitaristischen Denken (→Utilitarismus) verbreitete Auffassung wurde in Deutschland durch Anselm von Feuerbach vertreten, demzufolge in der S. eine Art psychologischer Zwang auf die Allgemeinheit wirke. Gegenwärtig wird in Deutschland v.a. die positive Generalprävention diskutiert. Ihre Funktion ist der Erweis der Unverbrüchlichkeit der Rechtsordnung; in der S. wird ein Unwerturteil über eine Tat zum Ausdruck gebracht. Letztlich dient die Strafpraxis der Gewährleistung gesellschaftlicher Interaktion durch ein geschütztes Vertrauen in den Bestand relevanter Normen. Problematisch an der Theorie der Generalprävention ist zunächst, dass ihre Wirksamkeit nicht nachgewiesen kann, dies gilt insbesondere für die Todesstrafe. Zudem wird der Täter als Mittel zum Zweck der →Erziehung der Allgemeinheit behandelt, was der →Menschenwürde widerspricht. Die Spezialprävention ist auf den einzelnen Täter gerichtet und bezweckt dessen Abschreckung bzw. Besserung. Falls beides nicht erreichbar scheint, kann die Maßregel der Sicherungsverwahrung verhängt werden, um die Gesellschaft zu schützen; die Vorwerfbarkeit bzw. Schuld des Betroffenen spielt hier keine Rolle, da die potentielle Gefährdung im Mittelpunkt steht. Diese in Deutschland seit 2004 wieder praktizierte Maßnahme wird hinsichtlich ihrer Legitimität und ihres konkreten Einsatzes diskutiert. Die Besserung oder präziser Resozialisierung gehört nach dt. Recht zu den zentralen Aufgaben des Strafvollzugs. Als problematisch wird bei der Spezialprävention gesehen, dass der Staat so zu einer Besserungsanstalt seiner Bürger werde und letztlich die moralischen Vorstellungen der Mehrheit gegenüber Minderheiten durchsetze. Im Blick auf die Verbrechen der NS-Zeit wird darauf hingewiesen, dass in den Fällen, in denen keine Wiederholungsgefahr besteht, bei der Spezialprävention keine S. begründet werden könne, NS-Straftäter damit in der Regel straffrei bleiben müssten.

Wegen der letztlich unbefriedigenden Ergebnisse der Theorien sind in letzter Zeit sog. Vereinigungstheorien vorgeschlagen worden, die die einzelnen Aspekte verbinden. Allerdings vermag dieses eklektische Verfahren systematisch nicht zu überzeugen, da allein die Addition verschiedener Elemente noch keine konsistente Theorie ergibt und zudem die jeweilige kritische Funktion der Theorien verloren zu gehen droht.

Die Positionen der Straftheorien spiegeln sich auch in theologischen Ansätzen. Auf der einen Seite wird S. als Vergeltung und Sühneleistung (→Sühne) für eine Rechtsverletzung verstanden. Auf dieser Linie wird in der Regel ordnungstheologisch argumentiert und das Recht als Erhaltungsordnung verstanden, dessen Integrität durch eine Rechtsverletzung im ganzen verletzt wird; die S. dient so dem Schutz der göttlich legitimierten Ordnung (Althaus). Auf der anderen Seite wird seit Friedrich Daniel Ernst →Schleiermacher immer wieder geltend gemacht, dass die S. schon deshalb keine Schuld sühnen kann, weil die vergeltende Gerechtigkeit Gottes im Leiden und Tod Christi bereits vollzogen sei (Barth), bzw. weil mit dem Kreuzestod der Sühnemythos ein Ende gefunden habe (Huber). Dann jedoch kann die S. allein als pädagogische oder bessernde Maßnahme ein begrenztes Recht haben. Dieser Richtung folgt auch die Denkschrift der

EKD von 1990 mit dem Titel *Strafe –Tor zur Versöhnung?*, die die Wiedereingliederung des Rechtbrechers in die Gemeinschaft als vorrangiges Ziel sieht und daher v.a. Fragen des Strafvollzugs thematisiert.

Letztlich wird deutlich, dass es keine konsistente Legitimation gesellschaftlichen Strafens gibt und allenfalls funktional nach dessen Möglichkeiten und Grenzen gefragt werden kann. Das Strafrecht verbietet, es verurteilt und es vollzieht S. Damit werden ihm die Funktionen zugewiesen, die Rechtsgüter einer Gesellschaft zu schützen, Rechtssicherheit und –vertrauen zu gewährleisten und im Vollzug dies mit der Personwürde der Bestraften in Einklang zu bringen (Huber). Dann stellt sich, insbesondere bei minder schweren Delikten und bei der Jugendstrafe, die Frage nach Alternativen zur S.

Auch die sozialwissenschaftliche Forschung über Ursachen abweichenden Verhaltens, Kriminalitätskarrieren und die Auswirkungen von Gefängnisstrafen haben dazu beigetragen, Maßnahmen zu entwickeln, die einen weniger stigmatisierenden Effekt haben und negative Lerneffekte vermeiden. Zu nennen sind hier die Diversion (gemeint ist die „Ableitung“ aus dem Kriminaljustizsystem ohne bzw. mit nicht „strafenden“ Sanktionen), zu der u.a. der Täter-Opfer-Ausgleich gehört, und abolitionistische Modelle, die auf die Abschaffung von Gefängnisstrafen setzen.

S. sind als Mittel zur Erziehung in der Vorstellungswelt fest verankert. Auch die körperliche Züchtigung galt lange als unverzichtbarer Bestandteil der Erziehungsmethoden. Erst mit dem Entstehen der Pädagogik im 17. und 18.Jh. wird dies problematisiert. Auf der einen Seite betonten Verfechter die Bedeutung von Zucht und Gehorsam. So etwa die einflussreiche Position von August Hermann Francke, der Kinder durch S. zum göttlichen Gehorsam erziehen und die Ursache des →Bösen, den Eigenwillen, durch, insbesondere körperliche, S. brechen wollte. Auf der anderen Seite wurde im Anschluss an Rousseau und Schleiermacher immer wieder auf die negativen Folgen der S. aufmerksam gemacht. Allerdings bleibt das Problem, wie Kinder in Sozialisation und →Erziehung den Umgang mit Grenzen und gesellschaftlichen Normen und Regeln einüben können, wenn Abweichungen nicht sanktioniert werden. Letztlich stoßen hier auch Modelle, die aus behavioristischen und kognitivistischen Lerntheorien stammen, an Grenzen. Diese arbeiten mit positiven oder negativen *Stimuli* (Belohnung oder Bestrafung), um erwünschtes Verhalten zu trainieren. Allerdings wird damit die Frage nach angemessenen Erziehungszielen auf die formale Übereinstimmung mit erwünschtem Verhalten reduziert und zudem das komplizierte Geflecht zwischen der Persönlichkeit der Beteiligten, der sozialen Rahmenbedingungen bis hin zur gesellschaftlichen Strafpraxis ausgeblendet.

Evers, R./Kleinert, U. (Hg.), Muss Strafe sein? Sozialwissenschaftliche Einsichten zu Schuld und Sühne, 2005; Hassemer, W., Einführung in die Grundlagen des Strafrechts, [2]1990; Huber, W., Gerechtigkeit und Recht. Grundlinien christlicher Rechtsethik, 1996; Reuter, H.-R., Recht und Strafe. Ein Beitrag aus der Sicht evangelischer Ethik, Zeitschrift für Evangelische Ethik 31, 1987, 372–391.

Hans-Ulrich Dallmann

Stuttgarter Schuldbekenntnis Der Anstoß zu diesem frühen Bekenntnis kirchlicher Mitverantwortung für die Verbrechen des nationalsozialistischen Regimes kam von der →Ökumenischen Bewegung. Es sollte die Voraussetzung für die Wiederaufnahme der Gemeinschaft mit den dt. Kirchen sein, die bald auch in Form massiver ideeller und materieller Hilfe erfolgte. Die vom Rat der →Evangelischen Kirche in Deutschland (EKD) am 19. Oktober 1945 in Stuttgart vor Ökumenevertretern abgegebene Erklärung war als Bitte an die Christenheit um Vergebung vor Gott und um Wiederherstellung zerstörter Gemeinschaft abgefasst. In dem maßgeblich von Hans Asmussen und Otto Dibelius formulierten Text bekannte sich die Kirche zur „Solidarität der Schuld" mit dem deutschen Volk: „Durch uns ist unendliches Leid über viele Völker und Länder gebracht worden." Bezüglich der Form der →Schuld war der Text aber wenig konkret. In traditioneller Frömmigkeitssprache hieß es: „wir klagen uns an, dass wir nicht mutiger bekannt, nicht treuer gebetet, nicht fröhlicher geglaubt und nicht brennender geliebt haben." Die Wurzel der Schuld sah der Rat demnach in der Schwäche des Glaubens der Kirche und des einzelnen Christen. Um Schuld nicht mit Gegenschuld aufzurechnen, schwieg die Erklärung zu den Vertreibungsverbrechen an Deutschen. Gemeinsam mit der →Ökumene wollte man „dem Geist der Gewalt und der Vergeltung" wehren, damit „der Geist des Friedens und der Liebe zur Herrschaft komme."

Kaum veröffentlicht wurde über die Erklärung heftig gestritten. Die Auseinandersetzung drehte sich v.a. um die angebliche Anerkennung einer dt. „Kollektivschuld" sowie um das Eingeständnis von Schuld allein durch die Deutschen und nicht auch durch die Siegermächte. In den Diskussionen wurde deutlich, dass die in Stuttgart formulierten Einsichten, sofern sie in der Not der Nachkriegszeit überhaupt wahrgenommen wurden, nicht im Bewusstsein der breiten Öffentlichkeit verankert waren. Die Ablehnung überwog. Auch Kirchenleitungen und einzelne Unterzeichner rückten von ihr ab. Heute aber gilt die Stuttgarter Schulderklärung als bedeutendstes Dokument des Nachkriegsprotestantismus.

Besier, G./Sauter, G., Wie Christen ihre Schuld bekennen. Die Stuttgarter Schulderklärung 1945, 1985; Greschat, M. (Hg.), Die Schuld der Kirche. Dokumente und Reflexionen zur Stuttgarter Schulderklärung vom 18./19. Oktober 1945, 1982; Greschat, M. (Hg.), Im Zeichen der Schuld. 40 Jahre Stuttgarter Schuldbekenntnis. Eine Dokumentation, 1985.

Claudia Lepp

Subjektivität Der Ausdruck S., eine Substantivierung von „subjektiv", entstammt der Diskussion um Immanuel Kants Erkenntnistheorie am Ende des 18. Jh. Kant hatte behauptet, dass eine Theorie der →Erkenntnis, die das Objektivitätsbewusstsein rechtfertigen soll, nur durch den Rückgang auf die S. des Erkennenden möglich ist (s.u.). Darüber hinaus gehört die S. zu den charakteristischen Kennzeichen des Aufklärungszeitalters (→Aufklärung; S., →Freiheit, Kritik): „Habe den Mut, dich deines eigenen Verstandes zu bedienen" (Kant). S. steht daher für die maßgebliche Rolle des menschlichen Subjekts, seine innere Verfassung und seine Außenbeziehungen.

Der Sache nach ist das Phänomen allerdings sehr viel älter. Gerade die jüd.-christl. Tradition zeigt eine ganze Fülle von Ausdrucksformen religiöser S.: Die Erhebung über das Treiben der Welt beim Psalmbeter („Herr, wenn ich nur Dich habe, frage ich nicht nach Himmel und Erde"), die Konzentration auf das Wesentliche bei Jesus von Nazareth (→Jesus Christus) („Was hülfe es dem Menschen, so er die ganze Welt gewönne und nähme doch Schaden an seiner Seele?"), der innige Dialog von Seele und Gott bei →Augustin („Gott und die Seele will ich erkennen." – „Weiter nichts?" – „Gar nichts"), die nachdrückliche Betonung des subjektiv angeeigneten Gottesglaubens bei Martin →Luther („Was nützt's Dir, dass ein Gott ist, wenn's nicht Dein Gott ist?"). Luther behauptete nachdrücklich die Unvertretbarkeit der religiösen S., d.h. des persönlichen →Glaubens, durch die Institution der Kirche. In allen Fällen wird der Rückgang auf die S. zugleich als Vertiefung und als Bereicherung der →Religion empfunden. Allerdings ist durchgängig vorausgesetzt, dass das Subjekt nicht sich selbst genügt, sondern sich in ein Verhältnis zu Gott gestellt sieht. Darin zeichnet sich bereits ein Konflikt mit dem neuzeitlichen Gedanken der Autonomie ab. Dennoch werden in dieser Tradition Merkmale der S. entwickelt, die auch in der Neuzeit Bestand haben. Dazu gehören die Unvertretbarkeit des Subjekts, die selbsttätige Aneignung tradierter Religion sowie die Fähigkeit zum subjektiven und selbst verantworteten Ausdruck des persönlichen Gottesverhältnisses.

Die Vielfalt der Bedeutungsnuancen von S. lässt sich am besten durch das Einzeichnen in verschiedene Kontexte verdeutlichen:

S. und Objektivität: Es ist eine der zentralen Einsichten der Erkenntnistheorie Immanuel Kants, dass sich das Objektivitätsbewusstsein des erkennenden Subjekts nur durch eine ausgeführte Subjektivitätstheorie in seiner Berechtigung nachweisen lässt. Die in der Struktur der S. aufgewiesenen Bedingungen der Möglichkeit der →Erfahrung sind zugleich die Bedingungen der Möglichkeit der Gegenstände der Erfahrung.

S. und Intersubjektivität: Der Gedanke der S. wird oft mit Formen des Subjektivismus, der Selbstbezogenheit oder des Egoismus assoziiert. Demgegenüber muss darauf hingewiesen werden, dass jede ernst zu nehmende Theorie der S. zugleich auch eine Theorie der Intersubjektivität ist. Die Entdeckung und Ausbildung der eigenen S. ist stets gebunden an die Anerkennung des Anderen als einer S. (J.G. Fichte, G.W.F. Hegel). Die eigene Autonomie impliziert die Achtung vor der Würde der Autonomie anderer Personen (I. Kant).

S. und Individualität: Beide Konzepte weisen eine Fülle gemeinsamer Merkmale auf. Dennoch spricht vieles dafür, den Individualitätsgedanken als konkrete S. zu fassen. Das heißt, S. steht für die allgemeinen Merkmale Autonomie, Selbstzuschreibung und Unvertretbarkeit, während die Individualität die je konkrete und persönlich gefärbte Ausprägung dieser Merkmale am Ort des jeweiligen Subjekts beschreibt. Diese Zuordnung spiegelt sich auch in der geschichtlichen Entwicklung der Neuzeit wieder, in der die Ausbildung des Subjektivitätskonzepts (R. Descartes bis I. Kant) der Ausbildung des Individualitätsgedankens (J.G. Herder, F.D.E. Schleiermacher, Frühromantik) vorausging.

S. und →Geschichte: Martin Luther hatte den historischen Glauben (lat.: fides historica) und den aneignenden Glauben (lat.: fides apprehensiva) unterschieden und damit die religiöse S. von dem bloßen Für-wahrhalten geschichtlicher Überlieferung abgegrenzt. Er war aber zugleich der Meinung, dass sich die religiöse S. nur in der Auseinandersetzung mit der geschichtlichen Gestalt des Christentums fruchtbar entwickeln kann. Diese Einsichten wurden bestätigt und verstärkt durch die Entwicklung eines (auch methodisch reflektierten) historischen Bewusstseins im 18. und 19. Jh. (Historismus). Die S. macht sich auch in der Aneignung und Deutung ihrer je eigenen historischen Herkunftsbedingungen geltend.

S. und Institution: Die Durchsetzung des Subjektivitätsgedankens war im 18. Jh. in hohem Maße mit einer grundlegenden Kritik an den konkreten historischen Institutionen →Kirche und Staat verbunden. Dennoch stehen S. und Institution keineswegs in einem ausschließenden Gegensatz zueinander. In einer modernen Institutionentheorie (A. Gehlen, H. Schelsky) stellt sich das Konzept S. vielmehr selbst als eine überindividuelle, handlungsleitende und grundlegende Bedürfnisse im Hintergrund befriedigende Institution dar. So zeigt sich im Verhältnis von Religion und Kirche, dass eine gelungene Zuordnung von religiöser S. und kirchlicher Institution (die keineswegs spannungsfrei sein muss) voraussetzt, dass die Kirche als die Gemeinschaft je individuell geprägter religiöser Subjekte verstanden wird und dass sich diese Gemeinschaft daher aus dem wechselseitigen Austausch dieser subjektiven Religiosität heraus verstehen lässt („miteinander und aufeinander wirken", Schleiermacher). Der Erfahrungsraum der Kirche stellt dann einen Ort auch und gerade für Erfahrungen einer religiösen S. bereit, die ihrerseits anerkennt, dass es innerhalb dieses Raumes auch subjektiv anders geprägte Erfahrungen gibt. Umgekehrt lässt sich die Kirche nicht als der ausschließliche Ort solcher Erfahrungen begreifen, sondern wird sich als Institution in ein kulturelles Umfeld einordnen, das seinerseits eine Fülle von subjektiven religiösen Erfahrungen ermöglicht (Christentum außerhalb der Kirche). Auch die Institution der Schule lässt sich als ein Ort begreifen, in dem Schülerinnen und Schüler eine Förderung bei der Ausbildung ihrer persönlichen S. erfahren.

Gefährdungen der S.: Die Neuzeit und die Moderne stehen sowohl für eine umfassende Ermöglichung von S. wie für ihre tiefgreifende Gefährdung. Der freien Entfaltung, der Vielfalt der Wahlmöglichkeiten stehen Uniformierungstendenzen und objektive Zwänge neuer Prägung gegenüber (vgl. Identität). Beides gilt ebenso für die Bereiche Bildung und Religion. Es ist eine bleibende Aufgabe nicht nur des Einzelnen, sondern auch der Gesellschaft und ihrer Institutionen, dem Gedanken der Autonomie, der Unvertretbarkeit sowie der freien Aneignung und Anerkennung ihren Platz zu bewahren.

Barth, U., Die Entdeckung der Subjektivität des Glaubens, in: ders., Aufgeklärter Protestantismus, 2004, 27–51; Cramer, K. (Hg.), Theorie der Subjektivität, 1986; Henrich, D., Selbstverhältnisse, 1982; Luther, H., Religion und Alltag. Bausteine zu einer Praktischen Theologie des Subjekts, 1992.

Claus-Dieter Osthövener

Subsidiarität Allgemein bezeichnet S. (von lat.: subsiduum, dt.: Beistand, Hilfe, Unterstützung) ein Prinzip, welches das Verhältnis zwischen →Individuen, gesellschaftlichen Gruppen und dem Staat regelt, und dabei auf die Eigenverantwortung der jeweils kleineren Einheiten setzt. S. hat in diesem Sinn zwei Funktionen: Zum einen soll die staatliche Zuständigkeit und Regelungskompetenz des Staates gegenüber den kleineren Einheiten begrenzt (subsidiäre Reduktion), zum anderen soll der Staat verpflichtet werden, diese Einheiten bei der Wahrnehmung ihrer Aufgaben zu unterstützen (subsidiäre Assistenz).

Der Sache nach findet sich das Prinzip bereits in der antiken politischen Philosophie (Aristoteles). Im 17. Jh. entwickelte der reformierte Jurist Johannes Althusius (1557–1638) in seiner Staatslehre ein Gesellschaftsmodell, das den Staat als gestufte Ordnung von der →Familie aufsteigend verstand, bei der jede Stufe ihre eigene Aufgabe wahrzunehmen hat und bei deren Erfüllung sie von den jeweils größeren Einheiten unterstützt werden soll.

Eine spezifische Bedeutung hat das Subsidiaritätsprinzip in der kath. →Soziallehre. Klassisch ist hier die Bestimmung in der Enzyklika *Quadragesimo anno* von Papst Pius XI. von 1931: „Wie dasjenige, was der Einzelmensch aus eigener Initiative und mit seinen eigenen Kräften leisten kann, ihm nicht entzogen und der Gesellschaftstätigkeit zugewiesen werden darf, so verstößt es gegen die Gerechtigkeit, das, was die kleineren und untergeordneten Gemeinwesen leisten und zum guten Ende führen können, für die weitere und übergeordnete Gemeinschaft in Anspruch zu nehmen; [...] Jedwede Gesellschaftstätigkeit ist ja in ihrem Wesen und Begriff nach subsidiär, sie soll die Glieder des Sozialkörpers unterstützen, darf sie aber niemals zerschlagen oder aufsaugen." (QA 79) Der Hintergrund der Entwicklung des Subsidiaritätsprinzips ist die soziale Frage des 19. Jh. und die Entstehung des Sozialstaates. Da offensichtlich war, dass mit freiwilligen Verbänden und Assoziationen allein die sozialen Probleme nicht gelöst werden konnten, musste die Regelungskompetenz des Staates die notwendigen Bedingungen schaffen; gleichzeitig bestand jedoch die begründete Furcht, dass diese Kompetenz zu stark in die Angelegenheiten der Individuen hineinreichte. Von röm.-kath. Seite bestand das zusätzliche Problem, dass aufgrund der prot. Prägung Preußens und des dt. Kaiserreiches sowie der Mehrheit nicht kirchlich gebundener politischer Parteien die Autonomie der kath. Vereinigungen und das Elternrecht gefährdet schienen. In diesem Sinne diente das Subsidiaritätsprinzip als Legitimation für die Ablehnung staatlicher Regelungen, die das Recht der Einzelnen, aber auch der konfessionell geprägten Gruppen und Verbände einschränken würde.

Innerhalb der kath. Soziallehre ist der theoretische Status des Subsidiaritätsprinzips umstritten. Während einige die Position vertraten, dass es das wichtigste Prinzip der Soziallehre sei, wiesen andere darauf hin, dass es zusammen mit dem Prinzip der Solidarität verstanden werden müsse. Mit der Enzyklika *Mater et Magistra* von Papst Johannes XXIII. von 1961 setzt sich die Position durch, dass die Förderung des Gemeinwohls der Vervollkommnung des Menschen diene; damit wird auch begründet, dass die Gemeinschaften von besonderer Wichtigkeit sind, die dieser Aufgabe verpflichtet sind – dies gilt insbesondere von der Kirche.

Weniger dem Begriff als der Sache nach ist das Subsidiaritätsprinzip auch Gegenstand der Debatte zwischen Kommunitaristen und Liberalen über das Verhältnis zwischen Individuen, Gemeinschaften und Staaten. Gegen den Individualismus der liberalen Position betonen die Kommunitaristen die Einbettung der Individuen in Gemeinschaften unterschiedlicher Natur, die zu stützen auch Aufgabe staatlicher Politik sein soll, da der Mensch als soziales Wesen sich nur in diesen Gemeinschaften verwirklichen könne.

Im rechtlichen Sinn bedeutet S. v.a. Nachrangigkeit. Verfassungsrechtlich ist umstritten, ob und inwieweit es als Prinzip im Grundgesetz beheimatet ist. Allerdings ist S. in den Maastrichter Verträgen explizit als Strukturprinzip der EU formuliert. Hier bedeutet es, dass die Gemeinschaft dann Recht setzen kann, wenn auf staatlicher Ebene allein Regelungen nicht geeignet sind, die zugrundeliegenden Ziele zu erreichen.

Im dt. Recht spielt das Subsidiaritätsprinzip v.a. in der Sozialgesetzgebung eine Rolle, insbesondere in der Diskussion um die Reform des Sozialstaates. Hier kann das Prinzip so ausgelegt werden, dass zunächst, wie bei der Sozialhilfe, der Betroffene selbst, dann seine nächsten Angehörigen zur Unterstützung beitragen müssen, bevor der Staat einspringt. Eine besondere Brisanz hat dies durch die sog. Hartz IV-Reformen mit der Einführung des Arbeitslosengeldes II (→Arbeit, Arbeitslosigkeit) bekommen. An dieser Diskussion zeigt sich die Nähe des Subsidiaritätsprinzips zu liberalen Positionen, die allerdings von der kath. Soziallehre bestritten wird.

Von Bedeutung war das Subsidiaritätsprinzip in der Debatte um die Rolle der freien Wohlfahrtspflege – insbesondere der kirchlichen Verbände – im modernen Sozialstaat. In dem 1961 verabschiedeten Bundessozialhilfegesetz und dem Jugendwohlfahrtsgesetz wurde der Vorrang von Einrichtungen in freier Trägerschaft festgeschrieben. Kritiker sahen dies in der Folgezeit als Stärkung der Rolle der Kirchen in der zunehmend säkularisierten Gesellschaft (→Kirche und Staat).

Herzog, R., Subsidiaritätsprinzip, in: Evangelisches Staatslexikon [2]1975, 1291–1297; Sachße, C., Subsidiarität. Leitmaxime deutscher Wohlfahrtsstaatlichkeit, in: Lessenich, S. (Hg.), Wohlfahrtsstaatliche Grundbegriffe, 2003, 191–212; Schoen, U., Subsidiarität. Bedeutung und Wandel des Begriffs in der katholischen Soziallehre und in der deutschen Sozialpolitik, 1998.

Hans-Ulrich Dallmann

Sucht, Suchtberatung Dem Suchtbegriff eignet eine Unschärfe zwischen →Krankheit (etymologische Verwandtschaft zu mittelhochdt.: siuk; engl.: sick; dt.: siechen) und Verhaltensauffälligkeit (z.B. Kaufsucht, Habsucht, Eifersucht etc.); er unterliegt kulturell, wirtschaftlich und sozial veränderlichen Zuschreibungen. Die Weltgesundheitsorganisation hat den Begriff Abhängigkeit von chemischen Substanzen vorgeschlagen. Dazu kommt die sog. nicht-stoffgebundene S., z.B. Glückspielsucht, Kaufsucht etc. Suchtverhalten nimmt eine solch zentrale Rolle im Leben ein, dass andere Lebensbezüge wie →Familie, →Arbeit, Freizeit völlig vernachlässigt werden.

Bei den Formen der Abhängigkeit ist grundsätzlich zu unterscheiden zwischen psychischer und physischer (körperlicher) Abhängigkeit: Psychische Abhängigkeit beschreibt den unbezwingbaren Antrieb, die chemische Substanz wiederholt zu sich zu nehmen. Physische Abhängigkeit beschreibt einen Zustand der körperlichen Gewöhnung an die Substanz, die bei Abstinenz zu körperlichen Entzugssymptomen führt. Die Gewöhnung manifestiert sich bei den meisten Abhängigkeits-Typen als Toleranzerhöhung, der Notwendigkeit zur Erhöhung der Dosis.

Abhängigkeitstypen werden unterschieden nach 1. Alkohol- u. Barbiturattyp (auch Tranquilizer und Nikotin); 2. Morphin-Typ: Opium, Opiumderivate sowie synthetische und halbsynthetische (z.B. Heroin) Betäubungsmittel; 3. Amphetamin-Typ: Weckmittel und Appetitzügler; 4. Cannabis-Typ, häufig als „Einstiegsdroge" (R. Simon u.a.); 5. Halluzinogen-Typ, beispielsweise LSD, häufig verbunden mit aversen Reaktion, d.h. Zuständen, die den Erwartungen des Konsumenten zuwider laufen und zu Angstreaktionen und paranoiden Durchbrüchen (engl.: horror trip) führen.

Im Jahr 2003 gaben 25,2% der befragten 18- bis 59-jährigen Erwachsenen an, mindestens einmal in ihrem Leben illegale Drogen konsumiert zu haben. Die Häufigkeit der Abhängigkeit von illegalen Drogen liegt für Männer dieser Altergruppe zwischen 0,5–0,9%, für Frauen zwischen 0,2–0,4%. Die Zahl der Drogentoten war in den letzten Jahren v.a. wegen niederschwelliger Hilfsangebote rückläufig (2004: 1.385 Drogentote). Das größte Suchtproblem stellen Alkohol und Tabakkonsum dar. Ca. 1,6 Mio. Menschen zw. 18 und 59 Jahren sind alkoholabhängig. Pro Jahr sterben geschätzte 40.000 bzw. 110.000 Menschen durch Alkohol und Rauchen (Drogenbeauftragte 2003). Häufig liegt auch Arzneimittelmissbrauch vor, nach Schätzungen sind ca. 1,2 Mio. Menschen in Deutschland abhängig von Medikamenten (Drogenbeauftragte 2003).

Ursachen, Formen und Folgen von Abhängigkeit differieren je nach Alter. Jugendliche konsumieren häufiger Cannabis, Ecstasy und Schnüffelstoffe, Erwachsene Amphetamine und Kokain (R. Simon u.a.). Exzessives Trinken verbreitet sich v.a. bei jungen Männern stetig seit 1980. Bei älteren Menschen treten klinische Symptome einer Alkoholabhängigkeit bereits bei geringeren Trinkmengen auf. Dennoch werden Symptome von Alkoholmissbrauch bei älteren Patienten häufiger übersehen (T. Gunzelmann/W. Oswald).

Erklärungsmodelle der Ursachen einer Abhängigkeit variieren erheblich zwischen z.B. psychoanalytischen, lern- und kognitionstheoretischen, behavioristischen und sozialpsychologischen Theorien. Im 20.Jh. unterlagen Erklärungsmodelle nicht selten Ideologisierung mit der Folge massiver Kontrollmaßnahmen. In den Sozialwissenschaften wird ein Zusammenhang zwischen der Liberalisierung der Gesellschaft und den Folgen für Selbstverantwortung und Entscheidungsfähigkeit gesehen. Suchtmittelabhängigkeit ist ein komplexes menschliches Verhalten, das sowohl von individuellen als auch von Umweltfaktoren abhängig ist. Bezogen auf die Frage der Ätiologie (= Ursachenlehre) der Erkrankung ist Multikausalität anzunehmen.

Die Folgen einer Suchtmittelabhängigkeit sind physischer, psychischer und sozialer Art. Bei fast allen Abhängigkeitstypen kommt es zu sozialer Isolierung und abnehmender Leistungs- und Funktionsfähigkeit. Zudem ist das soziale Umfeld der abhängigen Person erheblich mitbetroffen: Familie und berufliches Umfeld zeigen regelhaft beobachtbare, mitunter dysfunktionale Verhaltensreaktionen auf die Abhängigkeit (H. Harsch). Zu den psychologischen Folgen einer chronischen Abhängigkeit gehören Wesensveränderungen bis hin zu einer „Entkernung" der Persönlichkeit

(→Person). Körperliche Folgen sind irreparable organische Schäden und Schädigungen des Zentralnervensystems bis hin zu Demenz.

Die Behandlung einer Abhängigkeit gestaltet sich – der Multikausalität entsprechend – als außerordentlich schwierig und langwierig. Während der körperliche Entzug meist in internistischen Abteilungen und psychiatrischen Kliniken geschieht, bedarf die nachhaltige Entwöhnung eines mehrmonatigen stationären Aufenthalts in Spezialkliniken, an die sich ambulante Betreuung der örtlichen Suchtberatungsstellen und das soziale Netz von Selbsthilfeorganisationen (z.B. Anonyme Alkoholiker) anschließen. Eine solche „Therapiekette" setzt den klaren und erklärten Willen der abhängigen Person voraus, vom Suchtmittel loszukommen. Meist liegt dem ein enormer Leidensdruck zugrunde.

Sb. gehört zu den Aufgabenbereichen von →Diakonie und →Caritas, sowohl in sozialhistorischer („Elendstrinksucht", Gründung des Blauen Kreuzes 1877) als auch in therapeutischer Hinsicht (seit Anerkennung der Suchtmittelabhängigkeit als Krankheit). In Deutschland gibt es rund 1350 Suchtberatungsstellen. Kirchliche Sb. ist im Hilfehandeln →Jesu Christi begründet, der Menschen aus verwirrender Fremdbestimmung und zerstörenden Abhängigkeiten befreit. Sb. steht in einem Gesamtkonzept aus Information und Öffentlichkeitsarbeit, Prävention und Therapie.

Bode, M./Haupt, M., Alkoholismus im Alter, 1998; Die Drogenbeauftragte der Bundesregierung, Drogen- und Suchtbericht, 2003; Harsch, H., Hilfe für Alkoholiker und andere Drogenabhängige, [9]1993; Simon, R./Sonntag, D./Bühringer, G./Kraus, L., Cannabisbezogene Störungen, 2004; Informationen durch die Deutsche Hauptstelle für Suchtfragen e.V. (www.dhs.de).

Traugott Roser

Sühne Vorstellungen von S. sind abhängig von den Wert- und Normvorstellungen einer Gemeinschaft bzw. Gesellschaft (→Gesellschaftstheorie). Im jeweiligen religiösen Zeichensystem sind sie dort angesiedelt, wo eine Störung des Verhältnisses zwischen →Menschen und Gott (resp. polytheistisch ausgelegt: den Göttern) (→Polytheismus) und komplementäre Korrekturbedürftigkeit zu konstatieren sind. Die Anschauung von S. setzt damit eine komplexe Wirklichkeitsinterpretation voraus, nach der bspw. von Niederlagen, Katastrophen, unheilvollen Vorzeichen (*omina*), →Leid, →Krankheit und →Tod her auf entsprechende Störung rückzuschließen, damit aber zugleich ein Zustand der Balance als Ausgangssituation oder Ideal zu denken ist. Regulär wird dabei menschliches Handeln als ursächlich für die Verletzung ursprünglicher oder zielhafter Integrität (→Sünde) gedacht. Vorausgesetzt ist, dass Menschen Gemeinschaftspflichten, ethische Gebote (→Ethik), insbesondere aber auch rituelle bzw. kultische Regeln (→Kult; →Rituale) übertreten bzw. negieren.

S. vollzieht sich dann in unterschiedlichsten Formen kompensatorischer, korrigierender und besänftigender menschlicher Praxis, in denen die desintegrierte Ganzheit zurückgewonnen (‚repariert') werden soll. In religiöser Hinsicht reicht das Spektrum von asketischen Leistungen (→Askese) über Reinigungsriten (→Reinheit und Unreinheit), verbale Akte wie →Gebete bis hin zu verschiedensten Opferarten (→Opfer). Vermittelnde Figuren wie auch Materialien können eine besondere Rolle spielen. Praktische bzw. kultische Vollzüge sind dabei keineswegs beliebig, sondern grundsätzlich als gangbare Wege im jeweiligen religiösen Zeichensystem vorgezeichnet. Die Vorstellung, dass der Mensch kreativ Ausgleichshandlungen für seine →Erlösung entwerfen bzw. für diese selbst aufkommen müsste, ist im Sühnebegriff nicht eo ipso mitgesetzt.

Religionsphänomenologisch erschließt der Sühnebegriff ein weiteres Feld als das der Stellvertretung: Einzelne oder Gruppen können durch pars pro toto-Handlungen, im Sonderfall durch den stellvertretenden Einsatz ihres eigenen →Lebens, auf die Realisierung von S. hinwirken. Die Begriffe S. und →Versöhnung werden metasprachlich häufig eng aufeinander bezogen, sind aber zu unterscheiden. Sie lassen sich auch nicht einfach derart synthetisieren, dass das eine (die vorrangig kultisch begriffene S.) die Grundlage des anderen (einer vorrangig sozial orientierten Versöhnung) wäre.

Die genannten Distinktionen können für verschiedene Religionstypen und -formen in unterschiedlichen kulturellen und geistesgeschichtlichen Situationen allerdings nicht als trennscharf gelten. In vielen Fällen versagen sie. Z.B. ist die Vorstellung stellvertretender S. in altröm. Texten (vgl. die *piacula* bei Livius; →Römische Religion) gänzlich anders konzipiert als die Sühneanschauung im primären Literaturbereich des Frühchristentums (→Urchristentum, Urgemeinde).

Die Sühnevorstellung ist von Hause aus nicht notwendig mit dem juristischen Paradigma von Ungerechtigkeit/→Gerechtigkeit resp. Straftat und →Strafe verknüpft. Doch gibt es eine enge Affinität. Die spätere Lösung des Anselm von Canterbury, nach der der in seiner Ehre beleidigte und tödlich zürnende Gott zu seiner „Satisfaktion“ das Opfer seines eingeborenen Sohnes benötigt habe, widerspricht dem bibl. Befund, insbesondere der Sichtweise des →Paulus. Diese wahrt den kategorialen Abstand zwischen göttlichem und menschlichem Handeln, kann so aber die Realisierung von →Heil nur als gnädiges, geschenkweises Geschehen konzipieren, das im Christusglauben (→Glaube; →Jesus Christus) zu ergreifen ist.

Schon im →Alten Testament bezeichnet das Verbum für Sühnen (kpr; im Hebräischen Piel) im theologischen Sprachgebrauch keine Strafhandlung, sondern vielmehr die gnädige Zuwendung von Heil angesichts menschlicher →Schuld (Tun-Ergehen-Zusammenhang). In nicht kultischer Hinsicht kann S. direkt das sühnende Handeln Gottes (Dtn 21,8a; 1Sam 3,14; Jes 6,6f u.a.) oder eines Vermittlers (vgl. Ex 32,30; Num 17,11f u.a.) meinen. Sodann kann sie versöhnendes bzw. besänftigendes Handeln unter Menschen beschreiben (vgl. Spr 16,6.14 u.a.) und sich auf die Auslösung von Leben (vgl. Ex 21,30; Num 35,31f u.a.) beziehen. Ein deutlicher Schwerpunkt liegt seit der Exilszeit auf der kultischen S. (vgl. zu den Sündopfern: Lev 4f u.v.a.m.). Kristallisationspunkt einschlägiger Anschauungen kann der jährliche Versöhnungstag (Jom Kippur) werden, an dem durch priesterliches Handeln (→Priester im Judentum), insbesondere den Blutritus, Versöhnung mit Gott angezielt wird (Lev 16).

Äußerst umstritten ist, inwieweit die Vorstellungen solcher kultischer S. auch im NT als zentral gelten können. Grundsätzlich ist zu vergegenwärtigen, dass der Jerusalemer →Tempel mit seinem blutigen Opferbetrieb noch zur Zeit der Abfassung der →Briefe des Paulus bestand, es damit auch für metaphorische Rede von S. im Zusammenhang der Deutung des

Todes Jesu als Heilstod einen konkret-realen Erfahrungshintergrund geben konnte (vgl. Röm 3,25f u.a.). (Blutige) S. im Zentrum ntl. Theologie zu verankern und in den Rang eines Generalschlüssels für die Soteriologie zu erheben, ist aber aus verschiedenen Gründen nicht angeraten. a) Ob Jesus selbst seinen Tod im Sinne der S. präkonzipiert hat (vgl. Mk 10,45; 14,24), muss angesichts der Quellenbefunde äußerst unsicher bleiben. b) Eine Interpretation des Kreuzestodes Jesu in Kategorien kultischer S. ist auch nicht einfach über das Blut als semantische Schnittmenge herzustellen: Die Kreuzigung bedeutete regulär einen Tod, der nicht durch Blutverlust, sondern durch Erschöpfung bzw. Kreislaufversagen eintrat. Sie war ein unblutiger Tod, sofern man nicht die Folgen vorausgehender Folterung akzentuiert. c) Neben dem kultischen Paradigma sind für die S. verbuchte Aussagen im NT – allerdings teils bei deutlichen semantischen Abweichungen – auch mit der Märtyrervorstellung (→Märtyrer) (vgl. 1Makk 6,44; 2Makk 6,28; 7,9.37f u.a.) bzw. dem antiken Topos des Sterbens von Freunden füreinander zu verbinden. Grundsätzlich ist ntl. deutlicher zwischen S. und Stellvertretung zu unterscheiden, als dies häufig geschieht. Nicht jedes „Sterben für“ verweist im NT immer schon auf (kultische bzw. blutige) S.

Mit solchen Relativierungen ist allerdings nicht zu bestreiten: In der nachösterlichen Deutung des Todes Jesu besteht die Leistung sühnetheologischer Interpretation, wie sie sich unter zahlreichen weiteren Interpretamenten als *eine* metaphorische Sprachmöglichkeit ausdifferenzieren lässt, darin, dass eine Heilseffektivität ausgesagt werden kann, die zunächst unabhängig von menschlicher Rezeption und Praxis Bestand hat. Der Hebräerbrief im NT zeigt, wie gerade diese Intention kultischer Interpretation des Christusgeschehens zu einer Überwindung des kultischen Paradigmas als solches führen kann (vgl. Hebr 9f).

Zielsprachlich wirken in der Rede von S. germanische Prämissen, insbesondere juristische Vorstellungen, nach (vgl. Etymologisches Wörterbuch des Deutschen, München 1995, 1395f). Der Gebrauch des Begriffes ist darum häufig äquivok, gemeint und angezielt sind mit demselben Wort sehr verschiedene Sachverhalte. Insbesondere ist in der inflationären Rede von S. die Abgrenzung zur Versöhnung (siehe auch →Vergebung) häufig unscharf. Verdunkelt wird dies vielfach durch religionsgeschichtliche oder ethische Postulate. Dies wirkt sich auch auf den Gebrauch im Bereich der Sozialethik aus, wo sich die Rede von S. häufig mit diakonischen Bestimmungen (→Diakonie) überlagert (vgl. die 1958 von der →Synode der →Evangelischen Kirche in Deutschland [EKD] gegründete „Aktion Sühnezeichen“).

Barth, G., Der Tod Jesu Christi im Verständnis des Neuen Testaments, 1992; Blank, J./Werbick, J. (Hg.), Sühne und Versöhnung, 1986; Breytenbach, C., Versöhnung. Eine Studie zur paulinischen Soteriologie, Wissenschaftliche Monographien zum Alten und Neuen Testament 60, 1989; Hengel, M., The Atonement. A Study of the Origins of the Doctrine in the New Testament, 1981; Hofius, O., Art. Sühne IV. Neues Testament, TRE XXXII, 2001, 342–347 (Lit.); Janowski, B., Sühne als Heilsgeschehen. Traditions- und religionsgeschichtliche Studien zur priesterschriftlichen Sühnetheologie, Wissenschaftliche Monographien zum Alten und Neuen Testament 55, ^{2}2000; Merklein, H., Der Tod Jesu als stellvertetender Sühnetod. Entwicklung und Gehalt einer zentralen neutestamentlichen Aussage, in: ders., Studien zu Jesus und Paulus I, Wissenschaftliche Untersuchungen zum Neuen Testament 43, 1987,

181–191; Sitzler-Osing, D., Art. Sühne I. Religionsgeschichtlich, TRE XXXII, 2001, 332–335.

Reinhard von Bendemann

Sünde Der Begriff S. bezeichnet das verkehrte Verhältnis des Menschen zu Gott, mit dem ein verkehrtes Selbst- und Weltverhältnis des Einzelnen einhergeht. Indem der Sünder das Gottesverhältnis verfehlt, verfehlt er sein wahres Selbstsein, und darin liegt zugleich der Grund für seinen zerstörerischen Umgang mit seiner Mitwelt (→Schuld). In diesem Verständnis der S. ist die Überzeugung vorausgesetzt, dass der Mensch zu wahrem Leben nur durch den Bezug zu Gott zu gelangen und erst der im Glauben zurecht gebrachte Sünder (→Versöhnung) sich auch seiner Mitwelt gegenüber in nicht eigennütziger Weise zu verhalten vermag. Das ruinöse Unwesen der S. ist nur verstanden, wenn der grundlegende Zusammenhang zwischen Gottes-, Selbst- und Weltverhältnis (→Mensch) gesehen wird. Damit wird deutlich, dass S. ein theologischer Begriff ist, der in seiner Bedeutung durch ein bloß psychologisches und moralisches Verständnis nicht eingeholt wird. Damit wird ferner deutlich, dass der Macht, die von der S. ausgeht, eine grundlegend existenzielle Bedeutung zukommt. Durch ihre Rede von der S. will die Theologie die Verfangenheit der Existenz des natürlichen Menschen, d.h. des Menschen ohne Glauben, in ihrer Lebenswidrigkeit aufdecken und diesem damit eine Selbstwahrnehmung ermöglichen, die ihm von sich aus nicht möglich ist. Es gehört nämlich zur Wirkmacht der S., dass sie über sich selbst täuscht. Darum vermag „kein Mensch (…) aus eigenem Vermögen und von sich selber her auszusagen, was Sünde ist, eben deshalb, weil er in der Sünde ist“ (Kierkegaard, *Krankheit zum Tode*, 94). Aus dem konstitutiven Zusammenhang von Gottes-, Selbst- und Weltverhältnis folgt sodann, dass die S. im Kern Unglaube (→Glaube) ist, insofern allein der Glaube als Vertrauen auf Gott der dem Geschöpf angemessene, ihm heilsame und Gott entsprechende Vollzug ist. Grundzug der S. ist mithin die auf sich fixierte Selbstbezüglichkeit des Menschen, die eigennützige Verwertung, der der Sünder alles, was ist, unterwirft.

Nach der Überzeugung christl. Theologie eignet der S. eine Macht, aus der sich der Sünder nicht selbst zu befreien vermag. Vielmehr ist er dafür auf die →Gnade Gottes angewiesen. Insofern bildet die Sünden- mit der Gnadenlehre ein sich wechselseitig bedingendes Aussagegefüge. Je bestimmter an der Alleinwirksamkeit der Gnade zum →Heil des Menschen festgehalten wird, umso radikaler wird das Sündersein des Menschen verstanden als eine gänzliche Unfähigkeit, von sich aus etwas für sein Heil tun zu können. Demgegenüber erlaubt eine weniger radikale Auffassung vom Sündersein die Annahme eines restverbliebenen Vermögens des freien Willens (→Freiheit) zum Guten, dem im Prozess der Aneignung der Gnade eine mit der göttlichen Gnade zusammen wirkende Bedeutung zuerkannt wird. Die Geschichte der Sündenlehre ist von der Auseinandersetzung um diese beiden Positionen geprägt, was exemplarisch studiert werden kann an den Kontroversen zwischen →Augustin und Pelagius, Martin →Luther und Erasmus sowie zwischen der reformatorischen und der tridentinischen Sünden- und Gnadenlehre.

Mit dem Argument, dass der gerechte Gott den Menschen sein →Gesetz nicht gegeben hätte, wenn sie es nicht auch erfüllen könnten, behauptet Pelagius ein Vermögen des freien Willens, sich für →das Gute sowie für →das Böse entscheiden zu können. Dieses Vermögen wird zwar durch Gewöhnung im Wollen und Tun des Bösen getrübt, nicht aber gänzlich verloren. Es ist durch die S. Adams nicht wirklich tangiert. Demgegenüber lehrt Augustin, dass der Wille des nach Adam geborenen Menschen so verfasst ist, nicht anders als sündigen zu können, während Adam das Vermögen hatte, auch nicht zu sündigen. Das durch Adams Fall heraufgeführte Grundverderbnis der menschlichen Natur – (lat.: peccatum originale) – beherrscht das ganze Menschengeschlecht, übertragen durch natürliche Zeugung. Augustin zieht diesen Gedanken heran zur Begründung der Notwendigkeit der Kindertaufe (→Taufe), die Pelagius bestreitet, und bringt die Alleinwirksamkeit der Gnade zur →Erlösung von der S. zur Geltung. Dies führt ihn in letzter Konsequenz zu dem Gedanken, dass Gott von Ewigkeit her durch seinen Willen die einen zum Heil erwählt und die anderen verworfen hat (Lehre von der doppelten →Prädestination).

In der Reformationszeit (→Reformation) bildet die Frage nach der Radikalität des Sünderseins des Menschen und damit verbunden diejenige nach der Alleinwirksamkeit der Gnade zu seinem Heil den von den Reformatoren eingeklagten zentralen Punkt der Auseinandersetzung mit der kath. Kirche. Um der moralischen Verantwortlichkeit des Christenmenschen willen behauptet Erasmus einen durch die Gnade vorgängig bedingten, zur Mitwirkung am Heil befähigten, mithin nicht gänzlich unfreien Willen des Menschen. Dagegen bringt Luther seine These auf, dass der bloß so genannte freie Wille des natürlichen Menschen, wenn er tut, was in ihm ist, tödlich sündigt. Der Wille ist ein durch die S. geknechteter, schlechterdings gefangener Wille, und die S. eine tiefe, böse Verderbnis der menschlichen Natur. Luther lenkt den Blick auf die Erbsünde als die Ursünde, welche den stets wirkenden Grund aller einzelnen Tatsünden bildet, und radikalisiert damit im zeitgenössischen Kontext das Verständnis vom Sündersein des Menschen. Die S. ist nicht nur eine einzelne Übertretung des göttlichen Gesetzes in Gedanken, Worten und Taten, sondern eine Verderbnis im Zentrum der Person als dem Ursprung aller ihrer Lebensvollzüge. Es ist der ganze Mensch, der unter der S. steht und der, indem er Gott verfehlt, sich selbst und die gesamte Kreatur verfehlt. Ein moralistisches, primär an den einzelnen Tatsünden und deren unterschiedlichem Schweregrad orientiertes Sündenverständnis ist damit im Kern überwunden. Die Grundstruktur des Sünderseins ist die Selbstliebe (lat.: amor sui). Der Sünder ist der auf sich hin gekrümmte Mensch (lat.: homo in se incurvatus). Durch →Taufe und →Rechtfertigung wird die Erbsünde nach luth. Lehre als solche nicht getilgt, sondern vergeben. Auch der Getaufte und Glaubende bleibt Zeit seines Lebens ein Sünder. Er ist *simul iustus et peccator* (dt.: gerecht und Sünder zugleich), wobei ihm durch die Taufe und im Glauben der Heilige Geist gegeben wird, welcher anfängt, die S. im Glaubenden zu bezwingen.

Im zweiten Artikel der *Confessio Augustana* (→Bekenntnis, Bekenntnisse), dem Grundbekenntnis des Luthertums, hält Philipp →Melanchthon fest, dass jeder natürlich geborene Mensch mit S. geboren wird, und bestimmt diese inhaltlich näher als Mangel an Gottesfurcht (lat.: sine metu

Dei) und Gottvertrauen (lat.: sine fiducia erga Deum) sowie als selbstsüchtige Begierde (lat.: cum concupiscentia). Damit ist auf das erste Gebot angespielt ebenso wie auf die „Urstandsgerechtigkeit“ Adams (lat.: iustitia originalis), in der er ursprünglich im Vertrauen auf Gott und so im Einklang mit ihm lebte und die durch den Sündenfall verloren gegangen ist.

Urheber der S. ist nach luth. Lehre in keiner Weise Gott, sondern der sich im Gebrauch seiner Freiheit von Gott abwendende Mensch. Die S. ist kein bloß schicksalhaftes Verhängnis und nicht lediglich ein Gebrechen, wofür der Mensch nicht verantwortlich zu machen wäre, sondern sie ist wirkliche Schuld. Das gilt wie für Adam so auch für alle Nachgeborenen. Wie die Erbsünde als Schuld gedacht werden kann, wenn sie etwas ist, in dem sich der Einzelne ihm unvorgreiflich vorfindet, gehört zu den v.a. in der Neuzeit traktierten Fragen. Setzt Schuld die volle Verantwortlichkeit des Subjekts und diese wiederum einen Akt unbedingter →Freiheit voraus? Kann ein gänzlich unbedingtes Freiheitsvermögen überhaupt gedacht werden oder sind wir zwar frei, aber niemals schlechthin frei, vielmehr immer auch durch anderes und andere mitbedingt? Wie lässt sich dann aber die Schuld der S. denken? Diese Fragen stehen besonders etwa bei Immanuel Kant und Søren Kierkegaard im Hintergrund ihrer Überlegungen.

Die kath. Lehre hält im Trienter Konzil (→Gegenreformation) unter Verwerfung der diesbezüglich anders lautenden Lehre der Reformatoren fest, dass der freie Wille wegen der Folgen von Adams Fall für seine Nachkommen an Kraft zwar geschwächt, aber keineswegs ausgelöscht ist. Bei der Entfaltung der Gnadenlehre wird daher das restverbliebene Vermögen des freien Willens im Vollzug der Gnadenaneignung ausgemessen. Zudem wird gelehrt, dass durch die in der Taufe mitgeteilte Gnade die wirkliche und eigentliche S. des Täuflings gänzlich getilgt wird, so dass nur ein „Zunder“ zurückbleibt, der zur wirklichen S. erst wird, wenn der Wille sich tatsächlich zur S. bestimmt.

Für das Verständnis von Wesen und Ursprung der S. im Menschengeschlecht bilden Gen 3 und Röm 5,12 zentrale Referenztexte. Dabei hat die Tradition die „Sündenfallgeschichte“ dahingehend interpretiert, dass Adam und Eva von Gott gut und vollkommen geschaffen waren und aus diesem Zustand durch die Übertretung des Gebots, nicht vom Baum der Erkenntnis des Guten und Bösen zu essen (Gen 2,16f), „gefallen“ sind, was die in der Bibel genannten von Gott verhängten Sündenstrafen (Mühseligkeit entfremdeter Arbeit, gebrochenes Verhältnis zwischen Mann und Frau, Wissen um den eigenen Tod und nach Röm 5,12 den Tod) nach sich zog. Adams Fall hat menschheitsgeschichtliche Bedeutung insofern, als durch ihn die S. in die Welt gekommen ist und ausnahmslos jeden Menschen, Jesus Christus ausgenommen, beherrscht. Dass die S. eine Macht ist, in deren Bereich sich jeder Mensch immer schon vorfindet, die mithin einen ihm unvorgreiflichen Grundzug seines Lebens darstellt und das Menschengeschlecht als Ganzes bestimmt, ist die Aussageintention der so genannten Erbsündenlehre. Von ihrer Aussageintention zu unterscheiden ist die Art und Weise, wie in der Theologie das Wie des Zusammenhangs zwischen der S. Adams und der seiner Nachkommen vorgestellt wird. Dabei gehört der insbesondere von Augustin bemühte, in der Tradition vielfach aufgenommene und auch dem zeitgenössischen Bewusstsein noch unter dem Begriff Erbsünde geläufige Hilfsgedanke nicht zu den gelungensten. Er besagt, dass Adams S. durch die mit sündhafter Begierde verbundene natürliche Zeugung (→Sexualität) auf alle Menschen übertragen wird.

Es ist nicht verwunderlich, dass das sich von kirchlicher Autorität emanzipierende neuzeitliche Denken v.a. die Zersetzung der Erbsündenlehre betrieb. Zum optimistischen Selbstvertrauen in die Güte der menschlichen Natur, von dem das 18. Jh. erfasst war, passte die Sündenlehre nur schwer. Gen 3 konnte nun als Freiheitsgeschichte gelesen und als solche positiv und nicht negativ verstanden werden, denn sie erzählt von Adams eigenständigem Gebrauch seiner →Vernunft und Freiheit – und damit in der Gestalt Adams von derjenigen Freiheitsgeschichte, der nachzueifern jeder Mensch berufen ist. Trotz dieser etwa bei Immanuel Kant und Friedrich von Schiller vertretenen Interpretation der Sündenfallgeschichte als einer glückhaften Schuld ist die Theologie des 19. Jh. durchaus um eine Reformulierung der Aussageintention der Erbsündenlehre bemüht. Kants Lehrstück „vom radikalen Bösen in der menschlichen Natur" in seiner Religionsschrift ist dabei einer der einflussreichsten Texte. Daneben ist es besonders Søren Kierkegaard, der die S. aus dem Freiheitsvollzug des Menschen zu analysieren und v.a. existenziell zu vermitteln versucht, indem er „→Angst" und „Verzweiflung", nämlich in der Form „verzweifelt man selbst sein wollen", als Grunderscheinungen der S. entfaltet. Daran schließt im 20. Jh. Paul Tillich an.

Die →Religionskritik in Gestalt von Friedrich Nietzsche und Sigmund Freud kritisiert das moralistisch verengte Sünden- und Schuldbewusstsein als Hindernis für die freie Entfaltung der Persönlichkeit und entlarvt dessen Inhalte als ideologielastige Produkte bürgerlichen Bewusstseins. Motive dieser Kritik hat die →Feministische Theologie aufgenommen. Sie sucht die traditionelle Sündenlehre in ihrer frauenfeindlichen Dimension und als patriarchales Herrschaftsinstrument aufzudecken.

Der Gedanke einer durch die Gesellschaft und ihre Strukturen und Institutionen vermittelten Wirklichkeit des Reichs →des Bösen, welche den Einzelnen unausweichlich beeinflusst, kann als ein Versuch zur Interpretation der Erbsündenlehre bemüht werden (A. Ritschl, P. Schoonenberg, →Befreiungstheologie). Er birgt freilich die Gefahr einer vorschnellen Identifikation bestimmter gesellschaftlicher Verhältnisse als Manifestationen der S. und vermag die Schuld des Einzelnen für die S. nicht hinreichend zu begründen, indem es die Anderen oder die Gesellschaft sind, die letztlich als Ursache der S. rangieren.

Im 20. Jh. hat Karl →Barth das Verständnis der S. exklusiv an der Offenbarung Gottes in Christus orientiert und jeglichen Versuchen einer auch außertheologischen Plausibilisierung des Sündenthemas eine radikale Absage erteilt. Demgegenüber ist Wolfhart Pannenbergs Theologie durch das Bestreben einer solchen Plausibilisierung im Diskurs v.a. mit den Humanwissenschaften und der philosophischen Anthropologie gekennzeichnet. Bleibende Aufgabe der Theologie ist es, angesichts des zeitgenössischen Sprachverlusts im Blick auf die Rede von der S. diese als Aussage über die grundlegende Verstricktheit des Selbstvollzugs des Menschen existenziell nachvollziehbar zu formulieren.

Axt-Piscalar, C., Art. „Sünde" von der Reformation bis zur Gegenwart, TRE 32, 2000, 400–436; Gestrich, C., Die Wiederkehr des Glanzes in der Welt: Die christliche

Lehre von der Sünde und ihrer Vergebung in gegenwärtiger Verantwortung, [2]1996; Kant, I., Die Religion innerhalb der Grenzen der bloßen Vernunft, 1793; Kierkegaard, S., Der Begriff Angst, 1844; Kierkegaard, S., Die Krankheit zum Tode, 1849, in: Hirsch, E./Gerdes, H. (Hg.), Gesammelte Werke, 11./12. und 24./ 25. Abteilung, [3]1985 und [3]1991; Pannenberg, W., Anthropologie in theologischer Perspektive, 1983.

Christine Axt-Piscalar

Suizid →Selbstmord, Suizid

Sunniten Die S. bilden heute die große Mehrheit (etwa 85%) der Muslime. Sie sind Anhänger der vier islam. Rechtsschulen, die sich im 9. Jh. herausgebildet haben. Im Gegensatz dazu gibt es noch den schiitischen →Islam, der einige Besonderheiten aufweist (→Schiiten).

Catherina Wenzel

Symbol Was ist ein S. und wie wirkt es? Darüber wird beispielsweise in Sprachwissenschaft und Philosophie, Psychoanalyse und →Theologie nachgedacht. Einige prägnante Positionen sollen skizziert werden.

In einigen neueren Veröffentlichungen zur Metapherntheorie (z. B. P. Wheelwright, E. Rudolph) gilt ein S. als „stabilisierte Metapher". Metaphern können neuen Sinn stiften, haben schöpferische Kraft und eröffnen „Sprachgewinn" (E. Jüngel). Sie führen in oft überraschender Weise zwei Wirklichkeitsbereiche zusammen, die beide auf diese Weise neu gesehen werden können (S. Petersen). Durch „bizarre Prädikationen" wird Wirklichkeit aufgeschlossen, die anders nicht sagbar wäre (P. Ricoeur).

Gegenüber der Wirklichkeit neu schaffenden Macht von Metaphern haben S. in dieser Interpretationsperspektive den Charakter von Resultaten. „Symbole sind abgeschlossene Prozesse" (Rudolph). Was im Entstehungsprozess von Texten als Metapher angesehen werden kann, kann sich im Verlauf einer Überlieferungsgeschichte zum S. stabilisieren.

In einem etwas anders gelagerten linguistischen Interpretationsvorschlag (G. Lakoff/M. Johnson) gelten kulturspezifische und religiöse S. als besondere Metonymien (hier steht eine Entität für eine andere, z. B. die Taube für den →Heiligen Geist). „Der Grund, weshalb die Taube das Symbol des Heiligen Geistes ist und nicht etwa das Huhn, der Geier oder der Strauß, ist folgender: Die Taube stellen wir uns als etwas Schönes, Sanftes und v. a. Friedvolles vor … Symbolische Metonymien sind entscheidende Bindeglieder zwischen der Alltagserfahrung und den kohärenten metaphorischen Systemen, durch die Religionen und Kulturen gekennzeichnet sind" (Lakoff/Johnson, 51). Menschen gebrauchen Symbole für die Wahrnehmung und Artikulation ihrer →Erfahrungen, weil die S. bereits in der Geschichte ihrer Erfahrung (z. B. Körper- und Raumerfahrung) und damit ihrer jeweiligen →Kultur präsent sind. Ob S. wirken, entscheidet sich je nach historischen und kulturellen Selbstverständlichkeiten („die Taube … stellen wir uns vor").

So plausibel dieser Zugang auf den ersten Blick erscheinen mag, so wenig werden durch ihn zwei Phänomene verständlich: Wenn Menschenkinder heranwachsen, wachsen sie in eine Welt hinein, in der alle – symbolisch vermittelten – Bedeutungen bereits vor und außer ihnen da sind. Und: Viele, insbesondere lebensgeschichtlich zentrale Erfahrungen werden als Erfahrung für das Subjekt erst zugänglich durch das S. Beide Wahrnehmungen deuten darauf hin, dass S. gerade dadurch Kraft und Bedeutung gewinnen, dass sie gegenüber dem menschlichen Subjekt, das Erfahrungen macht und für ihre Artikulation eine Gestalt sucht, vorgängig und als Anderes da sind.

Zum Verständnis dieses Sachverhaltes bietet sich zunächst ein psychoanalytischer Zugang zum S. an. In einem einflussreichen neueren Gesprächsbeitrag werden S. als „Übergangsobjekte“ verstanden. Das heranwachsende Menschenkind muss mit Versagungen leben lernen, beispielsweise mit der temporären Abwesenheit der Mutter und anderer erster Betreuungspersonen, und findet in einem Teddy, einer Kuscheldecke oder im eigenen Daumen ein S., das die Anwesenheit der Mutter vertritt. „Im einfachsten Fall eignet sich ein normales Baby ein Stück Stoff oder eine Windel an und wird ihr hörig ... Die Untersuchung dieser Erscheinung in der analytischen Arbeit macht es möglich, von der Fähigkeit zur Symbolbildung in Form der Verwendung eines Übergangsobjekts zu sprechen“ (D.W. Winnicott, 1993, 143).

Menschliche Subjekte sind an der Symbolbildung beteiligt – durch Wahl, Besetzung der ausgewählten Gegenstände mit Gefühlen usw. –, auf der anderen Seite wählen sie notwendigerweise Gegenstände, die außerhalb und vor ihnen schon da sind. Beide Seiten, die subjektive wie die objektiv-gegenständliche Seite der Symbolbildung, werden in der psychoanalytischen Symbolinterpretation ernst genommen; ein zentrales Feld, an dem dies diskutiert wird, ist das Sprechen-Lernen des heranwachsenden Menschenkindes. Hier ist es auch zu einer – gegenüber der Anfangszeit der Psychoanalyse – positiveren Wertung von S. gekommen. Sigmund Freud hatte S. unter der Perspektive eines negativen, weil unzureichenden innerpsychischen Schutzmechanismus (in →Träumen, aber auch bei Neurosen) angesehen – durch Symbolisierung (z.B. einen Waschzwang) werden Triebwünsche verschoben und so der Realitätskontrolle der innerpsychischen „Ich“-Instanz entzogen. In der neueren Diskussion gelten S. als notwendig für die Entwicklung menschlicher Subjektivität und Intersubjektivität (A. Lorenzer, 85 ff, 109 ff, 152 ff).

S. entstehen in einer gelingenden Begegnung zwischen dem zunächst vorsprachlichen Subjekt eines kleinen Menschenkindes und der außer ihm schon existierenden sozialen Regelhaftigkeit, die ihm in Interaktionen mit den ersten Betreuungspersonen begegnet und zunehmend sprachlich vermittelt ist. Etwa im fünften Lebensmonat wird die ungebrochene Einheit, in der ein menschlicher Fötus mit der Mutter lebt, noch im Mutterleib selbst durch erste Interaktionen differenziert. Der Fötus spürt beispielsweise Druck, Stöße und auch Streicheln auf dem Bauch der Mutter. Bei diesen Interaktionserfahrungen, die sich in den Monaten nach der Geburt weiter ausdifferenzieren, handelt es sich um vorsprachliche, sensorisch-gestisch vermittelte Erfahrungen (beispielsweise wie die Mutter den Säugling aufnimmt und liebkost und ihr lächelndes Gesicht dem seinen zuwendet). Aus diesen Interaktionssequenzen entwickeln sich im Erfahrungsschatz des Kleinkindes szenische Bilder, die seine psychischen Dispositionen formen. Sie bezeichnet Lorenzer als Interaktionsform.

Nach und nach kommt es zum Kontakt des Menschenkindes mit der →Sprache; Ort dieser Erfahrung ist zunächst die Mutter-Kind-Dyade. Das Kind entwickelt eine Fähigkeit zur doppelten Registrierung. Es lernt, bestimmte Interaktionsformen mit bestimmten Lauten zu verknüpfen: Beispielsweise sagt es „Mama“, wenn sich das lächelnde Gesicht der Mutter (oder weiterer erster Bezugspersonen) nähert, und verknüpft mit diesem Wort ein Gesamt von Bedürfnissen, Gerüchen und Gefühlen, die es bereits vorsprachlich artikulieren und wahrnehmen konnte. Die „doppelte Registrierung“ ist von vornherein von ambivalenter Bedeutung für das menschliche Subjekt: Es entwickelt auf der einen Seite zunehmende Unabhängigkeit von direkt präsenten Szenen („Mama“ kann als inneres →Bild auch dann herbeigerufen werden, wenn sie selbst nicht im Raum ist); auf der anderen Seite muss der Säugling seine vorsprachlichen Impulse einem Regelsystem anvertrauen, das selbst unabhängig von ihm entstanden und im gesellschaftlichen Verkehr normativ verbindlich ist. Im Kontakt mit der Sprache geht vom vorsprachlichen, in der Interaktionsform geprägten Impuls immer ein Überschuss an Sinn verloren; zugleich kann, in lebensgeschichtlicher Perspektive in zunehmendem Maße, der Impuls nur artikuliert werden, indem ihn das Subjekt dem sprachlichen Regelsystem anvertraut. Gelingt die Verknüpfung von vorsprachlicher Interaktionsform und regelgeleiteter Sprache, so spricht Lorenzer von S. (demgegenüber bleibt ein Klischee unmittelbar an die auslösende „Szene“ gebunden; das Zeichen wiederum weist nicht über sich hinaus und kann einen gefüllten Kontakt zwischen Sprache und je-subjektiver Erfahrung nicht vermitteln).

Auch im engeren Sinne religiöse Symbole werden von denen, die sie gebrauchen, nicht erfunden, sondern sie sind „schon da“ – in Sprechhandlungen wie →Gebeten oder →Bekenntnissen, in Verhaltens- und Handlungssequenzen wie der →Liturgie eines →Gottesdienstes, in Raum-Gestalten z.B. eines Kirchenraumes. Gerade in einer zentralen Metapher der christl. →Religion – Christus ist der Gekreuzigte – wird ein menschheitlich uraltes Symbol in Anspruch genommen. Das →Kreuz, an dem Jesus von Nazareth hingerichtet wurde, war im röm. Reich Folter- und Hinrichtungsinstrument. Aus dieser historischen Situation sind jedoch Macht und Bedeutung des Kreuzessymbols nicht allein verstehbar; vielmehr ist bereits in ntl. Texten darüber debattiert worden, ob die →Predigt vom Kreuz nicht eher als „Ärgernis“ oder „Torheit“ (wir würden heute formulieren: Provokation oder Blödsinn) verstanden werden müsse (1Kor 23). Seine Macht als S. findet das Kreuz auch dadurch, dass es eine in zahlreichen Kulturen und Religionen verbreitete, sogar in prähistorischen Funden (im Zusammenhang der Jagd, aber auch von Opfergaben [→Opfer]) immer wieder vorkommende Gestalt ist, in der Horizontale und Vertikale, Kosmos und Mikrokosmos miteinander verbunden werden.

Bei Paul Tillich gilt das Kreuz als zentrales S., weil es in einzigartiger Verdichtung über sich selbst hinaus auf seinen Grund hinweist: Im gekreuzigten Jesus von Nazareth ist Gott gegenwärtig. Im Kreuz Jesu Christi sind →Mythos und Ereignis, symbolische Mächtigkeit und geschichtliche Wirklichkeit verbunden. Im Hintergrund dieser Überlegung steht eine differenzierte theologische Symboltheorie, die große Wirkung entfaltet hat.

Das S. kann nicht durch „Übersetzung“ in andere – beispielsweise existenzielle oder rationale – Begrifflichkeit vollständig übersetzt und nicht überflüssig gemacht werden. Es vereint unter den Bedingungen moderner Kultur die sonst getrennten Wirklichkeitsbereiche des Mythischen, Religiösen und Wissenschaftlichen. Tillich rechnet nicht mit einer evolutionären Entwicklung von Mythos zu Religion zu Wissenschaft, wohl aber mit einer wachsenden Trennung. Auch in der Moderne brauchen jedoch nicht nur Religion, sondern auch Wissenschaft wirklichkeitstranszendente Begriffe (z.B. „Fortschritt“), um ihre Weltsicht aufbauen zu können. Hier zeigt sich die Kraft des S.: Das S. partizipiert an der alten Macht des Mythos und kann auch unter den Bedingungen der Moderne die zerfallene Einheit von Wissenschaft und Religion wieder präsent machen. Gegenüber der Welterfahrung früherer Kulturen sind S. in der Moderne allerdings „gebrochen“ wirksam. Hierin liegt der Preis für ihre bleibende Geltung: S. können nicht mehr buchstäblich, wortwörtlich, eigentlich verstanden werden.

Tillich hat in immer neuen Anläufen sein Symbolverständnis entfaltet. In *Das religiöse Symbol* (1928, 196ff) legt er folgende Symbolmerkmale fest:

Uneigentlichkeit. Das S. weist über sich auf ein Symbolisiertes hinaus. Religiöse S. verweisen auf das Unbedingte; Anschaulichkeit. Im S. wird etwas Unanschauliches anschaulich, etwas Ungegenständliches gegenständlich; Selbstmächtigkeit. Ein S. hat, im Gegensatz zum Zeichen, „eine ihm selbst innewohnende Macht.“; Anerkanntheit: Ein S. hat seinen sozialen Ort, hat Bedeutung in einer spezifischen sozialen Gemeinschaft; umgekehrt kann ein S. „sterben“, wenn es diese Anerkanntheit einbüßt.

Ein S. ist gegenständlich (insofern es „anschaulich“ und „anerkannt“ ist), weist zugleich über sich hinaus, wird im Ungegenständlichen aufgehoben und so in seiner Gegenständlichkeit negiert. Der Prozess, in dem ein S. gesetzt und aufgehoben wird, weist darauf hin, dass das S. seine Macht von außen, also von etwas Ungegenständlichem, eben: dem Unbedingten erst empfängt. Hier liegt auch eine immer wieder kritisierte theoretische Schwierigkeit im von Tillich vorgeschlagenen Symbolmerkmal der „Selbstmächtigkeit“. Was zum S. mit Blick auf menschliche Verstehensmöglichkeit ausgesagt wird, gilt zuinnerst für die Gottesrede: Die bedingte, in der religiösen Tradition übermittelte Rede von Gott ist im „Unbedingten“ aufgehoben.

Tillich schlägt fürs Symbolverständnis eine Unterteilung von Symbolschichten vor. Das S. „Gott“ (erste Symbolschicht) meint ein höchstes Wesen mit spezifischen Eigenschaften und Handlungen, andererseits das Unbedingte, das jede Gegenständlichkeit, auch die eines höchsten Wesens, aufhebt.

Hinweissymbole (zweite Symbolschicht) zeigen Eigenschaften und Handlungen des gegenständlichen Gottes: Gott ist →Liebe, Schöpfer usw. Sie sind uneigentlich, insofern sie über sich hinausweisen, sich selbst negieren und so das Unbedingte durchscheinen lassen. „Ein Symbol, das … ein Bedingtes zur Würde des Unbedingten erhebt, ist zwar nicht unrichtig, aber dämonisch“ (208). Zentrales Hinweissymbol ist das Kreuz.

Im Übergang von der ersten zur zweiten Symbolschicht schlägt Tillich eine weitere Symbolebene mit historischen und natürlichen Objekten vor, die als Symbole wirken. Hierzu gehören historische Persönlichkeiten wie der Mensch Jesus von Nazareth. Sie vertreten die Gegenwärtigkeit des Unbedingt-Transzendenten in der Erscheinung.

In der engen Verbindung zwischen Symbolverständnis und Gottesrede liegt das aporetische Problem in Tillichs theologischer Reflexion. Wird hier nicht auch die Rede von Gott in eine prinzipiell unabschließbare Dialektik von Setzung und Aufhebung, Position und über sich hinausweisende Negation des S. einbezogen? In Tillichs *Symboldialektik* werden alle konkreten symbolischen Aussagen über Gott in immer höheren Abstraktionsstufen verschlungen; sogar „Gott" wird nicht allein als sein eigener Grund, sondern sogar sein eigener „Abgrund" verstanden (Tillich 1925, 333f) Wie das S. nur dadurch S. wird, dass es sich selbst aufhebt, in höheren Symbolstufen und schließlich im „Unbedingten" aufgeht, so droht auch Gott in sich selbst verschlungen zu werden.

Dieser Schwierigkeit kann nur im Vertrauen darauf begegnet werden, dass Gott sich selbst den Menschen mitteilt und darin die jeweils historisch und kulturell geprägten S. in Anspruch nimmt. Mit Tillich ist daran festzuhalten, dass S. unvertretbar sind und durch anderes – z.B. begrifflich-rationale Sprache – niemals ersetzt werden können. Deutlicher als in Tillichs theologischer Symboltheorie soll allerdings daran erinnert werden, dass die S. der christl. Religion auf die Menschen heute zukommen – in der Erzählbewegung der bibl. Erzähltradition, der Bekenntnisse, der gottesdienstlichen Liturgie und der kirchlichen Räume, aber auch der immer wieder neuen Gestaltentwürfe des Kirche-Seins in der historischen Zeit. →Glauben entsteht, wenn sich Menschen auf das Wort der Verheißung verlassen, das sie sich nicht selbst sagen können, auch nicht (zuerst und erst recht nicht allein) in einer Interpretation der über sich hinausweisenden S. Lebensgewissheit kann wachsen, wenn Menschen ihr Leben vom Wort des Gesetzes zurechtstellen und sich vom →Evangelium umhüllen, trösten und neu machen lassen. Ohne den ganzen Reichtum der S. kann dieses Leben schaffende Wort nicht weitererzählt und gehört, nicht gefeiert, nicht – im →Abendmahl – körperlich genossen und nicht in solidarischer Lebenspraxis mit den Armen geteilt werden, die je vor Ort als das offene Angesicht Jesu Christi (Mt 25,40) da sind.

Freud, S., (1915/16), Der Traum, in: ders., Vorlesungen zur Einführung in die Psychoanalyse, 1916/17. 1980; Jüngel, E., Metaphorische Wahrheit. Erwägungen zur theologischen Relevanz der Metapher als Beitrag zur Hermeneutik einer narrativen Theologie, in: Jüngel, E./Ricoeur, P. (Hg.), Metapher. Zur Hermeneutik religiöser Sprache, 1974, 71–122; Lakoff, G./Johnson, M., Leben in Metaphern. Konstruktion und Gebrauch von Sprachbildern. 1997; Lorenzer, A., Das Konzil der Buchhalter. Die Zerstörung der Sinnlichkeit. Eine Religionskritik. 1988; Petersen, S., Brot, Licht und Weinstock. Intertextuelle Analysen johanneischer Ich-bin-Worte, Habilitationsschrift Hamburg 2005 (unveröffentlicht); Ricoeur, P., Die lebendige Metapher, 1988; Rudolph, E., Metapher oder Symbol. Zum Streit um die schönste Form der Wahrheit. Anmerkungen zu einem möglichen Dialog zwischen Hans Blumenberg und Ernst Cassirer, in: Bernhardt, R./Link-Wieczorek, U. (Hg.), Metapher und Wirklichkeit …, 1999; 320–328; Tillich, P. (1925), Religionsphilosophie, Gesammelte Werke I, 333ff = Albrecht, R. (Hg.), Gesammelte Werke Iff, 1959ff; Tillich, P. (1928), Das religiöse Symbol, zit. nach: GW Bd.5, Die Frage nach dem Unbedingten, 196ff; Wheelwright, P. (1983), Semantik und Ontologie, in: Haverkamp, A. (Hg.), Theorie der Metapher, Wege der Forschung 389, [2]1996, 106–119; Winnicott,

D.W., Reifungsprozesse und fördernde Umwelt. Studien zur Theorie der emotionalen Entwicklung, 1993 (1965).

Hans-Martin Gutmann

Synagoge 1. Der Begriff (Verbalsubstantiv von griech. synagein: zusammenführen) steht zum einen in der griech. Bibelübersetzung der LXX (→Bibel, Bibelausgaben) zumeist für die Gesamtgemeinde →Israels (hebr. qahal und ʿedah), findet sich zum zweiten im →Judentum seit der Antike in der Bedeutung als lokale Einzelgemeinde oder Gemeindeversammlung (hebr. k^{e}neset; bes. in der ägyptischen →Diaspora begegnet griech. proseuchæ in vergleichbarer Bedeutung) und bezeichnet zum dritten den Versammlungsort dieser Gemeinde (hebr. bet [hak-]k^{e}neset), ohne allerdings auf einen bestimmten Gebäudetyp zu verweisen. In christl. →Tradition versinnbildlicht der Begriff das Judentum in heilsgeschichtlicher Gegenüberstellung (Heilsgeschichte) zur Kirche (Ekklesia) (→Kirche, biblisch).

2. Ursprünge: Die rabb. Tradition führt die S. in legendarischer Weise auf →Mose selbst zurück. Die sog. „große Synagoge“ (k^{e}neset hag-g^{e}dolah) überbrückt als fiktives Bindeglied in der ununterbrochenen Traditionskette den Zeitraum zwischen den →Propheten und der pharisäischen Bewegung. Die ältesten literarischen Erwähnungen des Begriffs entstammen der exilischen und frühnachexilischen Zeit. Wahrscheinlich ist ihre Entstehung als Versammlungsort für Toralesung (→Tora) und gemeinschaftliches →Gebet während dieser Epoche; die Entfernung vom Jerusalemer →Tempel scheint die Entwicklung des Synagogeninstitutes gefördert zu haben. Die bislang ältesten als Synagogenbauten identifizierten Architekturfunde entstammen der Diaspora (Delos, 1.Jh. v.Chr.); die frühesten Synagogenbauten in Palästina stammen erst aus dem 3.Jh. n.Chr. Die im 1.Jh. n.Chr. einsetzende breite literarische Bezeugung von S. im Judentum und im Christentum (hier insbesondere als Adressat und Ausgangspunkt der frühen →Mission) zeigt ihre Bedeutung als allgemeiner Bestandteil des jüd. →Lebens in Palästina und in der gesamten Diaspora. Dadurch, dass die S. nach der Tempelzerstörung (70 n.Chr.) als grundlegendes Element des Judentums bereits bestand, wurde dessen Kontinuität bzw. Neukonstituierung trotz des andauernden Assimilationsdrucks der es umgebenden Mehrheitsgesellschaften erleichtert.

3. Funktionen: Als zentraler Versammlungsraum dient die S. bis heute nicht nur religiösen Bedürfnissen (→Religion), sondern auch der Aufrechterhaltung und Gestaltung des gemeinschaftlichen jüd. Lebens. Mit der S. als Gemeindezentrum (→Kirchengemeinde) konnten von Anfang an verschiedene soziale, kulturelle und administrative Einrichtungen verbunden sein, so z.B. Kinderschulen, Gerichte, kommunale Versammlungen, Herbergen und Einrichtungen der Armen- und Krankenfürsorge (→Armut; →Diakonie). Der Ausschluss aus der Synagogengemeinschaft durch die Verhängung des Bannes (cherem) bedeutete die radikale soziale Isolation.

4. Gebäude: Zumeist versammelten sich die antiken jüd. Gemeinden in privaten und öffentlichen Räumen oder richteten ihr Gemeindezentrum in einem ehemaligen Privathaus ein. Hinsichtlich Anlage und Bauplatz einer S. herrschte zunächst große Freizügigkeit; ihre Bauart (→Kirchenbau) richtete sich hauptsächlich nach den materiellen Möglichkeiten und nach regionalen Stilformen. Erst allmählich bildeten sich Konstanten bezüglich der dekorativen Symbolik und des Inventars heraus. Aufgrund der baugeschichtlichen Vielfalt bereits der antiken S. ist die Erhebung bestimmter Architekturtypen problematisch. Die wenigen erhaltenen Relikte mittelalterlicher Synagogengebäude (→Mittelalter) bezeugen v.a. den äußeren Druck auf die jüd. Gemeinden, sich auch hinsichtlich der baulichen und bildhaften Ausgestaltung ihrer S. der herrschenden – christl. oder muslimischen – Mehrheit (→Islam) anzupassen. Hierbei bildete sich eine Konzentration auf die Ästhetisierung der Tora und der mit ihr verbundenen Einrichtungen heraus, die fortan die synagogale Architektur prägte. Neuzeitliche europäische Synagogenbauten zeichnen sich daneben durch die Orientierung ihrer Erbauer an den vorherrschenden künstlerischen Strömungen und ästhetischen Werten der Umwelt aus (→Ästhetik) und weisen z.T. deutliche Parallelen zu zeitgenössischen christl. Sakralbauten auf (Orgelempore, parallele Anordnung der Sitzbänke, Lesepult an der Ostwand).

5. Gottesdienst: Nach traditioneller Sichtweise müssen mindestens zehn jüd. männliche, halachisch (→Halacha) volljährige (d.h. mindestens 13 Jahre alte) Personen zusammenkommen, damit ein synagogaler →Gottesdienst stattfinden kann (Minjan). Frauen sind nicht zur Teilnahme verpflichtet, zählen im heutigen Judentum außerhalb der Orthodoxie jedoch zumeist zum Minjan. Hauptcharakteristika des Gottesdienstes sind die aktive Beteiligung der Gemeinde und die Verlesung der Tora. Ihre zentrale Stellung kommt auch in der →Liturgie und in der Einrichtung des Raumes zum Ausdruck. Im Toraschrein (Aron hak-Kodesch bzw. Teva), der in Richtung auf →Jerusalem aufgestellt ist, bewahrt man die Torarollen auf. Eine erhöhte Estrade (Bima bzw. Almemor) dient ihrer Verlesung. Von den hierzu aufgerufenen Gemeindegliedern (in Reformgemeinden auch Frauen) oder vom Vorbeter bzw. Kantor (Chazzan) werden fortlaufende Abschnitte der Tora (Paraschijot bzw. Sedarim) verlesen, während der Hauptgottesdienste an Sabbat- und Feiertagen (→Sabbat) auch Abschnitte aus den Prophetenbüchern (Haftarot). Mit der Zeit entwickelten sich feste Lesezyklen, wobei die gesamte Tora in traditionellen Gemeinden in einem Jahr (babylonische Tradition), in Reformgemeinden in drei Jahren (palästinische Tradition) zum Vortrag kommt. Der Lesung folgte in der Antike wohl eine Auslegung in Gestalt der Übertragung des hebr. Bibeltextes in die Alltagssprache (Targum). Die →Predigt als Bestandteil des synagogalen Gottesdienstes ist erst seit dem späten →Mittelalter nachweisbar; erst im 19. Jh. erlangt sie im europäischen Judentum eine gesteigerte Bedeutung. Lokale liturgische Bräuche (→Liturgie) in Gestalt besonderer Gebete und Hymnen spielten in der S. immer eine große Rolle. Verbindende Elemente sind die Rezitation der nach der hebr. Eingangswendung „*Höre Israel*" (schema) benannten →Identität stiftenden Sammlung bibl. Gedenktexte (Dtn 6,4–9; 11,13–21; Num 15,37–41) und das aus einer Reihe von Bitten

und Segenssprüchen (→Segen) bestehende Achtzehngebet (Schemone Esre bzw. Amida). Die christl. Kirchen (→Kirche, evangelisch, katholisch, orthodox) übernahmen zahlreiche synagogale liturgische Traditionen und grundlegende Strukturprinzipien der sakralen Raumgestaltung.

Chiat, M.J.S., Handbook of Synagogue Architecture, 1982; Claußen, C., Versammlung, Gemeinde, Synagoge, 2002; Guttmann, H.Z., Vom Tempel zum Gemeindezentrum. Synagogen im Nachkriegsdeutschland, 1989; Heilmann, S.C., Synagogue Life. A Study in Symbolic Interaction, 1976; Hoenig, S.B., The Ancient City-Square: The Forerunner of the Synagogue, ANRW II 19,1, 1979, 448–476; Hruby, K., Die Synagoge. Geschichtliche Entwicklung einer Institution, 1971; Kee, H.C./Cohick, L.H. (Hg.), Evolution of the Synagogue. Problems and Progress, 1999; Krauss, S., Synagogale Altertümer, 1922 (Nachdr. 1966); Krinsky, C.H., Europas Synagogen, [2]1997; Levine, L.I., The Ancient Synagogue. The First Thousand Years, 2000; Schwarz, H.-P. (Hg.), Die Architektur der Synagoge, 1988; Tilly, M., Art. Synagoge, ThBLNT, [2]2000, 1029–1034; Trepp, L., Der Jüdische Gottesdienst [2]2004; Wilkinson, J., From Synagogue to Church. The Traditional Design, 2002.

Michael Tilly

Synkretismus Der Begriff S. geht etymologisch auf das griech. Substantiv synkretismos zurück, das bei Plutarch das „Zusammenhalten der Kreter" gegenüber den äußeren Feinden bedeutet. Inhaltlich sind die Bezüge der modernen S.-Definitionen zu diesem Ursprung jedoch weitgehend verloren gegangen und S. ist mittlerweile zum Synonym für eine Vielzahl an Bedeutungen geworden, bei denen zum Beispiel 1. vom Einfluss einer Religion auf eine andere, 2. der Vereinigung zweier oder mehrerer Religionen, 3. der Eingliederung fremder religiöser Elemente in eine bestehende Religion, 4. der Gleichsetzung von Elementen aus eigentlich verschiedenen Religionen oder 5. der Verschmelzung verschiedener religiöser Elemente die Rede sein kann. Mit den Religionen der Spätantike, der altägyptischen Religion, aber auch mit verschiedenen religiösen Erscheinungen der Gegenwart ist er jedoch immer wieder in besonderer Weise in Verbindung gebracht worden.

Als „Scheltwort" (K. Rudolph) wurde S. lange Zeit v.a. im theologischen Diskurs verwendet; der Kirchenhistoriker Karl Prümm setzte ihn bspw. zur Beschreibung der nicht christlichen Religionen der Spätantike in Gegenüberstellung zu dem mit dem Begriff „Synthese" bezeichneten Christentum dieser Zeit ein. Im Sinne eines negativen Verfallsprozesses fasst ihn auch Gerhard von Rad, indem er ihn der „Verfallsgeschichte" des Jahweglaubens (→Jahwe) zuordnet, der sich in einen S. aufgelöst habe. In selteneren Fällen (z.B. W. Pannenberg) wird der Begriff auch als positiv zu bewertende „Fähigkeit" des Christentums betrachtet.

Alternative Versuche zur präziseren Definition des Begriffes sind bis heute zu keinem einheitlichen Konzept zusammengefasst worden.

Für Gerardus van der Leeuw bspw. ist S. eine unumgängliche Erscheinungsform aller sich entwickelnden Religionen. Auch und gerade die sog. Weltreligionen unterliegen seines Erachtens diesem Prozess. Als Phänomenologe unterscheidet er zwischen religiöser Erscheinung bzw. Form und deren Bedeutung. Hieran knüpft er dann die inhaltliche Bestimmung seines S.-Begriffes. Dieser bezeichne, so van der Leeuw, die „Verschiebung" der Bedeutung einer religiösen Erscheinung, deren Form jedoch unverändert bleibt. Als besonders prägnantes Beispiel für S. nennt van der Leeuw die Mission und Ausbreitung einer Religion.

Deutlich vom theologischen Gebrauch des Begriffes abgewandt hat sich auch Robert Baird, der in seiner 1971 veröffentlichten Studie *Category formation and the history of religions* unter S. nur mehr die grundsätzlichen Zwischenbeziehungen zwischen religiösen Ideen und Bewegungen verstanden wissen wollte. Er setzte so den Begriff im Prinzip gleich mit dem, was ganz allgemein unter „Religionsgeschichte" zu verstehen ist. Abgesehen davon sei der Begriff, so Baird, auch zur religiösen Selbstbeschreibung unbrauchbar; kein Anhänger würde seine eigene Religion mit diesem Prädikat belegen. Aus diesen Gründen riet Baird von der Verwendung des S.-Begriffes ab.

Dass keine Religion „rein" und somit jede synkretistisch ausgerichtet sei, hat auch der holländische Gelehrte Jacques H. Kamstra auf der Grundlage seiner Forschungen zum japanischen →Buddhismus deutlich gemacht. Aus allgemein-anthropologischer Perspektive betrachtet er dabei die Problematik des Verstehensprozesses, bei dem der Mensch – will er bspw. eine →Offenbarung verstehen – sie sich „zu eigen" machen muss, was zwangsläufig schon zu einer Veränderung derselben führt und somit als synkretistischer Prozess zu bezeichnen ist. S. ist folglich Kamstras Ansicht nach bereits in der Natur des Menschen selbst angelegt. Hiermit hat er einen wichtigen Aspekt angesprochen, der die Bezogenheit aller Religion auf ihren Träger, den →Menschen, und folglich dessen Verstehens- und Lebensbedingungen deutlich macht. Mit dem Begriff der „Verfremdung", den er eng an den Begriff der „Verschiebung" bei van der Leeuw anknüpft, führt Kamstra dann einen weiteren wichtigen Aspekt ein, der den synkretistischen Vorgang selbst genauer bezeichnen soll.

Michael Pye hat sich mit dem Ansatz Kamstras befasst und auf dieser Grundlage seinen eigenen formuliert, der wesentlich mit dem Begriff der „Ambiguität", also der Doppeldeutigkeit von – wie er sagt – Kulturelementen, verknüpft ist. Diese Elemente befinden sich in vorläufiger, ambivalenter Koexistenz im Rahmen eines kohärenten religiösen Musters. Somit bestimmt er also den Begriff des S. als einen Prozess, der in den Religionen jeweils für eine bestimmte Zeit eine Rolle spielen kann und schließlich zu einer von drei verschiedenen Formen führt: Synthese, Assimilation oder Auflösung. Diese Formen sind jedoch nicht mit dem S. selbst gleichzusetzen, der hier wirklich ausschließlich als Prozess verstanden wird. Während die Synthese dann die Entstehung einer vollkommen neuen religiösen Gestalt bezeichnet, ist mit der Assimilation die Anpassung bestimmter ursprünglich fremder religiöser oder anderer Elemente an eine dominant bleibende Religion gemeint. Die Auflösung schließlich bezeichnet das Auseinandergehen ursprünglich miteinander verbundener religiöser Elemente.

Carsten Colpe bezeichnet mit S. die Mischung von Kultur- und Religionsphänomenen und spezifiziert dies in dreifacher Hinsicht genauer: Von S. kann gesprochen werden, wenn 1. die Bestandteile des synkretistischen Gebildes lange genug selbstständig waren oder es noch immer sind bzw. sich evtl. auch in ihm weiter durchzusetzen versuchen, 2. sich die Bestandteile dabei zwischen Erhaltung ihrer Selbstständigkeit und ihrer Auflösung die Waage halten und 3. ihre Verbindung „die Fähigkeit zum Weiterleben in der Geschichte" vermittelt. Darüber hinaus entwickelt Colpe eine Typologie verschiedener synkretistischer Formen, die von Symbiose über Akkulturation bis hin zu Identifikation reicht; sein Hauptinteresse liegt dabei darin, synkretistische Prozesse und Phänomene historisch-genetisch zu erklären.

In Göttingen widmete man sich im Rahmen eines Sonderforschungsbereichs unter anderem auch der Synkretismusforschung, was 1978 in der Veröffentlichung *Synkretismusforschung, Theorie und Praxis* seinen Ausdruck fand. Wie ein S.-Konzept aussehen sollte, das sowohl interreligiöse als auch innerreligiöse Prozesse zu erfassen in der Lage ist, hat der an diesem Sonderforschungsbereich maßgeblich beteiligte Ulrich Berner zu lösen versucht. Er beschreibt Religionen als Systeme, die sich aus ständig veränderbaren Elementen zusammensetzen. Dies ermöglicht, einerseits nach möglichen Veränderungen des Systems als Ganzem zu fragen (was auf die Beschreibung interreligiöser Begegnung und Beziehung abzielt), andererseits aber auch die Veränderung nur einzelner Elemente dieses Systems in den Blick zu nehmen. Ersteres fasst Berner unter dem Begriff des S. auf System-Ebene, Letzteres unter S. auf Element-Ebene.

Bei der Zusammenfassung der wichtigsten Elemente der hier vorgestellten Ansätze sind folgende Punkte ausschlaggebend: Immer wieder wird unterschieden zwischen einem S. als Prozess, der sich zwischen Religionen, einzelnen und verschiedenen religiösen Elementen oder auch Elementen innerhalb einer Religion abspielt auf der einen Seite, und einem S. als Bezeichnung für eben die spezifischen Gebilde, die das Ergebnis derartiger Prozesse sind. In beiden Fällen stellt sich die Frage nach Art und Intensität, also nach einer Typologisierung des Verhältnisses der religiösen Elemente oder Religionen zueinander, wobei meistens verschiedene Grade der Nähe, Verschmelzung oder auch der bleibenden Dominanz mancher Elemente über andere, also verschiedene Grade eines S. unterschieden werden. Immer wieder spielt dabei die Frage eine Rolle, ob letztlich alle →Religionen synkretistisch sind oder zumindest eine solche Phase durchlaufen haben oder ob der S. ein spezifisches Phänomen nur bestimmter Religionen darstellt. Damit verbunden ist die – meist vor theologischem Hintergrund formulierte – Frage nach der Möglichkeit „reiner" Religion, die eben nicht dem synkretistischen „Verfall" ausgesetzt ist. Aus religionshistorischer Sicht ist ein solches Konzept jedoch durchweg zu verwerfen, da sich keine Religion vollkommen unabhängig von den religiösen oder kulturellen Einflüssen entwickeln kann, in deren Kontext sie steht. Für wichtig und hilfreich hält v.a. Kurt Rudolph die bereits in mehreren Ansätzen formulierte oder latent anklingende Unterscheidung eines bewussten von einem unbewussten S. Ein bleibendes Problem ist außerdem die Frage danach, wie sich eine Untersuchung, die schlicht religionsgeschichtliche Bezüge zwischen Religionen oder religiösen Elementen beschreiben will von einer Untersuchung unterscheidet, die diese Bezüge „synkretistisch" nennt.

Obwohl also der S.-Begriff bisher weder klar festgelegt noch wichtige mit ihm im Zusammenhang stehende Fragen und Probleme erschöpfend diskutiert wurden, kann doch festgehalten werden, dass die Umwandlung des S.-Begriffes von einer „Wertungskategorie" in eine „Erklärungskategorie" (C. Colpe) Teil eines jeden Vorhabens sein sollte, das an ihm festzuhalten gedenkt.

Berner, U., Art. Synkretismus, Handbuch religionswissenschaftlicher Grundbegriffe 5, 2001, 143–152; Colpe, C., Die Vereinbarkeit historischer und struktureller Bestimmungen des Synkretismus, 1975; Leopold, A.M./Sinding Jensen, J. (Hg.), Syncretism in Religion. A Reader, 2005; Rudolph, K., Synkretismus – vom theologischen Scheltwort zum religionswissenschaftlichen Begriff (FS H. Biezais), Humanitas Religiosa 1979, 194–212.

Stephanie Gripentrog

Synode, Synodalverfassung S. (griech.: *synodos*: Versammlung) im engeren Sinn bezeichnet seit der →Reformation ein regelmäßig tagendes kirchenleitendes Organ, das aus gewählten, geborenen, entsandten und berufenen ordinierten und nicht ordinierten Mitgliedern (→Ordination) besteht und an zentralen Aufgaben (u.a. kirchliche Gesetzgebung, Haushaltsrecht, Personalentscheidungen) beratend und entscheidend mitwirkt. Als S. im weiteren Sinn gilt ein kirchliches kollegiales Leitungsorgan, das nur aus ordinierten Mitgliedern zusammengesetzt ist (bspw. die Bischofssynode [→Bischof] der röm.-kath. →Kirche) und/oder nur beratende Funktionen wahrnimmt (bspw. die Pfarrkonvente in den luth. Kirchen [→Lutherische Kirchen] in Deutschland bis 1918).

Maßgeblich für die Entwicklung der Synodalverfassung in den reformierten Kirchen (→Reformierte Kirchen) waren die unter calvinistischem Einfluss (→Calvin, Johannes) in den franz. Kirchen unter Bezugnahme auf Apg 15 und die reformierte Ämter- und Gemeindeordnung entstandenen Synodalordnungen (Discipline Ecclesiastique, erste französische Nationalsynode 1559 in Paris). In den von jeder außerkirchlichen Autorität unabhängigen Synoden traten →Pfarrer, Älteste und Diakone (Amt, Ämter) gleichberechtigt zur Entscheidung von Kirchenzuchtfällen (→Kirchenzucht), Lehrfragen und anderen Fragen aus den Gemeinden zusammen, wobei die Verfassungsbestimmungen jegliche Vorherrschaft einzelner Gemeinden (→Kirchengemeinde) oder →Personen vermeiden helfen sollte. Mit Ausnahme der Synodalmitglieder, die in der Zeit zwischen den Sitzungsperioden kirchliche Leitungsaufgaben interimistisch wahrnahmen und während der nächsten Synodaltagung bestätigen lassen mussten (Moderamen, Präsidium), beschränkten sich die Befugnisse der Synodalen auf die Synodaltagung. Diese Verfassung, die sich in der Zeit der Verfolgung bewährte, hat die Synodalverfassung in Schottland (1561 Presbyterialverfassung), in den Niederlanden (Emder Synode 1571, Dordrechter Synode 1619), im Rheinland (Duisburger Generalsynode 1610 und Kirchenordnung 1671), in England, Amerika, Deutschland und Polen stark beeinflusst. Sie bestimmt bei geringen Unterschieden bis heute die Grundstruktur der reformierten Kirchenverfassung (→Reformierte Kirchen) weltweit. Nicht überall vermochte sich der Gedanke der Synodalverfassung freilich sogleich durchzusetzen. Dort, wo prot. Provinzialstaaten (landesherrliches Kirchenregiment) das →Recht der Sorge für die äußere Gestalt der Kirche für sich beanspruchten, kam es – im Unterschied zu den Synodalverfassungen der Kirchen (→Kirche, evangelisch, katholisch, orthodox) unter röm.-kath. Obrigkeit („Kirchen unter dem Kreuz") – meist nicht zur Bildung von unabhängigen Generalsynoden als Organen der Gesamtleitung der Gemeinden. Im 19. Jh. erhielt der Gedanke einer kirchlichen Synodalverfassung neue Impulse aus dem Raum der staatlichen Verfassungsentwicklung (Vertretung des Kirchenvolks dem Kirchenregiment und dem geistlichen Amt gegenüber, Gewaltenteilung) und bekam dadurch auch Einfluss in anderen deutschen Kirchenverfassungen.

Die unterschiedlichen historischen Bedingungen haben in den Kirchen der Reformation – bei gemeinsamer Kritik der behaupteten Unfehlbarkeit des Allgemeinen Konzils (→Konzilien) – zu verschiedenartigen Verwirklichungen des Synodalgedankens geführt. So kannte man in den – durch das landesherrliche Kirchenregiment geordneten – →luth. Kirchen bis ins 18. Jh. hinein Synoden im Wesentlichen nur als Pfarrkonvente mit beratender Funktion bei der Durchführung der Kirchenvisitation. Parallel zur Entwicklung des staatlichen Verfassungsrechts im 19. Jh. und im Zusammenhang mit der Bildung von Kirchenunionen fanden Synoden schließlich auch Eingang in die →Kirchenverfassungen der luth. Kirchen (Vorbild für die weitere Entwicklung wurde die Rheinisch-Westfälische Kirchenordnung von 1835, die auf allen Ebenen kirchlicher Organisation presbyterial-synodale Leitungsorgane vorsah). Gelangten unter Rückgriff auf die Lehre vom allgemeinen Priestertum (→Priestertum aller Gläubigen) damit Postulate der staatlichen Verfassungstheorie (Gewaltenteilung, Vertretung des Kirchenvolkes, Beschränkung der Kirchengewalt) in das kirchliche Verfassungsrecht, so wurden im Anschluss an die Erfahrungen des →Kirchenkampfs (1. Bekenntnissynode der Deutschen Evangelischen Kirche in Barmen 1934 [→Barmer Theologische Erklärung]) die Unterschiede zwischen kirchlichen Synoden und weltlichen Parlamenten betont: S. als Repräsentantin der Gesamtkirche gegenüber den Gemeinden (→Kirchengemeinde) und als Repräsentantin der Gemeinden in der Landeskirche. Dem synodalen Element kommt heute in allen deutschen ev. Kirchenverfassungen grundlegende Bedeutung zu. In den vorwiegend aus „Laien“ zusammengesetzten Landessynoden werden die grundsätzlichen Fragen des kirchlichen und öffentlichen Lebens beraten. Sie können Anregungen an kirchliche Stellen geben und sich mit Kundgebungen an die Gemeinden wenden. Zu ihren wichtigsten Aufgaben gehören das Gesetzgebungs- und das Wahlrecht (z. B. des Landesbischofs) sowie das Recht, den landeskirchlichen Haushalt festzustellen, Agenden und →Gesangbücher einzuführen und Berichte der Kirchenleitung oder Kirchenbehörde entgegenzunehmen. Unterschiede ergeben sich daraus, ob die übrigen kirchenleitenden Organe aus der S. hervorgehen oder ob sie institutionell von ihr unterschieden sind.

Mit dem wachsenden Vorrang des →Papsttums ging die Bedeutung synodaler Formen der Kirchenleitung allmählich verloren, nachdem sie in den ersten Jahrhunderten der christl. Kirche als klassisches Instrument kirchlicher Einheit auf der regionalen und der ökumenischen Ebene (→Ökumene) besonders in Fragen der kirchlichen Lehre eine grundlegende Rolle gespielt hatte (Konzile). Die Anstöße, die der synodale Gedanke in der röm.-kath. Kirche in der Zeit der →Gegenreformation erhielt (Tridentinum, Einrichtung von auf die Ordinierten und eine beratende Funktion begrenzten Diözesan- und Provinzialsynoden zur Durchsetzung der Kirchenreform), spielte in den folgenden Jahrhunderten keine Rolle mehr.

Im Zusammenhang mit der durch das Vaticanum II propagierten Lehre von der Kirche als Volk Gottes bzw. als *communio* von Klerikern (→Klerus) und →Laien wurden die Diözesansynoden unter Einbeziehung von nicht ordinierten Mitgliedern neu konstituiert (cc 460–468 CIC/1983 [→Codex Iuris Canonici]). Als neue Institution hat die aus 200 geborenen und gewählten Mitgliedern bestehende und zusammen mit dem Papst tagende Bischofssynode zunehmend an Bedeutung gewonnen (cc 342–348 CIC/1983). Wie die neu geschaffenen nationalen und regionalen Bischofskonferenzen handelt es sich bei den synodalen Gremien in der röm.-kath. Kirche um reine Beratungsorgane der jeweils übergeordneten Instanz ohne eigenständige und verbindliche Entscheidungskompetenz.

Synodale Strukturen prägen den gesamten verfassungsmäßigen Aufbau der →orthodoxen Kirche nach innen wie untereinander. Oberstes Leitungsorgan der um die →Bischöfe versammelten selbstständigen Ortskirchen (autokephale Kirchen) ist die „Heilige Synode der Hierarchen", die Vollversammlung der Bischöfe, welcher der jeweilige →Patriarch oder Erzbischof als *primus inter pares* vorsitzt. Die laufenden kirchenleitenden Aufgaben nimmt in fast allen orthodoxen Kirchen ein Bischofsrat in wechselnder Zusammensetzung wahr (ständige Synode, in Russland: „Heilige Synode"). Synodale Strukturen bestimmen auch die übrigen kirchlichen Organisationsebenen (Eparchialversammlung, Pfarrversammlung). Teilweise sind auch Kleriker, Laien und Mönche (→Mönchtum) in den synodalen Gremien vertreten und stimmberechtigt. In den synodalen Strukturen kommt nach orthodoxer Lehrauffassung das Wesen der Kirche zum Ausdruck, deren Glaubensübereinstimmung (→Glaube) sich in der eucharistischen Feier (Eucharistie) konstituiert und in Analogie zur innertrinitarischen Liebesgemeinschaft (→Trinität) verwirklicht. „Synodalität" als Ereignis kirchlicher Gemeinschaft erschöpft sich daher nicht in kirchlichen Organisationsstrukturen, sondern bezieht sich auf das gemeinsame kirchliche →Leben als Ganzes. Höchstes kirchliches Entscheidungsgremium ist für die orthodoxen Kirchen die ökumenische Synode, die zum letzten Mal 787 zusammengetreten ist (7. Ökumenisches Konzil von Nicaea). Seit den 1960er Jahren des vergangenen Jahrhunderts treten vorkonziliare panorthodoxe Versammlungen zusammen, um eine panorthodoxe „Heilige und Große Synode" (Konzil) vorzubereiten.

Frost, H., Strukturprobleme evangelischer Kirchenverfassung, 1972; Gahbauer, F.R. u.a., Art. Synode, TRE 27, 2001, 559–584; Huber, W., Synode und Konziliarität, in: Rau, G. u.a. (Hg.), Das Recht der Kirche, Bd.3, 1994, 319–348; Mehlhausen, J., Art. Presbyterial-synodale Kirchenverfassung, TRE 32, 1997, 331–340; Tilling, P. von, Das Konsensprinzip bei der Synode, Veröffentlichungen der Lutherakademie Ratzeburg, Bd.5, 1983, 99–115.

Michael Wöller

Synoptiker 1. Begriffsbestimmung: Als S. bezeichnet man die drei ersten →Evangelien, Mt, Mk und Lk, weil sie von der Erzählreihenfolge (Taufe Jesu, Wirken in Galiläa, Weg nach Jerusalem und Passion) und von Inhalt und Form (anders als das Joh) so sehr übereinstimmen, dass man sie parallel in Spalten nebeneinander stellen kann, um diese Ähnlichkeiten auch optisch bzw. in einer sog. Synopse (von griech. synopsis: Zusammenschau; so erstmals 1774 bei J.J. Griesbach) darzustellen.

2. Die synoptische Frage: Mit dem Aufkommen der Bibelkritik (→Bibel, Bibelausgaben; →Bibelwissenschaft) im 18.Jh. wurde erkannt, dass die S. wegen ihres hohen Grades an wörtlichen Übereinstimmungen (oft in Nebensächlichkeiten) kaum auf völlig unabhängige Erzähler zurückgehen dürften. Da sie aber neben den Gemeinsamkeiten z.T. auch erhebliche Abweichungen aufweisen (z.B. Vor- und Kindheitsgeschichten, Redekompositionen des Mt), wird die Untersuchung der genauen Art dieser Verwandtschaft als synoptische Frage oder synoptisches Problem bezeichnet. Mk ist deutlich kürzer als Mt und Lk. Von seinen 661 Versen finden sich etwa 600 auch bei Mt und immerhin über die Hälfte bei Lk. Darüber hinaus stimmen Mt und Lk aber noch in ca. 235 weiteren Versen überein und enthalten zusätzlich je eigenen umfangreichen Stoff. Als Erklärung für diesen komplexen Befund werden zwei Lösungsansätze verfolgt. Vorlagenhypothesen gehen von einer literarischen Unabhängigkeit der S. aus und nehmen stattdessen gemeinsame schriftliche oder mündliche Vorstufen an (Traditions-, Ur-Evangeliums- sowie Diegesen- oder Fragmentenhypothese). Durchgesetzt haben sich jedoch Benutzungshypothesen, die auf der Annahme gegenseitiger Abhängigkeit der S. beruhen. Die gegenwärtig plausibelste und (trotz einiger offener Fragen, z.B. Mk-Sondergut; Auslassung von Mk 6,45–8,26 nach Lk 9,17; übereinstimmende Abweichungen von Mk bei Mt und Lk, sog. minor agreements) mehrheitlich anerkannte Lösung der synoptischen Frage bietet die sog. Zwei-Quellen-Theorie, der zufolge Mk das älteste Evangelium ist und Mt und Lk als durchlaufende Quelle zugrunde liegt, die auch ihre Anordnung bestimmt. Mt und Lk benutzten darüber hinaus unabhängig voneinander eine weitere, nicht mehr erhaltene Quelle, die hauptsächlich Worte und Reden Jesu enthielt, weshalb sie als Logien- oder Spruchquelle (von griech. logos: Wort, Ausspruch) bzw. kurz als Q (= Quelle) bezeichnet wird. Außerdem haben Mt und Lk jeweils noch schriftliches oder mündliches Sondergut verarbeitet.

3. Theologie- und literaturgeschichtliche Bedeutung: Da die Paulusbriefe (→Paulus) zwar die ältesten Schriften des →Neuen Testaments sind, aber kaum Jesustraditionen enthalten, stellen die S. die wichtigste Quelle für die Rekonstruktion von Wirken und Verkündigung Jesu dar. Dabei ist jedoch zu berücksichtigen, dass ihre Perspektive auf diese Anfangszeit maßgeblich durch →Ostern und die jeweilige Gemeindesituation geprägt ist. Sie wollen die Jesusgeschichte als →Glauben begründendes und für die eigene Gegenwart bedeutsames Ereignis darstellen.

Den ältesten Bestand der synoptischen Tradition bildet die Logienquelle, die auf eine spätestens in den 50er Jahren des 1.Jh. n.Chr. entstandene Sammlung von Worten Jesu durch Wanderprediger im palästinisch-syr. Raum zurückgehen dürfte. Diese wurde zum Zweck der innergemeindlichen Unterweisung sukzessive erweitert. Das älteste Spruchgut wurde vermutlich auf Aram. überliefert, doch lagen Mt und Lk bereits griech. Fassungen von Q vor. Die Spruchquelle enthält wenig Erzählstoff (vgl. Lk 4,1–13; 7,6–10) und keinen Passionsbericht; sie ist inhaltlich durch das

Gerichtsthema, formal durch Bild- und Vergleichsworte und Weisheits-, Mahn- und Drohsprüche gekennzeichnet.

Indem Mk das pln. Verständnis von Evangelium als Verkündigung von Gottes Heilshandeln in Christi Tod und Auferstehung als Erster um die Erzählung über Wirken und Botschaft des irdischen Jesus erweitert hat (vgl. Mk 1,1.14f), begründete er (trotz vereinzelter Parallelen in der Umwelt) eine neue literarische Gattung. Er wollte jedoch keinen historischen Bericht über das Leben Jesu bieten, sondern seine Gemeinde der Identität des Gekreuzigten mit dem erhöhten Herrn vergewissern. Da die S. keine expliziten Hinweise auf ihre Verfasser und Entstehungsumstände enthalten (alle Evangelienüberschriften sind sekundär), können diese nur indirekt erschlossen werden. Mk (vgl. zum Namen Apg 12,12; 1Petr 5,13) hat sein Werk vermutlich um das Jahr 70 n.Chr. abgefasst. Er schrieb in einem ländlichen Gebiet (in Syrien?) für eine mehrheitlich heidenchristl. Gemeinde, der wie ihm selbst jüd. Gebräuche und Worte fremd waren (vgl. z.B. Mk 7,3). Die Bezeichnung des ältesten Evangeliums als „Passionsgeschichte mit ausführlicher Einleitung“ (M. Kähler) verdeutlicht zwar, dass die synoptische Tradition von „hinten nach vorn“ (mit den Kindheitsgeschichten als jüngster Schicht) entstanden ist, verkürzt aber die Gesamtkomposition des Mk, der seinen Stoff teilweise bereits in kleineren Sammlungen (etwa von →Gleichnissen oder Streitgesprächen) vorgefunden hat. Das Mk wird durch die kontinuierliche Enthüllung der Würde Jesu strukturiert („Messiasgeheimnis“, W. Wrede), die untrennbar mit seinem Weg ins Leiden verbunden ist (vgl. Mk 8,31; 9,31; 10,33f). Die wahre →Erkenntnis des Wesens Jesu ist erst vom →Kreuz her möglich (vgl. Mk 15,39); →Nachfolge bedeutet zugleich Leidensnachfolge (vgl. Mk 8,34–38).

Mt war entgegen der Auffassung der Alten Kirche kein Jünger Jesu (vgl. Mt 10,3), sondern er hat aus judenchristlicher Perspektive um 80 n.Chr. in Syrien (vgl. Mt 4,24) das längste der synoptischen Evangelien für überwiegend heidenchristliche Adressaten abgefasst. Er folgt im Aufbau im Wesentlichen Mk und stellt Jesus dabei kompositorisch als Messias des Wortes (vgl. die fünf großen Reden in Mt 5–7 [Bergpredigt]; Mt 10 [Aussendungsrede]; Mt 13 [Gleichnisrede]; Mt 18 [Gemeinderede]; Mt 23–25 [Pharisäer- und Endzeitrede]) und der Tat (vgl. die Wunder in 8f) heraus, in dessen Wirken sich atl. Verheißungen erfüllen (vgl. z.B. Mt 1,22f; 2,23; 8,17; 21,4f; 27,9). Christ-Sein erweist sich ethisch in der Ausübung der „besseren Gerechtigkeit“, die nicht Auflösung, sondern Erfüllung des Gesetzes meint (Mt 5,17–20). Die Ablehnung Jesu durch Israel und die nachfolgende Wendung an die Völker ist bereits in Mt 2 angelegt und findet einen programmatischen Abschluss im Missionsauftrag (Mt 28,18–20), worin die Öffnung der mt Gemeinde zur Heidenmission Ausdruck findet.

Lk hat außer seinem um 90 n.Chr. in Kleinasien entstandenen und an heidenchristl. Adressaten gerichteten Evangelium auch die Apg abgefasst, ist aber kaum mit dem in Kol 4,14 und 2Tim 4,11 erwähnten Paulusbegleiter zu identifizieren. Bereits das Vorwort Lk 1,1–4 spiegelt den Anspruch des antiken Geschichtsschreibers, der u.a. in der Verzahnung von Welt- und Heilsgeschichte (vgl. z.B. Lk 1,5; 2,1; 3,1f), der anschaulichen Darstellungsweise (vgl. Lk 2,1–20) und der erzählerischen Verdichtung theologischer Aussagen (vgl. Lk 4,16–30) Ausdruck findet. Lk stilisiert die Reise Jesu von Galiläa nach Jerusalem als Weg in die Passion (vgl. Lk 9,51–19,27), für die er stärker als seine mk. Vorlage die jüd. Führer verantwortlich macht (Lk 23,25 u.ö.). Dass mit der Zeit Jesu „Gesetz und Propheten", d.h. die Zeit Israels, als beendet und erfüllt angesehen werden (vgl. Lk 16,16; 24,44–46), ist ein Reflex der Trennung von der →Synagoge in lk. Zeit. Durch die Geist geleitete Verkündigung des →Reiches Gottes ist Jesus jedoch mit den Gläubigen bis zu seiner Wiederkehr verbunden und in der Kirche gegenwärtig (vgl. Lk 3,22; 4,18; 23,46; Apg 1,8; 2,1–4). Das umfangreiche lk. Sondergut thematisiert bes. die Frage von →Armut und Reichtum sowie die Zuwendung zu Benachteiligten und Verlorenen (vgl. z.B. Lk 10,30–37; 15,11–32; 18,9–14).

Aland, K. (Hg.), Synopse der vier Evangelien. Griechisch-Deutsche Ausgabe der Synopsis Quattuor Evangeliorum, ^{3}1989; Feldmeier, R., Die synoptischen Evangelien, in: Niebuhr, K.W. (Hg.), Grundinformation Neues Testament, ^{2}2003, 75–142; Heil, C./Hoffmann, P., Die Spruchquelle Q, 2002; Peisker, C.H., Zürcher Evangelien-Synopse, ^{27}1994; Schmithals, W., Einleitung in die drei ersten Evangelien, 1985; Schnelle, U., Einleitung in das Neue Testament, ^{6}2007.

Heike Omerzu

Systematische Theologie Der Begriff sowie der Begriff *Systematik* fasst üblicherweise eine Reihe von Fachgebieten zusammen, unter denen regelmäßig die →Dogmatik und die →Ethik ist; zuweilen wird die Fundamentaltheologie als Frage nach den Bedingungen und den Quellen der beiden genannten Gebiete nicht als Prolegomena zur Dogmatik verhandelt, sondern ausgegliedert und als eigenes Gegenstandsgebiet geführt; dem Fach Systematik wird auch die Ökumenische Theologie, die →Apologetik und die von Emil Brunner so genannte Eristik zugeordnet. Ob die →Religionsphilosophie als Reflexion des christl. Glaubens auf das wie immer gefasste Phänomen der Religion hin (und damit in der Außenperspektive) ein eigenständiges Fach oder ein Teil der Systematik ist, kann unentschieden bleiben.

Der Titel impliziert zunächst einen methodischen Anspruch: Das *System* ist eine Zusammenstellung von Inhalten von einem organisierenden Prinzip her, die jedem Gegenstand seinen Ort als Moment eines Ganzen anweist; die Grundidee eines Systems ist die der Rechtfertigung aller Inhalte durch ihren Zusammenhang, in dem sie sich wechselseitig fordern (A. Ritschl).

In diesem Sinne sind bereits die *Theologische Summe* des →Thomas von Aquin und verwandte Summenwerke geleitet von der Idee eines einsichtigen Zusammenhangs aller Gegenstände der →Theologie aus einem Prinzip – bei Thomas der Begriff Gott als Ursprung und Ziel aller Wirklichkeit. Es geht dabei nicht nur um den internen Zusammenhang der spezifisch christl. Aussagen, sondern zugleich um die Kompatibilität der Aussagen des christl. Glaubens mit der Systematik aller wahren Aussagen unter der Leitthese, dass Gott die →Wahrheit und die Quelle aller Wahrheit ist. In der prot. Theologie profiliert sich der Systemanspruch wissenschaftlicher Arbeit insbesondere in den nach der analytischen Methode aufgebauten Dogmatiken, die die Theologie als *scientia practica* (dt.: zweckgeleitete Wissenschaft) fassen und ihr von diesem Handlungszweck her (zumeist:

Die Hinführung des Sünders zum Glauben und damit zum Ewigen Leben; so David Hollaz) alle theologischen Inhalte zuordnen. Die leitenden Prinzipien variieren in der Folgezeit vielfältig; grundsätzlich unterschiedene Typen sind die Gestalten der S. T., die den Gottesbegriff als Leitprinzip der Theologie betrachten, der die Integration aller Wahrheit erlaubt (so etwa W. Pannenberg), und diejenigen Gestalten, die die Theologie als Selbstauslegung des frommen Selbstbewusstseins betrachten und über die Strukturen der Subjektivität und somit über den Religionsbegriff in eine Enzyklopädie der Wissenschaften integrieren (Positionen im Gefolge Schleiermachers).

Der Systemanspruch als Anspruch der Bewährung von Einzelaussagen durch ihren Zusammenhang ist zugleich ein Hinweis auf die Aufgabenstellung des Fachgebietes im enzyklopädischen Zusammenhang der theologischen Fächer: Die Kirche als Gemeinschaft von Glaubenden greift in gottesdienstlichen und seelsorglichen Situationen durchschnittlicherweise und unmittelbar zu auf die bibl. Texte und die Dokumente der christl. Tradition in der Erwartung, hier letzte Orientierung ihres Lebens zu finden. Die Grundaufgabe der historischen Fächer ist die Wahrnehmung der Abständigkeit, der historischen Kontextualität und damit der Fremdheit der Texte. Die Teilgebiete der Systematik hingegen haben die Aufgabe, den unbeschadet ihrer historischen Kontextualität in den bibl. Texten und in den Dokumenten der christl. Tradition erhobenen Geltungsanspruch „für alle Zeit“ wahrzunehmen und zu explizieren im beständigen kritischen Dialog mit den Voraussetzungen und Bindungen der jeweiligen Gegenwart. Dieser Dialog der in den Kirchen präsenten christl. Tradition mit der Gegenwart mit dem Ziel des Ausweises der Wahrheit, d.h. des Sinnes, der Relevanz und des Geltungsanspruches dieser Tradition ist in besonderer Weise das Ziel der unter „Systematik“ zusammengefassten Fächer; in diesem Sinne dient die Systematik der argumentativen →Hermeneutik des christl. Glaubens. Die Frage, unter welchen Bedingungen und Kriterien diese Relevanz überhaupt ausweisbar ist, ist voraussetzungsreich und gehört bereits zu den materialen Fragen der S. T. Sie hängt daran, wie man den Charakter theologischer Aussagen versteht. Grundsätzlich wäre es möglich, die prädikativen Sätze als Beschreibung von subjektunabhängigen Sachverhalten zu verstehen, deren Existenz dem Glaubenden gewiss ist und die mit dem Wissen des →Menschen von sich selbst und der Welt abzugleichen ist. Oder man fasst sie als Ausdruck einer Heilserfahrung (mit der Person Christi), die sich nur im Medium der Rede über anderes und mit dem Ziel der Weitergabe dieser Erfahrung zur Sprache bringen kann – die prädikativen Sätze wären dann Ausdruck des Glaubens und seiner Erfahrung (F.D.E. →Schleiermacher) und zu verifizieren nur durch den Rückgang auf jene ursprüngliche Erfahrung.

Deuser, H., Kleine Einführung in die Systematische Theologie, 1999; Roth, M., Leitfaden Theologiestudium, 2004; Sauter, G., Zugänge zur Dogmatik: Elemente theologischer Urteilsbildung, 1998.

Notger Slenczka

T

Talmud Der Begriff T. (hebr.: Lehre) bezeichnet zunächst die schriftlich überlieferte Lehre der hebr. Heiligen Schriften, später dann die Sammlung der als verbindlich geltenden Lehrstoffe der rabb. Schulen (→Rabbiner) in Palästina und Babylonien (Amoräer) nach Abschluss der →Mischna.

Der jerusalemische T. (Talmud Jeruschalmi) enthält den Lehrstoff der großen rabb. Schulen Palästinas bis zum ausgehenden 4. Jh. n. Chr. Eine größtenteils abschließende Auswahl, Kombination und Bearbeitung (allerdings keine planvolle und umfassende Endredaktion) fand im 5. Jh. n. Chr. statt. Der Name beruht wahrscheinlich auf seinem Gebrauch in den rabb. Schulen →Jerusalems nach 638 n. Chr. Die →Sprache ist Mischnahebräisch und galiläisches Aramäisch mit zahlreichen griech. und lat. Fremd- und Lehnwörtern. Im jerusalemischen T. liegt die anthologieartige Auslegung und Ergänzung (aram. Gemara) zu 39 von insgesamt 63 Mischnatraktaten vor. Seine ursprüngliche Fassung hat keinen Mischnatext enthalten, sondern nur Zitate und Anspielungen innerhalb der Gemara. Erst spätere Handschriften und Drucke haben den Mischnatext blockweise vor die Gemara gesetzt. Der jerusalemische T. nahm seinen Anfang in der Kommentierung der Mischna im rabb. Schulbetrieb im Bestreben, die →Halacha in Anknüpfung an die →Tradition und an die Bibel (→Bibel, Bibelausgaben) weiterzuentwickeln und aktuellen Erfordernissen der Rechtsprechung und der →Frömmigkeit zu entsprechen. Solche Schulnotizen bzw. bereits geformt vorgefundene Traditionseinheiten wurden entsprechend dem Aufbau der Mischna in einem dynamischen Prozess gesammelt und ergänzt. Deutlich ist dabei das Bestreben der Tradenten und Redaktoren, die Verbindung der Mischna mit der →Tora zu akzentuieren. Unterschieden werden zwei verschiedene grundlegende Formen: 1. die Memra (aram.: Spruch), eine kurze Aussage, die einen bestimmten abgeschlossenen Gedanken ohne jedwede Diskussion umfasst, 2. die Sugia (aram.: Gang), eine in sich geschlossene Grundeinheit der talmudischen Kontroverse, die auf einer Memra aufbaut. Zahlreiche talmudische Aussagen und Probleme werden durch eine Kleinsterzählung (Ma'ase) illustriert.

Die Überlieferung des jerusalemischen T. wurde vernachlässigt, seitdem der babylonische T. die Vorherrschaft im Studienprogramm des europäischen Judentums erlangte. Aus diesem Grund sind nur wenige (z. T. durch den babylonischen T. beeinflusste) Handschriften erhalten.

Der babylonische T. (Talmud Bavli), nach traditionellem jüd. Verständnis der T. schlechthin, enthält den Lehrstoff der rabb. Schulen Babyloniens (Nehardea, Sura, Pumbedita) vom Abschluss der Mischna bis zum 6. Jh. n. Chr. Eine Redaktion fand im 7. und 8. Jh. n. Chr. statt. Die Sprache ist babylonisches Aramäisch mit persischen Fremd- und Lehnwörtern. Im babylonischen T. liegt die Gemara zu 36½ von insgesamt 63 Mischnatraktaten vor; dabei fehlen v. a. Kommentierungen der für die Diasporasituation in Babylonien (→Diaspora) irrelevanten Traktate. Aufgrund seines viel längeren Wachstums, seines ausladenden Stils und der Integration von Midraschim (→Midrasch), die allein im palästinischen Überlieferungsbereich eine eigene Literaturgattung bildeten, ist der babylonische T. viel umfangreicher als der jerusalemische T. Quellen des babylonischen T. sind die →Bibel, die Mischna, neben dieser überlieferte rabb. Lehrtraditionen (Baraitot), Midraschim sowie zahlreiche volkstümliche Traditionen. Entgegen der traditionellen Annahme von zwei Revisionen zu Beginn des 5.Jh. n.Chr. und einer abschließenden Niederschrift in den folgenden Jahrzehnten hat auch der babylonische T. keine abschließende und einheitliche Redaktion als Endpunkt der Textentstehung und Ausgangspunkt der Textüberlieferung erfahren, sondern ist vielmehr (in Entsprechung seiner Funktion als Entscheidungsgrundlage in halachischen Fragen) ein bis ins 8.Jh. hinein während eines dynamischen Prozesses redigiertes und aktualisierend ergänztes Sammelwerk.

Im →Mittelalter verdrängte der babylonische T. auch im Westen die palästinischen Schultraditionen und wurde bis heute zum Inbegriff der rabb. Lehre in der gesamten jüd. Welt (→Judentum). Die wichtigsten Handschriften stammen aus dem 12. – 14.Jh. n.Chr. Die Seitenaufteilung des Erstdrucks (Venedig 1520–23) blieb für alle späteren traditionellen Drucke verbindlich.

Becker, H.-J., Der Jerusalemer Talmud, 1995; Goldschmidt, L., Der babylonische Talmud, 12 Bd.,1929–36 (Ndr. 1996); Hengel, M. u.a. (Hg.), Übersetzung des Talmud Yerushalmi, 1980ff; Neusner, J., The Reader's Guide to the Talmud, 2001; Perry, A., Complete Idiot's Guide to the Talmud. Understanding the Talmud, 2004; Steinsaltz, A., The Talmud. A Reference Guide, 1989; Stemberger, G., Der Talmud. Einführung, Texte, Erläuterungen, 1982; Stemberger, G., Einführung in Talmud und Midrasch, [8]1992, 167–223.

Michael Tilly

Täufertum Mit dem polemische Begriffsbildungen (Wiedertäufer, griech.: anabaptistae) des 16.Jh. aufnehmenden Abstraktum T. bezeichnet man die aus der frühreformatorischen Bewegung (→Reformation) hervorgegangenen religiösen und sozialen Gruppenbildungen unterschiedlichen Charakters, die sich vornehmlich aus der Perspektive der sie bekämpfenden kirchlichen Großgruppen des →Protestantismus und des Katholizismus und der sie anathematisierenden staatlichen Gesetzgebung (Todesstrafe für Wiedertaufe als *crimen publicum* seit dem Speyerer Reichstag 1529, sog. Wiedertäufermandat) als „Einheit" darstellen. Unbeschadet der Berechtigung der in der neueren Forschung dominierenden polygenetischen Ursprungshypothese ist in der seit Sommer 1520 von →Luther propagierten Konzeption des →„Priestertums aller Gläubigen" ein wesentliches Stimulans eines insbesondere im frühen T. vitalen laikalen (→Laien) Gemeinschaftschristentums religionskultureller Autonomisierung gegenüber dem →Klerus wirksam geworden. Verbindende Motive der überwiegenden Mehrzahl täuferischer Gruppen sind in der Absage an eine durch Weihe exponierte kath. oder durch akademische Gelehrsamkeit hervorgehobene prot. Amtsgeistlichkeit (→Amt, Ämter), der Kritik an der Vorstellung einer dinglich-sakramentalen Realpräsenz des Leibes Christi in den Elementen des Abendmahls (→Abendmahl; →Sakramente), dem Plädoyer für eine prinzipielle religiöse „Gleichberechtigung“ der Geschlechter und dem Versuch einer sozial und praktisch wirksam werdenden Konkretion christl. Bruderschaft zu sehen. Im Distinktionsritus der Erwachsenen- bzw. Bekenntnistaufe, d.h. in der Verwerfung der →Taufe unmündiger Kinder, besaß das T. ein religionskulturelles Identifikationsmerkmahl, dessen konkrete Bedeutung allerdings in dem Maße, in dem es zum Anlass für Verfolgungen wurde, historischen Schwankungen unterlag. Die Ahndung der sog. Wiedertaufe, die nach täuferischem Taufverständnis die erste und einzige Taufe eines glaubensmündigen Christen war, mit der Todesstrafe, dokumentiert, dass die Verweigerung der Säuglingstaufe als Anschlag auf die sozio-kulturellen und politischen Grundlagen der christl. Gesellschaft verstanden wurde. Verbindungen täuferischer Gruppenbildungen der Reformationszeit zu vorreformatorischen, gegebenenfalls devianten laikalen Gemeinschaften lassen sich zum Teil eher vermuten als nachweisen; Motivparallelen zwischen täuferischem, hussitischem und waldensischem Antisakramentalismus und Antiklerikalismus sind freilich evident.

Die ersten reformationszeitlichen Infragestellungen der gängigen Praxis der Säuglingstaufe sind 1521 bei den sog. Zwickauer Propheten belegt; die erste durch die Praxis der Bekenntnistaufe (→Bekenntnis, Bekenntnisse) vollzogene, aus einer Kritik an Huldreich Zwinglis obrigkeitsgeleitetem Reformationskonzept erwachsene Separation einer täuferischen Gruppe lässt sich im Umkreis ehemaliger Zwinglianhänger in Zürich (1524/25) nachweisen (G. Blaurock, F. Manz, K. Grebel) ohne dass darin bereits eine eindeutige Entscheidung gegen ein avantgardistischen Wirken in und an der läuterungsbedürftigen →Volkskirche zu sehen war. In den von Michael Sattler verfassten *Schleitheimer Artikeln* (1527) der sog. Schweizerischen Brüder wurde die Abkehr von der feindlichen Welt programmatisch vollzogen. Aufgrund der Erfahrungen des →Bauernkrieges (1524/25) kam es insbesondere im Umkreis des Müntzerschülers Hans Hut zu einer apokalyptisch forcierten täuferischen Gruppenbildung (→Apokalyptik); mystisch-innerliche Läuterung (→Mystik) und apokalyptische Versiegelung angesichts des nahe geglaubten Jüngsten Tages (→Jüngstes Gericht) stimulierten täuferischen Missionsaktionismus (→Mission) und provozierten obrigkeitliche Repressionen. Der von Balthasar Hubmaier in Waldshut inaugurierte, später im mährischen Nikolsburg fortgesetzte Versuch einer obrigkeitlichen städtischen bzw. Territorialreformation indiziert, dass die Vorstellung einer prinzipiell revolutionären, bestehende Herrschaftsverhältnisse radikal in Frage stellenden Grundtendenz dem T. als ganzem nicht gerecht wird. Eine spezifische Transformationsgestalt des apokalyptischen T. Hutscher Prägung stellt die Lehre des Laienprädikaten Melchior Hofmann dar; er sah in den Täufern diejenigen, die das bald heraufziehende himmlische →Jerusalem als heilige Gemeinde vorbereiten sollten. Im Münsteraner Täuferreich (1534/35) wurden von Hofmann ausgehende visionäre Impulse in Form einer irdischen Inszenierung des endzeitlichen Davidsreiches militarisiert; der wachsende Verfolgungsdruck auf die täuferischen Aufrührer und die Orientierungskrisen, in die das T. nach dem Fall Münsters geriet, begünstigten den Erfolg radikal-gewaltfreier Gemeinschaftsbildungen. Deren dauerhaft erfolgreichste waren die von Menno Simons betriebenen und betreuten Gemeindegründungen (→Mennoniten). Neben Luthertum (→Luther, Martin) und Reformiertentum (→Reformierte Theologie) ist das T., insbesondere das mennonitische, die dritte in der Reformationszeit entstandene Institutionalisierungsform des Protestantismus, der eine dauerhafte Etablierung und eine weltweite Ausbreitung gelang.

Clasen, E.-P., Anabaptism. A Social History 1525–1648, 1972; Goertz, H.J. (Hg.), Umstrittenes Täufertum, ²1977; Goertz, H.J., Die Täufer. Geschichte und Deutung, 1980, ND 1987; Goertz, H.J., Religiöse Bewegungen in der Frühen Neuzeit, 1993; Klötzer, R., Die Täuferherrschaft von Münster, 1992; Seebaß, G., Münsters Erbe. Werk, Leben und Theologie des Hans Hut, 2002; Stayer, J., Art. Täufer/Täuferische Gemeinschaften I, TRE 32, 2001, 597–617; Strübind, A., Eifriger als Zwingli. Die frühe Täuferbewegung in der Schweiz, 2003; Williams, G.H., The Radical Reformation, ³2000.

Thomas Kaufmann

Tao Das Graphem T. (auch: dao) besteht aus zwei Komponenten, einem Kopf und einem Bestandteil, der „gehen“ bedeutet und sich als klassifikatorisches Element in Graphemen findet, die Bewegung ausdrücken. Die ursprüngliche Bedeutung des Wortes ist „Weg“, von der graphischen Komposition des Graphems lässt sich jedoch keine präzisere etymologische Erklärung des Wortes ableiten. Das Wort deckt später ein breites semantisches Feld ab: Neben „Weg“ bedeutet es „sagen“, „Methode/Technik“ und auch „rechte Ordnung“ (des Staates, des Himmels), „rechter Weg“, „moralisches Verhalten“, deren gemeinsame semantische Schnittmenge in deren (normativer) prozessualer Ausrichtung in eine definitive Richtung liegen mag. Im *Daode jing* (Tao Te King) findet sich zum ersten Mal die Bedeutung von T. als eine Art ewige Ordnung und Quell aller Dinge, die nicht immanent in Himmel und Erde ist, wie das in früheren Texten der Fall ist, sondern diesen vorangeht. Danach ist es fruchtbar wirksam, aber nicht tätig, es ist eins, harmonisch, umfassend und universal, und – v.a. – unnennbar, ohne Namen und ohne Form, nicht wahrnehmbar, trübe und verschwommen, ohne eigene positive Merkmale und also nur negativ oder in Bildern zu beschreiben.

In der frühen daoistischen Literatur (→Laozi) wird der Begriff T. vornehmlich als schöpferisch-regulatives Ordnungsprinzip in seiner Beziehung zu Himmel und Erde und den Erscheinungsdingen diskutiert. Es wird als einfaches und unbearbeitetes Einheitsstiftendes jenseits jeder Spezifität beschrieben, das auf mysteriöse Weise verborgen und absichtslos im Kosmos operiert, dabei Dinge hervorbringt und zugleich als deren innere Leitkraft fungiert. Beim Menschen kann es seinen Ort in einem zur Ruhe gebrachten Herzen haben und dort nach langjähriger, den Körper transformierenden Übung erfahren werden.

Mit der Übernahme in den konfuzianischen Diskurs (→Konfuzianismus) bezeichnet T. in den Gesprächen des Konfuzius (Lunyu) zunächst die rechte gesellschaftliche Ordnungshierarchie und ethisches Verhalten. Im Neokonfuzianismus (auch: Daoxue, Lehre vom Tao) wird es dann auch auf kosmologische Konzepte wie Ordnungsmuster (li) und Feinstofflichkeit (qi) bezogen. Danach wird es als der ewige unveränderlich harmonische Wechsel der beiden antagonistischen kosmischen Kräfte Yin und Yang aufgefasst, der sich in feinstofflicher Qi-Gestalt im kosmischen Ordnungsmuster (li) zeigt. Dieser Wechsel vollzieht sich sowohl an den einzelnen Dingen, die jedes ihr eigenes T. aufweisen, als auch im Gesamtzusammenspiel aller Dinge, das als universales T. des Himmels alles entsprechend umfasst. In Übereinstimmung mit der Wirkordnung des himmlischen T. zu gelangen, ist Ziel sowohl daoistischer wie auch konfuzianischer Lehren und Praktiken (→Taoismus, chinesische Volksreligion).

Philosophisch besteht ein Dissens zwischen der Auffassung, dass das T. außerhalb von, unabhängig von und früher als Himmel und Erde bestehe und der anderen Auffassung, dass es nur auf der Grundlage von Himmel und Erde, Yin und Yang und Feinstofflichkeit (qi) wirksam sein könne.

Im Bereich der Künste, sei es die Regierungskunst des Herrschers, Kampfkunst, Kalligraphie, Musik oder Teezeremonie, spielt der Begriff T. eine zentrale Rolle als „rechte Methode", die allein durch ihren Bezug zu spiritueller Übung die Perfektion dieser Techniken als Künste gewährleistet. In diesem Sinne wird es in westlicher esoterischer Literatur oft synonym mit Zen verwendet. Im Sinne des ersten schöpferischen Prinzips wird es in dieser Literatur oftmals auch mit Gott, Brahma etc. gleichgesetzt, wobei die in der daoistischen Literatur betonte Absichtslosigkeit des T. meist außer Acht gelassen wird.

Roth, H., Original Tao, 1999; Schwartz, E., Laudse Daudedsching, 1978; Wilhelm, R., Dschuang Dsi, 1920; Zhang, D., Key Concepts in Chinese Philosophy, 2002.

Joachim Gentz

Taoismus, chinesische Volksreligion T. und chinesische Volksreligion werden häufig miteinander identifiziert. Es ist jedoch sowohl systematisch als auch religionsgeschichtlich sinnvoll, hier zu differenzieren.

Eine Einheit der historisch sehr unterschiedlichen Ausprägungen von T. lässt sich am ehesten in deren gemeinsamem Ziel, der Erlangung von Unsterblichkeit, ausmachen. Um dieses Ziel haben sich →Rituale, Schriften, kosmologische Konzepte sowie geistige und körperliche Übungen herum gruppiert. Ein früher Unsterblichkeitskult lässt sich in China seit dem 3. Jh. v. Chr. in Form von Texten und Grabbeigaben nachweisen. Durch die Anwendung pharmazeutischer Substanzen und Praktiken von Atemübungen hat dieser Kult alchemistische Verfahren und alchemistisch konnotierte Körpertechniken hervorgebracht, die eine in China weit verbreitete Tradition persönlicher Selbstkultivierung begründen. Versteht man den T. von diesen Unsterblichkeitspraktiken her, lassen sich drei miteinander verwobene Bestandteile des T. ausmachen. Erstens eine Kosmologie, in der das →Tao als die vorherrschende Einheit stiftende Kraft in einem Kosmos als Ursprungs-, Schöpfungs- und Lebensprinzip angesehen wird. Mit fortschreitend systematischer Ausarbeitung und Integration unterschiedlicher Zyklen kosmischer Wirkkräfte (Yin und Yang, Fünf Wandlungsphasen Wuxing, Vier Jahreszeiten, Acht Trigramme Bagua, Mondzyklen etc.) in einen Gesamtverbund wird auch das Wirken des Tao zunehmend im Rahmen dieser Systeme beschrieben. Zweitens das Thema der Selbstkultivierung: Hier geht es auf der Grundlage der Annahme, dass diese Kosmologie ihre korrelative Analogie im menschlichen Körper finde, darum, das Tao dadurch zu erlangen, dass man im Verbund mit Körperübungen die gewöhnlichen Inhalte des Bewusstseins leert, bis ein Zustand profunder Ruhe eintritt, in dem die Vitalkraft des Tao beginnt, gestaltend zu wirken. Durch das Zirkulieren-Lassen kosmisch-leiblicher Vitalenergien im Bewegungsmodus des Tao sollen die grobstofflichen Bestandteile des menschlichen Körpers in einem alchemistischen Prozess so weit purifiziert und verfeinert werden, bis ein möglichst feinstofflicher Körper entsteht, der unsterblich ist. Die Korrelationen von Kosmos und Körper werden mit der fortschreitenden Systematisierung kosmischer und entsprechender Körpersphären zunehmend komplex. Kosmologie und Selbstkultivierung tauchen immer gemeinsam in den Texten auf und werden sowohl inhaltlich wie auch begrifflich recht einheitlich aufgefasst. Das dritte Thema hingegen scheidet die Texte voneinander. Hier geht es in manchen Texten zusätzlich noch um die Verknüpfung dieser beiden ersten Themen mit politischen Gedanken. Demgemäß dient sowohl Kosmologie als auch Selbstkultivierung dem Herrscher zum rechten Regieren.

Das taoistische Ritual, das sowohl im Kontext (alchemistischer) Selbstkultivierungsübungen als auch im öffentlichen Raum stattfindet, basiert auf einer Fülle ganz unterschiedlicher liturgischer Texte (→Liturgie) und lokaler Praktiken. Es dient v.a. der Vergegenwärtigung kosmischer Wirkkräfte und Gottheiten mit dem Ziel einer Kräftigung und Erneuerung der Lebenskraft des Kosmos, der Gemeinschaft und des Einzelnen (→Individuum). Die Vorbereitung und Durchführung dieser äußerst komplexen Rituale basiert auf einer hochgradig bürokratisch gebildeten Gelehrsamkeit. Einen wesentlichen Bestandteil taoistischer Rituale bilden ekstatisch-exorzistische Reinigungsrituale (→Reinheit und Unreinheit), die in der Literatur häufig auf schamanistische Praktiken (→Schamanismus) zurückgeführt werden, die bereits in Beschreibungen ekstatischer Himmelsreisen (→Ekstase) früher poetischer Texte wie etwa den Gesängen aus Chu (Chuci) ausgemacht werden.

Im Zentrum des taoistischen Schrifttums steht zunächst das →Laozi zugeschriebene *Daode jing* (Tao-te ching), welches eine kanonische Grundlage aller späteren taoistischen Strömungen bildet. Dem können weitere eher philosophisch gefärbte Texte hinzugefügt werden wie das *Zhuangzi*, das *Liezi*, das *Guanzi*, das *Huainanzi* etc. sowie stärker religiös gehaltene Texte wie das *Taiping jing* oder das *Baopuzi*. Das taoistische Schrifttum ist im umfangreichen taoistischen Kanon ediert, in dem ca. 1500 Schriften ganz unterschiedlicher Genres (liturgische Texte, magische und apotropäische Formeln und Graphiken, Bußtexte, Rituallisten, monastische Regeln, Biographien, geographische Texte, Ge- und Verbotslisten, Meditationsanweisungen etc.) versammelt sind und dessen heutige Fassung auf die Ming-Edition aus dem Jahr 1445 (Zhengtong Daozang) zurückgeht.

Als institutionalisierte Religion setzt der T. mit der Entstehung der Institution der taoistischen Kirche im späten 2. Jh., deren offizieller Anerkennung im Jahre 215 n. Chr. oder mit der Offenbarung der Großen Reinheit zwischen 365 und 370 ein. Diese Daten spiegeln unterschiedliche Stadien der lokalen institutionellen Integration und Organisation vorausgehender divergierender Vorstellungen in unterschiedlichen Schulrichtungen und Traditionslinien des T. Die unterschiedlichen taoistischen Schulen bilden sich in einer jahrhundertelangen Auseinandersetzung mit dem →Buddhismus heraus und übernehmen eine ganze Reihe von dessen institutionellen Strukturen, dogmatischen Inhalten und ästhetischen Formen in unterschiedlichen Mischungen und Aneignungsarten.

Die taoistische Religion bezeichnet die öffentlich in Jahreszeitenritualen und →Tempeln oder privat in häuslichen →Altären institutionalisierte Form einer religiösen Praxis, in der Laozi als Gottheit neben anderen Gottheiten im Kontext lokalspezifischer Rituale verehrt wird. Neben den dazugehörigen Texten im taoistischen Kanon sind für das Wissen von taoistischer Religion v.a. die historischen und die ethnographischen Quellen maßgeblich, die uns zur Verfügung stehen. Viele Elemente chinesischer Volksreligion finden sich hier wieder.

Chinesische Volksreligion ist im Unterschied zu taoistischer Religion nicht primär auf das Ziel der Unsterblichkeit ausgerichtet, sondern allgemeiner auf das Vertreiben von Unglück und →Krankheit durch exorzistische Riten (→Exorzismus) und Orakel, die von Ritenspezialisten und Medien durchgeführt werden. Als Belohnungen für moralisches Verhalten und regelmäßige Verehrung von Gottheiten sowie das Darbringen von Opfergaben werden außerdem Glück, Reichtum, Errettung vor der Hölle und Eingang ins himmlische →Paradies erhofft. Die chinesische Volksreligion besitzt keinen einheitlichen Schriftenkanon, ist nicht einheitlich institutionalisiert und ist in ihren lokalen Ausprägungen so vielfältig, dass sie nur auf einer sehr allgemeinen Ebene als Einheit beschrieben werden kann. T., Buddhismus und auch der Staatskonfuzianismus (→Konfuzianismus) haben eigene volksreligiöse Formen (→Volksfrömmigkeit) in China hervorgebracht und geprägt, haben diese inkorporiert und sind umgekehrt ebenso von diesen lokal je ganz unterschiedlich gestaltet worden. Unabhängig davon existieren jedoch auch religiöse (Lokal-)Traditionen und Gottheiten, die mit keiner dieser Großtraditionen identisch sind, eigene Merkmale aufweisen und sich auf verschiedene Weise in einem beständigen Prozess untereinander mischen und verändern. Das umfangreiche Pantheon vielfältiger Gottheiten, Geister und →Dämonen unterschiedlichster Bereiche und verschiedenster Funktionen ist gemäß der Bürokratie des in der Gegenwart oder eines in der Vergangenheit herrschenden politischen Systems organisiert und beinhaltet auch eine ganze Reihe früherer weltlicher Amtsträger. Die Vielfalt dieses Pantheons lässt sich systematisch einteilen einerseits in offizielle Gottheiten (shen), die als Träger legitimer Macht die staatliche Ordnung stützen, repräsentieren und in ihren bürokratischen Amtsfunktionen auch schützen; dazu gehören neben den im offiziellen Kult verehrten Gottheiten und Ahnen (→Totenkult, Ahnenverehrung) auch offiziell anerkannte Lokalgottheiten, die in Lokalkulten verehrt werden. Andererseits in Dämonen und (Toten-)Geister (gui), welche offiziell nicht anerkannt als Träger illegitimer, die Ordnung störende Macht gelten, auf lokaler Ebene in Opposition zur Einordnung der Herrschaftszentrale zuweilen aber auch als legitime Gottheiten (shen) verehrt werden können. Im Gegensatz zum staatlich verordneten Verehrungskriterium der Legitimität einer Gottheit werden in der Volksreligion solche Gottheiten und Geister verehrt, deren Wirkkraft sich immer wieder erneut in Ereignissen erweisen kann. Klassifikatorisch lassen sich die Gottheiten chinesischer Religion nur allgemein einteilen in die Amtsträger der komplexen Himmels- und Unterwelt-Bürokratien, Naturgottheiten, und Gottheiten für diverse menschliche Belange: Haushaltsgötter, Berufs- und Gildengottheiten, Ahnengottheiten, Schutzgötter, Kontrollgottheiten etc. Hinzu kommen in lokal und historisch je unterschiedlicher Mischung die buddhistischen und/oder taoistischen Gottheiten und/oder die Gottheiten des kaiserlichen →Kults. Diese Gottheiten, die über verschiedene kanonische, familiäre und lokale Bezüge in lokalen Festen und einem komplexen System von offiziellen, halboffiziellen und inoffiziellen Tempeln und Subtempeln in territorial fix organisierten Ritualen und →Prozessionen verehrt werden, werden so gut wie alle auf historische Personen zurückgeführt, zu denen häufig auch Biographien existieren und die damit gleichzeitig auch erinnert werden. Ihr Status ist beweglich, ihr Werdegang kann über Jahrhunderte hin historisch in seinen Höhen und Tiefen nachvollzogen und in Begriffen glückender oder scheiternder Karrieren beschrieben werden. Als oberste Gottheit weithin anerkannt ist der himmlische Jadekaiser (Yuhuang shangdi), der auch mit dem Himmel identifiziert und populär entsprechend auch als Laotian ye bezeichnet wird. Er residiert mit seiner ganzen Familie und seinem Hofstaat von unzähligen Beamten an der Spitze der himmlischen Bürokratie im Himmelspalast. Ein junger Emporkömmling unter den Göttern ist Guandi, welcher als General Guan Yu im 3. Jh. lebte und nun als himmlischer Regent der Welt eine mächtige Stellung innehat. Weitere wichtige Gottheiten sind der Gott der Mauern und Gräben (Chenghuang), welcher als Schutzgottheit der Städte eine wichtige Funktion einnimmt und dem kleinere Ortsgottheiten (Tudi shen) untergeordnet sind. Die heilige Mutter (Shengmu) ist eine alte und weit verbreitete taoistisch konnotierte Gottheit, die Frauen und Kinder schützt und für Kindersegen sorgt. Das buddhistische Gegenstück dazu ist Guanyin, die chinesische weibliche Form des Bodhisattva Avalokitesvara, die als buddhistische Göttin der Barmherzigkeit und Güte weit verbreitete Anbetung für Kindergeburten erhält. Der Herdgott und dessen Frau stehen ganz am unteren Ende der himmlischen Bürokratie und berichten der himmlischen Verwaltung wie Spione aus den Haushalten das Verhalten der Menschen, welches in himmlischen Lebensregistern aufgezeichnet und mit entsprechenden Konsequenzen bedacht wird.

Day, C. B., Chinese Peasant Cults, 1940; Feuchtwang, S., Popular Religion in China, 2001; Kaltenmark, M., Lao-tzu und der Taoismus, 1981. Kohn, L. (Hg.), Daoism Handbook, 2000; Maspero, H., The Mythology of Modern China. The Popular Religion and the Three Religions, in: Hackin, J. u. a. (Hg.), Asiatic Mythology, 1963; Robinet, I., Geschichte des Taoismus, 1995; Roth, H., Original Tao, 1999; Seiwert, H., Volksreligion und nationale Tradition in Taiwan, 1985; Shahar, M./Weller, P., Unruly Gods, 1996.

Joachim Gentz

Taufe Die T. ist eine rituelle Handlung der Kirche, durch die das Leben eines Menschen definitiv und einmalig dem Herrn Christus (→Jesus Christus) übereignet wird, in der dem Getauften die erlösende →Gnade als göttliche Gabe zuteil wird und durch die der Getaufte zum Glied der Kirche wird. Sie erfolgt nach dem Bekenntnis des Glaubens durch dreimaliges Übergießen mit Wasser im Namen des Vaters, des Sohnes und des

→Heiligen Geistes (→Trinität) und wird vollzogen sowohl an Kindern christl. Eltern wie auch an Herangewachsenen aufgrund ihres eigenen Taufbegehrens. Den Täuflingen stehen Christen zur Seite, die das Patenamt für sie übernommen haben. Die T. wird in der Regel im Gemeindegottesdienst vollzogen.

Die Begründung für ihr Taufhandeln findet die Kirche im NT. Grundlegend ist der Taufbefehl des Auferstandenen (Mt 28,19f), wonach die →Jünger beauftragt werden, durch die T. auf den Namen des Vaters und des Sohnes und des Heiligen Geistes und durch Unterweisung andere Menschen zu Jüngern zu machen. Die im NT (bes. in der Apg) bezeugte Praxis ist die T. Erwachsener aufgrund ihres Glaubens und ihrer →Buße (Apg 2,37ff; Apg 8,26ff). Wenn von der T. ganzer Häuser gesprochen wird (Apg 16,15.33), ist nicht auszuschließen, dass dazu auch Kinder gehörten. Die T. ist nach Apg 2,40 das Geschehen einer Errettung. Die theologische Deutung in den apostolischen Briefen beschreibt die T. als ein Zusammenwachsen mit dem Tode Christi und ein Mitauferstehen mit Christus (Röm 6,3f; Kol 3,1), als neue Geburt (Joh 3,5;1Petr 2,2) sowie als Eingefügtwerden in die Kirche als den Leib Christi (1Kor 12,13, Gal 3,27f). Die T. leitet keinen Heilsautomatismus ein, sondern bedarf der Bemühung der Getauften, durch ihr Leben der Gabe der T. zu entsprechen (1Kor 10,12, Hebr 4,11).

In den ersten Jahrhunderten (bis zum 4. Jh.) wurde die T. als Katechumenatstaufe – mit entsprechender Vorbereitung der Taufanwärter – vollzogen. Nach Empfang des Glaubensunterrichts wurde ein Taufbewerber in den Stand eines Katechumenen aufgenommen, wobei an ihm das Zeichen des Kreuzes vollzogen und ihm die Hand aufgelegt wurde. Er durfte sich schon als ein der christl. Gemeinde Zugehöriger verstehen. Nach dem Katechumenat folgte die unmittelbare Taufvorbereitung (Photizomenat). Hier erfolgte eine Namengebung mit Eintragung in die kirchlichen Register, eine Reihe von →Exorzismen sowie die symbolische „Öffnung der Ohren", sodann und v.a. die – mündliche – Bekanntgabe (*traditio*) und das auswendige fehlerfreie Aufsagen des Glaubensbekenntnisses (*reditio symboli*) und des →Vaterunsers. Die Taufhandlung selbst – vorwiegend in der Osternacht (→Ostern) – war verbunden mit einer Absage des Täuflings an den Satan (→Teufel; *abrenuntiatio diaboli*), mit einer nochmaligen Befragung nach dem Glauben, mit einer Handauflegung, einer Salbung, der Bekleidung mit dem weißen Taufgewand (das acht Tage lang, bis zum „weißen Sonntag" getragen wurde), mit der Kerzenübergabe und mit der erstmaligen Teilnahme am Heiligen →Abendmahl. Die T. hatte den Sinn einer Lebenswende: eines Bruchs mit dem bisherigen Leben, eines persönlichen Neubeginns und einer Eingliederung in die Gemeinschaft der Christenheit. Tertullian nannte sie „→Sakrament" im Sinne eines „Fahneneids".

Bei christl. Familien, die sich taufen ließen, wurden teilweise auch deren kleine Kinder getauft. Die Kindertaufe wurde vom 4. Jh. an zur Regel, aber noch zu dieser Zeit ließen sich manche auch erst am Ende ihres Lebens taufen (z.B. Konstantin d.Gr.). Die ganz auf erwachsene Täuflinge ausgerichteten liturgischen und katechetischen Vollzüge wurden auch an Kindern vollzogen, wobei die Teile, bei denen der Täufling selbst agieren musste, von den Paten übernommen wurden. Theologisch wird der in der T. erfolgende Bruch mit dem bisherigen, alten Leben im Blick auf die Kinder durch den Hinweis auf die Erbsünde (→Sünde) und ihre Überwindung ersetzt (→Augustin).

Die Tauftheologie im Mittelalter berücksichtigt die allgemein übliche Kindertaufpraxis und ist gleichzeitig aus dem Kontext einer nunmehr durchgebildeten Sakramententheologie zu verstehen. Für →Thomas von Aquin ist die T. grundlegend eine Zeichenhandlung, die zweierlei zeigt. Auf der einen Seite weist sie (mit dem Wasserritus) hin auf das Sterben und Auferstehen mit Christus, das an dem Einzelnen vollzogen wird. Zugleich aber ist sie eine Zeichenhandlung, die den Glauben zum Ausdruck bringt: den Glauben der taufenden Kirche (*fides ecclesiae*) und den Glauben des Täuflings, der sich entschieden hat, Christ zu werden. Sie gilt für Thomas als *sacramentum fidei* oder als *protestatio fidei*.

Bei der T. kleiner Kinder wird der Glaube der Kirche dem Kind zuteil, der „in der Person des Kindes bekannt" wird und „dem dieser Glaube dadurch übertragen wird" (Thomas v. Aquin, *Summa theologiae* III, 71,1).

Dabei ist die T. jedoch nicht nur hinweisendes Zeichen; sie ist „gefülltes" Zeichen, das das enthält, was es bezeichnet: nämlich die Verbindung mit Tod und →Auferstehung Christi, die dem Täufling erstmalig und grundlegend übereignet wird und die ihn aus dem Stand der Erbsünde herausführt, sowie die Einfügung in die Gemeinde der Christen. Beides ist heilsam, sofern der Täufling es im Glauben bejaht und vollzieht. Insofern beginnt mit der T. eine neue Lebensgestalt. Die T. verleiht zugleich einen unverlierbaren Taufcharakter, der auch bei einem vom Glauben Abgefallenen bestehen bleibt.

Noch im Tridentinum wirkt die mittelalterliche Tauftheologie nach: die heilbringende →Rechtfertigung ist als einmaliges, lebenswendendes Geschehen an die T. gebunden, und bedarf der Vorbereitung durch Unterweisung im Glauben und durch ein beginnendes Leben aus Glaube und Liebe (DH 1526–1528).

Die Tauftheologie Martin →Luthers zeigt verschiedene Akzentuierungen, entsprechend den unterschiedlichen Gegnern, mit denen er sich auseinandersetzte. In seinen früheren Schriften bestreitet Luther, dass die T. – wie das Mittelalter lehrte – von der Erbsünde befreit. Vielmehr beginnt für ihn mit der T. ein Leben unter der →Vergebung sowie der Verheißung des ewigen Lebens und zugleich ein lebenslanger täglicher Kampf gegen die Sünde, der erst mit dem Tode zur Vollendung kommt (*Sermon von der Taufe*, 1519; *De captivitate babylonica*, 1520). Insofern spiegelt sich in Luthers Tauftheologie sein Rechtfertigungsverständnis, demzufolge Rechtfertigung keine einmalige Lebenswende ist, sondern eine tägliche Erfahrung von Vergebung und Ermutigung. Das so konzipierte Taufverständnis Luthers entspricht zugleich deutlicher als das scholastische Verständnis (→Scholastik) der Praxis der Kindertaufe, sofern es nicht auf eine einmalige Lebenswende, sondern auf den Beginn einer lebenslangen niemals abgeschlossenen Bewegung ausgerichtet ist. Dies ist auch der Kern der späteren Tauftheologie Luthers.

In der Auseinandersetzung mit den Täufern (→Täufertum), wie sie sich etwa im *Großen Katechismus* (1529) abzeichnet, findet man bei Luther indessen zwei weitere neue Akzente.

Luther betont nun in besonderem Maße die sakramentale Bindung des göttlichen Heils an das Wasser als das Element der T. Damit will er die

Objektivität der Heilszueignung vorgängig zu unserem Glauben sicherstellen. Luther verteidigt dabei die Gültigkeit der T. kleiner Kinder unabhängig von der Frage, ob sie glauben oder nicht glauben. Allerdings unterstreicht er gleichzeitig die Notwendigkeit des Glaubens zur heilsamen Wirkung der T. Das ist der sachliche Hintergrund für Luthers Theorie des Kinderglaubens (seit 1525), die auch der Verteidigung der Kindertaufe dient.

Luther weiß um die bleibende Bedeutung der T. dort, wo kein Glaube mehr gegeben ist: Die T. steht als Angebot über dem Leben auch des Nichtglaubenden.

Während die Täufer und Huldreich →Zwingli in der T. wesentlich einen Akt des →Bekenntnisses des Täuflings sahen, ist die T. nach Johannes →Calvin ein von Gott gesetztes Zeichen, das am Täufling vollzogen wird. Es hat einen doppelten Sinn: 1. zu bezeugen, dass der Getaufte der →Erlösung und Reinigung durch Christus teilhaftig geworden ist (beim Kind also: dass es bereits vorher dem Gnadenbund angehört), und 2. ihn als Glied in die – sichtbare – Kirche aufzunehmen. Im Unterschied zu Luther bestreitet →Calvin – ähnlich wie in der Abendmahlslehre – die Bindung der Gnadenmittlung an die äußere Handlung mit Wasser.

Die Diskussion über die T. im 20. Jh. ist auf weiten Strecken bestimmt durch das Votum Karl →Barths (zuletzt in *Kirchliche Dogmatik* IV/4, 1967), der sowohl den sakramentalen Sinn der T. mit Wasser bestreitet als auch die überkommene Praxis der Kleinkindertaufe für eine Unordnung der Kirche hält. Mit Barths Votum konvergiert in wesentlichen Punkten die Kritik von →Freikirchen (insbesondere der →Baptisten) an der Kindertaufe, was daher auch Gegenstand des ökumenischen Dialogs war und ist.

→Barth unterscheidet eine unserem Handeln unverfügbare „Taufe mit dem Heiligen Geist", die einem Menschen widerfährt, wenn er zum Glauben kommt oder bekehrt wird, von der „Taufe mit Wasser" als einer kirchlichen Handlung. Die T. mit Wasser versteht er – auf der Linie Tertullians und Zwinglis – ausschließlich als Bekenntnis- und Glaubenshandlung der Kirche und des Täuflings. Hier gehen freikirchliche Theologen zum Teil über →Barth hinaus, die anerkennen, dass die Taufaussagen des NT die T., die zunächst ein Akt des Glaubens und des Bekennens ist, zugleich als ein sakramentales Geschehen verstehen, in dem dem Täufling die Christusgnade zuteil wird (vgl. G.R. Beasley-Murray). Tatsächlich wird man davon auszugehen haben, dass wie im →Abendmahl so auch bei der T. „in, mit und unter" dem bekennenden Handeln von Menschen Gott selbst am Werk ist und dem Täufling seine heilsame Gnade zuteil werden lässt.

→Barths Folgerung, dass die T. kleiner Kinder abgelehnt werden muss, da sie noch nicht in der Lage sind, das dem Wesen der T. entsprechende persönliche →Bekenntnis zu Christus abzulegen, wird von den freikirchlichen Kritikern der Kleinkindertaufe geteilt. Ein starkes Argument für diese Position ist der Hinweis auf das NT, das ausdrücklich nur von der T. erwachsener Glaubender berichtet. Ob die Erwähnung der T. ganzer Häuser (Apg 16) kleine Kinder einschließt oder nicht, ist eine zumindest offene Frage. Die zunehmende Praxis der T. kleiner Kinder christl. Familien in der Alten Kirche wirft allerdings die Frage auf, ob vom Wesen der T. her eine solche Praxis als legitim angesehen werden kann. Für das Recht einer solchen Praxis wird man nicht einfach auf die allem menschlichen Tun zuvorkommende Gnade Gottes verweisen dürfen, weil dieser Gesichtspunkt, für sich genommen, zur Befürwortung einer grenzenlosen Taufpraxis führen würde. Vielmehr kann die Kleinkindertaufe nur verantwortet werden, wenn auch sie als Handeln aus Glauben verstehbar ist (so auch Lima „Taufe" n. 12): sei es unter dem Gesichtspunkt des „stellvertretenden" Glaubens von Eltern und Paten, sei es unter dem Gesichtspunkt „korporativen" Glaubens der Eltern, Paten und Gemeinde, in den das unmündige Kind hineingenommnen wird. Von daher legt sich dann in manchen Fällen ein Taufaufschub nahe: dort nämlich, wo solcher „stellvertretender" Glaube nur unzureichend zu erkennen ist, aber auch dort, wo Eltern unsicher sind, ob sie die der Kindertaufe entsprechende christl. →Erziehung und →Sozialisation zureichend wahrzunehmen in der Lage sind.

Da in der Praxis die Kindertaufe weitgehend zu einer Segenshandlung (→Segen) an dem kleinen Kind (im Sinne eines ersten *Passageritus*) geworden ist (vgl. auch die Einführung und die liturgische Ordnung in die geltenden Taufagenden), muss überlegt werden, wie in Verkündigung, Unterweisung und auch liturgischer Ordnung der Sinn der T. als Eintritt in das Lebensgesetz des Sterbens und Auferstehens mit Christus (nach Röm 6) deutlicher zum Zuge kommt. Einem verbreiteten Bewusstseinsstand würde es möglicherweise entsprechen, an Stelle der T. zunächst eine Kindersegnung vorzunehmen.

Da die T. auf den Namen des dreieinigen Gottes von den großen Kirchen in der Ökumene (anders als von einigen Freikirchen, die die Kindertaufe grundsätzlich ablehnen) wechselseitig als gültig anerkannt wird, ist eine verstärkte Besinnung darauf notwendig, dass hier ein enormes ökumenisches, die Kirchen verbindendes Potential vorliegt. Eine Anerkennung der Gültigkeit der T. hat freilich immer die rechtliche Eingliederung des Getauften in eine Konfessionskirche zu Seite, bedeutet demnach auch noch nicht die Möglichkeit einer Taufgemeinschaft im Sinne eines gemeinsamen oder gar wechselseitigen Taufvollzugs. Aber es bedarf immer wieder der Rechtfertigung, warum eigentlich die geistliche Würde des Getauften nicht gebietet, ihn in der geistlichen Gemeinschaft der je anderen Kirche willkommen zu heißen.

Barth, K., Kirchliche Dogmatik IV/4, 1967; Beaslay-Murray, E., Die christliche Taufe, 1968; Kühn, U., Sakramente, ²1990; Schlink, E., Schriften zu Ökumene und Bekenntnis, Bd. 3: Die Lehre von der Taufe, ²2007.

Ulrich Kühn

Tempel 1. Religionsgeschichtlich: T. sind Orte der (postulierten) Anwesenheit einer Gottheit, der öffentlichen Kultausübung (→Kult) und der Gottesbegegnung in unterschiedlichster Art (z. B. →Prophetie, Orakel). Sie sind aber auch mit (nach Land und Zeit differierenden) mythologischen Motiven (→Mythos) verbunden. So kann der T. den gesamten Kosmos oder das Schöpfungsgeschehen (→Schöpfung) versinnbildlichen, die Verbindung zwischen himmlischer und irdischer Thronstatt einer Gottheit verkörpern oder den Fortbestand göttlicher (Schöpfungs-)Ordnung garantieren. Der Bau eines T. wurde häufig als von einer Gottheit befohlen verstanden oder war mit einem religiösen Erlebnis (→Religion) (z. B. Theophanieerscheinung) verbunden. Da T. einen Raum besonderer Heiligkeit (→Heilig) darstellten, stehen sie häufig isoliert und sind gelegentlich durch eine Umfassungsmauer vom profanen Umfeld abgegrenzt. Darin unterscheidet sich der T. von der im Privatbesitz befindlichen Kapelle, die in der Regel nur der Ausübung der privaten →Frömmigkeit diente.

2. T. in der Umwelt der →Bibel: Die ältesten Tempelbauten in der Umwelt des →Alten Testaments werden z. T. schon für das Neolithikum (8. Jahrtausend v. Chr.) postuliert, doch ist diese Bestimmung innerhalb der Forschung umstritten. Eigene T. gab es auf jeden Fall ab dem 4. Jahrtausend v. Chr. und damit seit der Ausbildung von (Stadt-)Staaten; der T. ist dabei das religiöse Pendant zum Palast des Herrschers. In Ägypten ist die seit dem Neuen Reich typische Tempelanlage mit hohen Umfassungsmauern, mehreren Höfen und Sälen streng axial auf das Sanktuar hin ausgerichtet, in dem das Götterbild die meiste Zeit des Jahres aufgestellt war. Nur an hohen Feiertagen wurde das Götterbild der Gemeinde in einer →Prozession gezeigt. Während der Bereich außerhalb des T. profan ist, steigt die Heiligkeit innerhalb der Tempelanlage bis zum Sanktuar hin stetig an. Das Betreten des Tempelbereichs war →Laien grundsätzlich verboten.

In Mesopotamien sind die aus den Tempelterrassen entwickelten Zikkurats (gestufte Tempeltürme) charakteristisch, die den Welt- oder Götterberg repräsentieren und gleichzeitig auch das irdische Heiligtum eines Gottes mit dessen himmlischem Heiligtum verbinden sollen (vgl. die Zikkurat von Babylon mit dem Namen *É-temen-an-ki* „Haus des Fundaments von Himmel und Erde“ sowie zu einer möglichen Aufnahme im AT Gen 11,1–9; 28,12). Die eigentliche Heimat der Götter war im Himmel(→Himmel und Hölle). Im irdischen Heiligtum wurden sie für die Menschen nahbar.

Im vorisraelitischen Palästina (→Israel) gab es in den Stadtstaaten meist je einen T. des jeweiligen Stadtgottes. Orts- und Personennamen sowie ikonographische Belege (→Ikone) zeigen eine große Göttervielfalt in dieser Zeit an (z. B. El, Baal, Anat, Jerach, Schemesch). Im Mittelpunkt des Tempelkults scheinen kultische Mahlzeiten und Libationen gestanden zu haben; daneben sind auch Leberschauen, Kultmusik und (seit dem 14./13. Jh.) bewegliche →Altäre (für Räucher- oder Libationsopfer [→Opfer]) nachgewiesen. Nahezu alle diese T. wurden während der Eisenzeit I (12.–10. Jh. v. Chr.) aufgegeben. Stattdessen entstanden nun, abgesehen von den Staatsheiligtümern in →Jerusalem, Bet-El und Dan (vgl. 1Kön 12), offene Kulthöhen im ganzen Land, die den Bewohnern des Umlandes als regionale Kultstätte dienten. Diese einfachen Kultstätten, die oft nur aus einem Baum, einem einfachen Stein als →Altar und einer niedrigen Umfassungsmauer bestanden, wurden auch während der Königszeit weitgehend beibehalten. Der einzige bislang in einer judäischen oder israelitischen Ortschaft archäologisch nachgewiesene Tempelbau wurde in Arad im Negev freigelegt; hierbei handelte es sich um ein Grenzheiligtum. Bei den umliegenden Völkern (Philistern, Ammonitern, Moabitern, Edomitern, Phöniziern, Aramäer) gab es dagegen weiterhin feste Kultbauten.

Im 10. Jh. v. Chr. errichtete Salomo auf dem Bergrücken nördlich der

Davidsstadt in Jerusalem einen für die damalige Zeit überaus großen T. für →Jahwe als Staatsgott des vereinten Königtums (1Kön 6f). Die heutige Überlieferung von 1Kön 6f wurde mehrfach überarbeitet, um den Prunk des T. zu erhöhen. Der Bau (→Kirchenbau) lehnt sich mit seiner symmetrischen Längsausrichtung an syrische Bauten an. Der selbstständige, das hintere Drittel des T. einnehmende Schrein mit den dort aufgestellten Keruben und der unter ihnen stehenden Lade ist jedoch eine Aufnahme ägyptischer Traditionen. Die Ausgestaltung des T. mit ehernen Säulen, ehernem Meer und Kesselwagen will Jahwe als Schöpfer- und Fruchtbarkeitsgott im Sinne einer *creatio continua* verdeutlichen: Jahwe ist derjenige Gott, der fortwährend und andauernd für ein lebenswertes →Leben der Bewohner von Juda und Israel sorgt. Ein Brandopferaltar vor dem T. wurde erst unter Ahas aufgestellt (2Kön 16,10–16). In der josianischen Reform (2Kön 22f) wurde der T. von assyrisch beeinflussten Gegenständen gereinigt; dies stellte nicht nur einen kultischen Akt, sondern auch eine politische Lösung von Assyrien dar. Die Zahl der Priester (→Priester im Judentum) am T. war in vorexilischer Zeit relativ gering; belegt sind ein den Tempelbetrieb leitender Priester, später auch ein die prophetischen Aktivitäten von Ekstatikern (→Ekstase) unterbindender Priester sowie drei Schwellenhüter, die Opfergaben einsammelten, den Zugang zum Heiligtum kontrollierten und unreine bzw. für den Zutritt nicht geeignete Menschen am Betreten des T. hinderten. Erst mit der Josianischen Reform scheint die Zahl der Priester am Jerusalemer T. angestiegen zu sein. Da nun alle anderen Heiligtümer im Lande entweiht wurden, stieg die Bedeutung des Jerusalemer T. als einzige und zentrale Kultstätte des Landes an. Der Salomonische T. wurde 587/6 von den Babyloniern durch Feuer zerstört (2Kön 25,9); die metallenen Gefäße und Installationen wurden teils intakt, teils in eingeschmolzenem Zustand nach Babel gebracht (2Kön 25,13–17). Während der Exilszeit gab es aber weiterhin Opfertätigkeit (Jer 41,5) und Kultfeierlichkeiten auf dem Tempelplatz.

Der in der Exilszeit verfasste Tempelentwurf Ezechiels (Ez 40–48) ist zwar ein fiktionaler Entwurf für den Wiederaufbau des T. nach dem Exil, doch enthält er in den älteren Schichten Anlehnungen an die Gestalt des vorexilischen T. und bietet damit einige wichtige Informationen für die vorexilische Gestalt des Tempelbaus. Im Verlauf des Wiederaufbaus des T. in nachexilischer Zeit wurde dieser Text in mehreren Redaktionsschüben sukzessive den entstehenden Realitäten angepasst.

Nach der Darstellung des Esrabuches ermöglichte es der Perserkönig Kyros 538 v.Chr., den Jerusalemer T. unter Beteiligung der zur Rückkehr nach Palästina aufgeforderten Judäer an seiner alten Stelle wieder aufzubauen (Esr 1,2–4; 6,3–5). Doch erst 520 wurde nach den Werbereden der Propheten Haggai und Sacharja mit dem Wiederaufbau begonnen, 515 wurde er geweiht. Seit dem 5./4. Jh. wurde die Zahl der Beschäftigten am T. (Priester, Leviten, Türhüter) weiter ausgedehnt; insbesondere die Kultmusik spielte nun auch eine große Rolle. Betont wurde nun die Heiligkeit des T.: Nur der Hohepriester durfte am Versöhnungstag (→Versöhnung; →Judentum) das Allerheiligste betreten, nur Priester und Leviten den T. 169 v.Chr. plünderte Antiochus IV. Epiphanes den Jerusalemer T., betrat das Allerheiligste (1Makk 1,21–23; 2Makk 5,15f.21), verbot den gesamten jüd. →Gottesdienst und ordnete 167 die Verehrung des Zeus

Olympios auf dem Zionsberg an (Dan 9,26f; 11,31; 1Makk 1,54; 2Makk 6,1f.4). Im Verlauf des darauf folgenden makkabäischen Aufstands beseitigte Judas Makkabäus 164 v.Chr. die Religionsmaßnahmen des Antiochus und führte die erneute Weihung des T. mit der erstmaligen Feier des Tempelweihfestes durch (1Makk 4,36–61; 2Makk 10,3–8).

Im Jahr 23/22 (so JosBJ I,21,1) oder (wahrscheinlicher) 20/19 v.Chr. (so Ant XV,11,1) begann Herodes d.Gr., den Jerusalemer T. grundlegend neu zu gestalten. In den ersten 8 Jahren wurde die Tempelplattform im Norden, Westen (teilweise Überbrückung des Stadttales!) und Süden auf die heutige Fläche von 143.800 m^2 ausgedehnt (Mauer im Norden: 317 m, im Osten: 474 m, im Süden: 283 m, im Westen: 486 m) und damit in etwa verdoppelt. Anschließend wurde das eigentliche Tempelgebäude in nur 1½ Jahren (11–9 v.Chr.) wiederaufgebaut. Auch danach wurden die Bauarbeiten noch lange Zeit fortgeführt (vgl. Joh 2,20). Den T. umgaben nun mehrere Vorhöfe: Ein Vorhof der israelitischen Männer, der wohl nur zur Übergabe der Opfertiere (→Tier) benutzt wurde, ein Vorhof der israelitischen Frauen und ein Vorhof der →Heiden, d.h. all jener, die am Judentum interessiert waren, aber nicht geborene Juden waren. Damit wurde nun auch eine absteigende Heiligkeit der Tempelbesucher durch die Architektur deutlich gemacht: Ins Innerste durfte nur der Hohepriester, dann folgten die Priester und Leviten, dann die israelitischen Männer und Frauen, schließlich all jene, die nicht von Geburt an zum Judentum gehörten. Das Betreten der inneren Vorhöfe war allen Nichtjuden bei Androhung der Todesstrafe (→Tod; →Strafe) verboten. 70 n.Chr. wurde der herodianische T. bei dem Angriff der Römer zerstört (vgl. Lk 21,62 parr). Auf dem Titusbogen in →Rom ist der Triumphzug der zurückgekehrten Römer mit der Präsentation einiger Tempelgerätschaften, darunter der siebenarmige Leuchter, abgebildet. 688/689–691/692 wurde auf dem heiligen Felsen der Felsendom errichtet.

Arnold, D., Die Tempel Ägyptens, 1992; Bachmann, M., Jerusalem und der Tempel, BWANT 109, 1980; Busink, T.A., Der Tempel von Jerusalem von Salomo bis Herodes I, 1970. II, 1980; Hartenstein, F., Die Unzugänglichkeit Gottes im Heiligtum, Wissenschaftliche Monographien zum Alten und Neuen Testament 75, 1997; Heinrich, E., Die Tempel und Heiligtümer im alten Mesopotamien, 1982; Lundquist, J.M., What is a Temple?, in: Huffmon, H.B. u.a. (Hg.), The Quest for the Kingdom of God, FS G.E. Mendenhall, 1983, 205–219; Safrai, S., Die Wallfahrt im Zeitalter des zweiten Tempels, 1981; Werner, P., Die Entwicklung der Sakralarchitektur in Nordsyrien und Südostkleinasien, 1994; Zwickel, W., Der Tempelkult in Kanaan und Israel. Studien zur Kultgeschichte Palästinas von der Mittelbronzezeit bis zum Untergang Judas, Forschungen zum Alten Testament 10, 1994; Zwickel, W., Der salomonische Tempel, 1999.

Wolfgang Zwickel

Teufel In der christl. Tradition ist die Figur des T. Personifikation des Negativen (→das Böse), die einerseits als Widerpart des heilsstiftenden Gottes und andererseits als Unheilsstifter oder -bringer für die Menschheit entfaltet wurde. Die aktuelle, teilweise von großer Faszination geprägte kulturgeschichtliche Ausgestaltung dieser Figur in Film, Popmusik und pseudoreligiösen Spielarten (→Satanismus) setzt ein Bild des T. voraus, das in der christl.-jüd. Antike wurzelt und durch das Mittelalter bis in die Neuzeit zahlreiche Veränderungen erfahren hat.

Der Begriff T. leitet sich sprachgeschichtlich vom griech. Wort diabolos (von diaballein: hindurchwerfen, verleumden, Zwietracht säen) her, das in der LXX neben satanas als Übersetzung des hebr. satan diente. Zur Zeit des NT können damit die Begriffe satanas und diabolos synonym verstanden werden. Eine derartige Synonymie kann auch, wie besonders Offb 12,9 zeigt, für die weiteren Teufelsnamen angenommen werden, etwa Drache (Offb 12–13), Asmodeus (Tob 3), Beelzebul (Mk 3,22), Beliar (2Kor 6,15) u.a.

Die Bibel und die sie flankierenden Schriften des Judentums und frühen Christentums zeichnen kein kohärentes Bild des T. in Form einer festen Erzähltradition (hierzu sind erst in der Spätantike ab dem 4. Jh. n. Chr. Ansätze erkennbar, beispielsweise im Antichristmythos), sondern schildern uns einzelne Vorstellungskreise, die den T. stets in bestimmter Relation zu Gott oder Mensch beschreiben. So ist in einigen (späteren) Teilen des AT der „Satan" keineswegs „böse", sondern erscheint als Mitglied des himmlischen Thronrates Gottes (bes. Hi 1; Sach 3,1–7; womöglich auch 1Chr 21,1), allerdings mit unangenehmem Tätigkeitsfeld für den Menschen. Eine komplexere Erzähltradition lässt sich in einigen jüd.-christl. Pseudepigraphen (→Apokryphen, Pseudepigraphen; bspw. im „Leben Adams und Evas") erkennen, in der sich der als Engel Gottes vorgestellte T. weigert, sich vor dem gerade erschaffenen Adam zu verbeugen, darauf von Gott aus dem Himmel vertrieben wird (diese Vorstellung ist Grundlage für den „Satansfall" nach Lk 10,18) und Adam aus Rache verführt. Diese Tradition, die auch im →Koran erkennbar ist (etwa Sure 7,10–21 u.ö.), verbindet den „Sündenfall" (→Sünde) in Gen 3 und die Paradiesschlange (→Paradies) mit dem Treiben des T. und stellt diesen als Verführer und Stifter des Irrtums heraus, ein Bild, das in der Jesustradition in den Versuchungsgeschichten (Mt 4,1–11; Mk 1,13; Lk 4,1–15) aufgenommen wurde. Als weitere Vorstellungskreise sind die Verbindung von T. und →Tod (SapSal 2,24; Tob 3,8; Hebr 2,14 u.ö.) und v.a. die Verbindung vom T. und seinen Heerscharen zu nennen (v.a. Offb 12,7–12), die in der frühen Kirchengeschichte (u.a. auf der Basis von Mk 3,22) als Bild vom T. als dem Oberhaupt der Dämonen interpretiert werden konnte.

Das durch diese Vorstellungskreise geprägte jüd.-christl. Teufelsbild erfährt im Übergang zum christl. Mittelalter und in dessen weiterem Verlauf einschneidende Veränderungen, von denen zwei als besonders weitreichend hervorzuheben sind. Einmal ist es die Verbindung von T. und Hölle (→Himmel und Hölle), die in der Antike weder im Christentum noch im Judentum erkennbar ist. Scheint im NT eine Feuerhölle zwar der Strafort (→Strafe) für den am jüngsten Tag überwundenen T. zu sein (Mt 25,41; Offb 20,10), so ist für den antiken Menschen der eigentliche Wirk- und Aufenthaltsort des T. in der Gegenwart die Erde (nach seinem Sturz aus dem Himmel in Offb 12,13; Lk 10,18) bzw. der Luftraum direkt über der Erde (Eph 2,2), aber nicht die Hölle. Erst in spätantiken christl. Schriften ab dem 4. Jh. n. Chr. ist die Verbindung von T. und Hades/Hölle erkennbar, die sich stark auf die christliche →Eschatologie des Mittelalters auswirkt: Dem T. kommt dann die Funktion zu, in der Hölle den verstorbenen Sünder zu quälen und zu bestrafen. Zweitens ist erkennbar, dass im

Übergang zum Mittelalter antike Dämonenvorstellungen (→Dämonen) auf den T. konzentriert wurden. Böse Taten oder Regungen werden nun nicht mehr von Dämonen, sondern vom T. selbst verursacht. Dementsprechend richtet sich der christl. →Exorzismus nicht mehr gegen die Dämonen, sondern gegen den T. selbst (auch in der neuesten Formulierung des kath. Exorzismusrituals im *Rituale Romanum* von 1999 wird in der wiederkehrenden Formel *adiuro te, Satan* der T. selbst beschworen). Der T. ist dadurch endgültig zu einer Zentralgestalt für alles Böse und dem Menschen Abträgliche geworden und konnte daher die bedeutende Rolle bei den mittelalterlichen und frühneuzeitlichen Hexenverfolgungen einnehmen, da für die Hexe ein Teufelspakt als konstitutiv galt.

Berger, K., Wozu ist der Teufel da? 1998; Busch, P., Der gefallene Drache, 1996; Haag, H., Teufelsglaube, 1974; Roskoff, G., Geschichte des Teufels. Eine kulturhistorische Satanologie von den Anfängen bis ins 18. Jahrhundert, Bd. 1 und 2, 1869 (ND 2000).

Peter Busch

Theismus Unter T. versteht man solche Konzeptionen des Denkens, die der Welt ein ihr transzendentes und höchstes Wesen gegenübersetzen, von dem angenommen wird, dass es auf die Welt einwirkt. Die Art der Einwirkung kann dabei unterschieden werden in →Schöpfung, Erhaltung und Regierung der Welt, wobei dem T. eigen ist, alle drei Arten göttlichen Wirkens anzunehmen. Grundsätzlich könnten diese Funktionen auch von einer polytheistisch gedachten Götterwelt geleistet werden, man versteht unter Theismen allerdings meistens Positionen, die im Sinne der Reduktion von Vielheit auf Einheit monotheistischen Charakters sind (→Monotheismus).

Theistisches Denken lässt sich der Sache nach schon in der Philosophie der Antike und selbstverständlich auch im traditionellen jüd.(→Judentum), islam. (→Islam) und christl. Denken finden. Ein mehr oder weniger grenzscharf definierter Begriff davon, was T. ist, wird allerdings erst im Durchgang durch die Debatte der →Aufklärung um eine angemessene Weltanschauung (→Welt, Weltbild) erreicht. Die Herausforderungen durch die kopernikanische Wende sowie durch die Idee des →Naturrechts und ihre geistigen Folgen mussten von der →Philosophie und Theologie theistischer Couleur bearbeitet werden. Dabei kristallisiert sich ein explizit vertretener T. heraus, der sich insbesondere von deistischen, atheistischen und pantheistischen Weltanschauungen unterscheidet.

Nikolaus Kopernikus (1473–1543) bringt mit seiner Ablösung des geozentrischen durch das heliozentrische Weltbild einen Prozess in Gang, der einem Umsturz in der Naturauffassung gleichkommt und an dessen Ende nicht nur die Gesetzmäßigkeiten aufgedeckt sind, nach denen sich die Himmelskörper richten. Vielmehr wird spätestens ab dem 17. Jh. deutlich, dass die Wirklichkeit insgesamt und ohne Ausnahme den Gesetzen der Natur folgt. Damit gerät der Geltungsanspruch der traditionellen Deutungsmuster ins Wanken, nach denen Gott die Welt durch sein Offenbarungshandeln (→Offenbarung) auf ein Ziel hin lenkt. Es liegt nahe, die Herausforderung im Sinne des →Deismus zu beantworten, dessen Vertreter *cum grano salis* eine nach den Naturgesetzen vernünftige Einrichtung der Welt durch einen über die Welt erhabenen Gott annehmen, aber den Wunderglauben ablehnen, weil er die Gesetze der →Vernunft übersteigt. Offenbarung geschieht dem engl. Deismus gemäß durch natürliche Prozesse in Geschichte und Natur. In Rücksicht auf den Vormarsch der Naturwissenschaften wird Gottes Tätigkeit in der Aufrechterhaltung der Gesetzmäßigkeiten gesehen, nach denen sich die Welt verhält. Auch schon Johannes Kepler (1571–1630) hatte in diesem Sinne gemeint, die mathematisch geordnete Natur sei eine Offenbarung des göttlichen Geistes.

Der T. dagegen ist darum bemüht, die Handlungsfreiheit Gottes sicherzustellen, weil er Gott beständig in speziellen Akten auf die Welt einwirken sieht. Immanuel Kant (1724–1804) hat die Differenz wie folgt beschrieben: „Der Deist glaube einen Gott, der Theist aber einen lebendigen Gott." Die prot. orthodoxe Theologie (→Orthodoxie, (alt)protestantische) hatte ein beständiges Interesse daran, Gott die Möglichkeit speziellen Offenbarungshandelns einzuräumen, das wegen seiner allmächtigen →Freiheit nicht an die Naturgesetze gebunden ist. Ihm wird mithin ein personenähnlicher Wille zugesprochen, der ungebunden auf die Welt einwirkt.

Den Vorwurf des →Atheismus hat sich – gegen seine Selbsteinschätzung – Thomas Hobbes (1588–1679) zugezogen, der neben den körperlichen auch alle geistigen Vorgänge auf den im Menschen wirkenden Selbsterhaltungstrieb zurückführt und einen totalen Positivismus entwirft. Gott lässt sich in sein mechanistisch entworfenes Bild von der Welt nur als erste Ursache aller Wirkungen einfügen. Dass mit diesem Entwurf tatsächlich atheistisches Denken präfiguiert ist, liegt auf der Hand. Es ist dort realisiert, wo – wie im Materialismus der Aufklärungszeit – die Gesamtwirklichkeit monistisch auf sich selbst bewegende und organisierende Materie zurückgeführt wird. Theistisches Denken hat darauf reagiert, indem es auf die Schwachpunkte des →Materialismus hingewiesen hat. Das Hauptproblem des reinen Materialismus betraf die Frage, wie die Genese von lebendiger Natur aus anorganischem Material zu erklären sei. Der reifere Materialismus suchte nach einer Antwort, indem er die Materie nicht mehr rein mechanizistisch verstand, sondern ihr, den Begriff von Materie erweiternd, die Prinzipien von Lebendigkeit wesentlich einschrieb. Theistisches Denken, wie es etwa von den Platonikern in Cambridge im 17. Jh. vertreten worden ist, hat sich damit nicht zufrieden gegeben und hat auf der Notwendigkeit eines der Welt gegenüber souveränen Geistes beharrt, um ihre Organisation und Lebendigkeit zu erklären. Danach bedarf es einer dualistischen Weltanschauung (→Dualismus), die Gott und Welt voneinander trennt, gleichzeitig aber die Einwirkung Gottes auf die Welt erlaubt.

Monistische Konzeptionen des Denkens stellen für den T. mithin eine Herausforderung dar. Das gilt auch für den →Pantheismus spinozistischer Prägung, der das Denken und die Dinge als Modi erklärt, in denen sich die eine Substanz als Grund der Welt ausdrückt, und somit sowohl Denkakte als auch körperlich Ausgedehntes nicht grundsätzlich verschieden sind, sondern Daseinsformen von einem Einzigen, das von Baruch de Spinoza (1632–1677) Gott genannt wird. Dieser Gott ist nicht jener der Welt gegenüberstehende persönlich gedachte Gott des T., sondern die Allheit der Natur (lat.: deus sive natura, dt.: Gott oder die Natur). Durch diesen Ansatz unterläuft der Pantheismus eines der schwerwiegendsten Probleme des dualistischen T., das darin besteht, nur schwer erklären zu können, wie (göttlicher) Geist auf eine ihm völlig verschiedene materielle Natur einwirken können soll. Der T. wirft dem Pantheismus seinerseits unzulängliche Unterscheidung von Endlichem und Unendlichem vor.

Auch der Umbruch im Bereich der →Moral- und Rechtskonzeptionen (→Recht), ebenfalls ein Produkt der Aufklärung, bringt das theistisch sich verstehende Christentum unter Rechtfertigungsdruck. Analog zur von Gott befreiten Naturauffassung in den →Wissenschaften, setzte sich im Rechtsdenken die Überzeugung durch, die Bonität von Handlungen oder Sozialordnungen entscheide sich unabhängig von Gott und seinem Willen. Gesetze haben danach Anspruch auf Geltung, weil sie entweder einem Naturgesetz gleich unveränderlich gültig sind oder weil sie durch die menschliche *Ratio* oder durch menschliche Bedürfnisse vorgegeben und durchgesetzt werden. Eine streng theistische Position erklärt sich mit beidem nicht einverstanden und bindet sowohl die Entstehung von Normen des Rechts als auch deren Durchsetzung an einen Gott, dem die Fähigkeit zugesprochen wird, im Sinne der Gerechtigkeit auf den Verlauf der Weltgeschichte einzuwirken, um so das von ihm Gebotene auch zu sanktionieren.

Wo theistische Positionen, wie zumeist in der Theologie üblich, nach der Aufklärung vertreten werden, müssen sie sich mit den Anfragen der Vernunft, wie sie paradigmatisch in der Aufklärungszeit formuliert worden sind, auseinandersetzen – sei es, indem man durch einen Reflexionsprozess auf die Welt und das Selbst hindurch zu theistischen Positionen gelangt, sei es, indem man der Vernunft – wie beispielsweise durch die →Dialektische Theologie geschehen – das Potential zur Gotteserkenntnis oder -kritik strikte abspricht.

Kant, I., Kritik der reinen Vernunft, ^{2}1787, B 659–670; Kondylis, P., Die Aufklärung im Rahmen des neuzeitlichen Rationalismus, 1986; Mackie, J.L., Das Wunder des Theismus. Argumente für und gegen die Existenz Gottes, 1985 (engl.: The Miracle of Theism. Arguments for and against the Existence of God, 1982).

Alexander Heit

Theodizee Gebildet von Gottfried Wilhelm Leibniz (1646–1716) in Anlehnung an Röm 3,4f (von griech.: theos: Gott und dike: Recht, Gerechtigkeit) meint T. die Rechtfertigung Gottes angesichts der Erfahrung des →Leidens und des →Bösen in der Welt. Dabei lassen sich eine enge und eine weite Verwendung des Begriffs unterscheiden.

Der engen Verwendung zufolge ist der mit dem Theodizeebegriff bezeichnete Problemzusammenhang auf diejenigen Versuche des 18. Jh. zu beschränken, in denen versucht wird, Gott mit rationalen Argumenten gegen den Vorwurf zu verteidigen, er sei nicht nur der Schöpfer der besten aller möglichen Welten, sondern auch verantwortlich für das metaphysische (die Unvollkommenheit der →Schöpfung), das physische (das Leiden) und das moralische (die →Sünde) Übel in der Welt (so Leibniz in seinen *Essais de Théodicée sur la Bonté de Dieu, la Liberté de l'Homme et l'Origine du Mal*, 1710). Leibniz reagiert damit auf das durch Pierre Bayle (1647–1706) rezipierte Problem des griech. Philosophen Epikur (341–270):

Entweder will Gott die Übel beseitigen und kann es nicht, dann ist er nicht allmächtig; oder er kann es und will es nicht, dann ist er nicht gut; oder er kann es nicht und will es nicht, dann ist er ohnmächtig und missgünstig; oder er kann es und will es, was allein Gott angemessen wäre, aber woher kommen dann die Übel und warum beseitigt er sie nicht? Leibniz antwortet darauf in seinen *Essais* mit einem als Gerichtsverfahren inszenierten Argumentationsgang, in dem Ankläger, Verteidiger und Richter in Personalunion von der menschlichen →Vernunft vertreten werden. Ziel und Methode dieser T. aus Vernunftprinzipien sind unlösbar mit dem →Theismus der →Aufklärung verbunden und verdanken sich einem Gottesgedanken, der maßgeblich von der abendländischen →Metaphysik geprägt ist. Die Plausibilität eines solchen Unternehmens darf mit Immanuel Kants (1724–1804) Abhandlung *Über das Mißlingen aller philosophischen Versuche in der Theodizee* (1791) als erledigt gelten, da „alle bisherige Theodizee das nicht leiste was sie verspricht, nämlich die moralische Weisheit in der Weltregierung gegen die Zweifel, die dagegen aus dem, was die Erfahrung an dieser Welt zu erkennen gibt, gemacht werden, zu rechtfertigen." Neben Kants erkenntniskritischer Widerlegung erfährt die T. des metaphysischen Optimismus eine breitenwirksame literarische Widerlegung durch Voltaires (1694–1778) *Candide ou l'Optimisme* (1759), der damit auch auf das verheerende Erdbeben von Lissabon (1755) reagiert: „Entsetzt, bestürzt, seiner Sinne nicht mächtig, über und über blutend und zitternd, sagte Candide sich: ‚Wenn dies die beste aller möglichen Welten ist, wie müssen dann erst die anderen sein?'"

Doch das mit der Theodizeefrage gestellte Problem lässt sich nicht auf die Diskussion des 18. Jh. und ihre philosophiegeschichtlichen Voraussetzungen begrenzen, sondern erfordert einen weiten Theodizeebegriff, der auch die Antworten von der antiken Frage *Unde malum*? (→Augustin) bis hin zu den Bemühungen um einen Gottesbegriff nach Auschwitz (H. Jonas) mit einbezieht. In diesem weiten Sinne taucht das Theodizeeproblem überall dort auf, wo die Welt als Schöpfung eines gerechten, gütigen und allmächtigen Gottes – wie in →Judentum, Christentum und im →Islam – verstanden, Leiden und Böses somit als Widerspruch empfunden werden. Jede Antwort auf die Theodizeefrage ist deshalb bestrebt, die Erfahrung des unverschuldeten Leidens und des sinnlosen Bösen zu deuten und in einen sinnvoll verstehbaren Zusammenhang zu stellen. Insofern stellt jede T. eine Rationalisierung des religiösen →Zweifels an Gott angesichts der Welterfahrung dar. Für den hier zu untersuchenden europäischen Gesichtskreis bleibt der Theodizeediskurs gleichwohl in signifikanter Weise auf weltanschauliche Umbruchsphasen und geistesgeschichtliche Aufklärungsschübe bezogen. Er wird in besonderer Weise virulent, wenn überkommene Weltdeutungen nicht mehr überzeugen und neue Antworten gesucht werden.

So steht bereits die Weisheitskritik (→Weisheit) des atl. Hiobbuches mit seiner T. des leidenden Gerechten im Zusammenhang der jüd. Aufklärung zwischen dem 5.–3. Jh. v. Chr. Im Zusammenhang mit dem Erstarken des persischen Großreiches und der neuen wirtschaftlichen und geistigen Mobilität kam es auch zur Verunsicherung in Bezug auf überkommene Orientierungen. Denn nicht in der allgemein menschlichen Grundsituation des Leidens, sondern in dessen kulturell bedingter Deutung als →Strafe

Gottes für begangenes Unrecht (Tun-Ergehens-Zusammenhang) liegt der Anstoß für Hiobs Prozess gegen Gottes →Gerechtigkeit. Ebenso stellen die Gottesreden aus dem Wettersturm keine theoretisch befriedigende Antwort auf Hiobs Frage dar, sondern sind der literarisch-poetische Ausdruck einer religionsgeschichtlichen Umformung der nationalen Bundesreligion (→Bund) zu einer universalen Schöpfungsreligion. Hiobs Leiden und seine Anklage an Gott zielen über die individuelle Betroffenheit hinaus auf die Frage nach der Verfasstheit der Schöpfung und dem Verhältnis des Schöpfers zu ihr. Die weniger theoretische als poetische T. (G. Theobald) des Hiobbuches erweist sich dabei als Kausalitätsverweigerungspoesie. Sie liefert keinen zureichenden Grund für Hiobs Leiden, sondern befreit von dem Zwang, ihn finden zu müssen. Damit wird ein möglicher Weg aus der aporetischen Fragestellung gewiesen. Das Zerbrechen überkommener Erklärungsmuster – der behauptete Zusammenhang zwischen Tun und Ergehen – entbindet im Hiobbuch eine sprachschöpferische Dichter-Theologie, die dem Leser/Hörer ein neues Selbstverständnis jenseits des juridischen Rechtfertigungsparadigmas erschließt.

Etwa zeitgleich mit dem unbekannten Hiobdichter entwickelt Platon (428–348 v. Chr.) im Zuge der griech. Aufklärung des 5. Jh. v. Chr. eine philosophische T. des schuldlosen Gottes. An die Stelle der überlieferten →Mythen, die das Walten eines blinden Schicksals vor dem Hintergrund einer göttlichen Skandalchronik entwerfen, fordert Platon in seinem Spätwerk *Politeia* (dt.: Staat) eine neue Dichter-Theologie, die den Erfordernissen eines an der Idee des Guten orientierten Gemeinwesens genügt. Platon geht es dabei v. a. um die gesellschaftspolitischen Implikationen der religiösen Deutung des Bösen. Die grundlegende Bedeutung der großen öffentlichen Erzählungen für die ethische und politische Kultur des Gemeinwesens begründet nach Platon einen bildungspolitischen Erziehungsauftrag der Theologen. Die Erzählungen vom Göttlichen sollen Vorstellungen legitimieren, an denen sich auch das gesellschaftliche Zusammenleben orientieren kann. Nur dann, wenn Gottes Wesen als gut und sein Wirken als gerecht geschildert wird, kann auch ein positiver Einfluss auf das Zusammenleben in der Polis erreicht werden. Der Hauptartikel von Platons gereinigtem Glaubensbekenntnis lautet deshalb, „daß Gott nicht die Ursache aller, sondern allein der guten Dinge ist." In Bezug auf das Theodizeeproblem ist Platon deshalb weniger an einer theoretischen Erklärung, als an der praktischen Überwindung des Bösen interessiert. Seine T. des schuldlosen Gottes dient einem „Programm der ethisch-politischen Wende" (W. Kersting), durch das die Macht des Bösen zwar nicht eliminiert werden kann, aber so weit wie möglich eingedämmt werden soll.

Die größte Herausforderung für eine christl. Beantwortung der Theodizeefrage stellt das Lösungsmodell der christl. →Gnosis dar. Sie sieht in der Welt ein gutes und ein böses Prinzip am Werk, die im ewigen Kampf miteinander liegen. Dieser →Dualismus ermöglicht insofern eine Lösung des Theodizee-Problems, als er die Macht des Bösen ernst nimmt, ohne den guten Gott damit belasten zu müssen. Das Böse wird nicht als bloßer Mangel an Gutem angesehen, wie im Platonismus, sondern als eigenständige Macht verstanden. Auf der anderen Seite wird der gute Gott von jeder Verantwortung für diese böse Macht freigesprochen. Man kann an einen guten Gott glauben, ohne die offensichtlichen Unzulänglichkeiten der

Welt leugnen zu müssen. Aus diesem Grund hat das gnostische Lösungsmodell immer wieder überzeugt. Doch den Stärken des dabei zugrundeliegenden Dualismus stehen auch erhebliche Schwächen gegenüber, wenn dieser die gesamte materielle, irdische und leib-körperliche Wirklichkeit dem Einflussbereich des Bösen zuschreibt und damit einen mythologischen, ontologischen oder kosmologischen Antagonismus etabliert, der weder durch Gott noch durch den Menschen überwunden werden kann. Aus diesem Grund hat sich der gnostische Dualismus im Christentum nicht durchsetzen können, sondern wurde in der Alten Kirche von der Einsicht in die unverzichtbare Einheit des Gottesgedankens sowie die Zusammengehörigkeit von Schöpfung und →Erlösung verdrängt.

Nach dem Zusammenbruch der metaphysischen T. im engeren Sinne (s.o.) sowie des sie flankierenden weltanschaulichen Optimismus erfährt das Projekt der rationalen T. eine Wiederbelebung in der Philosophie des dt. Idealismus. Zentrale Gedanken Gotthold Ephraim Lessings (1729–1781) und Johann Gottfried Herders (1744–1803) aufnehmend, erkennt Georg Wilhelm Friedrich Hegel (1770–1831) im philosophischen Begreifen der Weltgeschichte die „wahrhafte Theodizee, die Rechtfertigung Gottes in der Geschichte“ (*Vorlesungen über die Philosophie der Weltgeschichte*). Seinem philosophischen Grundanliegen zufolge, wonach im Denken die Einheit von Denkendem und Gedachtem erreicht werden soll, deckt sich die Aufgabe der Philosophie mit der Aufgabe der T.: „Das letzte Ziel und Interesse der Philosophie ist es, den Gedanken, den Begriff mit der Wirklichkeit zu versöhnen. Die Philosophie ist die wahrhafte Theodizee“ (*Vorlesungen über die Geschichte der Philosophie*). Hegel entwickelt dieses Programm als philosophische Fassung des christl. Vorsehungsgedankens (→Erwählung, Prädestination). Die religiöse Vorstellung der Vorsehung Gottes soll philosophisch als Herrschaft der Vernunft in der Geschichte auf den Begriff gebracht werden. Doch auch die Ersetzung des metaphysischen durch einen geschichtsphilosophischen Optimismus hat nicht auf Dauer überzeugt. Abgesehen von der philosophischen Kritik des 19.Jh. am idealistischen Systemgedanken haben v.a. die Krisen- und Kriegserfahrungen des 20.Jh. zur Zurückhaltung gegenüber jeder Form der *Geschichte als Sinngebung des Sinnlosen* (Th. Lessing) geführt. Im Nachkriegsdeutschland markiert v.a. die Formel „nach Auschwitz“ den Widerstand gegenüber einer wie immer gearteten Relativierung oder Rationalisierung des unvorstellbaren und massenhaften Leidens.

In theologischer Perspektive stellt das Theodizeeproblem eine theoretische und eine praktische Aufgabe dar. Innerhalb der christl. Glaubenslehre sind v.a. die Gottes- und Schöpfungslehre vom Theodizeeproblem betroffen. Hier steht die Dogmatik vor der Alternative, entweder die Realität des Bösen zu relativieren, oder die traditionellen Gottesprädikate zu überdenken. Verweigert sich die Theologie einer Verharmlosung des Leidens und des Bösen, was nicht nur angesichts der Katastrophengeschichte des 20.Jh. mehr als angemessen erscheint, muss sie entweder auf Gottes uneingeschränkte Allmacht oder auf Gottes bedingungslose →Liebe verzichten. Wo diese Alternative erkannt wird, wird das bibl. →Bekenntnis zu dem Gott, der sich in →Jesus Christus (→Christologie; →Inkarnation) als die Liebe offenbart hat in der Regel als unverzichtbar angesehen, wohingegen das dem Gottesgedanken der griech. Metaphysik entstammende Allmachtsprädikat von unterschiedlichen Seiten einer kritischen Revision unterzogen wurde. So haben auf prot. Seite im Anschluss an Hans Jonas (*Der Gottesbegriff nach Auschwitz. Eine jüd. Stimme*, 1987) unter anderen Eberhard Jüngel, Jürgen Moltmann und Dorothee Sölle ein Gottesbild vertreten, das die Liebe in den Mittelpunkt stellt und das Mitleiden Gottes als integralen Bestandteil seines Wesens versteht. Auf kath. Seite hat insbesondere Johann Baptist Metz für eine höhere Theodizee-Sensibilität der Theologie plädiert, wobei er sich an dem Potential der bibl. Sprache des Leidens an Gott und der klagenden Rückfrage an Gott für eine angemessene Umgangsform mit dem Theodizeeproblem orientiert. Über die dogmatische Arbeit hinaus hat systematisch-theologische Grundlagenreflexion deshalb eine doppelte Gefahr im Umgang mit dem Theodizeeproblem zu vermeiden. Einerseits eine falsche Rationalisierung, die auf eine metaphysische oder entwicklungsgeschichtliche Verharmlosung des Leidens und des Bösen hinausläuft, andererseits eine falsche Ethisierung, die auf eine moralistische Verharmlosung des Bösen oder eine aktionistische Verdrängung des Leidens hinausläuft. Nicht nur widersetzen sich die zur Theodizeefrage führenden Erfahrungen des unverschuldeten Leidens und des sinnlosen Bösen jeder theoretischen Lösung, sondern auch allen Versuchen ihrer instrumentellen Bewältigung. In Entsprechung zu seiner Ursprungsgeschichte wird sich die Überzeugungskraft des Christentums deshalb nicht nur an seiner theoretischen Deutung, sondern v.a. an seinem praktischen Umgang mit dem Leiden bewähren. Entgegen der Versuchung, das Leiden erklären oder abschaffen zu wollen, eröffnet die jüd.-christl. Tradition in der Klage die Möglichkeit, das Leiden zu artikulieren, es in solidarischer Praxis mit den Leidenden zu ertragen und es im Rahmen endlicher Freiheit zu lindern.

Neiman, S., Das Böse denken, 2004; Sparn, W., Leiden – Erfahrung und Denken, 1980.

Markus Buntfuß

Theologie 1. Begriff: Der Begriff T. stammt aus dem Griechischen (abgeleitet von theos: Gott und logos: Rede) und bezeichnet die denkerisch verantwortete Rede von Gott. Einer der frühesten Belege findet sich bei Platon, der T. als erzieherisch ausgerichtete Gestaltung von Mythen versteht und von daher fiktive und unmoralische Mythen kritisiert. Aristoteles bestimmt sodann im Unterschied zu den von Theologen erfundenen Mythen die „Theologik" als metaphysische Betrachtung des Seienden in seinem Sein und damit als erste philosophische →Wissenschaft vor Mathematik und Physik. In der Stoa kommt es zur Unterscheidung der T. (lat.: theologia tripertita) in die mystische der Dichter und Göttersagen, die physische der Philosophen und die politische der staatlichen Ordnung und des öffentlichen →Kults. In Abhebung von diesem Konzept gewinnt der T.-Begriff im Christentum erst ab dem 4.Jh. bei Eusebius von Caesarea, Pseudo-Dionysius Areopagita, →Augustin und Boethius an Bedeutung als Kennzeichnung verschiedener Formen reflektierter Rede von Gott. Im Zuge der Entstehung der Universitäten wird der Begriff seit der zweiten Hälfte des 12.Jh. zur Bezeichnung der christl. Glaubenswissenschaft im Unterschied zur Philosophie (→Philosophie und Theologie) verwendet. Doch noch im 13. Jh. bevorzugen eine Reihe von Theologen die älteren lat. Begriffe *sacra doctrina* oder *doctrina fidei*. Erst im Spätmittelalter setzt sich der Begriff allgemein durch. Auch in anderen Religionen, insbesondere in der jüd. Tradition, findet der in der griech. Antike geprägte T.-Begriff Verwendung, wobei allerdings der Reflexivitätsgrad der T. im Verhältnis zur religiösen Praxis recht unterschiedlich ist.

2. Zur Entwicklung christl. Theologie: Auch wenn der T.-Begriff im Christentum erst ab dem 4. Jh. an Bedeutung gewinnt, ist die Entstehung und Ausbreitung des Christentums doch von theologischer Reflexion begleitet. In den Zeugnissen der →Bibel lassen sich allerdings die Verkündigung von Gottes Handeln in der →Geschichte und die Beschreibung individueller oder gemeinschaftlicher Glaubenserfahrung einerseits und deren theologische Reflexion andererseits nur schwer voneinander unterscheiden. Dem entspricht, dass der Begriff T. in der Bibel nicht verwendet wird. Am deutlichsten tritt theologische Reflexion in den Briefen des Apostels →Paulus hervor, in denen dieser die jeweiligen Adressaten argumentativ vor einem falschen Verständnis des →Evangeliums zu bewahren sucht, indem er ihnen ein vertieftes Verständnis ihres →Glaubens eröffnet. Dabei geht es nicht nur darum, an der apostolischen Verkündigung (→Apostel) des Evangeliums festzuhalten; vielmehr sollen die Christen jederzeit selbständig zur Rechenschaft über ihren Glauben bereit sein, wie der Verfasser des ersten Petrusbriefes betont (1Petr 3,15). Im frühen Christentum wird theologische Reflexion dabei nicht nur in Auseinandersetzung mit dem →Judentum und der →Römischen Religion, sondern v.a. im Diskurs mit der Gnosis und mit den verschiedenen Richtungen der antiken Philosophie notwendig. Damit verbindet sich die Frage nach den Kriterien wahrer T., die zunächst zur Bestimmung der *regula fidei*, im 4. Jh. sodann zur Fixierung der apostolischen Zeugnisse im bibl. Kanon führt.

Die apologetische Ausrichtung der T. als Verteidigung der Wahrheit des christl. Glaubens schlägt sich in der Bestimmung der T. als wahrer Gotteskunde bei Eusebius von Caesarea nieder, die dieser begrifflich als *theologia* von der →Erkenntnis des göttlichen Heilsplanes in der *oikonomia* unterscheidet. Auch Athanasius versteht T. primär als Lehre von Gott, die in der Erkenntnis der Dreieinigkeit Gottes (→Trinität) vollkommen ist. Pseudo-Dionysius Areopagita differenziert zwischen apophatischer (verneinender, negativer), kataphatischer (bejahender, positiver) und mystischer T. und rückt damit die Frage nach der Möglichkeit theologischen Redens in den Vordergrund. Bereits im 3. Jh. bietet Origenes in seinem Hauptwerk *Über die Prinzipien* (griech.: *Peri archon*, lat.: *De principiis*) die erste zusammenfassende Darstellung des christl. Glaubens. Die meisten theologischen Abhandlungen in der →Alten Kirche konzentrieren sich jedoch auf die apologetische Darlegung einzelner Themen. Dies gilt auch noch für die großen Theologen im 11./12. Jh. wie Anselm von Canterbury, Gilbert von Poiret, Peter Abaelard, Hugo von St. Viktor u.a., die sich um das Verständnis der Existenz und Trinität Gottes, der Menschwerdung (→Inkarnation) des Sohnes und der →Gnade Gottes bemühen. Die systematische Entfaltung des christl. Glaubens wird erst ab dem 13. Jh. zu einer zentralen Aufgabe wissenschaftlicher T. an der Universität. Eine wichtige Voraussetzung dafür bildet die thematisch geordnete Zusammenstellung von Kirchenväterzitaten (→Kirchenväter) in Sentenzenwerken, insbesondere im Sentenzenkommentar des Petrus Lombardus. Auf dieser Basis entwirft →Thomas von Aquin Mitte des 13. Jh. seine *Summa theologica*, die in drei Teilen zunächst den göttlichen Ursprung des christl. Glaubens, sodann den zur Gemeinschaft mit Gott bestimmten Menschen und schließlich das in Christus (→Christologie) gründende →Heil darstellt, durch das der sündige →Mensch (→Sünde) zu Gott zurückgeführt wird. Durch die Systematisierungs- und Rationalisierungstendenzen schlägt die westliche T. im Mittelalter insgesamt eine andere Richtung ein als die östliche, die die byzantinische Denktradition als Väter-T. bewahrt und bis in die Gegenwart stärker spirituelle, liturgische und pastorale Interessen in den Vordergrund rückt.

Die weitere Entwicklung der T. im Westen wird sodann wesentlich durch die →Reformation bestimmt, die von Martin →Luthers rechtfertigungstheologischer Einsicht (→Rechtfertigung) ausgehend zunächst auf eine Reform der kirchlichen Praxis drängt, im Zuge dessen aber zu einer Reflexion aller theologischen Themen im Lichte der Rechtfertigungslehre führt. Dies schlägt sich im Theologieverständnis nieder. Denn als Gegenstand der T. bestimmt Luther nicht mehr umfassend Gott, sondern den sündigen und verlorenen Menschen und Gott als den, der den Sünder rechtfertigt und rettet (WA 40/II, 327, 11 ff). Diese Konzentration der T. auf das Verhältnis von Gott und Mensch spitzt Philipp →Melanchthon antispekulativ zu in der These, Christus zu erkennen bedeute, seine Wohltaten zu erkennen. Auch wenn Melanchthon die spekulativen Lehren wie Trinitätslehre und →Christologie später wieder ausdrücklich in die theologische Betrachtung einbezieht, bleibt doch die Frage nach dem von Gott den Menschen in Jesus Christus erschlossenen Heil als Grund christl. Heilsgewissheit (→Gewissheit) die Leitfrage ev. T. Als Quelle theologischer Erkenntnis wird hier im Unterschied zur röm.-kath. Lehre (→Römisch-katholische Kirche) exklusiv die →Bibel (→Schriftverständnis) bestimmt. Die aus der Reformation hervorgegangenen →Bekenntnisse gelten im luth. wie im reformierten Bereich nur insofern als verbindlicher Maßstab (lat.: norma normata), als sie die Schrift (lat.: norma normans) angemessen auslegen. Die im Konkordienbuch 1580 zusammengestellten luth. Bekenntnisschriften werden gleichwohl zu einem wichtigen Ausgangspunkt für die weitere Entwicklung ev.-luth. T. In der ev.-reformierten Tradition wird die Bekenntnisbildung hingegen gezielt nicht zum Abschluss gebracht, sondern als Prozess verstanden. Gemeinsam ist das Bestreben, orthodox, d.h. schriftgemäß und bekenntniskonform zu lehren. Um die theologische Ausbildung der →Pfarrer nach reformatorischer Einsicht sicherzustellen, entstehen bereits im 16. Jh. eine Reihe theologischer Kompendien. Mit der Ausbildung der Kontroverstheologie kommt es im 17. Jh. zu immer differenzierteren theologischen Systemen, die das orthodoxe Verständnis des christl. Glaubens nicht nur gegenüber den Theologen der →Gegenreformation, sondern auch gegenüber schwärmerischen, spiritualistischen und rationalistischen (→Rationalismus) Strömungen zu verteidigen suchen.

Die Formierung der röm.-kath. T. im konfessionellen Zeitalter (→Konfession, Konfessionalismus) wird wesentlich durch das Tridentinum in Gang gesetzt, das sich in argumentativer Abgrenzung von der reformatorischen T. zugleich um einen Ausgleich zwischen den verschiedenen innerkath. Schulmeinungen bemüht. In der Folgezeit bildet sich in der Schule von Salamanca und in der v.a. von Jesuiten geprägten T. der Gegenreform die sog. scholastische T. (→Scholastik) aus, die auf vernünftiges Verstehen der →Dogmen zielt. Von diesem spekulativ-wissenschaftlichen Typ der T. wird die positive T. unterschieden, die einerseits der scholastischen T. den Boden bereitet, indem sie den verbindlichen Bestand theologischer Aussagen aus der Bibel und aus der kirchlichen Lehrtradition erhebt, andererseits der homiletischen und seelsorgerlichen Ausbildung der Pfarrer dient. Die grundlegende Differenz zwischen ev. und röm.-kath. Theologieverständnis besteht im 16.–18. Jh. primär in der unterschiedlichen Bewertung der kirchlichen Lehrtradition im Verhältnis zum Offenbarungszeugnis (→Offenbarung) der Schrift. Die aristotelische Metaphysik wird hingegen sowohl in der röm.-kath. wie in der luth. und reformierten T. eingesetzt, um die christl. Glaubenslehre begrifflich-systematisch zu durchdenken. Erst in der unterschiedlichen Reaktion auf die philosophischen Veränderungen und Herausforderungen der →Aufklärung im 19. Jh. vertieft sich die unterschiedliche Verhältnisbestimmung von →Vernunft und Offenbarung zu einem Gegensatz.

3. Thema und Aufgabe der Theologie unter neuzeitlichen Bedingungen: Die →Aufklärung provoziert in der ev. wie in der röm.-kath. T. eine grundlegende Neuorientierung in mehrfacher Hinsicht. Vor dem Hintergrund der philosophischen Richtungen des Rationalismus (René Descartes, Baruch de Spinoza, Christian Wolff) und des Empirismus (John Locke, David Hume) und deren Umsetzung in der offenbarungskritischen →Religionsphilosophie des engl. →Deismus (John Toland, Matthew Tindal) werden zunächst die übervernünftigen Offenbarungslehren des →Christentums wie v.a. die Trinitätslehre und die Lehre von den zwei Naturen Christi strittig, die die Grundlage des christl. Glaubens bilden. Damit verbindet sich die Frage, ob der Mensch überhaupt einer offenbarten Religion bedürfe. Diese wird in der Frühaufklärung zunächst durch den Aufweis der natürlichen Religiosität beantwortet, zur deren Realisierung der Mensch bestimmt sei, welche ihm wiederum nur durch die in der christl. Religion offenbarten Inhalte möglich werde. Thema der T. wird mithin die →Religion. Gleichzeitig führt jedoch die anthropologische Besinnung auf die intellektuellen und sittlichen Fähigkeiten des Menschen zu einer Kritik sowohl an der in der Erbsündenlehre geltend gemachten vollständigen Korruption der menschlichen Natur wie auch an der Vorstellung von der →Rechtfertigung, wonach der Mensch durch die Zurechnung der fremden Gerechtigkeit Christi von der Sündenschuld entlastet und gerecht werde. In der ev. Aufklärungstheologie werden Gottebenbildlichkeit und Sünde darum als vom Menschen gegen seine anfängliche Unvollkommenheit zu realisierende Bestimmung verstanden, die durch das sittliche Vorbild →Jesu Christi Motiv und Stütze erhält.

Sowohl die voraufgeklärte, orthodoxe T. wie auch die vernünftige Umdeutung der christl. Glaubenslehre geraten in der zweiten Hälfte des 18. Jh. in die Krise, und zwar zum einen durch die in der historischen Erforschung des bibl. Kanons implizierte Kritik an seinem Charakter als Quelle der Offenbarung, zum anderen durch die Vernunftkritik Immanuel Kants, die die Erkennbarkeit Gottes, der menschlichen →Seele und des Kosmos erkenntnistheoretisch (→Erkenntnis) bestreitet. Beide Faktoren entziehen den verschiedenen Richtungen der T., die die Schrift als Offenbarungsquelle ansehen und von einer natürlichen Gottes-, Selbst- und Welterkenntnis des Menschen ausgehen, die Basis. Angesichts dieser gedanklichen Herausforderungen tritt das kontroverstheologische Interesse im ev. und röm.-kath. Bereich im 18. Jh. merklich zurück.

Auf die kopernikanische Wende durch Kants Philosophie reagieren die ev. Theologen zunächst mit den von Immanuel Kant selbst in seiner Schrift über *Die Religion innerhalb der Grenzen der bloßen Vernunft* (1793/94) benannten möglichen Begründungsmustern (Rationalismus, Naturalismus, Suprarationalismus oder Supranaturalismus). Daneben entstehen die Bibeltheologie, die den Charakter der Bibel als Offenbarungszeugnis neu herauszustellen sucht, und die Erweckungstheologie (→Erweckungsbewegung), die die individuelle Glaubenserfahrung als Ausgangspunkt der T. bestimmt. Durch die idealistische Religionsphilosophie Georg Wilhelm Friedrich Hegels erwächst der T. jedoch eine neue Herausforderung. Denn obwohl Hegel das Christentum als die höchste Stufe der Religion zur Geltung bringt und in diesem Zusammenhang die Trinitätslehre, →Christologie und Versöhnungslehre (→Versöhnung) reformuliert, vertritt er doch zugleich die These, dass die Religion spekulativ in die Philosophie aufgehoben werden müsse. Im Gegenzug zu solcher Aufhebung der Religion in Metaphysik bzw. Spekulation und gegenüber der Auflösung in →Moral begründet Friedrich Daniel Ernst →Schleiermacher in seinen *Reden über die Religion* (1799) die Selbständigkeit der Religion. In der Einleitung zu seiner Glaubenslehre (1821/1830) beschreibt er sie als die von Denken und Handeln unterschiedene →Frömmigkeit, die konstitutives Moment des menschlichen Selbstbewusstseins sei. Denn das Wesen der Frömmigkeit bestehe in dem Gefühl schlechthinniger Abhängigkeit, das alle Bewusstseinstätigkeit begleite und als solches jeden Versuch rein spekulativer oder moralischer Selbstsetzung und Selbstverwirklichung unterlaufe. Ein der geistigen Verfasstheit des Menschen angemessenes Selbst- und Weltverständnis lässt sich nach Schleiermacher darum nur durch eine positive, geschichtlich gegebene Religion gewinnen, die dem Menschen seine schlechthinnige Abhängigkeit vergegenwärtige. Entsprechend bestimmt er die T. als positive, auf eine geschichtlich gegebene Glaubensweise bezogene Wissenschaft, die ihre einheitliche Aufgabe im Bezug auf die Kirchenleitung gewinnt und darin praktischen Charakter hat.

Durch Hegels spekulative Reformulierung der christl. Trinitätslehre und Christologie und durch Schleiermachers Beschreibung des religiösen Bewusstseins gewinnt die T. im 19. Jh. argumentative Potentiale zur Bewältigung der religionskritischen Implikationen (→Religionskritik) der Aufklärung, die auch in der röm.-kath. T., insbesondere in der Tübinger Schule (Johann Adam Möhler, Johann Sebastian von Drey u. a.) aufgenommen werden. Thema der T. bleibt die Religion, bis die radikale Religionskritik der Linkshegelianer, insbesondere Ludwig Feuerbachs, die anthropologische Notwendigkeit der Religion als Verfehlung der menschlichen Bestimmung und den Bezug des religiösen Bewusstseins auf Gott als Projektion erklärt. Während die liberale T. im ev. Bereich dieser Kritik ausweicht, indem sie die Kulturbedeutung des Christentums in seiner prot.-neuzeitlichen Gestalt herauszustellen sucht und damit zugleich konstruktiv auf die gesellschaftlichen und politischen Modernisierungstendenzen reagiert, entwickelt sich im röm.-kath. Bereich mit Unterstützung des kirchlichen →Lehramtes eine antimoderne neuscholastische T. Mit der Dogmatisierung der päpstlichen Unfehlbarkeit (→Papst, Papsttum) auf dem Vaticanum I 1870/71 werden die theologischen Denkbemühungen definitiv der Lehrgewalt des Papstes unterstellt.

Die Krise der Moderne führt in der ev. T. nach dem Ersten Weltkrieg zur Absage an ein Theologiekonzept, welches im Rekurs auf die sittliche Bestimmung des Menschen historisch die Kulturbedeutung des Christentums herausstellen möchte, ohne doch die Krise des Historismus überwinden zu können. In der →Dialektischen Theologie (Karl →Barth, Emil Brunner, Friedrich Gogarten, Rudolf →Bultmann) der 1920er Jahre, die sich als T. der Krise versteht, wird demgegenüber die radikale Differenz zwischen Gott und Mensch herausgestellt. Karl Barth zieht daraus die Konsequenz, dass Bedingung der Möglichkeit angemessener Rede von Gott nur Gott selbst in seiner Selbstoffenbarung sein könne, lehnt entsprechend alle Versuche, den Wahrheitsanspruch des christl. Glaubens zu begründen, ab und gibt zugleich der radikalen Religionskritik darin Recht, dass Religion als Versuch menschlicher Gotteserkenntnis und Gottesverehrung eine Projektion des Menschen sei. Entgegen Barths Absage an jegliche Form natürlicher T. bemühen sich schon die Vertreter der sog. Lutherrenaissance, sodann v.a. Paul Tillich und später Wolfhart Pannenberg, Gerhard Ebeling, Falk Wagner, Eilert Herms und Ingolf U. Dalferth in unterschiedlicher Weise darum, die Offenbarung Gottes als Grund des Glaubens und der Rede von Gott argumentativ zur Geltung zu bringen. Während die Lutheraner im 20. Jh. auf neue Weise die Grundunterscheidung zwischen →Gesetz und Evangelium herausstellen, geht Tillich diese theologische Aufgabe durch die Methode der Korrelation an, Wolfhart Pannenberg begreift Offenbarung als Geschichte, die als solche historischer Forschung zugänglich ist. Falk Wagner rekonstruiert die christl. Religion im Anschluss an Hegel als Moment der Selbstverwirklichung des absoluten Geistes. Eilert Herms deutet Offenbarung als ein Geschehen, in dem sich ein Wirklichkeitsverständnis erschließt. Ingolf U. Dalferth macht geltend, dass die Verifikation der Rede von Gott nur von Gottes eschatologischer Selbstverifikation (→Eschatologie) zu erwarten ist.

Die röm.-kath. T. erhält – nachdem sie unter dem Einfluss der Lebensphilosophie und der Phänomenologie in der liturgischen Bewegung, in der Bibel- und Laienbewegung, in Neubesinnung auf Wesen und Struktur der Kirche und in der →Ökumenischen Bewegung wichtige Impulse empfangen hat – durch das Vaticanum II freiere Entfaltungsmöglichkeiten, die sowohl in historisch-kritischer und systematisch-theologischer Hinsicht zu einer Neuorientierung unter den Bedingungen der Moderne genützt werden.

4. Theologische Disziplinen: Innerhalb der T. werden wie in anderen Wissenschaften an der Universität eine Reihe von Disziplinen bzw. Arbeitsbereichen differenziert. Die Unterscheidung dieser Disziplinen geht auf die verschiedenen Aufgabenbereiche wie Schriftauslegung und apologetische Verteidigung des christl. Glaubens zurück, die schon in altkirchlicher Zeit

und im Mittelalter in der T. wahrgenommen wurden. Erst im 17. Jh. wurden die verschiedenen Arbeitsbereiche in der T. methodisch eingehender reflektiert und schließlich in theologischen Enzyklopädien präzise bestimmt. In der Folgezeit haben sich die Fächer Alttestamentliche und Neutestamentliche Exegese, →Kirchengeschichte, →Systematische Theologie (Fundamentaltheologie, →Dogmatik und →Ethik) und →Praktische Theologie etabliert. Während es in den exegetischen Fächern um die historisch-kritische Auslegung der bibl. Bücher im Kontext ihrer jeweiligen Umwelt geht, erforscht die Kirchengeschichte die Geschichte des →Christentums. Im Rekurs auf die historische Forschung reflektiert die Systematische Theologie in der Dogmatik die Inhalte des christl. Glaubens und die damit verbundenen Verstehensprobleme. Die Ethik sucht im Medium präziser Beschreibung die individual- und sozialethischen Probleme und Aufgaben christl. Lebensführung zu klären. In der Praktischen Theologie, die wiederum in eine Reihe von Arbeitsfeldern gegliedert ist, geht es schließlich um die Erforschung der gegenwärtigen Kommunikationsbedingungen des Christentums.

5. Wissenschaftlichkeit: Die Frage nach der Wissenschaftlichkeit der T. kommt erst im Mittelalter im Zusammenhang der Gründung der Universitäten und der Aristotelesrezeption auf. Während →Augustin die christl. Lehre noch als *sapientia* versteht und damit die gesamte abendländische T. nachhaltig prägt, versucht →Thomas von Aquin im Rekurs auf Aristoteles die Wissenschaftlichkeit der T. herauszustellen. Da nach Aristoteles eine Wissenschaft auf evidenten Prinzipien beruhen muss, die Glaubensartikel aber nicht als solche Prinzipien gelten, konzipiert Thomas die T. als eine dem Wissen Gottes und der Seligen untergeordnete und daraus abgeleitete Wissenschaft, die spekulativ verfährt. In kritischer Auseinandersetzung mit dieser Begründung des Wissenschaftscharakters der T. setzt sich im Spätmittelalter das Verständnis der T. als praktischer Wissenschaft durch, die Gott als Ziel menschlicher Willensbestimmung zur Geltung bringt. In der reformatorischen T. lehnt es Martin Luther entschieden ab, die T. als praktische Wissenschaft mit den Mitteln der aristotelischen Philosophie zu begründen. Dennoch kann auf die aristotelische Begrifflichkeit zunächst nicht verzichtet werden. Im 17. Jh. konzipieren die Lutheraner die T. erneut auf der Basis der aristotelischen Unterscheidung zwischen theoretischen und praktischen Wissenschaften als praktische Disziplin, verstehen sie dabei aber ähnlich wie →Augustin zumeist als eine jeder Wissenschaft (scientia) überlegene Weisheit (sapientia).

Im Zuge der erkenntnistheoretischen Überlegungen in der Aufklärung, die in der Vernunftkritik Immanuel Kants gipfeln, wird die Frage, ob und wie die T. sich als Wissenschaft verstehen kann, in neuer Weise brisant und sehr unterschiedlich beantwortet. Während in manchen theologischen Richtungen kein Wert auf den Ausweis der T. als Wissenschaft gelegt wird, konzipiert Friedrich Daniel Ernst Schleiermacher die T. als positiv-praktische Wissenschaft, spekulative Theologen im Anschluss an Georg Wilhelm Friedrich Hegel verstehen sie hingegen als spekulative Wissenschaft. Im Zusammenhang der zunehmenden Bedeutung historischer Forschung und ihrer geschichtswissenschaftlichen Reflexion richtet sich in der liberalen T. das Interesse darauf, die Kulturbedeutung der T. wissenschaftlich im Medium historischer Forschung zu demonstrieren. Gegenüber dieser wissenschaftlichen Formation ev. T. vertritt Karl →Barth die These, dass die T. ihre Wissenschaftlichkeit nicht nach den Kriterien anderer Wissenschaften ausrichten könne, sondern sich als wissenschaftliche Selbstprüfung der Kirche hinsichtlich des Inhalts der ihr eigentümlichen Rede von Gott allein nach dem Kriterium der Sachgemäßheit zu richten habe. Unter Barths Einfluss tritt in der ev. T. das Bemühen um den Erweis der Wissenschaftlichkeit zurück, lebt aber in den 1960er Jahren wieder auf. Maßgeblich dafür sind die Entwicklung der wissenschaftstheoretischen Diskussion vom logischen Positivismus zum kritischen Rationalismus, die Emanzipation der Geisteswissenschaften von den Naturwissenschaften und die →Hermeneutik, die Wolfhart Pannenberg in einer wissenschaftstheoretisch fundierten Konzeption der T. verarbeitet. Daneben gibt es Entwürfe, die die Wissenschaftlichkeit der T. entweder im Rekurs auf die Soziologie oder erkenntnistheoretisch oder durch ein Verständnis der T. als Kulturwissenschaft zu begründen versuchen. Im Zuge dessen wird der Wissenschaftsanspruch der T. auf den wissenschaftlichen Charakter der Methoden zurückgeführt, die die T. in ihren verschiedenen Disziplinen mit anderen Wissenschaften teilt, insbesondere mit der Geschichtswissenschaft, der Philosophie, der Soziologie, der Pädagogik und der Psychologie.

Dalferth, I. U., Evangelische Theologie als Interpretationspraxis. Eine systematische Orientierung, Theologische Literaturzeitung. Forum 11/12, 2004; Pannenberg, W., Wissenschaftstheorie und Theologie, 1977; Stock, K., Art. Theologie III. Enzyklopädisch, TRE 33, 2002, 323–343; Wagner, F., Was ist Theologie?, 1989.

Friederike Nüssel

Theologiestudium 1. Begriff: Das T. lässt sich als Anleitung zur eigenständigen theologischen Urteilsbildung im wissenschaftlichen Kontext verstehen. Es stellt in der Regel eine eigenständige von mehreren qualifizierenden Phasen innerhalb der theologischen Ausbildung dar, die auf hauptamtliche kirchliche Dienste in Verkündigung (→Pfarrer, Pfarramt) und →Diakonie, aber auch auf außerkirchliche Dienste zielen kann. Sofern ein T. der wissenschaftlich angeleiteten Reflexion des →Glaubens gilt, impliziert es stets auch die Beschäftigung mit der je eigenen personalen (→Person) →Identität – damit kommt ihm eine Bildungsdimension zu, die nicht ummittelbar in der Qualifikationsdimension aufgehen muss. In der Natur der Sache liegt, dass das T. – anders als das Studium der →Religionswissenschaft – in der Regel religiös (→Religion) und konfessionell (→Konfession, Konfessionalismus) gebunden ist.

2. Organisation: Ein Curriculum, dass sich allein mit der Theologie beschäftigt, bleibt dabei in aller Regel der Ausbildung auf das Pfarramt oder die wissenschaftliche Laufbahn hin vorbehalten. In welcher Intensität und institutionellen Struktur ansonsten Elemente eines theologischen Studiums absolviert werden, hängt von verschiedenen Determinanten ab: dem Ämtergefüge und -verständnis derjenigen Kirchen und Institutionen, für die ausgebildet wird, dem Grad funktionaler Differenzierung von kirchlichen Tätigkeitsbereichen, den nachgefragten Qualitätsstandards, den verfügbaren Mitteln, den nachgehaltenen Bildungsinstitutionen, dem Ver-

hältnis von Staat und Religionsgemeinschaft sowie dem Bildungssystem überhaupt. Das Studium der wissenschaftlichen Theologie an einer Universität ist insofern nicht selbstverständlich. Traditionell ist es besonders der →Protestantismus der dt. Großkirchen mit seinem Ideal des mündigen Glaubens und dem historischen Hintergrund einer engen Verbindung mit staatlichen Instanzen, der ein T. an den ev.-theologischen Fakultäten staatlicher oder kirchlicher Hochschulen für Pfarr- und Lehramt verpflichtend macht. Während viele ev. →Freikirchen in Europa, USA und im Kontext der Länder des Südens eine seminaristische Ausbildung bevorzugen, die nur bedingt wissenschaftlichen Standards verpflichtet ist, ist die Organisation der Ausbildung und damit auch das Vorliegen eines T. im Katholizismus stark kontextabhängig. In der orthodoxen Welt (→Orthodoxe Kirchen des Ostens), die klassisch vorrangig für die Feier der →Liturgie ausbildet, setzt sich ein wissenschaftliches T. als Element der Ausbildung erst langsam durch. In anderen Religionen ist ein wissenschaftliches Studium nach westlichen Standards nur selten im Blick, allerdings gibt es – in der BRD etwa im Zuge der Ermöglichung islam. schulischen →Religionsunterrichts – Bemühungen in dieser Richtung. Im bundesdt. Protestantismus finden sich Elemente eines theologischen Studiums in verschiedenen Ausbildungsgängen und institutionellen Gefügen: neben den auf Theologie konzentrierten Pfarramts-, Diplom- und Magisterstudiengängen in den unterschiedlichen Lehramtsausbildungen, aber auch in gemeindepädagogischen, kirchenmusikalischen (→Kirchenmusik), diakonischen etc. Curricula, die an Universität oder Fachhochschule verortet sein können.

3. Geschichte: Während in der Kirche der Spätantike die Ausbildung kirchlicher Amtsträger in der Regel informell organisiert war, bildete sich im MA in den Kloster- und Domschulen wie den neugegründeten Universitäten eine akademische Theologie aus, Grundlage des Studiums bildeten dabei die klassischen *artes liberales* (dt.: freie Künste). Weil die →Reformation an der individuellen Glaubensvergewisserung (→Gewissheit) aus der Schrift (→Schriftverständnis) interessiert war, wurde für die ev. Pfarrer ein T. verpflichtend, das v.a. die Fähigkeit zum Umgang mit der →Bibel in den Ursprachen betonte – Universitätsgründungen ev. Landesfürsten sorgten für die Etablierung ev. Theologie an allgemeinen Hochschulen. In Reaktion auf diese Entwicklungen wurden auch von kath. Seite die Anstrengungen verstärkt. Mit der →Aufklärung, die in der Theologie v.a. durch die Durchsetzung der historisch-kritischen Methode der Textauslegung (→Bibelwissenschaft) Raum griff und dem →Pietismus, dem an praktischer Ausbildung gelegen war, erweiterte sich auch das zu studierende Spektrum theologischer Disziplinen. Im 19. und 20. Jh. differenzierten sich im kirchlichen Bereich die Dienste aus und wurden nach den Standards säkularer Berufe modelliert – entsprechend wurden Elemente eines theologischen Studiums in unterschiedliche Ausbildungszusammenhänge integriert.

In den 1960er Jahren wird im ev. Raum ein kontinuierlicher Reformprozess theologischer Ausbildung institutionalisiert, der der Bearbeitung aktueller Herausforderungen auch des T. gewidmet ist. Zu diesen Herausforderungen gehört die seit den 1990er Jahren akute Umstellung der europäischen Hochschullandschaft auf modularisierte und gestufte Studiengänge (Bachelor- und Masterabschlüsse), die u.a. internationale und ökumenische Verständigung zur Sicherung wissenschaftlicher theologischer Standards und zur Gewährleistung von Kompatibilität erfordert. Sofern sich in Europa die Basis des Christentums verkleinert und sich gleichzeitig Situationen öffentlicher Mittelknappheit verstetigen, sind Anstrengungen zur Sicherung von Institutionen des T. nötig – in dieser Hinsicht wird auch die Thematik „missionarischer Kompetenz" als Ziel des T. erörtert. Weil das T. schließlich auch den steigenden Ansprüchen an die Professionalität seiner Absolventen entsprechen muss, dürften angesichts zunehmender Pluralität und Komplexität der Gesellschaft interdisziplinäre Ausrichtung sowie die Bemühung um Kontextualisierung im Sinne der Vermittlung einer sozial und historisch sensiblen, ideologiekritischen theologischen Selbstwahrnehmung unabdingbar sein.

Ahme, M./Beintker, M. (Hg.), Theologische Ausbildung in der EKD, Dokumente und Texte 1993–2004; Meireis, T., Theologiestudium im Kontext, 1997.

Torsten Meireis

Theosophie T. bezeichnet einerseits seit der 2. Hälfte des 16. Jh. ein esoterisch-spekulatives Christentum (→Esoterik). Mit christl. Gedankengut verbinden sich: spekulative Lehren über →Welt und →Engel, aus →Kabbala und Pythagoreismus stammende Zahlenspekulationen, andere z.T. synkretistische Elemente (→Synkretismus) sowie eine Erfahrung einer inneren Erkenntnis. Als Vertreter sind zu nennen: Valentin Weigel, Jakob Böhme im dt. Bereich, William Law später im engl. Bereich. Die T. stand z.T. in Nähe zum →Pietismus, überschritt ihn aber auch und beeinflusste einige Strömungen und Denker der →Erweckungsbewegungen des 18. Jh., etwa die →Quäker, die engl. Romantik oder in Deutschland Friedrich Christoph Oetinger.

Andererseits verschwanden die christl. Elemente der T. im 19. Jh. zusehends und der Terminus wurde Bez. für ein esoterisch-pantheistisch-synkretistisches nichtchristl. Wirklichkeitsverständnis. Zum vollen Ausdruck kommt diese Tendenz in der Gründung der Theosophical Society 1875 durch Helena Petrovna Blavatsky und Henry Steel Olcott in New York, die bewusst westliche und östliche Religionen unter Aufnahme gnostischer (→Gnosis) Spekulation, einem starken Materie-Geist-Dualismus (→Dualismus) und des Reinkarnationsgedankens sowie der Ablehnung der →Christologie verbinden will. V.a. in Indien kam es zu Missionserfolgen, Mahatma Gandhi war zeitweise Mitglied und aus ihr ist Rudolf Steiners →Anthroposophie erwachsen.

Linse, U., Art. Theosophie, TRE 33, 2002, 400–409.

Markus Mühling

Thomas von Aquin, Thomismus (um 1225 Roccasecca bei Aquino – 7.3.1274 Fossanova)

T. v. A. gilt als einer der bedeutendsten Theologen der mittelalterlichen →Scholastik (→Mittelalter). Die Integration der im christl. Abendland ab dem 13. Jh. neu rezipierten aristotelischen Philosophie in die christl. Theologie (→Philosophie und Theologie) und die außerordentliche Klarheit seines Denkens begründen seine kaum zu überschätzende Wirkungsgeschichte.

Er wurde 1225 auf der Burg Roccasecca in der Grafschaft Aquino (zwischen Rom und Neapel) geboren als jüngster Sohn unter acht Geschwistern. Mit fünf Jahren sandten seine Eltern ihn als Oblatus in das Benediktinerkloster Monte Cassino, das er 1239 für ein Studium in Neapel verließ. Dort lernte er die neuentdeckten Schriften von Aristoteles kennen sowie den noch jungen Dominikanerorden (→Orden und Kongregationen; →Mönchtum), in den er 1244 eintrat. Der Widerstand seiner Familie führte zu einem einjährigen Hausarrest auf Roccasecca, der an seinem Entschluss nichts änderte. T. v. A. setzte seine Studien erst in Paris, dann ab 1248 in Köln als Assistent von Albertus Magnus fort. Auf dessen Empfehlung wurde er 1252 nach Paris geschickt, um als *Baccalaureus sententiarius* zu lehren. Ab 1256 wirkte er als *Magister*, bis ihn sein Orden 1259 für verschiedene Aufgaben nach Italien rief, u.a. für die Leitung des röm. Studienhauses der Dominikaner. Von 1268–1272 lehrte T. v. A. abermals in Paris. Ab 1272 war T. v. A. in Neapel tätig, unter anderem schrieb er an der *Summa Theologiae* (STh). Am 6. Dezember 1273 brach er alles Schreiben ab mit der späteren Begründung: „Alles, was ich geschrieben habe, kommt mir vor wie Stroh im Vergleich zu dem, was ich gesehen habe.“ Unterwegs zum Konzil in Lyon (→Konzilien) starb T. v. A. am 7. März 1274 in der Zisterzienserabtei Fossanova/Italien.

1. Werk: Das umfangreiche Werk des T. v. A. wird üblicherweise wie folgt gegliedert: 1. Theologische Synthesen: die *Summa contra gentiles* und die *Summa Theologiae*; 2. Akademische Disputationen: z.B. *De veritate*; 3. Kommentare zu bibl. Schriften: z.B. zu Matthäus und Hiob; 4. Kommentare zu aristotelischen Schriften; 5. Andere Kommentare (z.B. zu Boethius); 6. Abhandlungen über besondere Themen; 7. Gutachten; 8. Briefe und 9. Liturgische Werke und Predigten.

2. Lehre: →Glaube und →Vernunft bilden für T. v. A. eine harmonische Verbindung, weil beide von Gott stammen und die →Wahrheit nur eine sein kann. Insofern der geschöpflichen Wirklichkeit eine gewisse Eigenständigkeit von Gott verliehen ist, soll diese Wirklichkeit in ihren eigenen Prinzipien erkannt werden, was durch die Philosophie geschieht. Somit weist T. v. A. der Philosophie in diesem Bereich erstmals eine autonome Funktion zu.

Zu den bekanntesten Texten des T. v. A. gehören seine →Gottesbeweise aus der *Summa Theologiae* (STh I 2,3). Auf fünf Wegen (lat.: viae quinque) lässt sich das Sein Gottes zeigen: aus der Bewegung der Dinge (lat.: ex parte motus), aus der Verursachtheit aller Dinge (lat.: ex ratione causae efficientis), aus dem Möglichen und Notwendigen (lat.: ex possibili et necessario), aus der Gestuftheit aller Dinge (lat.: ex gradibus in rebus) und aus der Zielausrichtung der Dinge (lat.: ex gubernatione rerum). Der sog. ontologische Gottesbeweis des Anselm von Canterbury wird erwähnt, aber als nicht schlüssig zurückgewiesen. Diese Beweise können nach T. v. A. zwar Gott als Ursprung und Prinzip der Welt erweisen, aber das für den Menschen Entscheidende über Gott kann nur die →Offenbarung dem

Menschen sagen: dass Gott auch Ziel aller Dinge ist und das Heil der Menschen in ihm liegt. Die Theologie stützt sich auf die Offenbarung, entfaltet deren Prinzipien, die Glaubensartikel, und ist auf diese Weise gleichsam eine Einprägung des göttlichen Wissens. Den Wissenschaftsstatus der Theologie (→Wissenschaft) begründet T. v. A. damit, dass die Theologie Prinzipien entfaltet, die ihr von einer höheren Wissenschaft – der Wissenschaft Gottes und der Heiligen (→Heiligenverehrung) – gegeben werden, darin vergleichbar der Musik, die ihre Prinzipien der Arithmetik verdankt. Gegenstand der Theologie ist Gott und wie alles auf ihn bezogen ist. Sein theologisches Hauptwerk, die *Summa Theologiae*, gliedert sich dementsprechend: Gott als Ursprung und Ziel (I), der Mensch auf dem Weg zu Gott (I–II, II–II) und Christus (→Christologie) als der Weg des Menschen zu Gott (III). Der erste Teil behandelt die Einheit Gottes, dann seine Dreieinigkeit (→Trinität), die →Schöpfung sowie seine Welterhaltung und –regierung. Gott ist das Sein selbst (lat.: ipsum esse), ist *actus purus*, ist Geist (→Heiliger Geist) und damit Erkennen und Wollen. Aller geschaffenen Wirklichkeit kommt es zu, als Seiendes zugleich wahr und gut zu sein (Transzendentalienlehre). Der zweite Teil der *Summa Theologiae* bestimmt anthropologisch das letzte Ziel des Menschen: die Glückseligkeit (→Glück), welche in der jenseitigen Schau Gottes besteht. Darauf bewegt sich der Mensch mit Hilfe der →Gnade durch sein Handeln zu. Der Gnade bedarf der Mensch als Geschöpf, um das übernatürliche Ziel zu erkennen und zu wollen und sich zu verdienen, das gleiche gilt umso mehr für den Menschen als Sünder (→Sünde), der überdies der →Rechtfertigung durch die Gnade bedarf. Das Wesen der Gnade besteht in der Eingießung einer neuen habitualen Qualität, durch die Gott den Menschen dauerhaft zum übernatürlichen Gut hin bewegt. Gnade beinhaltet die Eingießung der drei theologischen →Tugenden Glaube, →Hoffnung und →Liebe und moralischer Tugenden (→Moral) (STh II–II). Glaube, Hoffnung und Liebe richten Verstand und Willen des Menschen auf Gott als sein letztes Ziel aus. Glaube vollzieht sich für T. v. A. als „beistimmendes Überdenken" von Glaubenssätzen; es ist ein Erkenntnisakt (→Erkenntnis) sui generis. Liebe (lat.: caritas) interpretiert T. v. A. als Freundschaft zwischen Gott und Mensch. T. v. A. entfaltet also die Gnadenlehre mit den begrifflichen Mitteln der aristotelischen Tugendethik (→Ethik). Der dritte Teil thematisiert Christus, sein Heilswirken und dann die →Sakramente. Die Darstellung bricht beim Bußsakrament (→Buße) ab. Die sühnende Wirkung des Leidens und Sterbens Christi (→Kreuz; →Passion) besteht in der Aufhebung der →Strafe durch die geleistete Satisfaktion als auch in der Tilgung der →Schuld. Die Sakramente bezeichnen in eins das historische Heilswerk Jesu Christi, die damit bewirkte gegenwärtige Gnade sowie die zu erhoffende Vollendung (→Auferstehung; →Eschatologie).

1277 verurteilte der Bischof von Paris neben anderen auch Sätze des T. v. A. – ohne den Verfasser zu nennen. Diese Verurteilung hob man nach der Heiligsprechung von T. v. A. 1323 durch Papst Johannes XXII. wieder auf. Zunächst spielte T. v. A. lediglich in der Ausbildung der Dominikaner eine zentrale Rolle. Erst im 16. Jh. ersetzten viele Fakultäten das bis dahin übliche Lehrbuch, die *Sentenzen* des Petrus Lombardus durch die *Summa Theologiae*. Papst Pius V. ernannte T. v. A. 1567 zum Lehrer der Kirche. Die *Summa Theologiae* wurde nun selbst Gegenstand vielfältiger Kommentierung und Auslegungsstreitigkeiten. Der sog. Neuthomismus (seit Mitte des 18. Jh.) bezeichnet das Unternehmen, die thomasische Philosophie neuzeitlicher Philosophie als überlegen entgegenzusetzen. Mit der Enzyklika *Aeterni Patris* (1879) erklärte Papst Leo XIII., dass die Weisheit des T. v. A. wiederherzustellen und möglichst weit zu verbreiten sei. Die Kennzeichen des sehr einflussreichen Neuthomismus waren: Formalisierung und Systematisierung der thomasischen Gedanken. Im Zusammenhang des Vaticanum II öffnete sich die kath. Theologie, nahm einerseits Abschied von der Normativität des Neuthomismus, vollzog andererseits eine Neuorientierung zu einer nun stark historisch ausgerichteten Thomasforschung.

3. T. v. A. und die ev. Theologie: Aus der Perspektive reformatorischer Theologie (→Reformation) fungierte T. v. A. als die sachliche Gegenposition, gegen die man sich abgrenzte, ohne jedoch T. v. A. im Einzelnen zu erforschen. Seit 1960 gibt es eine eigenständige ev. Thomasforschung, die zum ökumenischen Dialog beitragen will und gezeigt hat, dass T. v. A. und Martin →Luther keine unvereinbaren Theologien vertreten haben. Insbesondere die Themen Rechtfertigung, das Verständnis von Glaube, Hoffnung und Liebe, →Gesetz sowie menschliche →Freiheit werden behandelt. Die Entwicklung tendiert dahin, T. v. A. nicht mehr nur als kath. Normtheologen, sondern auch als ev. „Kirchenvater“ (U. Kühn) zu verstehen.

Berger, D., Thomas von Aquin begegnen, 2002; Kühn, U., Via caritatis. Theologie des Gesetzes bei Thomas von Aquin, 1965; Metz, W., Die Architektonik der Summa theologiae des Thomas von Aquin, 1998; Pesch, O.H., Thomas von Aquin. Größe und Grenze mittelalterlicher Theologie, ³1995; Speer, A. (Hg.), Thomas von Aquin, Die Summa theologiae, 2005; Zimmermann, A., Thomas lesen, 2000.

Miriam Rose

Thomismus →Thomas von Aquin, Thomismus

Tibetische Religionen Tibet kennt seit alters das Nebeneinander einer zentralistischen Struktur von Städten und großen →Klöstern und einer dezentralen Nomadenkultur in den Hochebenen, was sich auch in der Religionskultur niedergeschlagen hat. Das vorbuddhistische Tibet ist geprägt durch eine unübersichtliche Vielfalt von lokalen dörflichen Kulten mit magischem und schamanistischem Charakter. Die unter dem Namen Bön (vermutlich Anrufen der Götter durch magische Sprüche) zusammengefasste Religiosität umfasst ein großes Pantheon aus Göttern, Schutzgöttern und Geistern und ist durch magische und dämonische Elemente geprägt. Als Aufenthaltsorte der Götter und Geister gelten Himmel, Luftraum und Erde; die Bön-Priester vermitteln zwischen der Götter- und Menschenwelt durch Seelenreisen, die sie durch ekstatische Tänze (→Ekstase) und Narkotika vorbereiten. Die Bön-Religion hatte ihren Schwerpunkt im Land Zhang-Zhung, das den Berg Kailash umgibt. Durch das Erstarken des zentraltibetischen Königs Trisong Detsen und die verbreitete Einführung des →Buddhismus im 9. Jh. verschoben sich die Gewichte zugunsten des Letzteren und führten zu einer längeren Konkurrenzphase, aus der ein langfristiges Nebeneinanderexistieren bei gleichzeitiger gegenseitiger Beeinflussung wurde. Seit dem 11. Jh. schufen Teile der Bön-Anhängerschaft systematische Lehrgebäude, folgten klösterlichen Ordensregeln und begannen, ihre Gottheiten bildlich zu gestalten. Die bedeutende Schule des Yungdrung Bön wurde zu einer der Quellen des Neuen Bön (reformierten Bön), der auch der Nyingma-Schule des tibetischen Buddhismus nahe steht. Dörfliche →Kulte mit schamanistisch-animistischem Charakter (→Schamanismus; →Animismus) sind z. T. in diese vom neuen Bön und Buddhismus dominierte Kultur aufgenommen worden. Die Bön-po (Bön-Anhänger) betrachten das Land Tazik als das Ursprungsland ihrer Religion. Dort lebte der erleuchtete Prinz Tonpa Shenrap (gShen-rab mi-bo), der umherzog, Riten begründete, →Tempel und Stupas errichten ließ und zahlreiche Frauen und Kinder hatte, die an seiner Mission teilnahmen. Zur Bön-Religiosität gehören die Texte *Kanjur* (Tonpa Shenrap zugeschrieben) und *Tanjur* (spätere Kommentare und Abhandlungen). Eine wichtige Schule des seit dem 14. Jh. entstandenen Neuen Bön ist die Dorje-Lingpa-Tradition. Seitdem der Buddhismus tibetische Staatsreligion war, fand Bön nur noch wenig Beachtung als eigenständige Religiosität, lebt aber neben den dörflichen Kulten bis heute in seiner reformierten Form des Neuen Bön fort mit seinem derzeitigen Oberhaupt, dem 33. Abt von Menri, der im indischen Exil residiert. Der 14. Dalai Lama erkannte den Bön als 5. Schule des tibetischen Buddhismus an, womit die allgemeine Sicht bestätigt wird, nach welcher der tibetische tantrische Buddhismus mit „tibetischer Religion" gleichzusetzen sei.

Seitdem König Trisong Detsen (755–797) aufgrund der Tibet-Mission des indischen Tantrikers Padmasambhava (seit 747) den indischen tantrischen Buddhismus gefördert hatte, trat er seinen Siegeszug in Tibet an und differenzierte sich bis zum 15. Jh. in vier große Schulen: 1. Nyingmapa (10. Jh., Meditationssystem Dzogchen), 2. Sakyapa (11. Jh., Lamdre-Praxis als Variante der Mahamudra-Schule, große Gelehrsamkeit), 3. Kagyüpa (11./12. Jh., mystische Meditationstradition, „Sechs Yogas des Naropa") und 4. Gelugpa (Anfang des 15. Jh., zurückgehend auf den Reformer Tsongkhapa (1357–1419), strenge Klosterregeln, Zölibat, Wiederaufnahme von indischen Mahayana-Elementen, „Gelbmützen" im Unterschied zu den traditionellen roten Mützen tibetischer Mönche). Zusammen mit den ersten Schulen der Neuen Übersetzungen buddhistischer indischer Schriften im 11. Jh. wurde die Kadampa-Schule gegründet, die sich auf den indischen Pandit Atisa (982–1045) berief. Als Reaktion auf die umstrittene Shugden-Entscheidung des Dalai Lama von 1996 wurde in England die New Kadampa Tradition gegründet, die aber in keinem Zusammenhang mit der alten Kadampa-Schule steht. Im 13. Jh. erlangte die Sakyapa durch das Protektorat der Mongolen einen staatsreligiösen Status. Seitdem dem 5. Dalai Lama (Gelugpa) im 17. Jh. von dem Mongolenherrscher Gushri Khan die geistliche und weltliche Macht über Tibet übertragen wurde, war der tantrische Buddhismus oder →Lamaismus tibetische Staatsreligion und vereinigte in sich so viele Elemente der Bön-Religion, dass „reines" Bön oft nur noch als „vorbuddhistische", geschichtlich überholte Religiosität wahrgenommen wird. Das wahrscheinlich im 9./10. Jh. in Zentralasien oder Indien entstandene Kalachakra Tantra, eine der wichtigsten

Schriften und Ritualanweisungen Tibets, ist ein wichtiges Beispiel für den Zusammenfluss der unterschiedlichen Traditionen wie auch des zeitgeschichtlichen Hintergrunds. In der Zeit der muslimischen Eroberungen in Zentralasien und der Verfolgung von Buddhisten werden apokalyptische Szenarien und Visionen einer Endschlacht zwischen guten und bösen Kräften (→Islam als das →Böse) entworfen, die den Buddhisten zum Trost dienen sollen: Am Ende der für das →Gute siegreichen Schlacht steht die Hoffnung auf das mythische Reich Shambhala, das die Erwartung von →Gerechtigkeit und →Frieden symbolisiert. Im gegenwärtigen tibetischen Buddhismus werden diese apokalyptischen Texte (→Apokalyptik) als Metaphern für innere Kämpfe im geistlichen Reifungsprozess des Menschen interpretiert. Wichtige Repräsentanten tibetischer Religionen sind heute aus dem Exil in Indien, Bhutan oder andern Ländern tätig.

Baumer, C., Bön – Die lebendige Ur-Religion Tibets, 1999; Brück, M. von, Religion und Politik im Tibetischen Buddhismus, 1999; Dalai Lama, Kakachakra-Tantra – Der Einweihungsritus, 2002; Das Totenbuch der Tibeter, 1975; Herrmann-Pfandt, A., Dakinis, 1992; Hoffmann, H., Die Religionen Tibets, 1956; Kvaerne, P., Bon, in: Eliade, M., Encyclopedia of Religion, 1987, Bd. 2, 277–281; Namkhai Norbu, Dzogchen – Der Weg des Lichts, 1989; Nicolazzi, M. A., Geheimnis Tibet – Die Ur-Religion des Bön, 2003; Schuster, G. W., Das alte Tibet, 2002; Snellgrove, D. L. (Hg. u. Übers.), The Nine Ways of Bon: Excerpts from the gZi-brjid, 1967; Snellgrove, D. L./Richardson, H. E., A Cultural History of Tibet, 1968.

Ulrich Dehn

Tier T. erscheinen bibl. als Repräsentanten der Natur als →Schöpfung. Auch der →Mensch ist in diesem Zusammenhang hineingenommen, denn der priesterschriftliche Schöpfungsbericht weist ihm den gleichen Schöpfungstag wie einigen T. zu. Mit dem Herrschaftsauftrag Gen 1,28 übernimmt der Mensch als Statthalter Gottes Aufsicht über die T. Im nichtpriesterschriftlichen Schöpfungsbericht sind Mensch und T. aber auch klar unterschieden: Obwohl der Mensch die T. benennen kann, findet er doch keine personale Entsprechung unter ihnen, sondern ist auf seinesgleichen angewiesen (Gen 2,18–25). Die Funktion der Tiere, auch der bedrohlichen T., wie der fabelhaft erdachten Meeresungetümer, die mythisch die Chaosmächte des Wassers symbolisieren, ist in den Augen Gottes ein ästhetischer: Sie sind geschaffen zum Wohlgefallen Gottes als dessen Spielzeuge (Ps 104,26). Dennoch werden T. als ambivalent wahrgenommen. Das T. als Repräsentant der Natur wird für den Menschen Anlass zur Versuchung und zum Abweichen von Gottes Gebot (Gen 3,1). Als Folge des Verantwortungsmissbrauchs durch den Menschen erscheint das gut geordnete Beziehungsgefüge der Schöpfung verändert: Es herrscht nun Feindschaft zwischen Mensch und T. Der Mensch ist seiner Natur entfremdet (Gen 3,15) und der für den Urzustand als Vegetarier (Gen 1,29) verstandene Mensch bekommt nun auch die Erlaubnis, T. als Nahrung zu genießen (Gen 9,3). Dabei wird eine Unterscheidung zwischen reinen (wiederkäuende Paarhufer und Fische) und unreinen T. getroffen (Lev 11; Dtn 14,3–21). Neben der idealisierten ästhetischen Funktion kommt so die existentielle Bedeutung der Tierzucht für den bibl. Menschen der Eisenzeit zum Ausdruck, die sich durch archäologische Funde von Tierknochen bestätigt. →Paulus scheint auch die Feindschaft der Tiere untereinander nicht als Absicht des Schöpfers, sondern als Folge um des Menschen willen zu denken, die eschatisch (→Eschatologie) aufgehoben wird (Röm 8,19–23). Dieser Gedanke einer eschatischen Hoffnung auch für die T. begegnet auch im atl. Bild des universalen Tierfriedens (Jes 11,6–9).

Neben diesen grundsätzlichen Überlegungen kommt vielen einzelnen T. auch eine z.T. bis heute bekannte symbolische Bedeutung zu, die auf den bibl. Gebrauch zurückgeht. Beispiele in alphabetischer Ordnung: Adler (Fürsorge, Kraft, Ex 19,4; Jes 40,31), Ameise (Klugheit, Spr 6,6), Biene (Erfolg, Sir 11,13), Esel (als Gegensatz zum Schlachtross: →Frieden, Sach 9,9; Mk 11), Fisch (→Auferstehung, Lk 24,42; Joh 21,12), Fuchs (zerstörende Hinterlist, Ez 13,4; Hld 2,15), Geier (Unheil, Hos 8,1), Hahn (Stolz, Spr 30,31; Wachsamkeit, Mt 26,34), Heuschrecke (Zerstörung, Ex 10,12), Hirsch (Liebesverlangen, Hld 2,9; Ps 42,2), Lamm (→Christus, Joh 1,29), Löwe (→Macht, Hos 5,13; Christus Offb 5,5), Meerungeheuer, Leviathan, Drache (Chaos, Jes 27,1; Ps 91,3), Motte (Vergänglichkeit, Mt 6,19), Schlange (→Böses, Lk 10,19; Klugheit, Mt 10,16; →Heil, Num 21; Heil durch Christus, Joh 3,14), Schwalbe (Geborgenheit Ps 84,4; →Gebet, Jes 38,14), Schwein (→Unreinheit, Mt 7,6; 2Petr 2,22), Skorpion (→Böses, Lk 10,9); Sperling (Vertrauen, →Glaube, Ps 84,4; Mt 10,29), Stier (Stärke, Ps 92,11); Stier und Kalb (Abfall, Ex 32,8), Taube (geliebte Frau, Hld 2,14; →Heiliger Geist, Mt 3,16), Wachtel (Fürsorge durch Gott, Ex 16,13), Wolf (Gefahr, Lk 10,16), Wurm (→Tod, Mk 9,48; Mt 6,19), Ziegenbock (→Sünde und Ungerechtigkeit (→Gerechtigkeit), Lev 16,5; Mt 25,32).

Systematisch-theologisch erscheinen zwei Problemkreise um das T., ein materialethisches und ein grundsätzlich dogmatisches Problem.

Das materialethische Problem der Tierethik betrifft die Frage der Art und Weise des Umgangs mit T. Im Gegensatz zum Behaviorismus, der T. nur mechanistisch im Reiz-Reaktionsschema verstand, hatte bereits die christl. an Aristoteles angelehnte Theologie des MA T. durchaus einen Eigenwert zugesprochen, wenn alles Leben als beseelt verstanden wird, aber in unterschiedlicher, gestufter Weise: Pflanzen kommt als Lebensprinzip eine vegetative →Seele zu, T. eine animale Seele, die Empfindungsfähigkeit begründet, und der →Mensch erhält eine Geistseele. Auch die aristotelisch-thomistische Definition des Menschen als *animal rationale*, als vernunftbegabtes Lebewesen oder vernunftbegabtes T. weist Mensch und T. der gleichen Gattung zu. Ethisch lässt sich anknüpfend an diese Gedanken der Grundsatz der Rücksichtnahme insbesondere auf die Schmerzempfindungsfähigkeit von T. bei der Tierhaltung begründen, der auch Aufnahme in das Tierschutzgesetz gefunden hat. Inwieweit darüber hinaus Tieren eigene Rechte und eine über die Schöpfungswürde hinausgehende Würde zuzugestehen ist, ist umstritten. Gegen Ende des 20. Jh. sprach sich der australische Philosoph Peter Singer für einen Präferenzutilitarismus aus, in welchem er zwischen T. und Mensch eine größere Kontinuität als üblich angenommen sieht, indem er Personalität nicht von der Zugehörigkeit zur biologischen Gattung abhängig macht, sondern vom Besitz mentaler Fähigkeiten und der Möglichkeit, Präferenzen verfolgen zu können. Dies hat die Folge, dass einigen Menschen (Säuglinge, Komatöse, etc.) nicht als →Personen anzusprechen sind, während solche Fähigkeiten – und damit Personalität – insbesondere bei den großen Menschenaffen nicht ausgeschlossen werden können, so dass Singer im The Great Ape Project „die Ausweitung der Gemeinschaft Gleichberechtigter auf den Einschluss aller Menschenaffen" (Singer/Cavalieri) fordern kann. Entsprechend wird ein Verzehr- und Tötungsverbot von Tieren gefordert. Da man aus christl. Sicht der auf geistigen Fähigkeiten basierenden Argumentation des Präferenzutilitarismus nicht folgen kann und ferner die Problematik um die Debatte des Begriffs des →Lebens zeigt, dass diesem Begriff keine fundamentaltheologische Bedeutung zukommt, wird man ein allgemeines Tötungs- und Verzehrverbot von T. aus christl. Sicht weder fordern noch strikt ablehnen können, sondern sich für artgerechte Tierhaltung einsetzen müssen.

Das grundsätzlich dogmatische Problem, das sich um den Begriff des T. gruppiert, betrifft ein schöpfungstheologisches (→Schöpfung) und soteriologisches Problem: In der Regel wird in Anlehnung an Röm 8,19–24 die Tatsache, dass auch im Reich der Natur Leben immer auf Kosten anderen Lebens lebt, als Folge des menschlichen Sündenfalls (→Sünde) gedeutet, nicht als Absicht des Schöpfers. Diese Deutung steht aber im Gegensatz zur evolutionstheoretischen Erkenntnis, dass das Prinzip der Konkurrenz der Arten um ihre Umwelt als Motor der →Evolution und damit des schöpferischen Hervorbringens von Mensch und T. gesehen wird. Martin →Luther versuchte, diesen Sachverhalt des „Fressen-und-gefressen-werdens" noch positiv als Hingabe in →Liebe zu deuten: Keine Kreatur, mit Ausnahme des gefallenen Menschen, lebt für sich, sondern für andere und erfüllt so die schöpferische Regel der Liebe (WA 5,38). Luthers Modell hat den Vorteil, dass es zeigt, dass das Verhältnis der T. untereinander nicht unausweichlich neuzeitlich im Modell des Raubes gedeutet werden muss, aber es erklärt phänomenal nicht das Fluchtverhalten von Beutetieren. Dieses Problem lässt sich aber lösen, wenn man die →Erlösung der Welt nicht ausschließlich als Überwindung der Sünde versteht, sondern als Vollendung der Schöpfung und als Überwindung der Sünde. Da in Röm 8,18–24 der Terminus Sünde nicht erscheint, kann die Deutung des Bestehens der Feindschaft der T. untereinander um des Menschen willen auch so verstanden werden, dass die Schöpfungsordnung noch nicht vollendet ist, sondern ein offenes Regelwerk ist, das zunächst das Ungeregelte und Chaotische, einschließlich der Feindschaft der T. untereinander, um der Möglichkeit menschlicher Freiheit willen einschließt, unabhängig von der Faktizität menschlicher Sünde. Die Folgen der Sünde können dann so gedeutet werden, dass Mensch und T. dieser ungeregelten Offenheit des Naturzusammenhangs ungebremst ausgeliefert werden. In →Kreuz und Auferweckung Jesu als Grund der eschatischen Hoffnung geschieht dann zweierlei: die Vollendung der Schöpfung auch unabhängig von menschlicher Sünde einschließlich der Begründung der Möglichkeit des Tierfriedens und die Überwindung der Sünde und ihrer Folgen.

Finkelstein, I., The Archaeology of the Israelite Settlement, 1988; Janowski, B. (Hg.), Gefährten und Feinde des Menschen. Das Tier in der Lebenswelt des Alten Israel, 1993; Janowski, B./Riede, P. (Hg.), Die Zukunft der Tiere. Theologische, ethische und naturwissenschaftliche Perspektiven, 1999; Singer, P., Praktische Ethik, ^{2}2004; Mühling, M., Versöhnendes Handeln – Handeln in Versöhnung, 2005, 307–309; Singer, P./Cavalieri, P., Menschenrechte für die Großen Menschenaffen. Das Great Ape Projekt, 1994.

Markus Mühling

Tod Der T. begegnet auf äußerlich evidente Weise als das Ende des biologischen Lebens. Die primäre Signatur dessen ist das unwiderrufliche „Es ist vorüber!", das der T. in jedem Fall beinhaltet (vgl. Kierkegaard, *An einem Grabe/Drei Reden bei gedachten Gelegenheiten*, 1845). Insofern bildet der T. den Abschluss des Sterbens. Wann ein Mensch wirklich tot ist, lässt sich nicht anhand einzelner Funktionen (Herz, Gehirn), sondern nur im Verbund vielfältiger leib-seelischer Funktionen bestimmen. Solange er noch Lebenszeichen von sich gibt, d.h. die Desintegration des einheitlichen Lebensvollzugs noch unabgeschlossen ist, ist er jedenfalls (noch) nicht ganz tot. Der T. stellt den Menschen vor die Aufgabe, seine →Identität im Horizont seiner Endlichkeit wahrzunehmen. Diese Wahrnehmung ist jedoch gestört durch das Interesse des Menschen, den T. zu überwinden oder wenigstens auszublenden. Dieses Interesse wiederum resultiert nicht einfach aus Angst oder Feigheit, sondern aus dem tiefen Wissen, dass der T. eine Wirklichkeit ist, die nicht sein soll und nicht notwendig zum Leben hinzugehört (deshalb ist der Begriff „ewiges Leben" keine *contradictio in adiecto*, also nicht die Zuordnung einer unmöglichen Eigenschaft). Während der T. evolutionstheoretisch (→Evolution) vom Programm komplexeren biologischen Lebens unabtrennbar ist (er ist der Preis dieser Höherentwicklung, d.h. evolutionstheoretisch notwendig), kann man theologisch nicht behaupten, dass der T. als solcher zum Programm der von Gott geschaffenen Welt (→Schöpfung) gehört. Vielmehr gilt theologisch, dass der T. wesentlich nicht sein soll. Er ist etwas dem →Leben Widerwärtiges, ein „letzter", jedoch nicht prinzipiell unüberwindlicher „Feind" (1Kor 15,26). Auf die Frage, warum alle sterben müssen (Universalität des T.), antwortet Paulus im Anschluss an Gen 3: weil alle gesündigt haben (Röm 5,12). Der T. ist demnach nicht im menschlichen Leben als solchem, sondern nur in dem sich gegen die Quelle des Lebens (Gott) verselbständigenden Leben des Sünders enthalten. Er ist nach ntl. Auffassung die Konsequenz, die Quittung oder das Fazit der →Sünde (Röm 6,23 vgl. 1Kor 15,56), d.h. keine Implikation der bestimmungsgemäßen Geschöpflichkeit des Menschen.

Sünde und T. sind dabei nur scheinbar verschieden, in Wirklichkeit jedoch analoge, wesensverwandte Formen, in denen sich die menschliche Freiheit des *homo incurvatus in se* (d.h. des selbstbezogenen Menschen) definitiv verwirkt: Wir müssen sterben, weil wir Sünder sind. Die Todeserfahrung des Menschen, der aufgrund seiner Sünde und mit ihr zugrunde gehen muss, unterscheidet sich daher von der idealisierten Todeserfahrung, wonach sich das irdische Leben eines fernen Tages friedvoll und lebenssatt vollendet. Die konsequente Selbstvollendung der Sünde im T. ist theologisch der Grund dafür, dass der Mensch als Sünder sein Leben nie ohne Gott (und ohne Christus) in angemessener Weise vollenden kann, so sehr er sich dies auch wünschen mag. Der Sünder erfährt den T. als eine Macht der Bedrohung. Die Spitze der vom T. ausgehenden Bedrohung ist jedoch nicht das Zuendegehen des Lebens als solches, sondern die Infragestellung aller menschlichen Lebensprojekte (im Blick auf Lebenssinn, Erfüllung, Glück usw.). Darin hat der – freilich nur individuell nachvollziehbare – Satz sein Recht: Mit dem T. ist alles aus (alles, d.h. nicht nur der fortgesetzte Lebensvollzug).

Wird der Mensch ganzheitlich als reine Identität mit sich oder als materialistisch reduzierbar auf leibhaft-physiologische Prozesse gedacht, so ergibt sich daraus zwingend die Theorie eines vollständigen Zunichtewerdens durch den T.: Menschen sind als *mortales* (d.h. wesentlich Sterbliche) ganz der Macht des T. ausgesetzt; in ihnen ist kein Teil oder Potential, das den T. bezwingen könnte. In diesem Sinn wurde im 20. Jh. die sog. Ganztodtheorie entworfen (K. →Barth, E. Jüngel u.a.). Sie führt zur Betonung der konstitutiven Bedeutung der Macht Gottes sowie zur Herausstellung der Einmaligkeit des Lebens unter Ablehnung jeglicher Reinkarnationsspekulation (Prä- oder Postexistenz der →Seele).

Wird hingegen der Mensch als bipolare oder triadische Komposition (Synthese) gedacht, nämlich (dual) als Einheit von Leib und Seele bzw. (triadisch) als →Leib (griech.: soma), Seele (griech.: psyche) und Geist (griech.: nous), dann stellt sich die spannende Frage, ob die einzelnen Elemente (Sphären) allesamt oder nur teilweise dem T. unterworfen sind. Im Platonismus hat sich im Anschluss an die orphisch-pythagoreische Philosophie die Konzeption einer Unsterblichkeit der Seele entwickelt, die mit „Seele“ aber (noch) nicht einen individuellen oder ganzheitlichen Personbegriff im Blick hat. Demnach ist der Leib zerstörbar und dem Verfall ausgesetzt, die Seele hingegen unzerstörbar und ewig; der T. ist somit der befreiende Ausgang (lat.: exitus) der Seele aus dem Kerker leibgebundener Existenz; man muss ihn daher nicht fürchten oder vor ihm flüchten (vgl. Platon, *Apologie des Sokrates*).

Die Bibel kennt keine Unsterblichkeitstheorie. Sie bezeugt allerdings die Hoffnung auf Auferweckung (→Auferstehung) der Toten zum ewigen Leben. Dieses ist jedoch nicht als Zurücknahme oder Revision von Sterben und Tod denkbar, sondern nur durch den (am Karfreitag vollzogenen) „Tod des Todes“ (M. Luther; vgl. G.W.F. Hegel, hier jedoch spekulativ gedacht). Der T. hat nach ntl. Auffassung kein unbeschränktes Existenzrecht, sondern ist begrenzt durch Gottes Allmacht. Aus der Perspektive des Menschen bedeutet dies wiederum, dass ihn nicht einmal die (äußerste) Macht des T. von Gott und seiner Liebe trennen kann (Röm 8,38f.). Dies gilt auch und gerade (trotz Mk 15,34) für den T. Jesu, der den „Tod des Todes“ darstellt.

Im AT gehört eine Hoffnung über den T. hinaus nicht zu den zentralen Themen, kommt aber dennoch an einigen Stellen zur Sprache. So betont →Augustin, dass insbesondere Ps 73,23–28 von der Möglichkeit einer bleibenden, den T. überdauernden Verbindung zwischen Gott und Mensch ausgeht. Die dort zur Sprache gebrachte Gottesgemeinschaft ist „realer auch als der Tod“ (Ratzinger, *Eschatologie*, 1977, 81). Immanuel Kant betrachtet analog dazu Ps 23,4b („du bist bei mir“) als gedankliches Zentrum der bibl. Botschaft. Ein ewiges Leben kann es daher nur in Gemeinschaft mit dem ewigen, lebenschaffenden Gott geben, nicht durch ein schöpfungsinhärentes Unsterblichkeitspotential.

AT und NT markieren nüchtern die Vergänglichkeit irdischen Lebens (vgl. Hi 1,21; 14,1f; Ps 90,3–6; 1 Kor 15,42ff.47): der Mensch als „Erdling“ (hebr.: adam) wird wieder zu Erde (hebr.: adamah), woraus er erschaffen ward (Gen 2,7); darin gründet seine Vergänglichkeit. Als Lebewesen bleibt er stets abhängig vom Wirken Gottes durch dessen →Geist.

Der T. ist als das bloße Zumendekommen eines frommen Lebens jedoch nichts Anstößiges, wenngleich im Reich des T. (hebr.: sheol, griech.:

hades) Gottesferne herrscht und diese für die schattenhaft dort Existierenden unüberwindlich ist. Vor allem in Ps 90,3–6 kommt das Bewusstsein der Vergänglichkeit menschlicher Existenz massiv zum Ausdruck. Die Hoffnung über den T. hinaus transzendiert im AT die individuelle Lebenswirklichkeit in Richtung auf ein künftiges Geschichtshandeln Gottes (vgl. Ez 37, Dan 12).

Eine desillusionierte Sicht von Leben und T. bietet Kohelet (Pred); demnach unterliegen Mensch und Tier demselben Todesgeschick (Pred 3,19). Aber ist es wirklich dasselbe? Der Mensch stirbt, das Tier verendet. Der Mensch kann ein Bewusstsein der ihm eigenen Lebenswirklichkeit und -möglichkeit im Horizont seines Sterbenmüssens entwickeln (dies ist nach Kierkegaard der „Ernst" des T.), das Tier vermutlich nicht. D.h. die Schärfe der Todeserfahrung ist dem Menschen vorbehalten. Nicht nur der T., sondern v.a. der Gedanke an den (eigenen) T. gehört genuin zu seinem endlich-selbstbezogenen Leben.

Es ist das Vorrecht des immanenzbezogenen Philosophen, den T. als Gegenstand der Philosophie schlicht auszublenden (so Epikur). Für den Lebenden gilt demnach, dass ihn der T. nichts angeht. Jedoch ist der T. bibl. nicht einfach die Abwesenheit vom Leben, sondern mitten in diesem kann der Mensch vom T. bedroht und umschlungen sein; der T. „zehrt vom Leben" (E. Jüngel, *Tod*, 24). Umgekehrt stellt der T. von Gott aus keine notwendige Beendigung der Gemeinschaft mit ihm dar (s. oben zu Ps 23 u. 73). Von daher ist das bibl. Todesverständnis nicht nur mit dem evolutionstheoretischen, sondern auch mit dem philosophischen Todesbegriff Epikurs offensichtlich nicht kompatibel. Die einheitliche Wirklichkeit des T. gibt es nicht, da sein Wesen sich unserem Begriff entzieht (zur Beantwortung der Frage nach dem Wesen des T. müssten wir tot und lebendig zugleich sein) und es als die bloße Abwesenheit von Leben nicht vollständig erfasst ist (was auch M. Heidegger 1927 im Blick hat, insofern er festhält, dass das Dasein als Ganzes ein „Sein zum Tode" darstellt). Die weitläufige „Verklärung" des T. in der Philosophie von Platon bis zu Hegel und Goethe führt zu seiner Entschärfung; d.h. philosophisch-literarisch sowie auch gesellschaftlich sind „Ästhetisierung, Verdrängung oder Ignorierung" von Sterben und T. vorherrschend (H. Thielicke, 80). Und wo die personale Schärfe des T. ausnahmsweise erfasst wird (M. Heidegger, J.P. Sartre), bleibt dieses existenzielle Wissen ein Bewusstsein „ohne Gnade", d.h. durch reflektiertes Todesbewusstsein „erhellte Verzweiflung" (H. Thielicke, *Tod und Leben*, 90f).

Die Offb versucht zur Klärung die Theorie eines zweiten, ewigen T. einzuführen (Offb 20,6; 21,8), der definitive Gottesferne impliziert. In dieser Differenzierung zeigt sich, dass die umfassende Todesbedrohung (bis hin zur Höllenvorstellung; →Himmel und Hölle) vom bloß biologischen Sterben zu unterscheiden ist. Eine evolutionsbiologische Sicht kann (und muss) diese Tiefendimension von Sterben und T. nicht erfassen; evolutionstheoretisch könnte jeder mit seinem T. versöhnt sein, wenn das globale Ziel der Evolutionsgeschichte zur Verwirklichung seines individuellen Lebensinteresses führen würde. Diese Koinzidenz von individueller Lebenserfüllung und transindividuellem Evolutionsprozess gibt es jedoch nicht. Darüber hinaus manifestiert der biologische T. bibl. betrachtet nur einen Aspekt des T., nämlich die Vergänglichkeit des biologisch-leibhaften Existierens auf der Basis einer irdisch-fleischlichen Existenz. Jener „zweite", eigentliche T. (Offb 20f) stellt demgegenüber eine viel tiefere und eindringlichere Bedrohung dar, da er den Menschen definitiv vom Grund seines Lebens abschneidet. „Der Tod im biblischen Sinne ist nicht der Tod des Menschen, insofern er Säugetier ist, sondern der Tod des Menschen, insofern er Gott sein will [...]" (Thielicke, 145). Deshalb gibt es keine schöpfungstheologische, sondern nur eine christologische Antwort auf die Frage nach einer Überwindung des T. Das menschliche Leben selbst ist der Modus, in dem die Frage nach dem T. unausweichlich offen gehalten wird. Die fiktive, aber gleichsam „natürliche" Selbstwahrnehmung des Lebens liegt darin, so zu tun, als ob man überhaupt nicht sterben müsste (Luther WA 40/III,524.15). Die fiktive Wahrnehmung des T. besteht dementsprechend darin, den T. als ein unbestimmtes Übel, d.h. nur abstrakt und allgemein wahrzunehmen (der T. gehört eben zum Leben). In dieser Unbestimmtheit ist es der T. selbst, der die Sterblichen geradezu einlädt, ihn nach ihrem Bild umzudichten. Eine der ältesten und hübschesten Umdichtungen besagt, der T. sei nur ein Bruder des Schlafes (Homer).

Thielicke, H., Tod und Leben, 1946; Rahner, K., Zur Theologie des Todes, 1958; Jüngel, E., Tod, 1971; Ratzinger, J., Eschatologie – Tod und Leben, 1977.

Walter Dietz

Toleranz T. (lat. tolerare: ertragen, erdulden) bezeichnet die Duldung von →Personen, Überzeugungen und Handlungen, die nicht mit den eigenen Vorstellungen übereinstimmen. Elementare politische und verfassungsrechtliche Bedeutung erlangte der Toleranzgedanke im Kontext der modernen Debatten um Staatsrecht und →Religionsfreiheit.

Die begriffsgeschichtlichen Wurzeln des Begriffs in der Antike drücken das Ertragen physischen und moralischen Übels (→Moral; →Leiden) aus. Bestimmend wurde jedoch alsbald der religionsgeschichtliche Zusammenhang. Das Selbstverständnis der christl. Kirche (→Kirche, evangelisch, katholisch, orthodox), wonach es kein →Heil außerhalb von ihr gibt, erforderte eine Durchklärung des Verhältnisses zu Andersgläubigen. →Augustins Forderungen, gegenüber Juden (→Judentum) und von der Großkirche abweichenden Christen T. zu üben, waren strategisch begründet, um den kirchlichen Zusammenhalt zu stärken. Im Donatistenstreit konnte er staatliche Gewaltanwendung (→Gewalt, Gewaltlosigkeit) befürworten, da auch Zwangsbekehrungen durch den Heilzweck gerechtfertigt seien. Bis in die Scholastik wurden diese Richtlinien weiter ausgebaut und systematisiert.

Martin →Luther, der das Wort T. eindeutscht, trat einerseits gegen obrigkeitlichen Zwang in Glaubensfragen (→Glaube) ein, weil allein die Schrift (→Schriftverständnis) und ihre klare Verkündigung (→Predigt) den Glauben bewirken. Andererseits jedoch galt dies nur eingeschränkt für irrgläubige Christen. Gegenüber Andersgläubigen, papstkirchlichen und täuferischen Irrlehren forderte er hingegen Intoleranz zu üben. Von dem modernen rechtlichen Toleranzgedanken unterschieden zeigt sich v.a. Luthers Ansicht, in einem Staatswesen könne nur ein Glauben bestimmend sein, sowie die von ihm daraus gefolgerte weitreichende Zwangsgewalt des Herrschers in Religionsdingen.

Das moderne Verständnis von T., der Gedanke individueller Religionsfreiheit (→Individuum) entwickelte sich in Folge der europäischen Religionskriege des 16. und 17. Jh. Im engl. und amerikanischen Independentismus wurde zuerst innerhalb des Christentums die Forderung nach Anerkennung verschiedener Frömmigkeitstypen (→Frömmigkeit) laut. Allerdings galt auch hier diese Forderung nicht für Katholiken, Andersgläubige und Atheisten (→Atheismus). In engem zeitlichen und inhaltlichen Zusammenhang entwickelte die →Aufklärung den Toleranzgedanken als Instrument staatlichen Handelns (John Locke, *A Letter on Toleration*, 1689). Ziel des Staates ist nicht mehr das Seelenheil (→Heil; →Seele) der Untertanen, sondern das öffentliche Wohl, zu dessen politischer und ökonomischer Beförderung T. als dienlich erkannt wird. Auch das dogmen- und autoritätskritische Religionsdenken (Dogma) der Aufklärung beförderte den Gedanken der T. Die Ablehnung von Zwang in Religionsdingen und die Gewissensfreiheit werden zu Grundforderungen der Aufklärung, die im Individualitätsdenken von →Idealismus und Romantik weitere Vertiefung erfahren.

Die Religionsfreiheit, die den Kern des modernen Toleranzgedankens bildet, fand unter dem Einfluss der christl. Ideen sowie des Aufklärungsdenkens Eingang in die Bills of Rights nordamerikanischer Einzelstaaten (1776ff). Hier wurde sie erstmals als →Menschenrecht formuliert, wie dann auch in der Erklärung der Menschen- und Bürgerrechte der franz. Nationalversammlung vom 26. 8. 1789. Von dort aus wurde die auf Religionsfreiheit gegründete T. zu einem Grundprinzip des aufgeklärten Europa, wenn auch immer wieder von Phasen restaurativer und totalitärer Intoleranz unterbrochen. Insgesamt jedoch erweiterte sich im 19. und 20. Jh. der aufgeklärte Begriff bürgerlicher T. zur politischen T.: Über die Duldung verschiedener religiöser →Konfessionen hinaus machte das gewollte Nebeneinanderbestehen verschiedener politischer Parteien aus T. ein Verfassungsprinzip des freiheitlich-demokratischen Rechtsstaats (→Demokratie).

Die religions- und verfassungspolitischen Aspekte des Toleranzgedankens bestimmen auch die Diskussion um seine gegenwärtige ethische Relevanz (→Ethik). Für die →Religionen stellt sich grundsätzlich die Frage, inwiefern sie ihren Anspruch auf →Wahrheit mit der T. gegenüber anderen bzw. ihnen widersprechenden religiösen und weltanschaulichen Überzeugungen verbinden können. Im Geist der →Aufklärung hat Gotthold Ephraim Lessing in seinem Drama *Nathan der Weise* (1779) den Gedanken der T. im Wettstreit von Judentum, Christentum und →Islam an dem Maßstab der Humanität orientiert. In dieser Weise fand der Toleranzgedanke Aufnahme in dem der Aufklärung verbundenen jüd. und neuprot. Denken.

Im Katholizismus wird der Versuch unternommen, aus der Demonstration der absoluten Wahrheit des Christentums zu einem Dialog mit den anderen Weltreligionen zu gelangen (Ratzinger, J., *Glaube – Wahrheit – Toleranz. Das Christentum und die Weltreligionen*, 2003). Hier stellt sich als die zentrale Aufgabe ethischer Reflexion die Frage, wie sich dogmatischer Absolutheitsanspruch (→Absolutheit des Christentums) und bürgerliche T. miteinander vermitteln lassen.

Die im Christentum etablierte Unterscheidung von Religion und Politik, →Kirche und Staat hat zu einer Anerkennung der Religionsfreiheit geführt, die auch im interreligiösen Dialog als Maßstab von Toleranzfähigkeit gelten kann.

Damit in enger Verbindung steht die Bedeutung des Toleranzgedankens für den freiheitlich-demokratischen Rechtsstaat. T. im Sinne des Pluralismus von Parteien, der Koexistenz von Regierung und Opposition, Mehrheiten und Minderheiten wurde als „Lebensprinzip jeder Demokratie“ bezeichnet (Hans Kelsen). Kritik erfuhr dieser Toleranzbegriff, da er in seiner inhaltslosen Formalität weltanschaulich neutral sei (Carl Schmitt). Während Karl Raimund Popper in Verteidigung freiheitlicher Gesellschaften ein „Toleranzprinzip“ vertrat („T. gegenüber allen, die nicht intolerant sind und die nicht Intoleranz propagieren“, *Die offene Gesellschaft und ihre Feinde*, 1945), beklagte Hercules Marcuse eine „repressive T.“ liberaler Gesellschaften, welche lediglich die bestehenden Machtverhältnisse stabilisiere. Die Beispiele zeigen, dass es bei der Frage nach der T. im politischen Zusammenhang immer auch um die Stellung zum freiheitlichen Rechtsstaat geht. In der Zustimmung zu diesem ist T. zu einem zentralen Begriff des politischen Liberalismus geworden (John Rawls, *A Theory of Justice*, 1971).

Für das Toleranzverständnis liberaler Gesellschaften (→Gesellschaftstheorie) erscheint die Anerkennung der Religionsfreiheit konstitutiv. So bleibt auch unter den Bedingungen säkularer Rechtsstaatlichkeit der religiöse Kern des modernen Toleranzbegriffs von hoher Aktualität.

Forst, R., Toleranz im Konflikt. Geschichte, Gehalt und Gegenwart eines umstrittenen Begriffs; Schreiner, K./Besier, G., Art. Toleranz, Geschichtliche Grundbegriffe. Historisches Lexikon zur politisch-sozialen Sprache in Deutschland 6, 1990, 445–605; Rendtorff, T. (Hg.), Glaube und Toleranz. Das theologische Erbe der Aufklärung, 1982; Troeltsch, E., Die Soziallehren der christlichen Kirchen und Gruppen, 1912.

Friedemann Voigt

Tora Der Begriff T. (hebr.: Lehre, Weisung; der dt. Begriff Gesetz als Wiedergabe von griech. nomos bzw. lat. lex stellt eine Engführung dar) bezeichnet im engeren Sinne den Pentateuch (griech.: Fünfbuch: Genesis; Exodus; Leviticus; Numeri; Deuteronomium), d.h. die fünf Bücher →Mose als Kern der hebr. Heiligen Schriften des →Judentums (schriftliche T.) und als Bestandteil des christlichen AT (→Altes Testament). Im weiteren Sinne bezeichnet er in jüd. →Tradition die Gesamtheit der gemäß Ex 19ff am Sinai ergangenen und als verbindlich geltenden Wortoffenbarung Gottes (→Offenbarung; →Wort Gottes), deren nicht in der schriftlichen T. enthaltene Teile von Mose an mündlich tradiert wurden (mündliche T.). Schriftliche und mündliche T. gelten im Judentum als gemeinsame Quelle der →Halacha.

Die in narrative Kontexte von der Erschaffung der Welt (→Schöpfung) bis zum →Tod des Mose eingebetteten und so planvoll heilsgeschichtlich verankerten heterogenen rechtlichen und kultischen Traditionskomplexe

(→Heilsgeschichte; →Recht; →Kult), Textschichten und (rekonstruierten) separaten Erzählwerke der T., die mehrheitlich dem priesterlichen Überlieferungsbereich entstammen, härteten in exilisch-nachexilischer Zeit zu einem geschlossenen und fortan relativ einheitlich überlieferten Textcorpus aus (→Bibelwissenschaft), der zum bestimmenden Basisdokument für die religiöse und politische Konstitution des Judentums wurde. Unter Aufnahme weisheitlicher Traditionen (→Weisheit) entstanden über die Jahrhunderte die Vorstellungen, in der T. als Zeichen der Erwählung und Verpflichtung →Israels seien der offenbarte allumfassende Gotteswillen, das präexistente Werkzeug und Bauplan der Schöpfung und der einzige Weg des Frommen (→Frömmigkeit) zum individuellen und kollektiven →Heil enthalten. Auf letzterer Vorstellung beruht der grundlegende Unterschied zwischen jüd. und christl. →Religion, welche die Heilsbedeutung der T. bereits früh relativiert und ihrerseits den →Messias (griech. Christos) als grundlegenden Weg zum Heil versteht.

Nach traditioneller jüd. Zählung enthält die schriftliche T. 365 Verbote (entspricht der Anzahl der Tage im Sonnenjahr) und 248 Gebote (entspricht nach antikem Kenntnisstand der Anzahl der Knochen im menschlichen Körper). Die symbolischen Zahlen versinnbildlichen den Geltungsanspruch der T. zu aller Zeit und in Bezug auf die gesamte menschliche Existenz (→Mensch).

Das Bedürfnis nach einer lebensnahen, kulturkompatiblen und rational begründbaren Deutung der Toragebote (→Lebenswelt und Alltag) führte bereits in hell. Zeit dazu, dass dem hebr. Text der fünf Bücher Mose ein prinzipieller Sinnüberschuss zuerkannt wurde, dessen Annahme seine fortwährend aktualisierende kreative Auslegung mittels der Anwendung geeigneter Methoden, v.a. der Allegorese und des Analogieschlusses (→Analogie) ermöglichte. Diese Entwicklung mündete in das (für die →Rabbinen auch Status bestimmende) Konzept der zweifachen T., demzufolge außer der schriftlichen T., dem Pentateuch, von Mose am Sinai auch die Weisungen der mündlichen T. empfangen und an Josua, von ihm an die Richter Israels, von diesen an die Propheten (→Propheten, Prophetie), von hier aus an die Versammlung der Weisen und schließlich an die Rabbinen weitergegeben wurden (Traditionskette), die sie lehrten, sammelten und literarisch fixierten (→Mischna und Tosefta; →Midraschim; jerusalemischer und babylonischer →Talmud).

Als zentraler Teil des jüd. gemeinschaftlichen →Gottesdienstes wird die in fortlaufende Leseabschnitte unterteilte T. von Angehörigen der Gemeinde oder vom Kantor im einjährigen (babylonischen; so in traditionellen Gemeinden) bzw. im dreijährigen (palästinischen; so in vielen Reformgemeinden) Zyklus vollständig verlesen. Der erstmalige Aufruf zur synagogalen Toralesung (→Synagoge) nach Vollendung des 13. Lebensjahres (hebr. bar/bat mizwa: Sohn/Tochter des Gebotes) markiert im Judentum den Eintritt der religiösen Mündigkeit. Bereits das Schreiben einer Torarolle gilt als religiöse Handlung und ist zahlreichen Beschränkungen und Regeln unterworfen. Die zumeist aus Pergament hergestellten Torarollen werden zwischen den synagogalen Gottesdiensten in einem eigens hierfür vorgesehenen, mit einem Vorhang (hebr. parochet) versehenen und zumeist nach →Jerusalem hin orientierten Schrein (hebr. aron hak-kodesch) aufbewahrt. Seit dem →Mittelalter findet die zentrale liturgische Bedeutung der T. reichen künstlerischen Ausdruck in – oft prächtigem und kunsthistorisch bedeutendem – Toraschmuck wie Toramantel (hebr. me'il), Torakrone (hebr. keter tora), Toraschild (hebr. tas) und Torazeiger (hebr. jad).

Avemarie, F./Lichtenberger, H., Bund und Tora, Wissenschaftliche Untersuchungen zum Neuen Testament 92, 1996; Blum, E. u.a. (Hg.), Die hebräische Bibel und ihre zweifache Nachgeschichte, 1990; Brunner, R. (Hg.), Gesetz und Gnade im Alten Testament und im jüdischen Denken, 1969; Crüsemann, F., Die Tora. Theologie und Sozialgeschichte des alttestamentlichen Gesetzes, 1992; Katz, J., Divine Law in Human Hands, 1998; Vries, S.Ph. de, Jüdische Riten und Symbole, [2]2005, 24–32; Zenger, E. (Hg.), Die Tora als Kanon für Juden und Christen, 1996; Zenger, E., Einleitung in das Alte Testament, KStTh 1,1, [5]2004, 60–187.

Michael Tilly

Totemismus Der T. ist ein zentraler Begriff der frühen Religionswissenschaft und Ethnologie im 19. Jh. Das Wort *Totem* ist aus der Sprache der nordamerikanischen Ojibwa-Indianer abgeleitet, wo *totam* die Stammeszugehörigkeit bezeichnete. Die einflussreichste frühe Beschreibung des T. stammt von James George Frazer (1877), der das Totem als eine Klasse von materiellen Objekten betrachtete, zu denen bestimmte Menschen oder soziale Gruppen in einer engen Beziehung zu stehen vermeinen und die deshalb mit besonderer Ehrfurcht behandelt werden. Die betreffenden Objekte sind meistens Tiere oder Pflanzen, seltener unbelebte natürliche Gegenstände, äußerst selten Naturphänomene. Frazer betont, dass es sich beim Totem im Gegensatz zum →Fetisch nicht um einen einzelnen Gegenstand, sondern um eine ganze Klasse von Objekten handele, z.B. die gesamte betreffende Tier- oder Pflanzenspezies. Die Totems seien von besonderen Tabus umgeben, z.B. dürfe das Totemtier in vielen Fällen nicht oder nur eingeschränkt gegessen werden. Die Menschen sehen sich mit ihrem Totem auf besondere, oft verwandtschaftliche Art verbunden; manchmal werde er als Ursprung ihres Clans angesehen. Damit ist zugleich ein anderer Aspekt berührt, der in der späteren Diskussion und Theoriebildung über den T. eine entscheidende Rolle spielen sollte: die soziale Organisation der totemistischen Stämme. Frazer unterscheidet Gruppentotems, die mit einer sozialen Gruppe, z.B. einem Clan, identifiziert werden, von Geschlechtstotems, die jeweils nur für die Männer oder Frauen eines Stammes gelten, und schließlich von persönlichen Individualtotems. Von Fall zu Fall gehen Gruppentotems mit komplizierten Heiratsregeln einher; viele Totemclans sind exogam, d.h. die Mitglieder dürfen nicht untereinander heiraten, da sie gleichsam als Verwandte gelten. Auch bei der Vererbung des Totems lassen sich große Unterschiede feststellen. Das hier skizzierte Bild des T. wurde zunächst hauptsächlich auf der Grundlage der Ethnographie nordamerikanischer Indianer entwickelt. Da Exogamie und matrilineare Vererbung des Totems bei diesen die Regel waren, wurden sie als notwendige Merkmale von T. angesehen. Die Verehrung des Totems führte die frühen Forscher wie John Ferguson McLennan (1869) und John Foster Frazer (1887) dazu, im T. eine, und zwar die primitivste, Religionsform zu sehen, aus der sich dann alle anderen entwickelt hätten. Bes. brisant war die Anwendung dieser Theorie auf die atl. Schriften seitens William

Robertson Smith (1889), der so auch die bibl. Religion aus dem T. herzuleiten versuchte und damit ihren Offenbarungsanspruch infrage stellte.

Die Veröffentlichung der Ergebnisse der Australienexpedition von Baldwin Spencer und Francis James Gillen im Jahre 1899 führte zu neuen Daten, die teilweise mit den bisherigen Vorstellungen nicht kompatibel waren: v.a. die Verknüpfung des T. mit Matrilinearität und Exogamie wurde infrage gestellt. Da die australischen Stämme aufgrund ihrer Isolation als bes. primitiv galten und somit die Hoffnung bestand, bei ihnen noch ein äußerst frühes Stadium kultureller und religiöser Entwicklung zu greifen, rückte ihre Analyse in das Zentrum der Totemismusforschung: James George Frazer revidierte seine früheren Ansichten und kam dazu, den T. als ein noch vorreligiöses System primitiver →Magie anzusehen (1910). Émile Durkheim griff den australischen T. als primitivstes religiöses System auf und versuchte, daran seine soziologische Religionstheorie zu entfalten, nach welcher die heiligen Dinge – das Totem – lediglich ein →Symbol für die Gesellschaft seien, die sich in den religiösen Zeremonien selbst feiere und so die →Individuen zu einem großen Ganzen zusammenschweiße.

Kritik am Totemismusbegriff wurde schon Ende des 19. Jh. laut. Die allgemeinen Theorien wurden z.B. von Franz Boas (1911) oder Alexander Goldenweiser (1910) mit Berufung auf das ethnographische Material problematisiert und die tatsächlichen erheblichen Differenzen zwischen den einzelnen als totemistisch betrachteten Gruppen betont. Eine grundsätzlichere Kritik des Begriffs findet sich bei Claude Lévi-Strauss (1962): Die bisherigen Theorien seien Konstruktionen der europäischen Kultur, die das Andersartig-Primitive in sich verleugne und es auf andere Kulturen projiziere. In Anlehnung an Alfred Reginald Radcliffe-Brown beschreibt Lévi-Strauss den T. als einen Versuch der Systematisierung der →Welt mittels Gegensatzpaaren von Tieren oder Pflanzen. Er sei somit formal der europäischen Wissenschaft vergleichbar. Die emotionalen, sozialen und rituellen Aspekte werden dabei völlig ausgeblendet. Diese Herangehensweise hat in der Totemismusdebatte besonderen Einfluss entfaltet und zu einem spärlichen Umgang mit dem Begriff geführt. In der neueren Forschung sind aber auch Stimmen laut geworden, die den „Totemismus" zwar nicht als allgemein gültige Theorie, wohl aber als angemessenen Arbeitsbegriff zur Beschreibung und Analyse bestimmter Phänomene beibehalten wollen. Interessant ist, dass dies gerade in der Afrikaforschung geschieht, die zur Zeit der großen Totemismustheorien kaum Beachtung gefunden hatte.

Adler, A., Totémismes, Systèmes de pensée en Afrique noire 15, 1998; Durkheim, É., Die elementaren Formen des religiösen Lebens, 1981; Frazer, J.G., Totemism and Exogamy. A Treatise on Certain Early Forms of Superstition and Society, 1910; Lévi-Strauss, C., Das Ende des Totemismus, ^{4}1972.

Ilinca Tanaseanu-Döbler

Totenkult, Ahnenverehrung Als T. kann in einem weiten Sinne jede Art von Totenritus (→Rituale) verstanden werden, der von einer Gemeinschaft oder einem Individuum praktiziert wird. Im engeren Sinne handelt es sich um eine streng institutionalisierte Form einer auf einen, mehrere oder alle Toten (→Tod) ausgerichteten ritualisierten Handlung. Mögliche Motive solcher Handlungen können Totenabwehr, Totenpflege, Totengedenken, Aufrechterhalten der kosmischen oder sozialen Ordnung sein. Dem können, müssen aber nicht, Vorstellungen eines Weiterlebens der Toten nach dem Tode zugrunde liegen. Der T. kann auch vorrangig als Angelegenheit der Überlebenden verstanden werden. Häufig ist er jedoch mit der Idee eines Fortlebens der Toten in dieser oder in einer anderen Welt oder auch mit der Vorstellung von →Reinkarnation verbunden.

Bestandteile des in seiner kulturellen Vielfalt kaum zu überschauenden T. sind zunächst die unterschiedlichsten Totenriten im Umfeld der →Bestattung, die etwa mit dem Geleiten des Todkranken beginnen und mit dem Ablegen der Trauerkleidung oder einer Zweit- oder Drittbestattung enden können. Die Körper der Toten werden mit oder ohne Opferbeigaben (→Opfer) von Gebrauchsgegenständen, Nahrung, Tieren oder Menschen verbrannt oder begraben, sie werden durch Räucherung, Einbalsamierung oder Einlegen in Nasspräparaten konserviert, sie werden teils oder ganz roh, gekocht oder verfault gegessen, sie werden als verwesende Kadaver zu Hause aufbewahrt, rituell als Aas ausgesetzt oder auch einfach weggeworfen, sie werden zergliedert oder zerteilt, die Knochen werden abgeschabt, zerrieben oder eingeäschert, und die einzelnen Bestandteile werden rituell verfüttert, an verschiedenen Orten beigesetzt oder offen ausgestellt. Die diese ganz verschiedenen Leichenbehandlungen begleitenden unterschiedlichsten Totenriten wiederum sind Gelegenheiten für soziale Abschottung, gemeinschaftliche Feste, Kämpfe, sexuelle Orgien, Weinen oder Lachen in so vielfältiger Weise, dass sie sich ebenfalls nicht einheitlich beschreiben lassen.

Die Erinnerungsorte spielen beim T. eine herausragende Rolle. Sie können bestimmt werden durch Orte, an denen sterbliche Überreste des physischen Körpers des Toten platziert wurden, Orte, an welchen Totenriten durchgeführt wurden, Orte, an denen der Tote sich zu Lebzeiten aufhielt oder durch symbolische Repräsentationen des Toten, die eigens für die Durchführung des T. eingerichtet wurden.

Totenriten können eingeteilt werden in Solidaritätsriten, in denen Lebende und Tote verähnlicht werden; Stellvertretungsriten, bei denen ein Repräsentant an die Stelle des Toten tritt; Ablösungsriten, in denen die früheren Ansprüche des Verstorbenen gelöscht werden; und Entschädigungsriten, in denen uneingelöste Wünsche und Ansprüche des früh Verstorbenen ersatzbefriedigt werden (Totenhochzeit). Neben diesen auf soziale Interaktion abzielenden Riten gibt es im T. auch Riten, die auf Abwehr und Annihilation oder auf soziale Reintegration („→Erlösung") zielen.

Der T. kann sich verbunden mit entsprechenden Totenriten in gemeinschaftlicher Form an bestimmten Totengedenktagen auf alle Toten richten. Die Träger des Ritus sind dann jeweils Repräsentanten der entsprechenden lebenden Gemeinschaften. Er kann sich aber auch auf eine bestimmte Auswahl von Toten beziehen, die von bestimmten Gruppen oder Individuen erinnert werden.

A. ist eine solch spezifische Form des T., welche die Achtung und Erinnerung an verstorbene Mitglieder einer durch verwandtschaftliche Deszendenz definierten Gemeinschaft durch einen die Gemeinschaft rekonstruierenden Ritus zum Ausdruck bringt. Diese Einschränkung ergibt sich u.a. daher, dass nicht jeder Tote automatisch den sozial definierten Status eines „Ahnen" erreicht. Um ein Ahne zu werden, muss der einzelne, wenn man es weit definiert, volljährig sein, legitime Nachkommen haben, und ihm müssen nach seinem „guten" Tod die Totenriten zuteil geworden sein. Diese betreffen häufig die Aus- und materielle Wiedereingliederung der Ahnen aus der und zurück in die Welt der Lebenden. A. basiert häufig auf der Vorstellung, dass die mit besonderer Macht ausgestatteten Ahnen Einflüsse auf die Welt der Lebenden ausüben können. Die mit A. verbundenen Riten, die wiederholt, oftmals in festgelegten Zyklen durchgeführt werden und oft die mit den Ahnen assoziierten traditionellen Regelsysteme und somit deren Ansinnen bekräftigen, bezwecken zumeist eine Abwehr möglicher schädlicher Einflüsse und das Herbeiführen von heilsamer und segensreicher Einwirkung der Ahnen für alle Lebensbereiche. Diese Lebensbereiche, etwa Kriegs- oder Jagdzüge, Fruchtbarkeit, Gesundheit, Ehebund, Nachkommenschaft, wirtschaftliche Erfolge oder berufliches Fortkommen werden durch den Umfang der Gemeinschaft bestimmt, welche die Ahnen als die ihrigen betrachtet und welche von einer Familie über Sippe und Stamm bis hin zu einem ganzen „Volk" reichen kann, das sich über diese Ahnen als gemeinsame Prokreatoren identifiziert.

Bergunder, M., Wiedergeburt der Ahnen, 1993; Gentz, J., Zur Deutung früher Grabbefunde. Das Renzi pian aus Shuihudi, 2006; Hasenfratz, H.-P., Totenkult, in: Cancik, H./Gladigow B./Laubscher, M. (Hg.), Handbuch religionswissenschaftlicher Grundbegriffe 5, 2001, 234–243; Huntington, R./Metcalf, P., Celebrations of Death. The Anthropology of Mortuary Ritual, 1979; Newell, W.H., Ancestors, 1976; Palmisano, A., Ahnenverehrung, in: Cancik, H./Gladigow, B./Laubscher, M. (Hg.), Handbuch religionswissenschaftlicher Grundbegriffe 1, 1988, 419–421.

Joachim Gentz

Tradition T. und Überlieferung gehören zu den Grundvoraussetzungen der menschlichen →Kultur. Ausnahmslos alle kulturellen Äußerungen sind in Überlieferungsprozessen verwurzelt. Diese bilden den kulturzeugenden und kulturprägenden Traditionsfluss eines über Epochen hinweg reichenden und sie verknüpfenden Lernprozesses, der zur Ansammlung eines universalen menschheitlichen Erfahrungsschatzes (→Erfahrung) führt. Die Ausdrücke *Überlieferung* und *Tradition* sind fast bedeutungsgleich. *Überlieferung* betont stärker den Akt des Überlieferns und Tradierens (lat.: traditio activa), während der Akzent bei *Tradition* stärker auf das Überlieferungsgut (lat.: traditio passiva) rückt.

Einerseits stiftet T. Geborgenheit, Heimat und Entlastung, andererseits kann sie auch als autoritäre Einengung und abzustreifende Fessel wahrgenommen werden. Einzelne Stränge der T. können absterben, aber auch wiedererstehen und eine Renaissance erfahren. Der unübersehbare Verlust der geschichtlichen Orientierungsfähigkeit in der Gegenwart wird als *Traditionsabbruch* charakterisiert, in dessen Verlauf die Kommunikation mit lebenstragenden Überlieferungen zu erlöschen droht. Im Kontext einer enttraditionalisierten Gesellschaft wird T. „ein knappes Gut" (K. Gabriel). Davon ist auch spürbar der Kontakt zu den Überlieferungen des Christentums betroffen. Die Verkündigung der christl. Kirchen steht hier vor der

Aufgabe, die Grundaussagen des christl. Glaubens zu elementarisieren und in die →Lebenswelten der von den Traditionsverlusten betroffenen Menschen zu übersetzen.

Die Inhalte des christl. Glaubens vermitteln sich über eine vielgestaltige Überlieferungsgeschichte an die jeweilige Gegenwart. Dabei ist grundsätzlich zwischen der innerbibl. Überlieferungsgeschichte und den in dieser verwurzelten und durch sie angestoßenen Auslegungstraditionen und Traditionsbildungen im Verlauf der →Geschichte des Christentums zu unterscheiden. Der Glaube an den dreieinigen Gott (→Trinität) ist immer wieder neu auf seine bibl. bezeugten Ursprünge gewiesen, die schließlich in Gottes Selbsterschließung in →Jesus Christus (→Christologie) gipfeln (vgl. Hebr 1,1). Nur in der beharrlichen Hinwendung zu diesen Ursprüngen – in ihrer erinnernden Vergegenwärtigung, Präsentation und Auslegung – kann der →Glaube in den Menschen jeweils neu entstehen und lebendig bleiben. Es ist zu beachten, dass bereits die bibl. Überlieferung durch einen überaus beziehungsreichen Prozess von Traditionsgeschichte und -kritik geprägt ist und damit ihrerseits eine schematische Entgegensetzung von Schrift und T. unterläuft. Ebenso ist zu berücksichtigen, dass das bibl. Wort in der Vermittlung durch bestimmte Menschen und Gemeinschaften und die sie prägenden Auslegungstraditionen auf seine heutigen Adressaten trifft. Diese Traditionen können das Verstehen fördern, aber auch hindern.

Die dem Glauben vorgegebenen Überlieferungen christl. →Spiritualität, gottesdienstlichen Lebens (→Gottesdienst), geistlicher Schriftauslegung (→Schriftverständnis; →Hermeneutik) und theologischer Erkenntnis gelten als ein Reichtum, dessen Bedeutung für das Christsein in der heutigen Welt nicht zu unterschätzen ist. Er wird in dem Maße existentiell sprechend, wie er durch das Wirken des →Heiligen Geistes erschlossen wird. Glaube entsteht nämlich nicht einfach auf der Basis von menschlichen Erinnerungsleistungen, sondern unter der Selbstvergegenwärtigung Gottes durch Christus im Heiligen Geist. Diese durchbricht den historischen Zeitabstand. So wie der österliche Christus (→Ostern; →Auferstehung) mitten unter den Seinen ist (vgl. Mt 18,20; 28,20), ereignet sich noch inmitten höchster Ungleichzeitigkeit dichteste Gegenwart (→Zeit und Ewigkeit).

Mit der Rückbesinnung der →Reformation auf den normativen Status des bibl. Zeugnisses für Glaube und kirchliches Leben kam es zu markanten konfessionellen Kontroverspositionen bei der Verhältnisbestimmung von Schrift und T. Martin →Luther und die Reformatoren unterschieden sehr betont zwischen der Autorität der Heiligen Schrift und der in der Lehr- und Väterüberlieferung (→Lehramt; →Kirchenväter) verkörperten – sekundären – Autorität der kirchlichen T. Sie bestritten eine dem bibl. Zeugnis ebenbürtige und sie sogar ergänzende Rolle der T. und erhoben die von Christus als ihrer Mitte her gelesene Schrift in den Rang des Grundkriteriums, an dem sich alle kirchlichen Lehr- und Lebensäußerungen messen lassen müssen (reformatorisches Schriftprinzip: lat.: sola scriptura, dt.: allein die Schrift). Demgegenüber begreift die herkömmliche kath. Auffassung Schrift und T. wie den organischen Zusammenhang von Quelle und Strom. Sie unterscheidet zwischen der T. der Kirche, die durch das fortlaufende Wirken des Heiligen Geistes angestoßen und erleuchtet wird, und den von hier aus auch kritisierbaren menschlichen Traditionsbildungen. Die strenge Überordnung der Schriftüberlieferung über das Traditionsgut der Kirche wird freilich problematisiert. Aus der (unbestreitbaren) Priorität der Kirche vor der Herausbildung des ntl. Kanons wird die Überordnung der Kirche über den Kanon gefolgert und es wird darauf verwiesen, dass die Schriftaussagen im Blick auf die konkrete Gestaltung der Wirklichkeit der Kirche und des Lebens der Christen auslegungs- und ergänzungsbedürftig seien und der Interpretation durch das kirchliche Lehramt bedürften. So wurden sogar Lehraussagen möglich, für die sich keine Anhaltspunkte in der Bibel finden, z.B. 1950 die Dogmatisierung (→Dogma) der Himmelfahrt →Marias.

Indessen kam es in den vergangenen Jahrzehnten zu bemerkenswerten Veränderungen. In der *Dogmatische[n] Konstitution über die göttliche Offenbarung* (*Dei Verbum*, 1965) wird die Heilige Schrift als die höchste Richtschnur des Glaubens der Kirche charakterisiert und dem Lehramt ausdrücklich eine unter dem →Wort Gottes stehende und ihm dienende Funktion zugewiesen. Auch wenn die Frage nach der Ergänzungsbedürftigkeit der Heiligen Schrift durch die kirchliche T. nach wie vor weiterer Klärungen bedarf, kann von offizieller kath. Seite anerkannt werden, dass die Schrift alle heilsnotwendige (→Heil) →Wahrheit des Glaubens enthält und deshalb als Kriterium für die Evangeliumsgemäßheit der kirchlichen Verkündigung und des kirchlichen Lebens fungieren kann. Aus ev. Sicht verliert die lernbereite Hinwendung zur kirchlichen T. nichts an ihrer Berechtigung, wenn sie sich immer wieder neu im Spiegel des Schriftzeugnisses prüft und sich jeweils neu am Ursprungsgeschehen der Christusoffenbarung ausrichtet. Die von Christus als ihrer Mitte her gelesene Schrift setzt dann den produktiven Umgang mit der kirchlichen Überlieferung frei.

Ebeling, G., Wort Gottes und Tradition, 1966; Gabriel, K., Tradition im Kontext enttraditionalisierter Gesellschaft, in: Wiederkehr, D. (Hg.), Wie geschieht Tradition?, 1991, 69–88; Kasper, W., Das Verhältnis von Schrift und Tradition. Eine pneumatologische Perspektive, Theologische Quartalschrift 170, 1990, 161–190; Pannenberg, W./Schneider, T. (Hg.), Verbindliches Zeugnis. I: Kanon – Schrift – Tradition, 1992; II: Schriftauslegung – Lehramt – Rezeption, 1995; III: Schriftverständnis und Schriftgebrauch, 1998; Pieper, J., Überlieferung. Begriff und Anspruch, 1970; Wendebourg, D./Brandt, R. (Hg.), Traditionsaufbruch, 2001.

Michael Beintker

Transzendenz →Immanenz und Transzendenz

Traum Während der moderne Mensch (insbesondere nach Sigmund Freuds *Traumdeutung*, 1900) den T. in erster Linie als Botschaft aus dem Unbewussten der →Seele deutet (doch ist diese Sicht u.a. in der neurologischen Schlafforschung nicht unangefochten), interpretieren ältere Kulturen den T. als Resultat einer rätselhaften und dechiffrierungsbedürftigen Kommunikation mit Transzendenz. In archaischen Kontexten wird der T. oft als zeitweises Verlassen des Körpers durch die Seele gedeutet. Artemidor, Verfasser des klassischen griech. Traumbuches (2.Jh. n.Chr.), unterscheidet *enhypnion*, den aus Affekten geborenen Wunschtraum (mantisch bedeutungslos), und *oneiros*, die Traumvision, in der sich Zukunft andeute. Letztere könne unverschlüsselt (*theorematisch*) auftreten (z.B. als Schau eines Verstorbenen, der etwas mitteilt), oder *allegorisch*, also einer Entschlüsselung der Traumsymbole bedürfen. Der Traumdeuter müsse mit Intuition jeweils die Lebensverhältnisse des Träumenden berücksichtigen. Sachlich ähnlich wie Artemidor unterscheiden viele andere Kulturen, wie der Traumglaube überhaupt zahlreiche interkulturelle Konstanten aufweist. Oft wird die Traumdeutung auch professionell betrieben, wobei sie innerhalb religiöser Systeme entweder integriert ist, oder marginalisiert wird (wie weitgehend im Christentum), ohne je ihre volkstümliche Bedeutung zu verlieren. Insofern Traumdeutung als →Wahrsagung auftritt, wird sie in der bibl. Tradition meist kritisch gesehen (Jer 23,25–32; 27,9f; Dtn 13,1–6; Sach 10,2; Pred 5,2.6 u.ö.). Doch kennt auch die Bibel gottgesandte Träume, die Offenbarungsrang (→Offenbarung) gewinnen können (Num 12,6–8; „Nachtgesichte" der Propheten, etwas Sacharjas). Das Sagengut Israels enthält zahlreiche Erzählungen über Träume (Gen 20,3.6; 26,24; 28,10–22; 31,11–13.24.29.42; 32,23–33; 46,2–4 u.ö.), v.a. in der Josephsnovelle (Gen 37–50 dreimal je zwei Träume). Joseph und Daniel treten als Traumdeuter (orientalisches Motiv des rätselhaften „Königstraumes") auf, deren Fähigkeit gottgegebenes Charisma ist (im Kontrast zur technischen Wahrsagung der Ägypter und Babylonier, deren Erfolglosigkeit vorgeführt wird). Traumdeutung ist hier Teil der →Weisheit. Jo 3,1f erwartet für das Eschaton (→Eschatologie) eine allgemeine Offenbarungsnähe Jahwes in →Visionen und Träumen (vgl. Apg 2,17–21 und Origenes, c. Cels. 1, 46). Sir 34 (31), 1–8 bietet ein differenziertes Resümee zum Thema. Das spätere rabbinische Judentum kennt eigene Traumbücher (babylonischer Talmud, Berachoth 55a–56b). Historisch sind viele Modelle u.a. der allegorischen Schriftauslegung aus den Deutungsmustern der Traumdeutung entstanden. Im NT erscheinen Träume v.a. im lk. Doppelwerk (Lk 12,20; 16,28; Apg 9,10–16; 16,9f; 18,9f; 23,11; 27,23f). Mt rahmt die Geschichte Jesu mit Traumoffenbarungen (vgl. neben Mt 1,20; 2,13.19.22 auch den ominösen T. 27,19). Der symbolische T. tritt zugunsten von Angelophanien (→Engel) und Christophanien (→Christologie) zurück (Disambiguierung des Traumgeschehens). →Ostern wird nie als Traumerfahrung gedeutet. Die älteste nachweislich von einer Frau geschriebene christliche Schrift ist ein Traumjournal (Teil der *Acta Perpetuae et Felicitatis*, Anfang des 3.Jh.). Die zahlreichen aus Antike, Mittelalter und Neuzeit bekannten Traumbücher (die meist eindimensionale Deutungen von Traumbildern auf die Zukunft bieten) unterliegen derselben theologischen Kritik wie andere Formen der Wahrsagung. Doch kennt die Kirchengeschichte eine Beschäftigung mit dem T. z.B. zur spirituellen Selbstdiagnose des Mönchs. In heutiger Sicht sind zwar im T. religiöse Themen oft Chiffren für persönliche Lebensfragen, aber der T. kann auch selbst zur religiösen →Erfahrung werden. Traumarbeit (interpretierende Arbeit mit Träumen) kann in der →Seelsorge ein wichtiger Zugang zum Unbewussten sein, ohne dass diese sich als Therapie verstehen müsste. Leitgedanke ist oft die Identität jeder Traumfigur mit Anteilen der Persönlichkeit des Träumenden. Jede Affinität zum mantischen Traumglauben ist dabei zu vermeiden, doch kann das Unbewusste offenbar Konflikte (auch →Krankheiten u.ä.) erspüren, die noch nicht in das bewusste Denken vorgedrungen sind. Auch in Selbsthilfegruppen ist nach Anleitung ein verantwortlicher, erhellender Umgang mit Träumen möglich. In pädagogischen Kontexten kann Arbeit mit Traummaterial Sensibilität für die irrationalen und numinosen Aspekte nicht nur der Seele, sondern auch mythologischer (→Mythos), symbolischer (→Symbol) u.ä. Traditionen wecken, d.h. für eine Symbolwelt, die in einer rationalen Erklärung nicht aufgeht. Oft ist der T. auch Metapher für irreale Züge des Daseins (Zhuang Zhou, Zhuangzi 2, 11: Gleichnis vom Schmetterling).

Frenschkowski, M., Art. Traum I–V, TRE 34, 2002, 28–46; Hermes, L., Traum und Traumdeutung in der Antike, 1996; Morgenthaler, C., Der religiöse Traum, 1992.

Marco Frenschkowski

Trinität Christen bekennen den einen und einzigen Gott (→Monotheismus). Zugleich aber richten sie ihre →Gebete nicht nur an Gott als Vater, sondern auch an →Jesus Christus und glauben, dass in der Kirche Gottes →Heiliger Geist präsent ist. Schon seit der frühen Christenheit werden Menschen getauft „auf den Namen des Vaters, des Sohnes und des Heiligen Geistes" (Mt 28,19). In einem längeren, im 4.Jh. sich verdichtenden Reflexionsprozess hat sich daraus die Einsicht entwickelt, dass Gott, ohne aufzuhören einer zu sein, in sich dreigestaltig sei: „ein Wesen – drei Seinsweisen bzw. Personen". Dieses spezifisch christl. Gottesverständnis wird als T., Dreieinigkeit bzw. Dreifaltigkeit bezeichnet. In der Neuzeit ist es immer wieder als ebenso unbibl. wie vernunftwidriges Konstrukt kritisiert worden, das den Zugang zu Jesus verstelle und den Monotheismus zerstöre. Zugleich gab es aber immer Versuche, den theologischen Sinn und die religiöse Bedeutung eines trinitarischen Gottesverständnisses neu zu entdecken.

1. Bibl. Motive: Im NT gibt es keine entfaltete Trinitätslehre, wohl aber Aussagen, die das spätere Nachdenken in diese Richtung lenken konnten.

Fokus der Entwicklung war die Frage nach der Stellung Jesu im Verhältnis zu Gott. Auffällig innig spricht Jesus Gott als seinen Vater an (vgl. Mk 14,36 u.ö.) und stellt sich damit in eine einzigartige Sohn-Beziehung zu ihm. Jesus erscheint als der authentische Offenbarer und Ausleger des Gotteswillens (→Bergpredigt). Er beansprucht Vollmachten, die Gott vorbehalten sind (Sündenvergebung, vgl. Mk 2,7). Mit ihm, seinem Reden und Handeln ist Gottes verheißene Rettung für sein Volk definitiv eingetroffen, Gottes Reich angebrochen (vgl. Lk 11,20 par). Schon früh wird der Rahmen eines nur irdisch-messianischen Verständnisses überschritten, besonders deutlich in der Identifikation Jesu mit dem präexistenten Logos (Wort; →Wort Gottes) in Joh 1. An wenigen Stellen (Joh 1,1.18; 20,28; Röm 9,5; Tit 2,13; 2Petr 1,1; 1Joh 5,20) wird Jesus ausdrücklich als „Gott" bezeichnet. In den Evangelien, besonders bei Lk, wird Jesus zudem mit „Herr" (griech.: kyrios) angesprochen, dem in der griech. Übersetzung der hebr. Bibel (LXX, Septuaginta) für den Gottesnamen →Jahwe gebräuchlichen Begriff.

Die Reflexion auf die Stellung des Heiligen Geistes gründet in der Selbstwahrnehmung der frühchristl. Gemeinden als eschatologischer

Geistgemeinschaft, die auf die Sendung des Geistes durch den erhöhten Christus (→Christologie) bzw. den Vater zurückgeführt wird (vgl. besonders die Pfingsterzählung Apg 2). Paulus versteht die Gemeinde als vom Geist belebten und durchwirkten „Leib Christi" (1Kor 12). Auch der irdische Weg Jesu erscheint rückwirkend als „in der Kraft des Geistes" vollzogen. Folgenreich wurde v.a. Jesu Ankündigung des Heiligen Geistes als „anderer Paraklet" (griech.: Tröster), der nach der Erhöhung an seine Stelle treten werde (Joh 15,26 u.ö.).

Kaum überschätzbar ist die Bedeutung dreigliedriger Formeln, von denen v.a. der „Taufbefehl" Mt 28,19 (vgl. daneben 2Kor 13,13) die Aufgabe, die Dreiheit des einen „Namens" zu denken, auch liturgisch in Erinnerung hielt; zudem konnte in diesem Zusammenhang die Erzählung von Jesu Taufe im Jordan (Mk 1 par) zur trinitarischen Erschließungssituation werden: Aus dem geöffneten Himmel offenbart der Vater den Sohn und wird diesem der Geist zuteil.

2. Entstehung und Geschichte der Trinitätslehre: Erste Ansätze (ca. 200 n.Chr.) versuchten noch ganz, eine Vielheit vom innergöttlichen Sein fernzuhalten. Der Adoptianismus sah Jesus nur als von Gott in der Taufe in die Sohnschaft aufgenommen. Der Modalismus erkannte in Vater, Sohn und Geist nichts als äußere Erscheinungsweisen (lat.: „modi") des in sich undifferenzierten Gottes. Akut wurde die Frage, als ca. 318 Arius ausdrücklich Christi Gottheit bestritt und Christus nur als herausragendes Geschöpf bestimmte, dem als Geschöpf vollkommene Gotteserkenntnis fehle. Das Konzil von Nizäa verwarf 325 diese Position und lehrte, dass Christus „Gott von Gott" und „wesenseins (griech.: homousios) mit dem Vater" sei. Geltung und Deutung dieser Formel blieben aber jahrzehntelang umstritten. Nachdem ab ca. 360 libysche Bischöfe die Gottheit des Heiligen Geistes ablehnten, entwickelten Athanasius und v.a. die „drei großen Kappadozier" (Basilius von Caesarea, Gregor von Nazianz, Gregor von Nyssa) eine weiterführende Konzeption: Gott ist dem Wesen (griech.: ousia) nach einer, existiert aber in drei Seinsweisen (griech.: hypostasis, nicht nur Erscheinungsweisen!), deren jede gleichwohl ganz Gott ist. Diese unterscheiden sich durch (ewige) Abkunftsverhältnisse: Der (seinerseits „ungezeugte") Vater „zeugt" den Sohn und lässt den Geist „hervorgehen". Diese Lehre wurde 381 auf dem Konzil von Konstantinopel zum verpflichtenden Dogma erklärt (vgl. Nicaeno-Constantinopolitanisches Glaubensbekenntnis, NC).

Im lat. Westen setzte →Augustin auf der Basis der kirchlichen Lehre eigenständige Akzente, die prägend wurden für die abendländische Entwicklung (vgl. besonders sein großes Werk *De Trinitate*). Während die Griechen die Einheit Gottes in der Seinsweise des Vaters als der „Quelle der Gottheit" verankerten, begründete er die Einheit in dem den „Personen" gemeinsamen „Wesen" (lat.: una substantia bzw. essentia – tres personae, dt.: eine Substanz/Essenz – drei Personen) sowie im Heiligen Geist, den er als die liebende Gemeinschaft von Vater und Sohn, ja als deren wechselseitige Liebe „in Person" verstand. Die Übernahme des lat. Begriffs *persona* (terminologisch schon seit Tertullian) – zunächst eine Verlegenheitslösung, weil das lat. Äquivalent für das griech. Wort hypostasis, nämlich substantia, bereits für die göttliche Einheit Verwendung fand – war nicht unproblematisch, weil dessen ursprüngliche Bedeutung „(Theater-)Maske“ einen Modalismus (austauschbare Masken des dahinter verborgenen Wesens) nicht auszuschließen schien, trug aber längerfristig zur Ausarbeitung eines relationalen Personbegriffs (→Person) bei (→Thomas von Aquin definierte Person geradezu als *relatio subsistens*, dt.: eigenständig seiende Relation), der sich in der Neuzeit auch als anthropologisch anschlussfähig erwies.

Die Vernunftgemäßheit des Dogmas versuchte Augustin durch den Aufweis von „Spuren der T.“ in der →Schöpfung zu unterstreichen. Besonders im menschlichen Geist entdeckte er trinitätsanaloge Strukturen: Gedächtnis, Intellekt und Wille sind unterschiedliche Vermögen, die aber die Einheit des Geistes nicht aufheben (die „Gottebenbildlichkeit“ des Menschen galt ihm daher als Trinitätsebenbildlichkeit). Im MA (besonders Anselm von Canterbury) erwuchs daraus der Gedanke, dass Gott selbst als „höchster Geist“ (lat.: summus spiritus) in triadischer Struktur zu verstehen sei.

Weil nach Augustin die göttlichen Personen nur dann voneinander zu unterscheiden sind, wenn sie in einer Relation, genauer: einem Abkunftsverhältnis zueinander stehen, setzte sich im Westen die Einsicht durch, dass der Heilige Geist auch vom Sohn hervorgehen müsse, und fand Eingang in die lat. Version des NC. Diese „Filioque“-Formel wurde seit ca. Mitte des 9. Jh. von der griech. Kirche heftig kritisiert und wurde einer der Gründe für die kirchliche Entfremdung zwischen Ost und West. Auch Unionskonzilien (→Konzilien; Lyon 1274, Ferrara/Florenz 1438/39) konnten den Graben nicht schließen. Dies stand im Zusammenhang einer frömmigkeitskulturellen Differenz: Gegenüber der für das westliche Denken charakteristischen Tendenz, das trinitarische Sein Gottes mittels der Schöpfergabe der menschlichen Vernunft einsichtig zu machen, betonte die griech. Tradition, besonders seit dem 14. Jh. (Gregorios Palamas), im Sinne einer „negativen Theologie“ den apophatischen (d. h. alle Aussagbarkeit übersteigenden) Charakter des göttlichen Seins, das sich dem menschlichen Erkenntnisvermögen entzieht; das Trinitätsdogma in seiner von den →Kirchenvätern überlieferten Form kann als Offenbarungsdatum nur anbetend nachgesprochen, nicht aber gedanklich rekonstruiert werden.

Die Reformatoren (→Reformation) übernahmen die Trinitätslehre (vgl. CA 1) in der Überzeugung, dass sie dem Zeugnis der Heiligen Schrift (→Bibel, Bibelausgaben) entspricht. Sie waren allerdings zurückhaltend gegenüber einer spekulativen Durchdringung der „Geheimnisse der Gottheit“ (P. →Melanchthon) und leiteten die →Erkenntnis des trinitarischen Wesens Gottes strikt aus der göttlichen Heilsoffenbarung (→Heil) ab. Obwohl auch die Reformatoren die aufkommende Kritik am Trinitätsdogma scharf bekämpften (z. B. Hinrichtung Servets in Genf), ließ diese sich nicht auf Dauer unterdrücken. In Teilen des →Pietismus wurde die Trinitätslehre als unbibl. abgelehnt, in der →Aufklärung teilweise als unvernünftig und für die Lebensführung bedeutungslos verworfen.

Im 19. Jh. sprach Friedrich Daniel Ernst →Schleiermacher der Trinitätslehre die Funktion einer Theorie über das göttliche „Sein an sich“ ab und gab ihr im Rahmen der Entfaltung der christl. Glaubensaussagen die Aufgabe, zu sichern, dass im Gottesbewusstsein Jesu ebenso wie im „Gemeingeist" der →Kirche derselbe Gott wirklich und vollkommen präsent ist; er stellte sie daher ans Ende, nicht an den Anfang seiner Glaubenslehre. Georg Wilhelm Friedrich Hegel hingegen transformierte die Trinitätslehre als Theorie der Selbstbewegung des absoluten Geistes in eine umfassende philosophische Wirklichkeitstheorie, die freilich den Pantheismusvorwurf auf sich zog. In der Schule Albrecht Ritschls fand die Trinitätslehre kaum positive Beachtung; Adolf von Harnack relativierte ihre Verbindlichkeit für das neuzeitliche Glaubensbewusstsein, indem er sie historisch rekonstruierte als Produkt der Verschmelzung des Christentums mit dem Geist des →Hellenismus in der Spätantike.

Im 20. Jh. gab Karl →Barth seiner *Kirchlichen Dogmatik* in bewusster Abwendung von der Ritschl-Schule eine dezidiert trinitätstheologische Prägung. Er entwickelte die Trinitätslehre aus der Struktur der göttlichen Selbstoffenbarung als Einheit von Offenbarer, →Offenbarung und Offenbar-Sein (vgl. KD I/1). Die Trinitätslehre ist gedanklicher Ausdruck der Glaubensgewissheit (→Gewissheit), dass Gott sich in der Welt als derselbe offenbart, der er „in sich selber" ist. Die damit gegebene strikte Korrespondenz zwischen Gottes „Heilsökonomie" und seinem „immanenten" Sein verdichtete Karl Rahner zu der wirkmächtigen These: „Die ‚ökonomische' Trinität ist die immanente Trinität und umgekehrt". Intensiv diskutiert wurde der Personbegriff: Während die einen konstatierten, wegen der neuzeitlichen Definition von Person als individuelles „Aktzentrum" sei die Rede von drei göttlichen „Personen" heute missverständlich im Sinne eines „Tritheismus" (Rahner, ähnlich schon Barth), sahen andere die Plausibilität des trinitarischen Personbegriffs durch die Einsicht der modernen Anthropologie in den relationalen Charakter von Personalität gestärkt (W. Pannenberg).

Neuere Entwürfe entfalten die Trinitätslehre als angemessenen Ausdruck des christl. Gottesverständnisses, weil sie die theistische Konzeption des transzendenten, vom →Leiden der Welt unberührten Weltenlenkers hin auf die Vorstellung eines in die Welt eingehenden, sich der Welt aussetzenden Gottes zu überwinden vermöge (u.a. J. Moltmann, E. Jüngel). Dies geht einher mit der Kritik an „absolutistischen" Vorstellungen von der Allmacht Gottes, die vielmehr so gedacht werden muss, dass sie die Ohnmacht des „gekreuzigten Gottes" einschließt. Überhaupt wird die Trinitätslehre statt als spekulative Theorie weithin als Versuch entworfen, aus den offenbarten Strukturen der christl. Heilsvermittlung (in Christus – durch den Heiligen Geist) gedankliche Konsequenzen für das Gottesverständnis zu ziehen.

In der →Ökumenischen Bewegung diente das Bekenntnis zum dreieinen Gott als Basis, um die Gemeinsamkeit unterschiedlicher konfessioneller Traditionen zum Ausdruck zu bringen. Dies motivierte u.a. auch zu Versuchen, in der strittigen Frage des Filioque neue Wege zur Verständigung zu finden.

3. Bedeutung: Die Trinitätslehre wäre missverstanden, wenn man sie als logisch paradoxes „Hexeneinmaleins" (Goethe) oder „Begriffswunder" (Harnack) wahrnähme. Sie ist vielmehr gedanklicher Ausdruck der Überzeugung, dass sich im göttlichen Handeln an und in der Welt Gottes wahres Sein ausspricht. Wenn Gott sich durch seinen „Sohn" im Lichte des

„Geistes“ als „Vater“ offenbart, dann ist dies nicht nur eine Außenansicht, sondern die Artikulation des inneren Wesens Gottes. Mit anderen Worten: Von Gott kann nicht anders gesprochen werden, als dass man von Vater, Sohn und Geist spricht. Die Geschichte Gottes mit seiner Welt in Schöpfung, →Versöhnung und Vollendung als der gemeinsamen Werke des einen Gottes ist zugleich eine „Gottesgeschichte“. „Väterlichkeit“ ist keine bloß kontingente „Rolle“ Gottes, die er auch wieder ablegen könnte, sondern eine wesentliche Dimension des göttlichen Seins, auf der die unbedingte Verlässlichkeit der göttlichen Fürsorge für die Welt gründet: Gott ist weder neutraler Urgrund noch nackte Willkür, sondern seinen Geschöpfen in unverbrüchlicher „väterlicher“ Treue verbunden. Dass Gott zugleich Sohn ist (nicht nur einen Sohn hat), besagt, dass von Gottes Sein nicht unter Absehung von Jesu Worten, Taten und Geschick gesprochen werden kann. Das bedeutet einerseits: In Jesu Wirken offenbart sich authentisch, irreversibel und unüberbietbar Gottes Wille. Das impliziert andererseits: Gottes „Eigenschaften“ (wie Allmacht, Gerechtigkeit, Barmherzigkeit) dürfen nicht abstrakt beschrieben, sondern müssen aus dem Christusgeschehen heraus erschlossen werden. Gott steht der Welt nicht teilnahmslos gegenüber, sondern geht in sie ein, setzt sich den Leiden der Kreatur selbst aus und trägt sie solidarisch-stellvertretend. Gott ist allmächtig, weil (und in dem Sinn, dass) er die Ohnmacht des Kreuzes erduldet. Gott ist gerecht und barmherzig, weil (und in dem Sinn, dass) er in Christus die verheerenden Folgen der menschlichen Ungerechtigkeit selbst auf sich nimmt und dadurch die Menschen davon befreit. Dass Gott schließlich auch Heiliger Geist ist, bekräftigt zunächst, dass in dem laut NT neues Leben schenkenden, Glauben und Gemeinschaft schaffenden Wirken des Geistes im vollen Sinne Gott selbst begegnet. Auch wird dadurch verdeutlicht, dass diese Öffnung und Erschlossenheit für andere Gottes Wesen gemäß ist: Gott wirkt im Geist Gemeinschaft, weil er in sich selbst keine beziehungslose und statische Monade, sondern dynamische Gemeinschaft ist, die über sich selbst hinausdrängt und andere einbeziehen, neue Beziehungen schaffen will.

Barth, K., Kirchliche Dogmatik I/1, 1932; Jüngel, E., Gott als Geheimnis der Welt, 1977; Markschies, C., Alta Trinità Beata, 2000; Moltmann, J., Der gekreuzigte Gott, 1972; Moltmann, J., Trinität und Reich Gottes, 1980; Oberdorfer, B., Filioque, 2001; Oberdorfer, B. u.a., Art. Trinität/Trinitätslehre, RGG^4 8, 2005; Pannenberg, W., Systematische Theologie, Bd. 1, 1988; Ritter, A.M., Dogma und Lehre in der Alten Kirche, Handbuch der Dogmen- und Theologiegeschichte 1, 1982, 99–283; Schwöbel, C., Gott in Beziehung, 2002.

Bernd Oberdorfer

Tugend 1. Der Begriff und sein Kontext: Die Karriere des Begriff T. hat ihren Ursprung in der platonisch-aristotelischen Philosophie; er bezeichnet dort die „Tüchtigkeit“ eines Menschen im Zusammenspiel einiger für den Begriff konstitutiver Elemente: Sowohl Platon wie Aristoteles gehen davon aus, dass dem Menschen die Lebensaufgabe gestellt ist, seine unmittelbar auf eine gegebene Situation reagierenden Handlungsmotivationen und -antriebe – die in seiner körperlichen Konstitution fundierten Triebe (griech.: pathemata) – nicht einfachhin sein Handeln bestimmen zu lassen, sondern diese Triebe der „Vormundschaft" der →Vernunft und somit dem Maßstab eines vernunftgemäßen Lebensvollzuges zu unterstellen. Die Vernunft ist dabei diejenige Instanz, die den Menschen auf eine Realität jenseits der unmittelbaren Gegenwart, auf die die leiblichen Triebe reagieren, bzw. auf ein „Jenseits des Sichtbaren" hin ausrichtet. Sie orientiert damit den Menschen auf das „rechte Maß" (griech.: to meson), in dem der unmittelbaren Reaktion ihr Recht und ihre Notwendigkeit gezeigt werden, aber auch ihre Grenze gezogen wird (der mit der T. der Tapferkeit Ausgestattete trifft das rechte Maß zwischen Feigheit und Tollkühnheit).

Der Begriff T. hat seinen Ort in diesem konflikthaften Miteinander von leiblich-triebhafter Gebundenheit an eine handlungsleitende Gegenwart einerseits und situationstranszendierender →Freiheit andererseits und wird einem Menschen dann beigelegt, wenn er dazu tendiert, sein Verhalten regelmäßig und verlässlich an der Vernunft zu orientieren und das rechte Maß im Verhalten zu treffen. Bei Aristoteles wird diese Disposition zum Handeln unter die *hexeis* (Sg. hexis; lat.: habitus; wörtlich: Habe oder Erwerb) eingeordnet; Aristoteles meint damit eine durch beständige Übung antrainierte Fähigkeit und Neigung zu bestimmten Handlungen. T. bildet sich durch die wiederholte und sich so in Gewohnheit transformierende Bewältigung dieser Konfliktsituation. Entsprechend stellt sich die am Begriff der T. orientierte →Ethik nicht nur bei Aristoteles als Erziehungsethik dar, in der die Formierung einer solchen Handlungsdisposition durch einen Lehrer, der zur Einübung dieser Situationen anhält, gewährleistet wird. Da der Konflikt von unmittelbar situationsgebundenen Antrieben und Vernunft sich auf unterschiedlichen Feldern des menschlichen Lebens abspielt, ist die T. ungeachtet der Einheit ihrer Grundstruktur ein plurales Phänomen: Die Disposition zu situationstranszendierendem (in diesem Sinne: vernünftigem) Verhalten im Bereich der Verteilung von Gütern heißt →„Gerechtigkeit", die jedem das Seine zuzuteilen weiß; die verlässliche Fähigkeit zum Beherrschen der →Angst um sich selbst heißt „Tapferkeit"; die Neigung dazu, sich vom Zorn oder ähnlichen Leidenschaften nicht fortreißen zu lassen, nennt Aristoteles „Besonnenheit"; und die Verlässlichkeit in der rechten Zuordnung aller Lebensverhältnisse auf ein vernunftgemässes Ziel ist unter dem Begriff →„Weisheit" zusammengefasst. Bei Platon gilt dabei die Gerechtigkeit, die den unterschiedlichen Handlungsmotivationen das situationsentsprechende Maß zuzuteilen weiß, als die Haupttugend; diese Gerechtigkeit ist selbst eine Ausrichtung an der Idee des →Guten (*Politeia*, Buch VII), das nichts anderes als die →Harmonie ist (*Symposion*, Diotima-Rede).

2. Neues Testament: Bereits die neutestamentliche Ethik ist geprägt von der Aufnahme dieses im griechisch-römischen Kulturraum leitenden Tugendkonzeptes, das sich darin niederschlägt, dass nicht einzelne Gebote und deren Befolgung (→Gesetz), sondern Charaktereigentümlichkeiten und Handlungsdispositionen im Zentrum der ethischen Passagen der neutestamentlichen Texte, besonders der paulinischen Briefe (→Paulus; →Briefe, Briefliteratur) und der Spätschriften stehen (Gal 5, 16–26; Eph). Insbesondere die Zentralstellung der →Liebe als Zusammenfassung der Gebote Gottes und im zuweilen pointierten Gegensatz zu einer an der Erfüllung einzelner Vorschriften orientierten Ethik (Mk 12,28ff parr) läßt

sich durchaus auf den Begriff eines Gegensatzes einer Tugendethik zu einer Gebotsethik bringen. Jedenfalls hat diese Orientierung der neutestamentlichen Ethik an handlungsbestimmenden Eigentümlichkeiten des Handlungssubjekts und nicht an Handlungsnormen die Ausformung des Christentums im Mittelmeerraum erleichtert.

3. Augustin und die mittelalterliche Rezeption: Die intensivste und für die abendländische Theologiegeschichte prägende Durchführung hat →Augustin vorgelegt, der die paulinische Trias von →Glaube, Liebe und →Hoffnung aufnahm und damit den normativen Begriff des „Vernünftigen" bzw. den Begriff der „höchsten Idee" in der klassischen Tugendethik umformte zu einer Beschreibung der Grundausrichtung des Menschen auf Gott, der allein um seiner selbst willen geliebt wird (lat.: frui: Genießen Gottes als Zweck des menschlichen Lebensvollzuges) und auf den hin jede Situation und jedes Verhalten des Menschen in der →Welt ausgerichtet ist (lat.: uti: Gebrauchen aller Wirklichkeit als Mittel zum Zweck Gottes). Das menschliche Leben unter den T. des Glaubens, der Liebe und der Hoffnung ist bezogen auf ein überweltliches Ziel, das Aufgehen in der seligen Schau Gottes; diese Ausrichtung des Menschen bestimmt sein Verhalten in den Situationen der Gegenwart, in die der Mensch durch seinen →Leib eingelassen ist, und setzt die Grundhaltungen der T. aus sich heraus.

Damit ist deutlich, dass ein ethisch positives Leben einen doppelten Ursprung haben kann – zum einen die →Erziehung zu den Haltungen der T., zum anderen stellt die Ausrichtung auf Gott in Glaube, Liebe und Hoffnung *strictissime* eine Gabe der göttlichen →Gnade dar. Es bildet sich im Anschluss an →Augustin die Unterscheidung von *virtutes acquisitae* (durch Übung erworbene T.) und *virtutes infusae* (durch den Heiligen Geist eingegossene T.) aus, die inhaltlich der Unterscheidung von philosophischen und theologischen vier Kardinaltugenden entspricht (etwa im Tugendtraktat der Thomasischen Summe: Summa theologiae I–II, 49–61, hier bes. 61 f). Die T. der Liebe – bei Petrus Lombardus identifiziert mit dem →Heiligen Geist – erscheint so als das Zentrum und der Quellpunkt aller anderen T.

4. Reformatorische Kritik: Das Zentrum der reformatorischen Kritik (→Reformation) am spezifisch scholastischen Tugendbegriff (→Scholastik) liegt darin, dass die Gerechtigkeit des Christen, sofern sie als T. verstanden wird, das Konzept der →Rechtfertigung auch dann dem Thema des „Handelns" bzw. des „Werkes" unterstellt, wenn die T. als Wirkung der Gnade in der →Seele (so →Thomas von Aquin) oder in den Seelenvermögen (so die Franziskanerschule) verstanden wird. Eine Handlungsdisposition ist ohne ein entsprechendes Handeln nicht vorstellbar, so dass eine Gerechtigkeit des Menschen, die *absque operibus legis* – ohne die Werke des Gesetzes besteht, schwer vorstellbar ist. Gerade die Bielsche Reformulierung der Rechtfertigungslehre ging davon aus, dass sich die *virtus infusa* – als Neigung und Fähigkeit zu bestimmtem Handeln – auch in der Tat in Handlungen niederschlägt und sich auf dem Wege der Gewöhnung in eine *virtus acquisita* umsetzt – das ist die Grundform des auf den Religionsgesprächen in Worms und Hagenau diskutierten doppelten Begriffs der Gerechtigkeit im Rahmen der Rechtfertigungslehre. Ein strikt reformatori-

sches Verständnis der Rechtfertigung wird dem gegenüber darauf bestehen, dass die Gerechtigkeit des Christen und alle seine positiven, vor Gott gültigen Qualitäten ursprünglich und bleibend Qualitäten Christi sind, die dem Glaubenden angerechnet, aber nicht gegenständlich zugeeignet werden. Als fremde sind sie Gegenstand des Rechtfertigungsurteils. Der Widerspruch der Reformation gilt entsprechend nicht dem Tugendbegriff an sich, sondern hält fest, dass in der Frage der Rechtfertigung allein Christus der Träger von T. ist. Freilich gewinnt faktisch der Glaube den Charakter einer Basistugend, verstanden nun als die vom Heiligen Geist gegebene Fähigkeit und Neigung, die bleibend fremde T. als zugerechnetes Geschenk zu empfangen. Unter dieser Voraussetzung tauchen in der Beschreibung des Glaubens Momente auf, die im scholastischen Kontext in den Bereich der Theorie der T. gehören – so zum Beispiel das Motiv der Einübung in den Glauben und der Stärkung des Glaubens im Umgang mit der Anfechtung, die gerade in der Feststellung des Fehlens eigener Gerechtigkeit besteht.

5. Neuzeitliche Akzente: Entgegen gängigen Bildern markiert der Übergang zur Neuzeit in ethischer Hinsicht mitnichten das Ende einer Tugendethik, die entsprechend auch kein bloß antikes oder mittelalterliches Konzept ist. Neben Immanuel Kant (*Metaphysik der Sitten* II: Tugendlehre) ist Friedrich Daniel Ernst →Schleiermacher zu nennen, nach dem die T. eine der Hinsichten ist, unter der das menschliche Handeln zu betrachten ist: Im Blick auf die Norm, der es entspricht (Pflichtenethik); im Blick auf den Zweck, den es verwirklicht (Güterethik); im Blick auf die Verfasstheit des Subjektes, der es entspringt (Tugendethik); der Begriff der T. gewinnt hier den Sinn der ‚handlungsleitenden Grundausrichtung'.

Entsprechend behauptet der Begriff der T. seinen Platz auch in der protestantischen Ethik – geleitet auch von der Einsicht, dass das Christsein sich in der Bildung und Gestaltung einer in bestimmter Weise strukturierten Persönlichkeit niederschlägt (A. Ritschl, *Unterricht in der christlichen Religion* § 63 und ff). Mit der Orientierung der Theologie am exklusiv und souverän handelnden Gott und dem rein passiven Menschen im Gefolge der →Dialektischen Theologie trat in der Tat das Interesse an der Tugendethik im Bereich der protestantischen Theologie deutlich zurück und wurde erst in den 1970er Jahren wieder aufgenommen; hier bot sich der Begriff an um zu markieren, dass ethisches Handeln sich nicht in einzelnen Taten erschöpft, sondern einer Grundausrichtung des menschlichen Wollens entspringt (W. Trillhaas). In eine ähnliche Richtung zielt die Wiederaufnahme des Begriffes bei Eilert Herms und Konrad Stock, die durch den Begriff die Unverfügbarkeit der passiv konstituierten Handlungsfähigkeit des Subjektes bezeichnet und aufbewahrt sehen.

Herms, E., Virtue. A Neglected Concept of Protestant Ethics, in: ders., Offenbarung und Glaube, 1992, 124–137; MacIntyre, A., Verlust der Tugend, ^{2}1997; Slenczka, N., ‚Virtutibus nemo male utitur' (etc.), in: D. Korsch (Hg.), Systematische Theologie, 2004, 170–192; Stock, K., Grundlegung der protestantischen Tugendlehre, 1995.

Notger Slenczka

U

Unierte Kirchen →Kirchenunionen

Union Evangelischer Kirchen (UEK) Die UEK wurde 2003 gegründet mit dem Ziel, „die Gemeinsamkeit der evangelischen Kirchen in den wesentlichen Bereichen des kirchlichen Lebens und Handelns zu fördern und damit die Einheit der Evangelischen Kirche in Deutschland (EKD) zu stärken“ (so die Grundordnung). Der UEK gehören 13, vorwiegend uniert geprägte, ev. Kirchen an, die vorher zur Ev. Kirche der Union (→Kirchenunionen) und der →Arnoldshainer Konferenz gehörten. Handlungsfelder der UEK sind theologische Gespräche und Arbeiten, liturgische Fragen sowie kirchenrechtliche Vereinheitlichungen (→Kirchenrecht). Die UEK bildet jetzt eine der beiden Säulen der →Evangelischen Kirche in Deutschland (EKD); die andere ist die →Vereinigte Ev.-Luth. Kirche (VELKD) in Deutschland. Die UEK versteht sich selber als Übergangslösung zu einer gestärkten EKD hin. Deshalb sollen die Aufgabenfelder aufgegeben werden, die von der EKD für alle ev. Kirchen wahrgenommen werden. Ob sich diese Hoffnung bewahrheitet oder es auf Dauer zu einer zweifach gegliederten EKD kommt, bleibt abzuwarten.

Georg Plasger

Unreinheit →Reinheit und Unreinheit

Unser Vater →Vaterunser

Urchristentum, Urgemeinde Als U. bezeichnet man in der Regel das älteste Christentum von →Ostern bis zum Anfang des 2. Jh., als die dritte christl. Generation begann, sich auf die Traditionen der →Apostel zu berufen. In dieser Epoche entstanden auch die meisten Schriften des →Neuen Testaments. Der Begriff Urgemeinde ist enger und bezieht sich auf die christl. Gemeinden in →Jerusalem und Judäa bis zu ihrer Auswanderung bei Ausbruch des jüd. Krieges (66 n. Chr.).

Kurz nach dem Tod →Jesu sammelten sich seine Anhänger in Jerusalem, wo sie seine baldige Wiederkehr zum Gericht und den endgültigen Anbruch des Gottesreiches (→Reich Gottes) erwarteten. Zugleich trugen Wanderpropheten (→Propheten, Prophetie) mit der Unterstützung von Ortsgemeinden die Botschaft Jesu in Galiläa, bald auch in Judäa und Syrien weiter (vgl. Mk 6,7–13 par; Lk 10,1–12 par). Ihre Verkündigung hat Niederschlag in der Logienquelle (→Synoptiker) gefunden.

Die Urgemeinde wurde anfangs durch ein Gremium von zwölf Aposteln geleitet, in dem →Petrus (vgl. Mt 16,17–19; Gal 1,18; Apg 1,15; 2,14.37f u.ö.), aber auch die beiden Zebedäus-Söhne Johannes und Jakobus eine Sonderstellung einnahmen (vgl. Mk 5,37; 9,2; 10,35–40 u.ö.). Nach dem Tod des Zebedaiden Jakobus (vor 44 n.Chr.; vgl. Apg 12,2) rückte der gleichnamige Bruder Jesu in den Kreis dieser drei „Säulen" auf (Gal 1,19; 2,9) und führte später die Gemeinde allein an (vgl. Gal 2,12; Apg 21,18–26), während sich die Spur des Petrus Ende der 1940er Jahre verliert.

Die ersten Christen waren – vornehmlich Aram. sprechende – Juden (→Judentum), die sich als innerjüd. Reformbewegung verstanden. Sie verband der Glaube, dass Jesus der in den Schriften verheißene Retter des Gottesvolkes ist, was u.a. Ausdruck in den christologischen Titeln (→Christologie) Messias und Menschensohn fand. Die Mitglieder der Urgemeinde nahmen weiterhin am Tempelkult (→Tempel) teil (vgl. Apg 2,46; Mt 5,23) und befolgten das jüd. Ritualgesetz (vgl. Mk 2,20; Apg 11,2f; Gal 2,7–12 u.ö.). Darüber hinaus bildeten sie eigene Gemeinschaftsformen und Riten aus, wie z.B. häusliche Mahlfeiern (→Abendmahl) zum Gedächtnis an Jesus (Apg 2,42.46; vgl. 1Kor 11,23–26 u.ö.) und die →Taufe auf seinen Namen (Apg 2,38; vgl. Röm 6,3; 1Kor 1,13–17). Obwohl die Hauptquelle für das Leben der Urgemeinde, die Apostelgeschichte, ein idealisiertes Bild der Anfangszeit zeichnet (vgl. bes. Apg 2,42–47; 4,32–35; 5,12–16), lässt sie erkennen, dass sich die Ausbreitung der Gemeinde nicht ohne innere und äußere Konflikte vollzog. Diese wurden u.a. durch den wachsenden Anteil und Einfluss von Diasporajuden (→Diaspora) ausgelöst, die man wegen ihrer griech. Muttersprache als Hellenisten (→Hellenismus; von griech. hellas: Griechenland) bezeichnete und deren Interessen von einem „Siebenerkreis" unter Leitung des Stephanus vertreten wurden (Apg 6,1–6). Die religiösen Anschauungen der Hellenisten waren stärker als die der palästinischen →Judenchristen von griech.-röm. Vorstellungen geprägt. Ihre Kritik an →Gesetz und Tempel veranlasste strenggläubige Juden zu ihrer Vertreibung aus Jerusalem (Apg 7,57–8,4), von der der gesetzestreue Teil der Urgemeinde zunächst nicht betroffen war.

Zu den Verfolgern der hell. Judenchristen gehörte auch →Paulus (vgl. 1Kor 15,9; Gal 1,13.23; Phil 3,6; Apg 8,3; 9,1.21 u.ö.), bevor er sich aufgrund einer Christus-Erscheinung um 33 n.Chr. zur Heidenmission (→Heiden; →Mission) berufen sah (vgl. Gal 1,15f; 1Kor 15,8f; Apg 9,1–18 u.ö.). Seine christl. „Lehrjahre" verbrachte Paulus in Arabien, Syrien und in seiner Heimat Kilikien (vgl. Gal 1,17–21; Apg 9,19–31), von wo ihn der Judenchrist Barnabas Ende der 1930er Jahre nach Antiochia in Syrien holte (vgl. Apg 11,25f). Dort war die bedeutendste derjenigen christl. Gemeinden entstanden, die von den zerstreuten Hellenisten u.a. in Samarien, Phönizien, Syrien und auf Zypern gegründet wurden und die sich zunehmend Nicht-Juden öffneten (vgl. Apg 8,4–8.26–40; 11,19–30). Sie setzte sich aus Jesusanhängern jüd. und nicht-jüd. Herkunft zusammen, die hier erstmals – von Außenstehenden – als Christen bezeichnet wurden (Apg 11,26). Die antiochenische Gemeinde entwickelte sich in kurzer Zeit zum zweiten großen Zentrum des U. Hier wurde die judenchristl. Botschaft vom Heilstod Christi mit griech.-röm. Vorstellungstraditionen vermittelt und die systematische Heidenmission nahm von hier ihren Anfang. Eine herausragende Rolle dabei spielte Paulus, der bald neben Barnabas zu den führenden Persönlichkeiten der Gemeinde zählte. Gemeinsam bereisten sie von Antiochia aus Zypern und den Süden Kleinasiens, wo sie verschiedene Gemeinden gründeten, die sich aus Juden und Heiden zusammensetzten (vgl. Apg 13–14).

Die wachsende Zahl solcher gemischter Gemeinden zog zwangsläufig die Frage nach sich, ob Nicht-Juden, um gleichwertige Mitglieder der christl. Gemeinde zu sein, das jüd. Gesetz, insbesondere die Forderung der →Beschneidung zu befolgen hatten. Dieses Problem war der Anlass des sog. Apostelkonvents (ca. 48 n.Chr), bei dem Paulus und Barnabas als Abgesandte der antiochenischen Gemeinde mit den „Säulen" der Urgemeinde – Jakobus, Petrus und Johannes – in Jerusalem zusammentrafen, um über die Einheit der Kirche zu beraten (Gal 2,1–10; Apg 15). Die Jerusalemer erkannten zwar die gesetzesfreie Heidenmission an, man vereinbarte aber eine Trennung der Missionsgebiete (Gal 2,7–9) sowie die Unterstützung der Urgemeinde durch eine Kollekte der heidenchristl. Gemeinden (Gal 2,10).

Ungeachtet dieser Einigung spitzte sich der Konflikt um die Gemeinschaft von Juden- und Heidenchristen zu, als die Urgemeinde ihre gesetzesstrenge Haltung verschärfte, was zum sog. Antiochenischen Zwischenfall führte: Aufgrund einer Initiative des Jakobus kündigten Petrus und Barnabas die zuvor praktizierte Tischgemeinschaft mit Heiden in Antiochia auf, was von Paulus scharf verurteilt wurde (Gal 2,11–21). Dieser hatte sich schon nach dem Apostelkonvent von Barnabas getrennt und fortan mit eigenen Mitarbeitern (bes. Silas, Timotheus, Titus, Priska, Aquila) eine selbstständige Mission in Kleinasien und Griechenland betrieben (z.B. Philippi, Thessalonich, Korinth, Ephesus). Dabei kam es wiederholt zu Auseinandersetzungen mit gesetzesstrengen „Judaisten" (vgl. bes. Gal; Phil), was letztlich sogar zum Scheitern des Kollektenwerkes führte (Apg 24,17; Röm 15,30f). Paulus kam als Gefangener nach Rom, wo er Anfang der 60er Jahre starb.

Trotz ihrer gesetzestreuen Haltung war die Urgemeinde im Vorfeld des jüd. Krieges zunehmenden Angriffen von jüd. Seite ausgesetzt. So wurde der Herrenbruder Jakobus um 62 n.Chr. unter dem Hohenpriester Ananos hingerichtet (vgl. Jos, Ant XX 200). Die übrigen Mitglieder der Urgemeinde flohen 66 n.Chr. aus Jerusalem und siedelten sich im palästinisch-syr. Umland an. Während das Judenchristentum nach der Tempelzerstörung an Bedeutung verlor (vgl. aber z.B. Reflexe in Mt; Jak) und die Ablösung von der Synagoge weiter voranschritt, nahm der heidenchristl. Einfluss in der Kirche zu. Die nun entstehenden →Evangelien bildeten die Endstufe eines Tradierungsprozesses von Jesusüberlieferungen, der der deutenden Vergegenwärtigung der Ursprungsereignisse im Blick auf die eigene Gemeindewirklichkeit diente. Die Evangelien wie auch die weitere →Briefliteratur reflektierten dabei u.a. das Zurücktreten der Naherwartung, die Ausbildung von Gemeindeordnungen sowie die Auseinandersetzung mit Gegnern innerhalb und außerhalb der Gemeinde. Die zunehmenden Repressionen durch die heidnische Umwelt schlugen sich bes. in der Offb nieder. Mit der Rückbindung der eigenen Autorität an die wahre und gesunde Lehre der Apostel (vgl. 1Tim 6,3f; Tit 2,1.7 u.ö.) endete die Phase des ältesten Christentums.

Alkier, S., Urchristentum. Zur Geschichte und Theologie einer exegetischen Disziplin, Beiträge zur historischen Theologie 82, 1993; Becker, J. u.a., Die Anfänge des Christentums, 1987; Conzelmann, H., Die Geschichte des Urchristentums, Grundrisse zum Neuen Testament 5, [6]1989; Schenke, L., Die Urgemeinde. Geschichtliche und theologische Entwicklung, 1990; Vouga, F., Geschichte des frühen Christentums, 1994.

Heike Omerzu

Urgemeinde →Urchristentum, Urgemeinde

Utilitarismus Der U. (von lat.: utilitas, dt.: Nutzen) ist neben der aristotelischen Tugendethik und der deontologischen →Ethik in der Folge Immanuel Kants eine der einflussreichsten moralphilosophischen Positionen der Gegenwart. Seine Besonderheit ist, dass er Handlungen oder Normen nicht an sich beurteilt, sondern hinsichtlich des Nutzens, den sie erbringen bzw. zu erbringen versprechen. Obwohl sich in der Geschichte Vorläufer finden, gilt Jeremy Bentham (1748–1832) als der Begründer dieser philosophischen Tradition.

Seinen modernen Ursprung hat der U. im aufgeklärten Bürgertum Großbritanniens im 19. Jh. Er entstammt aus einer Verbindung sozialer Reformprojekte und ihrer philosophischen Reflexion. Er ist verbunden mit Forderungen nach Toleranz und politischer Partizipation, nach Meinungs- und →Religionsfreiheit, nach effizienter staatlicher Bürokratie und einer liberalen Marktwirtschaft. Ein Kennzeichen dieser Orientierung ist der Bezug auf den gesunden Menschenverstand (engl.: common sense).

Der U. urteilt streng rational; es geht um die rationale Abwägung von Handlungsalternativen oder handlungsleitenden Normen anhand von vier Kriterien: erstens der Beurteilung der Folgen einer Handlung (Konsequenzenprinzip), die zweitens an ihrem Nutzen gemessen werden (Utilitätsprinzip), wobei drittens nicht beliebige Ziele ausschlaggebend sind, sondern nur solche, die in sich gut sind – v. a. die Bereitung von Lust und die Vermeidung von Unlust, bzw. die Befriedigung legitimer Interessen (hedonistisches Prinzip), und schließlich geht es viertens nicht um einen rationalen Egoismus, sondern um das Wohlergehen aller von einer Handlung betroffener Personen (Sozialprinzip).

Strittig ist insbesondere, wie der Nutzen konkret bestimmt werden kann. Bentham gründet den U. auf ein psychologisch angelegtes Lust- und Unlustkalkül: Der Mensch strebt Lustempfindungen an und meidet Schmerzempfindungen und richtet sein Handeln entsprechend aus. Dabei bezieht Bentham sechs Kriterien in das Handlungskalkül ein: Intensität und Dauer der entsprechenden Empfindung, ihren Grad der Gewissheit und die Nähe ihres Eintreffens sowie ihre Folgenträchtigkeit und Reinheit. Je höher sich die Werte der einzelnen Kriterien addieren, um so rationaler ist die Wahl der entsprechenden Handlung. Gegen dieses Prinzip wurden zahlreiche Einwände vorgebracht. Es ist zum einen bezweifelbar, ob sich Lust- und Unlustempfindungen tatsächlich einfach messen und vergleichen lassen. Hinzu kommt zum anderen, dass das Kalkül voraussetzt, dass die Bedürfnisse und Interessen der Betroffenen sich präzise bestimmen lassen können, denn Personen können hinsichtlich ihrer Wünsche und Bedürfnisse getäuscht werden oder sich selber täuschen, Wünsche sind wechselhaft und häufig auch ambivalent oder einander widersprechend. Zudem wird nicht deutlich, wie innerhalb eines Lustkalküls zwischen legitimen und illegitimen Bedürfnissen (Destruktion, Sadismus etc.) unterschieden werden kann, ohne weitere Kriterien einzuführen, die nicht auf derselben Ebene liegen.

Als Reaktion auf solche Probleme propagiert John Stuart Mill (1806–1879) statt eines quantitativen einen qualitativen Hedonismus („Es ist besser, ein unzufriedener Mensch zu sein, als ein zufriedenes Schwein"). Allerdings kann Mill nicht zeigen, auf welchen Voraussetzungen diese qualitativen Unterschiede beruhen, warum etwa bestimmte geistige Freuden unmittelbar sinnlichen Freuden vorzuziehen seien.

In der Folge wird in der utilitaristischen Tradition zunehmend das Sozialprinzip betont, während die hedonistische Begründung verblasst. Inhaltlich wurde der U. weiterentwickelt durch die Unterscheidung zwischen Handlungs- und Regelutilitarismus. Bei beiden ist das allgemeine Wohlergehen Kriterium für die Beurteilung: Im einen Fall wird jedoch nach den Folgen konkreter Handlungen, im anderen nach dem Nutzen von Regeln gefragt. Zum Problem wird hier die Frage, ob der Nutzen für viele das Leid oder die Unterdrückung weniger rechtfertigen kann (z. B. Zulässigkeit von Folter oder ungerechte Institutionen, die für die Mehrheit Nutzen stiften).

Gegenwärtig wird der Präferenzutilitarismus, wie er von dem australischen Philosophen Peter Singer vertreten wird, am stärksten diskutiert. Singers Position ist handlungsutilitaristisch angelegt, Kriterium für die Wahl einer Handlungsalternative ist die Berücksichtigung aller Präferenzen von einer Entscheidung Betroffener. Dabei ist die Fähigkeit entscheidend, Interessen und Präferenzen überhaupt bilden zu können. Das heißt, dass alle empfindungsfähigen Lebewesen in entsprechenden Handlungskalkülen berücksichtigt werden müssen. Darüber hinaus sind Lebewesen, die Lust oder Leid antizipieren können und daher geschädigt würden, wenn entsprechende Empfindungen nicht eintreffen, besonders zu berücksichtigen. Diese Bestimmungen Singers haben zu erbitterten Kontroversen geführt. Denn die Folge ist z. B., dass die Präferenzen von Schimpansen oder Delphinen eine größere Bedeutung haben als die von Kleinstkindern oder Menschen mit dementiellen Erkrankungen. Folgerichtig zielt Singers Position auf eine Tierschutzethik einerseits und auf Positionen andererseits, die Abtreibung (→Schwangerschaftsabbruch) und im Extremfall auch die Tötung von Kleinstkindern oder schwerst Erkrankten (→Krankheit) als moralisch legitim erscheinen lassen. Die sachliche Voraussetzung dieser Konsequenzen ist, dass ausschließlich aktuelle Präferenzen und Wünsche in Singers utilitaristischem Kalkül berücksichtigt werden.

Höffe, O. (Hg.), Einführung in die utilitaristische Ethik. Klassische und zeitgenössische Texte, ^{2}1992; Singer, P., Praktische Ethik, 1994.

Hans-Ulrich Dallmann

Utopie Ursprünglich Begriff aus dem Titel eines staatsphilosophischen Dialoges von Thomas Morus (*Nova Insula Utopia*, 1516), wird U. (griech.: Nicht-Ort) sowohl zur Bezeichnung für eine literarische Gattung (insbesondere in Form des utopischen Romans) als auch für einen Typ von Entwürfen einer fiktionalen idealen Gesellschaft verwendet. In der Tradition Platons (*Kritias* 109A–121C; *Timaios* 21D-25C; vgl. den Philosophenstaat der Republik) und des griech. Reiseromans (Euhemeros, Jambulos, Lukian u.a.) wird in älteren (antiken und frühneuzeitlichen) Utopien eine Idealgesellschaft als geographisch ferner Ort (u.U. der Vergangenheit) geschildert. Im mythologischen Vorfeld (→Mythos) dieser Texte steht das Motiv des *Locus amoenus* (Gärten der Hesperiden, Inseln der Seligen, Homers Phäakenidyll etc.). Im 16. und v.a. 17.Jh. wird das Genre als Ausdrucksform gesellschaftspolitisch radikaler Idealwelten wiederbelebt (T. Campanella, *Civitas Solis*, 1602 bzw. 1623; F. Bacon, *Nova Atlantis*, 1624). Im Gegensatz zu religiösen Entwürfen erhebt dieser utopische „Ort" keine unmittelbaren Wirklichkeitsansprüche. In der Bibel besitzen Affinitäten zu U. schon der fiktive Verfassungsentwurf Hesekiels (40–48) oder das Bild des himmlischen Jerusalem in der Offb (vgl. die goldene Stadt bei Lukian, *Verae historiae* II, 11). Erst im 18.Jh. werden fiktionale Utopien dann in die Zukunft verlegt (zuerst bei L.-S. Mercier, *Mémoires de l'An 2440*, 1770, Erstdruck anonym). Im Unterschied zur im 19.Jh. entstandenen Science-Fiction stehen in Utopien jedoch nicht technisch-wissenschaftliche Denkmöglichkeiten, sondern gesellschaftliche Alternativmodelle im Mittelpunkt der Imagination. Diese können sich auf Staats- und Wirtschaftsformen, Arten des Zusammenlebens, Veränderungen der Geschlechterkonstellation oder des Bildungswesens, die Zukunft von →Kultur, Kunst und →Religion u.a. beziehen. Die U. inszeniert insofern eine Veränderbarkeit von Gegenwart bzw. üben Zivilsations- und Sozialkritik. Viele Utopien bedienen sich auch des Stilmittels der Satire (schon Lukian, 2.Jh. n.Chr.; vgl. im 18.Jh. J. Swift). In Hinsicht auf ihre Umsetzbarkeit werden deskriptive, evasive und konstruktive Utopien unterschieden. Utopisches Möglichkeitsdenken und revolutionäres Machbarkeitsdenken gehen leicht ineinander über. Eine Schlüsselerfahrung des 20.Jh. ist es gewesen, dass utopische Idealvorstellungen des 19.Jh. (etwa der Kommunismus) in ihrer Umsetzung gescheitert sind. Eine U. ist – über einzelne futurologische Spekulationen hinaus – immer ein Gesamtentwurf einer möglichen Alternativwelt. Gegenbegriff ist Dystopie (die Fiktion einer unerfreulichen oder schrecklichen Zukunft; Beispiele: A. Huxley, *Brave New World*, 1932; G. Orwell, *1984*, 1949). Auch sozialistische (F.-Ch. Fourier, R. Owen) und feministische (C.P. Gilman, *Herland*, 1915) Entwürfe sind oft als Utopien literarisiert worden. Als nichtreligiöse Form imaginierter Zukunft grenzen Utopien oft an religiösen Hoffnungen. Gerade die messianischen Traditionen in →Judentum und Christentum haben sich vielfach als Utopien säkularisiert. Ernst Bloch, *Das Prinzip Hoffnung* (entstanden 1938–1947, publ. 1954–59), hat das Wesen der U. u.a. aus dem Tagtraum abgeleitet, der spielerisch mögliche Zukünfte andenkt. Die in (auch religiösen) Hoffnungsbildern antizipierte Zukunft nicht-entfremdeten Lebens verwirklicht sich für den Marxisten Bloch jedoch im geschichtlichen Prozess, nicht durch das Handeln einer transzendenten Instanz. Blochs Erhebung der U. zum philosophischen Prinzip wurde zu einem wichtigen Gesprächspartner christlicher

→Eschatologie (J. Moltmann u.a.). Diese kann nur im kritischen Gespräch mit den real vorfindlichen Utopien einer Gesellschaft formuliert werden, will sie nicht bezugslos existieren. Utopieforschung ist daher für diese ein wesentlicher Dialogpartner.

Bloch, E., Das Prinzip Hoffnung, 1959 u.ö.; Bloch, R. N., Bibliographie der Utopie und Phantastik 1650–1950 im deutschen Sprachraum, 2002; Kytzler, B., Utopie, Der Neue Pauly 12, 2002, 1070–1072; Rottensteiner, F. u.a. (Hg.), Werkführer durch die utopisch-phantastische Literatur, 1989ff; Saage, R., Utopie-Forschung. Eine Bilanz, 1997.

Marco Frenschkowski

V

Vaterunser Das V. ist das Hauptgebet (→Gebet) des →Christentums. Die Bezeichnung V. ist den zwei Anfangsworten nach Mt 6,9 entnommen und bildet mit der Nachstellung des Pronomens nach dem Substantiv die Wortfolge im Griechischen bzw. im Lateinischen nach.

Es ist zuerst im 1. Jh. n. Chr. in einer kürzeren (Lk 11,2–4) und einer längeren (Mt 6,9–13) Fassung bezeugt und findet sich auch in der ersten Kirchenordnung, der *Didache* (Did 8,2, Anfang 2. Jh.). Vielleicht existierten schon in der Frühzeit verschiedene Fassungen des V.

Im ev. →Gottesdienst gebräuchlich ist die mt. Fassung, erweitert um einen dreiteiligen Lobspruch (Doxologie), eine Ewigkeitsformel und Amen (seit dem 4. Jh. bezeugt; ähnlich schon Did 8,2). Das röm. Messbuch (→Messe) schiebt zwischen Bitten und Lobspruch eine Erweiterung (Embolismus) ein.

Das V. gliedert sich in eine Anrede an Gott, eine Reihe von zwei (Lk) bzw. drei (Mt: „Dein Wille geschehe ...") Gebetswünschen in der dritten Person und drei weitere imperativische Bitten, in denen das „Wir" der Beter ausdrücklich wird.

Unterschiede zwischen lk. und mt. Fassung finden sich auch in der Anrede (Lk: „Vater"; Mt: „Unser Vater in den Himmeln"), in der Brotbitte (Lk: „gib uns täglich"; Mt: „gib uns heute"), in der Vergebungsbitte (Lk: „unsere Sünden" – „wie auch wir vergeben" – „jedem, der uns schuldet"; Mt: „unsere Schulden" – „wie auch wir vergeben haben" – „unseren Schuldnern") und der letzten Bitte („sondern erlöse uns von dem Bösen" fehlt in Lk). Bes. umstritten ist das Verständnis von (griech.) *epiousios* (täglich, heutig, zukünftig, für den folgenden Tag, zum Dasein notwendig u. a.) sowie von *poneros* („der" oder „das Böse").

Nach Mt 6,9 und Lk 11,2 wird das Gebet von →Jesus seinen →Jüngern zum wiederholten Gebrauch übergeben. Did 8,3 empfiehlt das dreimal tägliche Beten des V. Ist damit das V. für die Did ein festes Privatgebet, so geben auch die Einführungen des Textes in Mt und Lk nicht zu erkennen, dass es von Anfang an für den Gottesdienst gedacht war. Unbeweisbar bleiben auch die Rückführung auf ein Privatgebet Jesu, auf Johannes den Täufer (vgl. Lk 11,1) oder die Vermutung, das V. sei nachösterlich aus einem Privatgebet Jesu und einem Gebet für seine Jünger zusammengesetzt. Die Frage nach den historischen Ursprüngen steht so vor der Alternative, das V. entweder als von Jesus für seine Anhänger formuliert oder aber von frühen Christen Jesus in den Mund gelegt anzusehen.

Wenn auch eine besondere Nähe des V. zum Kaddisch nicht zu erweisen ist, haben zahlreiche Formulierungen und Motive Parallelen in jüd. Tradition (→Judentum). So liegt in der Anrede Gottes als Vater (Lk) vielleicht eine Erinnerung an ein bes. Kennzeichen der Gebetssprache Jesu vor, doch hat die Bezeichnung Gottes als Vater Analogien in anderen jüd. Texten der Zeit.

Die ältere Vermutung eines endzeitlichen Sinnhorizonts (→Eschatologie) des Gebets gewinnt wieder an Unterstützung, damit aber auch die Rückführung des V. auf die Reich-Gottes-Verkündigung (→Reich Gottes) Jesu.

Der Gebrauch des V. als Privatgebet lebt bis heute fort. Mit der Einfügung in das Tagzeitengebet seit dem 6. Jh. n. Chr., der Beachtung in der katechetischen (→Katechismus) Unterweisung (u. a. bei Karl d. Gr.) oder der Stellung im Rosenkranz-Gebet prägte es sich in das Bewusstsein des Christentums ein. Es fand seinen Platz in der häuslichen Andacht und im Schulgebet. Früh scheint das V. in magischen Zusammenhängen benutzt worden zu sein.

Der gottesdienstliche Gebrauch des V. ist seit dem 4. Jh. n. Chr. sicher bezeugt. Die Brot- und Vergebungsbitten verhalfen zu einem festen Platz in der Feier der Eucharistie (→Abendmahl). Auch im Zusammenhang der →Taufe, zwischen bibl. Lesung und Predigt, im Anschluss an das allgemeine Kirchengebet oder als Segensgebet bei →Konfirmation, Trauung und →Ordination wird es in der Geschichte des Gottesdienstes verwendet.

Das V. ist seit alters Gegenstand der Auslegung und Verkündigung. Der erste lat. Kommentator, Tertullian (um 200 n. Chr.), sieht im V. die „Zusammenfassung des ganzen Evangeliums". Die V.-Predigten Martin →Luthers von 1528 sind in seinen *Großen Katechismus* eingegangen. Populäre V.-Auslegungen wie die von Helmut Thielicke fanden große Verbreitung.

Kritische Anfragen an das Gebet betreffen die (patriarchalisch geprägte) Anrede Gottes als Vater, den eschatologischen Sinnhorizont des V., der als zeitgebunden empfunden wird, und die letzten beiden Bitten (Mt), die das menschliche Verhalten zur Vorbedingung göttlicher Vergebung zu machen bzw. Gott als Versucher vorauszusetzen scheinen.

Brocke, M. u. a. (Hg.), Das Vaterunser. Gemeinsames Beten von Juden und Christen, [3]1990; Carmignac, J., Recherches sur le „Notre Père", 1969; Philonenko, M., Das Vaterunser. Vom Gebet Jesu zum Gebet der Jünger, 2002 (franz. 2001); Stritzky, M.-B. von, Studien zur Überlieferung und Interpretation des Vaterunsers in der frühchristlichen Literatur, Münsterische Beiträge zur Theologie 57, 1989; Thielicke, H., Das Gebet, das die Welt umspannt. Reden über das Vaterunser, 1953.

Hermut Löhr

Vatikan Als V. bezeichnet man den Sitz des →Papstes mit der röm. →Kurie und auch den Vatikanstaat (→Rom; →römisch-katholische Kirche). Der Name stammt von dem auf dem rechten Ufer des Tibers gelegenen Vatikanischen Hügel (mons vaticanus). Über dem dort verehrten Grab des →Apostels →Petrus ließ Kaiser Konstantin im 4. Jh. die Basilika St. Peter errichten, an deren Stelle im 16. Jh. der heutige Renaissance- und Barockbau trat. Daneben befinden sich seit dem 15. Jh. die päpstliche Residenz und zentrale Behörden der röm. Kurie.

Der Vatikanstaat (Stato della Città del Vaticano) wurde mit den Lateranverträgen vom 11. 2. 1929 geschaffen. Er setzt nicht den 1870 untergegangenen Kirchenstaat (→Kirche und Staat) fort, sondern entstand neu als souveränes Völkerrechtssubjekt. Auf 0,44 km^2 umfasst der kleinste Staat der Welt im wesentlichen die Peterskirche mit dem Petersplatz, die Vatikanischen Paläste, die Vatikanischen Gärten sowie (exterritorial) die päpstliche Sommerresidenz in Castel Gandolfo, etwa 30 km außerhalb Roms. Nach dem Staatsgrundgesetz vom 7.6.1929 ist der Vatikanstaat eine absolute Wahlmonarchie, in der der Papst die gesetzgebende, richterliche und ausführende Gewalt hat. Die völkerrechtliche Vertretung übt der Papst durch das Staatssekretariat aus. Der Vatikanstaat besitzt eigene Organe der Rechtspflege, der Verwaltung, ferner Post (mit eigenen Briefmarken), Radio und außerdem einen Bahnhof. Er hat ferner das Recht, Euro-Münzen herauszugeben, die von der italienischen Münze geprägt werden und im gesamten Euro-Raum gelten. Die weiß-gelbe Flagge zeigt gekreuzte Schlüssel und Tiara. Das Bürgerrecht – mit Steuerhoheit – besitzen die dauernd im Vatikan wohnenden Beamten mit ihren Familien und alle in Rom wohnenden →Kardinäle. Im Juli 2005 waren dies insgesamt 552 Personen. Der Vatikanstaat hat mit den meisten Staaten der Welt diplomatische Beziehungen. Im Januar 2005 war er in 174 Staaten durch einen Nuntius vertreten. 1982 wurde der V. in die Liste des Weltkulturerbes aufgenommen.

Del Re, N. (Hg.), Vatikanlexikon, 1998; Reese, T.J., Im Innern des Vatikan. Politik u. Organisation der kath. Kirche, 2000; Rossi, F., Der Vatikan. Politik u. Organisation, 2004; www.vatican.va.

Andreas R. Batlogg

Vergebung V. gehört im sozialethischen und theologischen Diskurs unter diejenigen Begriffe, mit denen konkretes Agieren (von Menschen; zwischen Gott und →Mensch) metaphorisch interpretiert wird und die insofern nur in einem erheblich weiteren Raum metaphorischer Kohärenzen darstellbar sind (vgl.→Sünde; →Sühne; →Versöhnung; →Rechtfertigung; →Strafe; →Heiligung). Der Vergebungsbegriff verweist somit nicht auf selbstevidente Vollzüge ‚an sich', sondern setzt wie der Sündenbegriff, mit dem er in der jüd. und christl. →Tradition eng verbunden ist, vielmehr komplexe Deutungen des sozialen Miteinanders bzw. der Verhältnisbestimmung von Gott und Menschen voraus.

Regulär sind im Begriff der V. mindestens zwei Subjekte bzw. ein Subjekt (einzelner oder Gruppe: der, der vergibt) und ein Objekt (einzelner oder Gruppe: der, dem vergeben wird) mit gedacht. Zugrunde liegt sehr allg. die Vorstellung einer deregulierten Balance im Miteinander der Subjekte (bzw. zwischen Subjekt und Objekt), die auf einen dynamischen Ausgleich (durch „Weggeben" etc.) drängt, durch den gemeinschaftliches →Leben (mindestens auf Zeit) wieder ermöglicht werden kann. Impliziert ist dabei die Vorstellung, dass die Wiederherstellung entsprechenden Gleichgewichts nur durch ein Handeln, ein „Wiedergutmachen" *beider* Seiten zu realisieren ist (das Objekt ist im Konzept damit nicht reines Objekt, sondern eben auch subjekthaft gedacht), d.h. dass auf einen „Gabe"-Vorgang in beiden Richtungen reflektiert werden muss (→Buße). Vor diesem Hintergrund ist zu fragen, inwieweit der spezifische Beitrag christl. →Theologie zum Verständnis von V. die These ist, dass diese nur durch vorlaufende geschenkweise Setzung Gottes im Christusgeschehen denkmöglich und praktizierbar wird und insofern menschliches Vergebungshandeln immer nur Folge und Ausdruck dieser besonderen Heilserfahrung (→Heil) „extra nos" sein kann. Eine entsprechende metaphorische Zuordnung der V. ist dabei in Ansätzen bereits im frühen →Judentum möglich, ist hier aber nicht in der Weise exklusiv und personal konzentiert wie im Christentum. Das reziproke Geben im Sinne eines Lebensfähigkeit wiederherstellenden Ausgleichs kann insgesamt stärker betont werden. Die Umkehr des Sünders ist Voraussetzung der von Gott gegebenen V. Doch ist dieses Konzept nicht auf den Nenner einer ‚Leistungsreligiosität' zu bringen: Es ist immer Gott, der überhaupt die Möglichkeiten für Sühne und Umkehr stiften kann.

Zugespitzt stellt sich die Frage nach den *Grenzen* des Erschließungs- und Veränderungspotentials der V. Was einer Gruppe *nach innen*, d.h. unter den besonderen Bedingungen der in ihr gültigen metaphorischen Sinn- und Ordnungswelt, gelingen kann und was von einem →Individuum in ihr zur Gestaltung der Binnenverhältnisse zu erwarten und zu verlangen ist (in diesen Konnex gehört auch die hyperbolische Aufforderung, dem Bruder gegebenenfalls „siebzigmal siebenmal" zu vergeben; Mt 18,21f par; vgl. anders Lk 17,3f), kann in der Grenzziehung *nach außen* bzw. im Konfliktfall aporetisch werden.

Mit dem Impuls der Feindesliebe (→Liebe) besitzt die christl. →Tradition in ihrem Vergebungsverständnis grundsätzlich ein jegliche Gruppen- und Egoismenzentrierung transzendierendes Potential. Zugleich kann und muss sie aber unter den Begriffen der Sünde und des →Bösen auch den Sachverhalt theologisch bedenken, dass es im Fall schwerer Konflikte, individueller wie kollektiver Verletzungen und Verbrechen *Grenzen* der Vergebungsfähigkeit und -bereitschaft (sowohl der Menschen als auch Gottes; vgl. die Vorstellung vom Zorn Gottes im bibl. Schrifttum) gibt. Die Vorstellung, dass ein schlimmes Vergehen gegen die Grundprinzipien des Wohlanständigen und des theologisch begriffenen „humanum" bei aller noch so intensiver Anstrengung so beseitigt werden könne, dass es in seinen Folgen eingekapselt oder gar annulliert werden könnte, ist nicht nur unbiblisch und unchristlich, sondern auch unmenschlich (vgl. zur Unmöglichkeit göttlicher V. sachlich: Am 8,1f; Jes 6,9f; Jer 15,1 u.a.; vgl. Lk 12,10 par Mt 12,31f; 1Joh 5,16–18).

Die Frage, wie *dauerhaft* die neue →Identität zu denken und zu praktizieren ist, die aus dem Akt von V. resultiert, hängt dabei wesentlich von den Parametern ab, mit denen innerhalb eines religiösen Zeichensystems →Zeit konzeptualisiert werden kann. Wirkt sich im christl. Zeichensystem hier das apokalyptische Denken (→Apokalyptik) einer im Christusgeschehen vollzogenen Wende von alter zu neuer Zeit aus, so muss sich dieses „ein für alle Mal" auch auf den Vergebungsbegriff auswirken. Andere →Religionen mit anderen Zeitkonzepten können hier verschiedene Zuordnungen vollziehen (→Islam; vgl. anders im →Alten Testament: Ex 20,5f; 34,6f; Dtn 5,9 die V. zur Umkehr bis auf die Zeit von drei Folgegenerationen).

Die Zahl metaphorischer Zuordnungen der V. ist schon im AT überaus vielfältig und verweist auf die Bedeutung des Problems in Verbindung mit der Vorstellung menschlicher Verfehlung und Sünde. Sünden können so in metaphorischen Wendungen z.B. „weggeworfen" (vgl. Mi 7,19), „zugedeckt" (Ps 32,1), „weggewischt" (Ps 51,3.11), „gewaschen" (Ps 51,4), „gereinigt" (Ps 51,4), „nicht angerechnet" (Ps 32,2) oder auch „nicht erinnert" (vgl. Ps 25,7) werden. Differenzierungen kultischer Vergebungsriten wie der Sündopfer (→Opfer) (vgl. Lev 4) und Schuldopfer (→Schuld) (vgl. Lev 5,11–16) ergeben sich mit der unterschiedlichen Klassifikation von Fehlverhalten. Insbesondere im Konzept des Versöhnungstages, an dem die Beseitigung von Sünde im ‚Sündenbock' symbolisiert wird, ist vorausgesetzt, dass es unentdeckte und durch die reguläre Sühnepraxis nicht erreichte Sünden gibt. Zugleich begegnet die Vorstellung nicht vergebbarer Sünden (vgl. Num 15,30 f; Jos 7,16–25; vgl. Mk 3,28–30; Lk 12,10 par Mt 12,31 f; 1Joh 5,16–18). Wichtig ist dabei, dass Sünde nie als Zustand oder bleibendes Attribut des Menschen gesehen ist, sondern sich dynamisch von seinem Leben und Handeln her bemisst. Zugleich können Vergehen gegen die Mitmenschen und gegen Gott nicht auseinanderdividiert werden, da das rechte Verhalten sich am göttlichen Willen bemisst (→Gesetz). So sicher im AT vorausgesetzt wird, dass Sünden bekannt werden müssen und vom Sünder Umkehr-Handlungen zu erwarten sind, kann die Sünde allein vom barmherzigen und gnädigen Gott selbst vergeben werden (Ps 130,3). Sie erledigt sich also nicht im Selbstdialog bzw. in rituellen oder sozialen Praktiken der Gruppe.

Auch der ntl. Befund spiegelt insgesamt den Facettenreichtum *verschiedener* metaphorischer Konzepte, die zum Verständnis von V. aktiviert werden können. Bes. einflussreich ist das finanzielle Veranschaulichungsmodell. Schon in der Vergebungsbitte des Vaterunsers (Mt 6,12 par Lk 11,4) wird im ursprünglichen Wortlaut um das Vergeben/Erlassen von „Schulden" gebeten. Gleichnisse wie Lk 7,41–43 und Mt 18,23–35 thematisieren die weit überragende göttliche Vergebungsbereitschaft im Unterschied zu menschlicher Resistenz und Hartherzigkeit in ökonomischen Vorstellungen. Daneben wird das Thema V. in weiteren sozialen (Versöhnung), kultischen bzw. rituellen (Reinigung, Sühne), forensischen (Schuld und →Gnade; Rechtfertigung) und auch medizinischen (→Heil und →Heilung) Metaphern zur Sprache gebracht. In der Weite des sprachlichen Spektrums kommt bes. auch die sozial-politische Valenz der V. zum Ausdruck (vgl. Lk 4,18 in der Antrittsrede Jesu in Nazaret [→Jesus Christus] im Sinn von ‚Freilassung' und ‚Befreiung' von Kriegsgefangenen). Es geht nie allein um individuell-innerliche Entlastung. Die Vorstellung einer solchen wäre vielmehr illusorisch. Dies zeigen auch die verschiedenen Texte, die in engem Rückbezug auf frühjüd. Modelle das Innenleben der frühen Gemeinden (→Alte Kirche) im Sinne der V. konkret regeln (vgl. Mt 18; Gal 6,1–5 u.a.).

V. gehört unter die theologischen Kategorien, die in besonderer Weise dazu geeignet scheinen, die christl. Kernbotschaft neuzeitlich anschlussfähig und kommunikabel zu machen. V.a. Lukas hat das Thema im →Neuen Testament breit ausgearbeitet. Doch sollte man trotz der Unterschiedenheit von Begriff und Sache hier den Befund nicht zu schnell übergehen, dass v.a. in der pln. Theologie Sünden*vergebung* keine zentrale Kategorie der Deutung des Heilsgeschehens beschreibt. Die Vergebungsvorstellung kann und darf jedenfalls nicht zu einer individualisierenden anthropologischen Engführung der Breite christl. Anschauungen des Heils sowie zu einer Nivellierung ihrer sperrigen und kritischen Aspekte verleiten und ist insbesondere der Rechtfertigungslehre nicht einfach kompatibel.

In enger Korrelation mit dem Verstehen von Sünde sind in der christl.

Tradition sehr verschiedene Vergebungsmodelle entwickelt worden. In der Theologiegeschichte des 20. Jh. kann bspw. Karl →Barth V. exklusiv christologisch definieren: Qualitativ vollgültig wird vergebendes Handeln erkennbar und möglich exklusiv im Geschehen der Versöhnung in Christus. Anders zeichnet Paul Tillich in seiner philosophisch-apologetisch orientierten Systematik V. in das weitere theologisch-anthropologische Spannungsverhältnis von „Essenz“ und „Existenz“ ein.

Klauck, H.-J., Heil ohne Heilung? Zu Metaphorik und Hermeneutik der Rede von Sünde und Vergebung im Neuen Testament, in: Frankemölle, H. (Hg.), Sünde und Erlösung im Neuen Testament, Quaestiones disputatae 161, 1996, 18–52; Maier, J., Schuld und Versöhnung im Judentum, in: Mensen, B. (Hg.), Schuld und Versöhnung in verschiedenen Religionen, Vortragsreihe. Akadmie Völker und Kulturen St. Augustin, 1986, 21–37; Schenk-Ziegler, A., Correctio fraterna im Neuen Testament. Die ‚brüderliche Zurechtweisung‘ in biblischen, frühjüdischen und hellenistischen Schriften, FzB 84, 1997; Spieckermann, H., „Barmherzig und gnädig ist der Herr …“, in: ders., Gottes Liebe zu Israel, Forschungen zum Alten Testament 33, 2001, 3–19.

Reinhard von Bendemann

Vereinigte Evangelisch-Lutherische Kirche Deutschlands (VELKD) Die VELKD ist der Zusammenschluss ihrer Gliedkirchen zu einer Kirche. Gliedkirchen der VELKD sind die Ev.-Luth. Landeskirchen in Bayern, Braunschweig, Hannover, Mecklenburg, Nordelbien, Sachsen, Schaumburg-Lippe und Thüringen. Zur VELKD gehören ca. 10,6 Mio. Gemeindeglieder (2004). Die luth. Landeskirchen in Oldenburg und Württemberg gehören nicht zur VELKD, aber zum Dt. Nationalkomitee des →Luth. Weltbundes.

Theologische Grundlage der VELKD „ist das Evangelium von Jesus Christus, wie es in der Heiligen Schrift Alten und Neuen Testaments gegeben und in den Bekenntnisschriften der ev.-luth. Kirche, vornehmlich in der ungeänderten Augsburgischen Konfession von 1530 und im Kleinen Katechismus Martin Luthers bezeugt ist.“ (Art. 1 Abs. 1 VerfVELKD). Auf der Grundlage des gemeinsamen Bekenntnisses besteht innerhalb der VELKD Kanzel- und →Abendmahlsgemeinschaft.

Organe der VELKD sind Generalsynode (→Synode, Synodalverfassung), Bischofskonferenz und Kirchenleitung sowie der Leitende Bischof (seit 2005: Johannes Friedrich, München), Einrichtungen sind das Gemeindekolleg in Celle, das Liturgiewissenschaftliche Institut in Leipzig, das (mobile) Pastoralkolleg sowie das Theologische Studienseminar in Pullach. Der Martin-Luther-Bund ist das →Diasporawerk der VELKD; ein weiteres Werk der Vereinigten Kirche ist das Luth. Einigungswerk.

Am 08.07.1948 wurde die VELKD gegründet. Zu ihren Wurzeln zählen die Allgemeine Ev.-Luth. Konferenz (gegründet 1867), der Luth. Rat (seit 1934) sowie seit 1936 der Rat der Ev.-Luth. Kirche Deutschlands.

Aufgaben der VELKD sind v. a. die Erhaltung und Vertiefung der luth. Lehre, die Beratung der Gliedkirchen in Fragen der Lehre, die Unterstützung der Gemeindearbeit, einheitliche Rechtsprechung durch das Verfassungs- und Verwaltungsgericht und den Disziplinarsenat der VELKD und Vereinheitlichung der Rechtsetzung z. B. durch ein gemeinsames Pfarrergesetz sowie vielfältige liturgische, ökumenische und juristische Arbeit.

Die Aufgaben werden durch Fachausschüsse und durch das Luth. Kirchenamt (Hannover) wahrgenommen. Bekannte Arbeitsergebnisse der VELKD sind die luth. *Agenden*, der *Ev. Erwachsenenkatechismus*, das Buch *Was jeder vom Judentum wissen muss* und das Handbuch *Religiöse Gemeinschaften und Weltanschauungen.*

Grünwaldt, K., Bekenntnis und Kirchengemeinschaft. Theologische Überlegungen zum Selbstverständnis der VELKD, KuD 49, 2003, 67–86; Grünwaldt, K./Hahn, U. (Hg.), Profil-Bekenntnis-Identität. Was lutherische Kirchen prägt, 2003; Hauschildt, F./Hahn, U. (Hg.), Bekenntnis und Profil. Auftrag und Aufgaben der Vereinigten Evangelisch-Lutherischen Kirche Deutschlands, 2003; Scharbau, F.O., Art. VELKD, TRE 34, 2002, 581–592; Wendebourg, D., Der lange Schatten des Landesherrlichen Kirchenregiments, Zeitschrift für Theologie und Kirche 100, 2003, 420–465.

Klaus Grünwaldt

Vernunft Seit der antiken Philosophie gilt die V. als ein besonderes geistiges Vermögen des →Menschen, das ihn von allen anderen Lebewesen unterscheidet. Im Gegensatz zum Verstand, der vornehmlich Mittel-Zweck-Überlegungen durchführen kann und in diesem Sinne – nach antiker Überzeugung – rudimentär auch bei Tieren zu finden ist, zielt die V. darauf, das Ganze der Wirklichkeit ordnend zu erfassen.

Die den Menschen auszeichnende Bedeutung der V. haben alle großen Strömungen der antiken Philosophie als Grundkonsens fraglos geteilt. Platon erblickte in der V. jenes Vermögen der menschlichen →Seele, das die Schau der Ideen und damit das Erfassen der „wahren" Wirklichkeit ermöglichte. Über den Neuplatonismus bis weit hinein in die →Neuzeit war auf der Grundlage dieses platonischen Modells die V. das besondere Vermögen, den wahren Grund der Dinge zu erkennen. Aristoteles teilte diesen Grundkonsens. Auf ihn geht die für die gesamte abendländische →Kultur so folgenreiche lat. Bezeichnung des Menschen als *animal rationale*, als vernünftiges Lebewesen, zurück. Allerdings setzte er in der Entfaltung dessen, was er als das eigentliche Vernunftvermögen bezeichnete, andere Akzente als Platon und stellte die analytische und deduktive Kraft der V. stärker heraus. Bis in die Neuzeit hinein orientierte sich an dieser Definition der V. die Aufgabe der →Wissenschaften.

Diesen abendländischen Grundkonsens über die Bedeutung und Wichtigkeit der V. modifizierte im 18. Jh. grundlegend der Philosoph Immanuel Kant. Im Zeitalter der →Aufklärung wurde der V. mit Blick auf ihre Möglichkeiten, das Ganze der Wirklichkeit denkend zu erfassen, Großes zugetraut. Kant, der selbst ein Kind dieses Denkens war, fragte sich jedoch nicht nur nach den Möglichkeiten, sondern auch nach den Grenzen einer vernünftigen Erschließung der Wirklichkeit. Mit akribischer Gründlichkeit und mit bahnbrechenden Folgen behandelt Kants Schrift *Die Kritik der reinen Vernunft* diese Frage. In ihr unterzieht er die V. einer kritischen Analyse ihrer Möglichkeiten und erörtert, unter welchen Bedingungen überhaupt in einem strengen Sinne von vernünftiger →Erkenntnis gesprochen werden kann. Das Ergebnis, zu dem Kant gelangt, ist ein zweifaches: auf der einen Seite zeigt er, wie unser Bewusstsein am Aufbau von Erkenntnis aktiv beteiligt ist. Erkenntnis ist nicht einfach ein Abbild der Wirklichkeit in unserem Bewusstsein, sondern eine Konstruktion unserer V., in der sinnliche Wahrnehmungsgegenstände mit Begriffen verbunden werden. Auf der anderen Seite sind diese Konstruktionsleistungen der V. jedoch an die Anschauungsformen von Raum und Zeit gebunden. Was über Raum und Zeit hinausgeht, kann nicht im Sinne einer vernünftigen Erkenntnis erfasst werden. Das gilt für die klassischen Gegenstände der →Metaphysik, wie die Frage nach dem Anfang und Ende der →Welt und nach der Unendlichkeit, aber es betrifft natürlich auch die traditionellen Themen der →Theologie, allen voran die Frage nach Gott selbst. Eine gesicherte Erkenntnis der Existenz Gottes ist auf der Grundlage der reinen V. nicht möglich.

Kant hatte mit seiner Vernunftkritik nicht den tragenden Konsens über die Bedeutung der V. für die Wirklichkeitserkenntnis außer Kraft gesetzt, sondern auf eine neue Grundlage gestellt. Die Philosophen des dt. →Idealismus wie Georg Wilhelm Friedrich Hegel, Johann Gottlieb Fichte und Friedrich Schelling nahmen dies zur Ausgangsbasis, um – freilich dann weit über Kant hinausgehend – die Rolle der V. für die Durchdringung der Wirklichkeit neu zu bestimmen. Zu einer radikalen Kritik sowohl der kantischen als auch der idealistischen Bestimmung der V. kommt es im 20. Jh. Unter dem Eindruck der geschichtlichen Katastrophen wird zunächst die Vernünftigkeit der Wirklichkeit und im Gefolge dieser Überlegungen die Bedeutung der V. selbst in Zweifel gezogen. Während Theodor W. Adorno und Max Horkheimer in ihrer Untersuchung zur *Dialektik der Aufklärung* einen ausschließlich instrumentellen Gebrauch der V. und ihre Funktion als Herrschaftsausübung kritisieren, bestreiten Denker der französischen Philosophie wie Michel Foucault und Jacques Derrida oder im anglo-amerikanischen Kulturraum Richard Rorty unter jeweils ganz unterschiedlichen Zugangsarten grundlegend das Ansinnen, die V. könne die ihrer Einschätzung nach disparate und plurale Wirklichkeit auf einen Einheitsgedanken bringen. Damit ist dann in der Tat der bis in die Moderne hinein geltende abendländische Grundkonsens über die Rolle der V. aufgekündigt, und wenigstens in diesem Sinne kommt der Begriff der Postmoderne zur Bezeichnung dieser Entwicklung zu seinem Recht.

Für die christl. Theologie ist die philosophische Diskussion um die V. von Beginn an von größtem Interesse gewesen (→Philosophie und Theologie). Zwei grundlegend verschiedene Tendenzen lassen sich dabei beobachten: Zum einen beruft sich das Christentum darauf, über die göttliche →Offenbarung einen eigenen, die V. übersteigenden Zugang zur Wirklichkeit zu haben. Zwischen V. und Offenbarung wird auf dieser Grundlage geradezu ein Gegensatz hergestellt, dem die Entgegensetzung von →Glauben und Wissen entspricht. Denker wie Tertullian haben diesen Gegensatz in der antiken Theologie begründet, Martin →Luther hat dies in modifizierter und differenzierter Weise weitergeführt und Karl →Barth hat es im 20. Jh. noch einmal unter den Bedingungen der Neuzeit grundlegend zu erneuern versucht. In seiner von ihm selbst am meisten geschätzten Schrift *Fides quaerens intellectum* (*Der Glaube verlangt nach Einsicht*, 1931) betonte →Barth in einer eigenwilligen Interpretation des ontologischen →Gottesbeweises (→Ontologie) von Anselm von Canterbury die Selbstentfaltung Gottes in seiner Offenbarung, die die V. nur „nach-denken", nicht aber aus sich selbst heraus begründen kann.

Zum anderen gibt es jedoch ebenfalls von Beginn der christl. Theologie an den Versuch, diese Diastase zwischen V. und Offenbarung, zwischen Wissen und Glauben nicht so weit auseinander zu treiben. Insbesondere die alexandrinische Theologie, wie sie beispielsweise Clemens von Alexandria und Origenes entfalteten, sah in der Auseinandersetzung mit der antiken Philosophie, dass V. und Glaube auf dieselben Fragen zielten. Eine Explikation der christl. Lehrgehalte konnte ihrer Auffassung nach also nicht an dem antiken Denken vorbei entfaltet werden. Während die Alexandriner und später →Augustin noch dem platonischen und neuplatonischen Denken als philosophischem Paradigma den Vorzug gaben und die Vorstellung einer vernünftigen Ideenschau in das Modell religiöser Gottesschau zu integrieren versuchten, setzte sich in der mittelalterlichen Theologie der aristotelische Vernunftbegriff durch und bestimmte über Jahrhunderte in der scholastischen Theologie (→Scholastik) die Verhältnisbestimmung von Glauben und Wissen. Dabei wurde in den großen theologischen Summen wie beispielsweise in der von →Thomas von Aquin keineswegs die Hochschätzung der V. zu einer – so der häufige Vorwurf – natürlichen Theologie umfunktioniert. Es ging also nicht darum, dass das Wesen Gottes allein mit Mitteln der V. an aller Offenbarung vorbei zu durchdringen sei. Vielmehr betonten die Denker der Scholastik, dass die Offenbarung selbst nicht an der V. vorbei oder über sie hinaus geschehe. In der theologischen Tradition der Gottesbeweise, also der Versuche, mit Mitteln vernünftiger →Erkenntnis die Existenz Gottes plausibel zu machen, lässt sich dieses Ansinnen deutlich zeigen. Anders als in der prot. Theologie hält die kath. Theologie an diesem gegenseitigen Verweisungsverhältnis von V. und Offenbarung bis in die Gegenwart hinein fest. So legte das Vaticanum I (1869/1870) fest, dass die V. konstitutiv an der menschlichen Gotteserkenntnis beteiligt ist, und die päpstliche Enzyklika *Fides et Ratio* von 1998 grenzt sich an dieser Linie festhaltend ausdrücklich von den postmodernen Zersetzungserscheinungen am Konzept vernünftiger Wirklichkeitserkenntnis ab.

Daran wird deutlich, dass der Theologie mit Blick auf ihr eigenes Erbe mit einer allzu raschen Übernahme postmoderner Vernunftkritik wenig gedient ist. Denn ein stringentes Betonen der Wider- oder Übervernünftigkeit christl. Lehrgehalte zöge zwangsläufig gravierende Plausibilitätsverluste nach sich. Als wegweisend wird man daher jene Versuche beurteilen müssen, wie sie beispielsweise Paul Tillich und Wolfhart Pannenberg unternommen haben, die bei grundlegender Anerkennung der Tatsache, dass Gott selbst sich über seine Offenbarung erschließt, nicht auf eine vernünftige Explikation christl. Lehrgehalte verzichten. Dabei sind natürlich die Einwände moderner Vernunftkritik keineswegs zu übergehen. Mit Blick auf die gegenwärtigen Einsichten aus der Diskussion um den Religionsbegriff könnte dieser Ansatz einer kritischen und dennoch vernünftigen Theologie fortgeführt werden, wenn es gelänge, die christl. Lehrgehalte als Lebensdeutungen zu entfalten, die die realen Lebenserfahrungen von Menschen erhellen und besser verstehbar machen.

Barth, U., Religion in der Moderne, 2003; Korsch, D., Religionsbegriff und Gottesglaube, 2005; Pannenberg, W., Metaphysik und Gottesgedanke, 1988; Rohls, J., Philosophie und Theologie in Geschichte und Gegenwart, 2002; Welsch, W., Vernunft. Die zeitgenössische Vernunftkritik und das Konzept der transversalen Vernunft, [2]1996.

Jörg Lauster

Versöhnung V. ist die Wiederherstellung einer durch Konflikte, Streit oder Trennung gestörten personalen Gemeinschaftsbeziehung zwischen Individuen, Gruppen oder ganzen Völkern, im religiösen Sinn zwischen Menschen(-welt) und Gott. Weil V. ein personales (individuelles wie kollektives) Geschehen ist, setzt die religiöse Rede von V. ein personales Gottesverständnis voraus. Sie kommt daher an zentraler Stelle nur in (mono-)theistischen Religionen (→Monotheismus) vor. In Aufnahme der Struktur atl. Bundesschlüsse (→Bund) Gottes mit den Menschen (z.B. Gen 9,12–17; 15,1–6.18) und im Unterschied zu zwischenmenschlichen Beziehungen ist V. im christl. Verständnis kein symmetrisches Geschehen zwischen gleichermaßen und auf derselben Ebene aktiv Beteiligten, sondern ein einseitiges Handeln Gottes aus →Liebe und →Gnade. Sie allein ist in der Lage, die durch die →Sünde verursachte Trennung der Menschen von Gott zu überwinden und die zutiefst gestörte Beziehung wieder zu heilen. Insofern kann V. auch mit →Rechtfertigung (lat.: sola gratia, dt.: allein aus Gnade sowie lat.: extra nos pro nobis, dt.: außerhalb unserer selbst für uns) im reformatorischen Sinne erläutert werden.

Daher ist Gott weder kultisch noch moralisch das Objekt oder der Adressat der V., sondern die Menschen sind aufgefordert, sich mit Gott, dem Subjekt der V., versöhnen zu lassen (2Kor 5,18–21). Die von Gott bereits verwirklichte und den Menschen angebotene V. wird im Kult, im Ritus des →Gottesdienstes (als Gottes Dienst an uns, nicht umgekehrt) sowie im (moralischen) Handeln der Glaubenden unter den Bedingungen des jetzigen Äons wahrgenommen, vergegenwärtigt und dargestellt, aber nicht hergestellt. Die uneingeschränkte, vollkommene Wahrnehmung der V. wäre die →Erlösung, die aber im Sinne eines eschatologischen Vorbehalts noch aussteht. Insofern ist V. von Erlösung zu unterscheiden, wenn auch als notwendige Bedingung der Möglichkeit auf letztere bezogen.

Der Grund der V. ist die Menschwerdung Gottes (→Inkarnation; →Christologie) in →Jesus Christus, sein Leben, Sterben und seine →Auferstehung. Je nach dessen Verständnis kann die in ihm begründete V. Gottes mit den Menschen unterschiedlich interpretiert werden. Schematisch und unter Absehen von Überschneidungen oder Mischformen lassen sich (nach G. Aulén) drei verschiedene Typen von Versöhnungslehre voneinander abheben: die klassische (altkirchliche, v.a. in der Ostkirche vertretene), die lat. (mittelalterlich/reformatorische, v.a. in der Westkirche übliche) und die liberale (neuzeitlich-moderne). Nach dem ersten soteriologischen Modell verwirklicht sich die V. zwischen Gott und Menschenwelt (vgl. 1Joh 3,8) durch den in Christi Leben und Sterben triumphal errungenen Sieg über alle gottwidrigen Mächte des →Bösen, der Sünde und des Todes. Von ihrer Herrschaft sind die Menschen nun befreit und losgekauft, so dass sie ohne Angst im Einklang mit sich selbst, der Welt und Gott leben können. Das zweite soteriologische Modell versteht V. (im Anschluss an Joh 1,29; Röm 3,25; Hebr 7,23–28 mit dem Hintergrund von Jes 53,4f) eher als Resultat eines von Jesus Christus stellvertretend für die soteriologisch ohnmächtige Menschheit erbrachten Sühneopfers (→Opfer; CA II) oder als eine von ihm geleistete Satisfaktion (Anselm v. Canterbury), so dass die →Schuld vor Gott getilgt, die Sünde vergeben, die →Strafe vollzogen und das Leben in ungestörter Gottesgemeinschaft möglich ist. Liegt dem klassischen Typ der Versöhnungslehre die problematische Annahme eines Dualismus von göttlichen und widergöttlichen Mächten, und dem lat. Typ ein problematisches juridisches Gottesverständnis zugrunde, demzufolge Gott selbst in seinem Zorn Sühne und Genugtuung fordern muss, so versucht das dritte soteriologische Modell in Anknüpfung an Friedrich Daniel Ernst →Schleiermacher und Albrecht Ritschl diese Mängel zu vermeiden. Hier ist Jesus Christus in seinem Leben, Sterben und Auferstehen unter besonderer Betonung seiner Selbsterniedrigung (griech.: kenosis nach Phil 2,7) nicht der Seinsgrund der V. sondern (nach Joh 3,16) nur als ihr Erkenntnisgrund verstanden: Gott ist von jeher versöhnte und versöhnliche Liebe und nichts anderes als dieses den Menschen bislang verborgene Wesen Gottes wird nun in Jesus Christus den Menschen zu ihrem →Heil offenbar und zugänglich. Nun können die Menschen ihre Feindschaft gegen Gott – im Grunde nur gegen eine falsche Gottesvorstellung – aufgeben und versöhnt leben. Die Balken des →Kreuzes Jesu Christi sind dann nicht Zeichen für Opfer und Sühne, sondern Zeichen seiner ausgebreiteten Arme, mit denen er in rückhaltloser Selbsthingabe alle Mühseligen und Beladenen zu Gottes Liebe einlädt (Mt 11,28).

Bei allen unterschiedlichen Akzenten, die diese drei Verstehensmöglichkeiten von V. setzen, ist ihnen die Überzeugung gemeinsam, dass nicht der Mensch, sondern Gott selbst in Jesus Christus Subjekt der V. ist. Menschen sind demgegenüber soteriologisch ohnmächtig und daher in ihrer Sehnsucht nach Heil und Rettung (griech.: soteria) aus einer unversöhnten Existenz, die sich (nach Röm 7,14ff) als Zwiespalt des Menschen mit sich selbst in der Diskrepanz zwischen Wollen und Können des →Guten zeigt, ganz und gar auf das Handeln Gottes angewiesen. Da es nach christl. Verständnis unter dem Aspekt der soteriologischen Ohnmacht keine qualitativen Unterschiede zwischen Menschen in ihrem Verhältnis zu Gott gibt, kann das versöhnende und erlösende Handeln Gottes letztlich nur als Allversöhnung vorgestellt werden (Röm 11,32). Sie verfängt sich nicht in den Aporien eines eschatologischen →Dualismus (→Eschatologie), bringt das Wesen Gottes entschieden als Liebe zur Geltung und betont die universale Wirksamkeit des Lebens und Sterbens Christi. Insofern schließt die exklusive Begründung der V. Gottes mit den Menschen in Jesus Christus einen ausnahmslos alle umfassenden, →Toleranz motivierenden Heilsuniversalismus nicht aus, sondern gerade ein. Eine eschatische V., die zugleich auch eine eschatische Verwerfung von unversöhnten Menschen implizieren würde, ist damit nicht vereinbar.

Allerdings soll damit nicht gesagt werden, dass V. in eschatologischer Hinsicht auf eine ebenso liebevolle wie kritiklose Vergleichgültigung von allem menschlichen Tun und Lassen (→Ethik) im Sinne einer V. auch mit dem Übel und dem →Bösen hinauslaufen müsste. Denn auch unter dem Aspekt einer Allversöhnung kann und muss kritisch zwischen Person und Werk unterschieden werden: Gott liebt die Sünder und versöhnt sie mit sich selbst in Jesus Christus, aber er hasst und verwirft (im →Jüngsten Gericht) die Sünde. Insofern vereint die V. Gottes letztlich Liebe und Gerechtigkeit im Sinne des Gebots der Feindesliebe (nach Mt 5,43–48) und ermöglicht auf diese Weise eine verlässliche, dauerhafte Gemeinschaft (lat.: communio) der Menschen mit Gott und untereinander in einer insgesamt befriedeten Welt (griech.: eirenopoiesis nach Kol 1,20), die als →Reich Gottes erwartet wird.

Ein angemessenes Gleichnis für das Reich Gottes unter dem Aspekt der V. ist das Fest (Mt 22,1–10), das Gemeinschaft in versöhnter Verschiedenheit stiften und darum auch paradigmatische Bedeutung für den ethischen Umgang von Menschen miteinander sowie auch und insbesondere eine ekklesiologische Bedeutung (→Ekklesiologie) für den Umgang von Kirchen und religiösen Gemeinschaften miteinander haben kann. Dabei zeigt z.B. die Ethik Dietrich Bonhoeffers, dass ein christl. Handeln in Kirche und Welt aus dem Geist der V. (anstatt im Ausgang vom Konflikt) durchaus auch situative Kritik bis hin zur Selbstaufgabe nach sich ziehen kann, ohne eine prinzipielle Versöhnungsbereitschaft zu verlieren.

Hummel, G., Sehnsucht der unversöhnten Welt, 1993.

Hartmut Rosenau

Vision Die innere Schau ist ein wesentliches Erfahrungsmuster zahlreicher Religionen. Im Unterschied zur Halluzination weiß der Visionär, dass er eine besondere, für andere nicht unmittelbar zugängliche →Erfahrung durchlebt. Die V. kann durch →Askese, Drogen, Musik, →Ritual u.a. vorbereitet werden (so die therapeutischen Zwecken dienende visionäre Seelenreise des Schamanen, →Schamanismus), den Empfangenden aber auch unerwartet „überfallen“. Sie kann ein auditives Element enthalten, ihre Botschaft unmittelbar optisch darstellen oder auch einer Deutung bedürfen (z.B. durch den *angelus interpres*, der schon bei Sach begegnet). Im AT sind v.a. viele →Propheten Visionäre (schon Am 7f, dann u.a. in Form der Berufungsvisionen). Das Grunddatum des christl. Glaubens erreicht die Jüngerinnen und Jünger (→Jünger Jesu) im Erfahrungsmuster der österlichen V. (→Ostern; →Auferstehung, 1Kor 15,1–11 vgl. 9,1; Mk 16; Mt 28; Lk 24; Joh 20f u.ö.), obwohl der Begriff V. das eschatologische Geheimnis (→Eschatologie) der Ostererfahrungen nicht vollständig zu beschreiben scheint. In einer Gesellschaft, die Visionen kannte und respektierte, wurde Ostern doch als etwas Singuläres erlebt. Paulus etwa unterscheidet seine Ostererscheinung von anderen Visionen (2Kor 12,1–4). Alte Kirche (v.a. im Mönchtum) und Mittelalter kennen eine eigene Form meist traditionsverhafteter Visionen, z.B. als Jenseitsreisen der →Seele (wegweisend wurde dazu Augustins Visionstheorie *De Genesi ad litteram* 12,6–32, CSEL 28, 386–427). Durchaus nicht alle Visionen sind der →Mystik verpflichtet (manche Mystiker haben Visionen eher verachtet), aber v.a. viele Mystikerinnen des Mittelalters und der Neuzeit haben ihre Botschaften doch im Modus der V. und ihrer nachträglichen (oft wie bei Hildegard von Bingen viele Jahre dauernden) Reflexion erfahren. Die V. war damit über lange Zeit eine wesentliche Ausdrucksform kreativer weiblicher →Spiritualität. Im →Protestantismus sind Visionen seltener als in der kath. Tradition, aber keineswegs unbekannt (J. Böhme). Auch →Islam (Himmelfahrt →Muhammads), →Buddhismus und →Hinduismus (Theophanie Krischnas in der Bhagavadgita) kennen Visionen. Vgl. →Offenbarung, →Traum.

Benz, E., Die Vision, 1969; Frenschkowski, M., Art. Vision I–V, TRE 35, 2003, 117–147.

Marco Frenschkowski

Volksfrömmigkeit 1. Begriff und Sache: Der Ausdruck V. verweist darauf, dass der Lebens- und Glaubenszusammenhang des Christentums nicht nur durch die kirchliche Lehre bestimmt ist und sich nicht nur in kirchlich institutionalisierten und legitimierten Formen entfaltet. Als gelebtes Christentum umfasst er zugleich religiöse Vorstellungen und Handlungen, die eigene Konturen besitzen und mit Bedeutungen verbunden sind, die sich nicht mit der kirchlichen Theologie decken. Der Begriff, der sich seit dem 18. Jh. eingebürgert hat, bezeichnet gemeinhin die Religionsausübung der „kleinen Leute", die volkskundlich, aber auch geschichts- und religionswissenschaftlich sowie theologisch in den Blick genommen werden kann. Gerade in jüngerer Zeit hat, mit dem neuen Interesse am Alltag (→Lebenswelt und Alltag) und Alltagsleben, das Feld der V. verstärkt Aufmerksamkeit gefunden. Dabei erscheint allerdings der traditionelle Begriff V. in doppelter Hinsicht problematisch:

– Zum einen ist der Terminus „Volk" soziologisch unscharf und wird gesellschaftstheoretisch (→Gesellschaftstheorie) kaum mehr verwendet, weil er dem Differenzierungsgrad des sozialen wie kulturellen Lebens in der Moderne (soziale Schichten, kulturelle Milieus) nicht mehr gerecht wird. Neben dem Traditionalismus, der ihm anhaftet, ist problematisch, dass der Begriff historisch immer wieder normativ oder ideologisch aufgeladen worden ist. So kann bspw. in aufklärerischer Perspektive „Volksreligion" als Inbegriff einer ungebildeten, gleichsam abergläubischen Religiosität kritisiert oder im Gegenzug als Ausdruck einer als ursprünglich angesehenen Volkskultur romantisch verklärt werden. Hinzu kommen als weitere semantische Last nationalistische Einschreibungen („Volkstum").

– Zum anderen ist der Begriff „→Frömmigkeit" mehrdeutig. Insbesondere in der prot. Theologie der Neuzeit zielt er auf die innerliche Glaubensüberzeugung bzw. Haltung des Einzelnen und bezeichnet die subjektive Seite von →Religion. Volkskundlich hingegen wird V. gerade an den äußeren, sozial und kulturell fassbaren Formen religiöser Praxis festgemacht, die überindividuell als Brauchtum oder Sitte tradiert werden. Angesichts dessen, dass im traditionellen Katholizismus eine an gegenständlicher Kultur und rituellem Verhalten orientierte Religiosität (z. B. Heiligenbilder (→Heiligenverehrung), Kerzen, Bekreuzigung) eine größere Bedeutung hat, gilt V. geradezu als ein typisch kath. Phänomen. Jedoch hat auch das prot. Christentum (→Protestantismus) historisch eigene Formen – bspw. klassische Gesangbuchfrömmigkeit (→Gesangbuch) – hervorgebracht. Zur konfessionellen Problematik kommt hinzu, dass Frömmigkeit heute umgangssprachlich eher pejorativ verwendet wird („lammfromm").

Die semantischen Schwierigkeiten, die der Begriff V. in sich birgt, erledigen allerdings nicht die Sache, für die er steht. Sie sprechen dafür, in Anlehnung an den franz. und engl. Sprachgebrauch von „popularer Religiosität" zu reden (Ebertz/Schultheis). Im Sinne von nicht nur traditionaler V. bezeichnet populare Religiosität breitenwirksame und dauerhaft gelebte religiöse Anschauungen, alltags- und festzeitliche Handlungen und insgesamt religiöse Symbolisierungen, die innerhalb und außerhalb der Kirche „gang und gäbe" sind. Diese beschränken sich nicht nur auf eine Religion der unteren sozialen Schichten; neben traditionell bäuerlich oder regional geprägter V. fallen darunter bspw. auch Phänomene einer populären Jugend- oder einer spätmodernen Wellness-Religiosität. Zwei Strukturmerkmale sind für das Gesamtfeld wesentlich: „Populare Religiosität" oder V. sind relationale Begriffe, die komplementär auf eine jeweils (kirchen-)„offizielle" Religion bezogen und von ihr unterschieden sind. Das Verhältnis beider Religionsformen (popular/offiziell) bildet nicht notwendig einen Gegensatz, es finden sich ebenso fließende Übergänge und Wechselwirkungen. Gleichwohl beruht die Wahrnehmung von popularer Religiosität auf einem Differenzbewusstsein. Dies hängt damit zusammen, dass populare Religiosität sich nicht durch die Grenzlinien kirchenoffizieller Lehre bestimmt, sondern sich häufig im Zwischenfeld genuin christlicher und außer-christlich geprägter religiöser Vorstellungen und Praktiken bewegt, die lebensweltlich miteinander verschmelzen (→Synkretismus).

2. Populare Religiosität als Traditionsbestand und Lebensgestalt christlicher Religion: Hat sich das frühe Christentum zunächst entschieden gegenüber der religiösen Praxis seiner paganen Umwelt abgegrenzt, so beginnt bereits in den Folgegenerationen ab dem 2. Jh. und forciert mit der Konstantinischen Wende im 4. Jh. ein Prozess der →Inkulturation, in dem Elemente der antiken Religiosität adaptiert und in die christl. Lebenspraxis integriert werden. Dazu gehören Bestattungsriten (→Bestattung) und Formen des Totengedenkens, aus denen sich Märtyrer- (→Märtyrer) und Heiligenverehrung bis hin zum Reliquienkult (→Reliquien) entwickeln. Um die christl. Sakramente ranken sich z.T. magische Praktiken (→Magie), Taufwasser (→Taufe) und eucharistisches Brot (→Abendmahl) gelten als heilig. Auch der Alltag ist geprägt durch religiöse Gegenstände, Gesten und Worte, die Schutz verbürgen und →Heilung bewirken.

Das mittelalterliche und frühneuzeitliche Christentum ist durchdrungen von einer vielfältigen volksreligiösen Praxis, angefangen von Weihe- und Segenshandlungen (→Segen), die nahezu alle Gegenstände des täglichen Lebens einbeziehen können, über Heiligen- und Marienkulten (→Maria, Marienverehrung), Pilger- und Wallfahrtswesen (→Wallfahrt) bis hin zu mantischen Praktiken (→Wahrsagung). Die mittelalterliche V. ist dabei keineswegs eine kirchenabständige Laienreligiosität (→Laien), sondern Bestandteil kirchlicher Alltags- und Festzeitkultur. Unter dem Einfluss reformatorischer Kritik und gegenreformatorischer Abgrenzung erfolgt sukzessive eine kirchlich bewusst gestaltete Konfessionalisierung (→Konfession, Konfessionalismus) popularer Religion. Die →Reformation wendet sich gegen spezifische Formen der V. (bspw. Ablasswesen (→Ablass), Heiligen- und Reliquienverehrung, Marienfeste) und zielt zugleich auf eine theologisch erneuerte Religiosität der Bevölkerung. →Bibel und →Gesangbuch alphabetisieren ev. gelebte Frömmigkeit und familialisieren sie in Gestalt der häuslichen Andacht. Auf kath. Seite verstärkt sich, nun schon in bewusster kirchlicher Abgrenzung zur sich ausbildenden Lebenswelt der Moderne, die V. im Milieukatholizismus des 19. Jh.

Insgesamt aber verschleifen und verlieren sich im Laufe des 20. Jh. viele Elemente traditionaler V., konfessionell, regional und milieuspezifisch zeitversetzt und in unterschiedlicher Abstufung. Gleichwohl ist auch in der Gegenwart populare Religiosität alter und neuer Prägung ein konstitutives Lebensmoment des Christentums. Mindestens drei Felder lassen sich in der Spätmoderne markieren:

Insbesondere in Ländern, in denen der Katholizismus missions- und kulturgeschichtlich eine starke Rolle spielt (etwa Lateinamerika), sind indigene Formen der V. nach wie vor lebensweltlich fest verankert. Dies gilt unter anderen Vorzeichen auch für kath. Regionen Europas. Dabei zeigt sich, dass traditionelle Gestalten der Volksreligiosität (Wallfahrt, Heiligenverehrung) durchaus mit modernen Lebensformen koexistieren können. Kulturwissenschaftlich und theologisch bes. interessant ist, dass und wie Versatzstücke alter V. in der spätmodernen Religionskultur auch im ev. Bereich einen Platz gewinnen können (Pilgerwesen, Taizé, Kerzensymbolik etc.).

Die volkskirchliche Religiosität (→Volkskirche) der Gegenwart ist vorrangig festzeitlich orientiert. Während eine alltagspraktische Religiosität deutlich zurückgegangen ist, sind die christl. Feste im Kirchenjahr und im Lebenszyklus Kristallisationspunkte popularer Religiosität in der Spätmoderne. Das Weihnachts-Christentum (→Weihnachten) bspw. kann als eine spezifisch neuzeitlich-bürgerliche Form christl. Religiosität (Morgenroth) gelten, die eigene symbolische Ausdrucksformen geschaffen hat. Die →Kasualien bilden einen lebensgeschichtlichen Einzugsbereich vorrangig familiär gestalteter Religion.

Eine spezifisch spätmoderne Religiosität lässt sich im wiedererwachten Sinn für sakrale und heilige Orte (→Kirchenbau) ausmachen, die zivil- und kulturreligiös an Bedeutung gewinnen (Wiederaufbau der Dresdner Frauenkirche, touristischer Besuch von Kirchen, Einkehr in →Klöster; →Exerzitien). Zugleich hat sich eine neue spirituelle Kultur (→Spiritualität) etabliert, die christl. Religion mit Facetten fernöstlicher Weisheitslehren und Religionspraktiken unterschiedlicher Provenienz verbindet (bspw. →Meditation, Enneagramm). Weitere Phänomene wären zu nennen. Das Feld gegenwärtiger populärer Religion ist uneinheitlich und vielspältig.

Der ev. Praktische Theologe Paul Drews hat zu Beginn des 20. Jh. mit Nachdruck gefordert, dass „religiöse Volkskunde“ Teil der theologischen Ausbildung und Forschung sein müsse. Dies gilt umso mehr, insofern heute deutlich wird, dass V. als populare Religiosität keineswegs ein Restbestand und traditionaler Überhang, sondern ein vitales, wenn auch eigensinniges, Moment christl. Religion in der Lebenswelt der Spätmoderne darstellt. In ihr artikuliert sich eine *theologia popularis*, die theologisch zu erkunden, kritisch zu reflektieren und kirchlich zu gestalten ist.

Drehsen, V./Sparn, W. (Hg.), Im Schmelztiegel der Religionen, 1996; Ebertz, M.N./Schultheis, F. (Hg.), Volksfrömmigkeit in Europa, 1986; Hoheisel u.a., Art. Volksfrömmigkeit, TRE 35, 2003, 214–248; Holzem, A., „Volksfrömmigkeit“. Zur Verabschiedung eines Begriffs, Theologische Quartalschrift 182, 2002, 258–270; Morgenroth, M., Weihnachts-Christentum, 2002; Schieder, W. (Hg.), Volksreligiosität in der modernen Sozialgeschichte, 1986.

Kristian Fechtner

Volkskirche Mit dem Begriff V., der die Selbstverständigung des dt. →Protestantismus seit 200 Jahren begleitet, verbinden sich sehr unterschiedliche Bedeutungen. Gemeinsam ist ihnen ein programmatischer Anspruch und damit auch ein kritischer Bezug auf bestimmte Aspekte der bestehenden Kirchlichkeit; immer wieder wird der Begriff aber auch zur Kennzeichnung der spezifischen (landes-)kirchlichen Realität in Deutschland herangezogen.

Friedrich Daniel Ernst →Schleiermacher, der historisch wohl als erster (aber unbetont) von der V. spricht, wendet sich damit gegen die vom Staat beaufsichtigte und instrumentalisierte Kirchenorganisation seiner Zeit (→Kirche und Staat); die V. soll vielmehr – im Anschluss an Johann Gottfried Herder – aus dem Volk als einer sprachlich-kulturellen Gemeinschaft entstehen, sich selbst organisieren und der freien religiösen Kommunikation in der Öffentlichkeit dienen. Johann Hinrich Wichern fordert im Rahmen seines Programms der →Inneren Mission von 1848, angesichts sozialer Verelendung und religiöser Traditionsabbrüche, eine missionarische (→Mission) und diakonische (→Diakonie) Hinwendung zum Volk; die Amtskirche soll so allererst zu einer V. werden, die umfassende Betreuung und Begleitung realisiert. Im Kaiserreich wird mit dem Programm der V. auch die organisatorische Zersplitterung des Protestantismus kritisiert; außerdem verbindet sich mit dem Begriff die Vorstellung einer „Nationalkirche", die die kulturelle wie die politische Integration des neuen Reiches fördern soll. Das Bild der V. kann damit auch gegen ökumenische und pazifistische Kirchenkonzepte wie gegen plurale Gesellschaftsmodelle gewendet und politisch aggressiv instrumentalisiert werden; in diesem Sinne wird auch der NS-Staat eine V. proklamieren. Umgekehrt fordern Ernst Troeltsch u.a. zu Beginn des 20. Jh. eine „elastisch gemachte V.", die sich energisch der religiösen Individualität öffnet, anstatt sich von der faktischen Pluralität der Lebenswirklichkeit in der Moderne abzuwenden. Nach dem Ende der Staatskirche (1919) steht V. auch für den – etwa von Otto Dibelius erhobenen – Anspruch auf bleibende gesellschaftsöffentliche Präsenz und Wirkung der Kirchen, nicht zuletzt im Bildungsbereich; eine freikirchlich-selbstgenügsame Organisationsform wird abgelehnt. Auf dieser Linie bekennt sich die →*Barmer Theologische Erklärung* 1934 zum „Auftrag der Kirche", die christl. „Botschaft [...] auszurichten an alles Volk" (These 6); in diesem Kontext nimmt etwa Dietrich Bonhoeffer auf den Begriff der V. positiv Bezug. In den Debatten der 1960er und 1970er Jahre um Gesellschafts- und Kirchenreform schließlich werden mit dem Begriff – v.a. von Trutz Rendtorff – alle Forderungen nach christl.-parteilichem Engagement kritisiert, die die gewachsene Pluralität und Beteiligungsoffenheit des kirchlichen Handelns in Frage stellen. Die V. erscheint dann, im Rückgriff auf das luth. Bekenntnis, als die immer schon gegebene „Institution der Freiheit", die die individuelle →Frömmigkeit gegen klerikale oder religiöse Bevormundung schützt.

Etwa seit der Wende zum 20. Jh. wird das jeweilige Programm der V. auch durch empirisch-soziologische Hinweise auf die besonderen kirchlichen Verhältnisse in Deutschland (sowie in Dänemark und anderen skandinavischen Ländern) untermauert. Hier gestalten sich individuelle Bindungen und öffentliche Stellung der Kirchen in einer Weise, die wesentlich durch die staatskirchliche Tradition geprägt ist. Zur V. in diesem deskriptiven Sinn gehört es, dass die (rechtliche wie soziale) Bindung an die Kirche den Einzelnen selbstverständlich, fraglos vorgegeben ist. Auf dieser – durch die Kindertaufe (→Taufe) gebildeten – Grundlage entwickeln sich sehr plurale, mehrheitlich jedoch hochselektive („distanzierte") Formen der Beteiligung am kirchlichen Leben. Diese Vielfalt wird durch eine territoriale, „parochiale“ Organisationsform ermöglicht, die für alle Menschen der jeweiligen Region erkennbar kirchliche Räume, kasuelle und jahreszyklische Riten sowie pastorale Bezugspersonen leicht erreichbar zur Verfügung stellt. Der selbstverständlich-gelegentlichen Präsenz der V. im Leben der Einzelnen korrespondiert ihre Präsenz im öffentlichen Leben; die V. gestaltet die kulturellen, politischen und sozialen Verhältnisse der Gesellschaft ebenso selbstverständlich mit. Auch das Verhältnis zum Staat ist darum – etwa im Bildungs- und Wohlfahrtsbereich – durch Kooperation, weniger durch kritische Abgrenzung geprägt. Die zunehmende Differenzierung des gesellschaftlichen Lebens wird seitens der V. mit einer situations- und zielgruppenspezifischen Ausdifferenzierung ihres Handelns beantwortet.

Mit der bleibenden Nähe zu staatlichen Institutionen, mit dezidiert gesellschaftsöffentlichem Wirken, v.a. aber mit der Übung der Kindertaufe unterscheidet sich die V. vom Organisationsmodell der →Freikirchen, das Mitgliedschaft durch persönliche Entscheidung und engagierte Beteiligung bestimmt und sich gegenüber Staat und Öffentlichkeit eher distanziert hält. Diese idealtypische Gegenüberstellung schließt mannigfache Übergangsformen in der Realität nicht aus.

Angesichts der Prozesse politischer sowie kultureller Marginalisierung des Christentums in der DDR, die seit den 1950er Jahren zu einem dramatischen Rückgang der →Kirchenmitgliedschaft führten, wurde dort recht bald vom „Ende der V.“ gesprochen; in Westdeutschland begegnen entsprechende Prognosen seit den späten 1960er Jahren. Inzwischen hat sich die Einsicht durchgesetzt, dass schon der deskriptiv gemeinte Begriff der V. nicht daran zu binden ist, dass die überwiegende Mehrheit einer Gesellschaft zur Kirche gehört: Nicht nur volkskirchliche Organisationsformen (→Pfarramt, →Kasualien, Parochialsystem u. a.), sondern auch eine plurale, mehrheitlich distanzierte Kirchlichkeit der Mitglieder haben sich in Ostdeutschland bemerkenswert stabil durchgehalten. Erst recht bleibt der programmatische Anspruch des Begriffs, Kirche für „alles Volk“ zu sein und damit die jeweilige religiöse Kultur des Volkes zu artikulieren, auch unter den Bedingungen statistischer Minorität gültig.

Unter dem Eindruck empirischer Entkirchlichung, aber auch theologisch-kritischer Anfragen ist jenes Programm der V., v.a. seit den 1970er Jahren, prägnanter ausgearbeitet und theologisch begründet worden. Entsteht Kirche, wie die →Reformation erkannte, durch den unverfügbaren →Glauben der Einzelnen an das ihnen begegnende →Wort Gottes, also durch die je neue Erfahrung der freien →Gnade Gottes, so hat die kirchliche Organisation es wesentlich nicht in der Hand, wie das „Volk“ der Glaubenden sich zu ihr stellt. Die Kirche muss daher – aus theologischen Gründen – die Vielfalt individueller Frömmigkeits- und Beteiligungsformen akzeptieren, sie muss sich für alle Menschen, die sich von der christl. Botschaft getroffen sehen, dezidiert öffnen, ohne dass die Prägung durch soziale Schichten, kulturelle Milieus oder religiöse Biographie eine ausschließende Wirkung haben darf. Positiv muss die V. sich – so v.a. Reiner Preul – als die Institution christl.-religiöser und -ethischer Bildung begreifen, die das →Evangelium für „alles Volk“ klar erkennbar, leicht erreichbar und bedingungslos zugänglich hält. Daraus ergibt sich die Verpflichtung, vielfältige Formen der →Bildung und Begleitung zu entwickeln; daraus ergibt sich aber auch die Pflicht, in der Öffentlichkeit – vor Ort, regional wie gesamtgesellschaftlich, auch massenmedial (→Publizistik, kirchliche) – erkennbar präsent zu sein und die Gesellschaft im Sinne der christl. →Freiheit mitzugestalten. Aus dem sachlichen Primat der einzelnen Glaubenden vor jeder kirchlichen Sozialität folgt schließlich auch ein Verfassungsprogramm: Die V. muss dem „Volk" nicht nur ein Maximum an Mitwirkungsmöglichkeiten eröffnen, sondern – als Kirche des „allgemeinen Priestertums" (→Priestertum aller Gläubigen) – auch ihre Leitung auf allen Ebenen in einer Gemeinschaft von Laien und Amtspersonen gestalten.

Dieses Programm der V. hat stets auch Kritik erfahren, und zwar in zweierlei Hinsicht. Zum Einen wird – gegenwärtig besonders von Wolfgang Huber – darauf hingewiesen, ein gesellschaftlich wie individuell selbstverständlich präsentes Christentum, wie es der deskriptiven Bedeutung von V. entspräche, erscheine immer weniger gegeben: Die Gegenwart gilt als „missionarische Situation". Will man gleichwohl daran festhalten, Kirche des Volkes und für das Volk zu sein, so muss die V. – zumal mit abnehmenden finanziellen Mitteln – deutlicher als bisher ein (ev.) „Profil" ausarbeiten, sie muss das spezifisch Christl. ihrer Botschaft erkennbarer und ihre Handlungsformen einladender gestalten. Zum Anderen wird – gegenwärtig etwa von Manfred Josuttis – die Voraussetzung kritisiert, „unsere V." verdanke sich dem vorgängigen Wirken Gottes, jede Reform könne und müsse daher am Bestehenden anknüpfen. Solche prinzipiell-alternativen Konzepte sind skeptisch gegenüber der organisatorischen Stabilität und den gesellschaftsgestaltenden Möglichkeiten der V.; sie suchen die Kirche der Zukunft jenseits der etablierten Formen christl. Bildung und Begleitung und plädieren für gruppengemeinschaftliche Formen religiösen Lebens. Auch diese prinzipielle Kritik scheint freilich – theologisch wie empirisch – im Rahmen dessen zu bleiben, was sich in der Gegenwart mit dem Begriff V. bezeichnen lässt.

Huber, W., Kirche in der Zeitenwende, 1998; Huber, W. u. a. (Hg.), Kirche in der Vielfalt der Lebensbezüge, 2006; Hüffmeier, W. (Hg.), Modell Volkskirche, 1995; Josuttis, M., „Unsere Volkskirche" und die Gemeinde der Heiligen, 1997; Leipold, A., Volkskirche, 1997; Lohff, W./Mohaupt, L. (Hg.), Volkskirche – Kirche der Zukunft?, 1977; Lück, W., Die Volkskirche, 1980; Preul, R., Kirchentheorie, 1997.

Jan Hermelink

Voodoo Der V. ist in Haiti beheimatet, dem seit 1492 zunächst span., seit 1697 franz. besetzten Westteil der zweitgrößten Antilleninsel. Im 18. Jh. forcierte die franz. Administration den extensiven Anbau von Zuckerrohr, später die Kaffeeproduktion und förderte zu diesem Zweck den Import afrikanischer Sklavinnen und Sklaven, deren religiöse →Traditionen den Nährboden für die Entwicklung der später als V. (auch Vodou, Vaudou, Vodu u. a.) bezeichneten Religion bildeten. Der Name V. ist abgeleitet von *vodun*, dem Begriff der westafrikanischen Fon-Sprache für Gott oder Geist.

Die V.-Gemeinden verstehen sich als spirituelle Großfamilien, deren Oberhaupt die Kultleiterin (*manbo*) oder der Kultleiter (*oungan*) (→Kult) ist. Sie unterhalten i.d.R. ein autonomes Gemeindezentrum. Größere ländliche V.-Zentren sind meistens nach dem Vorbild eines Gutshofes angelegt: Sie verfügen über mehrere Gebäude, die als Wohnhäuser eines Teils der Gläubigen (*ounsi*) sowie der Götter (*lwa*) dienen. Kleinere sowie städtische Zentren sind hingegen häufig in einem einzigen Haus oder Raum untergebracht. An die Stelle der Häuser der *lwa* treten hier verschiedene Kammern; oft werden auch auf einem gemeinsamen Altar die rituellen Gegenstände, die die verschiedenen *lwa* repräsentieren, aufbewahrt: das Schwert des kämpferischen *Ogou*, die Kosmetika und Spiegel der Liebesgöttin *Ezili Freda*, die Pfeife des bäuerlichen *Azaka*, das Spielzeug der Zwillingsgeister Marasa, Bassins für den Meeresgott *Agwe* oder den Schlangengott *Danbala Wèdo*, Schüsseln, Krüge und Flaschen mit Opferspeisen und -getränken, Bilder kath. Heiliger (→Heiligenverehrung), Kerzen, rituelle Kleidungsstücke usw. Der Eingang des Zentrums wird stets von *Legba* bewacht, dem Hüter der Tore und Götterboten, ohne dessen Vermittlung die *ounsi* keinen Kontakt zu den *lwa* herstellen können. Daher werden ihm am Beginn jeder Zeremonie auf der Türschwelle kleine Gaben oder Trankopfer (→Opfer) dargebracht. Auch *Gede* steht auf der Schwelle zwischen zwei Reichen: An ihn wenden sich die Gläubigen, um Kontakt zu den Ahnen herzustellen.

Die spektakuläre Außenseite des V. sind die öffentlichen Zeremonien, bei denen die Götter und Geister, die durch Opfergaben, Tanz, Gesang und Trommelklang herbeigerufen werden, von den *ounsi* Besitz ergreifen. Die Trance variiert mit dem Charakter des *lwa*, der sich manifestiert: So hat die „Besessenheit" (→Ekstase) durch den Krieger *Ogou* wilde Züge, während sich die Liebesgöttin *Ezili Freda* sanft zeigt. Obwohl die Gläubigen von verschiedenen *lwa* „besessen" werden können, stehen sie einem bestimmten *lwa* bes. nahe; dieser wird als „Herr über ihren Kopf" (*mèt tèt*) bezeichnet und ihm gilt das mehrstufige Initiationsritual.

Im kulturellen Gedächtnis Haitis wird dem V. erheblicher Einfluss auf den Aufstand zugemessen, der 1804 zur Unabhängigkeit und zur Abschaffung der Sklaverei führte; dies hat ihn zu einer Art haitianischer Nationalreligion werden lassen. Für die Geschichte des V. ist es von großer Bedeutung, dass in Haiti, anders als im übrigen Lateinamerika, die kleinbäuerliche Subsistenzwirtschaft im 19. Jh. eine Renaissance erlebte. Auch die ehemaligen Sklaven profitierten davon; ihre Parzellen wurden zum Entstehungsmilieu des V.: Wie im vorkolonialen Afrika bildeten hier die Beziehungen zur Familie, zum bewirtschafteten Stück Land sowie zu den Göttern, Geistern und Ahnen eine Einheit. Der V. hat also – anders als seine afroamerikanischen Schwesterreligionen, etwa →Candomblé (Brasilien) und *Santería* (Kuba), ländliche Wurzeln; in die großen Städte (Haitis und später auch der USA), wo er heute zunehmend auch Angehörige der Mittel- und Oberschicht anzieht, gelangte er erst mit den Landflüchtigen des 20. Jh. Die besondere Entwicklungsdynamik des V. wurde zudem maßgeblich beeinflusst durch das sog. *große haitianische Schisma*, den Abbruch der Beziehungen zwischen der haitianischen Kirche und dem →Vatikan in den Jahrzehnten nach der Unabhängigkeit. Die ausbleibende Kontrolle durch die röm. Zentrale erleichterte die heterodoxe Vermengung von kath. Vorstellungen und liturgischen Praktiken mit religiösen Überzeugungen der früheren Sklaven und Elementen afrikanischer Rituale. Daraus ging ein anarchischer Katholizismus hervor, dessen Spuren bis heute im V. zu erkennen sind.

McCarthy Brown, K., Mama Lola. Voodoo in Brooklyn, 2000; Métraux, A., Voodoo in Haiti, 1996; Reuter, A., Voodoo und andere afroamerikanische Religionen, 2003.

Astrid Reuter

W

Wahrheit Die Frage nach W. ist eine Grundfrage menschlichen →Lebens überhaupt. Der handelnde und sein Leben gestaltende →Mensch muss in immer wieder von ihm geforderten Entscheidungssituationen verstehend mit seiner →Welt umgehen. Die dazu erforderliche Einsicht in die Welt als der dem Menschen zugänglichen Wirklichkeit wird mit einem entsprechenden Wahrheitsanspruch zur Sprache gebracht. Die Reichweite solcher Wahrheitsansprüche wird in intersubjektiver Kommunikation diskutiert, bestritten, bestätigt oder auch verworfen. Daraus ergibt sich, dass die dem Menschen zugängliche W. ein sprachabhängiges, aber doch nicht bloß sprachliches Phänomen (→Sprache) ist. Ein geäußerter Wahrheitsanspruch weist immer über die Aussage hinaus auf die Welt bzw. die dem Menschen zugängliche Wirklichkeit, wobei diese Welt ihrerseits dem Menschen immer nur als sprachlich verfasste Wirklichkeit zugänglich ist.

In formaler Hinsicht wird mit der Frage nach der W. nach Struktur und Funktion des unterstellten Wahrheitsbegriffs gefragt, in materialer Hinsicht wird dargestellt, was konkret als W. verstanden werden soll. Beide Aspekte bleiben wesentlich aufeinander bezogen.

Für die Entwicklung des Wahrheitsverständnisses unserer →Tradition wurde →Thomas von Aquin prägend, der in Aufnahme aristotelischer Einsichten die dem jüd. Philosophen Isaak Israeli zugeschriebene definitorische Formel „Wahrheit ist die Übereinstimmung der Sache mit dem Verstand“ (*veritas est adaequatio rei et intellectus*) als Grundbestimmung für W. einführte. Das in dieser Formel ausgedrückte Korrespondenzverhältnis von Sache bzw. Wirklichkeit und Verstand bringt das allgemeine, intuitive Wahrheitsverständnis durchaus angemessen zur Sprache. Ohne die Berücksichtigung dieses wie auch immer näher zu bestimmenden Korrespondenzverhältnisses wird sich eine Rekonstruktion eines angemessenen Wahrheitsbegriffs nicht darstellen lassen.

Seit der ersten Hälfte des 20. Jh. steht der Wahrheitsbegriff im Zentrum sich immer weiter ausdifferenzierender Diskussionen. Martin Heidegger möchte W. nicht als Korrespondenzverhältnis von Sprache und Wirklichkeit bestimmen, er versucht eine Interpretation von W. über die Etymologie des griech. Begriffs für W.: *aletheia* als „Unverborgenheit“, „Entdecktheit“ und „Lichtung“. Dieses, bis in weite Bereiche der →Theologie wirksame Wahrheitsverständnis verfehlt jedoch den in der Tradition geprägten Begriff der W. und erzeugt eine schlichte Äquivokation des Ausdrucks W. Dies wurde vom späten Heidegger auch so eingestanden. Ebenso abzulehnen ist die Behauptung unterschiedlicher Wahrheitsverständnisse im hebr. und im griech. Sprachraum, wobei der hebr. Ausdruck *emet* Dauerhaftigkeit, Verlässlichkeit oder Treue meine, also eine personale Dimension zur Sprache bringe, während im griech. Bereich mit *alētheia* die Aussagenwahrheit gemeint sei. Es lässt sich aber leicht zeigen, dass auch im AT für den hebr. Ausdruck *emet* die Korrespondenz von Sprache bzw. Aussage und Wirklichkeit konstitutiv ist.

Die philosophische Diskussion um den Wahrheitsbegriff differenziert sich derzeit immer weiter aus. Dabei wird erkennbar, dass mit der Frage nach der W. ontologische, erkenntnistheoretische, logische, semantische und kommunikationstheoretische Aspekte verknüpft sind. W. ist ein unentbehrlicher Grundbegriff für alle →Wissenschaften ebenso wie für die alltägliche Lebenswelt (→Lebenswelt und Alltag). Die enorme Vielfalt von Wahrheitsvorstellungen entspricht der Bedeutung des Wahrheitsbegriffs für das menschliche Leben.

Im Anschluss an das traditionelle Wahrheitsverständnis, dessen Grundintention der Zusammenhang von →Erkenntnis bzw. Sprache und Wirklichkeit ist, wurden unterschiedliche Korrespondenztheorien der W. ausgebildet (z.B. von B. Russell, L. Wittgenstein, A. Tarski). Die genaue Beschreibung der behaupteten Übereinstimmung von Sprache und Wirklichkeit bleibt jedoch strittig, es bleibt auch offen, wie diese Übereinstimmung erkannt werden soll. Die verschiedenen Kohärenztheorien, die ihren Ursprung in der idealistischen Tradition (→Idealismus) haben (F.H. Bradley, P.B. Blanshard), wovon aber auch logisch-empiristische Varianten ausgearbeitet wurden (O. Neurath, C.G. Hempel), behaupten in der Kohärenz aller als wahr angenommenen Aussagen ein verlässliches Kriterium für die dem Menschen zugängliche W. gefunden zu haben und damit zugleich das Wesen der W. beschreiben zu können (N. Rescher). Offen bleibt hier jedoch die Explikation des Zusammenhangs von Sprache und Wirklichkeit, es besteht die Gefahr eines rein innersprachlichen Wahrheitsverständnisses. Die intersubjektivitätstheoretischen Wahrheitstheorien wollen die Wahrheitsfindung in den intersubjektiven Diskurs verlagern. In einem – freilich unendlich gedachten – Diskurs in einer idealen, nicht von Herrschaftsansprüchen verfälschten Kommunikationssituation sollen über den dabei zu erreichenden Konsens die berechtigten Wahrheitsansprüche zur Geltung gebracht werden (J. Habermas). Aber weder die ideale Sprechsituation kann wirklich erreicht werden, noch ist bestimmbar, wann und unter welchen Bedingungen für alle am Diskurs Beteiligten akzeptabel ein Konsens als erreicht gelten kann.

Die genannten und andere Wahrheitstheorien bringen mit Korrespondenz, Kohärenz und intersubjektiver Kommunikation wesentliche Aspekte für ein angemessenes Wahrheitsverständnis zur Sprache, die freilich nicht isoliert bleiben dürfen.

Eine Rekonstruktion des Wahrheitsbegriffs wird von der Sprachgebundenheit von W. ausgehen müssen. In Weiterentwicklung semiotischer Einsichten (C.W. Morris) kann Sprache, und damit auch jeder Satz, als geschichtet in die syntaktische, semantische, pragmatische und effektive Ebene vorgestellt werden. Alle vier Sprachebenen sind unterscheidbar, stehen aber in einem unauflöslichen Zusammenhang. W. ist der semantischen Sprachebene zuzurechnen, auf der danach gefragt wird, was ein Satz von der Welt zu verstehen geben will. Ein einzelner Satz steht jedoch niemals für sich allein, er muss in seinem engeren und weiteren Kontext betrachtet werden. Was ein Satz von der Welt zu verstehen geben kann, ist von einer logisch und sachlich qualifizierten Kontextualität abhängig. Dieses Kontextprinzip führt zur Annahme der Kohärenz als eines Wahrheitskriteriums, wobei die Logik der Kohärenz zumindest die Aspekte der Konsistenz, Umfassendheit und Zusammenhängendheit der als kohärent behaupteten Sätze aufweisen muss (N. Rescher). Es entsteht dann aber das Problem, dass aus den dem Menschen zugänglichen Daten unterschiedliche kohärente Datenmengen beschrieben werden können, die mit konkurrierendem Wahrheitsanspruch auftreten können. Dies macht die Annahme eines neben der Kohärenz zusätzlichen Wahrheitskriteriums notwendig, das aber, soll das Münchhausen-Trilemma des unendlichen Regresses, des dogmatischen Abbruchs oder des vitiösen Zirkels vermieden werden, als ein außerlogisches Kriterium beschrieben werden muss. Mit diesem außerlogischen Kriterium, das in den unterschiedlichen Bereichen des Lebens und der Wissenschaft auch ganz unterschiedlich gewählt wird, wird dann aus den sich als kohärent darstellenden Datenmengen diejenige ausgewählt, die diesem so genannten Präferenzkriterium entspricht. Mit diesem kriteriologischen Wahrheitsverständnis werden die Endlichkeit, Unabgeschlossenheit und Perspektivität der menschlichen Erkenntnis zur Geltung gebracht, die Anforderung der Kohärenz unter den Bedingungen menschlicher Erkenntnis schließt einen wahrheitstheoretischen Fundamentalismus aus.

Der Aspekt der Korrespondenz als des Zusammenhangs von Sprache und Wirklichkeit wird dort aufgenommen, wo als die grundlegende Entität der Sprache die Proposition vorgestellt wird (L.B. Puntel). Eine Proposition in dem hier unterstellten Sinn ist eine nicht sprachliche, aber sprachabhängige Entität, die jedem Satz und jeder Aussage zugrunde liegt. Unsere Einsicht in die Welt ist immer propositional verfasst, wir haben deshalb aber die Welt immer nur in einem sprachlichen Zugang. In Abhängigkeit von der Proposition ist ein Satz wahr, was sich dann auch mit dem Kriterium der qualifizierten Kohärenz darstellen lässt. Die Gesamtheit der so verstandenen Propositionen wäre die Gesamtheit der Welt, die aber der menschlichen →Erkenntnis niemals vollständig zugänglich ist. Insofern niemals von abschließend als wahr ausgezeichneten Sätzen als Basis ausgegangen werden kann, diese vielmehr stets der Prüfung ihrer Kohärenz im Diskurs ausgesetzt sind, ist ein wahrheitstheoretischer Fundamentalismus konsequent auszuschließen. Dennoch bedarf es der Auszeichnung von wahren Sätzen, um überhaupt handeln zu können. Ferner bedarf es aber aufgrund der Endlichkeit der menschlichen →Erkenntnis sowohl lebensweltlich wie in der Wissenschaft auch des permanenten Diskurses, um die als wahr ausgezeichneten Sätze auf ihre Kohärenz immer wieder zu überprüfen.

In der →Religion müssen solche Sätze, die gerechtfertigter Weise als wahr angenommen werden sollen, dem gleichen qualifizierten Kohärenzkriterium unterzogen werden, sollen doch die religiösen Sätze die Welt unter den Bedingungen des Glaubens zur Sprache bringen. Das auch in der Religion notwendige, aber nicht mehr hintergehbare Präferenzkriterium ist im Raum des christl. Glaubens der →Glaube an →Jesus Christus. Dies lassen bereits die ntl. Schriften durchgehend deutlich erkennen.

Nur dann, wenn der christl. Glaube sich der skizzierten Prüfung der Kohärenz seiner Sätze aussetzt, wird er in den Auseinandersetzungen der gegenwärtigen Welt sprach- und damit wahrheitsfähig.

Gloy, K., Wahrheitstheorien. Eine Einführung, 2004; Landmesser, C., Wahrheit als Grundbegriff neutestamentlicher Wissenschaft, 1999; Michel, D., 'ÄMÄT. Untersuchung über „Wahrheit" im Hebräischen, Archiv für Begriffsgeschichte 12, 1968, 30–57; Puntel, L. B., Wahrheitstheorien in der neueren Philosophie. Eine kritisch-systematische Darstellung, ^{3}1993; Rescher, N., The Coherence Theory of Truth, 1973.

Christof Landmesser

Wahrsagung Wahrsagung (Mantik, →Divination) meint Formen eines Blickes in die Zukunft, die nicht durch Extrapolation von Kausalzusammenhängen entstehen, sondern beanspruchen, aufgrund okkulter Beziehungen (etwa zwischen Himmel und Erde) oder übernatürlicher „Kräfte" zustande zu kommen (vgl. →Magie). Seit der Antike (Cicero, *De divinatione*) werden technische W. und „natürliche" (inspirative) W. unterschieden. Erstere wird wie ein Handwerk erlernt und unterliegt festen Regeln (antik z.B. Astrologie, Haruspizin; neuzeitlich: Kartenlegen, Lesen aus Handlinien u.Ä.), auch wenn ein intuitiver Anteil von Wahrsagern immer behauptet wird; Letztere wird von Trancemedien und anderen medial begabten Menschen (engl.: psychics) ausgeübt, oft auch gegen Bezahlung als eigener Beruf. Charakteristisch ist die etwa aus der griech. Überlieferung bekannte deutungsbedürftige Ambivalenz der Orakel. Im alten Israel wurden Priester und Prophet um Orakelauskunft angegangen: die Initiative liegt beim Ratsuchenden, der den Orakelvermittler auch entlohnt (1Sam 9, 7f; 1Kön 14,3 u.ö.). Efod sowie Urim u. Thummim (wohl ein Ja-Nein-Orakel) sind dabei technische Hilfsmittel, wie überhaupt Losorakel im AT gut bezeugt sind (vgl. auch Josefs Becherorakel Gen 44,5). Zunehmend begreift Israel jedoch die Inkompatibilität zwischen Jahweglauben und jeder Form von Mantik, zumal diese oft eingebettet in fremdreligiöse Kontexte begegnet (Jes 19,3; Hes 21,26 u.ö.). Schließlich unterliegt jede Form der W. einem strikten religiösen Verbot (Lev 19, 26; Dtn 18, 9–14 u.ö.), insbesondere jeder wahrsagende Umgang mit Dämonen oder Totenseelen (Nekromantie: 1Sam 28). Das Verbot der W. wird im Christentum im Prinzip übernommen (vgl. Did 3,4 und die Überwindung eines Wahrsagedämons Apg 16,16–22), doch kennt der Volksglaube zu allen Zeiten bis heute einen ungebrochenen Anteil mantischer Praktiken. Andere Religionen teilen entweder die Ambivalenz von theologischer Ausgrenzung und volkstümlich praktizierter Mantik (Judentum, Islam) oder sie integrieren die Mantik in ihr kultisch-religiöses System, z.B. in Form von regelmäßig befragten Staatsorakeln (antikes Rom, Inkareich, tibetischer Buddhismus). Hofastrologen u.ä. sind auch in christl. Gesellschaften des Mittelalters und der frühen Neuzeit nicht selten. Die Verbindung von Aufklärung und theologischer Sachkritik hat ab dem 18. Jh. jede Integration von W. in theologische Systeme destruiert. Fortschritte in der Erforschung der Mantik haben Genderfragestellungen geleistet: W. wird oft als „weibliche", illegitime Nebenform von Religion marginalisiert (vgl. Hes 13,17) und stigmatisiert. Eine praktisch-theologische Kritik von W. kann bei der Vertrauensfrage ansetzen: wem vertraue ich meine Zukunft an – Gott oder anonymen „Mächten"? Wissenschaftliche Aufklärung allein (z.B. die weltbildhafte Unhaltbarkeit der Grundlagen der Astrologie) reicht nicht tief genug, um das Bedürfnis nach Zukunftssicherung durch W. zu überwinden. Nur wo im Akt des Glaubens W. überflüssig wird, kann sie als problematische und oft wahnhafte Selbstsicherung überwunden werden.

Bächtold-Stäubli, H. (Hg.). Handwörterbuch des Deutschen Aberglaubens, 10 Bd., Berlin 1927–1942, Taschenbuchreprint 1987; Cryer, F. H., Divination in Ancient Israel and Its Near Eastern Environment, 1994; Jeffers, A., Magic and Divination in Ancient Palestine and Syria, 1996; Melton, J. G., Encyclopedia of Occultism and Parapsychology, 2 Bd., ^{5}2001.

Marco Frenschkowski

Waldenser Die Waldenser sind die einzige Kirchengemeinschaft in der protestantischen Familie mit mittelalterlichen Wurzeln. Die Anfänge der Gemeinschaft liegen im 12. Jahrhundert, genauer in der Armutsbewegung des hohen →Mittelalters, die damals besonders in Norditalien und Südfrankreich breite Anhängerschaft gewann. Neben den Waldensern sind besonders die Albigenser und Katharer zu nennen, die aber durch die scharfe und blutige Verfolgung (→Christenverfolgungen) ausstarben. Auch die (späteren) Franziskaner und Dominikaner (→Orden und Kongregationen) gehören im weiteren Sinne in dieses Umfeld; sie fanden jedoch – trotz kirchenkritischer Elemente – durch die Anerkennung als Ordensgemeinschaften Anschluss an die etablierte Kirche und konnten in ihrem Rahmen überleben. Als namengebende Gründergestalt wird in der Waldenserbewegung Petrus Valdes (gest. nach 1205) betrachtet, ein Kaufmann aus Lyon, der als wandernder Prediger durch Südfrankreich zog und eine wachsende Anhängerschar um sich sammelte. Zunächst nicht als Alternative zur Kirche konzipiert, sondern als Ruf zur Besinnung in ihr, zwang die Verweigerung der kirchlichen Approbation (3. Laterankonzil 1179) die Bewegung in die Opposition. Da sie kein institutionelles Rückgrat hatte oder anstrebte, war es in der folgenden Unterdrückungsgeschichte relativ einfach, die zunächst weit verbreitete Anhängerschar auf geringe Reste in einigen Tälern der Westalpen zu reduzieren.

Dort konnte sich die Gruppe bis ins 16. Jahrhundert halten; sie bekam zunächst über Guillaume Farel Kunde von der →Reformation in Mitteleuropa und der Schweiz. Nach einigen Kontakten wurde auf einer Versammlung 1532 (Synode von Chanforan) der Anschluss an die reformatorische Bewegung beschlossen. Im Besonderen bedeutete das faktisch die Übernahme der Schweizer Reformation und damit den Verzicht auf einige Eigenarten der waldensischen Tradition (ehelose Wanderprediger, Armutsideal). Gleichzeitig war damit die eigentliche Kirchwerdung mit eigenen Strukturen verbunden. Die waldensischen Gruppen in der Provence wurden schon im 16. Jahrhundert bei den blutigen Verfolgungen des Protestantismus in Frankreich ausgeschaltet; nur in den Alpentälern westlich von Turin hielten sie sich. Auch im 17. Jahrhundert riss die Verfolgung nicht ab – mit der Folge, dass viele Waldenser Zuflucht in protestantischen Gegenden der Schweiz und des deutschen Reiches suchten. Dort lebten sie lange als geschlossene Gruppen und haben erst im 20. Jh. durch kulturelle und kirchliche Assimilation ihr Profil verloren.

Erst die Entstehung des säkularen italienischen Nationalstaats im 19. Jahrhundert brachte den Waldensern die ersehnte →Religionsfreiheit. Heute sind sie eine kleine protestantische Minorität (ca. 25.000 Mitglieder) in Italien mit eigener theologischer Hochschule in Rom und viel beachteten diakonalen Aktivitäten.

Enchiridion fontium Valdensium (Recueil critique des sources concernant les Vaudois au moyen âge), hg. v. G. Gonnet, 2 Bd., 1958–98; Cameron, E.K., Waldenses. Rejections of Holy Church in Medieval Europe, 2000; Cameron, E.K., Waldenser, TRE 35, 2003, 388–402; Molnár, A., Storia dei Valdesi, 3 Bd., 1974–80; Tourn, G., I Valdesi. La singolare vicenda di un popolo-chiesa (1170–1999), [3]1999.

Martin Wallraff

Wallfahrt Unter W. versteht man religiös motivierte, meist in Gruppen durchgeführte Reisen, die auf ein konkretes Ziel ausgerichtet sind. Dieses Ziel, von dem Heilsvermittlung bzw. -erfahrbarkeit (→Heil) in besonderer Weise erwartet wird, steht tendenziell stärker im Vordergrund, als das beim Pilgern der Fall ist. Eine W. führt oft zu einem nahegelegenen, religiös begründeten Reiseziel, dem man sich mit bestimmten Riten, insbesondere →Prozessionen annähert. Dagegen bezeichnet Pilgern den weiten Weg in die Fremde. Soziologisch betrachtet, dienen W. wie Pilgerschaft der Steigerung religiöser, kultureller und auch nationaler bzw. ethnischer →Identität. Gemeinsame Erfahrungen werden losgelöst von sozialen Unterschieden gemeinsam gemacht. W. zu berühmten Zentren dienten und dienen noch heute dem internationalen Austausch innerhalb einer →Religion. Pilgerberichte vermittelten insbesondere im MA nicht nur geographische und erbauliche Informationen, sondern auch Einblicke in andere Kulturen. Sie stellen heute ein interessantes Zeugnis der Wahrnehmung fremder Religionen und →Konfessionen dar.

W. sind ein Bestandteil der meisten Religionen. Sie sind u.a. im →Buddhismus, →Hinduismus, →Jainismus, →Lamaismus und →Shintoismus zu finden. Im Judentum waren sie meist mit bestimmten Festzeiten verbunden. Im →Islam gehört die W. nach Mekka zu einer seiner fünf Grundsäulen und damit zu den religiösen Pflichten eines jeden Moslem. Wallfahrtsziele werden häufig bei einem Religionswechsel in einer Region unter Kultkontinuität von der Nachfolgereligion weiterhin aufgesucht.

W. innerhalb des Christentums werden seit dem 4.Jh. als Volksbewegung durchgeführt. Mit Konstantin dem Großen (306–337) werden Wallfahrtsziele erstmalig vom Kaiserhaus gefördert und somit Teil eines politischen Programms. Ihren Höhepunkt erreichte diese Entwicklung unter Justinian (527–265). Neben die Hauptwallfahrtsziele →Rom und →Jerusalem trat im 9.Jh. das Grab Jakobus d.Ä. im span. Santiago de Compostela. Seit 1300 n.Chr. wurden in Rom „Gnadenjahre" gefeiert. Den Pilger erwartete dabei ein vollkommener →Ablass.

Die frühesten christl. Wallfahrtsziele wurden an bibl. Stätten eingerichtet (Jerusalem und das Heilige Land). Apostel-, Märtyrer- und Heiligengräber bzw. deren →Reliquien (z.B. Thekla in Seleukia, Johannes in Ephesos, →Petrus und →Paulus in Rom, Menas bei Alexandria) lösten bald eine ähnliche Attraktion aus. Vor allem in der röm.-kath. Tradition sind zahlreiche Wallfahrtsorte durch Marienerscheinungen entstanden (u.a. Guadalupe, Lourdes und Fatima). Insbesondere in den →Orthodoxen Kirchen des Ostens spielen geistliche Zentren eine wichtige Rolle (v.a. Athos). Pilger suchen dort charismatische Mönche (Starzen) auf und bitten sie um

Ratschläge. Wallfahrtszentren können auch an Stätten eingerichtet werden, die für die nationale Identität von Bedeutung sind (Czenstochau/Polen, Tinos/Griechenland, Putna/Rumänien u.a.). Als bevorzugte Wallfahrtsorte gelten auch in vielen nichtchristlichen Religionen heilige Bäume, Berge, Gräber, Höhlen und Quellen.

Kritik an der Wallfahrtspraxis kam, u.a. theologisch begründet mit Joh 4,20–24 und 1Petr 2,5, bereits in der →Alten Kirche bei Theologen wie Gregor von Nyssa und Hieronymus auf. Thomas von Kempen und Erasmus von Rotterdam wandten sich im ausgehenden MA gegen Veräußerlichungen und Missbräuche bei der W. Daran knüpften die Reformatoren (→Reformation) an, die W. insbesondere wegen ihres Charakters als religiöses Werk bzw. der gelegentlichen Verbindung mit Ablässen ablehnten. In neuerer Zeit sind in den →ev. Kirchen allerdings zahlreiche Versuche der Wiederbelebung von alten Wallfahrtstraditionen zu beobachten. Dabei wird der Begriff des Pilgerns bevorzugt. Bibl. Begründungen für ev. Pilgerwesen werden u.a. in dem Gedanken der Völkerwallfahrt zum Zion (Jes 2,3; 25,6) oder der irdischen Pilgerschaft eines jeden Christen nach 2Kor 5,6 gesehen. Getragen insbesondere durch Vereine, werden ökumenische Pilgerwege aufgebaut, z.B. der Elisabethpfad von Frankfurt a.M. oder der Wartburg nach Marburg, die Bonifatiusroute von Mainz nach Fulda (seit 2004), der ökumenische Pilgerweg Nordhessen-Eichsfeld (seit 1998) und der Pilgerweg Loccum-Volkenroda. Pilgern ist dabei häufig verbunden mit dem Ideal des einfachen und schöpfungsverbundenen Lebens jenseits des Alltags (→Lebenswelt und Alltag). Der meditativ geprägte Weg zum Wallfahrtsziel wird als Symbol für den Lebensweg der Pilger verstanden.

W. sind insbesondere eine Erscheinung der →Volksfrömmigkeit. Dementsprechend spielen Votivgaben und Devotionalien an vielen Wallfahrtsorten eine starke Rolle. Votivgaben (z.B. Schmuck, Uhren, Tuchfetzen, „Tamata") werden als sichtbares Zeichen für Gebetsanliegen (→Gebet) verstanden, Devotionalien (geweihte Gaben, Berührungsreliquien, Andenken) können der Vermittlung von Heilskraft der Wallfahrtorte in die Heimat dienen. Bereits im Judentum waren W. durch Lieder geprägt (Wallfahrtspsalmen Pss 120–134). Im Christentum spielen Pilgerliturgien, Votivmessen und auch spezielle Wallfahrtslieder eine gemeinschaftsfördernde Rolle.

Branthomme, H./Chélini, J. (Hg.), Auf den Wegen Gottes. Die Geschichte der christlichen Pilgerfahrten, 2002; Clotz, P.M., Unterwegs mit Gott. Ökumenische Pilgerwege, 1998; Coleman, S./Elsner, J., Pilgrimage, 1995; Conze, C. u.a., Unterwegs zum Leben. Ökumenische Pilgerwege in Europa, ^{2}1999; Klaes, N./Sedlmeier, F. u.a., Art. Wallfahrt, LThK 10, ^{3}2001, 961–966; Kötting, B., Peregrinatio religiosa, ^{2}1980; Krüger, O., Art. Wallfahrt/Wallfahrtswesen, TRE 35, 2003, 408–435; Lehle, J., Der Mensch unterwegs zu Gott. Die Wallfahrt als religiöses Bedürfnis des Menschen, 2002; Winter, F./Oegema, G.S./Raspe, L. u.a., Art. Wallfahrt/Wallfahrtsorte, RGG^{4} 8, 2005, 1279–1297.

Andreas Müller

Weihnachten 1. W. als christliches Fest und kulturelle Institution: W. ist das dominierende Fest im Jahreskreis des neuzeitlichen Christentums (→Kirchenjahr) und zugleich diejenige kulturelle Institution, die das öffentliche und private festzeitliche Leben am stärksten bestimmt. W. ist gegenwärtig das „Fest der Feste" der christlich geprägten westlichen Gesellschaft. Die *theologische Mitte* des Festes bilden die Erzählungen von der Geburt →Jesu (Lk 2, Mt 1) als göttlichem Kind und Menschwerdung Gottes (→Inkarnation). Im Kind in der Krippe als einem religiösen Grundsymbol (→Symbol) des christl. Glaubens erscheint „das Licht in der Finsternis" (Joh 1). Innerhalb der heutigen *kirchlichen Praxis* sind die →Gottesdienste an Heiligabend die mit Abstand meist besuchten Gottesdienste im Jahr, Tendenz steigend. Für ihr Erleben sind neben den bibl. Szenen, liturgischen Texten und →Predigten insbesondere weithin vertraute Weihnachtslieder wesentlich, die – wie kaum eine andere kirchliche Liedgattung – auch jenseits des gottesdienstlichen Geschehens gemeindlich (Weihnachtsfeiern), öffentlich (Weihnachtsmärkte) oder privat (Familienfeier) erklingen. Die weihnachtliche Symbolik ist fest verankert in Familienritualen und häuslichen Festgestaltungen: Licht (Kerzen, Adventskranz, Christbaum), Gaben (Geschenke, Weihnachtskarten), bibl. und nach-biblische Figuren und Zeichen (→Engel, Krippe, Stern). Das Weihnachtsfest ist heute ein Stück *Familienreligion* par excellence, in der „Heiligen Familie" finden familiäre Sehnsüchte Resonanz. Als kulturelle Institution sind W. und die Weihnachtszeit Ausdruck eines öffentlichen Christentums und ein *Element des gesellschaftlichen Lebens*. Dies reicht vom kommerzialisierten W. mit entsprechendem Schmuck und Beleuchtung über Weihnachtsliteratur und -film als eigene Gattung bis zu spezifisch weihnachtlichen Spenden- und Hilfsaktionen oder der zivilreligiösen Weihnachtsansprache des Bundespräsidenten. W. ist schließlich im weitgefassten Sinne ein „Festivitätsgefühl" (Karl Kérenyi), das sich aus einer *besonderen Atmosphäre* der Weihnachtszeit speist und sich mit verschiedenen, auch religiösen Motiven verbindet (Frieden, Beheimatung) und mit Sinnbildern unterschiedlicher Provenienz anreichert (bspw. „weiße Weihnacht", Glockenklang).

2. Historische Linien des Weihnachtsfestes: Früheste Zeugnisse, welche die Geburt Christi auf den 25. Dezember datieren, stammen aus dem 4. Jh. Im westlichen Christentum etabliert sich seit dieser Zeit im Rückgriff auf bibl. Überlieferung das Geburtsfest Jesu, das im Jahreskreis zu diesem Termin gefeiert wird. Traditionsgeschichtlich widerstreitend betont hingegen das östliche Christentum den 6. Januar als Epiphaniasfest (Fest der Erscheinung), das dort bis heute im weihnachtlichen Zyklus die zentrale Stelle einnimmt. Religionsgeschichtlich dürfte die Datierung auf den 25. Dezember – nach julianischem Kalender der Tag der Wintersonnenwende – und die Entstehung des Christfestes mit dem römischen Geburtsfest des *Sol invictus* bzw. des Sonnengottes Mithras zusammenhängen, mit denen bestimmte Motive des Geburtsfestes Christi (Lichtmetaphorik, Christus als „Sonne der Gerechtigkeit") konvergieren und konkurrieren. Zugleich begründet sich das Datum aus der Logik religiös-symbolischer Berechnungen, die den Todestag Jesu auch als Tag der Empfängnis verstehen und von daher das Geburtsdatum bestimmen und als Christusfest kalendarisch ausweisen.

In der Folgezeit fächert sich die liturgische Praxis des Weihnachtsfestes in Gestalt von drei Weihnachtsmessen zu unterschiedlichen Tages- und Nachtzeiten aus. Nach und nach bildet sich der Weihnachtsfestkreis von der Advents- bis zur Epiphaniaszeit aus. Im →Mittelalter entfaltet sich eine reiche weihnachtliche →Volksfrömmigkeit, so etwa in Gestalt geistlicher Weihnachtsspiele und Umzüge oder von Dramatisierungen der Krippenszene, wobei – in Esels- und Narrenfesten – auch Facetten älteren Brauchtums fortwirken, die als z.T. exzessives Festspiel kirchlich beargwöhnt und später auch unterbunden werden.

In der frühen Neuzeit verlagern sich wesentliche Elemente der Festgestaltung in den häuslichen Bereich, aus den öffentlichen Krippenspielen werden Holzkrippen in den Bürgerstuben. Im Laufe des 19. Jh. gewinnt W. noch einmal forciert das Gepräge eines Familienfestes (vgl. z.B. F.D.E. Schleiermacher, *Die Weihnachtsfeier*, 1806), mit den Insignien moderner Weihnachtstradition: Der Christbaum, der ursprünglich die Symbolik des Paradiesbaumes aufnimmt und vereinzelt seit dem späten 16. Jh. belegt ist, wird zum Mittelpunkt des häuslichen Weihnachtszimmers; der Adventskranz wird Mitte des 19. Jh. durch Johann Hinrich Wichern in der sozialdiakonischen Einrichtung des Rauhen Hauses erfunden, Adventskalender kommen zu Beginn des 20. Jh. in Gebrauch. Zugespitzt kann deshalb die jüngere kritisch-volkskundliche Weihnachtsforschung davon sprechen, dass sich im Weihnachtsfest eine „spezifisch neuzeitlich-bürgerliche Form christlicher Religiosität" (Morgenroth, 20) artikuliert. Diese beinhaltet auch eine tendenzielle Verkindlichung der Festpraxis und -symbolik. Auf der anderen Seite ist das Weihnachtsfest immer wieder auch Einfallstor ideologisierender Stilisierungen, wenn insbesondere in Kriegszeiten bspw. bestimmte Ikonographien familiärer Weihnachtsidylle oder der weihnachtliche Lichterbaum als Inbegriff „deutscher Weihnacht" gelten konnten.

3. Zur Wahrnehmung von W. in der Gegenwart: W. ist heute in zwei Perspektiven wahrzunehmen: Es ist eine der Inkulturationen christl. Religion, in der sie als festzeitliche Praxis zu einem zeitbestimmenden Moment der →Lebenswelt geworden ist. Es ist zugleich eine Gemengelage christl. Botschaft und familiärer Idealisierung, kommerziellen Interesses, individueller Erinnerung und kollektiver Sehnsucht. W. ist emotional hochbesetzt und häufig eine lebensgeschichtlich prekäre Zeit. Beides zusammen – christl. Fest und kulturelle Institution – bildet den Erfahrungs-, Erlebens- und Deutungsraum, in dem sich (spät-)moderne, christl. geprägte Religiosität bewegt und artikuliert. Jenseits einer nicht nur kirchlich konventionalisierten Kritik an einem verflachten, rührseligen oder vermeintlich säkularisierten Weihnachtsfest geht es um die Erkundung religiöser Sinnlinien in der gegenwärtigen kirchlichen, individuellen und gesellschaftlichen Festpraxis, um *in* der gegenwärtigen Weihnachtskultur und ihren symbolischen Texturen das Weihnachtsevangelium zur Geltung zu bringen. Das schließt mit ein, bestimmte Aspekte kritisch wahrzunehmen, weil die Gestaltungsweisen kirchlicher Feste auch Medien religiöser und kultureller Auseinandersetzung sind:

Die Dramaturgie des gegenwärtigen Festzyklus hat sich signifikant verändert. W. ist auch im kirchlichen Bewusstsein mehr und mehr auf den Heiligabend vorgezogen worden, die beiden Weihnachtstage werden tendenziell zum Nachklang des Festes. Zugleich, und dies ist für das Erleben entscheidend, ist die Adventszeit insgesamt zur (Vor-)Weihnachtszeit geworden, in der bereits zelebriert wird, was zu erwarten ist, und in der Empfänglichkeit in tätige Festvorbereitung überführt wird.

W. „funktioniert" heute in hohem Maße über Kinder und in Kindheitsmustern. Festpsychologisch hat W. einen regressiven Grundzug und beruht wesentlich auf Erinnerungen bis zurück in die eigene, immer auch imaginierte Kindheit. All dies macht nicht zuletzt die Lebenskraft von W. aus. Das Kindheitsmotiv birgt zugleich die Versuchung, W. zu verniedlichen. Die Weihnachtsgeschichte ist auch Flucht- und Rettungsgeschichte Gottes. Als Fest der Liebe hat es seine Dynamik und Dramatik in grundlegenden Spannungen (Licht und Finsternis, Macht und Ohnmacht, Verheißung und Erfüllung), die nicht überspielt werden dürfen.

Die post-christl. Mythen und Mythologien, die sich mit W. heute verbinden, verändern Sinngehalte und Sinnkonstellationen des Festes. Die nordisch anmutende Figur des Weihnachtsmannes etwa ist nicht nur Inbegriff eines kommerzialisierten und pädagogisierten Festes, sondern integriert auch den Mythos vom „wilden Gesellen", der unheimlich und gütig in einem ist. Man mag diese und andere Phänomene als pagane Überformungen des christl. Weihnachtsfestes beklagen. Theologisch sehr viel wichtiger jedoch ist es, immer wieder neu W. aus seiner bibl. Sinnmitte heraus zu bestimmen und gottesdienstlich zu inszenieren.

Faber, R./Gajek, E. (Hg.), Politische Weihnacht in Antike und Moderne. Zur ideologischen Durchdringung des Fests der Feste, 1997; Hermelink, J., Weihnachtsgottesdienst, in: Grethlein, Chr./Ruddat, G. (Hg.), Liturgisches Kompendium, 2003, 282–304; Josuttis, M., Weihnachten, in: ders., Texte und Feste in der Predigtarbeit, 2002, 62–76; Morgenroth, M., Weihnachts-Christentum. Moderner Religiosität auf der Spur, 2002; Weber-Kellermann, I., Das Weihnachtsfest. Eine Kultur- und Sozialgeschichte der Weihnachtszeit, ²1987; Zimmermann, P., Das Wunder jener Nacht. Religiöse Interpretation autobiographischer Weihnachtserzählungen, 1992.

Kristian Fechtner

Weisheit W. bezieht sich begrifflich auf kondensiertes Erfahrungs- und Orientierungswissen bzw. ein Ideal und eine Zielperspektive menschlicher Wissensverarbeitung und Denkbemühungen. Sie kann im Bereich des Religiösen nicht allein der Ordnung der vorhandenen →Lebenswelt, sondern vielmehr auch der Wahrnehmung und Koordination der Verhältnisse von Menschlichem (→Mensch) und Göttlichem dienen.

W. resultiert zunächst aus praktischer Bewältigung individuell-lebenswirklicher bzw. sozialer Probleme. Sie hat eine enge Affinität zur Bildung und zu elementarer Lehre und zielt auf das Vermittelbare. W. interagiert mit Basismustern der Strukturierung von →Welt und Sinn. Rede von W. ist strikt dependent von der jeweiligen →Sprache, in der sie sich artikuliert, damit aber auch von der Bildung von →Traditionen sowie Verschriftungsprozessen.

Das Problem einer religionen- und kulturenübergreifenden Definition (→Religion) von W. ist ungelöst. Die Frage nach jeweiligen Weisheitskonzepten ist nicht isoliert von der Berücksichtigung der jeweiligen (z.B. pessimistischen oder optimistischen) Gesamtsicht von menschlicher →Kultur und Gesellschaft zu betrachten. Die Erklärung von Überschneidungen in den Weisheitstraditionen und -schriften verschiedener Völker bleibt schon im Blick auf die altorientalische Literatur komplex und schwierig.

Von W. als einem geistesgeschichtlichen Phänomen ist die Frage nach literarischen Formen zu unterscheiden. Auf der Form- bzw. Gattungsebene spielt die pointierte Sentenz bzw. Maxime eine zentrale Rolle, die bereits mehr oder minder poetische Gestaltmerkmale aufweist. Weiter haben Metaphern, Allegorien, Gleichnisse, Rätselsprüche und Mahnworte in verschiedenster Weise eine Affinität zu weisheitlichen Überlieferungs- und Literaturbereichen. Weisheitliches Schrifttum kennt Topoi (vgl. z.B. den „Toren" in Lk 12,16–21) und drängt zu – häufig zunächst unsystematischer – Bündelung und Sammlung. Bei der Komposition können mnemotechnische Aspekte eine Rolle spielen.

In der Interpretation weisheitlicher Äußerungen ist die Frage nach sozial-kommunikativen Funktionen nicht auszublenden. Weisheitlich geprägte Äußerungen können generell auf Abwendung von Fehlern und Schaden orientiert sein. Damit kann man ihnen einen eudämonistischen Grundzug zuweisen. Sie können darüber hinaus Situationen des Mangels oder Überflusses deuten und begründen, (hierarchische) Strukturen (→Familie und Politik) legitimieren und stabilisieren. Sie können aber in der (früh)jüd. und (früh)christl. Tradition im Verbund mit der Vorstellung des Gegenübers des Gottes →Israels zu immanenten Geschichtsgrößen auch eminent kritisch gegen vorhandene Ordnungsmuster gerichtet sein (s.u. zu →Paulus).

→Philosophie als „→Liebe zur Weisheit" wird im Griechischen begrifflich auf Pythagoras zurückgeführt. In der griech. Philosophie wird der Begriff v.a. von Platon und Aristoteles geprägt und entwickelt. Erfährt man von Sokrates, dass er den Begriff der W. für Gott reservieren konnte (Platon, *Apologie* 20–22), so bildet nach Platon die W. die Spitze der →Tugenden des Menschen (*Der Staat* 441 CD). Aristoteles kann zwischen lebensweltlich-praktischer W. (phronesis) und philosophischer W. (sophia) differenzieren (vgl. *Nicomachische Ethik* IV 5,2; XV 1,5). Nach stoischem Verständnis soll sich der Mensch um W. bemühen, indem er von Affekten und Dingen Abstand gewinnt, die ihn beunruhigen und ihm die Souveränität einer freien →Vernunft- bzw. Willensentscheidung entziehen.

In atl. Vorstellung gründet ein Weise-Sein des Menschen zunächst in primären Fähigkeiten und Fertigkeiten, wie sie aus lebenspraktischen Beobachtungen, →Erfahrungen und Routinen erwachsen. In diesem Sinn können Handwerker oder Künstler (vgl. Ex 31,3; 35,10.25f.35 u.a.), aber auch Herrscher oder Richter (vgl. 1Kön 3,2–5; Jes 11,1f; Spr 8,12ff) als „weise" gelten. Solche W. kann sich zu einer Klugheit (zum Spektrum der Begriffe und Anschauungen vgl. Spr 1,1–7) verdichten, die soziales und auch religiöses Wissen adäquat strukturiert. Auch das →Alte Testament gibt dabei zu erkennen, dass W. ein internationales Phänomen darstellt (vgl. 1Kön 5,10f; Hi 1,1.3; Spr 30,1; 31,1). Der Abschnitt in Spr 22,17–24,11 basiert auf dem aus Ägypten stammenden Weisheitsbuch des Amenemope.

Als Inbegriff von W. in Israel gilt König Salomo (vgl. 1Kön 3,5–14 u.a.). Literarisch können ihm darum sekundär die atl. Bücher der Sprüche, des Kohelet („Prediger") und das Hohelied zugeschrieben werden. Hinzu kommen aus der griech. →Bibel die →Psalmen Salomos und die sog. (z.T.

stoisch anmutende; vgl. SapSal 6,22–8,1) W. Salomos. Der atl. bzw. frühjüd. Weisheitsliteratur sind ferner das Buch Hiob, Jesus Sirach sowie auch verschieden (und in umstrittenen Maß) die Bücher Ruth, Jona und Esther zuzuordnen. Weisheitlich geprägt sind ferner die Josephsnovelle im Buch Genesis (Gen 37.39–50) sowie die Psalmen 1; 37; 39; 49; 73; 119 (sog. Weisheitspsalmen).

In die atl. Literatur haben „Volkssprichwörter" Eingang gefunden (vgl. Gen 10,9; Ri 8,21; 1Sam 10,12; 24,14 u.a.).

Grundform weisheitlicher Rede ist die kurze Sentenz („Gnome"; hebr.: *masal*), die regulär zweigliedrig im Parallelismus membrorum gestaltet ist (z.B. Spr 16,18; 17,4). So vollzieht sich weisheitliches Begreifen auch syntaktisch im Vergleich, Kontrast bzw. in der identifizierenden Synthese. Den komparativen Vergleich vollziehen Sprüche nach dem Muster „x ist besser als y" (die sog. tob-Sprüche; z.B. Spr 17,1; 16,16; 27,5 u.a.m.). Daneben begegnen weitere typische Formen wie der Zahlenspruch (z.B. Spr 30,24–28; Sir 25,1f) sowie Mahnsprüche (vgl. Spr 22,17–24,22). Im Vorgang der Sammlung, Zusammenstellung und Redaktion entstehen komplexere Gebilde und Kompositionen.

Wie der Sammlungs- und Redaktionsprozess des Sprüchebuches exemplarisch zeigt, ist eine weiter reichende theologische Durchdringung der W. erst sukzessive erfolgt. Auffällig ist generell das weitgehende Fehlen klassischer Theologumena wie „→Bund" oder „→Erwählung". Anders kann das Sirachbuch →Gesetz und W. eng aufeinander abstimmen. Theologische Aspekte sind der Weisheitsliteratur von Hause aus aber nicht grundsätzlich fremd. Sie ergeben sich innerhalb der Geschichte der W. über die Reflexion auf das Todesgeschick (→Tod) des Menschen (vgl. weisheitlich darüber hinaus: Ps 49,14–16; 37,28f u.a.), v.a. aber über die Vorstellung der →Gerechtigkeit (Gottes). Die Gerechtigkeitsvorstellung hängt mit einem Konzept eng zusammen, nach dem menschliches Handeln grundsätzlich Folgen für das eigene Ergehen zeitigt (sog. „Tun-Ergehen-Zusammenhang"; bzw. „schicksalwirkende Tatsphäre"). Dieses Konzept verweist dabei keineswegs auf ein starres „Dogma" der automatischen und gleichmäßigen Belohnung oder Bestrafung (→Strafe) menschlicher Taten durch Gott. Es kann zudem in späteren weisheitlichen Texten zum Gegenstand kritischer Erzählung und Reflexion werden (Hiob; Kohelet).

Weisheitliches Denken in seinen verschiedenen Formen spielt auch in frühen christl. Texten eine wichtige Rolle. Erhebliche Anteile der ältesten Jesustradition (→Jesus Christus), wie sie früh in der Spruchquelle („Q") zusammengestellt wurden, sind weisheitlich geprägt (vgl. im Kontext die Sprüche vom Nicht-Sorgen-Müssen in der Bergpredigt Mt 6,19–32 par; vgl. die Begründung der Feindesliebe Mt 5,45b; vgl. die Gleichnisse Jesu). Die frühe Jesusüberlieferung beinhaltet eine hohe Anzahl an konventionalisierten Sprichwörtern. Doch bedeutet die in jüngerer Zeit v.a. im anglophonen Sprachraum behauptete Alternative zwischen W. und →Eschatologie (resp. →Prophetie oder →Apokalyptik) für den historischen Jesus eine Sackgasse (vgl. Mt 6,33 am Ende von 6,19ff u.a.m.).

Über die mahnenden Abschnitte ntl. →Briefe (vgl. z.B. Röm 12,9–21) hinausgehend können einzelne frühchristl. Schreiben wie bes. der Jakobusbrief (vgl. 1,5; 3,13.15.17) erhöhte weisheitliche Anteile aufweisen, bei denen teils bereits mit besonderer frühchristl. Formung zu rechnen ist.

Die späte Möglichkeit der personalen Identifikation von Gott und W. in Israel (vgl. Spr 1–9; SapSal 7,12.21.27; 8,5f) bis hin zur Möglichkeit der Hypostasierung hat auf die frühchristl. Deutungen der →Person Jesu in verschiedener Weise eingewirkt (vgl. Lk 7,31–35 par; 11,29–32.49–51 par; 13,34f par). Ansätze der Entwicklung einer Präexistenz Christi sowie seiner Schöpfungsmittlerschaft (vgl. Kol 1,15–20; Phil 2,6–11; Hebr 1,2f; Joh 1,1–18 u.a.) sind in unterschiedlichem Maß von einschlägigen hell.-jüd. weisheitlichen Konzepten beeinflusst. Insgesamt gibt es jedoch keine einheitlich zu begreifende frühe Weisheitschristologie (→Christologie); insbesondere die Präexistenzvorstellung ist nur in Ansätzen entwickelt. Im Zusammenhang der Auseinandersetzungen um die Streitereien und Spaltungen in der korinthischen Gemeinde kann Paulus menschliches Weisheitsstreben und das Wort vom →Kreuz scharf gegenüberstellen (1Kor 1,18ff).

Weisheitliches Denken kann in jüngsten theologischen Diskussionen erhöhte Aufmerksamkeit finden. Im Vergleich mit einem eindimensionalen Verständnis von →Vernunft bzw. komplexen Theoremen der →Wissenschaft scheint der Begriff W. auf unmittelbarere Wege zur Empirie bzw. zu theologischer →Erfahrung in enger Verbindung mit praktischer Weltbewältigung zu verweisen. Hierbei ist jedoch vor Äquivokationen und der bloßen Überwölbung theologisch notwendiger kritischer Differenzierungen zu warnen. Insbesondere lässt sich der Kernbereich ntl. →Theologie nicht derart exklusiv als „sapiential" bestimmen, dass damit die eschatologischen Rahmenparameter frühchristl. Theologiebildung negiert werden können.

Day, J./Gordon, R.P./Williamson, H.G.M. (Hg.), Wisdom in Ancient Israel, FS J.A. Emerton, 1995; Delkurt, H., Grundprobleme alttestamentlicher Weisheit, VF 36, 1991, 28–71; Ebner, M., Jesus – ein Weisheitslehrer? Synoptische Weisheitslogien im Traditionsprozeß, Hefte zum Bibelstudium 15, 1998; Janowski, B., Die Tat kehrt zum Täter zurück. Offene Fragen im Umkreis des Tun-Ergehen-Zusammenhangs, Zeitschrift für Theologie und Kirche 89, 1993, 247–260; Koch, K., Um das Prinzip der Vergeltung in Religion und Recht des Alten Testaments, Wege der Forschung 125, 1972; Küchler, M., Frühjüdische Weisheitstraditionen. Zum Fortgang weisheitlichen Denkens im Bereich des frühjüdischen Jahweglaubens, Orbis biblicus et orientalis 26, 1979; Lips, H. von, Weisheitliche Traditionen im Neuen Testament, Wissenschaftliche Monographien zum Alten und Neuen Testament 64, 1990; Oelmüller, W. (Hg.), Philosophie und Weisheit, Kolloquien zur Gegenwartsphilosophie 12, 1989; Rad, G. von, Weisheit in Israel, 1970, Nachdr. 1992; Westermann, C., Wurzeln der Weisheit. Die ältesten Sprüche Israels und anderer Völker, 1990.

Reinhard von Bendemann

Welt, Weltbild Von der W. als dem Bereich wahrnehmbarer Wirklichkeit hat sich der →Mensch von jeher ein Bild zu machen versucht in Form von Anschauung und Deutung, in das er als Teil dieser Wirklichkeit auch das Verständnis seiner selbst einträgt. Indem aus Beobachtung und Reflexion die Vorstellung von etwas Ganzem, eines Systems bzw. einer symbolisch (→Symbol) dargestellten W. wird, bilden sich Weltverständnis und →Weltanschauung als religiös, kulturell oder ideologisch bedingte Formen der Bezugnahme (Sinndeutung, Lebensorientierung, Beherrschung) auf die umgebende Wirklichkeit heraus.

Während im Alten Orient die Gesamtheit des Seienden in polaren Strukturen erfasst wird (z.B. Himmel und Erde), bilden sich in der hell. W. abstrakte Begriffe zur Beschreibung des Ganzen (z.B. Kosmos) heraus. Seit der Neuzeit löst sich die schon früh in der griech. Naturphilosophie begonnene wissenschaftliche Naturbeschreibung von der theologischen Weltdeutung ab und führt zu einer zunehmend mechanisierten Sicht der W. In der Moderne erfolgt schließlich eine Ablösung dieses statisch-deterministischen Weltbildes durch verschiedene dynamisch-komplexe Modelle.

Weltbilder begegnen immer im Plural, sei es in zeitgleicher Vielfalt oder in geschichtlicher Abfolge. Je nach Kontext findet auch die reflektierte Gesamtsicht der Wirklichkeit zu je eigenständigen Ausprägungen. Dabei gibt es aufgrund ähnlicher Kontexte Analogien wie z.B. im Weltbild des alten Orients, an dem auch →Israel teilhat oder im Weltbild der hell. W., das auch die frühe Christenheit bestimmt. Zugleich bestehen jedoch auch Konkurrenzsituationen, die im Altertum v.a. die theologischen Weltdeutungen betreffen, seit der Neuzeit dann aber zunehmend Beschreibung und Deutung selbst gegeneinander ausspielen. Die bibl. Weltbilder wie die der darauf basierenden Theologien stehen immer in Wechselbeziehung zu den Weltbildern ihrer Zeit und ihres Kulturraumes. Weder der bibl. Schöpfungsbericht (→Schöpfung) noch alle anderen kosmologischen Aussagen beider Testamente sind geschrieben worden, um eine wissenschaftliche Erklärung von Entstehung und Bestand der W. zu liefern. Vielmehr geht es den bibl. Autoren um das theologische Anliegen, Gott als Ursprung und Garanten aller erfahrbaren Wirklichkeit zu bekennen und zu verkündigen. Alte und neue Kontroversen (wie z.B. die zwischen Darwinisten und Kreationisten; →Naturwissenschaft und Theologie) beruhen letztlich auf einem Missverständnis, das Eigenart und Anspruch der bibl. Texte verkennt.

Das Bild der W. im AT hat die zeit- und kulturspezifischen Anschauungs- und Deutungsmuster des Alten Orients zur Voraussetzung. Sein Spezifikum besteht darin, dass die W. selbst (etwa der Gestirne) keine numinose Qualität besitzt, sondern das Werk des einzigen Gottes, des Schöpfers des Himmels und der Erde ist (Gen 1,14–18). Grundlegende Bedeutung haben die Erfahrungen von Raum und Zeit sowie das unmittelbare Erleben von Gegensätzen wie Licht und Finsternis, Ordnung und Chaos, →Leben und →Tod oder von Zyklen wie den astronomisch-kalendarischen Abläufen, dem Wechsel der Jahreszeiten, Werden und Vergehen. Die Raumvorstellung geht von einem stockwerkartigen Dreistufenmodell aus (Himmel – Erde – Meer und Unterwelt), wobei der Bereich der Erde Transparenz besitzt sowohl hin zur Unterwelt (Bedrohung) als auch hin zur himmlischen W. Gottes (Bewahrung; →Himmel und Hölle). Das Heiligtum auf dem Zion korrespondiert dem himmlischen Thron Gottes; die Bedrohung durch die Urflut hat ein Pendant in der Bedrohung des Kulturlandes durch die umgebende Wüste. Zwischen Himmel und Erde gibt es vielfache Beziehungen; die Schöpfungsordnung bildet sich im Gang der Gestirne wahrnehmbar ab und wird zum Urbild einer gerechten Kultordnung; Gottes Erhaltung der gesamten Schöpfung wird im frühen →Judentum durch eine differenzierte Hierarchie von Dienstengeln (→Engel) vollzogen. In der →Apokalyptik unternehmen ausgewählte Gerechte wie z.B.

Henoch Himmelsreisen, die ihnen wie bei einer naturwissenschaftlichen Exkursion den Aufbau der W. sichtbar und messbar vor Augen führen; weisheitliches Ordnungsdenken (→Weisheit) schlägt sich in diesem Zusammenhang dann in ethischer Ermahnung (→Ethik) nieder. Die Zeitvorstellung geht von einer linearen, zielgerichteten Erstreckung zwischen Schöpfung und Vollendung aus, wobei v.a. in der →Apokalyptik der Gedanke einer Neuschöpfung bzw. einer Auflösung der Zeit in die Zeitlosigkeit Gottes (2Hen) begegnet. Im Dualismus zweier Äonen/Weltzeiten gehen Raum- und Zeitkonzepte ineinander über.

Auch das Weltbild des hell. Kulturraums ist von einem Dreistufenmodell bestimmt, verbunden mit der Vorstellung von einem das Ganze durchdringenden *nomos*/→Gesetz. Seitdem die griech. Naturphilosophen ihr Interesse auf den Urstoff und damit auf die Frage der Weltentstehung gerichtet hatten, bleibt auch die Frage nach den Elementen der W. und ihrer wechselseitigen Beziehung, nach den Kräften und immanenten Ordnungsstrukturen des Kosmos lebendig. Die Schriften des NT nehmen darauf in zweifacher Weise Bezug: Ihre Orientierung an den Kategorien von oben und unten nimmt altorientalisch-atl. und hell. Denken gleichermaßen auf (z.B. Phil 2,10); ihr Bekenntnis zu Gott als dem Schöpfer des Himmels und der Erde verbindet sich mit dem hell. Universalismus. Die Weite der bewohnten Erde nimmt v.a. Lukas in den Blick (Apg 1,8). Im Horizont des Missionsgedankens (→Mission) verbinden sich Raum- und Zeitkonzeptionen (Mk 13,10). Besonders konsequent ordnen Kol/Eph die christliche Gemeinde in das Bild des Kosmos ein: Vor dem Hintergrund des bekannten Stockwerkaufbaues, der noch einmal durch die *epourania* (Eph 1,3.20; 2,6 u.ö.) als dem über den Himmeln befindlichen Bereich Gottes überboten wird, erscheint Christus zugleich als Haupt der Kirche und des Kosmos; er ist über alle Mächte und Gewalten eingesetzt (Kol 2,10.15); durch ihn ist die Schöpfung ins Dasein getreten, in ihm hat sie auch Bestand (Kol 1,15–20). Wiederum fließen Raum- und Zeitkonzeption derart ineinander über, dass man geradezu von einer *Aufhebung der Zeit* bzw. von ihrer Transformation in Raumvorstellungen sprechen kann. Christologisch (→Christologie) bedeutsam ist ferner jenes Bild, das den Auferstandenen als den „Erhöhten“ (Phil 2,9) thronend zur Rechten Gottes „oben“ lokalisiert, so wie er auch bei seiner Parusie „vom Himmel her“ (1Thess 1,10; Apg 1,11) erwartet wird. In verschiedenen Bildern werden Heilsorte „in den Himmeln“ vorausgesetzt: unser Politeuma (Phil 3,20); das →Paradies (2Kor 12,2–4 im dritten Himmel analog 2Hen 9; Lk 23,43 unbestimmt); der endgültige Ruheort/die *katapausis* (Hebr); das obere (Gal 4,26) oder himmlische →Jerusalem (nach Offb 21 bereitgehalten als Teil einer neuen Schöpfung) u.ö. Den sublunaren Raum als Ort der →Dämonen betrachtet Eph 2,2. In 1Kor 15,39–44 nutzt Paulus Vorstellungen der hell. Kosmologie (irdische und himmlische Körper), um die neue Leiblichkeit in der →Auferstehung (psychische und pneumatische Somata) zu veranschaulichen. Keine kosmologischen Informationen, sondern volkstümliche Motive präsentiert das Gleichnis Lk 16,19–31.

In den verschiedenen Erzählungen von der Erscheinung des Auferstandenen (Mt 28; Lk 24; Joh 20–21) deutet sich eine neue Wahrnehmung an: Gottes Wirklichkeit, die sich mit den Erfahrungen von Raum und Zeit nicht erfassen lässt, bricht in den Erfahrungsbereich der Osterzeugen

(→Ostern) ein. Der Auferstandene changiert zwischen beiden Wirklichkeitsbereichen bzw. erscheint bereits aus einer anderen Seinsweise heraus, was die Glaubenden nun auch für ihre Auferstehung oder Verwandlung bei der Parusie erhoffen (1Thess 4,15–17; 1Kor 15,51–53). Das große Finale der →Offenbarung löst den Rhythmus der Zeitrechnung auf (Offb 21,23 – weder Sonne noch Mond); ein neuer Himmel und eine neue Erde machen damit auch alle bisherigen Modelle von W. und Wirklichkeit hinfällig.

Im Verlauf der Theologiegeschichte sind die bibl. Weltbilder immer wieder mit den jeweils aktuellen philosophischen Systemen in Beziehung gebracht worden. Bis in das hohe →Mittelalter hinein geht es dabei v.a. um eine Auseinandersetzung mit der platonischen und aristotelischen Tradition. Dass der Kampf der Kirche gegen das heliozentrische Weltbild die bibl. Aussagen in unsachgemäßer Weise instrumentalisiert hat, lässt „das" bibl. Weltbild in der Folgezeit gegenüber dem Fortschritt wissenschaftlicher Welterklärung immer mehr in die Defensive geraten. Erst mit den Aufbrüchen von Relativitäts- und Quantentheorie bzw. mit der modernen Astrophysik im 20. Jh. kommen auch Theologie und Naturwissenschaft wieder neu ins Gespräch.

Audretsch, J./Weder H., Kosmologie und Kreativität. Theologie und Naturwissenschaft im Dialog, 1999; Colpe, C., Weltdeutungen im Widerstreit, 1999; Janowski, B./Ego, B. (Hg.), Das biblische Weltbild und seine altorientalischen Kontexte, 2001; Keel, O., Die Welt der altorientalischen Bildsymbolik und das Alte Testament, [5]1996; Schwindt, R., Das Weltbild des Epheserbriefes, 2002; Teichmann, J., Wandel des Weltbildes. Astronomie, Physik und Messtechnik in der Kulturgeschichte, [4]1999.

Christfried Böttrich

Weltanschauung W. bezeichnet die umfassende →Erkenntnis und Deutung menschlichen →Lebens (→Mensch) im Ganzen seiner natürlichen und kulturellen Bezüge (→Kultur). Als derart zusammenfassender Ausdruck des erkennenden und praxisorientierenden Denkens hat der Weltanschauungsbegriff in der dt. →Philosophie des 19. und 20. Jh. Bedeutung erlangt.

Der bisher bekannte früheste Beleg des Wortes stammt aus Immanuel Kants *Kritik der Urteilskraft* (1790). Hier bezeichnet W. die Fähigkeit, das Unendliche (der Sinnenwelt) als ein Ganzes denken zu können. Die Einheit der →Welt, als Inbegriff aller empirischen Erkenntnisgegenstände, ist als solche dem menschlichen Erkenntnisvermögen eigentlich nicht zugänglich. Indem sie unter den Begriff einer Anschauung gefasst wird, erhält die Einheit der Welt den Status einer regulativen Idee. Der Begriff der W. überschreitet so schon bei Kant den Bereich der theoretischen Naturerkenntnis und zielt auf die Thematisierung der vernünftigen Fähigkeit, eine Gesamtsicht der Wirklichkeit zu entwerfen und sich zu ihr in praktischer Absicht in Beziehung zu setzen.

Als Inbegriff menschlichen Weltwissens fand der Begriff in der →Philosophie des dt. →Idealismus (Friedrich Schleiermacher, Johann Fichte, Friedrich Wilhelm Joseph Ritter von Schelling) Aufnahme. Zuerst bei Georg Wilhelm Friedrich Hegel erhält der Begriff den ihn im Folgenden prägenden Aspekt der Pluralität und geschichtlichen Wandelbarkeit. Vielheit und Wandel der W. werden bei Hegel allerdings noch in einem Prozess der zu sich selbst kommenden absoluten →Vernunft integriert, in dem die verschiedenen Weltanschauungen sich in progressiver historischer Stufenfolge aufheben.

Unter dem Einfluss des Historismus wurde im Verlauf des 19. Jh. das Problem der individuellen Perspektivität (→Individuum) und historischen Relativität der verschiedenen Weltanschauungen bedeutsam. Aus dieser Problemstellung entwickelte sich im frühen 20. Jh. die Weltanschauungsphilosophie, die nicht selbst eine W. präsentierten, sondern eine Typologie unterschiedlichen Weltanschauungen liefern wollte (Wilhelm Dilthey, *Die Typen der Weltanschauung und ihre Ausbildung in metaphysischen Systemen*, 1911; Karl Jaspers, *Psychologie der Weltanschauungen*, 1919). Dieses theoretische Interesse an dem Zustandekommen, der Etablierung und Verbreitung von Weltsichten hat im Blick auf ihre sozialen Träger und Vermittlungsprozesse die Wissenssoziologie (Karl Mannheim, Max Scheler) fortgeführt.

Seine Blütezeit hat der Weltanschauungsbegriff in der Epoche um 1900. Hier findet er vielfache Verwendung zur Bezeichnung von moralischen, politischen und ästhetischen Überzeugungen (→Moral; →Ästhetik) und Lebensorientierungen. Er verbindet sich dabei häufig mit der Diagnose einer umfassenden kulturellen Krise der modernen Welt (M. Frischeisen-Köhler (Hg.), *Weltanschauung*, 1911). Überkommene →Wissenschaft und →Religion scheinen dem durch den Wandel der Lebensverhältnisse hervorgerufenen Orientierungsbedarf nicht mehr gewachsen. An diese Stelle zu treten, bieten nun unterschiedliche W. an, die teils als säkularer Religionsersatz (→Säkularisierung) erscheinen (Monistenbund). In dieser Konkurrenz- und Konfliktsituation findet der Begriff auch in der Theologie Aufnahme (Ernst Troeltsch, *Die christliche Weltanschauung und die wissenschaftlichen Gegenströmungen*, 1893/94; H. Stephan, *Glaubenslehre. Der ev. Glaube und seine Weltanschauung*, 1921). Im Katholizismus werden sog. „Weltanschauungsprofessuren" eingerichtet, welche die kath. Weltsicht in Auseinandersetzungen mit den weltanschaulichen Konkurrenten demonstrieren sollen (Romano Guardini).

Von aktueller Bedeutung ist das Verhältnis von Religion und (nicht-religiösen) W. in den regen Debatten um die verfassungsrechtliche Stellung des →Religionsunterrichts bzw. einer weltanschaulichen neutralen Religionskunde (LER [Lebensgestaltung – Ethik – Religionskunde]).

Drehsen, V./Sparn, W., Vom Weltbildwandel zur Weltanschauungs-Analyse. Krisenwahrnehmung und Krisenbewältigung um 1900, 1996; Moxter, M., Art. Welt/ Weltanschauung/Weltbild III/1. Weltanschauung, Dogmatisch und Philosophisch, TRE 35, 2003, 544–561; Schnädelbach, H., Philosophie in Deutschland 1831–1933, 1983.

Friedemann Voigt

Wert Der Begriff W. beginnt seine Karriere im Neukantianismus; seine Rezeption in der →Theologie wird dadurch möglich, dass er sich als Begriff für einen relevanten theologischen Sachverhalt anbietet.

Grundlagen: Sachlich entspricht der Begriff dem des *agaton* (griech.)

bei Aristoteles bzw. dem Transzendental (→Immanenz und Transzendenz) des *bonum* (lat.) bei →Thomas von Aquin und in der thomistischen →Scholastik: *agaton* bzw. *bonum* ist etwas, sofern es Gegenstand eines Strebens wird – sei es nun im Sinne eines Entwicklungsziels, das der eigene Wesensbegriff vorgibt (Entelechie), sei es als erstrebter äußerer Gegenstand. Diese Werttheorie ist die Grundlegungstheorie der →Ethik; das sittlich →Gute ist eine Untergestalt des W. (Aristoteles, *Nikomachische Ethik* I,1–6).

Die Leitfrage jeder Werttheorie ist bereits hier angelegt: Zunächst sind W. begründet in einer *aestimatio* (dt.: (Ab-)Schätzung) und damit in einem subjektiven Akt; es stellt sich die Frage, ob diese Akte und deren Ausrichtung (und damit die Werthaltigkeit der Wertträger) in das Belieben eines Subjektes gestellt sind, oder ob sie unbeliebig sind; letzteres kann der Fall sein, wenn es entweder unentrinnbare bzw. normative Wertungsakte, oder wenn es objektive W. bzw. Sachverhalte objektiven W. gibt. Aristoteles ebenso wie die Werttheoretiker der Stoa gehen davon aus, dass es natürliche und widernatürliche Wertungsakte und demgemäß an sich Wertvolles (Gutes) gibt; bei →Thomas von Aquin ist die Lehre vom *bonum* als Korrelat des Willensaktes umgriffen von der Setzung des Seienden durch den Willensakt Gottes, durch den das Seiende sich in eine normative Wertordnung einfügt und entsprechend zwar durch einen Willen, nicht aber durch den menschlichen Willen sein Gutsein erhält; dieses ist dem Menschen durch die einsetzende *aestimatio* Gottes nicht unentrinnbar, wohl aber normativ vorgegeben (Summa theologiae I q 5).

Die neuzeitliche Wertlehre ist engstens mit den Grundanliegen des Neukantianismus verbunden. In grundsätzlicher Anknüpfung an das Programm der „Kritik der Urteilskraft" bietet sich der Begriff des W. insbesondere als Zentralterminus an, durch den der Philosophie bzw. den Geisteswissenschaften ein eigenständiges Arbeitsgebiet neben den naturwissenschaftlichen Einzelwissenschaften zugewiesen werden kann; die Philosophie etabliert sich dabei (z.B. bei Heinrich Rickert) als Wissenschaftstheorie in dem Sinne, dass sie eine Theorie der Kulturwerte (das Wahre [Logik und Erkenntnistheorie als Grundlegung der theoretischen Wissenschaften]; das Gute [Grundlegung der Ethik]; das Schöne [Grundlegung der →Ästhetik]) bietet, deren Grundlage die den historischen Kulturwissenschaften als Aufgabe zugewiesene Analyse der Realisation der W. im Laufe der Geschichte und deren Fortentwicklung zu einer reinen Wertlehre ist. Die Unterscheidung der Seinswissenschaften (naturwissenschaftliche Einzelwissenschaften) von der Philosophie als Wertwissenschaft zielt darauf ab, das Wirklichkeitsverhältnis des Menschen insgesamt als in einem Streben, somit in einer Wertorientierung begründet zu erweisen und so die Philosophie bzw. die Kulturwissenschaften als Begründungstheorie der sich verselbständigenden Naturwissenschaften anzubieten; der Wertbegriff reiht sich hier in die analogen Bezugnahmen etwa auf den Sinnbegriff (z.B. W. Dilthey) ein. Strittig ist dabei insbesondere die Frage nach dem Verhältnis der Wertprädikate zu dem Seienden, an dem als Träger sie sich realisieren, bzw. die Frage nach der Selbständigkeit von W. (die gelten und nicht sind; H. Rickert); strittig ist sodann die Frage, ob die Ordnung der W. sich in einer dem klassischen Projekt der →Metaphysik entsprechenden Kosmos zusammenfügt (so H. Rickert, M. Scheler, anders M. Weber, der von einer letzten Unentscheidbarkeit und Strittigkeit der auf dem Wege der Theorie nicht konsensuell vermittelbaren W. ausgeht); und strittig ist schließlich das Verhältnis des W. zum subjektiven Akt der Wertung (die W. als Produkte der bloßen Subjektivität im Vergleich zum Objektiven). Max Scheler und Nicolai Hartmann insistierten wie die meisten Vertreter einer Werttheorie auf der Unterscheidung des W. vom Akt der Wertung und versuchten, auf der Basis einer Phänomenologie der W. dem Formalismus der Kantischen Ethik eine materiale Wertethik zu Grunde zu legen, in der der W. als intentionales Korrelat des Wertungsaktes zu stehen kommt. M. Heideggers Kritik, die er insbesondere in *Sein und Zeit* vorgetragen hat, zielt auf ein radikaleres Programm, in dem die Orientierung der →Ontologie an der Kategorie der Vorhandenheit aufgegeben und damit Ernst gemacht wird, dass Seiendes zunächst im Vollzug lebensweltlicher Praxis (und somit nicht als sekundär interpretiertes Seiendes, sondern als Korrelat eines Wertens und somit als „Zeug“ [bonum] (und nicht als Ding [griech.: ens; lat.: res]) erscheint; das Erscheinen als ‚Ding‘ ist dann eine sekundäre Reduktion.

In der Theologie wurde die neukantianische Werttheorie insbesondere bei Albrecht Ritschl und seinen Schülern (O. Ritschl, W. Herrmann) wirksam, die religiöse Urteile als Werturteile (im Unterschied zu Erkenntnisurteilen) kennzeichneten (A. Ritschl, *Theologie und Metaphysik*, 1881; ders., *Rechtfertigung und Versöhnung* III, ^{3}1889 § 28; W. Herrmann, *Die Religion* 1879). Ritschl reformuliert mit diesem Begriff die bei Martin →Luther vorbereitete Deutung des Gottesbegriffes als Prädikat („Woran Du dein Herz hängst, das ist eigentlich dein Gott“/„Ein Gott ist das, woher wir uns alles Guten versehen“; /„Der Glaube [das Vertrauen] ist Schöpfer der Gottheit“): Hier ist eine subjektive Bezugnahme auf einen Sachverhalt (das Gründen des Lebens auf die Person →Jesu von Nazareth) eigentlich der Akt, in dem dieser Sachverhalt bzw. die Person als Gott prädiziert wird, so dass der in diesem Lebensakt dem Gegenstand zugeschriebene W. für das eigene Leben das eigentlich mit dem Prädikat „[dieser ist] Gott“ Gemeinte ist und mit der Wendung nicht das gegenständliche „Vorhandensein“ einer göttlichen Natur vor jeder Bezugnahme auf den Sachverhalt gemeint ist. Das präzise Verhältnis dieses Wertungsaktes zu Erkenntnisakten (und damit das Verhältnis von W. und Seiendem) ist in der Ritschlschule ebenso wie bei deren Erben (zu denen die existentiale Theologie im Gefolge Rudolf →Bultmanns gehört) strittig bzw. unklar geblieben; der Eindruck, man habe es in diesen Wertungsakten und deren intentionalem Korrelat mit einer Realität von geringerer ontologischer Dignität zu tun als in den greifbaren Gegenständen von Erkenntnisakten lässt sich nur dann vermeiden, wenn man hinsichtlich der Erkenntnisakte und ihres intentionalen Korrelates nicht transzendental naiv bleibt und beide intentionalen Verhältnisse in einer Theorie des Subjektes begründet, in der – wie bei Rickert und bei Heidegger – erkennbar wird, dass alle Erkenntnisakte und deren Korrelate in Wertungsrelationen und in dem in ihnen Voraus-Gesetzten begründet sind.

Die neuere Debatte um die W., die Wertorientierung einer Gesellschaft und die sie tragenden Leitwerte sowie deren Begründung im Rahmen einer zunehmend pluralisierten Gesellschaft werden so lange weder der längerfristigen Erinnerung wert noch zur Bewältigung der gestellten Probleme fähig sein, wie sie sich nicht auf die differenzierte Arbeit am Begriff besinnen, die bereits geleistet ist und der Wiederentdeckung harrt.

Hartmann, N., Ethik, [3]1949; Kuhn, H., Werte – eine Urgegebenheit, in: Gadamer, H.-G. u.a. (Hg.), Neue Anthropologie. Philosophische Anthropologie 2, 1978, 343–373; Köhnke, K.C., Entstehung und Aufstieg des Neukantianismus, [1987] 1993; Rickert, H., Philosophische Aufsätze, 1999; Scheler, M., Der Formalismus in der Ethik und die materiale Wertethik, [4]1954; Slenczka, N., Der Glaube und sein Grund, 1998.

Notger Slenczka

Widerstandsrecht Das W. bezeichnet das Recht einzelner Mitglieder oder Gruppen eines Gemeinwesens auf passiven und aktiven Widerstand (→Gewalt, Gewaltlosigkeit) gegen eine rechtswidrig ausgeübte Staatsgewalt mit dem Ziel der Wiederherstellung des alten →Rechts. Durch dieses Ziel der Wiederherstellung der Ordnung unterscheidet sich der Widerstand von der Revolution, die eine Umstürzung der alten und das Aufrichten einer neuen Ordnung zum Ziel hat. Umstritten ist, ob und inwieweit das W. neben passivem auch aktiven und neben gewaltlosem auch gewaltsamen Widerstand rechtfertigt.

Historisch ist die Lehre vom W. schon in der Antike aus dem Problem des Tyrannenmords entwickelt worden. Die christl. Auffassung vom W. stand von Beginn an unter der Spannung zwischen der Aufforderung von Röm 13, der Obrigkeit untertan zu sein, und der Aussage von Apg 5,29, dass im Konfliktfall Gott mehr zu gehorchen sei als den Menschen. Ein W. oder gar eine Widerstandspflicht konnte es gegenüber dem heidnischen Staat deshalb nur in Form eines passiven, in letzter Konsequenz das Martyrium (→Märtyrer) erduldenden Ungehorsams geben (Ablehnung der Kaiseropfer).

Ganz anders entwickelte sich die Lehre vom W. im →Mittelalter, als die politischen Machthaber selbst der Kirche angehörten und auch kirchliche Autoritäten weltliche Macht für sich in Anspruch nahmen (→Kirche und Staat). In der nun entwickelten Lehre vom W. spielen juristische, naturrechtliche und politische Begründungen eine Rolle: 1. Auch der Herrscher steht nicht über, sondern unter dem Recht; 2. das Verhältnis von Herrscher und Untertanen enthält Elemente der Gegenseitigkeit (vgl. Lehnsrecht); 3. den führenden Ständen eines Gemeinwesen (v.a. dem Adel) kommt eine besondere Pflicht zum Schutz des Wohles eines Gemeinwesens zu, das auch ein W. gegen die übergeordnete Herrschaft einschließt (vgl. z.B. in England die Magna Charta von 1215). So erklärte →Thomas von Aquin, dass ein Usurpator vor der Erringung der Herrschaft von jedermann getötet, ein erst nach seiner Einsetzung zum Tyrannen entartender Herrscher aber nur nach ordentlichem Prozess und von den verantwortlichen Ständen abgesetzt oder getötet werden dürfe. Beide Male handele es sich nicht um verbotenen Aufruhr, sondern um die gebotene Aufrechterhaltung der im →Naturrecht begründeten Ordnung.

Neue Aktualität erlangte das W. in der Reformationszeit angesichts der gewaltsamen Unterdrückung der →Reformation. Während →Martin Luther zunächst nur passiven Widerstand zugestand, der das Erleiden des Unrechts als geistliche Waffe verstand, anerkannte er seit 1530 ein W. gegen den Kaiser als ein Implikat des weltlichen Rechts, das die Sorge des christl. Fürsten um die Religion einschloss. Es blieb allerdings aufgrund der Erfahrungen der →Bauernkriege bei einem ständischen W., bei dem niemand in eigener Sache richten, sondern das allgemeine Recht und Wohl im Blick haben soll. Doch kannte Luther auch den apokalyptischen Tyrannen, den „Seelenmörder", gegen den Notwehr bis hin zum Tyrannenmord gerechtfertigt sein kann. Während Huldreich →Zwingli gewaltsamen Widerstand in Grenzfällen bejahte, betonte Johannes →Calvin den Gehorsam gegenüber auch der ungerechten Obrigkeit, mahnte die Protestanten zu Geduld und warnte vor eigenmächtiger Gewalt. Die heftigen konfessionellen Auseinandersetzungen in Frankreich, Schottland und England zwangen reformierte Theologen jedoch zu neuen Überlegungen über die Grenzen der Staatsgewalt.

Das frühneuzeitliche Naturrecht (Hugo Grotius, Samuel von Pufendorf, Baruch de Spinoza) begründete seine Staatstheorie auf der Vorstellung des Gesellschaftsvertrags zwischen dem Fürsten und den Ständen, der letzteren bei Vertragsbruch ein W. einräumte. In den bald entstehenden absolutistischen Staaten übte der Herrscher dagegen sein Amt nicht mehr kraft eines Vertrags aus, sondern als absoluter Souverän, der das Recht setzte, ihm selbst aber nicht unterworfen war. Das W. verschwand damit in dem Maße, wie der Ständestaat sich zum Fürstenstaat wandelte und die Rechtsbegründung von einer naturrechtlichen Grundlage abgelöst wurde. Auch Immanuel Kant lehnte ein W. ab, weil es zwischen Souverän und Volk keinen Richter geben kann.

Mit dem Aufkommen des liberalen Rechts- und Verfassungsstaats schien dann das W. endgültig obsolet zu werden, denn gegen staatliches Fehlverhalten und Willkür schützten nun Menschen- und Bürgerrechte (→Menschenrechte) sowie eine unabhängige Justiz, auf die jedermann zur Sicherung seiner Rechte zurückgreifen konnte. In expliziter Abwendung vom mittelalterlichen W. wurde Widerstand gegen die Staatsgewalt nun Straftatbestand, ein Missbrauch der Staatsgewalt schien durch die formalen Rechtsgarantien ausgeschlossen. Doch im 20. Jh. zeigten Weltanschauungsdiktaturen wie der Nationalsozialismus und die kommunistischen Diktaturen, dass auch durch ordnungsgemäß zustande gekommene Gesetze und in Form von Richtersprüchen und Verwaltungsakten schwerwiegendes Unrecht begangen werden kann, gegen das alle ordentlichen Rechtsmittel untauglich sind. Seitdem wird das Recht eines Widerstands gegen den totalen Staat neu diskutiert. In einigen dt. Länderverfassungen wie auch im Grundgesetz (GG) hat man versucht, ein W. ausdrücklich zuzugestehen. So heißt es in Art. 20 Abs. 4 GG: „Gegen jeden, der es unternimmt, diese Ordnung zu beseitigen, haben alle Deutschen das Recht zum Widerstand, wenn andere Abhilfe nicht möglich ist." Ein solches, seiner Natur nach überpositives Recht hat allerdings eher symbolische Bedeutung, als dass es konkrete Rechtsfolgen zeitigt. Die von Kritikern geäußerte Sorge vor einem Missbrauch des W. hat sich nicht erfüllt.

Innerhalb einer theologischen Ethik wird heute in der kath. Moraltheologie wieder an eine naturrechtliche Begründung eines W. angeknüpft, die dann gegeben ist, wenn ein tyrannisches Regime prinzipiell im Widerspruch zum Gemeinwohl steht. In der reformierten Tradition der prot. Theologie hat Karl →Barth noch zu Zeiten des Nationalsozialismus unter

Verweis auf Art. 14 der *Confessio Scotica* ein W. der Christengemeinde konstatiert mit dem Tyrannenmord als Grenzfall. Die in dieser Hinsicht zurückhaltendere luth. Ethik hat erst nach 1945 im Anschluss an Dietrich Bonhoeffer und den norwegischen Bischof Eivind Berggrav ein gewaltsames aktives W. im Falle der absoluten Perversion eines Staates erwogen (Ernst Wolf, Hans-Joachim Iwand).

Heute unterscheidet man oft drei abgestufte Formen politischen Widerstands: die gewissensbestimmte Verweigerung gegen staatlichen Glaubens- und Gewissenszwang, den zivilen Ungehorsam (engl.: civil disobedience, vgl. John Rawls) und den ‚großen' Widerstand, der sich gegen ein Unrechtssystem aktiv und gewaltsam auflehnt. Im letzten Fall sind strenge Kriterien anzusetzen, zu denen jedenfalls die folgenden gehören: 1. Es muss sich um evidentes und massives Unrecht handeln, gegen das normale Rechtsbehelfe nicht wirksam sind; 2. Widerstand darf nur zur Wiederherstellung des Rechts, nicht zur Verfolgung persönlicher Interessen geleistet werden; 3. der gewaltsame Widerstand ist ultima ratio; 4. der Grundsatz der Verhältnismäßigkeit muss gewahrt bleiben; 5. es muss begründete Aussicht auf ein Gelingen des Widerstands bestehen; 6. der Widerstand Leistende muss genügend Einsicht in die politische Lage haben; 7. niemand kann von anderen auf Widerstand verpflichtet werden.

Glotz, P. (Hg.), Ziviler Ungehorsam im Rechtsstaat, 1983; Huber, W., Gerechtigkeit und Recht, 1996; Kaufmann, A., Vom Ungehorsam gegen die Obrigkeit, 1991; Rawls, J., Eine Theorie der Gerechtigkeit, 1975, ^{9}2001.

Dirk Evers

Wiedergeburt Der Begriff der W. spielt in der antiken Philosophie wie auch in vielen nichtchristl. Religionen (v.a. im →Buddhismus, →Hinduismus, →Judentum) und im Christentum eine wichtige Rolle. Er bezeichnet die Vorstellung des Übertritts von einem alten in ein neues Leben in kollektivem oder individuellem Sinne, der von Initiationsriten (→Initiation) begleitet sein kann. Während in den griech. Mysterienreligionen (→Mysterienkult) unter W. die durch geheimnisvolle Weihen vollzogene Wesensverwandlung und Vergottung des Menschen verstanden wird, deutet Platon diese durch die Vorstellung der Seelenwanderung und versteht W. in individuellem Sinne als →Reinkarnation der →Seele. Hingegen beschreibt die Stoa in kosmischer Perspektive die Erneuerung der Welt nach dem Weltbrand als W. Im hell. Judentum bezeichnet W. sowohl das individuelle Wiederaufleben des →Menschen nach dem →Tod wie auch das Wiederaufleben der von Gott geschaffenen Kreatur nach der Sintflut. Im AT fehlt der Begriff.

Die christl. Rede von der W. im →Neuen Testament stützt sich auf die Ansätze im antiken Judentum. In der Verkündigung →Jesu wird W. als die eschatologische Erneuerung (→Eschatologie) der Welt im →Reich Gottes verheißen (Mt 19,28), die aber in der Verkündigung für die Glaubenden schon jetzt anbricht. In den ntl. Briefen, insbesondere bei →Paulus, meint W. den Beginn des christl. Lebens durch das individuelle Geschehen der Aufnahme des verlorenen Menschen in die Gemeinschaft mit Gott, die in der →Taufe zugeeignet und im →Glauben angenommen wird (vgl. bes. Röm 6). Entsprechend wird die Taufe als das Bad der W. angesehen (Joh 3,3.5; Tit 3,5). Anders als in der platonischen Tradition ist W. ein einmaliges Geschehen, das sich ganz dem Handeln Gottes verdankt und das nicht nur der Seele, sondern dem Menschen in seiner leibseelischen Verfasstheit ein neues Leben in der Gemeinschaft mit Gott eröffnet. Begründet ist das Geschehen der W. des Menschen in der Wirksamkeit Jesu Christi, seinem Tod und seiner →Auferstehung (1Petr 1,3.23). Weil sich die W. im Glauben realisiert und manifestiert, kann Paulus seine Missionstätigkeit als ein „zum Leben bringen" beschreiben (1Kor 4,15; Gal 4,19; Phlm 10).

Während auf dieser Basis die W. in der altkirchlichen und mittelalterlichen Theologie als die in der Menschwerdung des Logos begründete Gottesgeburt verstanden und in der Tauftheologie entfaltet wird, rückt in der reformatorischen Theologie das Augenmerk verstärkt auf den Zusammenhang von W., →Rechtfertigung und Glaube und damit auf die Art und Weise, in der sich die W. vollzieht und zum Ausgangspunkt für die Erneuerung des gesamten Lebens im Glauben wird. Wichtig ist den Reformatoren dabei, dass Gottes rechtfertigendes Handeln die W. des in seiner →Sünde verlorenen Menschen ohne alle Werke allein aus Glauben begründet. Entsprechend wird die W. in der dogmatischen Entfaltung der Heilsordnung auf die göttlichen Akte der →Bekehrung und Rechtfertigung zurückgeführt und sorgfältig von der Erneuerung des Menschen in seinen Werken unterschieden.

Im Pietismus bei Philipp Jakob Spener, August Hermann Francke und Nikolaus Ludwig Graf von Zinzendorf richtet sich das Interesse hingegen verstärkt auf die Erfahrbarkeit der W. in den inneren und äußeren Kennzeichen der Bekehrung und Erneuerung. John Wesley, der Begründer der methodistischen Reformbewegung (→Methodisten), unterscheidet die W. aus dem Geist sogar ausdrücklich von der Taufe und sieht ihre Merkmale in Glaube, →Liebe und →Hoffnung. Im 19. Jh. gewinnt der Begriff W. zusätzlich zu seiner religiösen Bedeutung auch eine politische Bedeutung in der Rede von der nationalen W. Die nationalsozialistische Ideologie nimmt diese 1933 in der Parole von der „nationalen Wiedergeburt" auf und versteht diese in ihrer Propaganda als kollektive W. der idealtypischen nordischen Rasse.

Gegenüber solchen Formen politischer Instrumentalisierung sowie gegenüber einer Betonung der erfahrbaren Veränderungen als Indizien wahrhafter W. im Menschen ist theologisch zur Geltung zu bringen, dass W. in der bibl. Tradition eine von Gott geschenkte Neubegründung menschlichen Lebens in der Gemeinschaft mit Gott meint, die in der Taufe zugeeignet wird und dem Menschen ein neues Leben in der Freiheit des Glaubens eröffnet, das im ewigen Leben zur Vollendung gelangt. In der Einmaligkeit dieses Geschehens und seines Grundes im Heilshandeln Gottes in Jesus Christus (→Heil; →Christologie) besteht die Eigenart des christl. Verständnisses der W.

Feldmeier, R. (Hg.), Wiedergeburt. Biblisch-theologische Schwerpunkte, Bd. 25, 2004; Pannenberg, W., Systematische Theologie, Bd. 3, 1993.

Friederike Nüssel

Wirtschaftsethik Die W. gehört zu den in neuerer Zeit zunehmend in den Mittelpunkt gerückten Teilgebieten der →Sozialethik. Dass der Bereich der Wirtschaft zum Thema theologisch verwurzelter Sozialethik werden kann, verdankt sich der bereits in der →*Barmer Theologischen Erklärung* zum Ausdruck gebrachten Einsicht, dass „Jesus Christus Gottes Zuspruch der Vergebung aller unserer Sünden ist“, und deswegen „mit gleichem Ernst (...) auch Gottes kräftiger Anspruch auf unser ganzes Leben“ sein will (3. These). Ob wirtschaftliches Handeln ethische Fragen impliziert, wurde aufgrund der unterschiedlichen Bewertungen der darin maßgebenden Sachgesetzlichkeiten lange kontrovers diskutiert. Gegenwärtig hat sich aber die Einsicht durchgesetzt, dass zwar die Instrumente, mit denen wirtschaftliches Handeln seine Ziele zu erreichen versucht, zuallererst im sachkompetenten wirtschaftswissenschaftlichen Diskurs zu ermitteln sind, dass aber die Ziele und Leitperspektiven, in deren Dienst die jeweiligen Instrumente stehen, im ethischen Diskurs zu reflektieren sind.

Seit der Entstehung der ersten christl. Gemeinden ist der Bereich der Wirtschaft in die theologische Reflektion und geistliche Meditation einbezogen worden. Schon Johannes Chrysostomos hat im 4. Jh. in seinen Predigten nicht hinnehmbare Gegensätze von arm und reich angeprangert. Martin →Luther hat sich im 16. Jh. in verschiedenen wirtschaftsethischen Schriften leidenschaftlich für eine Gestaltung der Wirtschaft eingesetzt, die das Recht der Armen (→Armut) achtet. Eine moderne →Ethik der Wirtschaft entsteht aber erst um die Wende zum 20. Jh. Im röm.-kath. Bereich beginnt mit Papst Leos XIII. Enzyklika *Rerum Novarum* 1891 eine Tradition kath. →Soziallehre, die bis heute ethische Maßstäbe für das Wirtschaftsleben entwickelt. Im ev. Bereich gilt neben Georg Wünschs W. (1927) v.a. die zweibändige W. Arthur Richs als Meilenstein der wissenschaftlich-theologischen Beschäftigung mit dem Thema. Die Kammern der EKD (→Evangelische Kirche in Deutschland), insbesondere die Kammer für Soziale Verantwortung, haben sich seit den 1960er Jahren zu zahlreichen Fragen der Wirtschaft geäußert. Als zentrales Dokument gilt dabei die Denkschrift *Gemeinwohl und Eigennutz* von 1991, die für eine ökologisch erweiterte soziale Marktwirtschaft eintritt. Aktuell zeichnet sich eine zunehmend ökumenisch verankerte kirchliche Urteilsbildung ab. Der Wirtschaftshirtenbrief der kath. Bischöfe der USA von 1986 und vergleichbare europäische Dokumente wie das *Gemeinsame Wort der Kirchen zur wirtschaftlichen und sozialen Lage in Deutschland* (*Sozialwort*) von 1997 betonen die „vorrangige Option für die Armen“ als grundlegenden Maßstab für die Wirtschaft. Der →Ökumenische Rat der Kirchen wendet sich gegen eine Form der →Globalisierung, die den sozialen Ausgleich ganz dem Spiel des freien Marktes unterordnet (AGAPE-Dokument von 2005).

Themen gegenwärtiger Wirtschaftsethik sind der Sinn und die Bedeutung menschlicher →Arbeit im Lichte hoher Arbeitslosenzahlen, soziale →Gerechtigkeit und die Rolle, die Besitz- und Einkommensverteilung (→Geld; →Eigentum) dabei spielen, die Teilhabe der Menschen an den wirtschaftlichen und sozialen Prozessen der Gesellschaft, sowie die Familienfreundlichkeit des Wirtschaftslebens und die ökologische Verträglichkeit des Wirtschaftens. Heute gewinnen die Konsequenzen der wirtschaftlichen Globalisierung in den Diskussionen der W. immer mehr an Bedeutung. Dabei wird von kirchlicher Seite der soziale Ausgleich zwischen reichen und armen Ländern mit besonderem Nachdruck in die öffentliche Debatte eingebracht.

Innerhalb der W. lassen sich verschiedene Teilgebiete unterscheiden, die jeweils unterschiedliche Wirtschaftssubjekte in den Blick nehmen. Die Unternehmensethik fragt nach der ethischen Verantwortung der Unternehmen in ihren internen Prozessen und in ihrem Verhalten am Markt. Die Konsumentenethik betont die Verantwortung der Konsumenten für sozial und ökologisch verantwortliche Produktionsprozesse durch jeweils überlegte Kaufentscheidungen. Die politische W. fragt nach den politischen und wirtschaftlichen Rahmenbedingungen, die von staatlicher Seite geschaffen werden müssen, damit ethisch verantwortliche wirtschaftliche Entscheidungen getroffen werden können.

Die verschiedenen Gebiete der W. werden in der theologischen Ethik von unterschiedlichen Grundansätzen her reflektiert. Ein v.a. in den USA entwickelter affirmativer Ansatz sieht einen auf funktionierende Marktmechanismen gegründeten „demokratischen Kapitalismus“ als die aus der Sicht christl. Ethik am besten begründete Lösung, weil nur er die „Option für die Armen“ wirklich praktikabel und effektiv umsetzt (M. Novak). Ein grundsatzkritischer Ansatz sieht dagegen die zentrale Funktion des Gewinninteresses in marktwirtschaftlichen Systemen und die damit verbundene Form der Geldwirtschaft als grundsätzlich unvereinbar mit bibl. inspirierter christl. Ethik (U. Duchrow). Ein kritisch-dialogischer Ansatz prüft die jeweiligen Spielarten des marktwirtschaftlichen Systems im Lichte christl. Ethik, benennt Defizite und plädiert für entsprechende Veränderungen in Richtung auf eine ökologisch und sozial verantwortliche Marktwirtschaft (A. Rich). Für alle drei Ansätze stellt sich die Herausforderung bei der Reflektion des Wirtschaftslebens sowohl die Traditionsgrundlagen der jüd.-christl. Überlieferung („Schriftgemäßheit“) als auch den Stand der wirtschaftswissenschaftlichen Diskussion („Sachgemäßheit“) in die Urteilsbildung mit einzubeziehen.

Bedford-Strohm, H., Moderne Wirtschaft und die Hoffnung auf Gerechtigkeit, in: Link-Wieczorek, U. u.a. (Hg.), Nach Gott im Leben fragen. Ökumenische Einführung ins Christentum, 2003, 120–143; Für eine Zukunft in Solidarität und Gerechtigkeit. Wort des Rates der Evangelischen Kirche in Deutschland und der Deutschen Bischofskonferenz zur wirtschaftlichen und sozialen Lage in Deutschland, hg. v. Kirchenamt der EKD, 1997; Herms, E., Art. Wirtschaftsethik, RGG^4 8, 2005, 1621–1624; Hübner, J., Globalisierung mit menschlichem Antlitz. Einführung in die Grundfragen globaler Gerechtigkeit, 2004; Klein, W. u.a., Art. Wirschaft/Wirtschaftsethik, TRE 36, 2004, 130–184; Korff, W. u.a. (Hg.), Handbuch der Wirtschaftethik, 4 Bd., 1999; Rich, A., Wirtschaftsethik, 2 Bd., 1984, 1990; Stierle, W., Chancen einer ökumenischen Wirtschaftsethik. Kirche und Ökonomie vor den Herausforderungen der Globalisierung, 2001; Ulrich, P., Integrative Wirtschaftsethik. Grundlagen einer lebensdienlichen Ökonomie, ^{2}1998.

Heinrich Bedford-Strohm

Wissenschaft Mit der Frage nach letzten Gründen und Ursachen, ohne sich mit Erzählungen oder Meinungen zufrieden zu geben, beginnt in der klassischen Antike nicht nur die Philosophie, sondern zugleich die W. Heute wird darunter eine institutionalisierte Form des Wissens verstanden, die – im Unterschied zum lebensweltlichen Alltagswissen (→Lebenswelt und Alltag) – 1. ein methodisch geregeltes Verfahren der Wissensgewinnung voraussetzt, 2. auf eine systematische, einem durchgängigen Prinzip folgende Ordnung bezogen und 3. strengen argumentativen Begründungs- und Überprüfungspostulaten unterworfen ist. Dabei hat sich zugleich eine Vielfalt unterschiedlicher Wissenschaftstypen herausgebildet, deren Verhältnisbestimmung und Zusammenhang zunehmend problematisch erscheint. Das im späten 19. Jh. entstehende Gegenüber von Natur- und Geisteswissenschaften verliert weithin an Plausibilität. Im späten 20. Jh. tritt zunächst das Paradigma der Kulturwissenschaften hinzu; unter dem Eindruck stürmischer Entwicklungen in den Biowissenschaften ist zunehmend auch von einem Paradigma der Lebenswissenschaften die Rede. Die →Theologie schließlich steht damit immer wieder neu vor der Frage, in welchem Sinne sie selbst als W. gelten kann und wie ihr Verhältnis zu den anderen Wissenschaften beschaffen ist.

Die Geschichte der abendländischen W. beginnt mit der milesischen Naturphilosophie (Thales, Anaximander, Anaximenes). Sie übernimmt vom →Mythos die Frage nach dem Ursprung, macht diesen aber zu einem durch Beobachtung gewonnenen Prinzip. Mit Pythagoras findet der Übergang von der stofflich-materiellen zur mathematischen Erfassung der obersten Ursache statt. Parmenides und Heraklit markieren den nächsten Entwicklungsschritt: Ausgehend von der Unterscheidung zwischen unvergänglichem Sein und vergänglichem Schein erklärt Parmenides die denkende, von der Erfahrung unabhängige Erkenntnis des wahren Seins zur Aufgabe der W., während sich Heraklit darum bemüht, die der Vernunfterkenntnis (→Vernunft; →Erkenntnis) zugängliche Struktur des Kosmos (griech.: logos) zugleich als Prinzip allen Werdens zur Geltung zu bringen. Auch für Platon und die platonische Tradition besteht die W. in der denkenden Erkenntnis unveränderlicher Inhalte (Ideen). Die verschiedenen Zweige der W. verfahren dabei axiomatisch, indem sie allgemeine Prinzipien und Grundlagen voraussetzen. Lediglich die höchste W., die Dialektik, vermag diese Struktur zu durchbrechen. Sie gelangt zu einer unmittelbar-intuitiven →Erkenntnis des obersten Prinzips, welches selbst nicht wieder auf einen übergeordneten Grund zurückgeführt werden kann. Von Aristoteles erhält das antike Wissenschaftsverständnis schließlich seine bis in die Neuzeit hinein verbindliche Fassung. Ihm zufolge geht es in der W. um die Erkenntnis allgemeiner und notwendiger Sachverhalte im Blick auf deren Ursachen. Solche Erkenntnis vollzieht sich im Medium des deduktiven Beweises als Kette von Schlüssen, in denen zwei Urteile zu einem dritten verbunden werden. Da allerdings ein Beweis seinerseits wahre Prämissen voraussetzt, kann nicht alles Wissen durch Beweise vermittelt sein. Daraus schließt Aristoteles auf die Notwendigkeit eines unmittelbaren Wissens von den obersten Prinzipien und nennt zum einen allgemeingültige Axiome wie den Satz vom ausgeschlossenen Dritten oder den Satz vom Widerspruch, zum anderen allgemeine Existenzvoraussetzungen und Definitionen. Definitionen wiederum werden nicht durch Deduktion, sondern durch Induktion gewonnen. Das Organ der Induktion ist die intuitive Vernunft, welche durch Abstraktion vom sinnlich Gegebenen zum Wesen der Dinge vorzudringen vermag. Im Aufbau der Wissenschaften unterscheidet Aristoteles zwischen den theoretischen (Mathematik, Physik, →Metaphysik) und den praktischen Wissenschaften (→Ethik, Politik).

Vorgeordnet ist ihnen die Logik, welche das Werkzeug (griech.: organon) für alle Wissenschaften enthält. Die höchste W. ist die in der philosophischen Theologie gipfelnde Metaphysik, welche nach den obersten Prinzipien und Ursachen des Seienden fragt. Die spätantike Stoa fügt dem Wissenschaftsverständnis noch den Gedanken des Systems hinzu: Eine wissenschaftliche Erkenntnis ist dadurch ausgezeichnet, dass sie einem kohärenten System von Erkenntnissen zugehört.

Im Mittelalter bleibt das aristotelische Wissenschaftsverständnis weitgehend bestimmend. Dennoch kommt es durch die Entstehung der Universitäten im Aufbau der Wissenschaften zu tiefgreifenden Veränderungen. Die neuen Universitäten – zunächst in Paris und Oxford – gliedern sich in eine theologische, juristische und medizinische Fakultät, denen die philosophische Artistenfakultät mit dem Studium der *septem artes liberales* (dt.: den sieben freien Künsten: Grammatik, Rhetorik und Logik bzw. Dialektik einerseits, Arithmetik, Musik, Geometrie und Astronomie andererseits) vorgeordnet ist. Damit lässt sich das von →Augustin her überkommene Verständnis der Theologie als der W. überlegene →Weisheit nicht mehr halten; stattdessen muss sie sich nun ihrerseits als W. legitimieren. Zugleich beginnt umgekehrt die institutionelle Verselbständigung der Philosophie gegenüber der Theologie(→Philosophie und Theologie). Vor allem aber setzt bereits im späten 13. Jh. die Entwicklung einer mathematisch gestützten und experimentell verfahrenden Naturwissenschaft ein (Roger Bacon).

Die frühe Neuzeit vollzieht in doppelter Hinsicht den Bruch mit Aristoteles. Auf der einen Seite wendet sich René Descartes gegen das aristotelische Wissenschaftsideal der selbstzwecklichen Theorie, indem er umgekehrt die Theorie konsequent in den Dienst der Praxis stellt (→Rationalismus). Das Ziel besteht nicht länger in einer zweckfreien →Erkenntnis der obersten Prinzipien, sondern in der Anwendung dieses Wissens für die wissenschaftlich-technische Naturbeherrschung. Der Begründer des Empirismus, Francis Bacon, stimmt in dieser Hinsicht mit dem Rationalisten Descartes überein. Auch für ihn ist Wissen kein Selbstzweck, sondern ein Instrument zur Beherrschung der Natur: „*Knowledge is power*". Während Descartes jedoch die W. auf obersten Prinzipien beruhen lässt, die ihrer unbezweifelbaren Evidenz wegen keines weiteren Beweises bedürfen, setzt Bacon konsequent bei der Erfahrung an: Wissenschaftliche Erkenntnis ist nicht wie bei Descartes vollkommen, sondern stets hypothetisch; an die Stelle der Deduktion tritt die Induktion. Auf der anderen Seite bedeuten die Entdeckungen von Galileo Galilei und Isaak Newton einerseits (Mechanik), Johannes Kepler und Nikolaus Kopernikus andererseits (Astronomie) die Abkehr von der aristotelischen Physik und Naturphilosophie. Die aristotelischen Zweckursachen werden aus der Naturbetrachtung ausgeschlossen; an ihre Stelle tritt eine konsequent quantitativ-mechanische Sichtweise. Der phänomenale Zugang zur Erfahrung wird durch ein instrumental-experimentelles Erfahrungsverständnis ersetzt. Zugleich steigt nun die Mathematik zur Königin der Wissenschaften schlechthin auf. Auf ihrer Grundlage unternimmt Gottfried Wilhelm Leibniz den Versuch, das zu seiner Zeit verfügbare Wissen in eine umfassende *scientia universalis* zusammenzuführen und dabei aristotelische und neuzeitliche Motive miteinander zu vermitteln.

Immanuel Kant reagiert auf das veränderte Wissenschaftsverständnis, indem er Aufgabe und Reichweite der Philosophie neu bestimmt. Die klassischen Erkenntnisansprüche der Metaphysik – und mit ihr der philosophischen Theologie – werden abgewiesen; stattdessen obliege ihr, im Aufweis der Bedingungen der Möglichkeit von Erkenntnis überhaupt den Geltungsanspruch der neuzeitlichen Naturwissenschaften philosophisch zu rechtfertigen. Jede Erkenntnis geht notwendig von der sinnlichen Anschauung aus; doch zugleich sind es erst bestimmte erfahrungsunabhängige Anschauungs- und Denkstrukturen des erkennenden Subjekts, welche das sinnlich Gegebene zu einer geordneten Erfahrungserkenntnis zusammenfassen. Indem diese apriorischen Strukturen den Gegenstand erst konstituieren, garantieren sie umgekehrt zugleich die Objektivität der →Erkenntnis. Damit sind auf der einen Seite die Naturwissenschaften ins Recht gesetzt; auf der anderen Seite jedoch wird ihre Reichweite auf den Bereich möglicher Erfahrung beschränkt. In der nachfolgenden Epoche des dt. →Idealismus ist es v.a. Georg Wilhelm Friedrich Hegel, der über die von Kant gezogenen Grenzen wieder hinauszugehen sucht. W. ist für ihn die begreifende (Selbst-)Erkenntnis des absoluten Geistes, und sie findet ihre vollendete Gestalt allein in einem die Totalität alles Wissens zusammenfassenden absoluten System. Hegel restituiert damit nicht nur die Erkenntnisansprüche der klassischen Philosophie und philosophischen Theologie, sondern unternimmt ein letztes Mal den Versuch, die Gesamtheit allen Wissens in ein einheitliches System zu integrieren.

Mit dem Zusammenbruch des Idealismus nach Hegels Tod büßt nicht nur die Philosophie ihre bis dahin angestammte Führungsrolle unter den Wissenschaften ein; darüber hinaus macht sich nun ein tiefgreifender Funktions- und Strukturwandel der W. bemerkbar. Im Zuge der gesellschaftlichen Modernisierung kommt es zu einer auf technisch-industrielle Verwertbarkeit ausgerichteten Anonymisierung und Mechanisierung des wissenschaftlichen Betriebes. An die Stelle der →Bildung tritt die Ausbildung; die W. selbst wird zu einer auf innovativen Fortschritt festgelegten Forschungswissenschaft. Damit einher geht ein interner Differenzierungs- und Dynamisierungsprozess: Die Naturwissenschaften verselbständigen sich und treten ihren beispiellosen Siegeszug an. Es kommt zur Ausbildung nicht nur der technischen Fächer, sondern ebenso neuartiger historischer und philologischer Disziplinen. Eine besondere Herausforderung schließlich stellt die Entstehung von Psychologie und Soziologie dar, denn beide Wissenschaften stehen quer zur neuen Unterscheidung von empirischen Natur- und historischen Geisteswissenschaften. Diese Unterscheidung wiederum geht zurück auf Wilhelm Dilthey, der solchermaßen die Selbständigkeit der historisch-hermeneutischen Disziplinen gegenüber dem herrschenden Naturalismus sichergestellt wissen wollte. Freilich nimmt er dabei einen →Dualismus von Natur und Geist in Kauf, der beide Wissenschaftsformen mehr und mehr in zwei wechselseitig ignorante „Kulturen" auseinanderfallen lässt. Diese Entwicklung geht vorrangig zu Lasten der Geisteswissenschaften und ihrer gesellschaftlichen Akzeptanz. Aus diesem Grund verstärken sich seit Ende des 20. Jh. die Bemühungen, unter Rekurs auf das Paradigma der Kulturwissenschaft jenen →Dualismus zu überwinden und die gesellschaftliche Relevanz der geisteswissenschaftlichen Disziplinen neu zu betonen. Überdies stehen mittlerweile nicht nur die Geistes- und Kultur-, sondern auch die Naturwissenschaften vor der Aufgabe, in einem zunehmend wissenschaftskritischen, für die Schattenseiten zunehmender Technisierung und Verwissenschaftlichung sensibilisierten Umfeld und unter verschärften finanziellen Rahmenbedingungen ihre Legitimität und Funktion für die Gesellschaft stets aufs Neue unter Beweis zu stellen.

Diemer, A (Hg.), Der Wissenschaftsbegriff. Historische und systematische Untersuchungen, 1970; Frühwald, W. u.a. (Hg.), Geisteswissenschaften heute. Eine Denkschrift, 1991; Schnädelbach, H., Philosophie in Deutschland 1831–1933, 1983, 88–137.

Martin Laube

Wort Gottes Zu den Grundüberzeugungen des Christentums gehört die Annahme, dass zwischen Gott und Mensch ein Beziehungsgefüge möglich ist. Seine Voraussetzung findet dieses Beziehungsgefüge im Akt der Selbstmitteilung Gottes. Die Wendung W. G. dient dem Christentum im Anschluss an jüd. Vorstellungen als Oberbegriff, um die verschiedenen Formen der göttlichen Selbstmitteilung an den Menschen zu beschreiben.

Ausgangspunkt sind zahlreiche Stellen im AT, denen die Vorstellung eines göttlichen Wortes an die Menschen zugrunde liegt. Eingeleitet werden diese Gottesworte stereotyp mit der Formel „So sprach der Herr" oder „Worte des Herrn". Der sprechende, d.h. der sich seinen Propheten und seinem Volk durch Worte selbst offenbarende Gott ist ein wesentliches Charakteristikum des atl. Gottesverständnisses. Daran knüpft das NT an und führt den Gedanken weiter, indem es den redenden Gott mit der Person Christi identifiziert: Jesus ist das fleischgewordene Wort (→Inkarnation; vgl. Joh 1), durch das sich Gott offenbart (→Offenbarung) und den Menschen mitteilt.

Auf der Grundlage dieses bibl. Fundaments ist in der christl. Theologie die Vorstellung ausgebildet worden, dass Gott durch die Worte der Bibel zu Menschen spricht. In besonderer Weise ist diese gemeinchristliche Überzeugung für das reformatorische Christentum bedeutsam geworden. Martin →Luther rückte dabei in besonderer Weise das Verhältnis von Heiliger Schrift und W. G. ins Zentrum seiner Theologie. In den Worten der Schrift vergegenwärtigt sich Christus. Diese Vergegenwärtigung Christi geschieht nicht „automatisch" durch Hören oder Lesen der Bibel, sie bedarf vielmehr einer besonderen Vermittlung durch den →Heiligen Geist. Bibelwort und Gotteswort können also nicht einfach gleichgesetzt werden. Die Wirkung des Heiligen Geistes – das hielt Luther immer wieder gegen die Schwärmer (→Reformation) fest – ist allerdings ausdrücklich an die sprachliche Struktur der Bibelworte geknüpft. Diese große Bedeutung der Worthaftigkeit der göttlichen Selbstmitteilung an den Menschen ist ein wesentlicher Bestandteil von Luthers Theologie. Sie erklärt die zentrale Stellung, die er der Bibel einräumt. Durch die Bibel kommt es zu einer geistgewirkten worthaften Selbstvermittlung Christi, die beim Leser und Hörer des Schriftwortes zu lebenstragender Heilsgewissheit (→Heil) führt. Aufgrund dieser Vermittlungskraft ist die Schrift als W. G. zu verstehen. Luther ging davon aus, dass diese Vermittlungsleistung allein der Schrift zukomme. Er formte daher aus seiner Verhältnisbestimmung von Schrift und W. G. die Lehre des *sola scriptura* (dt.: die Schrift allein), die dann als das prot. Schriftprinzip (→Schriftverständnis) in der Theologie Geschichte machte.

Durch das Aufkommen der historischen Kritik ist die Evidenz dieses Zusammenhangs von Bibel und W. G. auseinandergebrochen. Im Kontext der Moderne ist die entscheidende Frage, wie sichergestellt werden kann, dass die Bibel im beschriebenen Sinne das W. G. ist. Auf Johannes →Calvin geht dabei die vielfach im Protestantismus vertretene Auffassung zurück, die Schrift könne sich nur selbst als W. G. beglaubigen und zwar durch das innere Zeugnis des Heiligen Geistes.

Aus den Bausteinen, die ihnen die Reformatoren lieferten, formten dann v.a. im 17. Jh. die Theologen der →(alt)protestantischen Orthodoxie eine Theologie des Wortes Gottes von barocker Wucht. In Abgrenzung gegen den Katholizismus und später dann auch gegen die aufkommende Aufklärung befestigten sie den inneren Zusammenhang von Bibelwort und Gotteswort durch die Lehre von der Verbalinspiration. Die schon bei Luther und Calvin so zentrale Bedeutung der Wirksamkeit des Heiligen Geistes wird hier ganz konkret als Eingebung der Texte verstanden. Die Bibel ist darum Gottes Wort, weil der Heilige Geist den Verfassern die Worte diktiert hat. Gott ist der eigentliche Autor der Schrift und die Beteiligung menschlicher Schreiber hat nur eine rein instrumentelle Bedeutung. Damit wird die Identität von Schrift- und Gotteswort über die göttliche Eingebung der Texte begründet.

Die Bibelkritik der →Aufklärung hat diese Lehre schonungslos destruiert, indem sie auf Fehler und innere Widersprüche in der Bibel aufmerksam machte und damit die Vorstellung, Gott habe den Verfassern die bibl. Texte diktiert, um so zu den Menschen sprechen zu können, in den Bereich mythischer Spekulationen verwiesen.

Trotz des Fiaskos der Verbalinspirationslehre bleibt die christl. Theologie des Wortes Gottes für lange Zeit auf den Zusammenhang von Bibelwort und Gotteswort fixiert, ja dieser Zusammenhang gewinnt sogar ab dem 19. Jh. entscheidend an Bedeutung und zwar als strategische Maßnahme gegen die Auflösung der Bibelautorität. In formaler Hinsicht wird dabei ein zentraler Grundgedanke der altprot. Schriftlehre festgehalten. Die schriftliche Verarbeitung des göttlichen Offenbarungshandelns, wie sie sich in den bibl. Schriften findet, ist selbst ein Akt des Offenbarungsgeschehens, in dem nicht einfach historische Begebenheiten abgebildet werden, sondern in dem das W. G. unverfügbar in den Schriftworten Gestalt annimmt. Diese Auffassung zieht schon im 19. Jh. beträchtliche Sympathien auf sich. Der Hallenser Theologe Martin Kähler entfaltet die Lehre von der Bibel als Kerygma, d.h. als Verkündigung, durch die sich Gottes freies Offenbarungshandeln in der Schrift fortsetzt und legt damit den Grundstein einer modernen Wort-Gottes-Theologie.

Seine wirkungsmächtigste Ausgestaltung findet dieser Ansatz schließlich in der Wort-Gottes-Theologie Karl →Barths. Im ersten Band seines Hauptwerkes, der *Kirchlichen Dogmatik*, spricht Barth von der dreifachen Gestalt des Wortes Gottes in Jesus Christus, dem Wort der Schrift und dem Wort der Verkündigung. Die Bibel verweist als Zeugnis auf die Christusoffenbarung, die sich historisch zwar ein für allemal in Christus ereignet hat, sich aber gleichwohl durch das daraus hervorgegangene Zeugnis wieder ereignen kann und durch die Verkündigung weitergegeben wird. Die Schrift ist nicht Gottes Wort, sie kann es aber immer wieder werden. Diese Wortwerdung fasst Barth als das Ereignis der →Inspiration. In dieser Selbsterschließung erneuert sich das ursprüngliche Offenbarungsgeschehen in Christus. Dass dieses Ereignis der Wortwerdung eintritt, ist nicht mit menschlichen Möglichkeiten herbeizuführen. In Anlehnung an Calvins Lehre vom inneren Zeugnis des Heiligen Geistes kann die Einsicht, dass die Bibel Gottes Wort ist, immer nur ein Glaubenssatz sein. Die Aporien, in die die historische Kritik ein theologisches Verständnis der Bibel als W. G. gestürzt hat, sind damit vermieden. Denn deren Einsichten sind doch immer nur als „äußere" Gründe zu bewerten, die die unverfügbare Selbstdurchsetzung des Gotteswortes nicht tangieren können. Für Barth können die historischen und religionsgeschichtlichen Erkenntnisse zu den bibl. Texten entsprechend ihrer begrenzten Reichweite das gar nicht erreichen, was die Bibel theologisch auszeichnet: die Gabe, durch Gottes unverfügbares Offenbarungshandeln immer wieder zum W. G. zu werden. Diese argumentative Selbstimmunisierung gegen die moderne Bibelkritik ist ideengeschichtlich sicher ein Grund für den außerordentlichen Erfolg der Wort-Gottes-Theologie im 20. Jh.

Doch hat dieser Erfolg freilich auch seine Schattenseiten. Zwar hat Barth nie bestritten, dass die bibl. Texte von Menschen verfasst wurden, aber die Frage ihrer historischen Entstehung und Verankerung in einem konkreten geschichtlichen Kontext drängt er an den Rand. Im Vordergrund steht die Selbstdurchsetzung des Gotteswortes durch das Schriftwort. Wie jedoch aus einem historisch kontingenten Menschenwort dieses Gotteswort werden kann, ist für Barth ein unverfügbares Geschehen. Es kann sich seiner Meinung nach kein Weg auftun, dieses Geschehen über die subjektive Evidenz hinaus wenigstens nachvollziehbar und plausibel zu machen. Entweder die Wortwerdung ereignet sich oder sie ereignet sich nicht. Barths Konzept und das seiner Epigonen von der Schrift als W. G. ist daher nicht unwidersprochen geblieben. Paul Tillich sprach wenig schmeichelhaft von einem „neuorthodoxen Biblizismus" und deutete damit an, dass die argumentative Selbstabschließung der Wort-Gottes-Theologie fundamentalistische Züge annehmen kann. Zudem benannte Wolfhart Pannenberg gravierende Bedenken dagegen, das göttliche Offenbarungshandeln mit dem Begriff des Wortes Gottes zu identifizieren. Dahinter stehe letztlich eine mythologisch-magische Vorstellung eines redenden Gottes, die zudem mit einem argumentativ nicht mehr hinterfragbaren Autoritätsanspruch verbunden sei, der der Mensch allein mit Gehorsam begegnen könne. Tillich, Pannenberg u. a. haben daher vorgeschlagen, den Begriff des Wortes Gottes aus seiner biblizistischen Engführung herauszuführen und – sofern man an diesem Begriff überhaupt trotz seiner Missverständlichkeit festhalten möchte – als Oberbegriff zu all jenen Kommunikationsvorgängen zu erheben, in der sich der Mensch von einer ihn selbst transzendenten Dimension angesprochen, ergriffen und berührt erfährt. Aufgabe einer zu entfaltenden Theologie des Wortes Gottes, die diesem umfassenden Anspruch gerecht wird, müsste es dann sein, ästhetische Erfahrungswelten beispielsweise in Natur, Kunst und Musik und v. a. in der Lebenserfahrung von Menschen aufzuspüren und diese auf den Akt der göttlichen Selbstmitteilung an die Menschen hin durchsichtig zu machen.

Körtner, U.H.J., Theologie des Wortes Gottes. Positionen – Probleme – Perspektiven, 2001; Korsch, D., Theologie als Theologie des Wortes Gottes. Eine programmatische Skizze, in: Berger, M./Murrmann-Kahl, M. (Hg.), Transformationsprozesse des Protestantismus, 1999, 226–237; Lauster, J., Religion als Lebensdeutung. Theologische Hermeneutik heute, 2005.

Jörg Lauster

Wunder 1. Definition: Während aus der Glaubensperspektive (→Glaube) immer wieder auch rational erfassbare Ereignisse als W. gedeutet werden, liegt ein W. im eigentlichen Sinne erst dann vor, wenn etwas gegen die Naturgesetze geschieht und wissenschaftlich (→Wissenschaft) nicht erklärbar erscheint. Dieser Begriff des W. ist im Horizont des von der →Aufklärung geprägten neuzeitlichen →Weltbildes brüchig geworden. Das Wirklichkeitsverständnis der →Bibel und ihrer Umwelt wird von dieser Problematik noch nicht berührt. Für den antiken Menschen stellt ein W. ein Geschehen dar, das außerhalb des Gewohnten liegt und die Wirksamkeit der die Welt durchdringenden göttlichen Kräfte bes. intensiv erfahrbar macht.

2. Altes Testament: Die atl. W. sind unbegreifliche Ereignisse, die den →Menschen in Erstaunen versetzen. W. begegnen primär im Zusammenhang mit dem heilvollen Wirken Gottes in →Schöpfung und →Geschichte. Gottes wunderbares Schöpfungswirken gilt als Beleg seiner Einzigartigkeit und seiner Herrschaft über alles Geschaffene (Ps 136,4–9; Hi 37,14–16). Die wunderbaren Großtaten →Jahwes in der Geschichte →Israels umfassen v.a. die Rettungs- und Geschenkwunder beim Exodusgeschehen (Ex 6–14) und der Wüstenwanderung (Ex 16–17; Num 20), die als „Zeichen und Wunder“ Gottes Bundestreue (→Bund) gegenüber dem erwählten Volk dokumentieren. Unter den menschlichen Wundertätern ragen die →Propheten Elia und Elisa mit ihren →Heilungen, Totenerweckungen und Speisevermehrungen heraus (1Kön 17; 2Kön 4–5). Weit verbreitet ist die Vorstellung von W. als Beglaubigungszeichen prophetischer Rede (Dtn 13,2–4).

3. Neues Testament: W. prägen das Auftreten Jesu (→Jesus Christus) und die Wirklichkeit der Kirche (→Kirche, biblisch). Bei den ntl. Wundergeschichten hat sich Gerd Theißens Unterscheidung zwischen →Exorzismen, Therapien, Normenwundern, Rettungswundern, Geschenkwundern und Epiphanien weitgehend durchgesetzt. Während die drei erstgenannten Gattungen in hohem Maße Reflexe des historischen Wirkens Jesu bieten, sind die drei letztgenannten Gattungen ungleich stärker Produkte des nachösterlichen Glaubens.

Exorzismen oder Dämonenaustreibungen (→Dämonen) (Mk 1,21–28; 5,1–20; 9,14–29) stehen im Zentrum des Wunderwirkens Jesu. Entscheidend ist ihr eschatologischer Horizont (→Eschatologie). Jesus sah den Satan (→Teufel) bereits vernichtet und die Wiederaufrichtung des Gottesreiches (→Reich Gottes) im Gange (Lk 11,20). Wo die Dämonen weichen, wird der kranke Mensch in seinen schöpfungsgemäßen Zustand zurückversetzt und der heilvollen Gottesherrschaft zum Durchbruch verholfen. Mit antiken Magiern teilt Jesus dabei in gewissem Umfang die Dämonologie, die Wunderpraktiken und die Wirkungsgeschichte, ohne dass er einer der uns bekannten breiteren Strömungen der jüd. oder paganen →Magie zugeordnet werden könnte. Die eschatologische Perspektive (→Eschatologie) seiner Dämonenaustreibungen ist singulär und macht sie unverwechselbar.

Auch die Krankenheilungen Jesu stehen im Licht einer neuen Zeit, indem mitten in der gegenwärtigen Welt die Gottesherrschaft Gestalt gewinnt. Die Therapien Jesu verdanken sich volkstümlichen Heiltechniken (Mk 8,22–26) wie dem Ausstrahlungsvermögen seiner Person (Mk 2,1–12) und erscheinen im Licht der modernen psychosomatischen Medizin nachvollziehbar. Sie sind an sich nicht einzigartig, sondern gewinnen ihr unverwechselbares Gepräge durch die eschatologische Perspektive. Unter den Normenwundern ragen die Sabbatheilungen (Mk 3,1–6; Lk 13,10–17) heraus. Jesus hat unter Verstoß gegen die →Halacha am →Sabbat auch Menschen geheilt, die nicht lebensbedrohlich erkrankt waren, um dem Sabbat seine ursprüngliche Bestimmung als Vollendung der Schöpfung zurückzugeben.

Die Rettungswunder (Mk 4,35–41), Geschenkwunder (Joh 2,1–11) und Epiphanien (Mk 6,45–52) sind legendarische Glaubenszeugnisse der frühen Christenheit, die unter Rückgriff auf atl. wie hell. Wundertradition das →Bekenntnis zum gekreuzigten und auferstandenen Herrn (→Auferstehung) entfalten. Sie zielen darauf ab, die göttliche →Macht des erhöhten Christus zu veranschaulichen, und zeichnen sie in das →Bild des irdischen Jesus ein, indem dieser eine über alles Menschliche hinausgehende Befähigung gewinnt. Ähnlich wollen die Totenerweckungen, die den Therapien zuzurechnen sind, aus der Perspektive des Osterglaubens (→Ostern) vom Sieg Jesu über die Macht des →Todes Kunde geben. Jesus wird als messianischer Endzeitprophet (→Messias) porträtiert, der sich in der Auferweckung Toter gleichermaßen mit den großen Wunderpropheten Elia und Elisa wie mit griech.-röm. Gottmenschen (→Griechische Religion; →Römische Religion) messen kann.

Die Evangelien (→Evangelium) halten an W. als unentbehrlichem Bestandteil des Wirkens Jesu fest, ohne sie kritiklos der volkstümlichen Wundersucht preiszugeben. Mk ordnet das W. der Lehre unter. Dämonenaustreibungen sind ihm als Manifestationen der Gottessohnschaft Jesu (→Christologie) wichtig, werden aber durch Schweigegebote im Rahmen der Messiasgeheimnistheorie relativiert. Es handelt sich um gebrochene, erst vom →Kreuz her vollgültige →Offenbarung. Die Naturwunder weist Mk noch deutlicher in die Schranken, indem er sie mit dem Unverständnis der →Jünger belegt. Mt ordnet bei der Komposition seines Evangeliums den „Messias der Tat“ dem „Messias des Wortes“ unter. Durch die mt. Bearbeitung der Wundergeschichten kommt es zu einer weit gehenden Entdämonisierung und Entmagisierung der Jesusüberlieferung. Gleichzeitig zeichnet Mt Jesus mit seinen W. als Davidssohn und Gottesknecht, um einer Fehldeutung der Messianität Jesu vorzubeugen. Einzelne Wundergeschichten des Mt-Evangeliums wollen ungleich eher über die Situation der Kirche als über das Wesen Jesu Auskunft geben. Bei Lk gewinnt die

Vorstellung von Jesus als endzeitlichem Wunderpropheten, der seine Vollmacht gleichermaßen durch Taten wie Worte erweist, hervorgehobene Bedeutung. Joh misst den W. eine wichtige christologische Zeugnisfunktion zu. Er hält jedoch einen Glauben, der allein auf dem Schauen von W. gründet, für ergänzungsbedürftig. Die Mehrzahl der W. Jesu wird im Joh-Evangelium durch Offenbarungsreden in ihrem tieferen Sinn erschlossen, wobei ein übertragenes Wunderverständnis dominiert.

Auch von den →Aposteln werden W. berichtet. →Petrus verkörpert mit seinen charismatischen Heilungen (Apg 3,1–10; 9,32–43) wie kein anderer die Kontinuität zwischen vorösterlicher und nachösterlicher Wunderpraxis in der Nachfolge Jesu (→Nachfolge Christi). →Paulus wirkte ebenfalls W., weist aber ein unverwechselbares Profil auf. Indem er seinen Apostolat nicht von der Aussendungstradition (Lk 10,1–12), sondern dem Damaskuserlebnis ableitete und sich christologisch am Passionskerygma (→Passion) orientierte, maß er W. einen vergleichsweise geringen Stellenwert bei. Die innergemeindlichen Krankenheilungen (Jak 5,14–16) wie auch die in der →Mission unentgeltlich (Mt 10,8) bewirkten Wundertaten trugen entscheidend zur Ausbreitung des Christentums bei.

4. Auslegungsgeschichte: Bis zur →Aufklärung wurden die bibl. W. mit großer Selbstverständlichkeit supranaturalistisch als Eingriff Gottes in das Naturgeschehen erklärt. Massive Kritik am W. kam zunächst von philosophischer Seite. Baruch de Spinoza (1632–1677) und David Hume (1711–1776) machten einen unüberbrückbaren Gegensatz zwischen Wunderglaube und →Vernunft aus. Für Ludwig Feuerbach (1804–1872) sind W. abergläubische Phantasieprodukte, die einer kindlichen Befriedigung der Sehnsüchte dienen und den Menschen an der Selbstverwirklichung hindern.

Als nicht tragfähig erwies sich der Versuch rationalistischer Theologen (→Rationalismus) des 18.–19. Jh., durch eine natürliche Erklärung die W. mit dem modernen →Weltbild in Einklang zu bringen und den Widerspruch zur Vernunft auszuräumen. Bahnbrechend wirkte vielmehr David Friedrich Strauß (1808–1874) mit seiner Betrachtung der W. als weithin ungeschichtlicher, vom Osterglauben geprägter Mythen (→Mythos), die man Jesus zum Erweis seiner Messianität zugeschrieben habe. Daran anknüpfend interpretierte Rudolf →Bultmann (1884–1976) die W. als zeitbedingte, aus dem mythischen Weltbild der Antike erwachsene Entfaltungen der Christusbotschaft, die im Horizont neuzeitlich-aufgeklärten Denkens kein Glaubensgegenstand sein könnten. Das an sich bedeutungslose W. gilt als Träger einer durch Entmythologisierung freizulegenden Glaubenserfahrung, die das Existenzverständnis des Menschen radikal in Frage stellt und ihm eine neue Daseinsmöglichkeit erschließt.

In jüngerer Vergangenheit kommt es dagegen zu einer Rehabilitierung von Wunderglauben und mythischem Denken. Der tiefenpsychologische Ansatz von Eugen Drewermann würdigt die in den Kontext schamanistischer Heilungen (→Schamanismus) gestellten W. Jesu als Zeugnisse ganzheitlicher Religiosität, die dem Menschen Wege der Befreiung von →Angst und innerer Zerrissenheit aufzeigen. Gerd Theißen stellt unter Einfluss von Ernst Bloch (1885–1977) die →Hoffnung stiftende Dimension der W. heraus. Der Wunderglaube setzt mit seinem Gegenentwurf von heilem Leben ein Zeichen des Protestes gegen die Wirklichkeit und entlarvt die bestehenden Verhältnisse als unvollkommen. Indem die bibl. W. davon Kunde geben, wie der Kreislauf des →Leidens durchbrochen und Verzweiflung überwunden wird, strahlen sie als Hoffnungsbilder hell in das von vielerlei Bedrängnissen gezeichnete Dasein der Menschen hinein und sind von bleibender Bedeutung. Semiotische und kulturanthropologische Bibelexegese will Wundergeschichten jenseits von Entmythologisierung und Historisierung als fremde Lebenswelten verstehen lernen, deren Wirklichkeitsverständnis es zu respektieren gelte.

5. Religionspädagogische Aspekte: Der Bereich der Wundergeschichten gehört angesichts der spezifischen Verständnisschwierigkeiten, die sie nicht zuletzt bei Kindern und Jugendlichen hervorrufen, zu den anspruchsvollsten Themenfeldern der religionspädagogischen Praxis (→Religionspädagogik). Für eine Thematisierung von Wundergeschichten im →Religionsunterricht aller Schulstufen lassen sich gute Gründe geltend machen. Zur Vermeidung theologischer Schieflagen sind allerdings v.a. in der Grundschule gefährliche Klippen zu umschiffen, wobei die Schülerfrage nach der Wirklichkeit des Erzählten in Verbindung mit dem noch nicht ausgeprägten mehrdimensionalen Denken das Hauptproblem darstellt. Entwicklungstheorien zeigen, dass Kinder bis zum ausgehenden Grundschulalter zu einem supranaturalistischen Wunderverständnis neigen, das in naiv ungebrochener Weise mit einem Eingreifen Gottes in die Welt rechnet. Ab dem frühen Jugendalter entwickelt sich allmählich ein eigenständiges kritisches Urteilsvermögen, das zu einem massiven Bedeutungsverlust der Wundergeschichten führt.

Wundergeschichten eröffnen in der Vielfalt ihrer Auslegungsmöglichkeiten unterschiedliche didaktische Ansatzpunkte und Perspektiven. Als globales Leitziel sollte das Bemühen im Vordergrund stehen, Kindern oder Jugendlichen eine Beziehung zwischen den biblischen W. und ihrer eigenen Lebenssituation zu eröffnen und einem historisierenden Missverstehen der Texte den Riegel vorzuschieben. Wundergeschichten lassen sich im Religionsunterricht der Grundschule schwerpunktmäßig als Glaubensgeschichten, Handlungsanweisungen oder Hoffnungserzählungen vermitteln. Der letzte dieser drei Wege birgt die geringsten Risiken in sich und schafft den intensivsten existenziellen Zugang zur bibl. →Tradition. Mit ihren →Bildern der Hoffnung können die bibl. Wundergeschichten Kinder davor bewahren, in Resignation oder Verzweiflung zu verfallen, und setzen Kräfte frei, sich aufzurichten und das Leben in die Hand zu nehmen.

Eine entscheidende Aufgabe der Wunderdidaktik in höheren Schulstufen besteht darin, ein verengtes Wirklichkeitsverständnis von Kindern und Jugendlichen zu durchbrechen, das nur rational erfassbare und historisch verifizierbare Dinge als wahr und bedeutsam anerkennt. Durch Einübung in die Bildhaftigkeit bibl. →Sprache und Schärfung des Blicks für die Mehrdimensionalität bibl. Texte, aber auch durch emotionale und körperbezogene Zugänge ist eine Wahrnehmung der Wundergeschichten als existenzieller Dokumente zu fördern, die völlig unabhängig von ihrem historischen Wert →Wahrheit in sich bergen, indem sie neue Lebensmöglichkeiten erschließen, Begrenzungen überwinden helfen und Hoffnungen keimen lassen.

Ritter, W. H./Albrecht, M. (Hg.), Zeichen und Wunder, 2007; Berger, K., Darf man an Wunder glauben?, 1999; Keller, E. u. M.-L., Der Streit um die Wunder, 1968; Kollmann, B., Neutestamentliche Wundergeschichten, ^{2}2002; Theißen, G., Urchristliche Wundergeschichten, ^{5}1987.

Bernd Kollmann

Z

Zarathustra Der Stifter des sog. Zoroastrismus (→Parsismus) lebte etwa am Ende des 2. Jahrtausends v. Chr. im Ostiran. Die manchmal vorgeschlagene Datierung seiner Lebenszeit erst ins 6. Jh. v. Chr. ist unwahrscheinlich.

Bereits in seiner Kindheit dürfte Zarathustra in das Priesteramt (→Priester) der polytheistischen →Religion (→Polytheismus) seiner Heimat, die mit der frühesten Form des →Hinduismus verwandt war, eingeführt worden sein. Aufgrund einer Gotteserfahrung hat er jedoch seine herkömmliche Religion neu strukturiert und tiefgreifend verändert, indem er Ahura Mazda als höchste Gottheit in den Mittelpunkt der Lehre und der Ritualpraxis gerückt hat. Eine weitere Besonderheit im Wirken Z. ist seine Betonung der →Ethik und eines dualistischen Systems von Wahrheit und Lüge (→Dualismus). Beides prägt Z. Verständnis von Religion. Das beständige Gegeneinander von Wahrheit und Lüge bzw. →Gut von →Böse wird in der kultischen Praxis (→Kult) immer wieder angesprochen, was auch die Gathas, eine Sammlung von Ritualbeschreibungen, die von Z. selbst stammen dürften, und der etwas jüngere Ritualtext *Yasna Haptanhaiti* zeigen (→Rituale). Die von Z. im Ostiran eingeführten religiösen Veränderungen wurden von der etablierten Gruppe der Kult- und Ritualspezialisten weitgehend abgelehnt, weshalb er seine unmittelbare Heimat verlassen musste. Er fand in Vischtaspa, einem lokalen Herrscher, jedoch einen Förderer, so dass Z. Anhänger für seine Religion sammeln konnte. Nach der Tradition ist er im Alter von 77 Jahren und 40 Tagen verstorben. Spätere Generationen haben die Gathas, den Yasna Haptanhaiti, aber auch weitere Texte, die sekundär dem Religionsstifter zugeschrieben wurden, gesammelt. Diese Texte bilden bis heute als sog. Avesta die zentrale religiöse Überlieferung für die Anhänger dieser Religion.

Stausberg, M., Die Religion Zarathustras. Geschichte – Gegenwart – Rituale, Bd. 1, 2002, 21–153.

Manfred Hutter

Zeit und Ewigkeit Entgegen dem vorherrschenden neuzeitlich-modernen Lebensgefühl ist im christl. Wirklichkeitsverständnis nicht die Z., sondern Gott „die alles bestimmende Wirklichkeit“ (R. →Bultmann). Dabei orientiert sich das bibl. Zeitverständnis weniger an einer alles unter dem Aspekt des Entstehens und Vergehens in seiner Vergänglichkeit vergleichgültigenden physikalischen Z. Dieser die Dauer von Bewegungsabläufen neutral nach gleichen Einheiten zählender Zugang zum Phänomen der Z. (griech.: chronos) geht auf Aristoteles zurück, der die Z. definiert als „Zahl der Bewegung hinsichtlich des früher und später“ (*Physik* IV,11). Vielmehr nimmt das bibl. Zeitverständnis das die Z. in einem bestimmten Sinn qualifizierende und sie erfüllende Handeln Gottes in den Blick (griech.: kairos), wie es paradigmatisch im Exodusereignis, aber auch im Eingreifen Gottes in das Leben einzelner Menschen und Völker, schließlich in der Sendung seines Sohnes →Jesus Christus (Gal 4,4) stattgefunden hat.

Weil die Z. in diesem Sinne „in Gottes Händen" steht (nach Ps 31,16), ist sie zwar eine die →Welt als →Schöpfung und insbesondere das menschliche Dasein als Geschaffenes in seinem Tun und Lassen ordnende Begrenzung (Koh 3,1 ff). Aber sie muss deswegen nicht als Bedrohung empfunden werden, die den Sinnbestand des →Lebens angesichts etwa von Langeweile und Hektik, Gewinn und Verlust von Lebenschancen, Geburt und →Tod prinzipiell in Frage stellen würde. Der Sinn der Z. ist daher nicht erst von Menschen aufgrund einer eigentümlichen Geschichtlichkeit ihres Daseins in einer existenzialen Er- und Entschlossenheit herzustellen (M. Heidegger; →Existenzphilosophie), um sich wenigstens im Akt einer emphatischen Bejahung dessen, was durch den Lauf der Z. nicht (mehr) geändert werden kann, einer „ewigen Wiederkehr des Gleichen" (F. Nietzsche), gegen ihre Macht übermenschlich zu behaupten. Vielmehr ist der Sinn der Z. unbeschadet ihrer erkenntnistheoretischen Bestimmung (→Erkenntnis) als reine subjektive Form der Anschauung (I. Kant) und nicht als objektiv oder absolut vorhandenes Etwas in religiöser Perspektive immer schon in ihrer Relativität vorgegeben und v.a. in rituellen, kultischen und liturgischen Gestaltungen von Tages-, Wochen- oder Jahreszeiten (Festkalender) heilsgeschichtlich (→Heilsgeschichte) vergegenwärtigt. Dabei spiegelt insbesondere die christl. Existenz z.B. unter dem Aspekt der Umkehr (→Buße), der Reue, der →Erlösung und der →Hoffnung auf den wiederkehrenden Christus – unabhängig vom Problem der Parusieverzögerung – das spannungsreiche In- und Miteinander der in physikalischer Hinsicht disparaten zeitlichen Dimensionen von Vergangenheit, Gegenwart und Zukunft (→Augustin, *Confessiones* XI). Denn die Ankunft Christi zum endgültigen Gericht (→Jüngstes Gericht) und zum eschatischen →Heil der Welt ist nicht ein noch nicht wirkliches und damit gegenwärtig irrelevantes Ereignis einer fernen Zukunft, sondern (verborgene) Gegenwart von Zukünftigem im Modus daseinsbestimmender Erwartung seines Eintreffens. Ebenso wenig ist die Gegenwart Christi ein für sich isolierter Jetzt-Moment gleichmäßig ablaufender Z., sondern verweisend eingebunden in noch Ausstehendes aufgrund persönlicher Heilsgewissheit in der Erfahrung bereinigter Vergangenheit. In diesem In- und Miteinander der zeitlichen Dimensionen relativieren sich auch die vor dem Hintergrund eines objektiv-chronologischen Zeitverständnisses diskutierten Probleme von Naherwartung und Parusieverzögerung der ersten Christengenerationen (1Thess 4 im Unterschied zu 2Thess 2).

Insbesondere die Überzeugung, dass Gott in Jesus Christus – wenn auch paradoxerweise – in Z. und Geschichte zu ihrem Heil eingegangen ist, impliziert, dass Z. keineswegs als abwertender oder gar feindlicher Gegensatz zur Seinsweise Gottes und dem Wesen des Menschen verstanden werden muss. E. als ursprüngliches Gottesprädikat (Boethius) ist daher nicht das ontologisch höherwertige, jenseitige Pendant zur diesseitigen Z. und darum weder als Z. aufhebende Zeitlosigkeit (lat.: nunc stans; nunc aeternum v.a. in mystischen Traditionen [→Mystik]) noch als endlose Dauer (T. Hobbes, R. Descartes) zu verstehen, die der Z. zwar die Herrschaft lässt, aber ihr den Stachel der Vergänglichkeit nehmen will. Schon die bibl.-liturgische Rede von mehreren Ewigkeiten (griech.: aiones) im Sinne von jeweils langer, aber begrenzter Z. („von E. zu E.“ in Ps 90,2; 103,17 u.ö.) zeigt, dass E. zwar von Z. kategorial und qualitativ unterschieden, aber dennoch auf Z. (sinnstiftend und nicht negierend oder aufhebend) bezogen ist. Deshalb ist Z. auch und gerade im Licht der E. ein kostbares Gut, mit dem behutsam umzugehen ist – weder verschwenderisch oder gleichgültig, noch in der Sorge, etwas verpassen zu können oder alles effektiv ausnutzen zu müssen.

E. ist das Andere der Z., aber nicht so, dass sie nichts mehr mit Z. zu tun hätte. Denn dann könnte sie uns, die wir mit allen Bewusstseinsstrukturen an Z. gebunden sind, gar nichts bedeuten. Aber auch nicht so, dass sie nur quantitativ von Z. verschieden, aber wesentlich mit ihr verbunden wäre, so dass z.B. (wie in der Apokalyptik) bestimmte Zeichen der Z. unmittelbar auf E. verweisen und als solche gedeutet werden könnten. Vielmehr ist E. in der Weise das Andere der Z., dass sie dennoch auf Z. und damit auf unsere Lebenswelt bezogen ist, nämlich als (transzendentale) notwendige Bedingung der Möglichkeit von Z., als das, was die Z. bleibend trägt und umschließt. Als notwendige Bedingung der Möglichkeit von Z. ist die E. auf Z. bezogen, nämlich als ihr bleibender Grund. Aber als Bedingung von Z. ist sie auch von ihr unterschieden, und zwar so, wie die erste Bedingung von etwas immer von anderer Seinsart ist als das, was sie bedingt. So ist E. nicht endlose Z. oder Zeitlosigkeit, sondern Sinn von Z. Alles, was wirklich ist, ist zeitlich; E. als notwendige Bedingung der Möglichkeit von Z. ist dann „die alles bestimmende Wirklichkeit“, und das ist – gemäß der Identifikation von E. und Gott durch Boethius – Gott allein. So ist E. ein religiöses, nicht kosmologisches Interpretament der Wirklichkeit im Ganzen und muss daher nicht als eine zweite, distinkt abgegrenzte Wirklichkeitssphäre neben, hinter oder nach der Z. aufgefasst werden, sondern als ihre Tiefendimension, die zur geschöpflichen Wirklichkeit in ihrer Unterschiedenheit von Gott, dem Schöpfer gehört. Sofern und solange es Z. gibt (und das ist ein unbestreitbares, ebenso alltägliches wie abgründiges Phänomen), gibt es in dem genannten transzendentalen Sinn auch E., gibt es auch Gott als Sinn der Z. und des menschlichen Daseins in seiner Zeitlichkeit. Ohne eine wie auch immer geartete Teilhabe an der so verstandenen E. könnte die Frage nach dem Sinn von Z. weder gestellt noch das (teils fordernde, teils melancholische) Verlangen nach E. (Koh 3,11) empfunden werden. E. hebt die zeitliche Begrenzung der Schöpfung und des Menschen als Geschöpf nicht auf, aber sie lässt uns diese als sinnvolle Schöpfungsordnung bejahen und sie in ihrem Licht durchaus auch zeitkritisch gestalten.

Stock, K. (Hg.), Zeit und Schöpfung, 1997; Theunissen, M., Negative Theologie der Zeit, 1991, ^{3}1997.

Hartmut Rosenau

Zionismus Der Z. ist die von dem assimilierten Wiener jüd. Journalisten Theodor Herzl (1869–1904) gegründete moderne jüd. Nationalbewegung, die nach der programmatischen Erklärung auf ihrem ersten Basler

Kongress 1897 „die Schaffung einer öffentlich-rechtlich gesicherten Heimstätte in Palästina“ erstrebte. Als Zeitzeuge der Dreyfus-Affäre in Paris und zahlreicher antisemitischer Ausschreitungen in Osteuropa legte Herzl den Akzent auf diplomatische Aktivitäten zur Errichtung eines Zufluchtsortes für die verfolgten Juden in aller Welt. Seine Vorläufer im 19. Jh. waren u.a. der jüd. Sozialist Moses Hess (1812–1875) und der russische Schriftsteller Leo Pinsker (1821–1891).

Während die meisten religiösen Juden der säkularistisch geprägten Bewegung Herzls fernblieben, war eine Minderheit von Orthodoxen (→Judentum) unter der Bedingung zur Mitarbeit bereit, dass der Z. sich aller messianischen Ansprüche enthalten und auf praktische Aktivitäten zur Rettung von Menschenleben beschränken sollte. Daher war es 1903 gerade die orthodoxe Fraktion des Z. (Misrachi), die dem Angebot des britischen Kolonialministers zur Errichtung einer jüd. Kolonie in Uganda zustimmte. Nachdem dieser Plan aber nicht verwirklicht werden konnte, wurde die rein politische Aktivität der Herzlianer zunehmend durch einen geistigen Z. (M. Buber, A. Ginsberg, genannt Achad Ha-Am) ergänzt, der die – ganz unreligiös verstandene – Renaissance des Judentums auch auf kulturellem Gebiet vorantreiben wollte. Gleichzeitig entstand mit dem praktischen Z. eine jüd. Siedlungsbewegung im bis 1917 türkisch besetzten Palästina, die den Erfolg der Diplomatie nicht abwarten wollte, sondern – teilweise gegen arab. Widerstand – mit dem Trockenlegen von Sümpfen, der Urbarmachung der Wüste, dem Aufkaufen von Grund und Boden und der Gründung von Gemeinschaftssiedlungen (Kibbuzim und Moschavim) begann.

Nachdem Großbritannien sich im November 1917 in der Balfour-Erklärung verpflichtet hatte, die Errichtung einer jüd. „nationalen Heimstätte“ in Palästina zu fördern, kam das Land nach dem Ersten Weltkrieg als Völkerbundsmandat unter britische Verwaltung. Zwischen 1918 und 1939 wuchs die Zahl der Juden in Palästina von weniger als 60.000 auf nahezu 600.000.

Diese Entwicklung war von weitgehenden Veränderungen der Sozialstruktur in der jüd. Gesellschaft begleitet: Viele Einwanderer waren gezwungen, manuelle Arbeit aufzunehmen; von den sozialistischen Zionisten gefördert, entstand eine jüd. Arbeiter- und Bauernschaft. 1920 kam es in Haifa zur Gründung der Allgemeinen Organisation der jüdischen Arbeiter im Lande Israel (Histadrut), die vorerst zum eigentlichen Machtzentrum der jüd. Bevölkerung Palästinas wurde. Nach dem Beschluss der UN vom November 1947, das Mandatsgebiet zu teilen, und der Staatsgründung →Israels im Mai 1948 fielen die Armeen fünf arab. Länder in den jüd. Teil Palästinas ein. Nach dem israelischen Sieg im Unabhängigkeitskrieg und weitreichenden territorialen Gewinnen kam es 1956 und schließlich im Juni 1967, Oktober 1973 (Jom Kippur-Krieg) sowie 1982 (Libanonkrieg) zu weiteren kriegerischen Auseinandersetzungen bis hin zur ersten und zweiten Intifada (1987–1991 und 2000–2004/05), dem Aufstand der Palästinenser gegen die israelische Herrschaft.

Der Sechstagekrieg (1967), in dessen Verlauf Israel das zuvor jordanisch verwaltete Ostjerusalem, das Westufer des Jordan, die Sinaihalbinsel, den Gazastreifen und die Golanhöhen eroberte, gilt als Wendepunkt der zionistischen Geschichte. Weil nun erstmals die heiligen Stätten des Judentums (die sog. Klagemauer/Westmauer des alten herodianischen Tempels) sowie das verheißene Land der Bibel (Judäa und Samaria) in jüd. Hand waren, rückte die jahrhundertealte Hoffnung auf die messianische (→Messias) →Erlösung, die im jüd. Bewusstsein stets mit der Rückkehr nach →Jerusalem (Zion) verbunden war, in den Vordergrund. Dieser Geschichtsinterpretation konnte sich nun auch der religiöse Z., der zuvor seine Distanz zum säkularistischen Mehrheitszionismus gewahrt hatte, nicht mehr entziehen. In den folgenden Jahren kam es zu einer religiös inspirierten Siedlungsbewegung in den besetzten Gebieten, die sich mehr und mehr als Hindernis auf dem Weg zu einem Verhandlungsfrieden mit den arab. Palästinensern erwies.

Als Z. wird heute allgemein diejenige jüd. Weltanschauung bezeichnet, die – abgesehen vom eigenen Wohnort und der religiösen oder religionspolitischen Ausrichtung – die Legitimität Israels als eines jüd. und demokratischen Staates bejaht, die jüd. Einwanderung nach Israel fördert und den Aufbau des Staates unterstützt. Daneben gibt es einen christlichen Z. evangelikaler prot. Gruppen in den USA und Westeuropa, der die genannten Ziele zu teilen erklärt und in Jerusalem von einer Christlichen Botschaft (International Christian Embassy) vertreten wird.

Brenner, M., Geschichte des Zionismus, 2002; Krupp, M., Zionismus und Staat Israel. Ein geschichtlicher Abriss, 1992; Morgenstern, M., Kampf um den Staat. Religion und Nationalismus in Israel, 1990.

Matthias Morgenstern

Zivilreligion, Civil Religion Z. gehört zu dem im 20. Jh. entstandenen Arsenal sozialwissenschaftlicher Begriffe, das religiöse oder religionsartige Phänomenkomplexe in ein Beziehungsverhältnis zur Thematik bzw. Funktion der politischen Integration moderner Gesellschaften setzt. Z. ist im Wort- und Phänomenfeld von politische Religion, politische Theologie, →Fundamentalismus, u. U. auch Memorialkultur angesiedelt. Bildung und Gebrauch dieser Begriffe implizieren funktionale Religionstheorien, sie lassen sich mithin zumindest primär nur aus Beobachterperspektiven formulieren. Gleichwohl erheben die Begriffe den Anspruch, phänotypologisch kohärente Praktiken zu beschreiben, die es auch schon vor – und unabhängig von – ihrer Erfassung durch den betreffenden Begriff geben soll. Der Gehalt der Begriffe erschließt sich durch die Rekonstruktion der betreffenden Diskursgeschichten. Dabei kann auch gefragt werden, inwiefern die intentional deskriptiv gebrauchten Begriffe begriffspolitische Interessen ihrer Verwender, namentlich bestimmte politische Integrationskonzepte, erkennen lassen.

Der Begriff Z. ist ursprünglich in sozialwissenschaftlichen Diskursen beheimatet, die in (und seit) den 1960er Jahren in den USA über die aktuelle gesellschaftliche Bedeutung von Religion in Nordamerika und generell in modernen westlichen Industriegesellschaften geführt wurden. Dabei ging es v.a. um eine Revision von (zu einfachen) säkularisierungstheoretischen Modellen. In seinem Aufsatz *Civil Religion in America* von 1967 suchte Robert N. Bellah ausgehend von einer Analyse der Inauguralrede John F. Kennedys (1961) zu zeigen, dass „in the very secular society that is America" die Trennung von Staat bzw. Politik und Religion zwar im Bereich rechtlich geregelter institutioneller Vollzüge weitestgehend Realität sei, dass sie aber im Bereich politischer Rhetorik und darin bekundeter gemeinsamer Überzeugungen (engl.: beliefs), Riten und →Symbole keineswegs bestehe. Hier ließen sich Bellah zufolge vielmehr manifeste Spuren und Indizien von öffentlicher, „politischer" Religion nachweisen, die darüber hinaus auch eine relativ hohe Kohärenz und Bestimmtheit aufweise. Dazu zähle die Verbindung des Gedankens ultimativer Souveränität (in und hinter der staatlichen) mit dem Gottesgedanken, ein nationaler Erwählungsglaube (→Erwählung, Prädestination) in bibl. Semantik (*America as the New Jerusalem*), aber auch, vermittelt durch den amerikanischen Bürgerkrieg (*The Gettysburg Address*), ein Moment von Märtyrertum (→Märtyrer; *death, sacrifice and rebirth*), das insbesondere auf die Person des Präsidenten (zunächst Lincoln, später Kennedy) projizierbar sei und sublime christologische Untertöne erkennen lasse. Diese so instrumentalisierte politische Religion der US-Amerikaner nennt Bellah unter Rückgriff auf Jean-Jacques Rousseau *civil religion*, weil es sich bei ihr um eine spezifisch republikanische Form politischer Religion handle. Sie verfüge nicht nur über ein kohärentes Gefüge von Glaubensüberzeugungen, sondern auch über heilige Schriften (Unabhängigkeitserklärung, Verfassung), eigene heilsgeschichtliche (→Heilsgeschichte) Narrative (G. Washington als neuer →Moses) und eine nationale Memorialkultur mit bestimmten Orten (Gettysburg National Cemetery) und Zeiten bzw. →Ritualen (Memorial Day). Diese amerikanische Z. bedürfe nun aber angesichts aktuell großer gesellschaftlicher Krisen und Herausforderungen in der Zukunft einer Erweiterung hin auf *universal values* (dt. universelle Werte) und der Einfügung in eine *world civil religion* (dt.: weltweite Zivilreligion), um so dem religiös-moralischen Erbe der amerikanischen Tradition unter veränderten Bedingungen treu zu bleiben.

Bellahs Artikel hat eine breite Debatte ausgelöst, in deren Folge zivilreligiöse Konstellationen in vielen Ländern und Gesellschaften zu identifizieren versucht und Historien von Z. weit in die Vergangenheit zurückverfolgt wurden. Bei solchen Spurensuchen wird häufig insbesondere, wie auch von Bellah selbst, auf Rousseaus Konzept einer republikanischen *religion civile* Bezug genommen, dem initiierende oder orientierende Bedeutung zugeschrieben wird.

Die in- und extensive Entwicklung der Debatte nötigt zu kriteriologisch-methodologischen Reflexionen. Gegenüber historischen Ausweitungsversuchen, die bis in die Antike reichen können, wird mit Recht auf den genuin modernen Kontext der mit dem Begriff zu erfassen versuchten religiös-politischen Konstellation verwiesen. Von Z. kann im Sinne der von Bellah inaugurierten Debatte nur dort die Rede sein, wo die systemische, d.h. rechtlich-institutionelle Trennung von Staat und Religionsinstitutionen (weitestgehend) vollzogen ist (→Kirche und Staat), also historisch gesehen in der Moderne. Auszuschließen sind ferner politische Ordnungen, die nicht „auf der Idee der Staatsbürgerschaft beruhen", sondern „etwa auf ‚Rasse', ‚Volkstum', Klasse, Religion, Sprache oder kultureller Tradition." (M. Riesebrodt)

Allerdings kommen hier mindestens zwei strukturelle Probleme des Konzepts zum Vorschein: *Civil religion* impliziert die Behauptung der

Möglichkeit bzw. die soziale Realität einer Bürgerreligion, die zum einen gegenüber partikularen Religionstraditionen weitestgehend neutral ist und die sich zum andern aus inneren Gründen auf den Bereich „weicher" sozialer Integrationsinstrumente wie Geschichten, Symbole und Riten beschränkt. In Bezug auf das Ursprungskonzept bei Bellah ist zu sagen, dass ersteres evidentermaßen nicht der Fall ist; die Prävalenz einer bestimmten christl., allenfalls christl.-jüd. Religionstradition ist hier unübersehbar. Letzteres ist zumindest nicht garantiert: Z. sind offenbar nur in dem Maße zu solchen Selbstrestriktionen auf außerrechtliche – und in diesem Sinne: außerpolitische – Synthesen fähig, in welchem diese Selbstbeschränkung in den von ihnen aktualisierten religiösen Traditionen bereits angelegt ist.

Dies deutet darauf hin, dass *civil religion* tatsächlich ein spannungsvolleres bzw. anspruchsvolleres Konzept ist, als es häufig den Anschein macht. Es resultiert, wie sein Ursprung zeigt, aus einem funktional-abstraktiven, und darin tendenziell kulturindifferenten Umgang mit Teilen einer spezifisch neuzeitlichen Religionsgeschichte, insbesondere derjenigen des Christentums. Ob dies jedoch theoretisch möglich ist, ist eine ebenso offene Frage, wie diejenige, ob es in der politischen Praxis möglich ist. Wo etwa US-Präsidenten statt Weihnachtskarten *seasonal greetings* verschicken, könnte die Reproduktionsbasis des Konzepts tangiert sein.

Bellah, R. N., Civil Religion in America, Daedalus 96, 1967, 1–21; Kleger, H./Müller, A. (Hg.), Religion des Bürgers. Zivilreligion in Amerika und Europa, 1986; Pfleiderer, G., Politisch-religiöse Semantik. Zur Analytik politischer Religion und ihrer Kontextualität, in: Pfleiderer, G. u. a. (Hg.), Politische Religion. Geschichte und Gegenwart eines Problemfeldes, 2004, 19–58; Riesebrodt, M., Art. Civil religion, Wörterbuch des Christentums, 1998, 220; Schieder, R., Civil Religion. Die religiöse Dimension der politischen Kultur, 1987.

Georg Pfleiderer

Zoroastrismus →Parsismus

Zungenrede Z. oder Glossolalie (griech.: glossa: Zunge, Sprache; lalein: reden) bezeichnet ein dem Formenkreis ekstatischer Erscheinungen (→Ekstase) zugehöriges Phänomen. Es handelt sich um eine wort- und sprachimitierende Lautfolge, die unwillkürlich und häufig jedoch nicht zwangsläufig im tranceähnlichen Zustand emittiert wird. Binnenperspektivisch wird die Lautfolge als Sprache interpretiert und außermenschlichen Mächten zugeordnet. Außenperspektivisch handelt es sich nicht um sprachähnliche Phänomene, auch nicht im Sinn einer Privatsprache, sondern um sinnlose Lautfolgen, die zuweilen von den den Subjekten der Z. bekannten Sprachen inspiriert sind. Wie viele ekstatische Phänomene dient auch die Z. dem Prestigegewinn von gesellschaftlich marginalisierten und statusniedrigen Personen.

Im →NT wird die Z. als geistgewirktes Phänomen (→Heiliger Geist) interpretiert, das als Charisma neben anderen Gaben wie der prophetischen Rede (→Propheten, Prophetie) genannt wird, im Zusammenhang der Pfingsterzählung (→Pfingsten) auftritt und rezipierendenorientiert interpretiert wird (Apg 1,6b) sowie das als Ausweis der Geistverleihung im Zusammenhang der →Taufe auftritt (Apg 10,46f; 19,6). Z. ist für die Gruppenmitglieder ein eindrückliches, für Außenstehende jedoch ein irritierendes Phänomen (vgl. 1Kor 14,23b; Apg 2,13); gegen eine zu erschließende Hochschätzung der Z. in der korinthischen Gemeinde wirkt →Paulus – selbst zur Z. befähigt (1Kor 14,18) – auf eine Einbindung, Regulierung und Relativierung der Wertschätzung der Z. im Kontext anderer als geistgewirkt geltender Befähigungen und Verhaltensweisen hin (1Kor 14,19.26–27).

Z. tritt bis in die Gegenwart sowohl in esoterischen (→Esoterik) und okkulten (→Okkultismus) als auch in christlichen, vorzugsweise pfingstlerisch und charismatischen Gruppierungen auf. Innerhalb der christl. Diskussion ist die Z. ein umstrittenes Phänomen, das von liberaler Seite als psychopathologisch kategorisiert, von evangelikaler als →dämonisch verursacht verdächtigt werden kann.

Theißen, G., Psychologische Aspekte paulinischer Theologie, 1983, 269–340.

Gudrun Guttenberger

Zwei-Reiche-Lehre 1. Grundlagen: Apokalyptik und Augustin. Die Unterscheidung und Zuordnung der Gemeinschaft der Glaubenden als →Reich Gottes oder Reich Christi einerseits und der Welt andererseits unter dem Stichwort „zwei Reiche" oder „zwei Regimenter" nimmt die apokalyptische Zuordnung des (künftigen) Reiches Gottes zum gegenwärtigen, häufig als unter der Herrschaft widergöttlicher Mächte stehend vorgestellten Reich der Welt auf (Offb; 2 Petr). Die reformatorische Aufnahme dieser Terminologie ist näher an Augustins Schrift *De civitate Dei* orientiert, in der →Augustin sich mit dem gegen das Christentum gerichteten Vorwurf auseinandersetzt, der Fall Roms (410) sei dem Abfall von den traditionellen Gottheiten geschuldet. Er deutet die Geschichte seit Adam und Eva als Auseinandersetzung zweier *Civitates*: der *civitas diaboli*, zu der die Menschheit nach dem Sündenfall (→Sünde) gehört und die durch die Orientierung an den *terrena* und durch die Grundhaltung der *amor sui* gekennzeichnet ist; und der *civitas Dei*, die in der *ecclesia* ab Abel aus der *massa damnationis* durch →Christus Befreiten, die entsprechend aus Menschen besteht, die Gott über alle Dinge lieben – auch mehr als sich selbst und die „irdischen Dinge". Dabei geht →Augustin durchaus davon aus, dass die Angehörigen der beiden *civitates* über die gesamte Geschichte hin zusammenleben; auch im Modus der Sünde bleibe das Streben nach →Frieden und Ordnung, das dem Menschen als Geschöpf eingestiftet ist, erhalten. Während aber die Angehörigen der *civitas terrena* den irdischen Frieden und Ordnung um ihrer selbst willen erstreben, sind auch die Angehörigen der *civitas Dei* für die Erhaltung des irdischen Friedens und der Ordnung tätig, allerdings als Mittel zum Zweck und unter dem Vorbehalt des Erlangens und der Verbreitung der *pax aeterna* (Buch XIX).

2. Luther: Während die mittelalterliche Rezeption dieses Entwurfs unter dem Vorzeichen des Gegensatzes von weltlicher und geistlicher Gewalt erfolgte, nimmt Martin →Luther die Begriffe auf, um in der Auseinandersetzung mit dem „linken" Flügel der →Reformation das Recht obrigkeitlicher

Gewalt und die Pflicht des Christen zum Gehorsam und zur Teilnahme an der Ausübung obrigkeitlicher Gewalt zu begründen. Es geht ihm dabei zum einen darum, die auf das reformatorische Schriftprinzip sich berufende biblizistische Umsetzung von Aussagen der Schrift (→Schriftverständnis) in ein Sozialprogramm abzuweisen, das beispielsweise die *12 Artikel* der Bauern vortrugen; es ging ihm zweitens darum, die in einigen schwärmerischen Gruppen angestrebte Errichtung eines Staatswesens der Erwählten zu bestreiten; und es ging ihm drittens und nicht zuletzt darum, die Grenzen obrigkeitlicher Gewalt und der Gehorsamspflicht zu beschreiben.

Die Schrift *Von weltlicher Obrigkeit* begründet die Würde weltlicher Obrigkeit mit dem Ziel des Aufweises der Grenze ihres Rechts und beschreibt die durch die Strafgewalt ausgezeichnete Obrigkeit als eine Weise des Umgangs Gottes mit der Sünde, nach der die Sünde nicht – wie durch die Verkündigung des Evangeliums – beseitigt, sondern begrenzt wird. Diesem „Reich der Welt" steht das „Reich Gottes" gegenüber, dem die wahrhaft Glaubenden angehören, die so qualifiziert sind, dass sie gerade nicht das Ihre auf Kosten des anderen, sondern das Wohlergehen des anderen suchen und daher des die Selbstsucht begrenzenden und den legitimen Lebenswillen schützenden Schwertes nicht bedürfen – denn der Christ sucht sein eigenes Recht nicht durchzusetzen. Gerade weil der Christ darum weiß, dass die Sünde unentrinnbar regiert, wo der Glaube nicht ist, und weil er weiß, dass der Glaube unverfügbares Werk Gottes ist und als berechenbare Grundlage einer Sozialstruktur nicht in Anspruch genommen werden kann, ist der Christ durch das Liebesgebot verpflichtet, dem Mittel zu dienen, das Gott zur äußeren Begrenzung der Sünde eingerichtet hat: Dem obrigkeitlichen Schwert, das den Übergriff auf den Nächsten mit Einbuße an Lebensqualität bedroht und so den Sünder an dem Punkt anspricht, an dem er erfolgreich zu sozialverträglichem Verhalten angehalten werden kann: auf seinen Willen zu sich selbst. Insofern kann es Luther als Gestalt des Gehorsams gegenüber dem Liebesgebot ansehen, als Soldat oder als Henker tätig zu sein.

Die Z.-R.-L. wahrt strenggenommen die Unverfügbarkeit der grundlegenden Erneuerung der menschlichen Existenz, die das Evangelium ansagt und wirkt, und die Berechenbarkeit und Zuverlässigkeit sozialer Ordnung, indem sie die Ordnungen des individuellen und gemeinschaftlichen Zusammenlebens auf die Regulierung des äußeren Verhaltens und nicht auf die Güte menschlicher Gesinnung begründet. Luther betrachtet dabei die (am *bonum commune* orientierte) menschliche →Vernunft als diejenige Instanz, auf die das obrigkeitliche Verhalten verpflichtet ist und an der sich der Einsatz und die Handhabung der Gewaltmittel bis hin zum Krieg orientiert; er ist dabei aber davon überzeugt, dass auch diese Vernunft letztlich am im →Dekalog offenbarten Gotteswillen orientiert ist und nicht ohne ein grundlegendes Selbstmissverständnis von ihm abweichen kann.

3. Calvin: Grundsätzlich folgt Johannes →Calvin dieser Position, betrachtet aber weit über Luther hinausgehend den Schutz der christl. Religion und die Wahrung der →Kirchenzucht als eine zentrale Aufgabe der weltlichen Obrigkeit, während Luther in seinen frühen einschlägigen Schriften sich eindeutig gegen einen Zwang in Religionsangelegenheiten – sofern es sich um die innere Gesinnung handelt – wendet. Das hängt damit zusam-

men, dass Luther genau den Bereich des Glaubens und des subjektiv vollzogenen Gottesverhältnisses als dem Eingriff der Obrigkeit entzogen darstellt; an diesem in der ersten Tafel des Gesetzes sich manifestierenden Gottesverhältnis hat nach Luther auch der Gehorsam gegenüber den Trägern des Reiches der Welt seine Grenze.

4. 19. und 20. Jh.: Insbesondere im luth. geprägten Flügel der Reformation behielt die Unterscheidung der beiden Reiche bzw. die Orientierung der Ordnung des menschlichen Zusammenlebens an der Vernunft (und nicht an einem sozialethischen Offenbarungswissen) seine prägende Kraft. In der theologischen Diskussion des 19. Jh. wurde das Thema unter der Fragestellung der Zuordnung der christl. Glaubensgemeinschaft zum Projekt einer fortschreitenden Durchdringung der Natur durch den Geist behandelt; so kommt bei Friedrich Daniel Ernst →Schleiermacher oder Albrecht Ritschl das Reich der Welt nicht mehr einfach als Zwangsordnung, sondern als Gestalt der sittlichen Vernunft zur Sprache, der sich der christliche Glaube als Ausrichtung aller natürlichen Ordnung auf das Reich Gottes begründend und den Eigensinn der vorläufigen Ordnung begrenzend zuordnet.

In der ersten Hälfte des 20. Jh. nimmt die Unterscheidung und Zuordnung zweier Reiche in der luth., aber auch in der Reformierten (E. Brunner) Theologie (→Reformierte Theologie) die Gestalt einer Ordnungstheologie an, die davon ausgeht, dass das „Reich der Welt" durch von Christen wie Nichtchristen als verbindlich erkennbare Ordnungen strukturiert ist, an denen ein Christ im Bewusstsein der Sündenverfallenheit und Unerlöstheit der Welt ein ihm eigentlich fremdes, durch das Liebesgebot motiviertes und kritisch begleitetes Werk vollbringt. Damit ergab sich für die luth. Theologie die Möglichkeit, das Phänomen einer nachchristl. Gesellschaft unter dem Vorzeichen der Spannung zwischen →Schöpfung und →Erlösung zu bewältigen und die kritische Mitarbeit in dieser Gesellschaft als Christenpflicht (bei Ritschl unter dem Stichwort des Berufs) zu deuten. Diese Versuche gerieten mit der nationalsozialistischen Herrschaft in eine tiefe Krise; es zeigte sich, dass eine rein schöpfungstheologische Konzeption der Ordnung und der faktische Verlust der jede natürliche Ordnung zugleich in Frage stellenden Kategorie des Reiches Gottes es den Kirchen erschwerten, die – durchaus als notwendig wahrgenommene – Aufgabe der Unterscheidung des Faktischen vom Normativen zu vollziehen, und dass ihr krisenfest verlässliche Kriterien fehlten, mittels derer innerhalb des Reiches der Welt und seiner Ordnungen die Verkehrung von der guten Ordnung unterscheidbar ist.

5. Gegenmodelle und Fortschreibungen: In der Folgezeit war daher der Gegenentwurf Karl →Barths von höherer Überzeugungskraft, der die Aufgabe der Christen darin sah, das Engagement im Bereich der nichtchristlichen Welt an Kategorien zu orientieren, die der als Bundesschluss (→Bund) gedeuteten Offenbarung in Christus als dem Zentrum und Grundgesetz aller Wirklichkeit entnommen sind – dies unter dem Vorzeichen, dass die auf Christus hin geschaffene Welt diesem Zentrum gegenüber analogiefähig, aber auch analogiebedürftig sei.

Im Bereich der spezifisch luth. Sozialethik wird der auch von →Barth inspirierte Versuch unternommen, der schöpfungstheologischen Begründung der Ordnungen eine christologisch begründete kritische Instanz (→Christologie) zur Seite zu stellen – etwa in Gestalt von Helmut Thielickes Konflikt des kommenden, neuen und des unter dem Vorzeichen der Sünde stehenden alten Äons, die den Christen in ein kontrolliert kritisches Verhältnis zur Faktizität der Ordnungen, zugleich aber vor die Notwendigkeit verantwortlicher Kompromisse stellt (vgl. auch Trillhaas, Körtner).

Die neuere Diskussion steht unter einer Neubesinnung auf das Wahrheitsmoment der Z.-R.-L. Der sozialethische Ansatz Martin Honeckers versteht sich als Reformulierung einer Z.-R.-L., in der einerseits öffentliches Handeln dem öffentlichen Diskurs nach dem Kriterium allseitiger Nachvollziehbarkeit verpflichtet ist, während spezifisch christl. Intentionen ihren Ort im Bereich der Motivation des Handelns haben. Eine Deutung der Z.-R.-L. als Bewältigung der Spannung zwischen Universalitätsanspruch und Unverfügbarkeit des christl. Glaubens und somit als Fundament einer christl. Deutung des Pluralismus hat Eilert Herms vorgeschlagen.

Barth, K., Christengemeinde und Bürgergemeinde, 1946; Duchrow, U., Zwei Reiche und Regimente, 1977; Herms, E., Theologie und Politik, in: ders., Gesellschaft gestalten, 1991, 95–124; Honecker, M., Sozialethik zwischen Tradition und Vernunft, 1977; Slenczka, N., Art. Luthertum, sozialethisch, Evangelisches Soziallexikon 971–983.

Notger Slenczka

Zweifel Z. ist ein Akt des Denkens, in dem die Wahrheit einer Annahme in Frage gestellt wird. Die neuere Philosophie seit René Descartes beansprucht, mit Hilfe des Z. zu einem unerschütterlichen Fundament (lat.: fundamentum inconcussum) aller Wissenschaft zu gelangen. Der Z. wird also methodisch (als Mittel der Wahrheitssuche) und universal (d.h. auch auf Gebiete, die innere Evidenz beanspruchen können wie z.B. Mathematik oder Logik) angewandt. Auch wo der Intellekt zweifelt, kann er nach Descartes nicht die Tatsache seiner Existenz in Frage stellen (lat.: cogito/dubito ergo sum, dt.: ich denke/zweifle, also bin ich). Überwunden wird der Z. nach Descartes durch die Wahrhaftigkeit Gottes als Implikation seiner Vollkommenheit: Ein gütiger und vollkommener Gott kann uns nicht betrügen wollen. Der Z. wird somit im Bewusstsein eines endlichen Ichs behoben, das sich als getragen vom unendlichen Gott weiß (*Meditatio* III). Dennoch bleibt der Grundsatz *de omnibus dubitandum est* (dt.: über alles muss gezweifelt werden) als formelles Prinzip bestehen, wenngleich die fundamentalen Z. rückblickend von Descartes als *risu dignae* (dt.: lächerlich) abgetan werden. Schon in der Antike (Pyrrhonische Skepsis, vgl. Sextus Empiricus; sog. mittlere Akademie, vgl. Arkesilaos, Karneades) ist aufgrund der stets neu gegebenen Option des Z. die Möglichkeit von Wahrheitserkenntnis (→Erkenntnis) überhaupt bestritten worden. Wir könnten immer nur hypothetisch Plausibilitäten erzeugen, d.h. Wahrscheinlichkeit, aber nicht Wahrheit geltend machen. Auf diese ihm durch Cicero vertraute Argumentation antwortet →Augustin (*Contra Academicos*): Vom Wahrscheinlichen (wörtlich lat.: verisimile: wahrähnlich) könne nur sprechen, wer ein Bewusstsein vom Wahren (lat.: verum) schon habe.

Die reflektierte Lebensgewissheit (lat.: scio me scire me vivere, dt.: ich weiß, dass ich weiß, dass ich lebe) ist über jeden Z. erhaben, wenngleich der Mensch nach →Augustin weder sich selbst (sein Leben, seinen Tod) noch Gott (dessen Vollkommenheit und Ewigkeit) voll begreifen kann. Der Z. an unserem Vermögen, Gott an sich selbst zu erkennen, darf nach Martin →Luther nicht dazu führen, die Evidenz (lat.: claritas, dt.: Klarheit sowie lat.: perspicuitas, dt.: Deutlichkeit) der Heiligen Schrift in Frage zu stellen, welche dieser von ihrer Mitte (Christus) her zukommt (→Offenbarung; →Christologie). Dem daran zweifelnden Humanisten Erasmus von Rotterdam hält er entgegen: *Spiritus sanctus non est scepticus* (dt.: der Heilige Geist ist kein Skeptiker). Die Aufklärung verschärfte jedoch die historischen Zweifel an der Evidenz der Heiligen Schrift (B. de Spinoza, H.S. Reimarus, G.E. Lessing, I. Kant), der gegenüber Georg Wilhelm Friedrich Hegel eine Selbstvergewisserung im Absoluten anvisierte. Søren Kierkegaard hat entgegen dem Anspruch einer Aufhebung des Zweifels im „System" (Hegels Logik) das Recht der sokratischen Ironie, der Kontingenz und des Glaubens an das Paradox geltend gemacht. Sokrates ist ihm Vorbild, weil er mit Hilfe des Z. Scheinwissen entlarvt, aber ihn nicht als methodisches Aphrodisiakum missbraucht (Cartesianismus, Hegel), um durch das negative Zweifelsprinzip vermeintlich absolutes Wissen herzustellen.

Vom methodisch gelenkten und systematisch begrenzten Z. ist der hyperbolische Z. zu unterscheiden, der sich als radikal begreift. In diesem Sinn hat Descartes nicht radikal, sondern „nur" (fiktiv) universal gezweifelt. Methodisch und d.h. sinnvoll ist derjenige Z., der vom Interesse und der Möglichkeit der Wahrheitsfindung geleitet ist. Z. impliziert eine Suchbewegung aufgrund eines erkannten Mangels, keine Verzweiflung an der Möglichkeit von Wahrheitsgewissheit überhaupt. Kierkegaard hält fest, dass der Z. (als sekundäres Reflexionsmoment) nicht analog zum Staunen (griech.: thaumazein; Plato, Theaitetos 155d) als Anfangsmoment der philosophischen Denkbewegung gefasst werden kann.

Der ganz unphilosophische, existenzielle Z. an der Erringbarkeit des menschenmöglichen Heils vor Gott (indem man diesem durch fromme Werke gerecht wird) hatte in Luther die reformatorische Erkenntnis der Heilsgewissheit im Anschluss an Röm 1,17 provoziert. Luther betont den „assertorischen" (d.h. positiven Behauptungs-)Charakter theologischer Aussagen: Sie leben aus der →Gewissheit des Glaubens, den sie bezeugen. Für ihn wird jedoch auch deutlich, dass die Kirche in ihren Organen und Dekreten nicht eine über alle Z. erhabene Instanz darstellen kann. Von daher gewinnt in den reformatorischen Kirchen die Heilige Schrift ein enormes Gewicht für die religiöse Selbstvergewisserung, die sich im Gewissen des Einzelnen ereignet.

Fundamentalismus evangelikaler Prägung stellt eine verzweifelte Form der Vergewisserungsoption gegenüber aufgeklärter Kritik dar, mit dem Versuch, den modernen Z. an der Heiligen Schrift zu negieren, d.h. an einer argumentativen Widerlegbarkeit von Z. zu verzweifeln. Die konstruktive Bewältigung von Z. kann sich jedoch nur derart gestalten, dass man begründeten Z. argumentativ begegnet, aber auch unbegründete, hyperbolische Z. noch als entlegene Form einer (missglückten) Wahrheitssuche betrachtet.

Descartes, R., Meditationes, 1641; Kierkegaard, S., De omnibus dubitandum est, Gesammelte Werke 10, 1842; Sextus Empiricus, Grundriß der pyrrhonischen Skepsis, um 200, 1968; Wittgenstein, L., Über Gewißheit/On Certainty, 1949–51.

Walter Dietz

Zwingli, Huldreich (1.1.1484 Wildhaus – 11.10.1531 Kappel am Albis)

1. Leben: Z. ist der wichtigste Repräsentant des gegenüber dem Luthertum (Martin →Luther) eigenständigen Typus einer oberdt. →Reformation. Er wurde am 1. Januar 1484 in Wildhaus im Toggenburg, Kanton Glarus, geboren und studierte – nach dem Schulbesuch in Weesen, Basel und Bern – in Wien und Basel. 1506 erwarb er den Grad des Magister artium, wurde in ein Pfarramt in Glarus berufen und zum Priester geweiht. In diese Zeit fällt sein Engagement für nationale Schweizer Belange sowie sein intensives Studium sowohl scholastischer als auch humanistischer Autoren, spätestens 1513 auch des NT im Urtext. 1516 kommt es zu einer persönlichen Begegnung mit Erasmus, der ihn schon zuvor literarisch stark beeindruckt hatte. Ebenfalls 1516 wurde er Leutpriester in Einsiedeln, wo er tätig war, bis er am 1. Januar 1519 das Amt des Leutpriesters am Zürcher Großmünster antrat, das er bis zu seinem Tode ausübte.

Seine Reformpredigt gegen kirchliche Satzungen gipfelte im demonstrativen Fastenbruch (→Fasten) am 9. März 1522, dem Z. beiwohnte. Die folgenden Auseinandersetzungen mit Kritik an Fasten- und Zölibatsgesetzen brachten noch im gleichen Jahr einen ersten Erfolg, als die Zürcher Ordensleute gezwungen wurden, schriftgemäß zu predigen. Den Durchbruch aber stellte die vom Rat einberufene Erste Zürcher Disputation am 29. Januar 1523 dar, für die Zwingli mit den 67 Schlussreden seine grundlegende reformatorische Schrift vorlegte. Diese Disputation endete mit der alle bischöfliche Jurisdiktionsvollmacht übergehenden Entscheidung des Rates, dass Z. mit der reformatorischen Predigt fortfahren dürfe. Er wurde damit die zentrale Figur für den reformatorischen Aufbau der Zürcher Kirche. Im folgenden Jahr verehelichte er sich mit Anna Reinhart, mit der er seit 1522 heimlich liiert war, und unterstrich so auch persönlich seinen Bruch mit den Zölibatsgesetzen.

Trotz früher Auseinandersetzungen innerhalb des reformatorischen Lagers mit der Abspaltung der Zürcher Täufer (→Täufertum), gestaltete Z. die Zürcher Kirche und war rastlos publizistisch tätig: 1525 erschien sein Hauptwerk, der *Commentarius de vera et falsa religione*, in den folgenden Jahren war er neben vielen Gelegenheitsschriften v.a. mit der Übersetzung und Kommentierung der Bibel befasst. Ab 1526 profilierte er im 1529 in Marburg ohne Einigung gebliebenen Streit um das →Abendmahl mit Luther den eigenen Charakter der Zürcher Reformation im Rahmen der verwandten Ausprägungen oberdt. Reformation. Wohl nicht als Feldprediger der Zürcher, sondern als beteiligter Kämpfer fiel er am 11. Oktober 1531 im Zweiten Kappeler Krieg, der den Sieg der Altgläubigen in der Eidgenossenschaft brachte.

2. Theologie: Z. Denken entwickelt sich kontinuierlich aus spätmittelalterlichen (→Mittelalter) Wurzeln und humanistischen Einflüssen zu einer eigengeprägten reformatorischen Theologie. Ausgangspunkt seines Denkens und bleibender Kern ist die Auffassung von der unüberbietbaren Distanz zwischen Schöpfer und Geschöpf, die er der intensiven Scotus- und Scotistenlektüre (→Scholastik) entnommen hat. Gott ist für Z. vornehmlich der ferne, erhabene Gott, den er zeitlebens auch mit metaphysischen Kategorien erfasst.

Die Auseinandersetzung mit dem Humanismus beeinflusst die Entwicklung einer besonderen Ausprägung dieser Grunddiastase als Gegensatz zwischen Gotteswort (→Wort Gottes) und Menschenwort und setzt die christologische (→Christologie) Vermittlung frei. Von hier aus erklärt sich die Entwicklung des ausgeprägten Schriftprinzips (→Schriftverständnis; →Hermeneutik): Christus und die ihn vermittelnde Schrift allein sind es, die es ermöglichen, die Diastase zwischen Schöpfer und Geschöpf zu überwinden, daher ist allein ihnen Folge zu leisten. Dass Z. Mut fand, diese Auffassungen zunehmend kritisch auf die kirchliche Realität anzuwenden, dürfte eine Folge des öffentlichen Auftretens Luthers gewesen sein; dessen Theologie nahm Z. ab 1519 intensiv wahr und hat sie in sein eigenständig entwickeltes Denken stückweise integrieren können.

Die Ablehnung der Bindekraft des Menschenwortes betraf schlagartig den größten Teil der kirchlichen →Gesetze, so dass Z. Reformation weniger von der ihm vielfach vorgeworfenen Gesetzlichkeit geprägt war als von dem Grundkonzept der →Freiheit, einer Freiheit freilich, die sich gebunden an Gottes Willen weiß, wie er insbesondere im →Dekalog ausgedrückt ist.

Der starke ethische Gestaltungswille, wie er insbesondere in eherechtlichen Fragen spürbar war, verband sich mit dem Anliegen der Sozialdisziplinierung (→Sozialethik) in der frühmodernen Stadt. Die Bindung an den Dekalog hatte aber auch eine striktere Handhabung des Bilderverbotes (→Bild) zur Folge, die freilich wiederum auch ontologisch Ausdruck der Diastase zwischen Schöpfer und Geschöpf war.

Hier schwingt, wie auch in der seit dem *Commentarius* ausdrücklich neu durchdachten Sakramententheologie (→Sakramente), eine weitere Diastase mit: die zwischen Geist und Materie, die auf neuplatonischer Basis die Sphären von Göttlichem und Menschlichem unterscheidet. Dies bedeutet christologisch, dass Z. in ganz anderer Weise als Luther die geistlich-göttliche Natur Christi von seiner menschlichen trennt und daher die Anwesenheit der menschlichen Natur in den Elementen schlicht verweigern muss, da diese nach seiner Auffassung notwendigerweise räumlich begrenzt ist und daher nach der →Auferstehung ihren Ort im Himmel nicht verlassen kann. Eine Gegenwart Christi bei den Menschen ist nur im Geist möglich, die →Abendmahlsworte deutete Z. entsprechend signifikativ: „Dies bedeutet meinen Leib“. Wichtiger war für die Stützung seiner Theorie allerdings Joh 6,63: „Das Fleisch ist nichts nütze“. Dieser Erklärung entspricht die Deutung der Sakramente als Bekenntnishandlungen des Menschen, der sich zu Gott erhebt und dabei zwar vom Geist (→Heiliger Geist) bewegt ist, der aber zu seiner Wirkung am Menschen des Abendmahls nicht bedarf. Allerdings sah sich Z. nicht in der Lage, auch die →Taufe konsequent zu einer Bekenntnishandlung des Täuflings umzudeuten, wie es die Täufer auf Grundlage seiner Theologie taten, sondern interpretierte sie als dem Glauben vorausgehende Verpflichtung von außen.

Die Abwertung des Materiellen, nicht die nur gelegentlich explizit aufgenommene Rechtfertigungslehre, führte auch zu einer starken Betonung des Prädestinationsgedankens (→Erwählung, Prädestination) beim späten Z. (etwa ab 1526): Allein hierdurch schien ihm gesichert, dass die Durchsetzung des göttlichen Willens nicht an irgendwelchen Vorgaben auf Seiten der materiellen Welt hing. Im Zuge dieser Betonung des göttlichen Wirkens verschob Z. auch die Begründung der Unfreiheit des Willens des Menschen immer mehr: Hatte er sie noch im *Commentarius* – ohne hierüber mit Erasmus in Konflikt zu kommen – vornehmlich aus dem Sündenfall (→Sünde) erklärt, so deutete er sie 1529 supralapsarisch, d.h. als Ausdruck des unwandelbaren Heilswillens Gottes. Parallel ging eine Veränderung der Erbsündenlehre. Ab 1525 trennte Z., wiederum um materielle Erklärungen nicht zu stark werden zu lassen, Erbsünde und Erbschuld und verstand Erbsünde nur als ein Gebrechen, das den Menschen zwar in Tatsünde bringt, aber nicht selbst Schuld einschließt.

In einzelnen Ausführungen konnte von der Abwertung des Materiellen gegenüber dem Geist sogar die Heilige Schrift (→Bibel, Bibelausgaben) betroffen sein, wenn Z. in seiner Schrift *De providentia Dei* (1530) seine Lehren weitgehend aus der paganen Philosophie ableitete und dies damit begründete, dass die antiken Philosophen aus derselben Quelle schöpften wie die Christen. Allerdings unterscheidet Z. sich von ausgeprägten Spiritualisten dadurch, dass er den Geist zwar als umfassender als die Schrift deutete, aber inhaltlich bei der Konvergenz von Geist und Bibel blieb.

Bolliger, D., Infiniti Contemplatio. Grundzüge der Scotus- und Scotismusrezeption im Werk Huldrych Zwinglis, 2003; Gäbler, U., Huldrych Zwingli. Eine Einführung in sein Leben und Werk, [3]2004; Hamm, B., Zwinglis Reformation der Freiheit, 1988; Himmighöfer, T., Die Zürcher Bibel bis zum Tode Zwinglis (1531). Darstellung und Bibliographie, 1995; Leppin, V., Art. Zwingli, TRE 36, 2004, 793–809; Locher, G.W., Die Zwinglische Reformation im Rahmen der europäischen Kirchengeschichte, 1979; Stephens, P., Zwingli. Einführung in sein Denken, 1997; Zwingli, H., Schriften 4 Bd., hg. v. T. Brunnschweiler/S. Lutz, 1995.

Volker Leppin